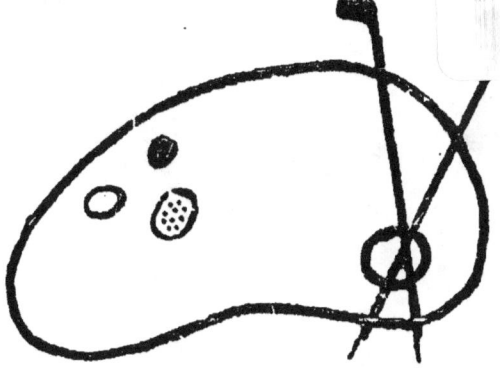

Couvertures supérieure et inférieure en couleur

COUVERTURES SUPERIEURE ET INFERIEURE D'IMPRIMEUR

LES

MILLE ET UNE NUITS

DES FAMILLES

CORBEIL. — IMPRIMERIE CRÉTÉ-DE L'ARBRE

FRONTISPICE

LES
MILLE ET UNE NUITS
DES FAMILLES

CONTES ARABES, TRADUITS PAR GALLAND

CHOISIS ET REVISÉS AVEC LA PLUS SCRUPULEUSE ATTENTION

ILLUSTRÉS PAR

MM. FRANÇAIS, H. BARON, ED. WATTIER, LAVILLE, ETC.

PARIS

GARNIER FRÈRES, LIBRAIRES-ÉDITEURS

6, RUE DES SAINTS-PÈRES, ET PALAIS-ROYAL, 215

PRÉFACE

Quel livre a jamais eu une plus brillante fortune que celui des *Mille et une Nuits* depuis qu'il fut transporté en France par l'orientaliste Antoine Galland, au commencement du dix-huitième siècle ? Il a rempli immédiatement l'Europe de sa renommée, et, depuis lors, son succès n'a fait que croître de jour en jour sans avoir à souffrir des caprices de la mode ni du changement de nos habitudes. Les *Mille et une Nuits* ont eu un nombre de plus en plus grand de lecteurs dans les générations qui se sont succédé. Bien plus, on a été chercher en Orient tout ce qui pouvait leur ressembler. On les a imitées et souvent contrefaites ; leur nom magique a servi d'escorte et de convoi à une prodigieuse importation de marchandises de contrebande. Rien n'a pu les discréditer, et elles n'ont perdu rien de leur popularité ni de leur faveur.

Les *Mille et une Nuits* sont une lecture enchanteresse, qui offre à tous, même aux esprits les plus sérieux, le plus aimable délassement, le plus efficace remède contre l'ennui. Mais il faut reconnaître qu'elles conviennent surtout à la jeunesse. C'est quand l'imagination est dans toute sa vivacité qu'elle se plaît à ces riantes chimères du conteur oriental. Avec quel avide intérêt on suit alors les aventures extraordinaires de Sindbad le marin, les généreux exploits de Cadadad ou les merveilles opérées par la lampe d'Aladdin!

Ce sont des mensonges, objecte-t-on, et n'est-ce pas un tort que de jeter dans des intelligences juvéniles tant de notions fausses et d'idées extravagantes? »

Ceux qui parlent ainsi ne se rendent nullement compte du travail que ces lectures font faire à ces jeunes intelligences. Ne croyez pas qu'elles s'imposent à leur crédulité. A aucun âge, toutes ces métamorphoses, toutes ces inventions féeriques ne rencontrent une foi réelle. C'est là vaine crainte que voudraient faire concevoir des pédagogues trop sévères. On peut même assurer que le plus grand plaisir que la jeunesse trouve dans ces récits, c'est de faire acte de discernement, c'est de résister à l'illusion qu'essaye de produire le conteur, c'est de vaincre le prestige, tout en goûtant le charme, et cette distinction a lieu bien plus tôt qu'on ne se le figure communément.

D'autre part, il n'y a pas de plus vif excitant pour l'imagination que ces éblouissantes conceptions du génie asiatique. Elles seraient capables de dégourdir l'âme la plus pesante et la plus glacée. Elles aiguisent, elles développent les plus précieuses qualités de l'esprit; elles sont éminemment propres à donner à la pensée une activité et une richesse que des lectures plus positives ne lui donneraient pas.

C'est donc un reproche très peu justifié que celui qu'on a, dans ces derniers temps, adressé quelquefois au *Mille et une Nuits* et à toutes les histoires fantastiques. Le recueil des contes arabes présentait un inconvénient moins contestable. Il a gardé, dans quelques-unes de ses parties, des traces de la licence de l'Orient. C'est à ce grave inconvénient que nous nous sommes proposé de remédier par cette publication. Nous voulons que tout ce qu'il y a de plus charmant dans les *Mille et une Nuits* puisse être mis et demeurer sur la table du salon de famille, alors même que se presserait autour de cette table la plus tendre et la plus innocente jeunesse. L'enfant, la jeune fille, seront à même de lire les belles histoires à l'aide desquelles la sultane Sheherazade prolongeait le cours de sa vie. Nous aurons ainsi avancé de plusieurs années le moment où l'on autorisait généralement les jeunes gens à lire les *Mille et une Nuits*. Nous croyons qu'on nous en saura gré.

CONTES ARABES

Les chroniques des Sassanides, anciens rois de Perse, rapportent qu'il y avait autrefois un roi de cette puissante maison, qui était le plus excellent prince de son temps. Il se faisait autant aimer de ses sujets par sa sagesse et sa prudence, qu'il s'était rendu redoutable à ses voisins par le bruit de sa valeur. Après un règne aussi long que glorieux, ce roi mourut, et son fils aîné appelé Schahriar monta sur le trône. Suivant l'exemple de son père, il commença par régner avec bonté et sagesse. Mais cruellement trompé par une première épouse, convaincu de la perfidie de toutes les femmes, il imagina un terrible moyen de s'assurer que la foi qui lui était due ne serait plus trahie. Il faisait mourir le lendemain la femme qu'il avait épousée la veille. Le grand vizir était chargé de lui amener tantôt la fille d'un de ses généraux d'armée, tantôt la fille d'un officier subalterne, une autre fois la fille d'un bourgeois de la capitale; et enfin, chaque jour, c'était une fille mariée et une femme morte.

Le bruit de cette inhumanité sans exemple causa une consternation générale dans la ville. On n'y entendait que des cris et des lamentations. Au lieu des louanges et des bénédictions que le sultan s'était attirées jusqu'alors, tous ses sujets ne faisaient plus que des imprécations contre lui.

Le grand vizir, qui, comme on l'a déjà dit, était malgré lui le ministre d'une aussi horrible injustice, avait deux filles, dont l'aînée s'appelait Scheherazade, et la cadette Dinarzade.

Cette dernière ne manquait pas de mérite ; mais l'autre avait un courage au-dessus de son sexe, de l'esprit infiniment, avec une pénétration admirable. Elle avait beaucoup de lecture et une mémoire prodigieuse. Outre cela, elle était pourvue d'une beauté extraordinaire, et une vertu très solide couronnait toutes ces belles qualités.

Le vizir aimait passionnément une fille si digne de sa tendresse. Un jour elle lui dit : « — Mon père, j'ai une grâce à vous demander ; je vous supplie très humblement de me l'accorder. J'ai dessein d'arrêter le cours de cette barbarie que le sultan exerce sur les familles de cette ville. Je veux dissiper la juste crainte que tant de mères ont de perdre leurs filles d'une manière si funeste. — Votre intention est fort louable, ma fille, dit le vizir, mais le mal auquel vous voulez remédier me paraît sans remède. Comment prétendez-vous en venir à bout ? — Mon père, repartit Scheherazade, puisque par votre entremise le sultan célèbre chaque jour un nouveau mariage, je vous conjure, par la tendre affection que vous avez pour moi, de me procurer l'honneur d'être sa femme. »

Le vizir ne put entendre ce discours sans horreur. « — O Dieu ! interrompit-il avec transport. Avez-vous perdu l'esprit, ma fille ? Pouvez-vous me faire une prière si dangereuse ? Vous savez que le sultan a fait serment sur son âme de n'avoir la même femme que pour un seul jour, et de lui faire ôter la vie le lendemain, et vous voulez que je lui propose de vous épouser ? Songez-vous bien à quoi vous expose votre zèle indiscret ? — Oui, mon père, je connais tout le danger que je cours, et il ne saurait m'épouvanter. — Non, dit le vizir, quoi que vous puissiez me représenter pour m'intéresser à vous permettre de vous jeter dans cet affreux péril, ne vous imaginez pas que j'y consente. Quand le sultan m'ordonnera de vous enfoncer le poignard dans le sein, hélas ! il faudra bien que je lui obéisse : quel emploi pour un père ! Ah !

si vous ne craignez point la mort, craignez du moins de me causer la douleur mortelle de voir ma main teinte de votre sang. — Encore une fois, mon père, dit Scheherazade, accordez-moi la grâce que je vous demande. — Votre opiniâtreté, repartit le vizir, excite ma colère. Pourquoi vouloir vous-même courir à votre perte ? — Mon père, dit alors Scheherazade, de grâce, ne trouvez point mauvais que je persiste dans mes sentiments. Dailleurs, pardonnez-moi si jose vous le déclarer, vous vous y opposeriez

vainement : quand la tendresse paternelle refuserait de souscrire à la prière que je vous fais, j'irais me présenter moi-même au sultan. »

Enfin le père, poussé à bout, se rendit à ses importunités ; et, quoique fort affligé de n'avoir pu la détourner de sa résolution, il alla dès ce moment trouver Schahriar, pour lui annoncer que la nuit prochaine il lui mènerait Scheherazade.

Le sultan fut fort étonné du sacrifice que son grand vizir lui faisait. « — Comment avez-vous pu, lui dit-il, vous résoudre à me livrer votre propre fille ? — Sire, lui répondit le vizir, elle s'est offerte d'elle-même. La triste destinée qui l'attend n'a pu l'épouvanter, et elle préfère à sa vie l'honneur d'être une seule nuit l'épouse de Votre Majesté. — Mais ne vous trompez pas, vizir, reprit le sultan : demain, en vous remettant Scheherazade entre les mains, je prétends que vous lui ôtiez la vie. Si vous y manquez, je vous jure que je vous ferai mourir vous-même. » Puis il lui dit qu'il n'avait qu'à lui amener sa fille quand il lui plairait.

Le grand vizir alla porter cette nouvelle à Scheherazade, qui la reçut avec autant de joie que si elle eût été la plus agréable du monde.

Elle ne songea plus qu'à se mettre en état de paraître devant le sultan ; mais, avant que de partir, elle prit sa sœur Dinarzade en particulier, et lui dit : « — Ma chère sœur, j'ai besoin de votre concours dans une affaire très importante ; je vous prie de ne pas me le refuser. Mon père va me conduire chez le sultan pour être son épouse. Que cette nouvelle ne vous épouvante pas ; écoutez-moi seulement avec patience. Dès que je serai devant le sultan, je le supplierai de permettre que vous couchiez dans la chambre nuptiale, afin que je jouisse cette nuit encore de votre compagnie. Si j'obtiens cette grâce, comme je l'espère, souvenez-vous de m'éveiller demain matin une heure avant le jour, et de m'adresser ces paroles : « Ma sœur, si vous ne dormez pas, je « vous supplie, en attendant le jour qui paraîtra bientôt, de me « raconter un de ces beaux contes que vous savez. » Aussitôt je vous en conterai un, et je me flatte de délivrer, par ce moyen, tout le peuple de la consternation où il est. » — Dinarzade répondit à sa sœur qu'elle ferait avec plaisir ce qu'elle exigeait d'elle.

L'heure de se coucher étant enfin venue, le grand vizir conduisit Scheherazade au palais. Le sultan ne se vit pas plus tôt avec elle, qu'il lui ordonna de se découvrir le visage. Il la trouva si belle, qu'il en fut charmé ; mais, s'apercevant qu'elle était en pleurs, il lui en demanda le sujet. « — Sire, répondit Scheherazade, j'ai une sœur que j'aime aussi tendrement que j'en suis aimée. Je souhaiterais qu'elle passât la nuit dans cette chambre, pour la voir et lui dire adieu encore une fois. Voulez-vous bien que j'aie la consolation de lui donner ce dernier témoignage de mon

Le sultan la trouva si belle qu'il en fut charmé. (P. 4.)

amitié ? » — Schahriar y ayant consenti, on alla chercher Dinarzade, qui vint en diligence.

Une heure avant le jour, Dinarzade, s'étant réveillée, ne manqua pas de faire ce que sa sœur lui avait recommandé. « — Ma sœur, s'écria-t-elle, si vous ne dormez pas, je vous supplie, en attendant le jour, qui paraîtra bientôt, de me raconter un de ces contes agréables que vous savez. Hélas ! ce sera peut-être la dernière fois que j'aurai ce plaisir. »

Scheherazade, au lieu de répondre à sa sœur, s'adressa au sultan. « — Sire, dit-elle, Votre Majesté veut-elle bien me permettre de donner cette satisfaction à ma sœur ? — Très volontiers, » répondit le sultan. Alors Scheherazade dit à sa sœur d'écouter; et puis, adressant la parole à Schahriar, elle commença de la sorte.

LE MARCHAND ET LE GÉNIE

Sire, il y avait autrefois un marchand qui possédait de grands biens. Il avait beaucoup de commis, de facteurs et d'esclaves. Comme il était obligé de temps en temps de faire des voyages, pour s'aboucher avec ses correspondants, un jour qu'une affaire d'importance l'appelait assez loin du lieu qu'il habitait, il monta a cheval et partit avec une valise derrière lui, dans laquelle il avait mis une petite provision de biscuit et de dattes, parce qu'il avait un pays désert à passer, où il n'aurait pas trouvé de quoi vivre. Il arriva sans accident à l'endroit où il avait affaire, et, quand il eut terminé la chose qui l'y avait appelé, il remonta à cheval pour s'en retourner chez lui.

Le quatrième jour de sa marche, il se sentit tellement incommodé de l'ardeur du soleil et de la terre échauffée par ses rayons, qu'il se détourna de son chemin pour aller se rafraîchir sous des arbres qu'il aperçut dans la campagne. Il y trouva, au pied d'un grand noyer, une fontaine d'une eau très claire et coulante. Il mit pied à terre, attacha son cheval à une branche d'arbre, et s'assit près de la fontaine, après avoir tiré de sa valise quelques dattes et du biscuit. En mangeant les dattes, il en jetait les noyaux à droite et à gauche. Lorsqu'il eut achevé ce repas frugal, comme il était bon musulman, il se lava les mains, le visage et les pieds, et fit sa prière.

Il ne l'avait pas finie, et il était encore à genoux, quand il vit paraître un génie tout blanc de vieillesse et d'une grandeur énorme, qui, s'avançant jusqu'à lui le sabre à la main, lui dit d'un ton de voix terrible : « — Lève-toi, que je te tue avec ce sabre, comme tu as tué mon fils. — Eh ! bon Dieu, repartit le marchand, comment pourrais-je avoir tué votre fils ? je ne le connais point, et je ne l'ai jamais vu. — Ne t'es-tu pas assis en arrivant ici ? répliqua le génie, n'as-tu pas tiré des dattes de ta valise, et, en les mangeant, n'en as-tu pas jeté les noyaux à droite et à gauche ? — C'est vrai, répondit le marchand ; je ne puis le nier. — Dans le temps que tu jetais tes noyaux, mon fils passait ; il en a reçu un dans l'œil, et il en est mort : c'est pourquoi il faut que je te tue. — Ah ! monseigneur, pardon, s'écria le marchand. — Point de pardon, répondit le génie, point de miséricorde ; il faut que je te tue de même que tu as tué mon fils. » — A ces mots, il prit le marchand par le bras, le jeta la face contre terre, et leva le sabre pour lui couper la tête.

Cependant le marchand tout en pleurs, et protestant de son innocence, regrettait sa femme et ses enfants, et disait les choses du monde les plus touchantes. Le génie n'en fut nullement attendri : « — Tous ces regrets sont superflus, s'écria-t-il. — Quoi ! répliqua le marchand, rien ne peut vous toucher ? Vous voulez absolument ôter la vie à un innocent ? — Oui, répondit le génie, j'y suis résolu. » — En achevant ces paroles...

Scheherazade, en cet endroit, s'apercevant qu'il était jour, et sachant que le sultan se levait de grand matin pour faire sa prière et tenir son conseil, cessa de parler. « — Bon Dieu, ma sœur, dit alors Dinarzade, que votre conte est merveilleux ! — La suite est encore plus surprenante, répondit Scheherazade, et vous en tomberiez d'accord, si le sultan voulait me laisser vivre encore aujourd'hui, et me donner la permission de vous la raconter la nuit prochaine. » — Schahriar, qui avait écouté Scheherazade avec plaisir, dit en lui-même : « J'attendrai jusqu'à demain ; je la ferai toujours bien mourir quand j'aurai entendu la fin de son conte. » Il prit donc la résolution de ne pas faire ôter la vie à Scheherazade ce jour-là.

Pendant ce temps-là, le grand vizir était dans une inquiétude cruelle ; au lieu de goûter la douceur du sommeil, il avait passé la nuit à soupirer et à plaindre le sort de sa fille, dont il devait être le bourreau. Mais si dans cette triste attente il craignait la vue du sultan, il fut agréablement surpris, lorsqu'il vit que ce prince entrait au conseil sans lui donner l'ordre funeste qu'il en attendait.

Le sultan, selon sa coutume, passa la journée à régler les affaires de son empire, et, quand la nuit fut venue, il se coucha. Le lendemain, avant que le jour parût, Dinarzade ne manqua pas de s'adresser à sa sœur et de lui dire : « — Ma sœur, si vous ne dormez pas, je vous supplie, en attendant le jour, qui paraîtra bientôt, de continuer le conte d'hier. » — Le sultan n'attendit pas que Scheherazade lui en demandât la permission : « — Achevez, lui dit-il, le conte du génie et du marchand : je suis curieux d'en entendre la fin. » — Scheherazade prit alors la parole, et continua son conte dans ces termes :

Sire, quand le marchand vit que le génie lui allait trancher la tête, il fit un grand cri, et lui dit : « — Arrêtez; encore un mot, de grâce; ayez la bonté de m'accorder un délai : donnez-moi le temps d'aller dire adieu à ma femme et à mes enfants, et de leur partager mes biens par un testament que je n'ai pas encore fait : je jure par le Dieu du ciel et de la terre que je viendrai vous retrouver ici sans y manquer. De demain en un an, sans faute, je me rendrai sous ces arbres, pour me remettre entre vos mains. Je prends Dieu encore une fois à témoin, et vous pouvez vous reposer sur mon serment. » — A ces paroles, le génie le laissa près de la fontaine et disparut.

Le marchand, s'étant remis de sa frayeur, remonta à cheval et reprit son chemin. Quand il arriva chez lui, sa femme et ses enfants le reçurent avec toutes les démonstrations d'une joie parfaite ; mais, au lieu de les embrasser de la même manière, il se mit à pleurer si amèrement, qu'ils jugèrent bien qu'il lui était arrivé quelque chose d'extraordinaire. Sa femme lui demanda la cause de ses larmes et de la vive douleur qu'il faisait éclater. Alors il leur raconta ce qui s'était passé entre lui et le génie, et leur apprit qu'il lui avait donné parole de retourner au bout de l'année recevoir la mort de sa main.

Lorsqu'ils entendirent cette triste nouvelle, ils commencèrent tous à se désoler, et ce fut une scène des plus touchantes.

Dès le lendemain, le marchand songea à mettre ordre à ses affaires, et s'appliqua sur toutes choses à payer ses dettes. Il fit des présents à ses amis et de grandes aumônes aux pauvres, donna la liberté à ses esclaves de l'un et de l'autre sexe, partagea ses biens entre ses enfants, nomma des tuteurs pour ceux qui n'étaient pas encore en âge ; et, en rendant à sa femme tout ce qui lui appartenait selon son contrat de mariage, il l'avantagea de tout ce qu'il put lui donner suivant les lois.

Enfin l'année s'écoula, et il fallut partir. Il fit sa valise ; mais lorsqu'il voulut dire adieu à sa femme et à ses enfants, on n'a jamais vu une douleur plus vive. Ils ne pouvaient se résoudre à le perdre ; ils voulaient tous l'accompagner et aller mourir avec lui.

« — Mes enfants, leur dit-il, j'obéis à l'ordre de Dieu en me séparant de vous. Imitez-moi : soumettez-vous courageusement à cette nécessité. » — Après avoir dit ces paroles, il s'arracha aux cris et aux regrets de sa famille, il partit et arriva au même endroit où il avait vu le génie, le jour même qu'il avait promis de s'y rendre. Il mit aussitôt pied à terre, et s'assit tristement au bord de la fontaine.

Pendant qu'il était là, un bon vieillard qui menait une biche à l'attache parut et s'approchant de lui : « — Mon frère, lui dit-il, peut-on savoir de vous pourquoi vous êtes venu dans ce lieu désert, où il n'y a que des esprits malins, et où l'on n'est pas en sûreté ? A voir ces beaux arbres, on le croirait habité ; mais c'est une véritable solitude, où il est dangereux de s'arrêter trop longtemps ».

Le marchand satisfit la curiosité du vieillard, et lui conta l'aventure qui l'obligeait à se trouver là. Le vieillard l'écouta avec étonnement, et prenant la parole : « — Voilà, s'écria-t-il, la chose du monde la plus surprenante. Je veux, ajouta-t-il, être témoin de votre entrevue avec le génie. » — En disant cela, il s'assit près du marchand, et tandis qu'ils s'entretenaient tous deux...

Mais voici le jour, dit Scheherazade en se reprenant ; ce qui reste est le plus beau du conte.

Le sultan, résolu d'entendre la fin, laissa vivre encore ce jour-là Scheherazade.

La nuit suivante, Dinarzade fit à sa sœur la même prière que les deux précédentes : « — Ma chère sœur, lui dit-elle, si vous ne dormez pas, je vous supplie de me raconter un de ces contes agréables que vous savez. » — Mais le sultan dit qu'il voulait entendre la suite de celui du marchand et du génie ; c'est pourquoi Scheherazade le reprit ainsi :

Sire, dans le temps que le marchand et le vieillard qui conduisait la biche s'entretenaient, il arriva un autre vieillard, suivi de deux chiens noirs. Il s'avança jusqu'à eux et les salua, en leur demandant ce qu'ils faisaient en cet endroit. Le vieillard qui conduisait la biche lui apprit l'aventure du marchand et du génie, ce qui s'était passé entre eux, et le serment du marchand. Il ajouta que ce jour était celui de la parole donnée, et qu'il était résolu de demeurer là pour voir ce qu'il en arriverait.

Le second vieillard s'assit auprès des autres, et à peine se fut-il mêlé à leur conversation, qu'il survint un troisième vieillard, qui, s'adressant aux deux premiers, leur demanda pourquoi le marchand qui était avec eux paraissait si triste. On lui en dit le sujet, ce qui lui fit souhaiter d'être aussi témoin de ce qui se passerait entre le génie et le marchand.

Ils aperçurent bientôt dans la campagne une vapeur épaisse, qui s'avança jusqu'à eux, et, se dissipant tout à coup, leur laissa voir le génie, qui s'approcha du marchand le sabre à la main, et le prenant par le bras : « — Lève-toi, lui dit-il, que je te tue, comme tu as tué mon fils. » — Le marchand et les trois vieillards, effrayés, se mirent à pleurer et à remplir l'air de cris.

Scheherazade, en cet endroit, apercevant le jour, cessa de poursuivre son conte, qui avait si bien piqué la curiosité du sultan, que ce prince, voulant absolument en savoir la fin, remit encore au lendemain la mort de la sultane.

On ne peut exprimer quelle fut la joie du grand vizir, lorsqu'il vit que le sultan ne lui ordonnait pas de faire mourir Scheherazade. Sa famille, la cour, tout le monde en fut généralement étonné.

Vers la fin de la nuit suivante, Scheherazade, avec la permission du sultan, parla dans ces termes :

Sire, quand le vieillard qui conduisait la biche vit que le génie s'était saisi du marchand, il se jeta aux pieds de ce monstre : « — Prince des génies, lui dit-il, je vous en supplie, faites-moi la grâce de m'écouter. Je vais vous raconter mon histoire et celle de cette biche que vous voyez : si vous la trouvez plus merveilleuse et plus surprenante que l'aventure de ce marchand à qui vous voulez ôter la vie, puis-je espérer que vous voudrez bien remettre à ce pauvre malheureux le tiers de son crime ? » — Le génie fut quelque temps à se consulter là-dessus ; mais enfin il répondit : « — Eh bien, voyons, j'y consens. »

HISTOIRE DU PREMIER VIEILLARD ET DE LA BICHE

« Je vais donc, reprit le vieillard, commencer mon récit. Cette biche que vous voyez est ma cousine, et de plus, ma femme. Elle n'avait que douze ans quand je l'épousai : ainsi je puis dire qu'elle ne devrait pas moins me regarder comme son père que comme son parent et son mari.

« Nous avons vécu ensemble trente années sans avoir eu d'enfants ; mais sa stérilité ne m'a point empêché d'avoir pour elle beaucoup de complaisance et d'amitié. Le seul désir d'avoir des enfants me fit acheter une esclave dont j'eus un fils qui promettait infiniment. Ma femme en conçut de la jalousie, prit en aversion la mère et l'enfant, et cacha si bien ses sentiments que je ne les connus que trop tard.

« Cependant mon fils croissait, et il avait déjà dix ans, lorsque je fus obligé de faire un voyage.

« Ma femme profita de mon absence pour contenter sa haine.

Elle s'attacha à la magie, et, quand elle sut assez de cet art diabolique, la scélérate mena mon fils dans un lieu écarté. Là par ses enchantements, elle le changea en veau, et le donna à mon fermier avec ordre de le nourrir, comme un veau, disait-elle, qu'elle avait acheté. De plus, elle changea l'esclave en vache, et la donna aussi à mon fermier.

« A mon retour, je lui demandai des nouvelles de la mère et de l'enfant : « Votre esclave est morte, me dit-elle ; et pour votre fils, je ne sais ce qu'il est devenu. » — Je fus touché de la mort de l'esclave ; mais comme mon fils n'avait fait que disparaître, je me flattai que je pourrais le revoir bientôt. Néanmoins huit mois se passèrent sans qu'il revînt, et je n'en avais aucune nouvelle, lorsque la fête du grand Baïram arriva. Pour la célébrer, je mandai à mon fermier de m'amener une vache des plus grasses pour en faire un sacrifice. Il n'y manqua pas. La vache qu'il amena était l'esclave elle-même, la malheureuse mère de mon fils. Je la liai, mais elle se mit à faire des beuglements pitoyables, et je m'aperçus qu'il coulait de ses yeux des ruisseaux de larmes. Ému et surpris, je ne pus me résoudre à la frapper. J'ordonnai à mon fermier de m'en aller prendre une autre.

Ma femme, qui était présente, frémit de ma compassion. « — Que faites-vous, mon ami ? s'écria-t-elle. Votre fermier n'a pas de plus belle vache, ni de plus propre à l'usage que nous en voulons faire. » — Par complaisance pour ma femme, je m'approchai de la vache, et j'allais porter le coup mortel, quand la victime, redoublant ses pleurs et ses beuglements, me désarma une seconde fois. Alors, je mis le maillet entre les mains du fermier, en disant : « — Prenez, et sacrifiez-la vous-même ; ses beuglements et ses larmes me fendent le cœur. »

« Le fermier, moins pitoyable que moi, la sacrifia. Mais, en l'écorchant, il se trouva qu'elle n'avait que les os, quoiqu'elle nous eût paru très grasse. J'en eus un véritable chagrin : « — Prenez-la pour vous, dis-je au fermier, je vous l'abandonne ; et si vous avez un veau bien gras, amenez-le-moi à sa place. » — Peu de temps après qu'il l'eut fait enlever de devant mes yeux, je le vis arriver avec un veau fort gras. Quoique j'ignorasse que ce veau fût mon fils, je ne laissai pas de sentir s'émouvoir mes entrailles à sa vue. De son côté, dès qu'il m'aperçut, il fit un si grand effort pour venir à moi, qu'il en rompit sa corde. Il se jeta à mes pieds, la tête contre terre, comme s'il eût voulu exciter ma compassion en m'avertissant, autant qu'il lui était possible, qu'il était mon fils.

« Je sentis une tendre pitié qui m'intéressa pour lui ; ou, pour mieux dire, le sang fit en moi son devoir. « — Allez, dis-je au fermier, ramenez ce veau chez vous. Ayez-en un grand soin ; et, à sa place, amenez-en un autre incessamment. »

« Dès que ma femme m'entendit parler ainsi, elle se récria et me demanda le sacrifice de ce veau avec tant d'insistance, tant d'opiniâtreté, que je fus obligé de le lui accorder. Je liai le veau, et prenant le couteau funeste... »

Scheherazade s'arrêta en cet endroit, parce qu'elle aperçut le jour : « — Ma sœur, dit alors Dinarzade, je suis enchantée de ce conte, qui soutient si agréablement mon attention. — Si le sultan me laisse encore vivre aujourd'hui, repartit Scheherazade, vous verrez que ce que je vous raconterai demain vous divertira bien davantage. » — Schahriar, curieux de savoir ce que deviendrait le fils du vieillard qui conduisait la biche, dit à la sultane qu'il serait bien aise d'entendre, la nuit prochaine, la fin de ce conte.

Sur la fin de la cinquième nuit, Scheherazade, après en avoir obtenu la permission de Schahriar, poursuivit de cette manière :

Sire, le premier vieillard qui conduisait la biche, continuant de raconter son histoire au génie, aux deux autres vieillards et au marchand : « Je pris donc, leur dit-il, le couteau, et j'allais l'enfoncer dans la gorge de mon fils, lorsque, tournant vers moi languissamment ses yeux baignés de pleurs, il m'attendrit à un point, que je n'eus pas la force de l'immoler, je laissai tomber le couteau, et je dis à ma femme que je voulais absolument tuer un autre veau que celui-là. Elle n'épargna rien pour me faire changer de résolution : mais je demeurai ferme, et lui promis, seulement pour l'apaiser, que je le sacrifierais au Baïram de l'année prochaine.

« Le lendemain matin, mon fermier demanda à me parler en particulier : « — J'ai, me dit-il, une fille qui a quelque connaissance de la magie : hier, comme je ramenais au logis le veau dont vous n'aviez pas voulu faire le sacrifice, je remarquai qu'elle rit en le voyant et qu'un moment après elle se mit à pleurer. Je lui demandai pourquoi elle faisait en même temps deux choses si contraires : « — Mon père, me répondit-elle, ce veau que vous ramenez est le fils de notre maître. J'ai ri de joie de le voir encore vivant, et j'ai pleuré en me souvenant du sacrifice qu'on fit hier de sa mère, qui était changée en vache. Ces deux métamorphoses ont été faites par les enchantements de la femme de notre maître, laquelle haïssait la mère et l'enfant. »

« Quelle surprise pour moi ! Je partis sur-le-champ avec mon fermier pour parler moi même à sa fille. En arrivant, j'allai d'abord à l'étable où était mon fils. Il ne put répondre à mes embrassements, mais il les reçut d'une manière qui acheva de me persuader qu'il était mon fils.

« La fille du fermier arriva. — « Ma bonne fille, lui dis-je, pouvez-vous rendre à mon fils sa première forme ? — Oui, je le puis, me répondit-elle. — Ah ! si vous en venez à bout, repris-je, je vous fais maîtresse de tous mes biens. » Alors elle me répartit en souriant : « — Vous êtes notre maître, et je sais trop bien ce que je vous dois ; mais je vous avertis que je ne puis remettre votre fils dans son premier état qu'à deux conditions : la première, que vous me le donnerez pour époux, et la seconde, qu'il me sera permis de punir la personne qui l'a changé en veau. — Pour la première condition, lui dis-je, je l'accepte de bon cœur ; quant à la seconde, qui regarde ma femme, je veux bien l'accepter encore.

Elle mérite bien d'être punie ; je vous l'abandonne ; faites-en ce qu'il vous plaira ; je vous prie seulement de ne pas lui ôter la vie. — Je vais donc, répliqua-t-elle, la traiter de la même manière qu'elle a traité votre fils. — J'y consens, lui repartis-je, mais rendez-moi mon fils auparavant.

« Alors cette fille prit un vase plein d'eau, prononça dessus des paroles que je n'entendis pas, jeta l'eau sur lui, et à l'instant il reprit sa première forme.

« — Mon fils, mon cher fils ! m'écriai-je aussitôt en l'embrassant avec un transport dont je ne fus pas le maître ; c'est Dieu qui nous a envoyé cette jeune fille pour détruire cet horrible charme, et vous venger du mal qui vous a été fait à vous et à votre mère. Je ne doute pas que, par reconnaissance, vous ne vouliez bien la prendre pour votre femme, comme je m'y suis engagé. » — Il y consentit avec joie ; mais, avant qu'ils se mariassent, la jeune fille changea ma femme en biche, et c'est elle que vous voyez ici.

« Depuis ce temps-là, mon fils est devenu veuf, et il est allé voyager. Comme il y a plusieurs années que je n'ai eu de ses nouvelles, je me suis mis en chemin pour tâcher d'en apprendre ; et, n'ayant pas voulu confier à personne le soin de ma femme pendant que je ferai enquête de lui, j'ai jugé à propos de la mener partout avec moi. Voilà donc mon histoire et celle de cette biche : n'est-elle pas des plus surprenantes et des plus merveilleuses ? — J'en demeure d'accord, dit le génie ; et, en sa faveur, je t'accorde le tiers de la grâce de ce marchand. »

Quand le premier vieillard, sire, continua la sultane, eut achevé son histoire, le second, qui conduisait les deux chiens noirs, s'adressa au génie et lui dit : « — Je vais vous raconter ce qui m'est arrivé à moi et à ces deux chiens noirs que voici, et je suis sûr que vous trouverez mon histoire encore plus étonnante que celle que vous venez d'entendre. Mais, quand je vous l'aurai contée m'accorderez-vous le second tiers de la grâce de ce marchand — Oui, répondit le génie, pourvu que ton histoire surpasse celle de la biche. » — Après ce consentement, le second vieillard commença de cette manière.....

Mais Scheherazade, en prononçant ces dernières paroles, ayant vu le jour, cessa de parler.

« — Bon Dieu ! ma sœur, dit Dinarzade, que ces aventures sont singulières. — Ma sœur, répondit la sultane, elles ne sont pas comparables à celles que j'aurais à vous raconter la nuit prochaine si le sultan, mon seigneur et mon maître, avait la bonté de me laisser vivre. » — Schahriar ne répondit rien à cela; mais il se leva, fit sa prière et alla au conseil, sans donner aucun ordre contre la vie de la charmante Scheherazade.

Après la sixième nuit, Dinarzade se réveilla à l'heure ordinaire et appela la sultane : « Ma chère sœur, lui dit-elle, si vous ne dormez pas, je vous supplie, en attendant le jour, qui paraîtra bientôt, de me raconter quelqu'un de ces beaux contes que vous savez. » — Schahriar prit alors la parole : « — Je souhaiterais, dit-il, entendre l'histoire du second vieillard et des deux chiens noirs. — Je vais contenter votre curiosité, sire, répondit Scheherazade. »

Le second vieillard, poursuivit-elle, s'adressant au génie, commença ainsi son histoire.

HISTOIRE DU SECOND VIEILLARD ET DES DEUX CHIENS NOIRS

« Grand prince des génies, vous saurez que nous sommes trois frères, ces deux chiens noirs que vous voyez, et moi qui suis le troisième. Notre père nous avait laissé, en mourant, à chacun mille sequins. Nous nous fîmes marchands. Peu de temps après que nous eûmes ouvert boutique, mon frère aîné, l'un de ces deux chiens, résolut de voyager et d'aller négocier dans les pays étrangers. Dans ce dessein, il vendit tout son fonds, et en acheta des marchandises propres au négoce qu'il voulait faire.

« Il partit, et fut absent une année entière. Au bout de ce temps-là, un pauvre qui me parut demander l'aumône se présenta à ma boutique. Je lui dis : « — Dieu vous assiste ! — Dieu vous assiste aussi ! me répondit-il; est-il possible que vous ne me reconnaissiez pas? » — Alors, l'envisageant avec attention, je le reconnus : « — Ah! mon frère, m'écriai-je en l'embrassant, comment aurais-je pu vous reconnaître en cet état? » — Je le fis entrer dans ma maison, je lui demandai des nouvelles de sa santé et du succès de son voyage. « — Ne me faites pas cette question, me dit-il; en me voyant, vous voyez tout. Ce serait renouveler mon affliction que de vous faire le détail de tous les malheurs qui me sont arrivés depuis un an, et qui m'ont réduit à l'état où je suis. »

« Je fis fermer aussitôt ma boutique, et, abandonnant tout autre soin, je le menai au bain, et lui donnai les plus beaux habits de ma garde-robe. J'examinai mes registres de vente et d'achat, et trouvant que j'avais doublé mon fonds, c'est-à-dire que j'étais riche de deux mille sequins, je lui en donnai la moitié : « — Avec cela, mon frère, lui dis-je, vous pourrez oublier la perte que vous avez faite. » — Il accepta les mille sequins avec joie, rétablit ses affaires, et nous vécûmes ensemble comme nous avions vécu auparavant.

« Quelque temps après, mon second frère, qui est l'autre de ces deux chiens, voulut aussi vendre son fonds. Nous fîmes, son aîné et moi, tout ce que nous pûmes pour l'en détourner, mais il n'y eut pas moyen. Il le vendit, et de l'argent qu'il en fit, il acheta des marchandises propres au négoce étranger qu'il voulait entreprendre. Il se joignit à une caravane et partit. Il revint au bout de l'an dans le même état que son frère aîné ; je le fis habiller ; et comme j'avais encore mille sequins par-dessus mon fonds, je les lui donnai. Il releva boutique et continua d'exercer sa profession.

« Un jour, mes deux frères vinrent me trouver pour me proposer de faire un voyage et d'aller trafiquer avec eux. Je rejetai d'abord leur proposition : « — Vous avez voyagé, leur dis-je ; qu'y avez-vous gagné ? Qui m'assure que je serai plus heureux que vous ? » — Je refusai d'entrer dans leur dessein. Mais ils revinrent tant de fois à la charge, que je cédai enfin à leurs sollicitations. Mais quand il fallut faire les préparatifs du voyage, et qu'il fut question d'acheter les marchandises dont nous avions besoin, il se trouva qu'ils avaient tout mangé, et qu'il ne leur restait plus rien des mille sequins que je leur avais donnés à chacun. Je ne leur en fis pas le moindre reproche, au contraire, comme mon fonds était de six mille sequins, j'en partageai la moitié avec eux, en leur disant : « — Mes frères, il faut risquer ces trois mille sequins, et cacher les autres en quelque endroit, afin de nous assurer une ressource pour l'avenir. » — Je donnai donc mille sequins à chacun, j'en gardai autant pour moi, et j'enterrai les trois mille autres dans un coin de la maison. Nous achetâmes des marchandises, et, après les avoir embarquées sur un vaisseau que nous frétâmes entre nous trois, nous partîmes. Après deux mois de navigation... »

Mais je vois le jour, poursuivit Scheherazade ; il faut que j'en demeure là. — Ma sœur, dit Dinarzade, voilà un conte qui promet beaucoup ; je m'imagine que la suite en est fort extraordinaire. — Vous ne vous trompez pas, répondit la sultane ; et si le sultan me permet de vous la conter, je suis persuadée qu'elle vous divertira fort. — Schahriar se leva comme le jour précédent, sans s'expliquer là-dessus et ne donna point ordre au grand vizir de faire mourir sa fille.

Sur la fin de la septième nuit, Dinarzade ne manqua pas de réveiller la sultane : — Ma chère sœur, lui dit-elle, si vous ne dormez pas, je vous supplie, en attendant le jour, qui paraîtra bientôt, de me conter la suite de ce beau conte que vous ne pûtes achever hier.

— Je le veux bien, répondit Scheherazade : « Après deux mois de navigation, continua le deuxième vieillard, nous arrivâmes heureusement à un port de mer, où nous débarquâmes et fîmes un très grand débit de nos marchandises. Moi surtout, je vendis si bien les miennes, que je gagnai dix pour un. Nous achetâmes des marchandises du pays, pour les transporter et les négocier au nôtre.

« Dans le temps que nous étions prêts à nous rembarquer pour notre retour, je rencontrai sur le bord de la mer une dame assez bien faite, mais fort pauvrement habillée. Elle m'aborda, me baisa la main, et me pria, avec les dernières instances, de la prendre pour femme et de l'embarquer avec moi. Elle me dit tant de choses persuasives, que je me laissai vaincre. Je lui fis faire des habits propres, et, après l'avoir épousée par un contrat de mariage en bonne forme, je l'embarquai avec moi, et nous mîmes à la voile.

« Pendant notre navigation, je trouvai de si belles qualités dans la femme que je venais de prendre, que je l'aimais tous les jours de plus en plus. Cependant mes deux frères, qui n'avaient pas si bien fait leurs affaires que moi, et qui étaient jaloux de ma prospérité, me portaient envie; leur fureur alla même jusqu'à conspirer contre ma vie : une nuit, dans le temps que ma femme et moi nous dormions, ils nous jetèrent à la mer.

« Ma femme était fée, et par conséquent génie ; vous jugez bien qu'elle ne se noya pas. Pour moi, il est certain que je serais mort sans son secours. Mais je fus à peine tombé dans l'eau, qu'elle m'enleva et me transporta dans une île. Quand il fut jour, la fée, me dit : « — Vous voyez, mon mari, qu'en vous sauvant la vie, je ne vous ai pas mal récompensé du bien que vous m'avez fait. Vous saurez que je suis fée, et que, me trouvant sur le bord de la mer lorsque vous alliez vous embarquer, je me sentis une forte inclination pour vous. Je voulus éprouver la bonté de votre cœur. Vous en avez usé avec moi généreusement. Je suis ravie d'avoir trouvé l'occasion de vous en marquer ma reconnaissance. Mais je suis irritée contre vos frères, et je ne serai pas satisfaite que je ne leur aie ôté la vie.

« J'écoutai avec admiration le discours de la fée ; je la remerciai le mieux qu'il me fut possible : « — Mais, madame, lui dis-je, pour ce qui est de mes frères, je vous supplie de leur pardonner. Quelque sujet que j'aie de me plaindre d'eux, je ne suis pas assez cruel pour vouloir leur perte. » — Je lui racontai ce que j'avais fait pour l'un et pour l'autre, et mon récit augmenta son indignation contre eux : « — Il faut, s'écria-t-elle, que je vole tout à l'heure après ces traîtres et ces ingrats, et que j'en tire une prompte vengeance. Je vais submerger leur vaisseau et les précipiter dans le fond de la mer. — Non, ma belle dame, repris-je, au nom de Dieu, modérez votre courroux ; songez que ce sont mes frères, et qu'il faut faire le bien pour le mal.

« J'apaisai la fée par ces paroles, et, lorsque je les eus prononcées, elle me transporta en un instant de l'île où nous étions sur le toit de mon logis, qui était en terrasse, et elle disparut un moment après. Alors j'aperçus ces deux chiens noirs, qui vinrent m'aborder d'un air soumis. La fée m'apprit que c'étaient mes deux frères. Je frémis à ces mots, et je lui demandai par quelle puissance ils se trouvaient en cet état : « — C'est moi qui les y ai mis, me répondit-elle ; je les ai condamnés à demeurer dix ans sous cette forme ; leur perfidie ne les rend que trop dignes de cette pénitence. » — Enfin, après m'avoir enseigné où je pourrais avoir de ses nouvelles, elle disparut.

« Présentement que les dix années sont accomplies, je suis en chemin pour l'aller chercher, et comme, en passant par ici, j'ai rencontré ce marchand et le bon vieillard qui mène sa biche, je me suis arrêté avec eux. Voilà quelle est mon histoire, ô prince des génies : ne vous paraît-elle pas des plus extraordinaires? — J'en conviens, répondit le génie, et je remets aussi en sa faveur le second tiers du crime dont ce marchand est coupable envers moi. »

Le troisième vieillard prit à son tour la parole, et fit au génie la même demande que les deux premiers. Le génie lui fit la même promesse qu'aux autres. « Écoutez donc, lui dit alors le vieillard... » Mais le jour paraît, dit Scheherazade en se reprenant ; il faut que je m'arrête en cet endroit.

— Je ne puis assez admirer, ma sœur, dit alors Dinarzade, les aventures que vous venez de raconter. — J'en sais une infinité d'autres, répondit la sultane, qui sont encore plus belles. — Schahriar, voulant savoir si le conte du troisième vieillard serait aussi agréable que celui du second, différa jusqu'au lendemain la mort de Scheherazade.

Dès que Dinarzade s'aperçut qu'il était temps d'appeler la sultane, elle lui dit : — Ma sœur, si vous ne dormez pas, je vous supplie, en attendant le jour, qui paraîtra bientôt, de me conter un de ces beaux contes que vous savez. — Racontez-nous celui du troisième vieillard, dit le sultan à Scheherazade ; j'ai bien de la peine à croire qu'il soit plus merveilleux que celui du vieillard et des deux chiens noirs.

Sire, répondit la sultane, le troisième vieillard raconta son histoire au génie : je ne vous la dirai point, car elle n'est point venue à ma connaissance, mais je sais qu'elle se trouva si fort au-dessus des deux précédentes, par la diversité des aventures merveilleuses qu'elle contenait, que le génie en fut étonné. Il n'en eut pas plus tôt ouï la fin, qu'il dit au troisième vieillard : « — Je t'accorde le dernier tiers de la grâce du marchand ; il doit bien vous remercier tous trois de l'avoir tiré d'embarras par vos histoires. Sans vous il ne serait plus au monde. » — En achevant ces mots, il disparut, au grand contentement de la compagnie.

Le marchand ne manqua pas de rendre à ses trois libérateurs toutes les grâces qu'il leur devait. Ils se réjouirent avec lui de le voir hors de péril ; après quoi ils se dirent adieu, et chacun reprit son chemin. Le marchand retourna auprès de sa femme et de ses enfants, et passa tranquillement avec eux le reste de ses jours. Mais, sire, ajouta Scheherazade, quelque beaux que soient les contes que j'ai racontés jusqu'ici à Votre Majesté, ils n'approchent pas de l'histoire de trois calenders et de cinq dames de Bagdad.

Dinarzade, voyant que la sultane s'arrêtait, lui dit : « — Ma sœur, racontez-nous cette curieuse histoire ; le sultan le voudra bien. » — Schahriar y consentit, et Scheherazade commença en ces termes.

HISTOIRE DE TROIS CALENDERS, FILS DE ROIS, ET DE CINQ DAMES DE BAGDAD

Sire, dit-elle, sous le règne du calife Haroun Alraschid, il y avait à Bagdad, où il faisait sa résidence, un porteur, qui, malgré sa profession basse et pénible, ne laissait pas d'être homme d'esprit et de bonne humeur. Un matin qu'il était, à son ordinaire, avec un grand panier à jour près de lui, dans une place où il attendait que quelqu'un eût besoin de son ministère, une jeune dame de belle taille, couverte d'un grand voile de mousseline, l'aborda, et lui dit d'un air gracieux : — « Écoutez, porteur, prenez votre panier, et suivez-moi. » — Le porteur, enchanté de ce peu de paroles prononcées si agréablement, prit aussitôt son panier, le mit sur sa tête, et suivit la dame en disant : — « O jour heureux ! ô jour de bonne rencontre ! »

D'abord la dame s'arrêta devant une porte fermée et frappa. Un chrétien, vénérable par une longue barbe blanche, ouvrit, et elle lui mit de l'argent dans la main, sans lui dire un seul mot. Mais le chrétien, qui savait ce qu'elle demandait, rentra, et peu de temps après apporta une grosse cruche d'un vin excellent : — « Prenez cette cruche, dit la dame au porteur, et la mettez dans votre panier. » Cela étant fait, elle lui commanda de la suivre, puis elle continua de marcher, et le porteur continua de dire : « — O jour de félicité! ô jour d'agréable surprise et de joie! »

La dame s'arrêta à la boutique d'un vendeur de fruits et de fleurs, où elle choisit de plusieurs sortes de pommes, des abricots, des pêches, des coings, des limons, des citrons, des oranges, du myrte, du basilic, des lis, du jasmin, et de quelques autres sortes de fleurs et de plantes de bonne odeur. Elle dit au porteur de mettre tout cela dans son panier, et de la suivre. En passant devant l'étalage d'un boucher, elle se fit peser vingt-cinq livres de la plus belle viande qu'il eût, ce que le porteur mit encore dans son panier, par son ordre. A une autre boutique, elle prit des câpres, de l'estragon, de petits concombres de la perce-pierre et autres herbes, le tout confit dans le vinaigre; à un autre, des pistaches, des noix, des noisettes, des pignons, des amandes et d'autres fruits semblables; à une autre encore, elle acheta toutes sortes de pâtes d'amande. Le porteur, en mettant toutes ces choses dans son panier, remarquant qu'il se remplissait, dit à la dame : « — Ma bonne dame, il fallait m'avertir que vous feriez tant de provisions, j'aurais pris un cheval, ou plutôt un chameau pour les porter. J'en aurai beaucoup plus que ma charge pour peu que vous en achetiez d'autres. » La dame rit de cette plaisanterie, et ordonna de nouveau au porteur de la suivre.

Elle entra chez un droguiste, où elle se fournit de toutes sortes d'eaux de senteur, de clous de girofle, de muscade, de poivre, de gingembre, d'un gros morceau d'ambre gris et de plusieurs autres épiceries des Indes, ce qui acheva de remplir le panier du porteur, auquel elle dit encore de la suivre. Alors ils marchèrent tous deux jusqu'à ce qu'ils arrivèrent à un hôtel magnifique dont la façade était ornée de belles colonnes, et qui avait une porte d'ivoire. Ils s'y arrêtèrent, et la dame frappa un petit coup.

Pendant que la jeune dame et le porteur attendaient que l'on ouvrît la porte de l'hôtel, le porteur faisait mille réflexions. Il était étonné qu'une dame faite comme celle qu'il voyait fît l'office de pourvoyeur; car enfin il jugeait bien que ce n'était pas une esclave : il lui trouvait l'air trop noble pour penser qu'elle ne fût pas libre, et même une personne de distinction. Il lui aurait volontiers fait des questions, mais, dans le temps qu'il se préparait à lui parler, une autre dame, qui vint ouvrir la porte, lui parut si belle, qu'il en demeura tout surpris, ou plutôt il fut si vivement frappé de l'éclat de ses charmes, qu'il en pensa laiser tomber son panier avec tout ce qui était dedans. Il n'avait jamais vu de beauté qui approchât de celle-ci.

La dame qui avait amené le porteur s'aperçut du désordre qui se passait dans son âme et du sujet qui le causait. Cette découverte la divertit, et elle prenait tant de plaisir à examiner la contenance du porteur, qu'elle ne songeait pas que la porte était ouverte. « — Entrez donc, ma sœur, lui dit la belle portière; qu'attendez-vous? Ne voyez-vous pas que ce pauvre homme est si chargé, qu'il n'en peut plus? »

Lorsqu'elle fut entrée avec le porteur, la dame qui avait ouvert la porte la ferma, et tous trois, après avoir traversé un beau vestibule, passèrent dans une cour très spacieuse et environnée d'une galerie à jour, qui communiquait à plusieurs appartements de plain-pied de la dernière magnificence. Il y avait dans le fond de cette cour un sofa richement garni, avec un trône d'ambre au milieu, soutenu de quatre colonnes d'ébène, enrichies de diamants et de perles d'une grosseur extraordinaire, et garnies d'un satin rouge relevé d'une broderie d'or des Indes, d'un travail admirable. Au milieu de la cour, il y avait un grand bassin bordé de marbre blanc, et plein d'une eau très claire que vomissait en abondance un lion de bronze doré.

Le porteur, tout chargé qu'il était, ne laissait pas d'admirer la magnificence de cette maison et la propreté qui y régnait partout; mais ce qui attira particulièrement son attention fut une troisième dame qui lui parut encore plus belle que la seconde, et qui était assise sur le trône dont j'ai parlé. Elle en descendit dès qu'elle aperçut les deux premières dames, et s'avança au-devant d'elles. Il jugea, par les égards que les autres avaient pour celle-là, que c'était la principale; en quoi il ne se trompait pas. Cette dame se nommait Zobéide; celle qui avait ouvert la porte s'appelait Safie, et Amine était le nom de celle qui avait été aux provisions.

Zobéide dit aux deux dames en les abordant : « — Mes sœurs, ne voyez-vous pas que ce bonhomme succombe sous le fardeau qu'il porte? Qu'attendez-vous pour le décharger? » — Alors Amine et Safie prirent le panier, l'une par devant, l'autre par derrière. Zobéide y mit aussi la main, toutes trois le posèrent à terre. Elles commencèrent à le vider, et, quand cela fut fait, l'agréable Amine tira de l'argent, et paya libéralement le porteur.

Celui-ci, très satisfait de l'argent qu'on lui avait donné, devait prendre son panier et se retirer ; mais il ne put s'y résoudre : il se sentait malgré lui arrêté par le plaisir de voir trois beautés si rares,

et qui lui paraissaient également charmantes ; car Amine avait aussi ôté son voile, et il ne la trouvait pas moins belle que les autres. Ce qu'il ne pouvait comprendre, c'est qu'il ne voyait aucun homme dans cette maison. Néanmoins la plupart des provisions qu'il avait apportées, comme les fruits secs et les différentes sortes de gâteaux et de confitures, ne convenaient proprement qu'à des gens qui voulaient boire et se réjouir.

Zobéide crut d'abord que le porteur s'arrêtait pour prendre

haleine; mais voyant qu'il demeurait trop longtemps : — « Qu'attendez-vous? lui dit-elle ; n'êtes-vous pas payé suffisamment? Ma sœur, ajouta-t-elle en s'adressant à Amine, donnez-lui encore quelque chose, qu'il s'en aille content. — Madame, répondit le porteur, ce n'est pas cela qui me retient; je ne suis que trop payé de ma peine. Je vois bien que j'ai commis une incivilité en demeurant ici plus que je ne devais; mais j'espère que vous aurez la bonté de la pardonner à l'étonnement où je suis de ne voir aucun homme avec trois dames d'une beauté si peu commune. Une compagnie de femmes sans hommes est pourtant une chose aussi triste qu'une compagnie d'hommes sans femmes. » — Il ajouta à ce discours plusieurs choses fort plaisantes pour prouver ce qu'il avançait. Il n'oublia pas de citer ce qu'on disait à Bagdad : qu'on n'est pas bien à table si l'on n'y est quatre, et enfin il finit en concluant que, puisqu'elles étaient trois, elles devaient avoir besoin d'un quatrième.

Les dames se prirent à rire du raisonnement du porteur. Après cela, Zobéide lui dit d'un ton sérieux : « — Mon ami, vous poussez un peu trop loin votre indiscrétion ; mais je veux bien, toutefois, vous dire que nous sommes trois sœurs, qui faisons si secrètement nos affaires que personne n'en sait rien : nous avons un trop grand sujet de crainte d'en faire part à des indiscrets, et un bon auteur que nous avons lu, dit : Garde ton secret et ne le révèle à personne : qui le révèle n'en est plus le maître. Si tu ne sais le garder, comment celui à qui tu l'auras confié saura-t-il le garder?

« — Mesdames, reprit le porteur, à votre air seulement, j'ai jugé d'abord que vous étiez des personnes d'un mérite très rare, et je m'aperçois que je ne me suis pas trompé. Quoique la fortune ne m'ait pas donné assez de bien pour m'élever à une profession au-dessus de la mienne, je n'ai pas laissé de cultiver mon esprit autant que je l'ai pu, par la lecture des livres de science et d'histoire, et vous me permettrez, s'il vous plaît, de vous dire que j'ai lu aussi dans un autre auteur une maxime que j'ai toujours heureusement pratiquée : « Nous ne cachons notre secret, dit-il, qu'à des gens reconnus de tout le monde pour des indiscrets qui abuseraient de notre confiance; mais nous ne faisons nulle difficulté de le découvrir aux sages, parce que nous sommes persuadés qu'ils sauront le garder. » Le secret, chez moi, est dans une aussi grande sûreté que s'il était dans un cabinet dont la clef fût perdue et la porte bien scellée. »

Zobéide connut que le porteur ne manquait pas d'esprit ; mais, jugeant qu'il avait envie d'être du régal qu'elles voulaient se donner, elle lui repartit en souriant : « — Vous savez que nous nous préparons à nous régaler ; mais vous savez en même temps que nous avons fait une dépense considérable, et il ne serait pas juste que, sans y contribuer, vous fussiez de la partie. » — La belle Safie appuya le sentiment de sa sœur : « — Mon ami, dit-elle au porteur, n'avez-vous jamais ouï dire ce que l'on dit assez communément : « Si vous apportez quelque chose, vous serez quelque chose avec nous ; si vous n'apportez rien, retirez-vous avec rien ?

Le porteur, malgré sa rhétorique, aurait peut-être été obligé de se retirer avec confusion, si Amine, prenant fortement son parti, n'eût dit à Zobéide et à Safie : — « Mes chères sœurs, je vous conjure de permettre qu'il demeure avec nous ; il n'est pas besoin de vous dire qu'il nous divertira, vous voyez bien qu'il en est capable. Je vous assure que, sans sa bonne volonté, sa légèreté et son courage à me suivre, je n'aurais pu venir à bout de faire tant d'emplettes en si peu de temps. D'ailleurs, si je vous répétais toutes les douceurs qu'il m'a dites en chemin, vous seriez peu surprises de la protection que je lui donne. »

A ces paroles d'Amine, le porteur, transporté de joie, se laissa tomber sur les genoux, et baisa la terre aux pieds de cette charmante personne, et se relevant : « — Mon aimable dame, lui dit-il, vous avez commencé aujourd'hui mon bonheur, vous y mettez le comble par une action si généreuse ; je ne puis assez vous témoigner ma reconnaissance. Au reste, mesdames, ajouta-t-il en s'adressant aux trois sœurs ensemble, puisque vous me faites un si grand honneur, ne croyez pas que j'en abuse et que je me considère comme un homme qui le mérite ; non, je me regarderai toujours comme le plus humble de vos esclaves. » — En achevant ces mots, il voulut rendre l'argent qu'il avait reçu ; mais la grave Zobéide lui ordonna de le garder. « — Ce qui est une fois sorti de nos mains, dit-elle, pour récompenser ceux qui nous ont rendu service, n'y retourne plus. »

Zobéide ne voulut donc point reprendre l'argent du porteur : « — Mais, mon ami, lui dit-elle, en consentant que vous demeuriez avec nous, je vous avertis que ce n'est pas seulement à condition que vous garderez le secret que nous avons exigé de vous ; nous prétendons encore que vous observiez exactement les règles de la bienséance et de l'honnêteté. » — Pendant qu'elle tenait ce discours, la charmante Amine quitta son habillement de ville, attacha sa robe à sa ceinture pour agir avec plus de liberté, et prépara la table. Elle servit plusieurs sortes de mets, et mit sur un buffet des bouteilles de vin et des tasses d'or. Après cela, les dames se placèrent et firent aseoir à leurs côtés le porteur, dont la satisfaction était au comble.

Après les premiers morceaux, Amine, qui s'était placée près du buffet, prit une bouteille et une tasse, se versa à boire, et but la première, suivant la coutume des Arabes. Elle versa ensuite à ses sœurs, qui burent l'une après l'autre; puis remplissant pour la quatrième fois la même tasse, elle la présenta au porteur, lequel, en la recevant, baisa la main d'Amine, et chanta, avant de boire, une chanson dont le sens était que, comme le vent emporte avec lui la bonne odeur des lieux parfumés par où il passe, de même le vin qu'il allait boire, venant de sa main, en recevait un goût plus exquis. Cette chanson réjouit les dames, qui chantèrent à leur tour. Enfin, la compagnie fut de très bonne humeur pendant le repas, qui dura fort longtemps et fut accompagné de tout ce qui pouvait le rendre agréable.

Le jour allait bientôt finir, lorsque Safie, prenant la parole au nom des trois dames, dit au porteur : — « Levez-vous, partez : il est temps de vous retirer. » — Le porteur, ne pouvant se résoudre à les quitter, répondit : « — Eh! mesdames, où me commandez-vous d'aller dans l'état où je me trouve? je ne retrouverais jamais le chemin de ma maison. Donnez-moi la nuit pour me reconnaître, je la passerai où il vous plaira : mais il ne me faut pas moins de temps pour me remettre dans le même état où j'étais lorsque je suis entré chez vous. »

Amine prit une seconde fois le parti du porteur : « — Mes sœurs, dit-elle, il a raison; je lui sais bon gré de la demande qu'il nous fait. Il nous a assez bien diverties; si vous voulez m'en croire, ou plutôt si vous m'aimez autant que j'en suis persuadée, nous le retiendrons pour passer la soirée avec nous. — Ma sœur dit Zobéide, nous ne pouvons rien refuser à votre prière. Porteur, continua-t-elle en s'adressant à lui, nous voulons bien encore vous faire cette grâce; mais nous y mettons une nouvelle condition. Quoi que nous puissions faire en votre présence, par rapport à nous ou à autre chose, gardez-vous bien d'ouvrir seulement la bouche pour nous en demander raison : car en nous faisant des questions sur des choses qui ne vous regardent nullement, vous pourriez entendre ce qui ne vous plairait pas : prenez-y garde, et ne vous avisez pas d'être trop curieux en voulant approfondir les motifs de nos actions. »

« — Madame, répartit le porteur, je vous promets d'observer cette condition avec tant d'exactitude, que vous n'aurez pas lieu de me reprocher d'y avoir contrevenu, et encore moins de punir mon indiscrétion : ma langue, en cette occasion, sera immobile,

et mes yeux seront comme un miroir qui ne conserve rien des objets qu'il a reçus. — Pour vous faire voir, reprit Zobéide d'un air très sérieux, que ce que nous vous demandons n'est pas nouvellement établi parmi nous, levez-vous et allez lire ce qui est écrit au-dessus de notre porte en dedans. »

Le porteur alla jusque-là, et lut ces mots, qui étaient inscrits en gros caractères d'or : « Qui parle de choses qui ne le regardent point, entend ce qui ne lui plaît pas. » Il revint ensuite trouver les trois sœurs : « — Mesdames, leur dit-il, je vous jure que vous ne m'entendrez parler d'aucune chose qui ne me regardera pas et où vous puissiez avoir intérêt. »

Cette convention faite, Amine apporta le souper, et, quand elle eut éclairé la salle d'un grand nombre de bougies préparées avec le bois d'aloès et l'ambre gris, qui répandirent une odeur agréable et firent une belle illumination, elle s'assit à table avec ses sœurs et le porteur. Ils recommencèrent à manger, à boire, à chanter et à réciter des vers. Les dames prenaient plaisir à enivrer le porteur, sous prétexte de le faire boire à leur santé. Les bons mots ne furent point épargnés : enfin, ils étaient dans la meilleure humeur du monde lorsqu'ils ouïrent frapper à la porte.

Les dames se levèrent toutes trois en même temps pour aller ouvrir ; mais Safie, à qui cette fonction appartenait particulièrement, fut la plus diligente; les deux autres, se voyant prévenues, demeurèrent et attendirent qu'elle vînt leur apprendre qui pouvait avoir affaire chez elles si tard. Safie revint : « — Mes sœurs, dit-elle, il se présente une belle occasion de passer une bonne partie de la nuit fort agréablement, et si vous êtes de même sentiment que moi, nous ne la laisserons point échapper. Il y a à notre porte trois calenders, au moins ils me paraissent tels à leur habillement ; mais ce qui va sans doute vous surprendre, ils sont tous trois borgnes de l'œil droit, et ont la tête, la barbe et les sourcils ras. Ils ne font, disent-ils, que d'arriver tout présentement à Bagdad, où ils ne sont jamais venus ; et comme il est nuit et qu'ils ne savent où aller loger, ils ont frappé par hasard à notre porte, et ils nous prient, pour l'amour de Dieu, d'avoir la charité de les recevoir. Ils se contenteront d'une écurie. Ils sont jeunes et assez bien faits, ils paraissent même avoir beaucoup d'esprit ; mais je ne puis senser sans rire à leur figure plaisante et uniforme.. »

— En cet endroit, Safie s'interrompit elle-même et se mit à rire de si bon cœur, que les deux autres dames et le porteur ne purent s'empêcher de rire aussi. « — Mes bonnes sœurs, reprit-elle, ne voulez-vous pas bien que nous les fassions entrer? Il est impossible qu'avec des gens tels que je viens de vous les dépeindre, nous n'achevions la journée encore mieux que nous l'avons commencée. Ils nous divertiront fort et ne nous seront point à charge, puisqu'ils ne nous demandent une retraite que pour cette nuit seulement, et que leur intention est de nous quitter d'abord qu'il sera jour. »

Zobéide et Amine firent difficulté d'accorder à Safie ce qu'elle demandait, et elle en savait bien là raison elle-même. Mais elle leur témoigna une si grande envie d'obtenir d'elles cette faveur, qu'elles ne purent la lui refuser. « — Allez, lui dit Zobéide, faites-les donc entrer, mais n'oubliez pas de les avertir de ne point parler de ce qui ne les regardera pas, et de leur faire lire ce qui est écrit au-dessus de la porte. » — A ces mots, Safie courut ouvrir avec joie, et peu de temps après elle revint accompagnée des trois calenders.

Les trois calenders firent, en entrant, une profonde révérence aux dames, qui s'étaient levées pour les recevoir, et qui leur dirent obligeamment qu'ils étaient les bienvenus; qu'elles étaient bien aises de trouver l'occasion de les obliger et de contribuer à les remettre de la fatigue de leur voyage, et enfin elles les invitèrent à s'asseoir auprès d'elles. La magnificence du lieu et l'honnêteté des dames firent concevoir aux calenders une haute idée de ces belles hôtesses; mais avant de prendre place, ayant par hasard jeté les yeux sur le porteur, et le voyant habillé à peu près comme d'autres calenders avec lesquels ils étaient en différend sur plusieurs points de discipline, et qui ne se rasaient pas la barbe et les sourcils, un d'entre eux prit la parole : « — Voilà, dit-il, apparemment, un de nos frères arabes les révoltés. »

Le porteur, à moitié endormi et la tête échauffée du vin qu'il avait bu, se trouva choqué de ces paroles, et, sans se lever de sa place, répondit aux calenders, en les regardant fièrement : « — Asseyez-vous et ne vous mêlez pas de ce dont vous n'avez que faire. N'avez-vous pas lu au-dessus de la porte l'inscription qui y est? Ne prétendez pas obliger le monde à vivre à votre mode; vivez à la nôtre. »

« — Bonhomme, reprit le calender qui avait parlé, ne vous mettez point en colère; nous serions bien fâchés de vous en avoir donné le moindre sujet, et nous sommes, au contraire, prêts à recevoir vos commandements. » — La querelle aurait pu avoir de la suite, mais les dames s'en mêlèrent et pacifièrent toutes choses.

Quand les calenders se furent assis à table, les dames leur servirent à manger, et l'enjouée Safie, particulièrement prit soin de leur verser à boire. Scheherazade s'arrêta en cet endroit, parce qu'elle remarqua qu'il était jour. Le sultan se leva pour aller remplir ses devoirs, se promettant bien d'entendre la suite de ce conte le lendemain, car il avait grande envie d'apprendre pourquoi les calenders étaient borgnes, et tous trois du même œil.

Une heure avant le jour, Dinarzade, s'étant réveillée, dit à la sultane : — Ma chère sœur, si vous ne dormez pas, contez-moi, je vous prie, ce qui se passa entre les dames et les calenders. — Très volontiers, répondit Scheherazade. En même temps, elle continua en ces termes :

Après que les calenders eurent bu et mangé à discrétion, ils témoignèrent aux dames qu'ils se feraient un grand plaisir de leur donner un concert, si elles avaient des instruments et qu'elles voulussent leur en faire apporter. Elles acceptèrent l'offre avec joie. La belle Safie se leva pour en aller querir. Elle revint un moment ensuite et leur présenta une flûte du pays, une autre à la persienne et un tambour de basque. Chaque calender reçut de sa main l'instrument qu'il voulut choisir, et ils commencèrent tous trois à jouer un air. Les dames, qui savaient des paroles sur cet air, qui était des plus gais, l'accompagnèrent de leurs voix : mais elles s'interrompaient de temps en temps par de grands éclats de rire que leur faisaient faire les paroles.

Au plus fort de ce divertissement et lorsque la compagnie était le plus en joie, on frappa à la porte. Safie cessa de chanter et alla voir ce que c'était. — Mais, sire, dit en cet endroit Scheherazade au sultan, il est bon que Votre Majesté sache pourquoi l'on frappait si tard à la porte des dames, et en voici la raison. Le calife Haroun Alraschid avait coutume de marcher très souvent la nuit incognito, pour savoir par lui-même si tout était tranquille dans la ville et s'il ne s'y commettait pas de désordres.

Cette nuit-là, le calife sortit de bonne heure, accompagné de Giafar son grand vizir, et de Mesrour, chef des eunuques de son palais, tous trois déguisés en marchands. En passant par la rue des trois dames, ce prince, entendant le son des instruments et des voix, et le bruit des éclats de rire, dit au vizir : « — Allez, frappez à la porte de cette maison où l'on fait tant de bruit ; je veux y entrer et en apprendre la cause. — Le vizir eut beau lui représenter que c'étaient des femmes qui se régalaient ce soir-là, et que le vin apparemment leur avait échauffé la tête, et qu'il ne devait pas s'exposer à recevoir d'elles quelque insulte ; qu'il n'était pas encore heure indue, et qu'il ne fallait pas troubler leur divertissement : « — Il n'importe, repartit le calife, frappez, je vous l'ordonne. »

C'était donc le grand vizir Giafar qui avait frappé à la porte des dames par ordre du calife, qui ne voulait pas être connu. Safie ouvrit, et le vizir, remarquant, à la clarté d'une lampe qu'elle tenait, que c'était une dame d'une grande beauté, joua parfaitement bien son personnage. Il lui fit une profonde révérence et lui dit d'un air respectueux : « — Madame, nous sommes trois marchands de Moussoul, arrivés depuis environ dix jours avec de riches marchandises que nous avons en magasin dans un kan, où nous avons pris logement. Nous avons été aujourd'hui chez un marchand de cette ville, qui nous avait invités à l'aller voir. Il nous a régalés d'une collation, et comme le vin nous avait mis de bonne humeur, il a fait venir une troupe de danseuses. Il était déjà nuit, et dans le temps qu'on jouait des instruments, que les danseuses dansaient et que la compagnie faisait grand bruit, le guet a passé et s'est fait ouvrir. Quelques-uns de la compagnie ont été arrêtés : pour nous, nous avons été assez heureux pour nous sauver par-dessus une muraille. Mais, ajouta le vizir, comme nous sommes étrangers, nous craignons de rencontrer une autre escouade du guet, ou la même, avant que d'arriver à notre kan, qui est éloigné d'ici. Nous arriverions même inutilement, car la porte est fermée, et ne sera ouverte que demain matin, quelque chose qu'il puisse arriver. C'est pourquoi, madame, ayant ouï, en passant, des instruments et des voix, nous avons jugé que l'on n'était pas encore retiré chez vous, et nous avons pris la liberté de frapper pour vous supplier de nous donner retraite jusqu'au jour. Si nous vous paraissons dignes de prendre part à votre divertissement, nous tâcherons d'y contribuer en ce que nous pourrons, pour réparer l'interruption que nous y avons causée. Sinon, faites-nous seulement la grâce de souffrir que nous passions la nuit à couvert sous votre vestibule. »

Pendant ce discours de Giafar, la belle Safie eut le temps d'examiner ce vizir et les deux personnes qu'il disait marchands comme lui, et jugeant à leurs physionomies que ce n'étaient pas des gens du commun, elle leur dit qu'elle n'était pas la maîtresse, et que, s'ils voulaient se donner un moment de patience, elle reviendrait leur apporter la réponse.

Safie alla faire ce rapport à ses sœurs, qui balancèrent quelque temps sur le parti qu'elles devaient prendre. Mais elles étaient naturellement bienfaisantes, et elles avaient déjà fait la même grâce aux trois calenders. Ainsi elles résolurent de les laisser entrer.

Le calife, son grand vizir et le chef de ses eunuques, ayant été introduits par la belle Safie, saluèrent les dames et les calenders avec beaucoup de civilité. Les dames les reçurent de même, les croyant marchands, et Zobéide, comme la principale, leur dit d'un air grave et sérieux qui lui convenait : « — Vous êtes les bienvenus; mais, avant toutes choses, ne trouvez pas mauvais que nous vous demandions une grâce. — Eh! quelle grâce, madame? répondit le vizir; peut-on refuser quelque chose à de si belles dames? — C'est, reprit Zobéide, de n'avoir que des yeux et point de langue; de ne nous pas faire des questions sur quoi que vous puissiez voir, pour en apprendre la cause, et de ne point parler de ce qui ne vous regardera pas, de crainte que vous n'entendiez ce qui ne vous serait point agréable. — Vous serez obéie, madame, repartit le vizir. Nous ne sommes ni censeurs, ni curieux indiscrets : c'est bien assez que nous ayons attention à ce qui nous regarde, sans nous mêler de ce qui ne nous regarde pas. » — A ces mots, chacun s'assit, la conversation se lia, et l'on recommença de boire en faveur des nouveaux venus.

Pendant que le vizir Giafar entretenait les dames, le calife ne pouvait se lasser d'admirer leur beauté, leur bonne grâce, leur humeur enjouée et leur esprit. D'un autre côté, rien ne lui paraissait plus surprenant que les calenders, tous trois borgnes de l'œil droit. Il se serait volontiers informé de cette singularité; mais la condition qu'on venait d'imposer à lui et à sa compagnie l'empêcha d'en parler. Avec cela, quand il faisait réflexion à la richesse des meubles, à leur arrangement bien entendu et à la propreté de cette maison, il ne pouvait se persuader qu'il n'y eût pas de l'enchantement.

L'entretien étant tombé sur les divertissements et les différentes manières de se réjouir, les calenders se levèrent et dansèrent à leur mode une danse qui augmenta la bonne opinion que ces dames avaient déjà conçue d'eux, et qui leur attira l'estime du calife et de sa compagnie.

Quand les trois calenders eurent achevé leur danse, Zobéide se leva, et prenant Amine par la main : « — Ma sœur, lui dit-elle, levez-vous; la compagnie ne trouvera pas mauvais que nous ne nous contraignions point, et leur présence n'empêchera pas que nous fassions ce que nous avons coutume de faire. » — Amine, qui comprit ce que sa sœur voulait dire, se leva et emporta les plats, la table, les flacons, les tasses et les instruments dont les calenders avaient joué.

Safie ne demeura pas à rien faire : elle balaya la salle, mit à sa place tout ce qui était dérangé, moucha les bougies et y appliqua d'autres bois d'aloès et d'autre ambre gris. Cela étant fait, elle pria les trois calenders de s'asseoir sur le sofa d'un côté et le calife de l'autre avec sa compagnie. A l'égard du porteur, elle lui dit : « — Levez-vous et vous préparez à nous prêter la main à ce que nous allons faire : un homme tel que vous, qui est comme de la maison, ne doit pas demeurer dans l'inaction. »

Le porteur, un peu endormi, se leva promptement, et, après avoir attaché le bas de sa robe à sa ceinture : « — Me voilà prêt, dit-il, de quoi s'agit-il ? — Cela va bien, répondit Safie, attendez que l'on vous parle, vous ne serez pas longtemps les bras croisés. » — Peu de temps après, on vit paraître Amine avec un siège, qu'elle posa au milieu de la salle. Elle alla ensuite à la porte d'un cabinet, et, l'ayant ouverte, elle fit signe au porteur de s'approcher. « — Venez, lui dit-elle, et, m'aidez. » — Il obéit, et y étant entré avec elle, il en sortit un moment après, suivi de deux chiennes noires, dont chacune avait un collier attaché à une chaîne qu'il tenait, et, qui paraissaient avoir été maltraitées à coups de fouet. Il s'avança avec elles au milieu de la salle.

Alors Zobéide, qui s'était assise entre les calenders et le calife, se leva et marcha gravement jusqu'où était le porteur. « — Çà, dit-elle en poussant un grand soupir, faisons notre devoir. » — Elle se retroussa les bras jusqu'au coude, et, après avoir pris un fouet que Safie lui présenta : « — Porteur, dit-elle, remettez une de ces deux chiennes à ma sœur Amine, et approchez-vous de moi avec l'autre. »

Le porteur fit ce qu'on lui commandait, et, quand il se fut approché de Zobéide, la chienne qu'il tenait commença de faire des cris et se tourna vers Zobéide, en levant la tête d'une manière suppliante. Mais Zobéide, sans avoir égard à la triste contenance de la chienne, qui faisait pitié, ni à ses cris, qui remplissaient toute la maison, lui donna des coups de fouet à perte d'haleine, et, lorsqu'elle n'eut plus la force de lui en donner davantage, elle jeta le fouet par terre ; puis, prenant la chaîne de la main du porteur, elle leva la chienne par les pattes, et, se mettant toutes deux à se regarder d'un air triste et touchant, elles pleurèrent l'une et l'autre. Enfin, Zobéide tira son mouchoir, essuya les larmes de la chienne, la baisa, et remettant la chienne au porteur : « — Allez, lui dit-elle, ramenez-la où vous l'avez prise, et amenez-moi l'autre. »

Le porteur ramena la chienne fouettée au cabinet, et, en revenant, il prit l'autre des mains d'Amine et l'alla présenter à Zobéide, qui l'attendait. « — Tenez-la comme la première, » lui dit-elle ; puis, ayant repris le fouet, elle la maltraita de la même manière. Elle pleura ensuite avec elle, essuya ses pleurs, la baisa et la remit au porteur, à qui l'agréable Amine épargna la peine de la remettre au cabinet, car elle s'en chargea elle-même.

Cependant les trois calenders, le calife et sa compagnie furent extraordinairement étonnés de cette exécution. Ils ne pouvaient comprendre comment Zobéide, après avoir fouetté avec tant de furie les deux chiennes, animaux immondes, selon la religion musulmane, pleurait ensuite avec elles, leur essuyait les larmes et les baisait. Ils en murmuraient en eux-mêmes. Le calife surtout, plus impatient que les autres, mourait d'envie de savoir le sujet d'une action qui lui paraissait si étrange, et ne cessait de faire signe au vizir de parler pour s'en informer. Mais le vizir tournait la tête d'un autre côté, jusqu'à ce que, pressé par des signes si souvent réitérées, il répondit par d'autres signes que ce n'était pas le temps de satisfaire sa curiosité.

Un des calenders ne put s'empêcher de dire : « — Nous aurions mieux aimé coucher à l'air que d'entrer ici, si nous avions cru y voir de pareils spectacles. » — Le calife, qui l'entendit, s'approcha de lui et des autres calenders, et s'adressant à eux ; « — Que signifie tout ceci ? » dit-il. Celui qui venait de parler lui répondit : — « Seigneur, nous ne le savons pas plus que vous. — Quoi ! reprit le calife, vous n'êtes pas de la maison, ni vous ne pouvez rien nous apprendre de ces deux chiennes noires ? — Seigneur, repartirent les calenders, de notre vie nous ne sommes venus dans cette maison, et nous n'y sommes entrés que quelques moments avant vous. »

Cela augmenta l'étonnement du calife. « — Peut-être, répliqua-t-il, que cet homme qui est avec vous en sait quelque chose. » — L'un des calenders fit signe au porteur de s'approcher, et lui demanda s'il ne savait pas pourquoi les chiennes noires avaient été fouettées. « — Seigneur, répondit le porteur, je puis jurer par le grand Dieu vivant que si vous ne savez rien de tout cela, nous n'en savons pas plus les uns que les autres. Il est bien vrai que je suis de cette ville ; mais je ne suis jamais entré qu'aujourd'hui dans cette maison, et si vous êtes surpris de m'y voir, je ne le suis pas moins de m'y trouver en votre compagnie. Ce qui redouble ma surprise, ajouta-t-il, c'est de ne voir ici aucun homme avec ces dames. »

Le calife, sa compagnie et les calenders avaient cru que le porteur était du logis, et qu'il pourrait les informer de ce qu'ils désiraient savoir. Le calife, résolu de satisfaire sa curiosité à quelque prix que ce fût, dit aux autres : « — Écoutez, puisque nous voilà sept hommes et que nous n'avons affaire qu'à trois dames, obligeons-les à nous donner l'éclaircissement que nous souhaitons. Si elles refusent de nous le donner de bon gré, nous sommes en état de les y contraindre. »

Le grand vizir Giafar s'opposa à cet avis et en fit voir les conséquences au calife, sans toutefois faire connaître ce prince aux calenders, et lui adressant la parole, comme s'il eût été marchand : « — Seigneur, dit-il, considérez, je vous prie, que nous avons notre réputation à conserver. Vous savez à quelle condition ces dames ont bien voulu nous recevoir chez elles : nous l'avons acceptée. Que dirait-on de nous si nous y contrevenions ? Nous serions encore plus blâmables, s'il nous arrivait quelque malheur. Il n'y a pas apparence qu'elles aient exigé de nous cette promesse sans être en état de nous faire repentir si nous ne la tenons pas. »

En cet endroit, le vizir tira le calife à part, et lui parlant tout bas : « — Seigneur, poursuivit-il, la nuit ne durera pas encore longtemps ; que Votre Majesté se donne un peu de patience. Je viendrai prendre ces dames demain matin, je les amènerai devant votre trône, et vous apprendrez d'elles tout ce que vous voulez savoir. — Quoique ce conseil fût très judicieux, le calife le rejeta, imposa silence au vizir, en lui disant qu'il prétendait avoir à l'heure même l'éclaircissement qu'il désirait.

Il ne s'agissait plus que de savoir qui porterait la parole. Le calife tâcha d'engager les calenders à parler les premiers ; mais ils s'en excusèrent. A la fin, ils convinrent tous ensemble que ce serait le porteur. Il se préparait à faire la question fatale, lorsque Zobéide s'approcha d'eux. Comme elle les avait ouï parler haut et avec chaleur, elle leur dit : « — Seigneurs, de quoi parlez-vous ? quelle est votre contestation ? »

Le porteur prit alors la parole : « — Madame, dit-il, ces seigneurs vous supplient de vouloir bien leur expliquer pourquoi, après avoir maltraité vos deux chiennes, vous avez pleuré avec elles. C'est, madame, ce que je suis chargé de vous demander de leur part. »

Zobéide, à ces mots, prit un air fier, et se tournant du côté du calife, de sa compagnie et des calenders : « — Est-il vrai, seigneurs, leur dit-elle, que vous l'ayez chargé de me faire cette demande? » — Ils répondirent tous que oui, excepté le vizir Giafar, qui ne dit mot. Sur cet aveu, elle leur dit, d'un ton qui marquait combien elle se tenait offensée : « — Avant que de vous accorder la grâce que vous nous avez demandée de vous recevoir, afin de prévenir tout sujet d'être mécontentes de vous, parce que nous sommes seules, nous l'avons fait sous la condition que nous vous avons imposée de ne pas parler de ce qui ne vous regarderait point, de peur d'entendre ce qui ne vous plairait pas. Après vous avoir reçus et régalés du mieux qu'il nous a été possible, vous ne laissez pas toutefois de manquer de parole. Il est vrai que cela arrive par la facilité que nous avons eue : mais c'est ce qui ne vous excuse point, et votre procédé n'est pas honnête. » — En achevant ces paroles, elle frappa fortement des pieds et des mains par trois fois, et cria : « — Venez vite. — Aussitôt une porte s'ouvrit, et sept esclaves noirs, puissants et robustes, entrèrent le sabre à la main, se saisirent de chacun des sept hommes de la compagnie, les jetèrent par terre, les traînèrent au milieu de la salle, et se préparèrent à leur couper la tête.

Il est aisé de se représenter quelle fut la frayeur du calife. Il se repentit alors, mais trop tard, de n'avoir pas voulu suivre le conseil de son vizir. Cependant ce malheureux prince, Giafar, Mesrour, le porteur et les calenders étaient près de payer de leurs vies leur indiscrète curiosité ; mais, avant qu'ils reçussent le coup de la mort, un des esclaves dit à Zobéide et à ses sœurs : « — Hautes, puissantes et respectables maîtresses, nous commandez-vous de leur couper le cou ? — Attendez, leur répondit Zobéide, il faut que je les interroge auparavant. — Madame, interrompit le porteur effrayé, au nom de Dieu, ne me faites pas mourir pour le crime d'autrui. Je suis innocent, ce sont eux qui sont les coupables. Hélas ! continua-t-il en pleurant, nous passions le temps si agréablement ! ces calenders borgnes sont la cause de ce malheur ! il n'y a pas de ville qui ne tombe en ruine devant des gens de si mauvais augure. Madame, je vous supplie de ne pas confondre le premier avec le dernier, et songez qu'il est plus beau de pardonner à un misérable comme moi, dépourvu de tout secours, que de l'accabler de votre pouvoir et de le sacrifier à votre ressentiment. »

Zobéide, malgré sa colère, ne put s'empêcher de rire en elle-même des lamentations du porteur. Mais, sans s'arrêter à lui, elle adressa la parole aux autres une seconde fois : « — Répondez-moi, dit-elle, et m'apprenez qui vous êtes, autrement vous n'avez plus qu'un moment à vivre. Je ne puis croire que vous soyez d'honnêtes gens ni des personnes d'autorité ou de distinction dans votre pays, quel qu'il puisse être. Si cela était, vous auriez eu plus de retenue et plus d'égards pour nous. »

Le calife, impatient de son naturel, souffrait infiniment plus que les autres de voir que sa vie dépendait du commandement d'une dame offensée et justement irritée ; mais il commença de concevoir quelque espérance quand il vit qu'elle voulait savoir qui ils étaient tous, car il s'imagina qu'elle ne lui ferait pas ôter la vie lorsqu'elle serait informée de son rang. C'est pourquoi il dit tout bas au vizir, qui était près de lui, de déclarer promptement qui il était. Mais le vizir, prudent et sage, voulant sauver l'honneur de son maître et ne pas rendre public le grand affront qu'il s'était attiré lui-même, répondit seulement : « — Nous n'avons que ce que nous méritons. » — Mais quand, pour obéir au calife, il aurait voulu parler, Zobéide ne lui en aurait pas donné le temps. Elle s'était déjà adressée aux calenders, et les voyant tous trois borgnes, elle leur demanda s'ils étaient frères. Un d'entre eux lui répondit pour les autres : « — Non, madame, nous ne sommes pas frères par le sang, nous ne le sommes qu'en qualité de calenders, c'est-à-dire en observant le même genre de vie. — Vous, reprit-elle en parlant à un seul en particulier, êtes-vous borgne de naissance ? — Non, madame, répondit-il, je le suis par une aventure si surprenante qu'il n'y a personne qui n'en profitât si elle était écrite. Après ce malheur, je me fis raser la barbe et les sourcils, et me fis calender, en prenant l'habit que je porte. »

Zobéide fit la même question aux deux autres calenders, qui lui firent la même réponse que le premier. Mais le dernier qui parla ajouta : « — Pour vous faire connaître, madame, que nous ne sommes pas des personnes du commun, et afin que vous ayez quelque considération pour nous, apprenez que nous sommes tous trois fils de rois. Quoique nous ne nous soyons jamais vus que ce soir, nous avons eu toutefois le temps de nous faire connaître les uns aux autres pour ce que nous sommes, et j'ose vous assurer que les rois de qui nous tenons le jour font quelque bruit dans le monde. »

A ce discours, Zobéide modéra son courroux et dit aux esclaves : « — Donnez-leur un peu de liberté, mais demeurez ici. Ceux qui nous raconteront leur histoire et le sujet qui les a amenés en cette maison, ne leur faites point de mal ; laissez-les aller où il leur plaira ; mais n'épargnez pas ceux qui refuseront de nous donner cette satisfaction. »

Le porteur ayant compris qu'il ne s'agissait que de raconter son histoire pour se délivrer d'un si grand danger, prit la parole le premier, et dit : « — Madame, vous savez déjà mon histoire et le sujet qui m'a amené chez vous. Ainsi, ce que j'ai à vous raconter sera bientôt achevé. Madame votre sœur que voilà m'a pris ce matin à la place où, en qualité de porteur, j'attendais que quelqu'un m'employât et me fît gagner ma vie. Je l'ai suivie chez un marchand de vin, chez un vendeur d'herbes, chez un vendeur d'oranges, de limons et de citrons, puis chez un vendeur d'amandes, de noix, de noisettes et d'autres fruits, ensuite chez un autre confiturier et chez un droguiste ; de chez le droguiste, mon panier sur la tête et chargé autant que je le pouvais être, je suis venu jusque chez vous, où vous avez eu la bonté de me souffrir jusqu'à présent. C'est une grâce dont je me souviendrai éternellement. Voilà mon histoire. »

Quand le porteur eut achevé, Zobéide, satisfaite, lui dit :

« — Sauve-toi, marche, que nous ne te voyions plus. — Madame, reprit le porteur, je vous supplie de me permettre encore de demeurer. Il ne serait pas juste qu'après avoir donné aux autres le plaisir d'entendre mon histoire, je n'eusse pas aussi celui d'écouter la leur. » En disant cela, il prit place sur un bout de sofa, fort joyeux de se voir hors d'un péril qui l'avait tant alarmé. Après lui, un des trois calenders, prenant la parole et s'adressant à Zobéide, comme à la principale des trois dames, et comme à celle qui lui avait commandé de parler, commença ainsi son histoire.

HISTOIRE DU PREMIER CALENDER, FILS DE ROI

« Madame, pour vous apprendre pourquoi j'ai perdu mon œil droit, et la raison qui m'a obligé de prendre l'habit de calender, je vous dirai que je suis né fils de roi. Le roi mon père avait un frère qui régnait comme lui dans un État voisin. Lorsque j'eus fait tous mes exercices et que le roi mon père m'eut donné une liberté honnête, j'allais régulièrement chaque année voir le roi mon oncle, et je demeurais à sa cour un mois ou deux, après quoi je me rendais auprès du roi mon père.

« En revenant d'un de ces voyages à la cour du roi mon oncle, j'arrivai à la capitale où mon père faisait sa résidence, et, contre l'ordinaire, je trouvai à la porte de son palais une grosse garde dont je fus environné en entrant. J'en demandai la raison, et l'officier, prenant la parole, me répondit : « — Prince, l'armée a reconnu le grand vizir à la place du roi votre père, qui n'est plus, et je vous arrête prisonnier, de la part du nouveau roi. » — A ces mots, les gardes se saisirent de moi et me conduisirent devant le tyran.

« Ce rebelle vizir avait, depuis longtemps, conçu pour moi une forte haine. En voici le sujet. Dans ma plus tendre jeunesse, j'aimais à tirer de l'arbalète : j'en tenais une un jour au haut du palais, sur la terrasse, et je me divertissais à en tirer. Il se présenta un oiseau devant moi, je le visai, mais je le manquai, et la balle, par hasard, alla donner droit contre l'œil du vizir, qui prenait l'air sur la terrasse de sa maison, et le creva. Lorsque j'appris ce malheur, j'en fis faire des excuses au vizir, et je lui en fis moi-même ; mais il ne laissa pas d'en conserver un vif ressentiment. Ce ressentiment, il le fit éclater d'une manière barbare quand il me vit en son pouvoir. Il vint à moi comme un furieux dès qu'il m'aperçut, et, enfonçant ses doigts dans mon œil droit, il l'arracha lui-même. Voilà par quelle aventure je suis borgne.

« Mais l'usurpateur ne borna pas là sa cruauté. Il me fit enfermer dans une caisse et ordonna au bourreau de me porter en cet état fort loin du palais, et de m'abandonner aux oiseaux de proie après m'avoir coupé la tête. Le bourreau, accompagné d'un autre homme, monta à cheval, chargé de la caisse, et s'arrêta dans la campagne pour exécuter son ordre. Mais je fis si bien par mes prières que j'excitai sa compassion : « — Allez, me dit-il, sortez promptement du royaume et gardez-vous bien d'y revenir, car vous y rencontreriez votre perte et vous seriez cause de la mienne. » — Je le remerciai de la grâce qu'il me faisait, et je ne fus pas plus tôt seul, que je me consolai d'avoir perdu mon œil en songeant que j'avais évité un plus grand malheur.

« Dans l'état où j'étais, je ne faisais pas beaucoup de chemin. Je me retirais en des lieux écartés pendant le jour, et je marchais la nuit autant que mes forces me le pouvaient permettre. J'arrivai enfin dans les États du roi mon oncle, et je me rendis à sa capitale.

« Je lui fis un long détail de la cause tragique de mon retour et du triste état où il me voyait.

« Peu de temps après mon retour, nous entendîmes un bruit confus de trompettes, de timbales, de tambours et d'autres instruments de guerre. Une poussière épaisse dont l'air était obscurci

nous apprit bientôt ce que c'était, et nous annonça l'arrivée d'une armée formidable. C'était le même vizir qui avait détrôné mon père et usurpé ses États, qui venait pour s'emparer aussi de ceux du roi mon oncle, avec des troupes innombrables.

« Ce prince, qui n'avait alors que sa garde ordinaire, ne put résister à tant d'ennemis. Ils investirent la ville, et comme les portes leur furent ouvertes sans résistance, ils eurent peu de peine à s'en rendre maîtres. Ils n'en eurent pas davantage à pénétrer jusqu'au palais du roi mon oncle, qui se mit en défense, mais il fut tué après avoir vendu chèrement sa vie. De mon côté, je combattis quelque temps, mais, voyant qu'il fallait céder à la force, je songeai à me retirer, et j'eus le bonheur de me sauver par des détours, et de me rendre chez un officier du roi dont la fidélité m'était connue.

« Accablé de douleur, persécuté par la fortune, j'eus recours à un stratagème. Je me fis raser la barbe et les sourcils, et ayant pris l'habit de calender, je sortis de la ville sans que personne me reconnût. Après cela, il me fut aisé de m'éloigner du royaume du roi mon oncle, en marchant par des chemins écartés. J'évitai de passer par les villes, jusqu'à ce qu'étant arrivé dans l'empire du puissant commandeur des croyants, le glorieux et renommé calife Haroun Alraschid, je cessai de craindre. Alors, je pris la résolution de venir à Bagdad me jeter aux pieds de ce grand monarque, dont on vante partout la générosité. « — Je le toucherai, dis-je, par le récit de mes malheurs, et je n'implorerai pas vainement son appui. »

« Enfin, après un voyage de plusieurs mois, je suis arrivé aujourd'hui à la porte de cette ville : j'y suis entré vers la fin du jour, et m'étant un peu arrêté pour reprendre mes esprits et délibérer de quel côté je tournerais mes pas, cet autre calender que voici près de moi arriva aussi en voyageur. Il me salue, je le salue de même. « — A vous voir, lui dis-je, vous êtes étranger comme moi. » — Il me répond que je ne me trompe pas. Dans le moment qu'il me fait cette réponse, le troisième calender que vous voyez survient. Il nous salue et fait connaître qu'il est aussi étranger et nouveau venu à Bagdad. Comme frères, nous nous joignons ensemble, et nous résolvons de ne pas nous séparer.

« Cependant, il était tard, et nous ne savions où aller loger dans une ville où nous n'étions jamais venus. Mais notre bonne fortune nous ayant conduits devant votre porte, nous avons pris la liberté de frapper ; vous nous avez reçus avec tant de charité et de bonté, que nous ne pouvons assez vous en remercier. Voilà, madame, ajouta-t-il, ce que vous m'avez commandé de vous raconter : pourquoi j'ai perdu mon œil droit, pourquoi j'ai la barbe et les sourcils ras et pourquoi je suis en ce moment chez vous.

« — C'est assez, dit Zobéide, nous sommes contentes ; retirez-vous où il vous plaira. » — Le calender s'en excusa et supplia la dame de lui permettre de demeurer, pour avoir la satisfaction d'entendre l'histoire de ses deux confrères, qu'il ne pouvait, disait-il, abandonner honnêtement, et celles des trois autres personnes de la compagnie.

— Sire, dit en cet endroit Sheherazade, le jour, que je vois, m'empêche de passer à l'histoire du second calender : mais si Votre Majesté veut l'entendre demain, elle n'en sera pas moins satisfaite que de celle du premier. — Le sultan y consentit, et le lendemain matin, Sheherazade reprit la parole en ces termes :

HISTOIRE DU SECOND CALENDER, FILS DE ROI

« Madame, dit le second calender s'adressant à Zobéide, pour obéir à votre commandement et vous apprendre par quelle étrange aventure je suis devenu borgne de l'œil droit, il faut que je vous conte toute l'histoire de ma vie.

« J'étais à peine hors de l'enfance, que le roi mon père, car vous saurez, madame, que je suis né prince, remarquant en moi beaucoup d'esprit, n'épargna rien pour le cultiver. Il appela auprès de moi tout ce qu'il y avait dans ses États de gens qui excellaient dans les sciences et dans les beaux-arts.

« Je ne sus pas plus tôt lire et écrire, que j'appris par cœur l'Alcoran tout entier. Et, afin de m'instruire à fond, je lus les ouvrages des auteurs les plus approuvés et qui l'ont éclairci par leurs commentaires. Je me fis une étude particulière de nos histoires; je me perfectionnai dans les belles-lettres, dans la lecture de nos poètes, dans la versification ; je m'attachai à la géographie, à la chronologie et à parler purement notre langue, sans toutefois négliger aucun des exercices qui conviennent à un prince. Mais une chose que j'aimais beaucoup et à quoi je réussissais principalement, c'était à former les caractères de notre langue arabe. J'y fis tant de progrès, que je surpassai tous les maîtres écrivains de notre royaume qui s'étaient acquis le plus de réputation.

« La renommée me fit plus d'honneur que je ne méritais. Elle ne se contenta pas de semer le bruit de mes talents dans les États du roi mon père, elle le porta jusqu'à la cour des Indes, dont le puissant monarque, curieux de me voir, envoya un ambassadeur avec de riches présents pour me demander à mon père, qui fut ravi de cette ambassade pour plusieurs raisons. Il était persuadé que rien ne convenait mieux à un prince de mon âge que de voyager dans les cours étrangères, et d'ailleurs il était bien aise de s'attirer l'amitié du sultan des Indes. Je partis donc avec l'ambassadeur, mais avec peu d'équipage, à cause de la longeur et de la difficulté des chemins.

« Il y avait un mois que nous étions en marche, lorsque nous découvrîmes de loin un gros nuage de poussière, sous lequel nous vîmes bientôt paraître cinquante cavaliers bien armés. C'étaient des voleurs qui venaient à nous au grand galop.

« Comme nous avions dix chevaux chargés de notre bagage et des présents que je devais faire au sultan des Indes, de la part du roi mon père, et que nous étions peu de monde, vous jugez bien que ces voleurs ne manquèrent pas de venir à nous hardiment. N'étant pas en état de repousser la force par la force, nous leur dîmes que nous étions des ambassadeurs du roi des Indes, et que nous espérions qu'ils ne feraient rien contre le respect qu'ils lui devaient. Nous crûmes sauver par là notre équipage et nos vies ; mais les voleurs nous répondirent insolemment : « — Pourquoi voulez-vous que nous respections le sultan votre maître ? nous ne sommes pas ses sujets, et nous ne sommes pas même sur ses terres. » — En achevant ces paroles ils nous enveloppèrent et nous attaquèrent. Je me défendis le plus longtemps qu'il me fut possible ; mais, me sentant blessé et voyant que l'ambassadeur, ses gens et les miens avaient tous été jetés par terre, je profitai du reste des forces de mon cheval, qui avait aussi été fort blessé, et je m'éloignai d'eux. Je le poussai tant qu'il put me porter ; mais venant tout à coup à manquer sous moi, il tomba raide mort de lassitude et du sang qu'il avait perdu. Je me débarrassai de lui assez vite, et, remarquant que personne ne me poursuivait, je jugeai que les voleurs n'avaient pas voulu s'écarter du butin qu'ils avaient fait.

« Me voilà donc, Madame, seul, blessé, destitué de tout secours dans un pays qui m'était inconnu. Je n'osai reprendre le grand chemin, de peur de retomber entre les mains de ces voleurs. Après avoir bandé ma plaie, qui n'était pas dangereuse, je marchai le reste du jour et j'arrivai au pied d'une montagne, où j'aperçus à mi-côte l'ouverture d'une grotte ; j'y entrai et j'y passai la nuit peu tranquillement, après avoir mangé quelques fruits que j'avais cueillis en mon chemin.

« Je continuai de marcher le lendemain et les jours suivants, sans trouver d'endroit où m'arrêter. Mais au bout d'un mois je découvris une grande ville très peuplée, et située d'autant plus avantageusement qu'elle était arrosée, aux environs, de plusieurs rivières, et qu'il y régnait un printemps perpétuel.

« Les objets agréables qui se présentèrent alors à mes yeux me causèrent de la joie, et suspendirent pour quelques moments la tristesse mortelle où j'étais de me voir en l'état où je me trouvais. J'avais le visage, les mains et les pieds d'une couleur basanée, car le soleil me les avait brûlés ; à force de marcher, ma chaussure s'était usée, et j'avais été réduit à marcher nu-pieds : outre cela, mes habits étaient tout en lambeaux.

« J'entrai dans la ville pour m'informer du lieu où j'étais ; je m'adressai à un tailleur qui travaillait à sa boutique. A ma jeunesse et à mon air qui marquait autre chose que ce que je paraissais, il me fit asseoir près de lui. Il me demanda qui j'étais, d'où je venais et ce qui m'avait amené. Je ne lui déguisai rien de tout ce qui m'était arrivé, et je ne fis pas même difficulté de lui découvrir ma condition.

« Le tailleur m'écouta avec attention, mais lorsque j'eus achevé de parler, au lieu de me donner de la consolation, il augmenta mes chagrins : « — Gardez-vous bien, me dit-il, de faire confidence à personne de ce que vous venez de m'apprendre, car le prince qui règne en ces lieux est le plus grand ennemi qu'ait le roi votre père, et il vous ferait sans doute quelque outrage, s'il était informé de votre arrivée en cette ville. » — Je ne doutai point de la sincérité du tailleur quand il m'eut nommé le prince. Mais comme l'inimitié qui est entre mon père et lui n'a pas de rapport avec mes aventures, vous trouverez bon, madame, que je la passe sous silence.

« Je remerciai le tailleur de l'avis qu'il me donnait, et lui témoignai que je me remettais entièrement à ses bons conseils et que je n'oublierais jamais le plaisir qu'il me faisait. Comme il jugea que je ne devais pas manquer d'appétit, il me fit apporter à manger et m'offrit même un logement chez lui, ce que j'acceptai.

« Quelques jours après mon arrivée, remarquant que j'étais remis de la fatigue du long et pénible voyage que je venais de faire, et n'ignorant pas que la plupart des princes de notre religion, par précaution contre les revers de la fortune, apprennent quelque art ou quelque métier, pour s'en servir en cas de besoin, il me demanda si j'en savais quelqu'un dont je pusse vivre sans être à charge à personne. Je lui répondis que je savais l'un et l'autre droit, que j'étais grammairien, poëte, etc., et surtout que j'écrivais parfaitement. « — Avec tout ce que vous venez de dire, répliqua-t-il, vous ne gagnerez pas dans ce pays-ci de quoi vous avoir un morceau de pain : rien n'est ici plus inutile que ces sortes de connaissances. Si vous voulez suivre mon conseil, ajouta-t-il, vous prendrez un habit court, et comme vous me paraissez robuste et d'une bonne constitution, vous irez dans la forêt prochaine faire du bois à brûler : vous viendrez l'exposer en vente à la place, et je vous assure que vous vous ferez un petit revenu dont vous vivrez indépendamment de personne. Par ce moyen, vous vous mettrez en état d'attendre que le ciel vous soit favorable et qu'il dissipe le nuage de mauvaise fortune qui traverse le bonheur de votre vie et vous oblige à cacher votre naissance. Je me charge de vous faire trouver une corde et une cognée. »

« La crainte d'être reconnu et la nécessité de vivre me déterminèrent à prendre ce parti malgré la bassesse et la peine qui y étaient attachées.

« Dès le jour suivant, le tailleur m'acheta une cognée et une corde et un habit court, et me recommandant à de pauvres habitants qui gagnaient leur vie de la même manière, il les pria de me mener avec eux. Ils me conduisirent à la forêt, et, dès le premier jour, j'en rapportai sur ma tête une grosse charge de bois, que je vendis une demi-pièce de monnaie d'or du pays, car, quoique la forêt ne fût pas éloignée, le bois ne laissait pas d'être cher en cette ville, à cause du peu de gens qui se donnaient la peine d'en aller couper. En peu de temps je gagnai beaucoup, et je rendis au tailleur l'argent qu'il avait avancé pour moi.

« Il y avait plus d'une année que je vivais de cette sorte, lorsqu'un jour, ayant pénétré dans la forêt plus avant que de coutume, j'arrivai dans un endroit fort agréable, où je me mis à couper du bois. En arrachant une racine d'arbre, j'aperçus un anneau de fer attaché à une trappe de même métal ; j'ôtai aussitôt la terre qui la couvrait, je la levai, et je vis un escalier par où je descendis avec ma cognée.

« Quand je fus au bas de l'escalier, je me trouvai dans un vaste palais qui me causa une grande admiration par la lumière qui l'éclairait, comme s'il eût été sur la terre dans l'endroit le mieux exposé. Je m'avançai par une galerie soutenue de colonnes de jaspe, avec des bases et des chapiteaux d'or massif ; mais, voyant venir au-devant de moi une dame, elle me parut avoir un air si noble, si aisé, et une beauté si extraordinaire, que, détournant mes yeux de tout autre objet, je m'attachai uniquement à la regarder.

« Pour épargner à la belle dame la peine de venir jusqu'à moi, je me hâtai de la joindre, et, dans le temps que je lui faisais une profonde révérence, elle me dit : « — Qui êtes-vous? êtes-vous homme, ou génie? — Je suis homme, madame, lui répondis-je en me relevant, et je n'ai point de commerce avec les génies. — Par quelle aventure, reprit-elle avec un grand soupir, vous trouvez-vous ici? Il y a vingt-cinq ans que j'y demeure et pendant tout ce temps-là je n'y ai vu d'autre homme que vous. »

« Je lui racontai fidèlement par quel étrange accident elle voyait en ma personne le fils d'un roi dans l'état où je paraissais en sa présence, et comment le hasard avait voulu que je découvrisse l'entrée de la prison magnifique où je la trouvais.

« — Il n'est pas possible, dit-elle, que vous n'ayez jamais entendu parler du grand Épitimarus, roi de l'île d'Ébène, ainsi nommée à cause de ce bois précieux qu'elle produit si abondamment. Je suis la princesse sa fille.

« Le roi mon père m'avait choisi pour époux un prince qui était mon cousin ; mais la première nuit de mes noces, au milieu des réjouissances de la cour et de la capitale du royaume de l'île d'Ébène, un génie m'enleva. Je m'évanouis en ce moment, je perdis toute connaissance : et lorsque j'eus repris mes esprits, je me trouvai dans ce palais. J'ai été longtemps inconsolable, mais le temps et la nécessité m'ont accoutumée à mon sort. Il y a vingt-cinq ans, comme je vous l'ai déjà dit, que je suis dans ce lieu, où je puis dire que j'ai à souhait tout ce qui est nécessaire à la vie et tout ce qui peut contenter une princesse qui n'aimerait que les parures et les ajustements. Si j'ai besoin de lui, soit de jour, soit de nuit, je n'ai pas plus tôt touché un talisman qui est à l'entrée de ma chambre, que le génie paraît. Il y a aujourd'hui quatre jours qu'il est venu : je ne l'attends que dans six. »

« Comme elle cherchait tous les moyens de me faire plaisir, elle servit au dîner une bouteille de vin vieux, le plus excellent que l'on puisse goûter, et elle voulut bien par complaisance en boire quelques coups avec moi. Quand j'eus la tête un peu échauffée de cette liqueur agréable : « — Belle princesse, lui dis-je, il y a trop longtemps que vous êtes enterrée toute vive. Suivez-moi, venez jouir de la clarté du véritable jour, dont vous êtes privée depuis tant d'années. Abandonnez la fausse lumière dont vous jouissez ici.

« — Prince, me répondit-elle en souriant, laissez là ce discours.

— Princesse, repris-je, je vois bien que la crainte du génie vous fait tenir ce langage. Pour moi, je le redoute si peu que je vais mettre son talisman en pièces avec le grimoire qui est écrit dessus. Qu'il vienne alors, je l'attends. Quelque brave, quelque redoutable qu'il puisse être, je lui ferai sentir le poids de mon bras. Je fais serment d'exterminer tout ce qu'il y a de génies au monde, et lui le premier. » — La princesse, qui en savait la conséquence, me conjura de ne pas toucher au talisman : « — Ce serait, me dit-elle, le moyen de nous perdre vous et moi. Je connais les génies

mieux que vous ne les connaissez. » — Les vapeurs du vin ne me permirent pas de goûter les raisons de la princesse : je donnai du pied dans le talisman et le mis en plusieurs morceaux.

« Le talisman ne fut pas sitôt rompu que le palais s'ébranla, prêt à s'écrouler, avec un bruit effroyable et pareil à celui du tonnerre, accompagné d'éclairs redoublés et d'une grande obscurité. Ce fracas épouvantable dissipa en un moment les fumées du vin et me fit connaître, mais trop tard, la faute que j'avais faite.

« — Princesse, m'écriai-je, que signifie ceci ? — Elle me répondit tout effrayée et sans penser à son propre malheur : « — Hélas ! c'est fait de vous si vous ne vous sauvez. »

« Je suivis son conseil, et mon épouvante fut si grande que j'oubliai ma cognée et mes pabouches [1]. J'avais à peine gagné l'escalier par où j'étais descendu, que le palais enchanté s'entr'ouvrit et fit un passage au génie. Il demanda en colère à la princesse : « — Que vous est-il arrivé et pourquoi m'appelez-vous ? — Un mal de cœur, lui répondit la princesse, m'a obligée d'aller chercher la bouteille que vous voyez : j'en ai bu deux ou trois coups ; par malheur, j'ai fait un faux pas et je suis tombée sur le talisman, qui s'est brisé. Il n'y a pas autre chose. »

« A cette réponse, le génie, furieux, lui dit : « — Vous êtes une impudente, une menteuse : la cognée et les pabouches que voilà, pourquoi se trouvent-elles ici ? — Je ne les ai jamais vues qu'en ce moment, reprit la princesse. De l'impétuosité dont vous êtes venu, vous les avez peut-être enlevées avec vous en passant par quelque endroit, et vous les avez apportées sans y prendre garde. »

« Le génie ne repartit que par des injures et par des coups, dont j'entendis le bruit. Je n'eus pas la fermeté d'ouïr les pleurs et les cris pitoyables de la princesse maltraitée d'une manière si cruelle. J'achevai de monter, d'autant plus pénétré de douleur et de compassion que j'étais la cause d'un si grand malheur, et qu'en sacrifiant la plus belle princesse de la terre à la barbarie d'un génie implacable, je m'étais rendu criminel et le plus ingrat de tous les hommes. J'abaissai la trappe, la recouvris de terre, et retournai à la ville avec une charge de bois que j'accommodai sans savoir ce que je faisais, tant j'étais troublé et affligé.

« Le tailleur mon hôte marqua une grande joie de me revoir : « — Votre absence, me dit-il, m'a causé beaucoup d'inquiétude à cause du secret de votre naissance que vous m'avez confié. Je ne savais ce que je devais penser, et je craignais que quelqu'un ne vous eût reconnu. Dieu soit loué de votre retour ! » — Je le remerciai de son zèle et de son affection ; mais je ne lui communiquai rien de ce qui m'était arrivé, ni de la raison pourquoi je retournais sans cognée et sans pabouches. Je me retirai dans ma chambre, où je me reprochai mille fois l'excès de mon imprudence.

« Pendant que je m'abandonnais à ces pensées affligeantes, le tailleur entra et me dit : « — Un vieillard que je ne connais pas vient

---

[1] Pabouche ou babouche, mot qui n'est qu'une altération du persan *païpousche*, qui signifie soulier. Les pabouches sont des espèces de mules.

d'arriver avec votre cognée et vos pabouches, qu'il a trouvées en son chemin, à ce qu'il dit. Il a appris de vos camarades qui vont au bois avec vous que vous demeuriez ici. Venez lui parler, il veut vous les rendre en main propre. »

« A ce discours je changeai de couleur, et tout le corps me trembla. Le tailleur m'en demandait le sujet, lorsque le pavé de ma chambre s'entr'ouvrit. Le vieillard, qui n'avait pas eu la patience

d'attendre, parut et se présenta à nous avec la cognée et les pabouches. C'était le génie ravisseur de la belle princesse de l'île d'Ébène, qui s'était ainsi déguisé, après l'avoir traitée avec la dernière barbarie. « — Je suis génie, nous dit-il, fils de la fille d'Éblis, prince des génies. N'est-ce pas là ta cognée ? ajouta-t-il en s'adressant à moi. Ne sont-ce pas là tes pabouches ? »

Scheherazade, en cet endroit, aperçut le jour et cessa de parler. Le sultan trouvait l'histoire du second calender trop belle pour ne pas vouloir en entendre davantage. C'est pourquoi il se leva dans l'intention d'en apprendre la suite le lendemain.

Le lendemain Scheherazade reprit de cette sorte l'histoire du second calender.

Le calender continuant de parler à Zobéide : « Madame, dit-il, le génie, m'ayant fait cette question, ne me donna pas le temps de lui répondre, et je ne l'aurais pu faire, tant sa présence affreuse m'avait mis hors de moi-même. Il me prit par le milieu du corps, me traîna hors de la chambre, et, s'élançant dans l'air, m'enleva

jusqu'au ciel avec tant de force et de vitesse, que je m'aperçus plutôt que j'étais monté si haut que du chemin qu'il m'avait fait faire en peu de moments. Il fondit de même vers la terre, et, l'ayant fait entr'ouvrir en frappant du pied, il s'y enfonça, et aussitôt je me trouvai dans le palais enchanté, devant la belle princesse de l'île d'Ébène. Mais, hélas ! quel spectacle ! Je vis une chose qui me perça le cœur. Cette princesse était toute en sang, étendue sur la terre, plus morte que vive, et les joues baignées de larmes. « — Prends ce sabre, me dit-il, et coupe-lui la tête. C'est à ce prix que je te mettrai en liberté. » — Je pris le sabre de sa main... » Mais, sire, dit Scheherazade en s'interrompant en cet endroit, il est jour, et je ne dois point abuser de la patience de Votre Majesté. — Voilà des événements merveilleux, dit le sultan en lui-même : nous verrons demain si le prince eut la cruauté d'obéir au génie.

Le lendemain matin Scheherazade poursuivit ainsi le récit du second calender :

« Je serais, dis-je au génie, éternellement blâmable devant tous les hommes si j'avais la lâcheté de massacrer, je ne dis pas seulement une personne que je ne connais point, mais une dame comme celle que je vois, dans l'état où elle est, près de rendre l'âme. Vous ferez de moi ce qu'il vous plaira, puisque je suis à votre discrétion ; mais je ne puis obéir à votre commandement barbare.

« — Je vois bien, dit le génie, que vous me bravez ; mais par le traitement que je vous ferai, vous connaîtrez tous deux de quoi je suis capable. » — A ces mots, le monstre reprit le sabre, et coupa une des mains de la princesse, qui n'eut que le temps de me faire un signe de l'autre, pour me dire un éternel adieu, car le sang qu'elle avait déjà perdu et celui qu'elle perdit alors ne lui permirent pas de vivre plus d'un moment ou deux après cette dernière cruauté, dont le spectacle me fit évanouir.

« Lorsque je fus revenu à moi, je me plaignis au génie de ce qu'il me faisait languir dans l'attente de la mort : « — Frappez, lui dis-je, je suis prêt à recevoir le coup mortel ; je l'attends de vous comme la plus grande grâce que vous me puissiez faire. » — Mais au lieu de me l'accorder : « — Voilà, me dit-il, de quelle sorte les génies traitent les femmes qu'ils soupçonnent d'infidélité. Quant à toi, je me contenterai de te changer en chien, en âne, en lion ou en oiseau : choisis un de ces changements ; je veux bien te laisser maître du choix. »

« Ces paroles me donnèrent quelque espérance de le fléchir.
« — O génie ! lui dis-je, modérez votre colère, et puisque vous ne voulez pas m'ôter la vie, accordez-la-moi généreusement. Je me souviendrai toujours de votre clémence si vous me pardonnez.

« — Tout ce que je puis faire pour toi, me dit-il, c'est de ne te pas ôter la vie ; ne te flatte pas que je te renvoie sain et sauf ; il faut que je te fasse sentir ce que je puis par mes enchantements. »
— A ces mots, il se saisit de moi avec violence, et, m'emportant au travers de la voûte du palais souterrain, qui s'entr'ouvrit pour lui faire un passage, il m'enleva si haut, que la terre ne me parut qu'un petit nuage blanc. De cette hauteur, il se lança vers la terre comme la foudre, et prit pied sur la cime d'une montagne.

« Là, il amassa une poignée de terre, prononça ou plutôt marmotta dessus certaines paroles auxquelles je ne compris rien, et la jetant sur moi : « — Quitte, me dit-il, la figure d'homme, et prends celle de singe. » — Il disparut aussitôt, et je demeurai seul, changé en singe, accablé de douleur, dans un pays inconnu, ne sachant si j'étais près ou éloigné des États du roi mon père.

« Je descendis du haut de la montagne, j'entrai dans un pays plat, dont je ne trouvai l'extrémité qu'au bout d'un mois, que j'arrivai au bord de la mer. Elle était alors dans un grand calme, et j'aperçus un vaisseau à une demi-lieue de terre. Pour ne pas perdre une si belle occasion, je rompis une grosse branche d'arbre, je la tirai après moi dans la mer et me mis dessus, jambe de çà, jambe de là, avec un bâton à chaque main pour me servir de rame.

« Je voguai dans cet état et m'avançai vers le vaisseau. Quand je fus assez près pour être reconnu, je donnai un spectacle fort extraordinaire aux matelots et aux passagers qui parurent sur le tillac. Ils me regardaient tous avec une grande admiration. Cependant j'arrivai à bord, et, me prenant à un cordage, je grimpai jusque sur le tillac ; mais comme je ne pouvais parler, je me trouvai dans un terrible embarras. En effet, le danger que je courus alors ne fut pas moins grand que celui d'avoir été à la discrétion du génie.

« Les marchands, superstitieux et scrupuleux, crurent que je porterais malheur à leur navigation si l'on me recevait. C'est pourquoi l'un dit : « — Je vais l'assommer d'un coup de maillet ; » — un autre : « — Je veux lui passer une flèche au travers du corps ; » — un autre : « — Il faut le jeter à la mer. » — Quelqu'un n'aurait pas manqué de faire ce qu'il disait, si, me rangeant du côté du capitaine, je ne m'étais pas prosterné à ses pieds, le prenant par son habit, dans la posture de suppliant ; il fut tellement touché de cette action et des larmes qu'il vit couler de mes yeux, qu'il me prit sous sa protection, en menaçant de faire repentir celui qui me ferait le moindre mal. Il me fit mille caresses. De mon côté, au défaut de la parole, je lui donnai par mes gestes toutes les marques de reconnaissance qu'il me fut possible.

« Le vent qui succéda au calme ne fut pas fort, mais il fut durable : il ne changea point durant cinquante jours, et il nous fit heureusement aborder au port d'une belle ville très peuplée et d'un grand commerce, où nous jetâmes l'ancre. Elle était d'autant plus considérable, que c'était la capitale d'un puissant État.

« Notre vaisseau fut bientôt environné d'une infinité de petits bateaux, remplis de gens qui venaient pour féliciter leurs amis sur leur arrivée, ou s'informer de ceux qu'ils avaient vus au pays d'où ils arrivaient, ou simplement par la curiosité de voir un vaisseau qui venait de loin.

« Il arriva entre autres quelques officiers qui demandèrent à parler de la part du sultan aux marchands de notre bord. Les marchands se présentèrent à eux, et l'un des officiers, prenant la parole, leur dit : « — Le sultan notre maître nous a chargés de vous témoigner qu'il a bien de la joie de votre arrivée, et de vous prier de prendre la peine d'écrire, sur le rouleau de papier que voici, chacun quelques lignes de votre écriture.

« Pour vous apprendre quel est son dessein, vous saurez qu'il avait un premier vizir qui, avec une très grande capacité dans le maniement des affaires, écrivait dans la dernière perfection. Ce ministre est mort depuis peu de jours. Le sultan en est fort affligé, et comme il ne regardait jamais les écritures de sa main sans admiration, il a fait un serment solennel de ne donner sa place qu'à un homme qui écrira aussi bien qu'il écrivait. Beaucoup de gens ont présenté de leurs écritures, mais jusqu'à présent il ne s'est trouvé personne dans l'étendue de cet empire qui ait été jugé digne d'occuper la place du vizir. »

« Ceux des marchands qui crurent assez bien écrire pour prétendre à cette haute dignité, écrivirent l'un après l'autre ce qu'ils voulurent. Lorsqu'ils eurent achevé, je m'avançai et enlevai le rouleau de la main de celui qui le tenait. Tout le monde, et particulièrement les marchands qui venaient d'écrire, s'imaginant que je voulais le déchirer ou le jeter à la mer, firent de grands cris ; mais ils se rassurèrent quand ils virent que je tenais le rouleau fort proprement et que je faisais signe de vouloir écrire à mon tour. Cela fit changer leur crainte en admiration. Néanmoins, comme ils n'avaient jamais vu de singe qui sût écrire, et qu'ils ne pouvaient se persuader que je fusse plus habile que les autres, ils voulaient m'arracher le rouleau des mains ; mais le capitaine prit encore mon parti. « — Laissez-le faire, dit-il, qu'il écrive. S'il ne fait que barbouiller le papier, je vous promets que je le punirai sur-le-champ ; si, au contraire, il écrit bien, comme je l'espère, car je n'ai vu de ma vie un singe plus adroit et plus ingénieux, ni qui comprît mieux toutes choses, je déclare que je le reconnaîtrai pour mon fils. J'en avais un qui n'avait pas, à beaucoup près, tant d'esprit que lui. »

« Voyant que personne ne s'opposait plus à mon dessein, je pris la plume et ne la quittai qu'après avoir écrit six sortes d'écritures usitées chez les Arabes, et chaque essai d'écriture contenait un distique ou un quatrain impromptu à la louange du sultan. Mon écriture n'effaçait pas seulement celle des marchands, j'ose dire qu'on n'en avait point vu de si belle jusqu'alors en ce pays-là. Quand j'eus achevé, les officiers prirent le rouleau et le portèrent au sultan.

« Le sultan ne fit aucune attention aux autres écritures ; il ne regarda que la mienne, qui lui plut tellement, qu'il dit aux officiers : « — Prenez le cheval de mon écurie le plus beau et le plus richement enharnaché, et une robe de brocart des plus magnifiques, pour revêtir la personne de qui sont ces six sortes d'écritures, et amenez-la-moi. »

« A cet ordre du sultan, les officiers se mirent à rire. Ce prince, irrité de leur hardiesse, était prêt à les punir ; mais ils lui dirent : « — Sire, nous supplions Votre Majesté de nous pardonner ; ces écritures ne sont pas d'un homme, elles sont d'un singe. — Que dites-vous ? s'écria le sultan ; ces écritures merveilleuses ne sont pas de la main d'un homme ? — Non, sire, répondit un des officiers ; nous assurons Votre Majesté qu'elles sont d'un singe, qui les a faites devant nous. » — Le sultan trouva la chose trop surprenante pour n'être pas curieux de me voir. « — Faites ce que je vous ai commandé, leur dit-il, amenez-moi promptement un singe si rare. »

« Les officiers revinrent au vaisseau et exposèrent leur ordre au capitaine, qui leur dit que le sultan était le maître. Aussitôt ils me revêtirent d'une robe de brocart très riche, et me portèrent à terre, où ils me mirent sur le cheval du sultan, qui m'attendait dans son palais avec un grand nombre de personnes de sa cour, qu'il avait assemblées pour me faire plus d'honneur.

« La marche commença ; le port, les rues, les places publiques, les fenêtres, les terrasses des palais et des maisons, tout était rempli d'une multitude innombrable de monde de l'un et de l'autre sexe et de tous les âges, que la curiosité avait fait venir de tous les endroits de la ville pour me voir, car le bruit s'était répandu en un moment que le sultan venait de choisir un singe pour son grand vizir. Après avoir donné un spectacle si nouveau à tout ce peuple qui, par des cris redoublés, ne cessait de marquer sa surprise, j'arrivai au palais du sultan.

« Je trouvai ce prince assis sur son trône, au milieu des grands de sa cour. Je lui fis trois révérences profondes, et, à la dernière, je me prosternai et baisai la terre devant lui. Je me mis ensuite sur mon séant en posture de singe. Toute l'assemblée ne pouvait se lasser de m'admirer, et ne comprenait pas comment il était possible qu'un singe sût si bien rendre aux sultans le respect qui leur est dû, et le sultan en était plus étonné que personne. Enfin la cérémonie de l'audience eût été complète si j'eusse pu ajouter la harangue à mes gestes ; mais les singes ne parlèrent jamais, et l'avantage d'avoir été homme ne me donnait pas ce privilège.

« Le sultan congédia ses courtisans et il ne resta auprès de lui que le chef de ses eunuques, un petit esclave fort jeune, et moi. Il passa de la salle d'audience dans son appartement, où il se fit apporter à manger. Lorsqu'il fut à table, il me fit signe d'approcher et de manger avec lui. Pour lui marquer mon obéissance, je baisai la terre, je me levai et me mis à table, je mangeai avec beaucoup de retenue et de modestie.

« Avant que l'on desservît, j'aperçus une écritoire ; je fis signe qu'on me l'apportât, et, quand je l'eus, j'écrivis sur une grosse pêche des vers de ma façon, qui marquaient ma reconnaissance au sultan, et la lecture qu'il en fit, après que je lui eus présenté la pêche, augmenta son étonnement. « — Un homme qui serait capable d'en faire autant, dit-il, serait au-dessus des plus grands hommes. »

« La table levée, ce prince, s'étant fait apporter un jeu d'échecs, me demanda par signe si j'y savais jouer et si je voulais jouer avec lui. Je baisai la terre, et, en portant la main sur ma tête, je marquai que j'étais prêt à recevoir cet honneur. Il me gagna la première

partie; mais je gagnai la seconde et la troisième, et, m'apercevant que cela lui faisait quelque peine, pour le consoler, je fis un quatrain que je lui présentai. Je lui disais que deux puissantes armées s'étaient battues tout le jour avec beaucoup d'ardeur; mais qu'elles avaient fait la paix sur le soir, et qu'elles avaient passé la nuit ensemble fort tranquillement sur le champ de bataille.

« Tant de choses paraissant au sultan fort au delà de tout ce qu'on avait jamais vu ou entendu de l'adresse et de l'esprit des singes, il ne voulait pas être le seul témoin de ces prodiges. Il avait une fille qu'on appelait Dame de beauté. « — Allez, dit-il au chef des eunuques, qui était présent et attaché à cette princesse, allez, faites venir ici votre dame : je suis bien aise qu'elle ait part au plaisir que je prends. »

« Le chef des eunuques partit et amena bientôt la princesse. Elle avait le visage découvert; mais elle ne fut pas plus tôt dans la chambre, qu'elle se le couvrit promptement de son voile, en disant au sultan : — Sire, il faut que Votre Majesté se soit oubliée. Je suis fort surprise qu'elle me fasse venir pour paraître devant les hommes. — Comment donc, ma fille, répondit le sultan, vous n'y pensez pas vous-même : il n'y a ici que le petit esclave, l'eunuque votre gouverneur, et moi, qui avons la liberté de vous voir le visage ; néanmoins vous baissez votre voile et vous me faites un crime de vous avoir fait venir ici. — Sire, répliqua la princesse, Votre Majesté va connaître que je n'ai pas tort. Le singe que vous voyez, quoiqu'il ait la forme d'un singe, est un jeune prince, fils d'un grand roi. Il a été métamorphosé en singe par enchantement. Un génie, fils de la fille d'Éblis, lui a fait cette malice après avoir cruellement ôté la vie à la princesse de l'île d'Ébène, fille du roi Épitimarus. »

« Le sultan, étonné de ce discours, se tourna de mon côté, et ne me parlant plus par signe, me demanda si ce que sa fille venait de dire était véritable. Comme je ne pouvais parler, je mis la main sur ma tête pour lui témoigner que la princesse avait dit la vérité. « — Ma fille, reprit alors le sultan, comment savez-vous que ce prince a été transformé en singe par enchantement ? — Sire, repartit la princesse Dame de beauté, Votre Majesté peut se souvenir qu'au sortir de mon enfance, j'ai eu près de moi une vieille dame. C'était une magicienne très habile. Elle m'a enseigné soixante règles de sa science, par la vertu de laquelle je pourrais en un clin d'œil faire transporter votre capitale au milieu de l'Océan, au delà du mont Caucase. Par cette science, je connais toutes les personnes qui sont enchantées, seulement à les voir ; je sais qui elles sont et par qui elles ont été enchantées. Ainsi, ne soyez pas surpris si j'ai d'abord démêlé ce prince au travers du charme qui l'empêche de paraître à vos yeux tel qu'il est naturellement. — Ma fille, dit le sultan, je ne vous croyais pas si habile. — Sire, répondit la princesse, ce sont des choses curieuses qu'il est bon de savoir, mais il m'a semblé que je ne devais pas m'en vanter. — Puisque cela est ainsi, reprit le sultan, vous pourrez donc dissiper l'enchantement du prince ? — Oui, sire, repartit la princesse, je puis lui rendre sa première forme. — Rendez-la-lui donc, interrompit le sultan, vous ne sauriez me faire un plus grand plaisir, car je veux qu'il soit mon grand vizir et qu'il vous épouse. — Sire, dit la princesse, je suis prête à vous obéir en tout ce qu'il vous plaira de m'ordonner. »

Scheherazade, en achevant ces derniers mots, s'aperçut qu'il était jour et cessa de poursuivre l'histoire du second calender. Schahriar, jugeant que la suite ne serait pas moins agréable que ce qu'il avait entendu, résolut de l'écouter le lendemain.

Dinarzade, appelant la sultane à l'heure ordinaire, lui dit : — Ma sœur, si vous ne dormez pas, racontez-nous, de grâce, comment la Dame de beauté remit le second calender dans son premier état.
— Vous allez le savoir, répondit Scheherazade. Le calender reprit ainsi son discours :

« La princesse Dame de beauté alla dans son appartement, d'où elle apporta un couteau qui avait des mots hébreux gravés sur la lame. Elle nous fit descendre ensuite, le sultan, le chef des eunuques, le petit esclave et moi, dans une cour secrète du palais, et là, nous laissant sous une galerie qui régnait autour, elle s'avança au milieu de la cour, où elle décrivit un grand cercle, et y traça plusieurs mots en caractères arabes anciens et autres qu'on appelle caractères de Cléopâtre.

« Lorsqu'elle eut achevé et préparé le cercle de la manière qu'elle le souhaitait, elle se plaça et s'arrêta au milieu, où elle fit des adjurations, elle récita des versets de l'Alcoran. Insensiblement l'air s'obscurcit de sorte qu'il semblait qu'il fût nuit et que la machine du monde allait se dissoudre. Nous nous sentîmes saisir d'une frayeur extrême, et cette frayeur augmenta encore quand nous vîmes tout à coup paraître le génie, fils de la fille d'Éblis, sous la forme d'un lion d'une grandeur épouvantable.

« Dès que la princesse aperçut ce monstre, elle lui dit : « —Chien, au lieu de ramper devant moi, tu oses te présenter sous cette horrible forme et tu crois m'épouvanter ! — Et toi, reprit le lion, tu ne crains pas de contrevenir au traité que nous avons fait et confirmé par un serment solennel, de ne nous nuire ni faire aucun tort l'un à l'autre ! — Ah ! maudit, répliqua la princesse, c'est à toi que j'ai ce reproche à faire. — Tu vas, interrompit brusquement le lion, être payée de la peine que tu m'as donnée de revenir. » En disant cela, il ouvrit une gueule effroyable et s'avança sur elle pour la dévorer ; mais elle, qui était sur ses gardes, fit un saut en arrière, eut le temps de s'arracher un cheveu, et en prononçant deux ou trois paroles, elle le changea en un glaive tranchant, dont elle coupa le lion en deux par le milieu du corps.

« Les deux parties du lion disparurent, et il ne resta que la tête, qui se changea en un gros scorpion. Aussitôt la princesse se changea en serpent et livra un rude combat au scorpion, qui, n'ayant pas l'avantage, prit la forme d'un aigle et s'envola. Mais le serpent prit alors celle d'un aigle noir plus puissant et le poursuivit. Nous les perdîmes de vue l'un et l'autre.

« Quelque temps après qu'ils eurent disparu, la terre s'entrouvrit devant nous, et il en sortit un chat noir et blanc, dont le poil était tout hérissé, et qui miaulait d'une manière effrayante. Un loup noir le suivit de près et ne lui donna aucune relâche. Le chat, trop pressé, se changea en ver et se trouva près d'une grenade tombée par hasard d'un grenadier qui était planté sur le bord d'un canal d'eau assez profond, mais peu large. Ce ver perça la grenade en un instant et s'y cacha, la grenade alors s'enfla, devint grosse comme une citrouille, et s'éleva sur le toit de la galerie, d'où, après avoir fait quelques tours en roulant, elle tomba dans la cour et se rompit en plusieurs morceaux.

« Le loup, qui pendant ce temps-là s'était transformé en coq, se jeta sur les grains de la grenade et se mit à les avaler l'un après l'autre. Lorsqu'il n'en vit plus, il vint à nous les ailes étendues, en faisant grand bruit, comme pour nous demander s'il n'y avait plus de grains. Il en restait un sur le bord du canal, dont il s'aperçut en se retournant. Il y courut vite; mais dans le moment qu'il allait porter le bec dessus, le grain roula dans le canal et se changea en petit poisson...

« Le coq se jeta dans le canal et se changea en un brochet qui poursuivit le petit poisson. Ils furent l'un et l'autre deux heures entières sous l'eau, et nous ne savions ce qu'ils étaient devenus, lorsque nous entendîmes des cris horribles qui nous firent frémir. Peu de temps après, nous vîmes le génie et la princesse tout en feu. Ils se lancèrent l'un contre l'autre des flammes par la bouche jusqu'à ce qu'ils vinrent à se prendre corps à corps. Alors les deux feux s'augmentèrent et jetèrent une fumée épaisse et enflammée qui s'éleva fort haut. Nous craignîmes avec raison qu'elle n'embrasât tout le palais, mais nous eûmes bientôt un sujet de crainte beaucoup plus pressant, car le génie, s'étant débarrassé de la princesse, vint jusqu'à la galerie où nous étions et nous souffla des tourbillons de feu. C'était fait de nous si la princesse, accourant à notre secours, ne l'eût obligé par ses cris à s'éloigner et à se garder d'elle. Néanmoins, quelque diligence qu'elle fît, elle ne put empêcher que le sultan n'eût la barbe brûlée et le visage gâté, que le chef des eunuques ne fût étouffé et consumé sur-le-champ, et qu'une étincelle n'entrât dans mon œil droit et ne me rendît borgne. Le sultan et moi nous nous attendions à périr : mais bientôt nous ouïmes crier : « — Victoire ! victoire ! » — et nous vîmes tout à coup paraître la princesse sous sa forme naturelle, et le génie réduit en un monceau de cendres.

« La princesse s'approcha de nous, et, pour ne pas perdre de temps, elle demanda une tasse pleine d'eau, qui lui fut apportée par le jeune esclave, à qui le feu n'avait fait aucun mal. Elle la prit, et après quelques paroles prononcées dessus, elle jeta l'eau sur moi en disant : « — Si tu es singe par enchantement, change de figure et prends celle d'homme que tu avais auparavant. — A peine eut-elle achevé ces mots, que je redevins homme tel que j'étais avant ma métamorphose, à un œil près.

« Je me préparais à remercier la princesse, mais elle ne m'en donna pas le temps. Elle s'adressa au sultan son père et lui dit : « — Sire, j'ai remporté la victoire sur le génie, comme Votre Majesté le peut voir. Mais c'est une victoire qui me coûte cher : il me reste peu de moments à vivre, et vous n'aurez pas la satisfaction de faire le mariage que vous méditiez. Le feu m'a pénétrée dans ce combat terrible, et je sens qu'il me consume peu à peu. Cela ne serait point arrivé si je m'étais aperçue du dernier grain de la grenade et que je l'eusse avalé comme les autres lorsque j'étais changée en coq. Le génie s'y était réfugié comme en son dernier retranchement, et de là dépendait le succès du combat, qui aurait été heureux et sans danger pour moi. Cette faute m'a obligée de recourir au feu et de combattre avec ces puissantes armes, comme je l'ai fait entre le ciel et la terre et en votre présence. Malgré le pouvoir de son art redoutable et son expérience, j'ai fait connaître au génie que j'en savais plus que lui ; je l'ai vaincu et réduit en cendres. Mais je ne puis échapper à la mort qui s'approche. »

« Le sultan laissa la princesse Dame de beauté achever le récit de son combat, et, quand elle l'eut fini, il lui dit d'un ton qui marquait la vive douleur dont il était pénétré : « — Ma fille, vous voyez en quel état est votre père. Hélas ! je m'étonne que je sois encore en vie ! L'eunuque votre gouverneur est mort et le prince que vous venez de délivrer de son enchantement a perdu un œil. »

— Il n'en put dire davantage, car les larmes, les soupirs et les sanglots lui coupèrent la parole. Nous fûmes extrêmement touchés de son affliction, sa fille et moi, et nous pleurâmes avec lui.

« Pendant que nous nous affligions comme à l'envi l'un de l'autre, la princesse se mit à crier : « — Je brûle ! je brûle ! » — Elle sentit que le feu qui la consumait s'était enfin emparé de tout son corps, et elle ne cessa de crier : « — Je brûle ! je brûle ! » — que la mort n'eût mis fin à ses douleurs insupportables. L'effet de ce feu fut si extraordinaire, qu'en peu de moments elle fut réduite en cendres, comme le génie.

« Je ne vous dirai pas, madame, jusqu'à quel point je fus touché d'un spectacle si funeste. J'aurais mieux aimé être toute ma vie singe ou chien que de voir ma bienfaitrice périr si misérablement. De son côté, le sultan, affligé au delà de tout ce qu'on peut s'imaginer, poussa des cris pitoyables en se donnant de grands coups à la tête et sur la poitrine, jusqu'à ce que, succombant à son désespoir, il s'évanouit, et me fit craindre pour sa vie.

« Cependant les eunuques et les officiers accoururent aux cris du sultan, qu'ils n'eurent pas peu de peine à faire revenir de sa faiblesse. Ce prince et moi n'eûmes pas besoin de leur faire un long récit de cette aventure pour les persuader de la douleur que nous en avions : les deux monceaux de cendres en quoi la princesse et le génie avaient été réduits la leur firent assez concevoir. Comme le sultan pouvait à peine se soutenir, il fut obligé de s'appuyer sur eux pour gagner son appartement.

« Dès que le bruit d'un événement si tragique se fut répandu dans le palais et dans la ville, tout le monde plaignit le malheur de la princesse Dame de beauté et prit part à l'affliction du sultan. On mena grand deuil durant sept jours ; on fit beaucoup de cérémonies ; on jeta au vent les cendres du génie ; on recueillit celles de la princesse dans un vase précieux, pour y être conservées, et ce vase fut déposé dans un superbe mausolée que l'on bâtit au même endroit où les cendres avaient été recueillies.

« Le chagrin que conçut le sultan de la perte de sa fille lui causa une maladie qui l'obligea de garder le lit un mois entier. Il n'avait pas encore entièrement recouvré sa santé, qu'il me fit appeler : « — Prince, me dit-il, écoutez l'ordre que j'ai à vous donner : il y va de votre vie si vous ne l'exécutez. » — Je l'assurai que j'obéirais exactement. Après quoi, reprenant la parole : « — J'avais toujours vécu, poursuivit-il, dans une parfaite félicité, et jamais aucun accident ne l'avait traversée ; votre arrivée a fait évanouir le bonheur dont je jouissais : ma fille est morte, son gouverneur n'est plus, et ce n'est que par un miracle que je suis en vie. Vous êtes donc la cause de tous ces malheurs, dont il n'est pas possible que je puisse me consoler. C'est pourquoi retirez-vous en paix, mais retirez-vous incessamment ; je périrais moi-même si vous demeuriez ici davantage, car je suis persuadé que votre présence porte malheur ; c'est tout ce que j'avais à vous dire. Partez, et prenez garde de paraître jamais dans mes États : aucune considération ne m'empêcherait de vous en faire repentir. » — Je voulus parler, mais il me ferma la bouche par des paroles remplies de colère, et je fus obligé de m'éloigner de son palais.

« Rebuté, chassé, abandonné de tout le monde, et ne sachant ce que je deviendrais, avant de sortir de la ville, j'entrai dans un bain, je me fis raser la barbe et les sourcils, et pris l'habit de calender. Je me mis en chemin en pleurant moins ma misère que la mort des belles princesses que j'avais causée. Je traversai plusieurs pays sans me faire connaître ; enfin je résolus de venir à Bagdad, dans l'espérance de me faire présenter au commandeur des croyants et d'exciter sa compassion par le récit d'une histoire si étrange. J'y suis arrivé ce soir, et la première personne que j'ai rencontrée en arrivant, c'est le calender notre frère qui vient de parler avant moi. Vous savez le reste, madame, et pourquoi j'ai l'honneur de me trouver dans votre hôtel. »

Quand le second calender eut achevé son histoire, Zobéide, à qui il avait adressé la parole, lui dit : « — Voilà qui est bien ; allez, retirez-vous où il vous plaira, je vous en donne la permission. » — Mais, au lieu de sortir, il supplia aussi la dame de lui faire la même grâce qu'au premier calender, auprès de qui il alla prendre place... — Mais, sire, dit Scheherazade en achevant ces derniers mots, il est jour, et il ne m'est pas permis de continuer. J'ose assurer néanmoins que, quelque agréable que soit l'histoire du second calender, celle du troisième n'est pas moins belle : que Votre Majesté se consulte ; qu'elle voie si elle veut avoir la patience de l'entendre. — Le sultan, curieux de savoir si elle était aussi merveilleuse que la dernière, se leva résolu de prolonger encore la vie de Scheherazade, quoique le délai qu'il avait accordé fût fini depuis plusieurs jours.

— Je voudrais bien, dit le lendemain Shahriar, entendre l'histoire du troisième calender. — Sire, répondit Scheherazade, vous allez être obéi. — Le troisième calender, ajouta-t-elle, voyant que c'était à lui à parler, s'adressant comme les autres à Zobéide, commença son histoire de cette manière.

HISTOIRE DU TROISIÈME CALENDER, FILS DE ROI

« Très honorable dame, ce que j'ai à vous raconter est bien différent de ce que vous venez d'entendre. Les deux princes qui ont parlé avant moi ont perdu chacun un œil par un pur effet de leur destinée, et moi je n'ai perdu le mien que par ma faute, qu'en prévenant moi-même et cherchant mon propre malheur, comme vous l'apprendrez par la suite de mon discours.

« Je m'appelle Agib, et suis fils d'un roi qui se nommait Cassib. Après sa mort, je pris possession de ses États, et établis mon séjour dans la même ville où il avait demeuré. Cette ville est située sur le bord de la mer. Elle a un port des plus beaux et des plus sûrs, avec un arsenal assez grand pour fournir à l'armement de cent cinquante vaisseaux de guerre toujours prêts à servir dans l'occasion ; pour en équiper cinquante en marchandises et autant de petites frégates légères pour les promenades et les divertissements sur l'eau. Plusieurs belles provinces composaient mon royaume en terre ferme, avec un grand nombre d'îles considérables, presque toutes situées à la vue de ma capitale.

« Je visitai premièrement les provinces ; je fis ensuite armer et équiper toute ma flotte, et j'allai descendre dans mes îles pour me concilier, par ma présence, le cœur de mes sujets, et les affermir dans le devoir. Quelque temps après que j'en fus revenu, j'y retournai, et ces voyages, en me donnant quelque teinture de la navigation, m'y firent prendre tant de goût, que je résolus d'aller faire des découvertes au delà de mes îles. Pour cet effet je fis équiper dix vaisseaux seulement, je m'embarquai, et nous mîmes à la voile.

« Notre navigation fut heureuse pendant quarante jours de suite ; mais la nuit du quarante et unième, le vent devint contraire et même si furieux, que nous fûmes battus d'une tempête violente qui pensa nous submerger. Néanmoins, à la pointe du jour, le vent s'apaisa, les nuages se dissipèrent, et le soleil ayant ramené le beau temps, nous abordâmes à une île où nous nous arrêtâmes deux jours à prendre des rafraîchissements. Cela étant fait, nous nous remîmes en mer. Après dix jours de navigation, nous commencions à espérer de voir la terre, car la tempête que nous avions essuyée m'avait détourné de mon dessein, et j'avais fait prendre la route de mes États, lorsque je m'aperçus que mon pilote ne savait où nous étions. Effectivement, le dixième jour, un matelot, commandé pour faire la découverte au haut du grand mât, rapporta qu'à la droite et à la gauche il n'avait vu que le ciel et la mer qui bornassent l'horizon; mais que devant lui, du côté où nous avions la proue, il avait remarqué une grande noirceur.

« Le pilote changea de couleur à ce récit, jeta d'une main son turban sur le tillac, et de l'autre se frappant le visage : « — Ah! sire, s'écria-t-il, nous sommes perdus! Personne de nous ne peut échapper au danger où nous nous trouvons, et, avec toute mon expérience, il n'est pas en mon pouvoir de nous en garantir. » — En disant ces paroles, il se mit à pleurer comme un homme qui croyait sa perte inévitable, et son désespoir jeta l'épouvante dans tout le vaisseau. Je lui demandai quelle raison il avait de se désespérer ainsi. « — Hélas! sire, me répondit-il, la tempête que nous avons essuyée nous a tellement égarés de notre route, que demain, à midi, nous nous trouverons près de cette noirceur, qui n'est autre chose que la montagne Noire, et cette montagne noire est une mine d'aimant qui, dès à présent, attire toute votre flotte, à cause des clous et des ferrements qui entrent dans la structure des vaisseaux. Lorsque nous en serons demain à une certaine distance, la force de l'aimant sera si violente, que tous les clous se détacheront et iront se coller contre la montagne : nos vaisseaux se dissoudront et seront submergés. Comme l'aimant a la vertu d'attirer le fer à soi et de se fortifier par cette attraction, cette montagne, du côté de la mer, est couverte des clous d'une infinité de vaisseaux qu'elle a fait périr, ce qui conserve et augmente en même temps cette vertu.

« Cette montagne, poursuivit le pilote, est très escarpée, et au sommet il y a un dôme de bronze fin, soutenu de colonnes de même métal; au haut du dôme paraît un cheval aussi de bronze, sur lequel est un cavalier qui a la poitrine couverte d'une plaque de plomb, sur laquelle sont gravés des caractères talismaniques. La tradition, sire, est que cette statue est la cause principale de la perte de tant de vaisseaux et de tant d'hommes qui ont été submergés en cet endroit, et qu'elle ne cessera d'être funeste à tous ceux qui auront le malheur d'en approcher, jusqu'à ce qu'elle soit renversée. »

« Le pilote, ayant tenu ce discours, se remit à pleurer, et ses larmes excitèrent celles de tout l'équipage. Je ne doutai pas moi-même que je ne fusse arrivé à la fin de mes jours. Chacun, toutefois, ne laissa pas de songer à sa conservation et de prendre pour cela toutes les mesures possibles. Et dans l'incertitude de l'événement, ils se firent tous héritiers les uns des autres par un testament en faveur de ceux qui se sauveraient.

« Le lendemain matin nous aperçûmes à découvert la montagne Noire, et l'idée que nous en avions conçue nous la fit paraître plus affreuse qu'elle n'était. Sur le midi nous nous en trouvâmes si près, que nous éprouvâmes ce que le pilote nous avait prédit. Nous vîmes voler les clous et tous autres ferrements de la flotte vers la montagne, où, par la violence de l'attraction, ils se collèrent avec un bruit horrible. Les vaisseaux s'entr'ouvrirent et s'abîmèrent dans le fond de la mer, qui était si haute en cet endroit, qu'avec la sonde nous n'aurions pu en découvrir la profondeur. Tous mes gens furent noyés; mais Dieu eut pitié de moi et permit que je me sauvasse en me saisissant d'une planche qui fut poussée par le vent droit au pied de la montagne. Je ne me fis pas le moindre mal, mon bonheur m'ayant fait aborder dans un endroit où il y avait des degrés pour monter au sommet.

« A la vue de ces degrés, car il n'y avait pas de terrain à droite ni à gauche où l'on pût mettre le pied et par conséquent se sauver, je remerciai Dieu et invoquai son saint nom en commençant à monter. L'escalier était si étroit, si raide et si difficile, que, pour peu que le vent eût eu de violence, il m'aurait renversé et précipité dans la mer. Mais enfin, j'arrivai jusqu'au haut sans accident : j'entrai sous le dôme, et, me prosternant contre terre, je remerciai Dieu de la grâce qu'il m'avait faite.

« Je passai la nuit sous ce dôme; pendant que je dormais, un vénérable vieillard m'apparut et me dit: « — Écoute, Agib, lorsque tu seras éveillé, creuse la terre sous tes pieds; tu y trouveras un arc en bronze, et trois flèches de plomb fabriquées sous certaines constellations pour délivrer le genre humain de tant de maux qui le menacent. Tire les trois flèches contre la statue : le cavalier tombera dans la mer et le cheval de ton côté, que tu enterreras au même endroit d'où tu auras tiré l'arc et les flèches. Cela fait, la mer s'enflera et montera jusqu'au pied du dôme, à la hauteur de la montagne. Lorsqu'elle y sera montée, tu verras aborder une chaloupe où il n'y aura qu'un seul homme avec une rame à chaque main. Cet homme sera de bronze, mais différent de celui que tu auras renversé. Embarque-toi avec lui sans prononcer le nom de Dieu, et te laisse conduire. Il te conduira en dix jours dans une autre mer, où tu trouveras le moyen de te retourner chez toi sain et sauf, pourvu que, comme je te l'ai dit, tu ne prononces pas le nom de Dieu pendant tout le voyage.

« Tel fut le discours du vieillard. D'abord que je fus éveillé, je me levai extrêmement consolé de cette vision, et je ne manquai pas de faire ce que le vieillard m'avait commandé. Je déterrai l'arc et les flèches, et je les tirai contre le cavalier. A la troisième flèche, je le renversai dans la mer, et le cheval tomba de mon côté. Je l'enterrai à la place de l'arc et des flèches, et dans cet intervalle, la mer s'enfla peu à peu. Lorsqu'elle fut arrivée au pied du dôme, à la hauteur de la montagne, je vis de loin, sur la mer, une chaloupe qui venait à moi. Je bénis Dieu, voyant que les choses succédaient conformément au songe que j'avais eu.

« Enfin la chaloupe aborda, et je vis l'homme de bronze tel qu'il m'avait été dépeint. Je m'embarquai et me gardai bien de prononcer le nom de Dieu ; je ne dis pas un seul autre mot. Je m'assis, et l'homme de bronze recommença de ramer en s'éloignant de la montagne. Il vogua sans discontinuer jusqu'au neuvième jour, que je vis des îles qui me firent espérer que je serais bientôt hors du danger que j'avais à craindre. L'excès de ma joie me fit oublier la défense qui m'avait été faite. « — Dieu soit béni ! dis-je alors, Dieu soit loué ! »

« Je n'eus pas achevé ces paroles, que la chaloupe s'enfonça dans la mer avec l'homme de bronze. Je demeurai sur l'eau et je nageai, le reste du jour, du côté de la terre qui me parut la plus voisine. Une nuit fort obscure succéda, et comme je ne savais plus où j'étais, je nageais à l'aventure. Mes forces s'épuisèrent à la fin, et je commençais à désespérer de me sauver, lorsque, le vent venant à se fortifier, une vague plus grosse qu'une montagne me jeta sur une plage, où elle me laissa en se retirant. Je me hâtai aussitôt de prendre terre, de crainte qu'une autre vague ne me reprît, et la première chose que je fis fut de me dépouiller, d'exprimer l'eau de mon habit, et de l'étendre pour le faire sécher sur le sable, qui était encore échauffé de la chaleur du jour.

« Le lendemain le soleil eut bientôt achevé de sécher mon habit. Je le repris et m'avançai pour reconnaître où j'étais. Je n'eus pas marché longtemps que je connus que j'étais dans une petite île déserte fort agréable, où il y avait plusieurs sortes d'arbres fruitiers et sauvages. Mais je remarquai qu'elle était considérablement éloignée de terre, ce qui diminua fort la joie que j'avais d'être échappé à la mer. Néanmoins je me remettais à Dieu du soin de disposer de mon sort selon sa volonté, quand j'aperçus un petit bâtiment qui venait de terre ferme à pleines voiles et avait la proue sur l'île où j'étais.

« Comme je ne doutais pas qu'il n'y vînt mouiller, et que j'ignorais si les gens qui étaient dessus seraient amis ou ennemis, je crus ne devoir pas me montrer d'abord. Je montai sur un arbre fort touffu, d'où je pouvais impunément examiner leur contenance.

Le bâtiment vint se ranger dans une petite anse, où débarquèrent dix esclaves qui portaient une pelle et d'autres instruments propres à remuer la terre. Ils marchèrent vers le milieu de l'île, où je les vis s'arrêter et remuer la terre quelque temps, et à leur action il me parut qu'ils levèrent une trappe. Ils retournèrent ensuite au bâtiment, débarquèrent plusieurs sortes de provisions et de meubles, et en firent chacun une charge qu'ils portèrent à l'endroit où ils avaient remué la terre, et ils y descendirent, ce qui me fit comprendre qu'il y avait là un lieu souterrain. Je les vis encore une fois aller au vaisseau, et en ressortir peu de temps après avec un vieillard qui menait avec lui un jeune homme de quatorze ou quinze ans, très bien fait. Ils descendirent tous où la trappe avait été levée, et, quand ils furent remontés, qu'ils eurent abaissé la trappe, qu'ils l'eurent recouverte de terre, et qu'ils reprirent le chemin de l'anse où était le navire, je remarquai que le jeune homme n'était pas avec eux, d'où je conclus qu'il était resté dans le lieu souterrain, circonstance qui me causa un extrême étonnement.

« Le vieillard et les esclaves se rembarquèrent, et le bâtiment, remis à la voile, reprit la route de la terre ferme. Quand je le vis si éloigné que je ne pouvais être aperçu de l'équipage, je descendis de l'arbre et me rendis promptement à l'endroit où j'avais vu remuer la terre. Je la remuai à mon tour jusqu'à ce que, trouvant une pierre de deux ou trois pieds en carré, je la levai et je vis qu'elle couvrait l'entrée d'un escalier aussi de pierre. Je le descendis, et me trouvai au bas dans une grande chambre où il y avait un tapis de pied et un sofa garni d'un autre tapis et de coussins d'une riche étoffe, où le jeune homme était assis avec un éventail à la main. Je distinguai toutes ces choses à la clarté de deux bougies, aussi bien que des fruits et des pots de fleurs qu'il avait près de lui.

« Le jeune homme fut effrayé de ma vue. Mais, pour le rassurer, je lui dis en entrant : « — Qui que vous soyez, seigneur, ne craignez rien ; un roi et un fils de roi tel que je suis n'est pas capable de vous faire la moindre injure. C'est, au contraire, votre bonne destinée qui a voulu apparemment que je me trouvasse ici pour vous tirer de ce tombeau, où il semble qu'on vous ait enterré tout vivant pour des raisons que j'ignore. Mais ce qui m'embarasse et ce que je ne puis concevoir (car je vous dirai que j'ai été témoin de tout ce qui s'est passé depuis que vous êtes arrivé dans cette île), c'est qu'il m'a paru que vous vous êtes laissé ensevelir dans ce lieu sans résistance... » Scheherazade se tut en cet endroit, et le sultan se leva très impatient d'apprendre pourquoi ce jeune homme avait ainsi été abandonné dans une île déserte, ce qu'il se promit d'entendre la nuit suivante.

Dinarzade, lorsqu'il en fut temps, appela la sultane : — Si vous ne dormez pas, ma sœur, lui dit-elle, je vous prie de reprendre l'histoire du troisième calender. — Scheherazade ne se le fit pas répéter et la poursuivit de cette sorte :

« Le jeune homme, continua le troisième calender, se rassura à ces paroles, et me pria d'un air riant de m'asseoir près de lui. Dès que je fus assis : « — Prince, me dit-il, je vais vous apprendre une chose qui vous surprendra par sa singularité. Mon père est un marchand joaillier qui a acquis de grands biens par son travail et par son habileté dans sa profession. Il a un grand nombre d'esclaves et de commissionnaires, qui font des voyages par mer sur des vaisseaux qui lui appartiennent, afin d'entretenir les correspondances qu'il a en plusieurs cours où il fournit les pierreries dont on a besoin.

« Il y avait longtemps qu'il était marié sans avoir eu d'enfants, lorsqu'il apprit qu'il aurait un fils dont la vie néanmoins ne serait pas de longue durée, ce qui lui donna beaucoup de chagrin à son réveil. Quelques jours après, ma mère lui annonça qu'elle était grosse, et le temps qu'elle croyait avoir conçu s'accordait fort avec le jour du songe de mon père. Elle accoucha de moi dans le terme des neuf mois, et ce fut une grande joie dans la famille.

« Mon père, qui avait exactement observé le moment de ma naissance, consulta les astrologues, qui lui dirent : « — Votre fils vivra sans nul accident jusqu'à l'âge de quinze ans. Mais alors il courra risque de perdre la vie et il sera difficile qu'il en échappe. Si néanmoins son bonheur veut qu'il ne périsse pas, sa vie sera de longue durée. C'est qu'en ce temps-là, ajoutèrent-ils, la statue équestre de bronze qui est au haut de la montagne d'aimant aura été renversée dans la mer par le prince Agib, fils du roi Cassib, et que les astres marquent que, cinquante jours après, votre fils doit être tué par ce prince. »

« Comme cette prédiction s'accordait avec le songe de mon père, il en fut vivement frappé et affligé. Il ne laissa pas pourtant de prendre beaucoup de soin de mon éducation jusqu'à cette présente année, qui est la quinzième de mon âge. Il apprit hier que depuis dix jours le cavalier de bronze a été jeté dans la mer par le prince que je viens de vous nommer. Cette nouvelle lui a coûté tant de pleurs et causé tant d'alarmes qu'il n'est pas reconnaissable dans l'état où il est.

« Sur la prédiction des astrologues, il a cherché les moyens de tromper mon horoscope et de me conserver la vie. Il y a longtemps qu'il a pris la précaution de faire bâtir cette demeure, pour m'y tenir caché durant cinquante jours dès qu'il apprendrait que la statue serait renversée. C'est pourquoi, comme il a su qu'elle l'était depuis dix jours, il est venu promptement me cacher ici, et il a promis que dans quarante jours il viendra me reprendre. Pour moi, ajouta-t-il, j'ai bonne espérance, et je ne crois pas que le prince Agib vienne me chercher sous terre au milieu d'une île déserte. Voilà, seigneur, ce que j'avais à vous dire. »

« Pendant que le fils du joaillier me racontait son histoire, je me moquais en moi-même des astrologues qui avaient prédit que je lui ôterais la vie, et je me sentais si éloigné de vérifier la prédiction, qu'à peine eut-il achevé de parler que je lui dis avec transport : « — Mon cher seigneur, ayez de la confiance en la bonté de Dieu et ne craignez rien. Comptez que c'était une dette que vous aviez à payer et que vous en êtes quitte dès à présent. Je suis ravi, après avoir fait naufrage, de me trouver heureusement ici pour vous défendre contre ceux qui voudraient attenter à votre vie. Je ne vous abandonnerai pas durant ces quarante jours que les vaines conjectures des astrologues vous font appréhender. Je vous rendrai pendant ce temps-là tous les services qui dépendront de moi. Après cela je profiterai de l'occasion de gagner la terre ferme en m'embarquant avec vous sur votre bâtiment, avec la permission de votre père et la vôtre, et, quand je serai de retour en mon royaume, je n'oublierai point l'obligation que je vous aurai, et je tâcherai de vous en témoigner ma reconnaissance de la manière que je le devrai.

« Je rassurai par ce discours le fils du joaillier et m'attirai sa confiance. Je me gardai bien, de peur de l'épouvanter, de lui dire que j'étais cet Agib qu'il craignait, et je pris grand soin de ne lui en donner aucun soupçon. Nous nous entretînmes de plusieurs choses jusqu'à la nuit, et je connus que le jeune homme avait beaucoup d'esprit. Nous mangeâmes ensemble de ses provisions : il en avait une si grande quantité qu'il en aurait eu de reste au bout de quarante jours, quand il aurait eu d'autres hôtes que moi. Après le souper, nous continuâmes de nous entretenir quelque temps, et ensuite nous nous couchâmes.

« Le lendemain, à son lever, je lui présentai le bassin et l'eau. Il se lava; je préparai le dîner et le servis quand il en fut temps. Après le repas, j'inventai un jeu pour nous désennuyer, non seulement ce jour-là, mais encore les jours suivants. Je préparai le souper de la même manière que j'avais apprêté le dîner. Nous soupâmes et nous nous couchâmes comme le jour précédent.

« Nous eûmes le temps de contracter amitié ensemble. Je m'aperçus qu'il avait de l'inclination pour moi, et de mon côté j'en avais conçu une si forte pour lui, que je me disais souvent à moi-même que les astrologues qui avaient prédit au père que son fils serait tué par mes mains étaient des imposteurs, et qu'il n'était pas possible que je pusse commettre une si méchante action. Enfin, madame, nous passâmes trente-neuf jours le plus agréablement du monde dans ce lieu souterrain.

« Le quarantième arriva. Le matin, le jeune homme, en s'éveillant, me dit, avec un transport de joie dont il ne fut pas le maître : « — Prince, me voilà aujourd'hui au quarantième jour, et je ne suis pas mort, grâce à Dieu et à votre bonne compagnie. Mon père ne manquera pas tantôt de vous en marquer sa reconnaissance et de vous fournir tous les moyens et toutes les commodités nécessaires pour vous en retourner dans votre royaume. Mais en attendant, ajouta-t-il, je vous supplie de vouloir bien faire chauffer de l'eau pour me laver tout le corps dans le bain portatif; je veux me décrasser et changer d'habit pour mieux recevoir mon père. »

« Je mis de l'eau sur le feu, et, lorsqu'elle fut tiède, j'en remplis le bain portatif. Le jeune homme se mit dedans; je le lavai et le frottai moi-même. Il en sortit ensuite, se coucha dans son lit, que j'avais préparé, et je le couvris de sa couverture. Après qu'il se fut reposé et qu'il eut dormi quelque temps : « — Mon prince, me dit-il, obligez-moi de m'apporter un melon et du sucre, que j'en mange pour me rafraîchir. »

« De plusieurs melons qui nous restaient, je choisis le meilleur et le mis dans un plat, et comme je ne trouvais pas de couteau pour le couper, je demandai au jeune homme s'il ne savait pas où il y en avait. « — Il y en a un, me répondit-il, sur cette corniche au-dessus de ma tête. » — Effectivement, j'y en aperçus un ; mais je me pressai si fort pour le prendre, et dans le temps que je l'avais à la main, mon pied s'embarrassa de telle sorte dans la couverture, que je tombai et glissai si malheureusement sur le jeune homme, que je lui enfonçai le couteau dans le cœur. Il expira dans le moment.

« A ce spectacle, je poussai des cris épouvantables. Je me trappai la tête, le visage et la poitrine ; je déchirai mon habit et me jetai par terre avec une douleur et des regrets inexprimables. « — Hélas ! m'écriai-je, il ne restait que quelques heures pour être hors du danger contre lequel il avait cherché un asile, et dans le temps que je compte moi-même que le péril est passé, c'est alors que je deviens son assassin et que je rends la prédiction véritable. Mais, Seigneur, ajoutai-je en levant la tête et les mains au ciel, je vous en demande pardon, et, si je suis coupable de sa mort, ne me laissez pas vivre plus longtemps. »

Scheherazade, voyant paraître le jour en cet endroit, fut

obligée d'interrompre ce récit funeste. Le sultan des Indes en fut ému, et, se sentant quelque inquiétude sur ce que deviendrait après cela le calender, il se garda bien de faire mourir ce jour-là Scheherazade, qui seule pouvait le tirer de peine.

Dinarzade, suivant sa coutume, éveilla la sultane, le lendemain. Scheherazade prit aussitôt la parole et parla de cette sorte :

« Madame, poursuivit le troisième calender en s'adressant à Zobéide, après le malheur qui venait de m'arriver, j'aurais reçu la mort sans frayeur, si elle s'était présentée à moi. Mais le mal, ainsi que le bien, ne nous arrive pas toujours lorsque nous le souhaitons.

« Néanmoins, faisant réflexion que mes larmes et ma douleur ne feraient pas revivre le jeune homme, et que, les quarante jours finissant, je pourrais être surpris par son père, je sortis de cette demeure souterraine et montai au haut de l'escalier. J'abaissai la grosse pierre sur l'entrée et la couvris de terre.

« J'eus à peine achevé que, portant la vue sur la mer du côté de la terre ferme, j'aperçus le bâtiment qui venait reprendre le jeune homme. Alors, me consultant sur ce que j'avais à faire, je dis en moi-même : « — Si je me fais voir, le vieillard ne manquera pas de me faire arrêter et massacrer peut-être par ses esclaves, quand il aura vu son fils dans l'état où je l'ai mis. Tout ce que je pourrai alléguer pour me justifier ne le persuadera point de mon innocence. Il vaut mieux, puisque j'en ai le moyen, me soustraire à son ressentiment que de m'y exposer. »

« Il y avait près du lieu souterrain un gros arbre dont l'épais feuillage me parut propre à me cacher. J'y montai, et je ne me fus pas plus tôt placé de manière que je ne pouvais être aperçu, que je vis aborder le bâtiment au même endroit que la première fois.

« Le vieillard et les esclaves débarquèrent bientôt et s'avancèrent vers la demeure souterraine d'un air qui marquait qu'ils avaient quelque espérance ; mais lorsqu'ils virent la terre nouvellement remuée, ils changèrent de visage, et particulièrement le vieillard. Ils levèrent la pierre et descendirent. Ils appellent le jeune homme par son nom ; il ne répond point. Leur crainte redouble ; ils le cherchent et le retrouvent enfin étendu sur son lit, avec le couteau au milieu du cœur, car je n'avais pas eu le courage de l'ôter. A cette vue, ils poussèrent des cris de douleur qui renouvelèrent la mienne. Le vieillard en tomba évanoui ; ses esclaves, pour lui donner de l'air, l'apportèrent en haut entre leurs bras et le posèrent au pied de l'arbre où j'étais. Mais, malgré tous leurs soins, ce malheureux père demeura longtemps en cet état, et leur fit plus d'une fois désespérer de sa vie.

« Il revint toutefois de ce long évanouissement. Alors les esclaves apportèrent le corps de son fils, revêtu de ses plus beaux habillements, et, dès que la fosse qu'on lui faisait fut achevée, on l'y descendit. Le vieillard, soutenu par deux esclaves, et le visage baigné de larmes, lui jeta le premier un peu de terre, après quoi les esclaves en comblèrent la fosse.

« Cela étant fait, l'ameublement de la demeure souterraine fut enlevé et embarqué avec le reste des provisions. Ensuite le vieillard, accablé de douleur, ne pouvant se soutenir, fut mis sur une espèce de brancard et transporté dans le vaisseau, qui remit à la voile. Il s'éloigna de l'île en peu de temps et je le perdis de vue.

« Après le départ du vieillard, de ses esclaves et du navire, je restai seul dans l'île ; je passais la nuit dans la demeure souterraine, qui n'avait pas été rebouchée, et le jour je me promenais autour de l'île, et m'arrêtais dans les endroits les plus propres à prendre du repos quand j'en avais besoin.

« Je menai cette vie ennuyeuse pendant un mois. Au bout de ce temps-là, je m'aperçus que la mer diminuait considérablement et que l'île devenait plus grande : il semblait que la terre ferme s'approchât. Effectivement, les eaux devinrent si basses qu'il n'y avait plus qu'un petit trajet de mer entre moi et la terre ferme. Je le traversai et n'eus de l'eau presque qu'à mi-jambe. Je marchai si longtemps sur le sable, que j'en fus très fatigué. A la fin, je gagnai un terrain plus ferme, et j'étais déjà assez éloigné de la mer lorsque je vis fort loin au-devant de moi comme un grand feu, ce qui me donna quelque joie. Je trouverai quelqu'un, disais-je, car il n'est pas possible que ce feu se soit allumé de lui-même. Mais, à mesure que je m'en approchais, mon erreur se dissipait, et je reconnus bientôt que ce que j'avais pris pour du feu était un château de cuivre rouge, que les rayons du soleil faisaient paraître de loin comme enflammé.

« Je m'arrêtai près de ce château et m'assis, autant pour en considérer la structure admirable que pour me remettre un peu de ma lassitude. Je n'avais pas encore donné à cette maison magnifique toute l'attention qu'elle méritait, quand j'aperçus dix jeunes hommes bien faits, qui paraissaient venir de la promenade. Mais ce qui me parut assez surprenant, ils étaient tous borgnes de l'œil droit. Ils accompagnaient un vieillard d'une taille haute et d'un air vénérable.

« J'étais étrangement étonné de rencontrer tant de borgnes à la fois et tous privés du même œil. Dans le temps que je cherchais dans mon esprit par quelle aventure ils pouvaient être assemblés, ils m'abordèrent et me témoignèrent de la joie de me voir. Après les premiers compliments, ils me demandèrent ce qui m'avait amené là. Je leur répondis que mon histoire était un peu longue, et que, s'ils voulaient prendre la peine de s'asseoir, je leur donnerais la satisfaction qu'ils souhaitaient. Ils s'assirent, et je leur racontai ce qui m'était arrivé depuis que j'étais sorti de mon royaume jusqu'alors, ce qui leur causa une grande surprise.

« Après que j'eus achevé mon discours, ces jeunes seigneurs me prièrent d'entrer avec eux dans le château. J'acceptai leur offre. Nous traversâmes une infinité de salles, d'antichambres, de chambres et de cabinets fort proprement meublés, et nous arrivâmes dans un grand salon où il y avait en rond dix petits sofas bleus et séparés, tant pour s'asseoir et se reposer le jour que pour dormir la nuit. Au milieu de ce rond était un onzième sofa moins élevé et de la même couleur, sur lequel se plaça le vieillard dont on a parlé, et les jeunes seigneurs s'assirent sur les dix autres.

« Comme chaque sofa ne pouvait tenir qu'une personne, un de ces jeunes gens me dit : « — Camarade, asseyez-vous sur le tapis au milieu de la place et ne vous informez de quoi que ce soit qui nous regarde, non plus que du sujet pourquoi nous sommes tous borgnes de l'œil droit : contentez-vous de voir, et ne portez pas plus loin votre curiosité.

« Le vieillard ne demeura pas longtemps assis. Il se leva et sortit, mais il revint quelques moments après, apportant le souper des dix seigneurs, auxquels il distribua à chacun sa portion en particulier. Il me servit aussi la mienne, que je mangeai seul, à l'exemple des autres, et, sur la fin du repas, le même vieillard nous présenta une tasse de vin à chacun.

« Mon histoire leur avait paru si extraordinaire qu'ils me la firent répéter à l'issue du souper, et elle donna lieu à un entretien qui dura une grande partie de la nuit. Un des seigneurs, faisant réflexion qu'il était tard, dit au vieillard : « — Vous voyez qu'il

est temps de dormir, et vous ne nous apportez pas de quoi nous acquitter de notre devoir. » — A ces mots, le vieillard se leva et entra dans un cabinet, d'où il apporta sur sa tête dix bassins, l'un après l'autre, tous couverts d'une étoffe bleue. Il en posa un avec un flambleau devant chaque seigneur.

« Ils découvrirent leurs bassins, dans lesquels il y avait de la cendre, du charbon en poudre et du noir à noircir. Ils mêlèrent toutes ces choses ensemble, et commencèrent à s'en frotter et barbouiller le visage, de manière qu'ils étaient affreux à voir. Après s'être noircis de la sorte, ils se mirent à pleurer et à se frapper la tête et la poitrine, en criant sans cesse : « — Voilà le fruit de notre oisiveté et de nos débauches ! »

« Ils passèrent presque toute la nuit dans cette étrange occupation. Ils la cessèrent enfin ; après quoi le vieillard leur apporta de l'eau dont ils se lavèrent le visage et les mains ; ils quittèrent aussi leurs habits, qui étaient gâtés, et en prirent d'autres, de sorte qu'il ne paraissait pas qu'ils eussent rien fait des choses étonnantes dont je venais d'être spectateur.

« Jugez, madame, de la contrainte où j'avais été durant tout ce temps-là. J'avais été mille fois tenté de rompre le silence que ces seigneurs m'avaient imposé, pour leur faire des questions, et il me fut impossible de dormir le reste de la nuit.

« Le jour suivant, d'abord que nous fûmes levés, nous sortîmes pour prendre l'air, et je leur dis : — « Seigneurs, je vous déclare que je renonce à la loi que vous me prescrivîtes hier au soir : je ne puis l'observer. Vous êtes des gens sages et vous avez tous de l'esprit infiniment, vous me l'avez fait assez connaître ; néanmoins, je vous ai vus faire des actions dont toutes autres personnes que des insensés ne peuvent être capables. Quelque malheur qui puisse m'arriver, je ne saurais m'empêcher de vous demander pourquoi vous vous êtes barbouillé le visage de cendres, de charbon et de noir à noircir, et enfin pourquoi vous n'avez tous qu'un œil. Il faut que quelque chose de singulier en soit la cause : c'est pourquoi je vous conjure de satisfaire ma curiosité. » — A des instances si pressantes, ils ne répondirent rien; sinon que les demandes que je leur faisais ne me regardaient pas, que je n'y avais pas le moindre intérêt et que je demeurasse en repos.

« Nous passâmes la journée à nous entretenir de choses indifférentes, et, quand la nuit fut venue, après avoir tous soupé séparément, le vieillard apporta encore les bassins bleus ; les jeunes seigneurs se barbouillèrent, ils pleurèrent, se frappèrent et crièrent : « — Voilà le fruit de notre oisiveté et de nos débauches ! » — Ils firent, le lendemain et les jours suivants, la même action.

« A la fin, je ne pus résister à ma curiosité, et je les priai très sérieusement de la contenter ou de m'enseigner par quel chemin je pourrais retourner dans mon royaume, car je leur dis qu'il ne m'était pas possible de demeurer plus longtemps avec eux et d'avoir toutes les nuits un spectacle si extraordinaire sans qu'il me fût permis d'en savoir les motifs.

« Un des seigneurs me répondit pour tous les autres : « — Ne vous étonnez pas de notre conduite à votre égard; si, jusqu'à présent, nous n'avons pas cédé à vos prières, ce n'a été que par pure amitié pour vous et pour vous épargner le chagrin d'être réduit au même état où vous nous voyez. Si vous voulez bien éprouver notre malheureuse destinée, vous n'avez qu'à parler, nous allons vous donner la satisfaction que vous nous demandez. » — Je leur dis que j'étais résolu à tout événement. « — Encore une fois, reprit le même seigneur, nous vous conseillons de modérer votre curiosité : il y va de la perte de votre œil droit. — Il n'importe, repartis-je, je vous déclare que si ce malheur m'arrive, je ne vous en tiendrai pas coupables et que je ne l'imputerai qu'à moi-même. »

« Il me représenta encore que, quand j'aurais perdu un œil, je ne devais point espérer de demeurer avec eux, supposé que j'eusse cette pensée, parce que leur nombre était complet et qu'il ne pouvait pas être augmenté. Je leur dis que je me ferais un plaisir de ne me séparer jamais d'aussi honnêtes gens qu'eux; mais que, si c'était une nécessité, j'étais prêt encore à m'y soumettre, puisque, à quelque prix que ce fût, je souhaitais qu'ils m'accordassent ce que je leur demandais.

« Les dix seigneurs, voyant que j'étais inébranlable dans ma résolution, prirent un mouton, qu'ils égorgèrent, et, après lui avoir ôté la peau, ils me présentèrent le couteau dont ils s'étaient servis, et me dirent : « — Prenez ce couteau, il vous servira dans l'occasion que nous vous dirons bientôt. Nous allons vous coudre dans cette peau, dont il faut que vous vous enveloppiez ; ensuite nous vous laisserons sur la place, et nous nous retirerons. Alors un oiseau d'une grosseur énorme, qu'on appelle roc, paraîtra dans l'air, et, vous prenant pour un mouton, fondra sur vous et vous enlèvera jusqu'aux nues. Mais que cela ne vous épouvante pas : il reprendra son vol vers la terre et vous posera sur la cime d'une montagne. D'abord que vous vous sentirez à terre, fendez la peau avec le couteau et vous développez. Le roc ne vous aura pas plus tôt vu, qu'il s'envolera de peur et vous laissera libre. Ne vous arrêtez point; marchez jusqu'à ce que vous arriviez à un château d'une grandeur prodigieuse, tout couvert de plaques d'or, de grosses émeraudes et d'autres pierreries fines. Présentez-vous à la porte, qui est toujours ouverte, et entrez. Nous avons été dans ce château, tous tant que nous sommes ici. Nous ne vous disons rien de ce que nous y avons vu ni de ce qui nous est arrivé : vous l'apprendrez par vous-même. Ce que nous pouvons vous dire, c'est qu'il nous en coûte à chacun notre œil droit, et la pénitence dont vous avez été témoin est une chose que nous sommes obligés de faire pour y avoir été. L'histoire de chacun de nous en particulier est remplie d'aventures extraordinaires, et on en ferait un gros livre ; mais nous ne pouvons vous en dire davantage. »

« Un des dix seigneurs borgnes m'ayant tenu le discours que je viens de vous rapporter, je m'enveloppai dans la peau du mouton, saisi du couteau qui m'avait été donné, et, après que les jeunes seigneurs eurent pris la peine de me coudre dedans, ils me laissèrent sur la place et se retirèrent dans leur salon. Le roc dont ils m'avaient parlé ne fut pas longtemps à se faire voir : il fondit sur moi, me prit entre ses griffes, comme un mouton, et me transporta au haut d'une montagne.

« Lorsque je me sentis à terre, je ne manquai pas de me servir du couteau ; je fendis la peau, me développai et parus devant le roc, qui s'envola dès qu'il m'aperçut. Ce roc est un oiseau blanc d'une grandeur et d'une grosseur monstrueuses ; pour sa force, elle est telle qu'il enlève les éléphants dans les plaines et les porte sur le sommet des montagnes, où il en fait sa pâture.

« Dans l'impatience que j'avais d'arriver au château, je ne perdis point de temps, et je pressai si bien le pas qu'en moins d'une demi-journée je m'y rendis, et je puis dire que je le trouvai encore plus beau qu'on ne me l'avait dépeint.

« La porte était ouverte ; j'entrai dans une cour carrée et si vaste qu'il y avait autour quatre-vingt-dix-neuf portes de bois de sandal et d'aloès, et une d'or, sans compter celle de plusieurs escaliers magnifiques qui conduisaient aux appartements d'en haut, et d'autres encore que je ne voyais pas. Les cent que je dis donnaient entrée dans des jardins ou des magasins remplis de richesses, ou enfin dans des lieux qui renfermaient des choses surprenantes à voir.

« Je vis en face une porte ouverte par où j'entrai dans un grand salon où étaient assises quarante jeunes dames d'une beauté si parfaite, que l'imagination même ne saurait aller au delà. Elles étaient habillées très magnifiquement. Elles se levèrent toutes ensemble sitôt qu'elles m'aperçurent, et, sans attendre mon compliment, elles me dirent avec de grandes démonstrations de joie : « — Brave seigneur, soyez le bienvenu, soyez le bienvenu ! » Et une d'entre elles prenant la parole pour les autres : « — Il y a longtemps, dit-elle, que nous attendions un cavalier comme vous ; votre air nous marque assez que vous avez toutes les bonnes qualités que nous pouvons souhaiter, et nous espérons que vous ne trouverez pas notre compagnie désagréable et indigne de vous. »

« Après beaucoup de résistance de ma part, elles me forcèrent de m'asseoir dans une place un peu plus élevée au-dessus des leurs et comme je témoignais que cela me faisait de la peine : « — C'est votre place, me dirent-elles, vous êtes de ce moment notre seigneur, notre maître et notre juge, et nous sommes vos esclaves, prêtes à recevoir vos commandements. »

« Rien au monde, madame, ne m'étonna tant que l'ardeur et l'empressement de ces belles dames à me rendre tous les services imaginables. L'une apporta de l'eau chaude et me lava les pieds; une autre me versa de l'eau de senteur sur les mains; celles-ci apportèrent tout ce qui était nécessaire pour me faire changer d'habillement; celles-là me servirent une collation magnifique, et d'autres enfin se présentèrent le verre à la main, prêtes à me verser d'un vin délicieux; et tout cela s'exécutait sans confusion, avec un ordre, une union admirable, et des manières dont j'étais charmé. Je bus et mangeai; après quoi toutes les dames s'étant placées autour de moi, me demandèrent une relation de mon voyage. Je leur fis un détail de mes aventures, qui dura jusqu'à l'entrée de la nuit.

« Lorsque j'eus achevé de raconter mon histoire aux quarante dames, quelques-unes de celles qui étaient assises le plus près de moi demeurèrent pour m'entretenir, pendant que d'autres, voyant qu'il était nuit, se levèrent pour aller quérir des bougies. Elles en apportèrent une prodigieuse quantité, qui répara merveilleusement la clarté du jour; mais elles les disposaient avec tant de symétrie qu'il semblait qu'on n'en pouvait moins souhaiter.

« D'autres dames servirent une table de fruits secs, de confitures et d'autres mets propres à boire, et garnirent un buffet de plusieurs sortes de liqueurs, et d'autres enfin parurent avec des instruments de musique. Quand tout fut prêt, elles m'invitèrent à me mettre à table. Les dames s'y assirent avec moi, et nous y demeurâmes assez longtemps : celles qui devaient jouer des instruments et les accompagner de leur voix se levèrent et firent un concert charmant. Les autres commencèrent une espèce de bal et dansèrent deux à deux, les unes après les autres, de la meilleure grâce du monde.

« Il était plus de minuit lorsque tous ces divertissements finirent. Alors une des dames, prenant la parole, me dit : « — Vous êtes fatigué du chemin que vous avez fait aujourd'hui : il est temps que vous vous reposiez. Votre appartement est préparé. »

« Il fallut obéir.

« Enfin, madame, je vous dirai que je passai une année entière avec les quarante dames. Au bout de l'année (rien ne pouvait me surprendre davantage), les quarante dames, au lieu de se présenter à moi avec leur gaieté ordinaire et de me demander comment je me portais, entrèrent un matin dans mon appartement les joues baignées de pleurs, en me disant : — Adieu! cher prince, adieu! il faut que nous vous quittions.

« Leurs larmes m'attendrirent; je les suppliai de me dire le sujet de leur affliction et de cette séparation dont elles me parlaient. — Eh bien, dit l'une d'elles, pour vous satisfaire, nous vous dirons que nous sommes toutes princesses, filles de rois. Nous vivons ici ensemble avec l'agrément que vous avez vu; mais, au bout de chaque année, nous sommes obligées de nous absenter pendant quarante jours pour des devoirs indispensables, après quoi nous revenons dans ce château. L'année finit hier, il faut que nous vous quittions aujourd'hui; c'est ce qui fait le sujet de notre affliction. Avant de partir, nous vous laisserons les clefs de toutes choses, particulièrement celles des cent portes, où vous trouverez de quoi contenter votre curiosité et adoucir votre solitude pendant notre absence; mais pour votre bien et pour notre intérêt particulier, nous vous recommandons de vous abstenir d'ouvrir la porte d'or. Si vous l'ouvrez, nous ne vous reverrons jamais, et la crainte que nous en avons augmente notre douleur. Nous espérons que vous profiterez de l'avis que nous vous donnons. Il y va de votre repos et du bonheur de votre vie; prenez y-garde, si vous cédiez à votre indiscrète curiosité, vous vous feriez un tort considérable. Nous vous conjurons donc de ne pas commettre cette faute, et de nous donner la consolation de vous retrouver ici dans quarante jours. Nous emporterions bien la clef de la porte d'or avec nous; mais ce serait faire une offense à un prince tel que vous, que de douter de sa discrétion et de sa retenue.

« Le discours de ces belles princesses me causa une véritable douleur. Je ne manquai pas de leur témoigner que leur absence me causerait beaucoup de peine, et je les remerciai des bons avis qu'elles me donnaient. Je les assurai que j'en profiterais et que je ferais des choses encore plus difficiles pour me procurer le bonheur de passer le reste de mes jours avec des dames d'un si rare mérite. Elles partirent ensuite, et je restai seul dans le château.

« L'agrément de la compagnie, la bonne chère, les concerts, m'avaient tellement occupé durant l'année, que je n'avais pas eu le temps ni la moindre envie de voir les merveilles qui pouvaient être dans ce palais enchanté.

« Je me promettais bien de ne pas oublier l'avis important qu'elles m'avaient donné de ne pas ouvrir la porte d'or; mais comme, à cela près, il m'était permis de satisfaire ma curiosité, je pris la première des clefs des autres portes, qui étaient rangées par ordre.

« J'ouvris la première porte et j'entrai dans un jardin fruitier, auquel je crois que dans l'univers il n'y en a point qui soit comparable. Je ne pense pas même que celui que notre religon nous promet après la mort puisse le surpasser. La symétrie, la propreté, la disposition admirable des arbres, l'abondance et la diversité des fruits de mille espèces inconnues, leur fraîcheur, leur beauté, tout ravissait ma vue. Je ne dois pas négliger, madame, de vous faire remarquer que ce jardin délicieux était arrosé d'une manière fort singulière : des rigoles, creusées avec art et proportion, portaient de l'eau abondamment à la racine des arbres qui en avaient besoin pour pousser leurs premières feuilles et leurs fleurs, d'autres en portaient moins à ceux dont les fruits étaient déjà noués, d'autres encore moins à ceux où ils grossissaient; d'autres n'en portaient que ce qu'il en fallait précisément à ceux dont le fruit avait acquis la grosseur convenable et n'attendait plus que sa maturité; mais cette grosseur surpassait de beaucoup celle des fruits ordinaires de nos jardins. Les autres rigoles, enfin, qui aboutissaient aux arbres dont le fruit était mûr, n'avaient d'humidité que ce qui était nécessaire pour le conserver dans le même état sans le corrompre.

« Je ne pouvais me lasser d'examiner et d'admirer un si beau lieu, et je n'en serais jamais sorti si je n'eusse pas conçu dès lors une plus grande idée des autres choses que je n'avais point vues. J'en sortis l'esprit rempli de ces merveilles; je fermai la porte et ouvris celle qui suivait.

« Au lieu d'un jardin de fruits, j'en trouvai un de fleurs, qui n'était pas moins singulier dans son genre : il renfermait un parterre spacieux, arrosé, non pas avec la même profusion que le précédent, mais avec un plus grand ménagement, pour ne pas fournir plus d'eau que chaque fleur en avait besoin. La rose, le jasmin, la violette, le narcisse, l'hyacinthe, l'anémone, la tulipe, la renoncule, l'œillet, le lis, et une infinité d'autres fleurs, qui ne fleurissent ailleurs qu'en différents temps, se trouvaient là fleuries toutes à la fois; et rien n'était plus doux que l'air qu'on respirait dans ce jardin.

« J'ouvris la troisième porte ; je trouvai une volière très vaste ; elle était pavée de marbre de plusieurs sortes de couleurs, du plus fin, du moins commun; la cage était de sandal et de bois d'aloès; elle renfermait une infinité de rossignols, de chardonnerets, de serins, d'alouettes, et d'autres oiseaux encore plus harmonieux, dont je n'avais jamais entendu parler de ma vie. Les vases où étaient leur grain et leur eau étaient de jaspe ou d'agate la plus précieuse.

« D'ailleurs, cette volière était d'une grande propreté; à voir sa capacité, je jugeai qu'il ne fallait pas moins de cent personnes pour la tenir aussi nette qu'elle était. Personne, toutefois, n'y paraissait, non plus que dans les jardins où j'avais été, dans lesquels je n'avais pas remarqué une mauvaise herbe, ni la moindre superfluité qui m'eût blessé la vue.

« Le soleil était déjà couché, et je me retirai, charmé du ramage de cette multitude d'oiseaux qui cherchaient alors à se percher dans l'endroit le plus commode, pour jouir du repos de la nuit. Je me rendis à mon appartement, résolu d'ouvrir les autres portes les jours suivants, à l'exception de la centième.

« Le lendemain, je ne manquai pas d'aller ouvrir la quatrième porte. Si ce que j'avais vu le jour précédent avait été capable de me causer de la surprise, ce que je vis alors me ravit en extase. Je mis le pied dans une grande cour environnée d'un bâtiment d'une architecture merveilleuse, dont je ne vous ferai point la description pour éviter la prolixité.

« Ce bâtiment avait quarante portes toutes ouvertes, dont chacune donnait entrée dans un trésor; et de ces trésors, il y en avait plusieurs qui valaient mieux que les plus grands royaumes. Le premier contenait des monceaux de perles ; et, ce qui passe toute croyance, les plus précieuses, qui étaient grosses comme des œufs de pigeon, surpassaient en nombre les médiocres ; dans le second trésor, il y avait des diamants, des escarboucles et des rubis ; dans le troisième des émeraudes ; dans le quatrième, de l'or en lingots ; dans le cinquième, du monnayé ; dans le sixième, de l'argent en lingots ; dans les deux suivants, du monnayé. Les autres contenaient des améthystes, des chrysolithes, des topazes,

des opales, des turquoises, des hyacinthes, et toutes les autres pierres fines que nous connaissons, sans parler de l'agate, du jaspe, de la cornaline et du corail, dont il y avait un magasin rempli, non seulement de branches, mais même d'arbres entiers.

« Rempli de surprise et d'admiration, je m'écriai, après avoir vu toutes ces richesses : Non, quand tous les trésors de tous les rois de l'univers seraient assemblés en un même lieu, ils n'approcheraient pas de ceux-ci. Quel est mon bonheur de posséder tous ces biens !

« Je ne m'arrêterai point, madame, à vous faire le détail de toutes les autres choses rares et précieuses que je vis les jours suivants. Je vous dirai seulement qu'il ne me fallut pas moins de trente-neuf jours pour ouvrir les quatre-vingt-dix-neuf portes et admirer tout ce qui s'offrit à ma vue. Il ne restait plus que la centième porte, dont l'ouverture m'était défendue.

« J'étais au quarantième jour depuis le départ des charmantes princesses. Si j'avais pu, ce jour-là, conserver sur moi le pouvoir que je devais avoir, je serais aujourd'hui le plus heureux de tous les hommes, au lieu que je suis le plus malheureux. Elles devaient arriver le lendemain, et le plaisir de les revoir devait servir de frein à ma curiosité ; mais par une faiblesse dont je ne cesserai jamais de me repentir, je succombai à la tentation du démon, qui ne me donna point de repos que je ne me fusse livré moi-même à la peine que j'ai éprouvée.

« J'ouvris la porte fatale que j'avais promis de ne pas ouvrir, et je n'eus pas avancé le pied pour entrer, qu'une odeur assez agréable, mais contraire à mon tempérament, me fit tomber évanoui. Néanmoins, je revins à moi, et, au lieu de profiter de cet avertissement, de refermer la porte et de perdre pour jamais l'envie de satisfaire ma curiosité, j'entrai, après avoir attendu quelque temps que le grand air eût modéré cette odeur. Je n'en fus plus incommodé.

« Je trouvai un lieu vaste, bien voûté et dont le pavé était parsemé de safran. Plusieurs flambeaux d'or massif avec des bougies allumées qui rendaient l'odeur d'aloès et d'ambre gris y servaient de lumière, et cette illumination était encore augmentée par des lampes d'or et d'argent remplies d'une huile composée de diverses sortes d'odeurs.

« Parmi un assez grand nombre d'objets qui attirèrent mon attention, j'aperçus un cheval noir, le plus beau et le mieux fait qu'on puisse voir au monde. Je m'approchai de lui pour le considérer de près : je trouvai qu'il avait une selle et une bride d'or massif, d'un ouvrage excellent ; que son auge, d'un côté, était remplie d'orge mondé et de sésame, et, de l'autre, d'eau de rose. Je le pris par la bride et le tirai dehors pour le voir au jour. Je le montai et voulus le faire avancer ; mais comme il ne branlait pas, je le frappai d'une houssine que j'avais ramassée dans son écurie magnifique. Mais à peine eut-il senti le coup qu'il se mit à hennir avec un bruit horrible ; puis, étendant des ailes dont je ne m'étais point aperçu, il s'éleva dans l'air à perte de vue. Je ne songeai plus qu'à me tenir ferme, et, malgré la frayeur dont j'étais saisi, je ne me tenais point mal. Il reprit ensuite son vol vers la terre, et se posa sur le toit en terrasse d'un château, où, sans me donner le temps de mettre pied à terre, il me secoua si violemment qu'il me fit tomber en arrière, et du bout de sa queue il me creva l'œil droit.

« Voilà de quelle manière je devins borgne, et je me souvins bien alors de ce que m'avaient prédit les dix jeunes seigneurs. Le cheval reprit son vol et disparut. Je me relevai, fort affligé du malheur que j'avais cherché moi-même. Je marchai sur la terrasse, la main sur mon œil, qui me faisait beaucoup de douleur. Je descendis et me trouvai dans un salon qui me fit connaître par les dix sofas disposés en rond, et un autre moins élevé au milieu, que ce château était celui d'où j'avais été enlevé par le roc.

« Les dix jeunes seigneurs borgnes n'étaient pas dans le salon. Je les y attendis, et ils arrivèrent peu de temps après avec le vieillard. Ils ne parurent pas étonnés de me revoir ni de la perte de mon œil. — Nous sommes bien fâchés, me dirent-ils, de ne pouvoir vous féliciter sur votre retour de la manière que nous le souhaiterions. Mais nous ne sommes pas la cause de votre malheur. — J'aurais tort de vous en accuser, leur répondis-je ; je me le suis attiré moi-même, et je m'en impute toute la faute. — Si la consolation des malheureux, reprirent-ils, est d'avoir des semblables, notre exemple peut vous en fournir un sujet. Tout ce qui vous est arrivé nous est arrivé aussi. Nous avons goûté toute sorte de plaisirs pendant une année entière, et nous aurions continué de jouir du même bonheur si nous n'eussions pas ouvert la porte d'or pendant l'absence des princesses. Vous n'avez pas été plus sage que nous, et vous avez éprouvé la même punition. Nous voudrions bien vous recevoir parmi nous pour faire la pénitence que nous faisons et dont nous ne savons pas quelle sera la durée, mais nous avons déjà déclaré les raisons qui nous empêchent. C'est pourquoi retirez-vous et vous en allez à la cour de Bagdad ; vous y trouverez celui qui doit décider de votre destinée. — Ils m'enseignèrent la route que je devais tenir, et je me séparai d'eux.

« Je me fis raser en chemin la barbe et les sourcils, et pris l'habit de calender. Il y a longtemps que je marche. Enfin je suis arrivé aujourd'hui en cette ville à l'entrée de la nuit. J'ai rencontré à la porte ces calenders, mes confrères, tous trois fort surpris de nous voir borgnes du même œil. Mais nous n'avons pas eu le temps de nous entretenir de cette disgrâce qui nous est commune. Nous n'avons eu, madame, que celui de venir implorer le secours que vous nous avez généreusement accordé. »

Le troisième calender ayant achevé de raconter son histoire, Zobéide prit la parole, et, s'adressant à lui et à ses confrères : — Allez, leur dit-elle, vous êtes libres tous trois ; retirez-vous où il vous plaira. — Mais l'un d'entre eux lui répondit : — Madame, nous vous supplions de nous pardonner notre curiosité et de nous permettre d'entendre l'histoire de ces seigneurs, qui n'ont pas encore parlé. — Alors la dame, se tournant du côté du calife, du vizir Giafar et de Mesrour, qu'elle ne connaissait pas pour ce qu'ils étaient, leur dit : — C'est à vous à me raconter votre histoire ; parlez.

Le grand vizir Giafar, qui avait toujours porté la parole, répondit encore à Zobéide : « Madame, pour vous obéir, nous n'avons qu'à répéter ce que nous vous avons déjà dit avant que d'entrer chez vous. Nous sommes, poursuivit-il, des marchands de Moussoul, et nous venons à Bagdad négocier nos marchandises, qui sont en magasin dans un khan où nous sommes logés. Nous avons dîné aujourd'hui avec plusieurs autres personnes de notre profession, chez un marchand de cette ville, lequel, après nous avoir régalés de mets délicats et de vins exquis, a fait venir des danseurs et des danseuses, avec des chanteurs et des joueurs d'instruments. Le grand bruit que nous faisions tous ensemble a attiré le guet, qui a arrêté une partie des gens de l'assemblée. Pour nous, par bonheur, nous nous sommes sauvés ; mais, comme il était déjà tard et que la porte de notre khan était fermée, nous ne savions où nous retirer. Le hasard a voulu que nous ayons passé par votre rue, et que nous ayons entendu qu'on se réjouissait chez vous. Cela nous a déterminés à frapper à votre porte. Voilà, Madame, le compte que nous avons à rendre pour obéir à vos ordres. »

Zobéide, après avoir écouté ce discours, semblait hésiter sur ce qu'elle devait dire. De quoi les calenders, s'apercevant, la supplièrent d'avoir pour les trois marchands de Moussoul la même bonté qu'elle avait eue pour eux. — Eh bien, leur dit-elle, j'y consens. Je veux que vous m'ayez tous la même obligation. Je vous fais grâce, mais c'est à condition que vous sortirez tous de ce logis présentement et que vous vous retirerez où il vous plaira. — Zobéide, ayant donné cet ordre d'un ton qui marquait qu'elle voulait être obéie, le calife, le vizir, Mesrour, les trois calenders et le porteur sortirent sans répliquer, car la présence des sept esclaves armés les tenait en respect. Lorsqu'ils furent hors de la maison et que la porte fut fermée, le calife dit aux calenders, sans leur faire connaître qui il était : — Et vous, seigneurs, qui êtes étrangers et nouvellement arrivés en cette ville, de quel côté allez-vous présentement, qu'il n'est pas jour encore ? — Seigneur, lui répondirent-ils, c'est ce qui nous embarrasse. — Suivez-nous, reprit le calife, nous allons vous tirer d'embarras. — Après avoir achevé ces paroles, il parla au grand vizir et lui dit : — Conduisez-les chez vous, et demain matin vous me les amènerez. Je veux faire écrire leurs histoires ; elles méritent d'avoir place dans les annales de mon règne.

Le vizir Giafar emmena avec lui les trois calenders ; le porteur se retira dans sa maison, et le calife, accompagné de Mesrour, se rendit à son palais. Il se coucha, mais il ne put fermer les yeux, tant il avait l'esprit agité de toutes les choses extraordinaires qu'il avait vues et entendues. Le jour parut qu'il était encore occupé de ces pensées. Il se leva, et se rendit dans la chambre où il tenait son conseil et donnait audience. Il s'assit sur son trône.

Le grand vizir arriva peu de temps après et lui rendit ses respects à son ordinaire : — Vizir, lui dit le calife, les affaires que nous aurions à régler présentement ne sont pas fort pressantes ; celle des trois dames et des deux chiennes noires l'est davantage. Je n'aurai pas l'esprit en repos que je ne sois pleinement instruit de tant de choses qui m'ont surpris. Allez, faites venir ces dames, et amenez en même temps les calenders. Partez, et souvenez-vous que j'attends impatiemment votre retour.

Le vizir, qui connaissait l'humeur vive et bouillante de son maître, se hâta de lui obéir. Il arriva chez les dames, et leur exposa d'une manière très honnête l'ordre qu'il avait de les conduire au calife, sans toutefois leur parler de ce qui s'était passé chez elles.

Les dames se couvrirent de leurs voiles et partirent avec le vizir, qui prit, en passant chez lui, les trois calenders, qui avaient eu le temps d'apprendre qu'ils avaient vu le calife et qu'ils lui avaient parlé sans le connaître. Le vizir les mena au palais et s'acquitta de sa commission avec tant de diligence que le calife en fut fort satisfait. Ce prince, pour garder la bienséance devant tous les officiers de sa maison qui étaient présents, fit placer les trois dames derrière la portière de la salle qui conduisait à son appartement, et retint près de lui les trois calenders, qui firent assez connaître par leurs respects qu'ils n'ignoraient pas devant qui ils avaient l'honneur de paraître.

Lorsque les dames furent placées, le calife se tourna de leur côté et leur dit : — Mesdames, en vous apprenant que je me suis introduit chez vous cette nuit, déguisé en marchand, je vais sans doute vous alarmer ; vous craindrez de m'avoir offensé, et vous croirez peut-être que je ne vous ai fait venir ici que pour vous donner des marques de mon ressentiment ; mais rassurez-vous : soyez persuadées que j'ai oublié le passé et que je suis même très content de votre conduite. Je souhaiterais que toutes les dames de Bagdad eussent autant de sagesse que vous m'en avez fait voir. Je me souviendrai toujours de la modération que vous eûtes après l'incivilité que nous avions commise. J'étais alors marchand de Moussoul, mais je suis à présent Haroun Alraschid, le cinquième calife de la glorieuse maison d'Abbas, qui tient la place de notre grand prophète. Je vous ai mandées seulement pour savoir de vous qui vous êtes et vous demander pour quel sujet l'une de vous, après avoir maltraité les deux chiennes noires, a pleuré avec elles.

HISTOIRE DE ZOBÉIDE

« Commandeur des croyants, dit-elle, l'histoire que j'ai à raconter à Votre Majesté est une des plus surprenantes dont on ait jamais ouï parler. Les deux chiennes noires et moi sommes trois sœurs nées d'une même mère et d'un même père, et je vous dirai par quel accident étrange elles ont été changées en chiennes.

« Les deux dames qui demeurent avec moi et qui sont ici présentes sont aussi mes sœurs de même père, mais d'une autre mère. L'une se nomme Amine, l'autre s'appelle Safie, et moi Zobéide.

« Après la mort de notre père, le bien qu'il nous avait laissé fut partagé entre nous également, et lorsque ces deux dernières sœurs eurent touché leur portion, elles se séparèrent et allèrent demeurer en particulier avec leur mère. Mes deux autres sœurs et moi restâmes avec la nôtre qui vivait encore, et qui depuis, en mourant, nous laissa à chacune mille sequins.

« Lorsque nous eûmes touché ce qui nous appartenait, mes deux aînées, car je suis la cadette, se marièrent, suivirent leurs maris et me laissèrent seule. Peu de temps après leur mariage, le mari de la première vendit tout ce qu'il avait de biens et de meubles, et avec l'argent qu'il en put faire et celui de ma sœur, ils passèrent tous deux en Afrique. Là, le mari dépensa en bonne chère et en débauche tout son bien et celui que ma sœur lui avait apporté. Ensuite, se voyant réduit à la dernière misère, il trouva un prétexte pour la répudier, et la chassa.

« Elle revint à Bagdad, non sans avoir souffert des maux incroyables dans un si long voyage. Elle vint se réfugier chez moi dans un état si digne de pitié qu'elle en aurait inspiré aux cœurs les plus durs. Je la reçus avec toute l'affection qu'elle pouvait attendre de moi. Je lui demandai pourquoi je la voyais dans une si malheureuse situation : elle m'apprit, en pleurant, la mauvaise conduite de son mari et l'indigne traitement qu'il lui avait fait. Je fus touchée de son malheur et j'en pleurai avec elle. Je la fis ensuite entrer au bain, je lui donnai de mes propres habits et lui dis : — Ma sœur, vous êtes mon aînée et je vous regarde comme ma mère. Pendant votre absence, Dieu a béni le peu de bien qui m'est tombé en partage, et l'emploi que j'en fais à nourrir et à élever des vers à soie. Comptez que je n'ai rien qui ne soit à vous et dont vous ne puissiez disposer comme moi-même.

« Nous demeurâmes toutes deux et vécûmes ensemble pendant plusieurs mois en bonne intelligence. Comme nous nous entretenions souvent de notre troisième sœur et que nous étions surprises de ne pas apprendre de ses nouvelles, elle arriva en aussi mauvais état que notre aînée. Son mari l'avait traitée de la même sorte; je la reçus avec la même amitié.

« Quelque temps après, mes deux sœurs, sous prétexte qu'elles m'étaient à charge, me dirent qu'elles étaient dans le dessein de se remarier. Je leurs répondis que si elles n'avaient pas d'autres raisons que celle de m'être à charge, elles pouvaient continuer de demeurer avec moi en toute sûreté; que mon bien suffisait pour nous entretenir toutes trois d'une manière conforme à notre condition. Mais, ajoutai-je, je crains plutôt que vous n'ayez véritablement envie de vous remarier. Si cela était, je vous avoue que j'en serais fort étonnée. Après l'expérience que vous avez du peu de satisfaction qu'on a dans le mariage, y pouvez-vous penser une seconde fois? Vous savez combien il est rare de trouver un mari parfaitement honnête homme. Croyez-moi, continuons de vivre ensemble le plus agréablement qu'il nous sera possible.

« Tout ce que je leur dis fut inutile. Elles avaient pris la résolution de se remarier, elles l'exécutèrent. Mais elles revinrent me trouver au bout de quelques mois, et me faire mille excuses de n'avoir pas suivi mon conseil. — Vous êtes notre cadette, me dirent-elles, mais vous êtes plus sage que nous. Si vous voulez bien nous recevoir encore dans votre maison et nous regarder comme vos esclaves, il ne nous arrivera plus de faire une si grande faute. — Mes chères sœurs, leur répondis-je, je n'ai point changé à votre égard depuis notre dernière séparation : revenez, et jouissez avec moi de ce que j'ai. — Je les embrassai, et nous demeurâmes ensemble comme auparavant.

« Il y avait un an que nous vivions dans une union parfaite, et voyant que Dieu avait béni mon petit fonds, je formai le dessein de faire un voyage par mer et de hasarder quelque chose dans le commerce. Pour cet effet, je me rendis avec mes deux sœurs à Balsora, où j'achetai un vaisseau tout équipé, que je chargeai de marchandises que j'avais fait venir de Bagdad. Nous mîmes à la voile avec un vent favorable et nous sortîmes bientôt du golfe Persique. Quand nous fûmes en pleine mer, nous prîmes la route des Indes, et après vingt jours de navigation nous vîmes terre. C'était une montagne fort haute, au pied de laquelle nous aperçûmes une ville de grande apparence. Comme nous avions le vent frais, nous arrivâmes de bonne heure au port, et nous y jetâmes l'ancre.

« Je n'eus pas la patience d'attendre que mes sœurs fussent en état de m'accompagner : je me fis débarquer seule et j'allai droit à la ville. J'y vis une garde nombreuse de gens assis et d'autres qui étaient debout avec un bâton à la main. Mais ils avaient tous l'air si hideux, que j'en fus effrayée. Remarquant toutefois qu'ils étaient immobiles et qu'ils ne remuaient pas même les yeux, je me rassurai, et, m'étant approchée d'eux, je reconnus qu'ils étaient pétrifiés.

« J'entrai dans la ville et passai par plusieurs rues où il y avait des hommes d'espace en espace dans toutes sortes d'attitudes, mais ils étaient tous sans mouvement et pétrifiés. Au quartier des marchands, je trouvai la plupart des boutiques fermées, et j'aperçus dans celles qui étaient ouvertes des personnes aussi pétrifiées. Je jetai la vue sur les cheminées, et, n'en voyant pas sortir de fumée, cela me fit juger que tout ce qui était dans les maisons, de même que ce qui était dehors, était changé en pierre.

« Étant arrivée dans une vaste place au milieu de la ville, je découvris une grande porte couverte de plaques d'or et dont les deux battants étaient ouverts. Une portière d'étoffe de soie paraissait devant, et l'on voyait une lampe suspendue au-dessus de la porte. Après avoir considéré le bâtiment, je ne doutai pas que ce ne fût le palais du prince qui régnait en ce pays-là. Mais, fort étonnée de n'avoir rencontré aucun être vivant, j'allai jusque-là dans l'espérance d'en trouver quelqu'un. Je levai la portière, et ce qui augmenta ma surprise, je ne vis sous le vestibule que quelques portiers ou gardes pétrifiés, les uns debout et les autres assis ou à demi couchés.

« Je traversai une grande cour où il y avait beaucoup de monde. Les uns semblaient aller et les autres venir, et néanmoins ils ne bougeaient de leur place, parce qu'ils étaient pétrifiés comme ceux que j'avais déjà vus. Je passai dans une seconde cour, et de celle-là dans une troisième ; mais ce n'était partout qu'une solitude, et il y régnait un silence affreux.

« M'étant avancée dans une quatrième cour, j'y vis en face un très beau bâtiment dont les fenêtres étaient fermées d'un treillis d'or massif. Je jugeai que c'était l'appartement de la reine. J'y entrai. Il y avait dans une salle plusieurs eunuques noirs pétrifiés. Je passai ensuite dans une chambre très richement meublée, où j'aperçus une dame aussi changée en pierre. Je connus que c'était la reine à la couronne d'or qu'elle avait sur la tête et à un collier de perles très rondes et plus grosses que des noisettes. Je les examinai de près ; il me parut qu'on ne pouvait rien voir de plus beau.

« J'admirai quelque temps les richesses et la magnificence de cette chambre, et surtout le tapis de pied, les coussins et le sofa, garni d'une étoffe des Indes à fond d'or, avec des figures d'hommes et d'animaux en argent d'un travail admirable. »

Scheherazade aurait continué de parler ; mais la clarté du jour vint mettre fin à la narration. Le sultan fut charmé de ce récit.

« — Il faut, dit-il en se levant, que je sache à quoi aboutira cette pétrification d'hommes étonnante. »

Dinarzade, qui avait pris beaucoup de plaisir au commencement de l'histoire de Zobéide, ne manqua pas d'appeler la sultane avant le jour : « — Si vous ne dormez pas, ma sœur, lui dit-elle, je vous supplie de nous apprendre ce que vit encore Zobéide dans ce palais singulier où elle était entrée. — Voici, répondit Scheherazade, comment cette dame continua de raconter son histoire au calife :

« Sire, dit-elle, de la chambre de la reine pétrifiée je passai dans plusieurs autres appartements et cabinets propres et magnifiques qui me conduisirent dans une chambre d'une grandeur extraordinaire, où il y avait un trône d'or massif, élevé de quelques degrés et enrichi de grosses émeraudes enchâssées, et sur le trône un lit d'une riche étoffe, sur laquelle éclatait une broderie de perles. Ce qui me surprit plus que tout le reste, ce fut une lumière brillante qui partait de dessus ce lit. Curieuse de savoir ce qui la rendait, je montai, et, avançant la tête, je vis sur un petit tabouret un diamant gros comme un œuf d'autruche, et si parfait, que je n'y remarquai nul défaut. Il brillait tellement, que je ne pouvais en soutenir l'éclat en le regardant au jour.

« Il y avait au chevet du lit, de l'un et de l'autre côté, un flambeau allumé dont je ne compris pas l'usage. Cette circonstance néanmoins me fit juger qu'il y avait quelqu'un de vivant dans ce superbe palais, car je ne pouvais croire que ces flambeaux pussent s'entretenir allumés d'eux-mêmes. Plusieurs autres singularités m'arrêtèrent dans cette chambre, que le seul diamant dont je viens de parler rendait inestimable.

« Comme toutes les portes étaient ouvertes ou poussées seulement, je parcourus encore d'autres appartements aussi beaux que ceux que j'avais déjà vus. J'allai jusqu'aux offices et aux garde-meubles, qui étaient remplis de richesses infinies, et je m'occupai si fort de toutes ces merveilles, que je m'oubliai moi-même. Je ne pensais plus à mon vaisseau ni à mes sœurs, je ne songeais qu'à satisfaire ma curiosité. Cependant la nuit approchait, et son approche m'avertissant qu'il était temps de me retirer, je voulus reprendre le chemin des cours par où j'étais venue ; mais il ne me fut pas aisé de le trouver. Je m'égarai dans les appartements, et, me retrouvant dans la grande chambre où étaient le trône, le lit, le gros diamant et les flambeaux allumés, je résolus d'y passer la nuit et de remettre au lendemain de grand matin à regagner mon vaisseau. Je me jetai sur le lit, non sans quelque frayeur de me voir seule dans un lieu si désert, et ce fut sans doute cette crainte qui m'empêcha de dormir.

« Il était environ minuit lorsque j'entendis la voix comme d'un homme qui lisait l'Alcoran de la même manière et du ton que nous avons coutume de lire dans nos temples. Cela me donna beaucoup de joie. Je me levai aussitôt, et, prenant un flambeau pour me conduire, j'allai de chambre en chambre du côté où j'entendais la voix. Je m'arrêtai à la porte d'un cabinet d'où je ne pouvais douter qu'elle ne partît. Je posai le flambeau à terre, et, regardant par une fente, il me parut que c'était un oratoire. En effet, il y avait, comme dans nos temples, une niche qui marquait où il fallait se tourner pour faire la prière, des lampes suspendues et allumées, et deux chandeliers avec de gros cierges de cire blanche allumés de même.

« Je vis aussi un petit tapis étendu, de la forme de ceux qu'on étend chez nous pour se poser dessus et faire la prière. Un jeune homme de bonne mine, assis sur ce tapis, récitait avec grande attention l'Alcoran qui était posé devant lui sur un petit pupitre. A cette vue, ravie d'admiration, je cherchais en mon esprit comment il se pouvait faire qu'il fût le seul vivant dans une ville où tout le monde était pétrifié, et je ne doutais pas qu'il n'y eût en cela quelque chose de très merveilleux.

« Comme la porte n'était que poussée, je l'ouvris ; j'entrai, et, me tenant debout devant la niche, je fis cette prière à haute voix : « Louange à Dieu, qui nous a favorisées d'une heureuse navigation ! Qu'il nous fasse la grâce de nous protéger de même jusqu'à notre arrivée en notre pays. Écoutez-moi, Seigneur, et exaucez ma prière. »

« Le jeune homme jeta les yeux sur moi et me dit : — Ma bonne dame, je vous prie de me dire qui vous êtes et ce qui vous a amenée dans cette ville désolée. En récompense, je vous apprendrai qui je suis, ce qui m'est arrivé, pour quel sujet les habitants de cette ville sont réduits en l'état où vous les avez vus, et pourquoi moi seul je suis sain et sauf dans un désastre si épouvantable.

« Je vous dirai que cette ville était la capitale d'un puissant royaume dont le roi mon père portait le nom. Ce prince, toute sa cour, les habitants de la ville et tous ses autres sujets, étaient mages, adorateurs du feu et de Nardoun, ancien roi des géants rebelles à Dieu.

« Il y a trois ans et quelques mois qu'une voix bruyante se fit tout à coup entendre par toute la ville si distinctement, que personne ne perdit une de ces paroles qu'elle dit : « Habitants, aban-
« donnez le culte de Nardoun et du feu ; adorez le Dieu unique
« qui fait miséricorde. »

« La même voix se fit ouïr trois années de suite ; mais, personne ne s'étant converti, le dernier jour de la troisième, à trois ou quatre heures du matin, tous les habitants généralement furent changés en pierre en un instant, chacun dans l'état et la posture où il se trouva. Le roi mon père éprouva le même sort : il fut métamorphosé en une pierre noire, tel qu'on le voit dans un endroit de ce palais, et la reine ma mère eut une pareille destinée.

« Je suis le seul sur qui Dieu n'ait pas fait tomber ce châtiment terrible : « — Prince, lui dis-je, il n'en faut pas douter, c'est la Providence qui m'a attirée dans votre port pour vous présenter l'occasion de vous éloigner d'un lieu si funeste. Le vaisseau sur lequel je suis venue peut vous persuader que je suis en quelque considération à Bagdad, où j'ai laissé d'autres biens assez considérables. J'ose vous y offrir une retraite jusqu'à ce que le puissant commandeur des croyants, le vicaire du grand prophète que vous reconnaissez, vous ait rendu tous les honneurs que vous méritez. Ce célèbre prince demeure à Bagdad, et il ne sera pas plus tôt informé de votre arrivée en sa capitale, qu'il vous fera connaître qu'on n'implore pas en vain son appui. Il n'est pas possible que vous demeuriez davantage dans une ville où tous les objets doivent vous être insupportables. Mon vaisseau est à votre service, et vous en pouvez disposer absolument. » — Il accepta l'offre, et nous passâmes le reste de la nuit à nous entretenir de notre embarquement.

« Dès que le jour parut, nous sortîmes du palais et nous nous rendîmes au port, où nous trouvâmes mes sœurs, le capitaine et mes esclaves fort en peine de moi. Après avoir présenté mes sœurs au prince, je leur racontai ce qui m'avait empêchée de revenir au vaisseau le jour précédent, la rencontre du jeune prince, son histoire, et le sujet de la désolation d'une si belle ville.

« Les matelots employèrent plusieurs jours à débarquer les marchandises que j'avais apportées, et à embarquer à leur place tout ce qu'il y avait de plus précieux dans le palais en pierreries, en or et en argent. Nous laissâmes les meubles et une infinité de pièces d'orfèvrerie, parce que nous ne pouvions les emporter. Il nous aurait fallu plusieurs vaisseaux pour transporter à Bagdad toutes les richesses que nous avions devant les yeux.

« Après que nous eûmes chargé le vaisseau des choses que nous y voulûmes mettre, nous prîmes les provisions et l'eau dont nous jugeâmes avoir besoin pour notre voyage. A l'égard des provisions, il nous en restait encore beaucoup de celles que nous avions embarquées à Balsora. Enfin, nous mîmes à la voile avec un vent tel que nous pouvions le souhaiter.

« Le jeune prince, mes sœurs et moi, nous nous entretenions tous les jours agréablement ensemble. Mais, hélas! notre union ne dura pas longtemps. Mes sœurs devinrent jalouses de l'intelligence qu'elles remarquèrent entre le jeune prince et moi, et me demandèrent un jour, malicieusement, ce que nous ferions de lui orsque nous serions arrivées à Bagdad. Je m'aperçus bien qu'elles ne me faisaient cette question que pour découvrir mes sentiments. C'est pourquoi, faisant semblant de tourner la chose en plaisanterie, je leur répondis que je le prendrais pour mon époux. Ensuite, me tournant vers le prince, je lui dis : « — Mon prince, je vous supplie d'y consentir. D'abord que nous serons à Bagdad,

mon dessein est de vous offrir ma personne pour être votre très humble esclave, pour vous rendre mes services et vous reconnaître pour le maître absolu de mes volontés. — Madame, répondit le prince, je ne sais si vous plaisantez; mais, pour moi, je vous déclare fort sérieusement devant mesdames vos sœurs que dès ce moment j'accepte de bon cœur l'offre que vous me faites, non pas pour vous regarder comme une esclave, mais comme ma dame et ma maîtresse, et je ne prétends avoir aucun empire sur vos actions. » — Mes sœurs changèrent de couleur à ce discours, et je remarquai depuis ce temps-là qu'elles n'avaient pas pour moi les mêmes sentiments qu'auparavant.

« Nous étions dans le golfe Persique et nous approchions de Balsora, où, avec le bon vent que nous avions toujours, j'espérais que nous arriverions le lendemain. Mais, la nuit, pendant que je dormais, mes sœurs prirent leur temps et me jetèrent à la mer. Elles traitèrent de la même sorte le prince, qui fut noyé. Je me soutins quelques moments sur l'eau, et par bonheur, ou plutôt par miracle, je trouvai fond. Je m'avançai vers une noirceur qui me paraissait terre autant que l'obscurité me permettait de la distinguer. Effectivement, je gagnai une plage, et le jour me fit connaître que j'étais dans une petite île déserte, située à environ vingt milles de Balsora. J'eus bientôt fait sécher mes habits au soleil, et, en marchant, je remarquai plusieurs sortes de fruits et même de l'eau douce, ce qui me donna quelque espérance que je pourrais conserver ma vie.

« Je me reposais à l'ombre lorsque je vis un serpent ailé fort gros et fort long, qui s'avançait vers moi en se démenant à droite et à gauche et tirant la langue. Cela me fit juger que quelque mal le pressait. Je me levai, et m'apercevant qu'il était suivi d'un autre serpent plus gros qui le tenait par la queue et faisait ses efforts pour le dévorer, j'en eus pitié ; au lieu de fuir, j'eus la hardiesse et le courage de prendre une pierre qui se trouva par hasard près de moi : je la jetai de toute ma force contre le plus gros serpent, je le frappai à la tête et l'écrasai. L'autre, se sentant en liberté, ouvrit aussitôt ses ailes et s'envola. Je le regardai longtemps dans l'air comme une chose extraordinaire ; mais, l'ayant perdu de vue, je me rassis à l'ombre dans un autre endroit, et je m'endormis.

« A mon réveil, imaginez-vous quelle fut ma surprise de voir près de moi une femme noire qui avait des traits vifs et agréables, et qui tenait à l'attache deux chiennes de la même couleur. Je me mis sur mon séant et lui demandai qui elle était. « — Je suis, me répondit-elle, le serpent que vous avez délivré de son cruel ennemi il n'y a pas longtemps. J'ai cru ne pouvoir mieux reconnaître le service important que vous m'avez rendu qu'en faisant l'action que je viens de faire. J'ai su la trahison de vos sœurs, et, pour vous en venger, d'abord que j'ai été libre par votre généreux secours, j'ai appelé plusieurs de mes compagnes qui sont fées comme moi : nous avons transporté toute la charge de votre vaisseau dans vos magasins de Bagdad, après quoi, nous l'avons submergé. Ces deux chiennes noires sont vos deux sœurs, à qui j'ai donné cette forme. Mais ce châtiment ne suffit pas, et je veux que vous les traitiez encore de la manière que je vous dirai. »

« A ces mots, la fée m'embrassa étroitement d'un de ses bras, et les deux chiennes de l'autre, et nous transporta chez moi à Bagdad, où je vis dans mon magasin toutes les richesses dont mon vaisseau avait été chargé. Avant de me quitter, elle me livra les deux chiennes et me dit : « — Sous peine d'être changée comme elles en chienne, je vous ordonne, de la part de celui qui confond les mers, de donner toutes les nuits cent coups de fouet à chacune de vos sœurs, pour les punir du crime qu'elles ont commis contre votre personne et contre le jeune prince qu'elles ont noyé. » — Je fus obligée de lui promettre que j'exécuterais son ordre.

« Depuis ce temps-là je les ai traitées chaque nuit, à regret, de la manière dont Votre Majesté a été témoin. Je leur témoigne par mes pleurs avec combien de douleur et de répugnance je m'acquitte d'un si cruel devoir, et vous voyez bien qu'en cela je suis plus à plaindre qu'à blâmer. »

Le calife, ayant satisfait sa curiosité, voulut donner des marques de sa grandeur et de sa générosité aux calenders princes, et faire sentir aux trois dames des effets de sa bonté. Sans se servir du ministère de son grand vizir, il dit lui-même à Zobéide : « — Madame, cette fée qui se fit voir d'abord à vous en serpent et qui vous a imposé une si rigoureuse loi, cette fée ne vous a-t-elle point parlé de sa demeure, ou plutôt ne vous promit-elle pas de vous revoir et de rétablir les deux chiennes en leur premier état?

— Commandeur des croyants, répondit Zobéide, j'ai oublié de dire à Votre Majesté que la fée me mit entre les mains un petit paquet de cheveux, en me disant qu'un jour j'aurais besoin de sa présence, et qu'alors si je voulais seulement brûler deux brins de ces cheveux, elle serait à moi dans le moment, quand elle serait au delà du mont Caucase. — Madame, reprit le calife, où est ce paquet de cheveux? » — Elle repartit que depuis ce temps-là elle avait eu grand soin de le porter toujours avec elle. En effet, elle le tira, et, ouvrant un peu la portière qui la cachait, elle le lui montra. « — Eh bien, répliqua le calife, faisons venir ici la fée : vous ne sauriez l'appeler plus à propos, puisque je le souhaite. »

Zobéide y ayant consenti, on apporta du feu, et Zobéide mit dessus tout le paquet de cheveux. A l'instant même le palais s'ébranla, et la fée parut devant le calife sous la figure d'une dame habillée très magnifiquement. « — Commandeur des croyants, dit-elle à ce prince, vous me voyez prête à recevoir vos commandements. La dame qui vient de m'appeler par votre ordre m'a rendu un service important; pour lui en marquer ma reconnaissance, je l'ai vengée de la perfidie de ses sœurs en les changeant en chiennes; mais, si Votre Majesté le désire, je vais leur rendre leur figure naturelle.

— Belle fée, lui répondit le calife, vous ne pouvez me faire un plus grand plaisir : faites-leur cette grâce, après cela je chercherai les moyens de les consoler d'une si rude pénitence. »

Le calife envoya querir les deux chiennes chez Zobéide, et, lorsqu'on les eut amenées, on présenta une tasse pleine d'eau à la fée, qui l'avait demandée. Elle prononça dessus des paroles que personne n'entendit, et elle en jeta sur les deux chiennes. Elles furent changées en deux dames d'une beauté surprenante.

Le calife déclara ensuite qu'il donnait son cœur et sa main à Zobéide, fit épouser Amine par le prince Amin, son fils aîné, et proposa les trois autres sœurs aux trois calenders fils de rois, qui les acceptèrent pour femmes avec beaucoup de reconnaissance. Le calife leur assigna à chacun un palais magnifique dans la ville de Bagdad ; il les éleva aux premières charges de son empire et les admit dans ses conseils. Le premier cadi de Bagdad, appelé avec des témoins, dressa les contrats de mariage, et le fameux calife Haroun Alraschid, en faisant le bonheur de tant de personnes qui avaient éprouvé des disgrâces incroyables, s'attira mille bénédictions.

Il n'était pas jour encore lorsque Scheherazade acheva cette histoire, qui avait été tant de fois interrompue et continuée. Cela lui donna lieu d'en commencer une autre. Ainsi, adressant la parole au sultan, elle lui dit :

HISTOIRE DE BEDREDDIN HASSAN

Commandeur des croyants, il y avait autrefois en Égypte un sultan grand observateur de la justice, bienfaisant, miséricordieux, libéral, et sa valeur le rendait redoutable à ses voisins. Il aimait les pauvres, et protégeait les savants, qu'il élevait aux premières charges. Le vizir de ce sultan était un homme prudent, sage, pénétrant, et consommé dans les belles-lettres et dans toutes les sciences. Ce ministre se nommait Schemseddin Mohammed. Il avait une fille âgée d'environ vingt ans, qui était la plus belle et la plus parfaite personne dont on ait jamais ouï parler. On l'appelait Dame de Beauté. Elle épousa son cousin Bedreddin Hassan. Mais le lendemain de la noce, avant que Bedreddin fût éveillé, un génie malicieux se divertit à le transporter à la porte de la ville de Damas en Syrie. Ni le vizir, ni sa fille, ne purent savoir ce qu'il était devenu. Dame de Beauté accoucha d'un fils dans le terme de neuf mois. On donna une nourrice à l'enfant, avec d'autres femmes et des esclaves pour le servir, et son aïeul le nomma Agib.

Lorsque le jeune Agib eut atteint l'âge de sept ans, le vizir Schemseddin Mohammed, voyant que sa fille ne pouvait se consoler d'avoir perdu son époux, supplia le sultan de lui accorder la permission de faire un voyage dans les provinces du Levant, pour aller à la recherche de son gendre Bedreddin Hassan. Le

Bedreddin Hassan fut transporté aux portes de la ville de Damas en Syrie... (P. 106.)

sultan entra dans les peines du vizir, approuva sa résolution et lui permit de l'exécuter. Il lui fit même expédier une patente par laquelle il priait, dans les termes les plus obligeants, les princes et les seigneurs des lieux où pourrait être Bedreddin de consentir que le vizir l'amenât avec lui.

Schemseddin Mohammed ne trouva pas de paroles assez fortes pour remercier dignement le sultan de la bonté qu'il avait pour lui. Il se contenta de se prosterner devant ce prince une seconde fois ; mais les larmes qui coulèrent de ses yeux marquèrent assez sa reconnaissance. Enfin il prit congé du sultan, après lui avoir souhaité toutes sortes de prospérités. Lorsqu'il fut de retour au logis, il ne songea qu'à disposer toutes choses pour son départ. Les préparatifs en furent faits avec tant de diligence, qu'au bout de quatre jours il partit accompagné de sa fille Dame de Beauté et d'Agib son petit-fils. La mère de Bedreddin, qui vivait encore et qui avait contribué de tout son pouvoir à la résolution du vizir, voulut être aussi du voyage.

Schemseddin Mohammed prit la route de Damas avec sa fille Dame de Beauté, Agib son petit-fils et la mère de Bedreddin. Ils marchèrent dix-neuf jours de suite sans s'arrêter en aucun endroit ; mais le vingtième, étant arrivés dans une fort belle prairie peu éloignée des portes de Damas, ils mirent pied à terre et firent dresser leurs tentes sur le bord d'une rivière qui passe à travers la ville et rend ses environs très agréables.

Le vizir Schemseddin Mohammed déclara qu'il voulait séjourner deux jours dans ce beau lieu, et que le troisième il continuerait son voyage. Cependant il permit aux gens de sa suite d'aller à Damas. Ils profitèrent presque tous de cette permission, les uns poussés par la curiosité de voir une ville dont ils avaient ouï parler si avantageusement, les autres pour y vendre des marchandises d'Égyte qu'ils avaient apportées, ou pour y acheter des étoffes et des raretés du pays. Dame de Beauté, souhaitant que son fils Agib eût aussi la satisfaction de se promener dans cette célèbre ville, ordonna au gouverneur de cet enfant de l'y conduire, et de bien prendre garde qu'il ne lui arrivât quelque accident.

Agib, magnifiquement habillé, se mit en chemin avec son gouverneur, qui avait à la main une grosse canne. Ils ne furent pas plus tôt entrés dans la ville, qu'Agib, qui était beau comme le jour, attira sur lui les yeux de tout le monde. Les uns sortaient de leurs maisons pour le voir de plus près ; les autres mettaient la tête aux fenêtres, et ceux qui passaient dans les rues ne se contentaient pas de s'arrêter pour le regarder, ils l'accompagnaient pour avoir le plaisir de le considérer plus longtemps. Enfin il n'y avait per-

sonne qui ne l'admirât et qui ne donnât mille bénédictions au père et à la mère qui avait mis au monde un si bel enfant.

Bedreddin s'étant trouvé, comme nous l'avons dit, seul et sans ressources à Damas, était entré au service d'un pâtissier, et, à la mort de son maître, avait hérité de la boutique. Agib et son gouverneur arrivèrent par hasard devant la boutique où était Bedreddin Hassan, et là ils se virent entourés d'une si grande foule de peuple qu'ils furent obligés de s'arrêter.

Bedreddin leur servit aussitôt une tarte à la crème, si délicate et si excellente, qu'ils firent bonne chère. Pendant qu'ils mangeaient tous deux, Bedreddin Hassan examinait Agib avec une grande attention, et, se représentant, en le regardant, qu'il avait peut-être un semblable fils de la charmante épouse dont il avait été si tôt et si cruellement séparé, cette pensée fit couler de ses yeux quelques larmes.

Rassasiés, ils remercièrent le pâtissier et se retirèrent en diligence parce qu'il était déjà un peu tard. Ils arrivèrent sous les tentes de Schemseddin Mohammed, et allèrent d'abord à celle des dames. La grand'mère d'Agib fut ravie de le revoir, et, comme elle avait toujours son fils Bedreddin dans l'esprit, elle ne put retenir ses larmes en embrassant Agib. « — Ah! mon fils, lui dit-elle, ma joie serait parfaite si j'avais le plaisir d'embrasser votre père Bedreddin Hassan comme je vous embrasse. » — Elle se mettait alors à table pour souper; elle le fit asseoir auprès d'elle, lui fit plusieurs questions sur sa promenade, et en lui disant qu'il ne devait pas manquer d'appétit, elle lui servit un morceau d'une tarte à la crème qu'elle avait elle-même faite et qui était excellente, car elle les savait mieux faire que les meilleurs pâtissiers. Elle en présenta aussi au gouverneur; mais ils avaient tellement mangé l'un et l'autre chez Bedreddin, qu'ils n'en pouvaient pas seulement goûter.

Le jour, qui paraissait, empêcha Scheherazade d'en dire davantage cette nuit; mais, sur la fin de la suivante, elle continua son récit dans ces termes :

───

Agib eut à peine touché au morceau de tarte à la crème qu'on lui avait servi, que, feignant de ne le pas trouver à son goût, il le laissa tout entier, et Schaban, c'est le nom du gouverneur, fit la même chose. La veuve s'aperçut avec chagrin du peu de cas que son petit-fils faisait de sa tarte. « — Eh quoi! mon fils, lui dit-elle, est-il possible que vous méprisiez ainsi l'ouvrage de mes propres mains! Apprenez que personne au monde n'est capable de faire de si bonnes tartes à la crème, excepté votre père Bedreddin Hassan, à qui j'ai enseigné le grand art d'en faire de pareilles. — Ah! ma bonne grand'mère, s'écria Agib, permettez-moi de vous dire que si vous n'en savez pas faire de meilleures, il y a un pâtissier dans cette ville qui vous surpasse dans ce grand art : nous venons d'en manger chez lui une qui vaut beaucoup mieux que celle-ci.

A ces paroles, la grand'mère, regardant le gouverneur de travers : « — Comment, Schaban, lui dit-elle avec colère, vous a-t-on commis la garde de mon petit-fils pour le mener manger chez des pâtissiers comme un gueux? — Madame, répondit Schaban, il est bien vrai que nous nous sommes entretenus quelque temps avec un pâtissier; mais nous n'avons pas mangé chez lui. — Pardonnez-moi, interrompit Agib, nous sommes entrés dans sa boutique, et nous y avons mangé d'une tarte à la crème. » — La dame, plus irritée qu'auparavant, se leva de table assez brusquement, courut à la tente de Schemseddin Mohammed, qu'elle informa du délit du gouverneur, dans des termes plus propres à animer le vizir contre le délinquant qu'à lui faire excuser sa faute.

Schemseddin Mohammed, qui était naturellement emporté, ne perdit pas une si belle occasion de se mettre en colère. Il se rendit à l'instant sous la tente de sa belle-sœur, et dit à Schaban : « — Quoi! malheureux, tu as la hardiesse d'abuser de la confiance que j'ai en toi! » — Schaban, quoique suffisamment convaincu par le témoignage d'Agib, prit le parti de nier encore le fait. Mais l'enfant soutenant toujours le contraire : « — Mon grand-père, dit-il à Schemseddin Mohammed, je vous assure que nous avons si bien mangé l'un et l'autre, que nous n'avons pas besoin de souper. — Eh bien? méchant esclave, s'écria le vizir, après cela, ne veux-tu pas convenir que vous êtes entrés tous deux chez un pâtissier, et que vous y avez mangé? » — Schaban eut encore l'effronterie de jurer que cela n'était pas vrai. « — Tu es un menteur, lui dit alors le vizir, je crois plutôt mon petit-fils que toi. Néanmoins, si tu peux manger toute cette tarte à la crème qui est sur cette table, je serai persuadé que tu dis la vérité. »

Schaban, quoiqu'il en eût jusqu'à la gorge, se soumit à cette épreuve, et prit un morceau de la tarte à la crème; mais il fut obligé de le retirer de sa bouche, car le cœur lui souleva. Il ne laissa pas pourtant de mentir encore, en disant qu'il avait tant mangé le jour précédent, que l'appétit ne lui était pas encore revenu. Le vizir, irrité de tous les mensonges de l'esclave, et convaincu qu'il était coupable, le fit coucher par terre et commanda qu'on lui donnât la bastonnade. Le malheureux poussa de grands cris en souffrant ce châtiment et confessa la vérité. « — Il est vrai, s'écria-t-il, que nous avons mangé une tarte à la crème chez un pâtissier, et elle était cent fois meilleure que celle qui est sur cette table. »

La veuve crut que c'était par dépit contre elle et pour la mortifier que Schaban louait la tarte du pâtissier; c'est pourquoi s'adressant à lui : « — Je ne puis croire, dit-elle, que les tartes à la crème de ce pâtissier soient plus excellentes que les miennes. Je veux m'en éclaircir; tu sais où il demeure, va chez lui et m'apporte une tarte à la crème tout à l'heure. » — En parlant ainsi, elle fit donner de l'argent à Schaban pour acheter de la tarte, et il partit. Étant arrivé à la boutique de Bedreddin : « — Bon pâtissier, lui dit-il, tenez, voilà de l'argent, donnez-moi une tarte à la crème, une de nos dames souhaite d'en goûter. » — Il y en avait alors de toutes chaudes; Brededdin choisit la meilleure, et la donnant à l'esclave : « — Prenez celle-ci, dit-il, je vous la garantis excellente,

et je puis vous assurer que personne au monde n'est capable d'en faire de semblables, si ce n'est ma mère, qui vit peut-être encore. »

Schaban revint en diligence sous les tentes avec sa tarte à la crème. Il la présenta à la veuve, qui la prit avec empressement. Elle en rompit un morceau pour le manger ; mais elle ne l'eut pas plus tôt porté à sa bouche qu'elle fit un grand cri et qu'elle tomba évanouie. Schemseddin Mohammed, qui était présent, fut extrêmement étonné de cet accident. Il jeta de l'eau lui-même au visage de sa belle-sœur, et s'empressa fort à la secourir. Dès qu'elle fut revenue de sa faiblesse : « — O mon Dieu, s'écria-t-elle, il faut que ce soit mon fils, mon cher fils Bedreddin, qui ait fait cette tarte. »

Quand le vizir Schemseddin Mohammed eut entendu dire à sa belle-sœur qu'il fallait que ce fût Bedreddin Hassan qui eût fait la tarte à la crème que l'eunuque venait d'apporter, il sentit une joie inconcevable ; mais, venant à faire réflexion que cette joie était sans fondement, et que, selon toutes les apparences, la conjecture de la veuve devait être fausse, il lui dit : « — Mais, madame, pourquoi avez-vous cette opinion? Ne se peut-il pas trouver un pâtissier au monde qui sache aussi bien faire des tartes à la crème que votre fils? — Je conviens, répondit-elle, qu'il y a peut-être des pâtissiers capables d'en faire d'aussi bonnes ; mais comme je les fais d'une manière toute singulière, et que nul autre que mon fils n'a ce secret, il faut absolument que ce soit lui qui ait fait celle-ci. Réjouissons-nous, mon frère, ajouta-t-elle avec transport, nous avons enfin trouvé ce que nous cherchons depuis si longtemps. — Madame, répliqua le vizir, modérez, je vous prie, votre impatience ; nous saurons bientôt ce que nous devons en penser. Il n'y a qu'à faire venir ici le pâtissier. Si c'est Bedreddin Hassan, vous le reconnaîtrez bien, ma fille et vous ; car pour moi, je n'ai pu conserver aucun souvenir de lui, ne l'ayant aperçu qu'un instant à l'époque de son mariage, de même que je suis assuré qu'il n'a pu conserver aucun souvenir de moi. Mais il faut que vous vous cachiez toutes deux, et que vous le voyiez sans qu'il vous voie, car je ne veux pas que notre reconnaissance se fasse à Damas. »

En achevant ses paroles, il laissa les dames sous leur tente et se rendit sous la sienne. Là, il fit venir cinquante de ses gens, et leur dit : « — Prenez chacun un bâton et suivez Schaban, qui va vous conduire chez un pâtissier de cette ville. Lorsque vous y serez arrivés, rompez, brisez tout ce que vous trouverez dans sa boutique. S'il vous demande pourquoi vous faites ce désordre, demandez-lui seulement si ce n'est pas lui qui a fait la tarte à la crème qu'on a été prendre chez lui. S'il vous répond que oui, saisissez-vous de sa personne, liez-le bien et me l'amenez ; mais gardez-vous de le frapper ni de lui faire le moindre mal. Allez, et ne perdez pas de temps. »

Le vizir fut promptement obéi ; ses gens, armés de bâtons et conduits par l'eunuque noir, se rendirent en diligence chez Bedreddin Hassan, où ils mirent en pièces les plats, les chaudrons, les casseroles, les tables et tous les autres meubles et ustensiles qu'ils trouvèrent, et inondèrent sa boutique de sorbet, de crème et de confitures. A ce spectacle, Bedreddin Hassan, fort étonné, leur dit d'un ton de voix pitoyable : « — Eh! bonnes gens, pourquoi me traitez-vous de la sorte? de quoi s'agit-il? Qu'ai-je fait? — N'est-ce pas vous, dirent-ils, qui avez fait la tarte à la crème que vous avez vendue à l'eunuque que vous voyez? — Oui, c'est moi-même, répondit-il : qu'y trouve-t-on à dire? Je défie qui que ce soit d'en faire une meilleure. » — Au lieu de lui repartir, ils continuèrent de briser tout, et le four même ne fut pas épargné.

Cependant les voisins étant accourus au bruit, et fort surpris de voir cinquante hommes armés commettre un pareil désordre, demandaient le sujet d'une si grande violence, et Bedreddin, encore une fois, dit à ceux qui la lui faisaient : — « Apprenez-moi, de grâce, quel crime je puis avoir commis, pour rompre et briser ainsi tout ce qu'il y a chez moi ! — N'est-ce pas vous, répondirent-ils, qui avez

fait la tarte à la crème que vous avez vendue à cet eunuque ? — Oui, oui, c'est moi, repartit-il ; je soutiens qu'elle est bonne, et je ne mérite pas ce traitement injuste que vous me faites. » — Ils se saisirent de sa personne sans l'écouter, et, après lui avoir arraché la toile de son turban, ils s'en servirent pour lui lier les mains derrière le dos, puis, le tirant par force de sa boutique, ils commencèrent à l'emmener.

La populace qui s'était assemblée là, touchée de compassion pour Bedreddin, prit son parti et voulut s'opposer au dessein des gens de Schemseddin Mohammed ; mais il survint en ce moment des officiers du gouverneur de la ville, qui écartèrent le peuple et favorisèrent l'enlèvement de Bedreddin, parce que Schemseddin

Mohammed était allé chez le gouverneur de Damas pour l'informer de l'ordre qu'il avait donné et pour lui demander main-forte, et ce gouverneur, qui commandait sur toute la Syrie au nom du sultan d'Égypte, n'avait eu garde de rien refuser au vizir de son maître. On entraînait donc Bedreddin malgré ses cris et ses larmes.

Bedreddin Hassan avait beau demander en chemin aux personnes qui l'emmenaient ce qu'on avait trouvé dans sa tarte à la crème, on ne lui répondait rien. Enfin il arriva sous les tentes, où on le fit attendre jusqu'à ce que Schemseddin Mohammed fût revenu de chez le gouverneur de Damas.

Le vizir, étant de retour, demanda des nouvelles du pâtissier. On le lui amena. « — Seigneur, lui dit Bedreddin, les larmes aux yeux, faites-moi la grâce de me dire en quoi je vous ai offensé. — Ah! malheureux, répondit le vizir, n'est-ce pas toi qui as fait la tarte à la crème que tu m'as envoyée? — J'avoue que c'est moi, repartit Bedreddin : quel crime ai-je commis en cela? — Je te châtierai comme tu le mérites, répliqua Schemseddin Mohammed, et il t'en coûtera la vie pour avoir fait une si méchante tarte. — Eh! bon Dieu, s'écria Bedreddin, qu'est-ce que j'entends! Est-ce un crime digne de mort d'avoir fait une méchante tarte à la crème? — Oui, dit le vizir, et tu ne dois pas attendre de moi un autre traitement. »

Pendant qu'ils s'entretenaient ainsi tous deux, les dames, qui s'étaient cachées, observaient avec attention Bedreddin, qu'elles n'eurent pas de peine à reconnaître, malgré le long temps qu'elles ne l'avaient vu. La joie qu'elles en eurent fut telle qu'elles en tombèrent évanouies. Quand elles furent revenues de leur évanouissement, elles voulaient s'aller jeter au cou de Bedreddin; mais la parole qu'elles avaient donnée au vizir de ne se point montrer l'emporta sur les plus tendres mouvements de la nature.

Comme Schemseddin Mohammed avait résolu de partir cette même nuit, il fit plier les tentes et préparer les voitures pour se mettre en marche, et, à l'égard de Bedreddin, il ordonna qu'on le mît dans une caisse bien fermée et qu'on le chargeât sur un chameau. D'abord que tout fut prêt pour le départ, le vizir et les gens de sa suite se mirent en chemin. Ils marchèrent le reste de la nuit et le jour suivant sans se reposer. Ils ne s'arrêtèrent qu'à l'entrée de la nuit. Alors on tira Bedreddin Hassan de la caisse pour lui faire prendre de la nourriture ; mais on eut soin de le tenir éloigné de sa mère et de sa femme et, pendant vingt jours que dura le voyage, on le traita de la même manière.

En arrivant au Caire, on campa aux environs de la villle par ordre du vizir Schemseddin Mohammed, qui se fit amener Bedreddin, devant lequel il dit à un charpentier qu'il avait fait venir : « — Va chercher du bois et dresse promptement un poteau. —

Eh! seigneur, dit Bedreddin, que prétendez-vous faire de ce poteau? — T'y attacher, repartit le vizir et te faire ensuite promener par tous les quartiers de la ville, afin qu'on voie en ta personne un indigne pâtissier qui fait des tartes à la crème sans y mettre de poivre. » — A ces mots, Bedreddin Hassan s'écria d'une manière si plaisante, que Schemseddin Mohammed eut bien de la peine à garder son sérieux : « — Grand Dieu, c'est donc pour ne pas avoir mis de poivre dans une tarte à la crème qu'on veut me faire souffrir une mort aussi cruelle qu'ignominieuse ! »

En achevant ces mots, Scheherazade, remarquant qu'il était jour, se tut, et Schahriar se leva en riant de tout son cœur de la frayeur de Bedreddin, et fort curieux d'entendre la suite de cette histoire, que la sultane reprit de cette sorte le lendemain avant le jour :

« — Eh quoi! disait Bedreddin, faut-il qu'on ait tout rompu et brisé dans ma maison, qu'on m'ait emprisonné dans un ecaisse, et qu'enfin on s'apprête à m'attacher à un poteau, et tout cela parce que je ne mets pas de poivre dans une tarte à la crème! Eh! grand Dieu, qui a jamais ouï parler d'une pareille chose? Sont-ce là des actions de musulmans, de personnes qui font profession de probité, de justice, et qui pratiquent toutes sortes de bonnes œuvres ? » — En disant cela, il fondait en larmes; puis, recommençant ses plaintes : « — Non, reprenait-il, jamais personne n'a été traité si injustement ni si rigoureusement. Est-il possible qu'on soit capable d'ôter la vie à un homme pour n'avoir pas mis de poivre dans une tarte à la crème? Que maudites soient toutes les tartes à la crème, aussi bien que l'heure où je suis né! Plût à Dieu que je fusse mort en ce moment! »

Le désolé Bedreddin ne cessa de se lamenter et, lorsqu'on apporta le poteau et les clous pour l'y clouer, il poussa de grands cris à ce spectacle terrible. « — O ciel, dit-il, pouvez-vous souffrir que je meure d'un trépas infâme et douloureux! et cela pour quel crime? Ce n'est pas pour avoir volé, ni pour avoir tué, ni pour avoir renié ma religion : c'est pour n'avoir pas mis de poivre dans une tarte à la crème. »

Comme la nuit était alors déjà assez avancée, le vizir Schemseddin Mohammed fit remettre Bedreddin dans sa caisse et lui dit : « — Demeure là jusqu'à demain; le jour ne se passera pas que je ne te fasse mourir. » — On emporta la caisse et l'on en chargea le chameau qui l'avait apportée depuis Damas. On chargea en même temps tous les autres chameaux, et le vizir, étant remonté à cheval, fit marcher devant lui le chameau qui portait son gendre et entra dans la ville, suivi de tout son équipage. Après avoir passé plusieurs rues où personne ne parut, parce que tout le monde s'était retiré, il se rendit à son hôtel, où il fit décharger la caisse, avec défense de l'ouvrir que lorsqu'il l'ordonnerait.

Tandis qu'on déchargeait les autres chameaux, il prit en particulier la mère de Bedreddin Hassan et sa fille, et, s'adressant à la dernière : « — Dieu soit loué, lui dit-il, ma fille, de ce qu'il nous a fait si heureusement rencontrer votre cousin et votre mari. Vous vous souvenez bien, apparemment, de l'état où était votre chambre le jour de vos noces. Allez, faites-y mettre toutes choses comme elles étaient alors. Si pourtant vous ne vous en souveniez pas, je pourrais y suppléer par l'écrit que j'en ai fait faire. De mon côté, je vais donner ordre au reste. »

Dame de Beauté alla exécuter avec joie ce que venait de lui ordonner son père, qui commença aussi à disposer toutes choses dans la salle de la même manière qu'elles étaient lorsque Bedreddin Hassan l'avait épousée. A mesure qu'il lisait l'écrit, ses domestiques mettaient chaque meuble à sa place. Le trône ne fut pas oublié, non plus que les bougies allumées.

Bedreddin Hassan, quoique accablé de douleur, s'était endormi pendant tout ce temps-là, si bien que les domestiques du vizir le transportèrent dans la salle avant qu'il fût réveillé. Quand il s'éveilla, il promena sa vue de toutes parts, et les choses qu'il voyait rappelant dans sa mémoire le souvenir de ses noces, il s'aperçut avec étonnement que c'était la même salle. Sa surprise augmenta encore lorsque, s'étant approché doucement de la porte d'une chambre qu'il trouva ouverte, il vit dedans son habillement au même endroit où il se souvenait de l'avoir mis la nuit de ses noces. « — Bon Dieu, dit-il en se frottant les yeux, suis-je endormi? suis-je éveillé? »

Dame de Beauté, qui l'observait, après s'être divertie de son étonnement, ouvrit tout à coup les rideaux de son lit et avançant la tête : « — Mon cher seigneur, lui dit-elle, que faites-vous à la porte? Vous avez demeuré dehors bien longtemps. J'ai été fort surprise en me réveillant de ne vous pas trouver à mes côtés. » — Bedreddin Hassan changea de visage lorsqu'il reconnut la dame qui lui parlait. Il entra dans la chambre, et, après avoir tout examiné avec beaucoup d'attention : « — Par le grand Dieu vivant, s'écria-t-il, voilà des choses que je ne puis comprendre! » — Il s'avança vers Dame de Beauté. « — Je vous supplie, madame, lui dit-il, de m'apprendre s'il y a longtemps que je suis auprès de vous. — La question me surprend, répondit-elle : est-ce que vous ne vous êtes pas levé d'auprès de moi tout à l'heure? Il faut que vous ayez l'esprit bien préoccupé. — Madame, reprit Bedreddin, je ne l'ai assurément pas fort tranquille. Je me souviens, il est vrai, d'avoir été près de vous; mais je me souviens aussi d'avoir, depuis demeuré dix ans à Damas. Dites-moi, de grâce, ce que j'en dois penser : si mon mariage avec vous est une illusion, ou si c'est un songe que mon absence. — Oui, seigneur, repartit Dame de Beauté, vous avez rêvé sans doute que vous avez été à Damas. — Il n'y a donc rien de si plaisant, s'écria Bedreddin en faisant un éclat de rire. Je suis assuré, madame, que ce songe va vous paraître très réjouissant. Imaginez-vous, s'il vous plaît, que je me suis trouvé à la porte de Damas en chemise et en caleçon, comme je suis en ce moment ; que je suis entré dans la ville aux huées d'une populace qui me suivait en m'insultant ; que je me suis sauvé chez un pâtissier, qui m'a adopté, m'a appris son métier et m'a laissé tous ses biens en mourant ; qu'après sa mort j'ai tenu sa boutique. Enfin, Madame, il m'est arrivé une infinité d'autres aventures qui seraient trop longues à raconter, et tout ce que je puis vous dire, c'est que je n'ai pas mal fait de m'éveiller, sans cela on m'allait clouer à un poteau. — Et pour quel sujet, dit Dame de Beauté en faisant l'étonnée, voulait-on vous traiter si cruellement ? Il fallait donc que vous eussiez commis un crime énorme ! — Point du tout, répondit Bedreddin, c'était pour la chose du monde la plus bizarre et la plus ridicule. Tout mon crime était d'avoir vendu une tarte à la crème où je n'avais pas mis de poivre. — Ah ! pour cela, dit Dame de Beauté en riant de toute sa force, il faut avouer qu'on vous faisait une horrible injustice. — Oh ! madame, répliqua-t-il, ce n'est pas tout encore : pour cette maudite tarte à la crème, où l'on me reprochait de n'avoir pas mis de poivre, on avait tout rompu et brisé dans ma boutique, on m'avait lié avec des cordes et enfermé dans une caisse où j'étais si étroitement qu'il me semble que je m'en sens encore. Enfin on avait fait venir un charpentier et on lui avait commandé de dresser un poteau pour me pendre. Mais Dieu soit béni de ce que tout cela n'est qu'un ouvrage de sommeil ! »

En ce moment le vizir Schemseddin Mohammed frappa à la porte, et entra presque en même temps pour lui donner le bonjour.

Bedreddin Hassan fut dans une surprise extrême de voir paraître subitement un homme qu'il connaissait si bien, mais qui n'avait plus l'air de ce juge terrible qui avait prononcé l'arrêt de sa mort. « — Ah ! c'est donc vous, s'écria-t-il, qui m'avez traité si indignement et condamné à une mort qui me fait encore horreur, pour une tarte à la crème où je n'avais pas mis de poivre ? » — Le vizir se prit à rire, et pour le tirer de peine, lui conta tout ce qui s'était passé.

« — Consolez-vous de toutes vos afflictions, dit-il en terminant, par la joie de vous voir rendu aux personnes qui vous doivent

être les plus chères. Pendant que vous vous habillerez, je vais avertir madame votre mère, qui est dans une grande impatience de vous embrasser, et je vous amènerai votre fils, que vous avez vu à Damas et pour qui vous vous êtes senti tant d'inclination sans le connaître. »

Il n'y a pas de paroles assez énergiques pour bien exprimer quelle fut la joie de Bedreddin, lorsqu'il vit sa mère et son fils Agib. Ces trois personnes ne cessaient de s'embrasser et de faire paraître tous les transports que le sang et la plus vive tendresse peuvent inspirer. La mère dit les choses du monde les plus touchantes à Bedreddin : elle lui parla de la douleur que lui avait causée une si longue absence et des pleurs qu'elle avait versés. Le petit Agib recevait les embrassements de son père, et Bedreddin Hassan, partagé entre deux objets si dignes de son amour, ne croyait pas leur pouvoir donner assez de marques de son affection.

Pendant que ces choses se passaient chez Schemseddin Mohammed, ce vizir était allé au palais rendre compte au sultan de l'heureux succès de son voyage. Le sultan fut si charmé du récit de cette plaisante histoire, qu'il la fit écrire pour être conservée soigneusement dans les archives du royaume. Aussitôt que Schemseddin Mohammed fut de retour au logis, comme il avait fait préparer un superbe festin, il se mit à table avec toute sa famille, et toute sa maison passa la journée dans de grandes réjouissances.

Mais, sire, ajouta Scheherazade, remarquant que le jour commençait à paraître, quelque agréable que soit l'histoire que je viens de raconter, j'en sais une autre qui l'est encore davantage. Si Votre Majesté souhaite de l'entendre la nuit prochaine, je suis assurée qu'elle en demeurera d'accord. — Schahriar se leva sans rien dire et fort incertain de ce qu'il avait à faire : La bonne sultane, dit-il en lui-même, raconte de fort longues histoires, et quand une fois elle en a commencé une, il n'y a pas moyen de refuser de l'entendre tout entière. Je ne sais si je ne devrais pas la faire mourir aujourd'hui ; mais non : ne précipitons rien. L'histoire dont elle me fait fête est peut-être encore plus divertissante que toutes celles qu'elle m'a racontées jusqu'ici ; il ne faut pas que je me prive du plaisir de l'entendre ; après qu'elle m'en aura fait le récit, j'ordonnerai sa mort.

Dinarzade ne manqua pas de réveiller avant le jour la sultane des Indes, laquelle, après avoir demandé à Schahriar la permission de commencer l'histoire qu'elle avait promis de raconter, prit ainsi la parole.

HISTOIRE DE SINDBAD LE MARIN

Sire, sous le règne de ce même calife Haroun Alraschid dont je viens de parler, il y avait à Bagdad un pauvre porteur qui se nommait Hindbad. Un jour qu'il faisait une chaleur excessive, il portait une charge très pesante d'une extrémité de la ville à une autre. Comme il était fort fatigué du chemin qu'il avait fait, et qu'il lui en restait encore beaucoup à faire, il arriva dans une rue où régnait un doux zéphyr et dont le pavé était arrosé d'eau de rose. Ne pouvant désirer un lieu plus favorable pour se reposer et reprendre de nouvelles forces, il posa sa charge à terre et s'assit dessus, auprès d'une grande maison.

Il se sut bientôt très bon gré de s'être arrêté en cet endroit, car son odorat fut agréablement frappé d'un parfum exquis de bois d'aloès et de pastilles qui sortait par les fenêtres de cet hôtel, et qui, se mêlant avec l'odeur de rose, achevait d'embaumer l'air. Outre cela, il ouït en dedans un concert de divers instruments, accompagnés du ramage harmonieux d'un grand nombre de rossignols et d'autres oiseaux particuliers au climat de Bagdad. Cette gracieuse mélodie, et la fumée de plusieurs sortes de viandes qui se faisaient sentir, lui firent juger qu'il y avait là quelque festin et qu'on s'y réjouissait. Il voulut savoir qui demeurait dans cette maison, qu'il ne connaissait pas bien, parce qu'il n'avait pas eu occasion de passer souvent par cette rue. Pour satisfaire sa curiosité, il s'approcha de quelques domestiques qu'il vit à 'a porte, magnifiquement habillés, et demanda à l'un d eux comment s'appelait le maître de cet hôtel : « — Eh quoi ! lui répondit le domestique, vous demeurez à Bagdad, et vous ignorez que c'est ici la demeure du seigneur Sindbad le marin, de ce fameux voyageur qui a parcouru toutes les mers que le soleil éclaire? »

Le porteur, qui avait ouï parler des richesses de Sindbad, ne put s'empêcher de porter envie à un homme dont la condition lui paraissait aussi heureuse qu'il trouvait la sienne déplorable. L'esprit aigri par ses réflexions, il leva les yeux au ciel, et dit assez haut pour être entendu : « — Puissant Créateur de toutes choses, considérez la différence qu'il y a entre Sindbad et moi : je souffre tous les jours mille fatigues et mille maux, et j'ai bien de la peine à me nourrir, moi et ma famille, de mauvais pain d'orge, pendant que l'heureux Sindbad dépense avec profusion d'immenses richesses et mène une vie pleine de délices. Qu'a-t-il fait pour obtenir de vous une destinée si agréable? qu'ai-je fait pour en mériter une si rigoureuse? » — En achevant ces paroles, il frappa du pied contre terre comme un homme entièrement possédé de sa douleur et de son désespoir.

Il était encore occupé de ses tristes pensées, lorsqu'il vit sortir de l'hôtel un valet qui vint à lui et qui, le prenant par le bras, lui dit : « — Venez, suivez-moi; le seigneur Sindbad, mon maître, veut vous parler. » — Le jour, qui parut en cet endroit, empêcha Scheherazade de continuer cette histoire; mais elle la reprit ainsi le lendemain :

Sire, Votre Majesté peut aisément s'imaginer que Hindbad ne fut pas peu surpris du compliment qu'on lui faisait. Après le discours qu'il venait de tenir, il avait sujet de craindre que Sindbad ne l'envoyât querir pour lui faire quelque mauvais traitement; c'est pourquoi il voulut s'excuser sur ce qu'il ne pouvait abandonner sa charge au milieu de la rue. Mais le valet de Sindbad l'assura qu'on y prendrait garde, et le pressa tellement sur l'ordre dont il était chargé, que le porteur fut obligé de se rendre à ses instances.

Le valet l'introduisit dans une grande salle où il y avait bon nombre de personnes autour d'une table couverte de toutes sortes de mets délicats. On voyait à la place d'honneur un personnage grave, bien fait et vénérable par une longue barbe blanche, et derrière lui étaient debout une foule d'officiers et de domestiques fort empressés à le servir. Ce personnage était Sindbad. Le porteur, dont le trouble s'augmenta à la vue de tant de monde et d'un festin si superbe, salua la compagnie en tremblant. Sindbad lui dit de s'approcher, et, après l'avoir fait asseoir à sa droite, lui servit à manger lui-même, et lui fit donner à boire d'un excellent vin dont le buffet était abondamment garni.

Sur la fin du repas, Sindbad, remarquant que ses convives ne mangeaient plus, prit la parole, et, s'adressant à Hindbad, qu'il traita de frère, selon la coutume des Arabes, lorsqu'ils se parlent familièrement, lui demanda comment il se nommait et quelle était sa profession. « — Seigneur, lui répondit-il, je m'appelle Himdbad. — Je suis bien aise de vous voir, reprit Sindbad, et je vous réponds que la compagnie vous voit aussi avec plaisir ; mais je souhaiterais d'apprendre de vous-même ce que vous disiez tantôt dans la rue. » — Sindbad, avant que de se mettre à table, avait entendu tout son discours par une fenêtre et c'était ce qui l'avait obligé à le faire appeler.

A cette demande, Hindbad, plein de confusion, baissa la tête et repartit : « — Seigneur, je vous avoue que ma lassitude m'avait mis en mauvaise humeur, et il m'est échappé quelques paroles indiscrètes que je vous supplie de me pardonner. — Oh! ne croyez pas, reprit Sindbad, que je sois assez injuste pour en conserver du ressentiment. J'entre dans votre situation; au lieu de vous reprocher vos murmures, je vous plains ; mais il faut que je vous tire d'une erreur où vous me paraissez être à mon égard. Vous vous imaginez sans doute que j'ai acquis sans peine et sans travail toutes les commodités et le repos dont vous voyez que je jouis. Désabusez-vous : je ne suis parvenu à un état si heureux qu'après avoir souffert durant plusieurs années tous les travaux de corps et d'esprit que l'imagination peut concevoir. Oui, mes seigneurs, ajouta-t-il en s'adressant à toute la compagnie, je puis vous assurer que ces travaux sont si extraordinaires, qu'ils sont capables d'ôter aux hommes les plus avides de richesses l'envie fatale de traverser les mers pour en acquérir. Vous n'avez peut-être entendu parler que confusément de mes étranges aventures et des dangers que j'ai courus sur mer pendant les sept voyages que j'ai faits, et, puisque l'occasion s'en présente, je vais vous en faire un rapport fidèle ; je crois que vous ne serez pas fâchés de l'entendre. »

Comme Sindbad voulait raconter son histoire particulièrement à cause du porteur, avant que de la commencer, il ordonna qu'on fît porter la charge qu'il avait laissée dans la rue au lieu où

Hindbad marqua qu'il souhaitait qu'elle fût portée. Après cela, il parla en ces termes :

PREMIER VOYAGE DE SINDBAD LE MARIN

« J'avais hérité de ma famille des biens considérables : j'en dissipai la meilleure partie, mais je revins de mon aveuglement, et, rentrant en moi-même, je reconnus que les richesses étaient périssables, et qu'on en voyait bientôt la fin, quand on les ménageait aussi mal que je faisais. Je pensai de plus que je consumais malheureusement dans une vie déréglée le temps, qui est la chose du monde la plus précieuse. Je considérai encore que c'était la dernière et la plus déplorable de toutes les misères, que d'être pauvre dans la vieillesse. Je me souvins de ces paroles du grand Salomon, que j'avais autrefois ouï dire à mon père : « Qu'il est moins fâcheux d'être dans le tombeau que dans la pauvreté. » Frappé de toutes ces réflexions, je ramassai les débris de mon patrimoine ; je vendis à l'encan, en plein marché, tout ce que j'avais de meubles ; je me liai ensuite avec quelques marchands qui négociaient par mer ; je consultai ceux qui me parurent capables de me donner de bons conseils ; enfin, je résolus de faire profiter le peu d'argent qui me restait, et, dès que j'eus pris cette résolution, je ne tardai guère à l'exécuter. Je me rendis à Balsora, où je m'embarquai, avec plusieurs marchands, sur un vaisseau que nous avions équipé à frais communs.

« Nous mîmes à la voile et prîmes la route des Indes orientales par le golfe Persique, qui est formé par les côtes de l'Arabie Heureuse à la droite, et celles de Perse à la gauche, et dont la plus grande largeur est de soixante et dix lieues, selon la commune opinion. Hors de ce golfe, la mer du Levant, la même que celle des Indes, est très spacieuse ; elle a d'un côté pour bornes les côtes d'Abyssinie et quatre mille cinq cents lieues de longueur jusqu'aux îles de Vakvak. Je fus d'abord incommodé de ce qu'on appelle mal de mer ; ma santé se rétablit bientôt et depuis ce temps-là je n'ai point été sujet à cette maladie.

« Dans le cours de notre navigation, nous abordâmes à plusieurs îles et nous y vendîmes ou échangeâmes nos marchandises. Un jour que nous étions à la voile, le calme nous prit vis-à-vis une petite île presque à fleur d'eau, qui ressemblait à une prairie par sa verdure. Le capitaine fit plier les voiles et permit de prendre terre aux personnes de l'équipage qui voulurent y descendre. Je fus du nombre de ceux qui y débarquèrent.

« Mais dans le temps que nous nous divertissions à boire, à manger et à nous délasser de la fatigue de la mer, l'île trembla tout à coup et nous donna une rude secousse.

« On s'aperçut du tremblement de l'île dans le vaisseau, d'où l'on nous cria de nous rembarquer promptement, que nous allions tous périr, que ce que nous prenions pour une île était le dos d'une baleine. Les plus diligents se sauvèrent dans une chaloupe, d'autres se jetèrent à la nage ; pour moi, j'étais encore sur l'île ou plutôt sur la baleine, lorsqu'elle se plongea dans la mer, et je n'eus que le temps de me prendre à une pièce de bois qu'on avait apportée du vaisseau pour faire du feu. Cependant le capitaine, après avoir reçu sur son bord les gens qui étaient dans la chaloupe et recueilli quelques-uns de ceux qui nageaient, voulut profiter d'un vent frais et favorable qui s'était levé : il fit hausser les voiles et m'ôta par là l'espérance de gagner le vaisseau.

« Je demeurai donc à la merci des flots, poussé tantôt d'un côté et tantôt d'un autre, je disputai contre eux ma vie, tout le reste du jour et la nuit suivante. Je n'avais plus de forces le lendemain, et je désespérais d'éviter la mort, lorsqu'une vague me jeta heureusement contre une île. Le rivage en était haut et escarpé et j'aurais eu beaucoup de peine à y monter, si quelques racines d'arbres, que la fortune semblait avoir conservées en cet endroit pour mon salut, ne m'en eussent donné le moyen. Je m'étendis sur la terre, où je demeurai à demi mort jusqu'à ce qu'il fît grand jour et que le soleil parût.

« Alors, quoique je fusse très faible à cause du travail de la mer et parce que je n'avais pris aucune nourriture depuis le jour précédent, je ne laissai pas de me traîner en cherchant des herbes bonnes à manger. J'en trouvai quelques-unes et j'eus le bonheur de rencontrer une source d'eau excellente qui ne contribua pas peu à me rétablir. Les forces m'étant revenues, je m'avançai dans l'île, marchant sans tenir de route assurée. J'entrai dans une belle plaine où j'aperçus un cheval qui paissait. Je portai mes pas de ce côté-là, flottant entre la crainte et la joie ; car j'ignorais si je n'allais pas chercher ma perte plutôt qu'une occasion de mettre ma vie en sûreté. Je remarquai, en approchant, que c'était une cavale attachée à un piquet. Sa beauté attira mon attention ; mais, pendant que je la regardais, j'entendais la voix d'un homme qui parlait sous terre. Un moment ensuite cet homme parut, vint à moi et me demanda qui j'étais. Je lui racontai mon aventure ; après quoi, me prenant par la main, il me fit entrer dans une grotte où il y avait d'autres

personnes, qui ne furent pas moins étonnées de me voir que je l'étais de les trouver là.

« Je mangeai de quelques mets que ces gens me présentèrent ; puis, leur ayant demandé ce qu'ils faisaient dans un lieu qui me paraissait si désert, ils me répondirent qu'ils étaient palefreniers du roi Mihrage, souverain de cette île ; que chaque année, dans la même saison, ils avaient coutume d'y amener les cavales du roi, qu'ils attachaient de la manière que je l'avais vu pour les faire couvrir par un cheval marin qui sortait de la mer ; que le cheval marin, après les avoir couvertes, se mettait en état de les dévorer; mais qu'ils l'en empêchaient par leurs cris, et l'obligeaient à rentrer dans la mer ; que, les cavales étant pleines, ils les remmenaient, et que les chevaux qui en naissaient étaient destinés pour le roi et appelés chevaux marins. Ils ajoutèrent qu'ils devaient partir le lendemain, et que, si je fusse arrivé un jour plus tard, j'aurais péri infailliblement, parce que les habitations étaient éloignées et qu'il m'eût été impossible d'y arriver sans guide

« Tandis qu'ils m'entretenaient ainsi, le cheval marin sortit de la mer, comme ils me l'avaient dit, se jeta sur la cavale, la couvrit et voulut ensuite la dévorer ; mais, au grand bruit que firent les palefreniers, il lâcha prise et alla se replonger dans la mer.

« Le lendemain ils reprirent le chemin de la capitale de l'île avec les cavales, et je les accompagnai. A notre arrivée, le roi Mihrage, à qui je fus présenté, me demanda qui j'étais et par quelle aventure j'étais dans ses États. Dès que j'eus pleinement satisfait sa curiosité, il me témoigna qu'il prenait beaucoup de part à mon malheur. En même temps il ordonna qu'on eût soin de moi et que l'on me fournît toutes les choses dont j'aurais besoin. Cela fut exécuté d'une manière que j'eus sujet de me louer de sa générosité et de l'exactitude de ses officiers.

« Comme j'étais marchand, je fréquentai les gens de ma profession. Je recherchais particulièrement ceux qui étaient étrangers, tant pour apprendre d'eux des nouvelles de Bagdad, que pour en trouver quelqu'un avec qui je pusse y retourner ; car la capitale du roi Mihrage est située sur le bord de la mer, et a un beau port où il aborde tous les jours des vaisseaux des différetes nations du monde. Je cherchais aussi la compagnie des savants des Indes et je prenais plaisir à les entendre parler ; mais cela ne m'empêchait pas de faire ma cour au roi très régulièrement, ni de m'entretenir avec des gouverneurs et de petits rois, ses tributaires, qui étaient auprès de sa personne. Ils me faisaient mille questions sur mon pays, et, de mon côté, voulant m'instruire des mœurs ou des lois de leurs États, je leur demandais tout ce qui semblait mériter ma curiosité.

« Il y a sous la domination du roi Mihrage une île qui porte le nom de Cassel. On m'avait assuré qu'on y entendait toutes les nuits un son de timbales, ce qui a donné lieu à l'opinion qu'ont les matelots, que Degial [1] y fait sa demeure. Il me prit envie d'être témoin de cette merveille, et je vis dans mon voyage des poissons longs de cent et de deux cents coudées, qui font plus de peur que de mal. Ils sont si timides qu'on les fait fuir en frappant sur des ais. Je remarquai d'autres poissons qui n'étaient que d'une coudée et qui ressemblaient par la tête à des hiboux.

« A mon retour, comme j'étais un jour sur le port, un navire y vint aborder. Dès qu'il fut à l'ancre, on commença à décharger les marchandises, et les marchands à qui elles appartenaient les faisaient transporter dans des magasins. En jetant les yeux sur quelques ballots et sur l'écriture qui marquait à qui ils étaient, je vis mon nom dessus ; et, après les avoir attentivement examinés, je ne doutai pas que ce ne fussent ceux que j'avais fait charger sur le vaisseau où je m'étais embarqué à Balsora. Je reconnus même le capitaine ; mais comme j'étais persuadé qu'il me croyait mort, je l'abordai et lui demandai à qui appartenaient les ballots que je voyais. « — J'avais sur mon bord, me répondit-il, un marchand de Bagdad, qui se nommait Simdbad. Un jour que nous étions près d'une île, à ce qu'il nous paraissait, il mit pied à terre avec plusieurs passagers dans cette île prétendue, qui n'était autre chose qu'une baleine d'une grosseur énorme, qui s'était endormie à fleur d'eau. Elle ne se sentit pas plus tôt échauffée par le feu qu'on avait allumé pour faire la cuisine, qu'elle commença de se mouvoir et

---

[2] Degial, chez les mahométans, est le même que l'Antechrist. Selon eux, il viendra à la fin du monde, conquerra toute la terre, excepté la Mecque, Médine, Tarse et Jérusalem, qui seront préservées par des anges qu'il verra à l'entour. (GALLAND.)

de s'enfoncer dans la mer. La plupart des personnes qui étaient dessus se noyèrent, et le malheureux Sindbad fut de ce nombre. Ces ballots étaient à lui, et j'ai résolu de les négocier jusqu'à ce que je rencontre quelqu'un de sa famille à qui je puisse rendre le profit que j'aurai fait avec le principal. — Capitaine, lui dis-je alors, je suis ce Sindbad que vous croyez mort et qui ne l'est pas, et ces ballots sont mon bien et ma marchandise... » — Scheherazade n'en dit pas davantage cette nuit; mais elle continua le lendemain de cette sorte :

Sindbad, poursuivant son histoire, dit à la compagnie : « Quand le capitaine du vaisseau m'entendit parler ainsi : — « Grand Dieu! s'écria-t-il, à qui se fier aujourd'hui? il n'y a plus de bonne foi parmi les hommes : j'ai vu de mes propres yeux périr Syndbad; les passagers qui étaient sur mon bord l'ont vu comme moi, et vous osez dire que vous êtes ce Sindbad! Quelle audace! A vous voir, il semble que vous soyez un homme de probité ; cependant vous dites une horrible fausseté pour vous emparer d'un bien qui ne vous appartient pas. — Donnez-vous patience, repartis-je au capitaine, et me faites la grâce d'écouter ce que j'ai à vous dire. Eh bien! repartit-il, que direz-vous? Parlez, je vous écoute. » — Je lui racontai alors de quelle manière je m'étais sauvé, et par quelle aventure j'avais rencontré les palefreniers du roi Mihrage, qui m'avaient amené à sa cour.

« Il se sentit ébranlé de mon discours; mais il fut bientôt persuadé que je n'étais pas un imposteur, car il arriva des gens de son navire qui me reconnurent et me firent de grands compliments, en me témoignant la joie qu'ils avaient de me revoir. Enfin il me reconnut aussi lui-même, et se jetant à mon cou : « — Dieu soit loué! me dit-il, de ce que vous êtes heureusement échappé d'un si grand danger! je ne puis assez vous marquer le plaisir que j'en ressens. Voilà votre bien, prenez-le; il est à vous, faites-en ce qui vous plaira. » — Je le remerciai, je louai sa probité; et pour la reconnaître, je le priai d'accepter quelques marchandises que je lui présentai; mais il les refusa.

« Je choisis ce qu'il y avait de plus précieux dans mes ballots, et j'en fis présent au roi Mihrage. Comme ce prince savait la disgrâce qui m'était arrivée, il me demanda où j'avais pris des choses si rares. Je lui contai par quel hasard je venais de les recouvrer ; il eut la bonté de m'en témoigner de la joie ; il accepta mon présent et m'en fit de beaucoup plus considérables. Après cela je pris congé de lui, et me rembarquai sur le même vaisseau. Mais, avant mon embarquement, j'échangeai les marchandises qui me restaient contre d'autres du pays. J'emportai avec moi du bois d'aloès, du sandal, du camphre, de la muscade, du clou de girofle, du poivre et du gingembre. Nous passâmes par plusieurs îles et nous abordâmes enfin à Balsora, d'où j'arrivai en cette ville avec la valeur d'environ cent mille sequins. Ma famille me reçut et je la revis avec tous les transports que peut causer une amitié vive et sincère. J'achetai des esclaves, de belles terres, et je fis une grosse maison. Ce fut ainsi que je m'établis, résolu d'oublier les maux que j'avais soufferts et de jouir des plaisirs de la vie. »

Sindbad s'étant arrêté en cet endroit, ordonna aux joueurs d'instruments de recommencer leurs concerts, qu'il avait interrompus par le récit de son histoire. On continua jusqu'au soir de boire et de manger, et lorsqu'il fut temps de se retirer, Sindbad se fit apporter une bourse de cent sequins, et la donnant au porteur : « — Prenez, Hindbad, lui dit-il, retournez chez vous, et revenez demain entendre la suite de mes aventures. » — Le porteur se retira fort confus et satisfait de l'honneur et du présent qu'il venait de recevoir. Le récit qu'il en fit au logis fut très agréable à sa femme et à ses enfants, qui ne manquèrent pas de remercier Dieu du bien que la Providence leur faisait par l'entreprise de Sindbad.

Hindbad s'habilla le lendemain plus proprement que le jour précédent, et retourna chez le voyageur libéral, qui le reçut d'un air riant et lui fit mille caresses. D'abord que les conviés furent tous arrivés, on servit et l'on tint table fort longtemps. Le repas fini, Sindbad prit la parole, et s'adressant à la compagnie : « — Messieurs, leur dit-il, je vous prie de me donner audience et de vouloir bien écouter les aventures de mon second voyage. Elles sont plus dignes de votre attention que celles du premier. » — Tout le monde garda le silence, et Sindbad parla en ces termes :

SECOND VOYAGE DE SINDBAD LE MARIN

« J'avais résolu, après mon premier voyage, de passer tranquillement le reste de mes jours à Bagdad, comme j'eus l'honneur de vous le dire hier. Mais je ne fus pas longtemps sans m'ennuyer d'une vie oisive; l'envie de voyager et de négocier par mer me reprit : j'achetai des marchandises propres à faire le trafic que je méditais, et je partis une seconde fois avec d'autres marchands dont la probité m'était connue. Nous nous embarquâmes sur un bon navire et, après nous être recommandés à Dieu, nous commençâmes notre navigation.

« Nous allions d'îles en îles et nous y faisions des trocs fort avantageux. Un jour nous descendîmes en une qui était couverte de plusieurs sortes d'arbres fruitiers, mais si déserte que nous n'y découvrîmes aucune habitation ni même pas une âme. Nous allâmes prendre l'air dans les prairies et le long des ruisseaux qui l'arrosaient.

« Pendant que les uns se divertissaient à cueillir des fleurs et les autres des fruits, je pris mes provisions et du vin que j'avais porté, et m'assis près d'une eau coulant entre de grands arbres qui formaient un bel ombrage. Je fis un assez bon repas de ce que j'avais, après quoi le sommeil vint s'emparer de mes sens. Je ne vous dirai pas si je dormis longtemps, mais, quand je me réveillai, je ne vis plus le navire à l'ancre.

« Je fus bien étonné, dit Sindbad, de ne plus voir le vaisseau à l'ancre; je me levai, je regardai de toutes parts, et je ne vis pas un des marchands qui étaient descendus dans l'île avec moi. J'aperçus seulement le navire à la voile, mais si éloigné que je le perdis de vue peu de temps après.

« Je vous laisse à imaginer les réflexions que je fis dans un état si triste. Je pensai mourir de douleur, je poussai des cris épouvantables, je me frappai la tête et me jetai par terre, où je demeurai longtemps abîmé dans une confusion mortelle de pensées toutes plus affligeantes les unes que les autres; je me reprochai cent fois de ne m'être pas contenté de mon premier voyage, qui devait m'avoir fait perdre pour jamais l'envie d'en faire d'autres. Mais tous mes regrets étaient inutiles et mon repentir hors de saison.

« A la fin je me résignai à la volonté de Dieu, et sans savoir ce que je deviendrais, je montai au haut d'un grand arbre, d'où je regardai de tous côtés pour voir si je ne découvrirais rien qui pût me donner quelque espérance. En jetant les yeux sur la mer, je ne vis que de l'eau et le ciel ; mais ayant aperçu du côté de la terre quelque chose de blanc, je descendis de l'arbre, et avec ce qui me restait de vivres je marchai vers cette blancheur, qui était si éloignée que je ne pouvais pas bien distinguer ce que c'était.

« Lorsque j'en fus à une distance raisonnable, je remarquai que c'était une boule blanche d'une hauteur et d'une grosseur prodigieuses. Dès que j'en fus près, je la touchai et la trouvai fort douce. Je tournai à l'entour pour voir s'il n'y avait point d'ouverture : je n'en pus découvrir aucune et il me parut qu'il était impossible de monter dessus, tant elle était unie. Elle pouvait avoir cinquante pas en rondeur.

« Le soleil alors était près de se coucher ; l'air s'obscurcit tout à coup comme s'il eût été couvert d'un nuage épais. Mais, si je fus étonné de cette obscurité, je le fus bien davantage, quand je m'aperçus que ce qui la causait était un oiseau d'une grandeur et d'une grosseur extraordinaires qui s'avançait de mon côté en volant. Je me souvins d'un oiseau appelé roc, dont j'avais souvent ouï parler aux matelots, et je conçus que la grosse boule que

j'avais tant admirée devait être un œuf de cet oiseau. En effet, il s'abattit et se posa dessus comme pour le couver. En le voyant venir, je m'étais serré fort près de l'œuf de sorte que j'eus devant moi un des pieds de l'oiseau ; et ce pied était aussi gros qu'un gros tronc d'arbre. Je m'y attachai fortement avec la toile dont mon turban était environné, dans l'espérance que le roc, lorsqu'il reprendrait son vol le lendemain, m'emporterait hors de cette île déserte. Effectivement, après avoir passé la nuit en cet état, d'abord qu'il fut jour, l'oiseau s'envola et m'enleva si haut que je ne voyais plus la terre; puis il descendit tout à coup avec tant de rapidité que je ne me sentais pas. Lorsque le roc fut posé et que je me vis à terre, je déliai promptement le nœud qui me tenait attaché à son pied. J'avais à peine achevé de me détacher, qu'il donna du bec sur un serpent d'une longueur inouïe. Il le prit et s'envola aussitôt.

« Le lieu où il me laissa était une vallée très profonde, environnée de toutes parts de montagnes si hautes qu'elles se perdaient dans la nue, et tellement escarpées qu'il n'y avait aucun chemin par où l'on y pût monter. Ce fut un nouvel embarras pour moi, et comparant cet endroit à l'île déserte que je venais de quitter, je trouvai que je n'avais rien gagné au change.

« En marchant par cette vallée, je remarquai qu'elle était parsemée de diamants, dont il y en avait d'une grosseur surprenante. Je pris beaucoup de plaisir à les regarder; mais j'aperçus bientôt de loin des objets qui diminuèrent fort ce plaisir et que je ne pus voir sans effroi. C'étaient un grand nombre de serpents si gros et si longs, qu'il n'y en avait pas un qui n'eût englouti un éléphant. Ils se retiraient pendant le jour dans leurs antres, où ils se cachaient à cause du roc, leur ennemi, et il n'en sortaient que la nuit.

« Je passai la journée à me promener dans la vallée et à me reposer de temps en temps dans les endroits les plus commodes. Cependant le soleil se coucha et, à l'entrée de la nuit, je me retirai dans une grotte où je jugeai que je serais en sûreté. J'en bouchai l'entrée, qui était basse et étroite, avec une pierre assez grosse pour me garantir des serpents, mais qui n'était pas assez juste pour qu'il n'y entrât un peu de lumière. Je soupai d'une partie de mes provisions, au bruit des serpents qui commencèrent à paraître. Leurs affreux sifflements me causèrent une frayeur extrême et ne me permirent pas, comme vous pouvez penser, de passer la nuit fort tranquillement. Le jour étant venu, les serpents se retirèrent. Alors je sortis de ma grotte en tremblant, et je puis dire que je marchai longtemps sur les diamants sans en avoir la moindre envie. A la fin, je m'assis, et malgré l'inquiétude dont j'étais agité, comme je n'avais pas fermé l'œil de toute la nuit, je m'endormis après avoir fait encore un repas de mes provisions. Mais j'étais à peine assoupi que quelque chose qui tomba près de moi avec grand bruit me réveilla : c'était une grosse pièce de viande fraîche ; et dans le moment j'en vis rouler plusieurs autres du haut des rochers en différents endroits.

« J'avais toujours tenu pour un conte fait à plaisir ce que j'avais ouï dire plusieurs fois à des matelots et à d'autres personnes touchant la vallée des Diamants, et l'adresse dont se servaient quelques marchands pour en tirer ces pierres précieuses. Je connus bien qu'ils m'avaient dit la vérité. En effet, ces marchands se rendent auprès de cette vallée dans le temps que les aigles ont des petits. Ils découpent de la viande et la jettent par grosses pièces dans la vallée ; les diamants sur la pointe desquels elles tombent s'y attachent. Les aigles, qui sont dans ce pays-là plus forts qu'ailleurs, vont fondre sur ces pièces de viande et les emportent dans leurs nids au haut des rochers, pour servir de pâture à leurs aiglons. Alors les marchands, courant aux nids, obligent par leurs cris les aigles à s'éloigner, et prennent les diamants qu'ils trouvent attachés aux pièces de viande. Ils se servent de cette ruse, parce qu'il n'y a pas d'autre moyen de tirer les diamants de cette vallée, qui est un précipice dans lequel on ne saurait descendre.

« J'avais cru jusque-là qu'il ne me serait pas possible de sortir de cet abîme, que je regardais comme mon tombeau ; mais je changeai de sentiment, et ce que je venais de voir me donna lieu d'imaginer le moyen de conserver ma vie. »

Le jour qui parut en cet endroit, imposa silence à Scheherazade ; mais elle poursuivit cette histoire le lendemain.

Sire, dit-elle, en s'adressant toujours au sultan des Indes, Sindbad continua de raconter les aventures de son second voyage à la compagnie qui l'écoutait : « Je commençai, dit-il, par amasser les plus gros diamants qui se présentèrent à mes yeux et j'en remplis la bourse de cuir qui m'avait servi à mettre mes provisions de bouche. Je pris ensuite la pièce de viande qui me parut la plus longue et l'attachai fortement autour de moi avec la toile de mon turban, et, en cet état, je me couchai le ventre contre terre, la bourse de cuir attachée à ma ceinture d'une manière qu'elle ne pouvait tomber.

« Je ne fus pas plutôt en cette situation que les aigles vinrent : chacun se saisit d'une pièce de viande qu'il emporta, et un des plus puissants m'ayant enlevé de même avec le morceau de viande dont j'étais enveloppé, me porta au haut de la montagne jusque dans son nid. Les marchands ne manquèrent point alors de crier pour épouvanter les aigles et, lorsqu'ils les eurent obligés à quitter leur proie, un d'entre eux s'approcha de moi, mais il fut saisi de crainte quand il m'aperçut. Il se rassura pourtant et, au lieu de s'informer par quelle aventure je me trouvais là, il commença de me quereller en me demandant pourquoi je lui ravissais son bien. « — Vous me parlerez, lui dis-je, avec plus d'humanité, lorsque vous m'aurez mieux connu. Consolez-vous, ajoutai-je : j'ai des diamants pour vous et pour moi, plus que n'en peuvent avoir tous les autres marchands ensemble. S'ils en ont, ce n'est que par hasard ; mais j'ai choisi moi-même au fond de la vallée ceux que j'apporte dans cette bourse que vous voyez. » — En disant cela, je la lui montrai. Je n'avais pas achevé de parler, que les autres marchands qui m'aperçurent, s'attroupèrent autour de moi, fort étonnés de me voir, et j'augmentai leur surprise par le récit de mon histoire. Ils n'admirèrent pas tant le stratagème que j'avais imaginé pour me sauver que ma hardiesse à le tenter.

« Ils m'emmenèrent au logement où ils demeuraient tous ensemble, et là, ayant ouvert ma bourse en leur présence, la grosseur de mes diamants les surprit, et ils m'avouèrent que, dans toutes les cours où ils avaient été, ils n'en avaient pas vu un qui en approchât. Je priai le marchand à qui appartenait le nid où j'avais été transporté (car chaque marchand avait le sien), je le priai, dis-je, d'en choisir pour sa part autant qu'il en voudrait. Il se contenta d'en prendre un seul, encore le prit-il des moins gros, et comme je le pressais d'en recevoir d'autres sans craindre de me faire tort : « — Non, me dit-il, je suis fort satisfait de celui-ci, qui est assez précieux pour m'épargner la peine de faire désormais d'autres voyages pour l'établissement de ma petite fortune.

« Je passai la nuit avec ces marchands, à qui je racontai une seconde fois mon histoire pour la satisfaction de ceux qui ne l'avaient pas entendue. Je ne pouvais modérer ma joie quand je faisais réflexion que j'étais hors des périls dont je vous ai parlé. Il me semblait que l'état où je me trouvais était un songe et je ne pouvais croire que je n'eusse plus rien à craindre.

« Il y avait déjà plusieurs jours que les marchands jetaient des pièces de viande dans la vallée et, comme chacun paraissait content des diamants qui lui étaient échus, nous partîmes le lendemain tous ensemble, et nous marchâmes par de hautes montagnes où il y avait des serpents d'une longueur prodigieuse, que nous eûmes le bonheur d'éviter. Nous gagnâmes le premier port, d'où nous passâmes à l'île de Roha, où croît l'arbre dont on tire le camphre, et qui est si gros et si touffu que cent hommes y peuvent être à l'ombre aisément. Le suc dont se forme le camphre coule par une ouverture que l'on fait au haut de l'arbre et se reçoit dans un vase où il prend consistance et devient ce que l'on appelle camphre. Le suc ainsi tiré, l'arbre sèche et meurt.

« Il y a dans la même île des rhinocéros, qui sont des animaux

plus petits que l'éléphant et plus grands que le buffle; ils ont une corne sur le nez, longue environ d'une coudée; cette corne est solide et coupée par le milieu, d'une extrémité à l'autre. On voit dessus des traits blancs qui représentent la figure d'un homme. Le rhinocéros se bat avec l'éléphant, le perce de sa corne par-dessous le ventre, l'enlève et le porte sur sa tête ; mais comme le sang et la graisse de l'éléphant lui coulent sur les yeux et l'aveuglent, il tombe par terre et, ce qui va vous étonner, le roc vient, qui les enlève tous deux entre ses griffes et les emporte pour nourrir ses petits.

« Je passe sous silence plusieurs autres particularités de cette île, de peur de vous ennuyer. J'y échangeai quelques-uns de mes diamants contre de bonnes marchandises. De là nous allâmes à d'autres îles, et enfin, après avoir touché à plusieurs îles marchandes de terre ferme, nous abordâmes à Balsora, d'où je me rendis à Bagdad. J'y fis d'abord de grandes aumônes aux pauvres et je jouis honorablement du reste des richesses immenses que j'avais apportées et gagnées avec tant de fatigues. »

Ce fut ainsi que Sindbad raconta son second voyage. Il fit donner encore cent sequins à Hindbad, qu'il invita à venir le lendemain entendre le récit du troisième.

Les conviés retournèrent chez eux et revinrent le jour suivant à la même heure, de même que le porteur, qui avait déjà presque oublié sa misère passée. On se mit à table, et après le repas, Sindbad, ayant demandé audience, fit de cette sorte le détail de son troisième voyage :

TROISIÈME VOYAGE DE SINDBAD LE MARIN

« J'eus bientôt perdu, dit-il, dans les douceurs de la vie que je menais, le souvenir des dangers que j'avais courus dans mes deux voyages ; mais comme j'étais à la fleur de mon âge, je m'ennuyais de vivre dans le repos et, m'étourdissant sur les nouveaux périls que je voulais affronter, je partis de Bagdad avec de riches marchandises du pays, que je fis transporter à Balsora. Là, je m'embarquai encore avec d'autres marchands. Nous fîmes une longue navigation et nous abordâmes à plusieurs ports, où nous fîmes un commerce considérable.

« Un jour que nous étions en pleine mer, nous fûmes battus d'une tempête horrible qui nous fit perdre notre route. Elle continua plusieurs jours et nous poussa devant le port d'une île où le capitaine aurait fort souhaité de se dispenser d'entrer ; mais nous fûmes bien obligés d'y aller mouiller. Lorsqu'on eut plié les voiles, le capitaine nous dit : « — Cette île et quelques autres voisines sont habitées par des sauvages tout velus qui vont venir nous assaillir. Quoique ce soient des nains, notre malheur veut que nous ne fassions pas la moindre résistance, parce qu'ils sont en plus grand nombre que les sauterelles, et que s'il nous arrivait d'en tuer quelqu'un, ils se jetteraient tous sur nous et nous assommeraient. »

« Le discours du capitaine mit tout l'équipage dans une grande consternation, et nous connûmes bientôt que ce qu'il venait de nous dire n'était que trop véritable. Nous vîmes paraître une multitude innombrable de sauvages hideux, couverts par tout le corps d'un poil roux, et hauts seulement de deux pieds. Ils se jetèrent à la nage et environnèrent en peu de temps notre vaisseau. Ils nous parlaient en approchant, mais nous n'entendions pas leur langage. Ils se prirent aux bords et aux cordages du navire, et grimpèrent de tous côtés jusqu'au tillac avec une si grande agilité et avec tant de vitesse qu'il ne paraissait pas qu'ils posassent leurs pieds.

« Nous leur vîmes faire cette manœuvre avec la frayeur que vous pouvez vous imaginer, sans oser nous mettre en défense ni leur dire un seul mot pour tâcher de les détourner de leur dessein, que nous soupçonnions d'être funeste. Effectivement, ils déplièrent les voiles, coupèrent le câble de l'ancre sans se donner la peine de la tirer, et après avoir fait approcher de terre le vaisseau, ils nous firent tous débarquer. Ils emmenèrent ensuite le navire en une autre île d'où ils étaient venus Tous les voyageurs évitaient avec soin celle où nous étions alors, et il était très dangereux de s'y arrêter pour la raison que vous allez entendre ; mais il nous fallut prendre notre mal en patience.

« Nous nous éloignâmes du rivage et, en nous avançant dans l'île, nous trouvâmes quelques fruits et des herbes dont nous mangeâmes pour prolonger le dernier moment de notre vie le plus qu'il nous était possible, car nous nous attendions à une mort certaine. En marchant, nous aperçûmes assez loin de nous un grand édifice vers où nous tournâmes nos pas. C'était un palais bien bâti et fort élevé qui avait une porte d'ébène à deux battants, que nous ouvrîmes en la poussant. Nous entrâmes dans la cour, et nous vîmes en face un vaste appartement avec un vestibule où il y avait, d'un côté, un monceau d'ossements humains et, de l'autre une infinité de broches à rôtir. Nous tremblâmes à ce spectacle et, comme nous étions fatigués d'avoir marché, les jambes nous manquèrent, nous tombâmes par terre, saisis d'une frayeur mortelle, et nous y demeurâmes très longtemps immobiles.

« Le soleil se couchait, et tandis que nous étions dans l'état pitoyable que je viens de vous dire, la porte de l'appartement s'ouvrit avec beaucoup de bruit, et aussitôt nous en vîmes sortir une horrible figure d'homme noir, de la hauteur d'un grand palmier. Il avait au milieu du front un seul œil, rouge et ardent comme un charbon allumé ; les dents de devant, qu'il avait fort longues et fort aiguës, lui sortaient de la bouche, qui n'était pas moins fendue que celle d'un cheval, et la lèvre inférieure lui descendait sur la poitrine. Ses oreilles ressemblaient à celles d'un éléphant et lui couvraient les épaules. Il avait les ongles crochus et longs comme les griffes des plus grands oiseaux. A la vue d'un géant si effroyable, nous perdîmes tous connaissance et demeurâmes comme morts.

« A la fin, nous revînmes à nous et nous le vîmes assis sous le vestibule, qui nous examinait de tout son œil. Quand il nous eut bien considérés, il s'avança vers nous et, s'étant approché, il étendit la main sur moi, me prit par la nuque du cou et me tourna de tous côtés comme un boucher qui manie une tête de mouton. Après m'avoir bien regardé, voyant que j'étais si maigre que je n'avais que la peau et les os, il me lâcha. Il prit les autres tour à tour, les examina de la même manière, et comme le capitaine était le plus gras de l'équipage, il le tint d'une main ainsi que j'aurais tenu un moineau, et lui passa une broche au travers du corps. Ayant ensuite allumé un grand feu, il le fit rôtir et le mangea à son souper dans l'appartement où il s'était retiré. Ce repas achevé, il revint sous le vestibule, où il se coucha, et s'endormit en ronflant d'une manière plus bruyante que le tonnerre et son sommeil dura jusqu'au lendemain matin. Pour nous, il ne nous fut pas possible de goûter la douceur du repos et nous passâmes la nuit dans la plus cruelle inquiétude dont on puisse être agité. Le jour étant venu, le géant se réveilla, se leva, sortit et nous laissa dans le palais.

« Lorsque nous le crûmes éloigné, nous rompîmes le triste silence que nous avions gardé toute la nuit et, nous affligeant tous comme à l'envi l'un de l'autre, nous fîmes retentir le palais de plaintes et de gémissements. Quoique nous fussions en assez grand nombre et que nous n'eussions qu'un seul ennemi, nous n'eûmes pas d'abord la pensée de nous délivrer de lui par sa mort. Cette entreprise, bien que fort dificile à exécuter, était pourtant celle que nous devions naturellement former.

« Nous délibérâmes sur plusieurs autres partis, mais nous ne nous déterminâmes à aucun et, nous soumettant à ce qu'il plairait à Dieu d'ordonner de notre sort, nous passâmes la journée à parcourir l'île en nous nourrissant de fruits et de plantes comme le jour précédent. Sur le soir, nous cherchâmes quelque endroit pour nous mettre à couvert : mais nous n'en trouvâmes point et nous fûmes obligés malgré nous de retourner au palais.

« Le géant ne manqua pas d'y revenir et de souper encore d'un

de nos compagnons ; après quoi il s'endormit et ronfla jusqu'au jour, qu'il sortit et nous laissa comme il avait déjà fait. Notre condition nous parut si affreuse que plusieurs de mes camarades furent sur le point d'aller se précipiter dans la mer plutôt que d'attendre une mort si étrange, et ceux-là excitaient les autres à suivre leur conseil. Mais un de la compagnie prenant alors la parole : — « Il nous est défendu, dit-il, de nous donner nous-même la mort et, quand cela serait permis, n'est-il pas plus raisonnable que nous songions au moyens de nous défaire du barbare qui nous destine un trépas si funeste?

« Comme il m'était venu dans l'esprit un projet sur cela, je le communiquai à mes camarades, qui m'approuvèrent. « — Mes frères, leur dis-je alors, vous savez qu'il y a beaucoup de bois le long de la mer ; si vous m'en croyez, construisons plusieurs radeaux qui puissent nous porter, et lorsqu'ils seront achevés, nous les laisserons sur la côte jusqu'à ce que nous jugions à propos de nous en servir. Cependant nous exécuterons le dessein que je vous ai proposé pour nous délivrer du géant ; s'il réussit, nous pourrons attendre ici quelque vaisseau qui nous retire de cette île fatale ; si, au contraire, nous manquons notre coup, nous gagnerons promptement nos radeaux et nous nous mettrons en mer. J'avoue que, nous exposant à la fureur des flots sur de si fragiles bâtiments, nous courons risque de perdre la vie ; mais, quand nous devrions périr, n'est-il pas plus doux de nous laisser ensevelir dans la mer que dans les entrailles de ce monstre, qui a déjà dévoré deux de nos compagnons? » — Mon avis fut goûté et nous construisîmes des radeaux capables de porter chacun trois personnes.

« Nous retournâmes au palais vers la fin du jour, et le géant y arriva peu de temps après nous. Il fallut encore nous résoudre à voir rôtir un de nos camarades. Mais, enfin, voici de quelle manière nous nous vengeâmes de la cruauté du géant. Après qu'il eut achevé son détestable souper, il se coucha sur le dos et s'endormit. D'abord que nous l'entendîmes ronfler, selon sa coutume, neuf des plus hardis d'entre nous et moi, nous prîmes chacun une broche, nous en mîmes la pointe dans le feu pour la faire rougir et, ensuite, nous la lui enfonçâmes dans l'œil en même temps, et nous le lui crevâmes.

« La douleur que sentit le géant lui fit pousser un cri effroyable. Il se leva brusquement et étendit les mains de tous côtés pour saisir quelqu'un de nous, afin de le sacrifier à sa rage. Mais nous eûmes le temps de nous éloigner de lui et de nous jeter contre terre dans des endroits où il ne pouvait nous rencontrer sous ses pieds. Après nous avoir cherché vainement, il trouva la porte à tâtons et sortit avec des hurlements épouvantables. »

Scheherazade n'en dit pas davantage cette nuit; mais la nuit suivante, elle reprit ainsi cette histoire :

« Nous sortîmes du palais après le géant, poursuivit Sindbad, et nous nous rendîmes au bord de la mer dans l'endroit où étaient nos radeaux. Nous les mîmes d'abord à l'eau et nous attendîmes qu'il fît jour pour nous jeter dessus, supposé que nous vissions le géant venir à nous avec quelque guide de son espèce; mais nous nous flattions que s'il ne paraissait pas, lorsque le soleil serait levé, et que nous n'entendissions plus ses hurlements, que nous ne cessions pas d'ouïr, ce serait une marque qu'il aurait perdu la vie, et, en ce cas, nous nous proposions de rester dans l'île et de ne pas nous risquer sur nos radeaux. Mais à peine fut-il jour que nous aperçûmes notre cruel ennemi accompagné de deux géants à peu près de sa grandeur, qui le conduisaient, et d'un assez grand nombre d'autres qui marchaient devant lui à pas précipités.

« A cet objet, nous ne balançâmes point à nous jeter sur nos radeaux, et nous commençâmes à nous éloigner du rivage à force de rames. Les géants, qui s'en aperçurent, se munirent de grosses pierres, accoururent sur la rive, entrèrent même dans l'eau jusqu'à la moitié du corps, et nous les jetèrent si adroitement, qu'à la réserve du radeau sur lequel j'étais, tous les autres en furent brisés et les hommes qui étaient dessus se noyèrent. Pour moi et mes deux compagnons, comme nous ramions de toutes nos forces, nous nous trouvâmes les plus avancés dans la mer et hors de la portée des pierres.

« Quand nous fûmes en pleine mer, nous devînmes le jouet du vent et des flots, qui nous jetaient tantôt d'un côté et tantôt d'un autre, et nous passâmes ce jour-là et la nuit suivante dans une cruelle incertitude de notre destinée; mais le lendemain, nous eûmes le bonheur d'être poussés contre une île, où nous nous sauvâmes avec bien de la joie. Nous y trouvâmes d'excellents fruits, qui nous furent d'un grand secours pour réparer les forces que nous avions perdues.

« Sur le soir, nous nous endormîmes sur le bord de la mer; mais nous fûmes réveillés par le bruit qu'un serpent, long comme un palmier, faisait de ses écailles en rampant sur la terre. Il se trouva si près de nous, qu'il engloutit un de mes deux camarades, malgré les cris et les efforts qu'il fit pour se débarrasser du serpent qui, le secouant à plusieurs reprises, l'écrasa contre terre et acheva de l'avaler. Nous prîmes aussitôt la fuite, l'autre camarade et moi, et quoique nous fussions assez éloignés, nous entendîmes quelque temps après un bruit qui nous fit juger que le serpent rendait les os du malheureux qu'il avait surpris. En effet, nous les vîmes le lendemain avec horreur. « — O Dieu! m'écriai-je alors, à quoi nous sommes-nous exposés! Nous nous réjouissions hier d'avoir dérobé nos vies à la cruauté d'un géant et à la fureur des eaux, et nous voilà tombés dans un péril qui n'est pas moins terrible ! »

« Nous remarquâmes en nous promenant un gros arbre fort haut, sur lequel nous projetâmes de passer la nuit suivante pour nous mettre en sûreté. Nous mangeâmes encore des fruits comme le jour précédent et, à la fin du jour, nous montâmes sur l'arbre. Nous entendîmes bientôt le serpent, qui vint en sifflant jusqu'au pied de l'arbre où nous étions. Il s'éleva contre le tronc, et rencontrant mon camarade, qui était plus bas que moi, il l'engloutit tout d'un coup et se retira.

« Je demeurai sur l'arbre jusqu'au jour et alors j'en descendis plus mort que vif. Effectivement je ne pouvais attendre un autre sort que celui de mes deux compagnons et, cette pensée me faisant frémir d'horreur, je fis quelques pas pour m'aller jeter dans la mer; mais, comme il est doux de vivre le plus longtemps qu'on peut, je résistai à ce mouvement de désespoir et me soumis à la volonté de Dieu, qui dispose à son gré de nos vies.

« Je ne laissai pas toutefois d'amasser une grande quantité de menu bois, de ronces et d'épines sèches. J'en fis plusieurs fagots que je liai ensemble après en avoir fait un grand cercle autour de l'arbre, et j'en liai quelques-uns de travers par-dessus pour me couvrir la tête. Cela étant fait, je m'enfermai dans ce cercle à l'entrée de la nuit, avec la triste consolation de n'avoir rien négligé pour me garantir du cruel sort qui me menaçait. Le serpent ne manqua pas de revenir et de tourner autour de l'arbre, cherchant à me dévorer. Mais il n'y put réussir, à cause du rempart que je m'étais fabriqué, et il fit en vain jusqu'au jour le manège d'un chat qui assiège une souris dans un asile qu'il ne peut forcer. Enfin, le jour étant venu, il se retira; mais je n'osai sortir de mon fort que le soleil ne parût.

« Je me trouvai si fatigué du travail qu'il m'avait donné, j'avais tant souffert de son haleine empestée que, la mort me paraissant préférable à cette horreur, je m'éloignai de l'arbre ; et sans me souvenir de la résignation où j'étais le jour précédent, je courus vers la mer dans le dessein de m'y précipiter la tête la première. »

A ces mots, Scheherazade, voyant qu'il était jour, cessa de parler. Le lendemain, elle continua cette histoire et dit au sultan :

Sire, Sindbad poursuivant son troisième voyage : « Dieu, dit-il, fut touché de mon désespoir; dans le temps que j'allais me jeter dans la mer, j'aperçus un navire assez éloigné du rivage. Je criai de toute ma force pour me faire entendre et je dépliai la toile de mon turban pour qu'on me remarquât. Cela ne fut pas inutile : tout l'équipage m'aperçut et le capitaine m'envoya la chaloupe. Quand je fus à bord, les marchands et les matelots me demandèrent avec beaucoup d'empressement par quelle aventure je m'étais trouvé dans cette île déserte, et après que je leur eus raconté tout ce qui m'était arrivé, les plus anciens me dirent qu'ils avaient plusieurs fois entendu parler des géants qui demeuraient en cette île, qu'on leur avait assuré que c'étaient des anthropophages et qu'ils mangeaient les hommes crus aussi bien que rôtis; à l'égard des serpents, ils ajoutèrent qu'il y en avait en abondance dans cette île; qu'ils se cachaient le jour et se montraient la nuit. Après qu'ils m'eurent témoigné qu'ils avaient bien de la joie de me voir échappé de tant de périls, comme ils ne doutaient pas que je n'eusse besoin de manger, ils s'empressèrent de me régaler de ce qu'ils avaient de meilleur, et le capitaine, remarquant que mon habit était tout en lambeaux, eut la générosité de m'en faire donner un des siens.

« Nous courûmes la mer quelque temps; nous touchâmes à plusieurs îles et nous abordâmes enfin à celle de Salahat, d'où l'on tire le sandal, qui est un bois de grand usage dans la médecine. Nous entrâmes dans le port et nous y mouillâmes. Les marchands commencèrent à faire débarquer leurs marchandises pour les vendre ou les échanger. Pendant ce temps-là, le capitaine m'appela et me dit : « — Frère, j'ai en dépôt des marchandises qui appartenaient à un marchand qui a navigué quelque temps sur mon navire; comme ce marchand est mort, je les fais valoir pour en rendre compte à ses héritiers, lorsque j'en rencontrerai quelqu'un. » — Les ballots dont il entendait parler étaient déjà sur le tillac; il me les montra en me disant : — « Voilà les marchandises en question; j'espère que vous voudrez bien vous charger d'en faire commerce, sous la condition du droit dû à la peine que vous prendrez. » — J'y consentis en le remerciant de ce qu'il me donnait occasion de ne pas demeurer oisif.

« L'écrivain du navire enregistrait tous les ballots avec les noms des marchands à qui ils appartenaient. Comme il eut demandé au capitaine sous quel nom il voulait qu'il enregistrât ceux dont il venait de me charger : « — Écrivez, lui répondit le capitaine, sous le nom de Sindbad le marin. » Je ne pus m'entendre nommer sans émotion, et, envisageant le capitaine, je le reconnus pour celui qui, dans mon second voyage, m'avait abandonné dans l'île où je m'étais endormi au bord d'un ruisseau, et qui avait remis à la voile sans m'attendre ou me faire chercher. Je ne me l'étais pas remis d'abord, à cause du changement qui s'était fait en sa personne depuis que je ne l'avais vu.

« Pour lui, qui me croyait mort, il ne faut pas s'étonner s'il ne me reconnut pas. « — Capitaine, lui dis-je, est-ce que le marchand à qui étaient ces ballots s'appelait Sindbad? — Oui, me répondit-il, il se nommait de la sorte; il était de Bagdad, et s'était embarqué sur mon vaisseau à Balsora. Un jour que nous descendîmes dans une île pour faire de l'eau et prendre quelque rafraîchissement, je ne sais par quelle méprise je mis à la voile sans prendre garde qu'il ne s'était pas embarqué avec les autres. Nous ne nous en aperçûmes, les marchands et moi, que quatre heures après. Nous avions le vent en poupe et si frais, qu'il ne nous fut pas possible de revirer de bord pour aller le reprendre. — Vous le croyez donc mort? repris-je. — Assurément, repartit-il. — Eh bien! capitaine, lui répliquai-je, ouvrez les yeux et reconnaissez Sindbad que vous laissâtes dans cette île déserte. Je m'endormis au bord d'un ruisseau, et quand je me réveillai, je ne vis plus personne de l'équipage. » A ces mots, le capitaine s'attacha à me regarder.

« Le capitaine, après m'avoir fort attentivement considéré, me reconnut enfin : « — Dieu soit loué! s'écria-t-il en m'embrassant ; je suis ravi que la fortune ait réparé ma faute. Voilà vos marchandises, que j'ai toujours pris soin de conserver et de faire valoir dans tous les ports où j'ai abordé ; je vous les rends avec tous le profit que j'en ai tiré. » — Je les pris en témoignant au capitaine toute la reconnaissance que je lui devais.

« De l'île de Salahat, nous allâmes à une autre où je me fournis de clous de girofle, de cannelle et d'autres épiceries. Quand nous en fûmes éloignés, nous vîmes une tortue qui avait vingt coudées en longueur et en largeur ; nous remarquâmes aussi un poisson qui tenait de la vache : il avait du lait, et sa peau est d'une si grande dureté qu'on en fait ordinairement des boucliers ; j'en vis un autre qui avait la figure et la couleur d'un chameau. Enfin, après une longue navigation, j'arrivai à Balsora, et de là je revins en cette ville de Bagdad avec tant de richesses, que j'en ignorais la quantité. J'en donnai encore aux pauvres une partie considérable, et j'ajoutai d'autres grandes terres à celles que j'avais déjà acquises. »

Sindbad acheva ainsi l'histoire de son troisième voyage. Il fit donner ensuite cent autres sequins à Hindbad, en l'invitant au repas du lendemain et au récit du quatrième voyage. Hindbad et la compagnie se retirèrent, et le jour suivant, comme ils étaient revenus, Sindbad prit la parole sur la fin du dîner et continua ses aventures.

QUATRIÈME VOYAGE DE SINDBAD LE MARIN

« Les plaisirs, dit-il, et les divertissements que je pris après mon troisième voyage n'eurent pas des charmes asssez puissants pour me déterminer à ne pas voyager davantage. Je me laissai encore entraîner à la passion de trafiquer et de voir des choses nouvelles. Je mis donc ordre à mes affaires, et ayant fait un fonds de marchandises de débit dans les lieux où j'avais dessein d'aller, je partis. Je pris la route de la Perse, dont je traversai plusieurs provinces, et j'arrivai à un port de mer où je m'embarquai. Nous mîmes à la voile, et nous avions déjà touché à plusieurs port de terre ferme et à quelques îles orientales lorsque, faisant un jour un grand trajet, nous fûmes surpris d'un coup de vent qui obligea le capitaine à faire amener les voiles et à donner tous les ordres nécessaires pour prévenir le danger dont nous étions menacés. Mais toutes nos précautions furent inutiles : la manœuvre ne réussit pas bien, les voiles furent déchirées en mille pièces, et le vaisseau, ne pouvant plus être gouverné, donna sur une sèche et se brisa, de manière qu'un grand nombre de marchands et de matelots se noyèrent, et que la charge périt. »

Scheherazade en était là quand elle vit paraître le jour. Elle s'arrêta, et Schahriar se leva. La nuit suivante, elle reprit ainsi le quatrième voyage :

« J'eus le bonheur, continua Sindbad, de même que plusieurs autres marchands et matelots, de me prendre à une planche. Nous fûmes tous emportés par un courant vers une île qui était devant nous. Nous y trouvâmes des fruits et de l'eau de source qui ser-

virent à rétablir nos forces. Nous nous y reposâmes la nuit même dans l'endroit où la mer nous avait jetés, sans avoir pris aucun parti sur ce que nous devions faire. L'abattement où nous étions de notre disgrâce nous en avait empêchés.

« Le jour suivant, d'abord que le soleil fut levé, nous nous éloignâmes du rivage, et, nous avançant dans l'île, nous y aperçûmes des habitations où nous nous rendîmes. A notre arrivée, des noirs vinrent à nous en très grand nombre. Ils nous environnèrent, se saisirent de nos personnes, en firent une espèce de partage, et nous conduisirent ensuite dans leurs maisons.

« Nous fûmes menés, cinq de mes camarades et moi, dans un même lieu. D'abord, on nous fit asseoir et l'on servit d'une certaine herbe en nous invitant par signe à en manger. Mes camarades, sans faire réflexion que ceux qui la servaient n'en mangeaient pas, ne consultèrent que la faim qui les pressait et se jetèrent sur ces mets avec avidité. Pour moi, par un pressentiment de quelque supercherie, je ne voulus pas seulement en goûter, et je m'en trouvai bien, car peu de temps après, je m'aperçus que l'esprit avait tourné à mes compagnons, et qu'en me parlant ils ne savaient ce qu'ils disaient.

« On nous servit ensuite du riz préparé avec de l'huile de coco, et mes camarades, qui n'avaient plus de raison, en mangèrent extraordinairement. J'en mangeai aussi, mais fort peu. Les noirs nous avaient d'abord présenté de cette herbe pour nous troubler l'esprit et nous ôter par là le chagrin que la triste connaissance de notre sort nous devait causer, et ils nous donnaient du riz pour nous engraisser. Comme ils étaient anthropophages, leur intention était de nous manger quand nous serions devenus gras. C'est ce qui arriva à mes camarades, qui ignorèrent leur destinée parce qu'ils avaient perdu leur bons sens. Puisque j'avais conservé le

mien, vous jugez bien, seigneurs, qu'au lieu d'engraisser comme les autres, je devins encore plus maigre que je n'étais. La crainte de la mort dont j'étais incessamment frappé tournait en poison tous les aliments que je prenais. Je tombai dans une langueur qui me fut fort salutaire, car les noirs, ayant assommé et mangé mes compagnons, en demeurèrent là, et me voyant sec, décharné, malade, ils remirent ma mort à un autre temps.

« Cependant j'avais beaucoup de liberté, et l'on ne prenait presque pas garde à mes actions. Cela me donna lieu de m'éloigner un jour des habitations des noirs et de me sauver. Un vieillard qui m'aperçut, et qui se douta de mon dessein, me cria de toute sa force de revenir ; mais au lieu de lui obéir je redoublai mes pas, et je fus bientôt hors de sa vue. Il n'y avait alors que ce vieillard dans les habitations, tous les autres noirs s'étaient absentés, et ne devaient revenir que sur la fin du jour, ce qu'ils avaient coutume de faire assez souvent. C'est pourquoi, étant assuré qu'ils ne seraient plus à temps de courir après moi lorsqu'ils apprendraient ma fuite, je marchai jusqu'à la nuit, que je m'arrêtai pour prendre un peu de repos et manger de quelques vivres dont j'avais fait provision. Mais je repris bientôt mon chemin, et continuai de marcher pendant sept jours, en évitant les endroits qui me paraissaient habités. Je vivais de cocos, qui me fournissaient en même temps de quoi boire et de quoi manger.

« Le huitième jour, j'arrivai près de la mer, et j'aperçus tout à coup des gens blancs comme moi, occupés à cueillir du poivre, dont il y avait là une grande abondance. Leur occupation me fut d'un bon augure, et je ne fis nulle difficulté de m'approcher d'eux.

« Les gens qui cueillaient du poivre vinrent au-devant de moi ; dès qu'ils me virent, ils me demandèrent en arabe qui j'étais et d'où je venais. Ravi de les entendre parler comme moi, je satisfis volontiers leur curiosité en leur racontant de quelle manière j'avais fait naufrage et étais venu dans cette île, où j'étais tombé entre les mains des noirs. « — Mais ces noirs, me dirent-ils, mangent les hommes. Par quel miracle êtes-vous échappé à leur cruauté ? » — Je leur fis le même récit que vous venez d'entendre, et ils en furent merveilleusement étonnés.

« Je demeurai avec eux jusqu'à ce qu'ils eussent amassé la quantité de poivre qu'ils voulurent ; après quoi ils me firent embarquer sur le bâtiment qui les avait amenés, et nous nous rendîmes dans une autre île d'où ils étaient venus. Ils me présentèrent à leur roi, qui était un bon prince. Il eut la patience d'écouter le récit de mon aventure, qui le surprit. Il me fit donner ensuite des habits, et commanda qu'on eût soin de moi.

« L'île où je me trouvais était fort peuplée et abondante en toute sorte de choses, et l'on faisait un grand commerce dans la ville où le roi demeurait. Cet agréable asile commença à me consoler de mon malheur, et les bontés que ce généreux prince avait pour moi achevèrent de me rendre content. En effet, il n'y avait personne qui fût mieux que moi dans son esprit, et par conséquent il n'y avait personne dans sa cour ni dans la ville qui ne cherchât l'occasion de me faire plaisir. Aussi je fus bientôt regardé comme un homme né dans cette île, plutôt que comme un étranger.

« Je remarquai une chose qui me parut bien extraordinaire : tout le monde, le roi même, montait à cheval sans bride et sans étriers. Cela me fit prendre la liberté de lui demander un jour pourquoi Sa Majesté ne se servait pas de ces commodités. Il me répondit que je lui parlais de choses dont on ignorait l'usage en ses États.

« J'allai aussitôt chez un ouvrier, et je fis dresser le bois d'une selle sur le modèle que je lui donnai. Le bois de la selle achevé, je le garnis moi-même de bourre et de cuir, et l'ornai d'une broderie d'or. Je m'adressai ensuite à un serrurier, qui me fit un mors de la forme que je lui montrai, et je lui fis faire aussi des étriers.

« Quand ces choses furent dans un état parfait, j'allai les présenter au roi, je les essayai sur un de ses chevaux. Ce prince monta dessus, et fut si satisfait de cette invention, qu'il m'en témoigna sa joie par de grandes largesses. Je ne pus me défendre de faire plusieurs selles pour ses ministres et pour les principaux officiers de sa maison, qui me firent tous des présents qui m'enrichirent en peu de temps. J'en fis aussi pour les personnes les plus qualifiées de la ville, ce qui me mit dans une grande réputation et me fit considérer de tout le monde.

« Comme je faisais ma cour au roi très exactement, il me dit un jour : « — Sindbad, je t'aime et je sais que tous mes sujets qui te connaissent te chérissent à mon exemple. J'ai une prière à te faire, et il faut que tu m'accordes ce que je vais te demander. — Sire, lui répondis-je, il n'y a rien que je ne sois prêt à faire pour marquer mon obéissance à Votre Majesté ; elle a sur moi un pouvoir absolu. — Je veux te marier, répliqua le roi, afin que le mariage t'arrête en mes États, et que tu ne songes plus à ta patrie. » — Comme je n'osais résister à la volonté du prince, il me donna pour femme une dame de sa cour, noble, belle, sage et riche. Après les cérémonies des noces, je m'établis chez la dame, avec laquelle je vécus quelque temps dans une union parfaite. Néanmoins je n'étais pas trop content de mon état ; mon dessein était de m'échapper à la première occasion et de retourner à Bagdad, dont mon établissement, tout avantageux qu'il était, ne pouvait me faire perdre le souvenir.

« J'étais dans ces sentiments, lorsque la femme d'un de mes voisins avec lequel j'avais contracté une amitié fort étroite tomba malade et mourut. J'allai chez lui pour le consoler, et le trouvant plongé dans la plus vive affliction : « — Dieu vous conserve, lui dis-je en l'abordant, et vous donne une longue vie ! — Hélas ! me répondit-il, comment voulez-vous que j'obtienne la grâce que vous me souhaitez ? Je n'ai plus qu'une heure à vivre. — Oh ! repris-je, ne vous mettez pas dans l'esprit une pensée si funeste ; j'espère que cela n'arrivera pas, et que j'aurai le plaisir de vous posséder encore longtemps. — Je souhaite, répliqua-t-il, que votre vie soit de longue durée : pour ce qui est de moi, mes affaires sont faites, et je vous apprends que l'on m'enterre aujourd'hui avec ma femme telle est la coutume que nos ancêtres ont établie dans cette île, et qu'ils ont inviolablement gardée. Le mari vivant est enterré avec la femme morte, et la femme vivante avec le mari mort. Rien ne peut me sauver : tout le monde subit cette loi. »

« Dans le temps qu'il m'entretenait de cette étrange barbarie, dont la nouvelle m'effraya cruellement, les parents, les amis et les voisins arrivèrent en corps pour assister aux funérailles. On revêtit le cadavre de la femme de ses habits les plus riches, comme au jour de ses noces, et on la para de tous ses joyaux. On l'enleva ensuite dans une bière découverte, et le convoi se mit en marche. Le mari était à la tête du deuil et suivait le corps de sa femme. On prit le chemin d'une haute montagne, et lorsqu'on y fut arrivé, on leva une grosse pierre qui couvrait l'ouverture d'un puits profond, et l'on y descendit le cadavre, sans lui rien ôter de ses habillements et de ses joyaux. Après cela, le mari embrassa ses parents et ses amis, et se laissa mettre dans une bière, sans résistance, avec un pot d'eau et sept petits pains auprès de lui. Puis on le descendit de la même manière que l'on avait descendu sa femme. La montagne s'étendait en longueur et servait de bornes à la mer, et le puits était très profond. La cérémonie achevée, on remit la pierre sur l'ouverture.

« Il n'est pas besoin, mes seigneurs, de vous dire que je fus un fort triste témoin de ces funérailles. Toutes les autres personnes qui y assistèrent n'en parurent presque pas touchées, par l'habitude de voir souvent la même chose. Je ne pus m'empêcher de dire au roi ce que je pensais là-dessus. » — Sire, lui dis-je, je ne saurais assez m'étonnez de l'étrange coutume qu'on a dans vos États d'enterrer les vivants avec les morts. J'ai bien voyagé, j'ai fréquenté des gens d'une infinité de nations, et je n'ai jamais ouï parler d'une loi si cruelle. — Que veux-tu, Sindbad, me répondit le roi, c'est une loi commune, et j'y suis soumis moi-même : je serai enterré vivant avec la reine mon épouse, si elle meurt la première. — Mais, sire, lui dis-je, oserai-je demander à Votre Majesté si les étrangers sont obligés d'observer cette coutume ? — Sans doute, repartit le roi en souriant du motif de ma question : ils n'en sont pas exceptés lorsqu'ils sont mariés dans cette île. »

« Je m'en retournai tristement au logis avec cette réponse. La crainte que ma femme ne mourût la première, et qu'on ne m'enterrât tout vivant avec elle, me faisait faire des réflexions très mortifiantes. Cependant, quel remède apporter à ce mal? Il fallut prendre patience et m'en remettre à la volonté de Dieu. Néanmoins je tremblais à la moindre indisposition que je voyais à ma femme ; mais, hélas ! j'eus bientôt la frayeur tout entière : elle tomba véritablement malade et mourut en peu de jours.

« Jugez de ma douleur ! poursuivit Sindbad. Être enterré tout vif ne me paraissait pas une fin moins déplorable que celle d'être dévoré par des anthropophages. Il fallait pourtant en passer par là. Le roi, accompagné de toute sa cour, voulut honorer de sa présence le convoi, et les personnes les plus considérables de la ville me firent aussi l'honneur d'assister à mon enterrement.

« Lorsque tout fut prêt pour la cérémonie, on posa le corps de ma femme dans une bière avec tous ses joyaux et ses plus magnifiques habits. On commença la marche. Comme second acteur de cette pitoyable tragédie, je suivais immédiatement la bière de ma femme, les yeux baignés de larmes et déplorant mon malheureux destin. Avant que d'arriver à la montagne, je voulus faire une tentative sur l'esprit des spectateurs. Je m'adressai au roi premièrement, ensuite à tous ceux qui se trouvèrent autour de moi, et, m'inclinant devant eux jusqu'à terre pour baiser le bord de leur habit, je les suppliai d'avoir compassion de moi : « — Considérez, disais-je, que je suis étranger, que je ne dois pas être soumis à une loi si rigoureuse, et que j'ai une autre femme et des enfants dans mon pays. » —J'eus beau prononcer ces paroles d'un air touchant, personne n'en fut attendri ; au contraire, on se hâta de descendre le corps de ma femme dans le puits, et l'on m'y descendit un moment après dans une autre bière découverte, avec un vase rempli d'eau et sept pains. Enfin, cette cérémonie si funeste pour moi étant achevée, on remit la pierre sur l'ouverture du puits, nonobstant l'excès de ma douleur et mes cris pitoyables.

« A mesure que j'approchais du fond, je découvrais, à la faveur du peu de lumière qui venait d'en haut, la disposition de ce lieu souterrain. C'était une grotte fort vaste et qui pouvait avoir cinquante coudées de profondeur. Je sentis bientôt une puanteur insupportable qui sortait d'une infinité de cadavres que je voyais à droite et à gauche ; je crus même entendre quelques-uns des derniers qu'on y avait descendus vifs pousser les derniers soupirs. Néanmoins, lorsque je fus en bas, je sortis promptement de la bière et m'éloignai des cadavres en me bouchant le nez. Je me jetai par terre, où je demeurai longtemps plongé dans les pleurs. Alors, faisant réflexion sur mon triste sort : « Il est vrai, disais-je, que Dieu dispose de nous selon les décrets de sa providence ; mais, pauvre Sindbad, n'est-ce pas par ta faute que tu te vois réduit à mourir d'une mort si étrange ? Plût à Dieu que tu eusses péri dans quelqu'un des naufrages dont tu es échappé ! Tu n'aurais point à mourir d'un trépas si lent et si terrible en toutes ses circonstances. Mais tu te l'es attiré par ta maudite avarice. Ah ! malheureux, ne devais-tu pas plutôt demeurer chez toi et jouir tranquillement du fruit de tes travaux ? »

« Telles étaient les inutiles plaintes dont je faisais retentir la grotte en me frappant la tête et l'estomac de rage et de désespoir, et m'abandonnant tout entier aux pensées les plus désolantes. Néanmoins, vous le dirai-je ? au lieu d'appeler la mort à mon secours, quelque misérable que je fusse, l'amour de la vie se fit sentir en moi, et me porta à prolonger mes jours. J'allai à tâtons, et en me bouchant le nez, prendre le pain et l'eau qui étaient dans ma bière, et j'en mangeai.

« Quoique l'obscurité qui régnait dans la grotte fût si épaisse qu'on ne distinguait pas le jour d'avec la nuit, je ne laissai pas toutefois de retrouver ma bière, et il me sembla que la grotte était plus spacieuse et plus remplie de cadavres qu'elle ne m'avait paru d'abord.

Je vécus quelques jours de mon pain et de mon eau; mais enfin, n'en ayant plus, je me préparai à mourir... »

Scheherazade cessa de parler à ces derniers mots. La nuit suivante, elle reprit la parole en ces termes :

———

« Je n'attendais plus que la mort, continua Sindbad, lorsque j'entendis lever la pierre. On descendit un cadavre et une personne vivante. Le mort était un homme. Il est naturel de prendre des résolutions extrêmes dans les dernières extrémités : dans le temps qu'on descendait la femme, je m'approchai de l'endroit où sa bière devait être posée, et quand je m'aperçus qu'on recouvrait l'ouverture du puits, je donnai sur la tête de la malheureuse deux ou trois grands coups d'un gros os dont je m'étais saisi. Elle en fut étourdie, ou plutôt je l'assommai, et comme je ne faisais cet acte inhumain que pour profiter du pain et de l'eau qui étaient dans la bière, j'eus des provisions pour quelques jours. Au bout de ce temps-là, on descendit encore une femme morte et un homme vivant; je tuai l'homme de la même manière, et comme, par bonheur pour moi, il y eut alors une espèce de mortalité dans la ville, je ne manquai pas de vivres en mettant toujours en œuvre la même industrie.

« Un jour que je venais d'expédier encore une femme, j'entendis souffler et marcher. J'avançai du côté d'où partait le bruit; j'ouïs souffler plus fort, et il me parut entrevoir quelque chose qui prenait la fuite. Je suivis cette espèce d'ombre, qui s'arrêtait par reprises et soufflait toujours en fuyant à mesure que j'approchais. Je la poursuivis si longtemps, et j'allai si loin, que j'aperçus enfin une lumière qui ressemblait à une étoile. Je continuai de marcher vers cette lumière, la perdant quelquefois, selon les obstacles qui me la cachaient; mais je la retrouvais toujours, et à la fin je découvris qu'elle venait par une ouverture du rocher, assez large pour y passer.

« A cette découverte, je m'arrêtai quelque temps pour me remettre de l'émotion violente avec laquelle je venais de la faire; puis, m'étant avancé jusqu'à l'ouverture, j'y passai et me trouvai sur le bord de la mer. Imaginez-vous l'excès de ma joie; il fut tel que j'eus de la peine à me persuader que ce n'était pas une imagination. Lorsque je fus convaincu que c'était une chose réelle, et que mes sens furent rétablis en leur assiette ordinaire, je compris que la chose que j'avais ouï souffler, et que j'avais suivie, était un animal sorti de la mer, qui avait coutume d'entrer dans la grotte pour s'y repaître de corps morts.

« J'examinai la montagne et remarquai qu'elle était située entre la ville et la mer, sans communication par aucun chemin, parce qu'elle était tellement escarpée que la nature ne l'avait pas rendue praticable. Je me prosternai sur le rivage pour remercier Dieu de la grâce qu'il venait de me faire. Je rentrai ensuite dans la grotte pour aller prendre du pain, que je revins manger, à la clarté du jour, de meilleur appétit que je n'avais fait depuis que l'on m'avait enterré dans ce lieux ténébreux.

« J'y retournai encore et allai ramasser à tâtons dans les bières tous les diamants, les rubis, les perles, les bracelets d'or, et enfin toutes les riches étoffes que je trouvai sous ma main. Je portai tout cela sur le bord de la mer. J'en fis plusieurs ballots que je liai proprement avec des cordes qui avaient servi à descendre les bières, et dont il y avait une grande quantité. Je les laissai sur le rivage en attendant une bonne occasion, sans craindre que la pluie les gâtât, car alors ce n'en était pas la saison.

« Au bout de deux ou trois jours, j'aperçus un navire qui ne faisait que sortir du port, et qui vint à passer près de l'endroit où j'étais. Je fis signe de la toile de mon turban, et je criai de toute ma force pour me faire entendre. On m'entendit et l'on détacha la chaloupe pour me venir prendre. A la demande que les matelots me firent, par quelle disgrâce je me trouvais en ce lieu, je répondis que je m'étais sauvé d'un naufrage depuis deux jours avec les marchandises qu'ils voyaient. Heureusement pour moi, ces gens, sans examiner le lieu où j'étais et si ce que je leur disais était vraisemblable, se contentèrent de ma réponse et m'emmenèrent avec mes ballots.

« Quand nous fûmes arrivés à bord, le capitaine, satisfait en lui-même du plaisir qu'il me faisait, et occupé du commandement du navire, eut aussi la bonté de se payer du prétendu naufrage que je lui dis avoir fait. Je lui présentai quelques-unes de mes pierreries, mais il ne voulut pas les accepter.

« Nous passâmes devant plusieurs îles, et entre autres devant l'île des Cloches, éloignée de dix journées de celle de Serendib, par un vent ordinaire et réglé, et de six journées de l'île de Kela, où nous abordâmes. Il y a des mines de plomb, des cannes d'Inde et du camphre très excellent.

« Le roi de l'île de Kela est très riche, très puissant, et son autorité s'étend sur toute l'île des Cloches, qui a deux journées d'étendue, et dont les habitants sont encore si barbares qu'ils mangent la chair humaine. Après que nous eûmes fait un grand commerce dans cette île, nous remîmes à la voile et abordâmes à plusieurs ports. Enfin j'arrivai heureusement à Bagdad avec des richesses infinies, dont il est inutile de vous faire le détail. Pour rendre grâce à Dieu des faveurs qu'il m'avait faites, je fis de grandes aumônes, tant pour l'entretien de plusieurs mosquées que pour la subsistance des pauvres, et me donnai tout entier à mes parents et amis, en me divertissant et en faisant bonne chère avec eux. »

Sindbad finit en cet endroit le récit de son quatrième voyage, qui causa encore plus d'admiration à ses auditeurs que les trois précédents. Il fit un nouveau présent de cent sequins à Hindbad, qu'il pria comme les autres de revenir le jour suivant à la même heure, pour dîner chez lui et entendre le détail de son cinquième voyage. Hindbad et les autres conviés prirent congé de lui et se retirèrent. Le lendemain, lorsqu'ils furent tous rassemblés, ils se mirent à table, et à la fin du repas, qui ne dura pas moins que les autres, Sindbad commença de cette sorte le récit de son cinquième voyage :

CINQUIÈME VOYAGE DE SINDBAD LE MARIN

« Les plaisirs, dit-il, eurent encore assez de charmes pour effacer de ma mémoire toutes les peines et les maux que j'avais soufferts, sans pouvoir m'ôter l'envie de faire de nouveaux voyages. C'est pourquoi j'achetai des marchandises, je les fis emballer et charger sur des voitures, et je partis avec elles pour me rendre au premier port de mer. Là, pour ne pas dépendre d'un capitaine, et pour avoir un navire à mon commandement, je me donnai le loisir d'en faire construire et équiper un à mes frais. Dès qu'il fut achevé, je le fis charger, je m'embarquai dessus, et comme je n'avais pas de quoi faire une charge entière, je reçus plusieurs marchands de différentes nations avec leurs marchandises.

« Nous fîmes voile au premier bon vent et prîmes le large. Après une longue navigation, le premier endroit où nous abordâmes fut une île déserte où nous trouvâmes l'œuf d'un roc d'une grosseur pareille à celui dont vous m'avez entendu parler. Il renfermait un petit roc près d'éclore, dont le bec commençait à paraître.

« Les marchands qui s'étaient embarqués sur mon navire, et qui avaient pris terre avec moi, cassèrent l'œuf à grands coups de hache, et firent une ouverture par où ils tirèrent le petit roc par morceaux, et le firent rôtir. Je les avais avertis sérieusement de ne pas toucher à l'œuf ; mais ils ne voulurent pas m'écouter.

« Ils eurent à peine achevé le régal qu'ils venaient de se donner, qu'il parut en l'air, assez loin de nous, deux gros nuages. Le capitaine que j'avais pris à gage pour conduire mon vaisseau, sachant par expérience ce que cela signifiait, s'écria que c'étaient le père et la mère du petit roc, et il nous pressa tous de nous rembarquer au plus vite pour éviter le malheur qu'il prévoyait. Nous suivîmes son conseil avec empressement, et nous remîmes à la voile en diligence.

« Cependant les deux rocs approchèrent en poussant des cris

effroyables, qu'ils redoublèrent quand ils eurent vu l'état où l'on avait mis l'œuf, et que leur petit n'y était plus. Dans le dessein de se venger, ils reprirent leur vol du côté d'où ils étaient venus, et disparurent quelque temps, pendant que nous fîmes force de voiles pour nous éloigner et prévenir ce qui ne laissa pas de nous arriver.

« Ils revinrent, et nous remarquâmes qu'ils tenaient entre leurs griffes chacun un morceau de rocher d'une grosseur énorme. Lorsqu'ils furent précisément au-dessus de mon vaisseau, ils s'arrêtèrent, et, se soutenant en l'air, l'un lâcha la pièce de rocher qu'il tenait; mais, par l'adresse du timonier, qui détourna le navire d'un coup de timon, elle ne tomba pas dessus; elle tomba à côté dans la mer, qui s'entr'ouvrit d'une manière que nous en vîmes presque le fond. L'autre oiseau, pour notre malheur, laissa tomber sa roche si juste au milieu du vaisseau, qu'elle le rompit et le brisa en mille pièces. Les matelots et les passagers furent tous écrasés du coup ou submergés. Je fus submergé moi-même; mais en revenant au-dessus de l'eau, j'eus le bonheur de me prendre à une pièce du débris. Ainsi, en m'aidant tantôt d'une main, tantôt de l'autre, sans me dessaisir de ce que je tenais, avec le vent et le courant, qui m'étaient favorables, j'arrivai enfin à une île dont le rivage était fort escarpé. Je surmontai néanmoins cette difficulté et me sauvai.

« Je m'assis sur l'herbe pour me remettre un peu de ma fatigue; après quoi je me levai et m'avançai dans l'île pour reconnaître le terrain. Il me sembla que j'étais dans un jardin délicieux : je voyais partout des arbres, les uns chargés de fruits verts et les autres de fleurs, et des ruisseaux d'une eau douce et claire, qui faisaient d'agréables détours. Je mangeai de ces fruits, que je trouvai excellents, et je bus de cette eau qui m'invitait à boire.

« La nuit venue, je me couchai sur l'herbe dans un endroit assez commode; mais je ne dormis pas une heure entière, et mon sommeil fut souvent interrompu par la frayeur de me voir seul dans un lieu si désert. Ainsi j'employai la meilleure partie de la nuit à me chagriner et à me reprocher l'imprudence que j'avais eue de n'être pas demeuré chez moi plutôt que d'avoir entrepris ce dernier voyage. Ces réflexions me menèrent si loin que je commençai à former un dessein contre ma propre vie: mais le jour, par sa lumière, dissipa mon désespoir. Je me levai et marchai entre les arbres, non sans quelque appréhension.

Lorsque je fus un peu avant dans l'île, j'aperçus un vieillard qui me parut fort cassé. Il était assis sur le bord d'un ruisseau. Je m'imaginai d'abord que c'était quelqu'un qui avait fait naufrage comme moi. Je m'approchai de lui, je le saluai, et il me fit seulement une inclination de tête. Je lui demandai ce qu'il faisait là ; mais au lieu de me répondre, il me fit signe de le charger sur mes épaules et de le passer au-delà du ruisseau, en me faisant comprendre que c'était pour cueillir des fruits.

« Je crus qu'il avait besoin que je lui rendisse ce service : c'est pourquoi l'ayant chargé sur mon dos, je passai le ruisseau. « — Descendez. » — lui dis-je alors, en me baissant pour faciliter sa descente ; mais, au lieu de se laisser aller à terre (j'en ris encore toutes les fois que j'y pense), ce vieillard, qui m'avait paru décrépit, passa légèrement autour de mon cou ses deux jambes, dont je vis que la peau ressemblait à celle d'une vache, et se mit à califourchon sur mes épaules en me serrant si fortement la gorge, qu'il semblait vouloir m'étrangler. La frayeur me saisit en ce moment, et je tombai évanoui. »

Scheherazade fut obligée de s'arrêter à ces paroles, à cause du jour qui paraissait. Elle poursuivit ainsi cette histoire sur la fin de la nuit suivante :

« Nonobstant mon évanouissement, dit Sindbad, l'incommode vieillard demeura toujours attaché à mon cou ; il écarta seulement un peu les jambes pour me donner lieu de revenir à moi. Lorsque j'eus repris mes esprits, il m'appuya fortement contre l'estomac un de ses pieds, et de l'autre, me frappant rudement le côté, il m'obligea de me relever malgré moi. Étant debout, il me fit marcher sous des arbres ; il me forçait de nous arrêter pour cueillir et manger les fruits que nous rencontrions ; il ne quittait point prise pendant le jour, et quand je voulais me reposer la nuit, il s'étendait par terre avec moi, toujours attaché à mon cou. Tous les matins il ne manquait pas de me pousser pour m'éveiller ; ensuite, il me faisait lever et marcher en me pressant de ses pieds. Représentez-vous, mes seigneurs, la peine que j'avais de me voir chargé de ce fardeau sans pouvoir m'en défaire.

« Un jour que je trouvai en chemin plusieurs calebasses sèches, qui étaient tombées d'un arbre qui en portait, j'en pris une assez grosse, et, après l'avoir bien nettoyée, j'exprimai dedans le jus de plusieurs grappes de raisin, fruit que l'île produisait en abondance et que nous rencontrions à chaque pas. Lorsque j'en eus rempli la calebasse, je la posai dans un endroit où j'eus l'adresse de me faire conduire par le vieillard plusieurs jours après. Là je pris la calebasse, et la portant à ma bouche, je bus d'un excellent vin qui me fit oublier pour quelque temps le chagrin mortel dont j'étais accablé. Cela me donna de la vigueur. J'en fus même si réjoui que je me mis à chanter et à sauter en marchant.

« Le vieillard, qui s'aperçut de l'effet que cette boisson avait produite en moi, et que je le portais plus légèrement que de cou-

tume, me fit signe de lui en donner à boire : je lui présentai la calebasse, il la prit, et comme la liqueur lui parut agréable, il l'avala jusqu'à la dernière goutte. Il y en avait assez pour l'enivrer : aussi s'enivra-t-il, et bientôt, la fumée du vin lui montant à la tête, il commença de chanter à sa manière et de se trémousser sur mes épaules. Les secousses qu'il se donnait lui firent rendre ce qu'il avait dans l'estomac, et ses jambes se relâchèrent peu à peu, de sorte que, voyant qu'il ne me serrait plus, je le jetai par terre, où il demeura sans mouvement. Alors je pris une très grosse pierre et lui en écrasai la tête.

« Je sentis une grande joie de m'être délivré pour jamais de ce maudit vieillard, et je marchai vers le bord de la mer, où je rencontrai des gens d'un navire qui venait de mouiller là pour faire de l'eau et prendre en passant quelques rafraîchissements. Ils furent extrêmement étonnés de me voir et d'entendre le détail de mon aventure : « — Vous étiez tombé, me dirent-ils, entre les mains du vieillard de la mer, et vous êtes le premier qu'il n'ait pas étranglé. Il n'a jamais abandonné ceux dont il s'était rendu maître, qu'après les avoir étouffés ; et il a rendu cette île fameuse par le nombre des personnes qu'il a tuées. Les matelots et les marchands qui y descendaient n'osaient s'y avancer qu'en bonne compagnie. »

« Après m'avoir informé de ces choses, ils m'emmenèrent avec eux dans leur navire, dont le capitaine se fit un plaisir de me recevoir lorsqu'il apprit tout ce qui m'était arrivé. Il remit à la voile, et après quelques jours de navigation, nous abordâmes au port d'une grande ville, dont les maisons étaient bâties de bonnes pierres.

« Un des marchands du vaisseau, qui m'avait pris en amitié, m'obligea de l'accompagner, et me conduisit dans un logement destiné pour servir de retraite aux marchands étrangers. Il me donna un grand sac ; ensuite, m'ayant recommandé à quelques gens de la ville qui avaient un sac comme moi, et les ayant priés de me mener avec eux amasser du coco : « — Allez, me dit-il, suivez-les, faites comme vous les verrez faire, et ne vous écartez pas d'eux, car vous mettriez votre vie en danger. » — Il me donna des vivres pour la journée, et je partis avec ces gens.

« Nous arrivâmes à une grande forêt d'arbres extrêmement hauts et fort droits, et dont le tronc était si lisse qu'il n'était pas possible de s'y prendre pour monter jusqu'aux branches où était le fruit. Tous ces arbres étaient des arbres de cocos dont nous voulions abattre le fruit et en remplir nos sacs. En entrant dans la forêt, nous vîmes grand nombre de gros et de petits singes, qui prirent la fuite devant nous dès qu'ils nous aperçurent, et qui montèrent jusqu'au haut des arbres avec une agilité surprenante. »

Scheherazade voulait poursuivre, mais le jour qui paraissait l'en empêcha. La nuit suivante, elle reprit son discours de cette sorte :

« Les marchands avec qui j'étais, continua Sindbad, amassèrent des pierres et les jetèrent de toute leur force au haut des arbres contre les singes. Je suivis leur exemple, et je vis que les singes, instruits de notre dessein, cueillaient les cocos avec ardeurs et nous les jetaient avec des gestes qui marquaient leur colère et leur animosité. Nous amassions les cocos et nous jetions de temps en temps des pierres pour irriter les singes. Par cette ruse nous remplissions nos sacs de ce fruit, qu'il nous eût été impossible d'avoir autrement.

« Lorsque nous en eûmes plein nos sacs, nous nous en retournâmes à la ville, où le marchand qui m'avait envoyé à la forêt me donna la valeur du sac de cocos que j'avais apporté : « — Continuez, me dit-il, et allez tous les jours faire la même chose jusqu'à ce que vous ayez gagné de quoi vous reconduire chez vous. » — Je le remerciai du bon conseil qu'il me donnait, et insensiblement je fis un si grand amas de cocos que j'en avais pour une somme considérable.

« Le vaisseau sur lequel j'étais venu avait fait voile avec des marchands qui l'avaient chargé de cocos qu'ils avaient achetés. J'attendis l'arrivée d'un autre, qui aborda bientôt au port de la ville pour faire un pareil chargement. Je fis embarquer dessus tous les cocos qui m'appartenaient, et lorsqu'il fut prêt à partir, j'allai prendre congé du marchand à qui j'avais tant d'obligation. Il ne put s'embarquer avec moi parce qu'il n'avait pas encore achevé ses affaires.

« Nous mîmes à la voile et prîmes la route de l'île où le poivre croît en abondance. De là nous gagnâmes l'île de Comari, qui porte la meilleure espèce de bois d'aloès, et dont les habitants se sont fait une loi inviolable de ne pas boire de vin ni de ne souffrir aucun lieu de débauche. J'échangeai mon coco en ces deux îles contre du poivre et du bois d'aloès, et me rendis avec d'autres marchands à la pêche des perles, où je pris des plongeurs à gages pour mon compte. Ils m'en pêchèrent un grand nombre de très grosses et de très parfaites. Je me remis en mer avec joie sur un vaisseau qui arriva heureusement à Balsora; de là, je revins à Bagdad, où je fis de très grosses sommes d'argent du poivre, du bois d'aloès et des perles que j'avais apportés. Je distribuai en aumônes la dixième partie de mon gain, de même qu'au retour de mes autres voyages, et je cherchai à me délasser de mes fatigues dans toutes sortes de divertissements. »

Ayant achevé ces paroles, Sindbad fit donner cent sequins à Hindbad qui se retira avec tous les autres convives. Le lendemain la même compagnie se trouva chez le riche Sindbad, qui, après l'avoir régalée comme les jours précédents, demanda audience et fit le récit de son sixième voyage de la manière que je vais vous le raconter.

SIXIÈME VOYAGE DE SINDBAD LE MARIN

« Mes seigneurs, leur dit-il, vous êtes sans doute en peine de savoir comment, après avoir fait cinq naufrages et avoir essuyé tant de périls, je pus me résoudre encore à tenter la fortune et à chercher de nouvelles disgrâces. J'en suis étonné moi-même quand j'y fais réflexion, et il fallait assurément que j'y fusse entraîné par mon étoile. Quoi qu'il en soit, au bout d'une année de repos, je me préparai à faire un sixième voyage, malgré les prières de mes parents et de mes amis, qui firent tout ce qui leur fut possible pour me retenir.

« Au lieu de prendre ma route par le golfe Persique, je passai encore une fois par plusieurs provinces de la Perse et des Indes, et j'arrivai à un port de mer où je m'embarquai sur un bon navire, dont le capitaine était résolu de faire une longue navigation. Elle fut très longue, à la vérité, mais en même temps si malheureuse, que le capitaine et le pilote perdirent leur route, de manière qu'ils ignoraient où nous étions. Ils le reconnurent enfin ; mais nous n'eûmes pas sujet de nous réjouir, tout ce que nous étions de passagers, et nous fûmes un jour dans un étonnement extrême de voir le capitaine quitter son poste en poussant des cris. Il jeta son turban par terre, s'arracha la barbe et se frappa la tête comme un homme à qui le désespoir a troublé l'esprit. Nous lui demandâmes pourquoi il s'affligeait ainsi. « — Je vous annonce, nous répondit-il, que nous sommes dans l'endroit de la mer le plus dangereux. Un courant très rapide emporte le navire, et nous allons tous périr dans un quart d'heure. Priez Dieu qu'il nous délivre de ce danger : nous ne saurions en échapper, s'il n'a pitié de nous. » A ces mots il ordonna de faire ranger les voiles ; mais les cordages se rompirent dans la manœuvre, et le navire, sans qu'il fût possible d'y remédier, fut emporté par le courant au pied d'une montagne inaccessible, où il échoua et se brisa, de manière pourtant qu'en sauvant nos personnes, nous eûmes encore le temps de débarquer nos vivres et nos plus précieuses marchandises.

« Cela étant fait, le capitaine nous dit : « — Dieu vient de faire ce qui lui a plu. Nous pouvons nous creuser ici chacun notre fosse, et nous dire le dernier adieu, car nous sommes dans un lieu si funeste, que personne de ceux qui y ont été jetés avant nous ne s'en est retourné chez soi. » — Ce discours nous jeta tous dans une affliction mortelle, et nous nous embrassâmes les uns les autres, les larmes aux yeux, en déplorant notre malheureux sort.

« La montagne au pied de laquelle nous étions faisait la côte d'une île fort longue et très vaste. Cette côte était toute couverte de débris de vaisseaux qui y avaient fait naufrage; et par une infinité d'ossements qu'on y rencontrait d'espace en espace et qui nous faisaient horreur, nous jugeâmes qu'il s'y était perdu bien du monde. C'est aussi une chose presque incroyable que la quantité de marchandises et de richesses qui se présentaient à nos yeux de toutes parts. Tous ces objets ne servirent qu'à augmenter la désolation où nous étions. Au lieu que partout ailleurs les rivières sortent de leur lit pour se jeter dans la mer, tout au contraire, une grosse rivière d'eau douce s'éloigne de la mer et pénètre dans la côte au travers d'une grotte obscure dont l'ouverture est extrêmement haute et large. Ce qu'il y a de plus remarquable dans ce lieu, c'est que les pierres de la montagne sont de cristal, de rubis ou d'autres pierres précieuses. On y voit aussi la source d'une espèce de poix ou de bitume qui coule dans la mer, que les poissons avalent et rendent ensuite changé en ambre gris, que les vagues rejettent sur la grève, qui en est couverte. Il y croît aussi des arbres dont la plupart sont des bois d'aloès, qui ne cèdent point en bonté à ceux de Comari.

« Pour achever la description de cet endroit, qu'on peut appeler un gouffre, puisque jamais rien n'en revient, il n'est pas possible que les navires puissent s'en écarter lorsqu'une fois ils s'en sont approchés à une certaine distance. S'ils y sont poussés par un vent de mer, le vent et le courant les perdent, et s'ils s'y trouvent lorsque le vent de terre souffle, ce qui pourrait favoriser leur éloignement, la hauteur de la montagne l'arrête et cause un calme qui laisse agir le courant, qui les emporte contre la côte, où ils se brisent comme le nôtre y fut brisé. Pour surcroît de disgrâces, il n'est pas possible de gagner le sommet de la montagne et de se sauver par aucun endroit.

« Nous demeurâmes sur le rivage comme des gens qui ont perdu l'esprit, et nous attendions la mort de jour en jour. D'abord nous avions partagé nos vivres également : ainsi, chacun vécut plus ou moins longtemps que les autres, selon son tempérament et suivant l'usage qu'il fit de ses provisions.

« Ceux qui moururent les premiers furent enterrés par les autres : pour moi, je rendis les derniers devoirs à tous mes compagnons, et il ne faut pas s'en étonner, car, outre que j'avais mieux ménagé qu'eux les provisions qui m'étaient tombées en partage, j'en avais encore en particulier d'autres dont je m'étais bien gardé de faire part à mes camarades. Néanmoins, lorsque j'enterrai le dernier, il me restait si peu de vivres, que je jugeai que je ne pourrais pas aller loin : de sorte que je creusai moi-même mon tombeau, résolu de me jeter dedans, puisque personne ne vivait pour m'enterrer. Je vous avouerai qu'en m'occupant de ce travail, je ne pus m'empêcher de me représenter que j'étais la cause de ma perte, et de me repentir de m'être engagé dans ce dernier voyage. Je n'en demeurai pas même aux réflexions : je m'ensanglantai les mains à belles dents, et peu s'en fallut que je ne hâtasse ma mort.

« Mais Dieu eut encore pitié de moi et m'inspira la pensée d'aller jusqu'à la rivière, qui se perdait sous la voûte de la grotte. Là, après avoir examiné la rivière avec beaucoup d'attention, je dis en moi-même : « — Cette rivière qui se cache ainsi sous la terre en doit sortir par quelque endroit. En construisant un radeau et m'abandonnant dessus au courant de l'eau, j'arriverai à une terre habitée, où je périrai : si je péris, je n'aurai fait que changer de genre de mort ; si je sors, au contraire, de ce lieu fatal, non seulement j'éviterai la triste destinée de mes camarades, je trouverai peut-être une nouvelle occasion de m'enrichir. Que sait-on si la fortune ne m'attend pas au sortir de cet affreux écueil pour me dédommager de mon naufrage avec usure ? »

« Je n'hésitai pas de travailler au radeau après ce raisonnement ; je le fis de bonnes pièces de bois et de gros câbles, car j'en avais à choisir ; je les liai ensemble si fortement, que j'en fis un petit bâtiment assez solide. Quand il fut achevé, je le chargeai de quelques ballots de rubis, d'émeraudes, d'ambre gris, de cristal de roche et d'étoffes précieuses. Ayant mis toutes ces choses en équilibre et les ayant bien attachées, je m'embarquai sur le radeau avec deux petites rames que je n'avais pas oublié de faire, et me laissant aller au cours de la rivière, je m'abandonnai à la volonté de Dieu.

« Sitôt que je fus sous la voûte, je ne vis plus de lumière et le fil de l'eau m'entraîna sans que je pusse remarquer où il m'emportait. Je voguai quelques jours dans cette obscurité, sans jamais apercevoir un rayon de lumière. Je trouvai une fois la voûte si basse qu'elle pensa me blesser à la tête, ce qui me rendit fort attentif à éviter un pareil danger. Pendant ce temps-là je ne mangeais des vivres qui me restaient qu'autant qu'il en fallait naturellement pour soutenir ma vie. Mais avec quelque frugalité que je pusse vivre, j'achevai de consommer mes provisions. Alors, sans que je pusse

m'en défendre, un doux sommeil vint saisir mes sens. Je ne puis vous dire si je dormis longtemps ; mais en me réveillant, je me vis avec surprise dans une vaste campagne, au bord d'une rivière où mon radeau était attaché, et au milieu d'un grand nombre de noirs. Je me levai dès que je les aperçus, et les saluai. Ils me parlèrent, mais je n'entendais pas leur langage.

« En ce moment je me sentis si transporté de joie, que je ne savais si je devais me croire éveillé. Étant persuadé que je ne dormais pas, je m'écriai et récitai ces vers arabes : « — Invoque la Toute-Puissance, elle viendra à ton secours. Il n'est pas besoin que tu l'embarrasses d'autre chose. Ferme l'œil, et pendant que tu dormiras, Dieu changera ta fortune de mal en bien. »

« Un des noirs, qui entendait l'arabe, m'ayant ouï parler ainsi, s'avança et prit la parole : « — Mon frère, me dit-il ne soyez pas surpris de nous voir. Nous habitons la campagne que vous voyez, et nous sommes venus arroser aujourd'hui nos champs de l'eau de ce fleuve qui sort de la montagne voisine, en la détournant par de petits canaux. Nous avons remarqué que l'eau emportait quelque chose ; nous sommes vite accourus pour voir ce que c'était, et nous avons trouvé que c'était ce radeau ; aussitôt l'un de nous s'est jeté à la nage et l'a amené. Nous l'avons arrêté et attaché comme vous le voyez, et nous attendions que vous vous éveillassiez. Nous vous supplions de nous raconter votre histoire, qui doit être fort extraordinaire. Dites-nous comment vous vous êtes hasardé sur cette eau et d'où vous venez. » — Je leur répondis qu'ils me donnassent premièrement à manger, et qu'après cela je satisferais leur curiosité.

« Ils me présentèrent plusieurs sortes de mets, et quand j'eus contenté ma faim, je leur fis un rapport fidèle de tout ce qui m'était arrivé, ce qu'ils parurent écouter avec admiration. Sitôt que j'eus fini mon discours : « — Voilà, me dirent-ils par la bouche de l'interprète qui leur avait expliqué ce que je venais de dire, voilà une histoire des plus surprenantes ? Il faut que vous veniez en informer le roi vous-même. La chose est trop extraordinaire pour lui être rapportée par un autre que par celui à qui elle est arrivée. » — Je leur repartis que j'étais prêt à faire ce qu'ils voudraient.

« Les noirs envoyèrent aussitôt chercher un cheval, que l'on amena peu de temps après. Ils me firent monter dessus, et pendant qu'une partie marcha devant moi pour me montrer le chemin, les autres, qui étaient les plus robustes, chargèrent sur leurs épaules le radeau tel qu'il était avec les ballots, et commencèrent à me suivre. »

Scheherazade, à ces paroles, fut obligée d'en demeurer là parce que le jour parut. Sur la fin de la nuit suivante, elle reprit le fil de sa narration et parla en ces termes :

« Nous marchâmes tous ensemble, poursuivit Sindbad, jusqu'à la ville de Serendib, car c'était dans cette île que je me trouvais.

Les noirs me présentèrent à leur roi. Je m'approchai de son trône, où il était assis, et le saluai comme on a coutume de saluer les rois des Indes, c'est-à-dire que je me prosternai à ses pieds et baisai la terre. Ce prince me fit relever, et, me recevant d'un air très obligeant, il me fit avancer et prendre place auprès de lui. Il me demanda premièrement comment je m'appelais. Lui ayant répondu que je me nommais Sindbad, surnommé le Marin, à cause de plusieurs voyages que j'avais faits par mer, j'ajoutai que j'étais citoyen de la ville de Bagdad. « — Mais, reprit-il comment vous trouvez-vous dans mes États et par où y êtes-vous venu?

« Je ne cachai rien au roi, je lui fis le même récit que vous venez d'entendre, et il fut si surpris et si charmé, qu'il commanda qu'on écrivît mon aventure en lettres d'or, pour être conservée dans les archives de son royaume. On apporta ensuite le radeau et l'on ouvrit les ballots en sa présence. Il admira la quantité de bois d'aloès et d'ambre gris, mais surtout les rubis et les émeraudes, car il n'en avait point dans son trésor qui en approchât.

« Remarquant qu'il considérait mes pierreries avec plaisir et qu'il en examinait les plus singulières les unes après les autres, je me prosternai et pris la liberté de lui dire : « — Sire, ma personne n'est pas seulement au service de Votre Majesté, la charge du radeau est aussi à elle, et je la supplie d'en disposer comme d'un bien qui lui appartient. » — Il me dit en souriant : « — Sindbad, je me garderai bien d'en avoir la moindre envie, ni de vous ôter rien de ce que Dieu vous a donné. Loin de diminuer vos richesses, je prétends les augmenter, et je ne veux point que vous sortiez de mes États sans emporter avec vous des marques de ma libéralité. » — Je ne répondis à ces paroles qu'en faisant des vœux pour la prospérité du prince et qu'en louant sa bonté et sa générosité. Il chargea un de ses officiers d'avoir soin de moi, et me fit donner des gens pour me servir à ses dépens. Cet officier exécuta fidèlement les ordres de son maître, et fit transporter dans le logement où il me conduisit tous les ballots dont le radeau avait été chargé.

« J'allais tous les jours, à certaines heures, faire ma cour au roi, et j'employais le reste du temps à voir la ville et ce qu'il y avait de plus digne de ma curiosité.

« L'île de Serendib est situé justement sous la ligne équinoxiale ; ainsi les jours et les nuits y sont toujours de douze heures ; et elle a quatre-vingts parasanges de longueur et autant de largeur. La ville capitale est située à l'extrémité d'une belle vallée formée par une montagne qui est au milieu de l'île, et qui est bien la plus haute qu'il y ait au monde. En effet, on la découvre en mer de trois journées de navigation. On y trouve le rubis, plusieurs sortes de minéraux, et tous les rochers sont pour la plupart d'émeri, qui est une pierre métallique dont on se sert pour tailler les pierreries. On y voit toutes sortes d'arbres et de plantes rares, surtout le cèdre et le coco. On pêche aussi les perles le long de ses rivages et aux embouchures de ses rivières, et quelques-unes de ses vallées fournissent le diamant. Je fis aussi par dévotion un voyage à la montagne, à l'endroit où Adam fut relégué après avoir été banni du paradis terrestre, et j'eus la curiosité de monter jusqu'au sommet.

« Lorsque je fus de retour dans la ville, je suppliai le roi de me permettre de retourner en mon pays, ce qu'il m'accorda d'une manière très obligeante et très honorable. Il m'obligea de recevoir un riche présent qu'il fit tirer de son trésor, et, lorsque j'allai prendre congé de lui, il me chargea d'un autre présent bien plus considérable et en même temps d'une lettre pour le commandeur des croyants, notre souverain seigneur, en me disant : « — Je vous prie de présenter de ma part ce régal et cette lettre au calife Haroun Alraschid, et de l'assurer de mon amitié. » — Je pris le présent et la lettre avec respect, en promettant à Sa Majesté d'exécuter ponctuellement les ordres dont elle me faisait l'honneur de me charger. Avant que je m'embarquasse, ce prince envoya quérir le capitaine et les marchands qui devaient s'embarquer avec moi, et leur ordonna d'avoir pour moi tous les égards possibles.

« La lettre du roi de Serendib était écrite sur la peau d'un certain animal fort précieux à cause de sa rareté, et dont la couleur tire sur le jaune. Les caractères de cette lettre étaient d'azur, et voici ce qu'elle contenait en langue indienne :

« Le roi des Indes, devant qui marchent mille éléphants, qui
« demeure dans un palais dont le toit brille de l'éclat de cent
« mille rubis, et qui possède en son trésor vingt mille couronnes
« enrichies de diamants, au calife Haroun Alraschid :
« Quoique le présent que nous vous envoyons soit peu considé-
« rable, ne laissez pas néanmoins de le recevoir en frère et ami, en
« considération de l'amitié que nous conservons pour vous dans
« notre cœur, et dont nous sommes bien aise de vous donner un
« témoignage. Nous vous demandons la même part dans la vôtre,
« attendu que nous croyons la mériter, étant d'un rang égal à celui
« que vous tenez. Nous vous en conjurons en qualité de frère. Adieu. »

« Le présent consistait : premièrement, en un vase d'un seul rubis, creusé et travaillé en coupe, d'un demi pied de hauteur et d'un doigt d'épaisseur, rempli de perles très rondes et toutes du poids d'une demi drachme ; secondement, en une peau de serpent qui avait des écailles grandes comme une pièce ordinaire de monnaie d'or, et dont la propriété était de préserver de maladie ceux qui couchaient dessus ; troisièmement, en cinquante mille drachmes de bois d'aloès le plus exquis, avec trente grains de camphre de la grosseur d'une pistache ; et enfin tout cela était accompagné d'une esclave d'une beauté ravissante, et dont les habillements étaient couverts de pierreries.

« Le navire mit à la voile, et, après une longue et très heureuse navigation, nous abordâmes à Balsora, d'où je me rendis à Bagdad. La première chose que je fis après mon arrivée fut de m'acquitter de la commission dont j'étais chargé. »

Scheherazade n'en dit pas davantage à cause du jour qui se faisait voir. Le lendemain elle reprit ainsi son discours :

« Je pris la lettre du roi de Serendib, continua Sindbad, et j'allai me présenter à la porte du commandeur des croyants, suivi de la belle esclave et des personnes de ma famille, qui portaient les présents dont j'étais chargé. Je dis le sujet qui m'amenait, et aussitôt l'on me conduisit devant le trône du calife. Je lui fis la révérence en me prosternant, et, après lui avoir fait une harangue très concise, je lui présentai la lettre et le présent. Lorsqu'il eut lu ce que lui mandait le roi de Serendib, il me demanda s'il était vrai que ce prince fût aussi puissant et aussi riche qu'il le marquait par sa lettre. Je me prosternai une seconde fois, et après m'être relevé : « — Commandeur des croyants, lui répondis-je, je puis assurer Votre Majesté qu'il n'exagère pas ses richesses et sa grandeur, j'en suis témoin. Rien n'est plus capable de causer de l'admiration que la magnificence de son palais. Lorsque ce prince veut paraître en public, on lui dresse un trône sur un éléphant, où il s'assied, et il marche au milieu de deux files composées de ses ministres, de ses favoris et d'autres gens de sa cour. Devant lui, sur le même éléphant, un officier tient une lance d'or à la main, et derrière le trône un autre est debout qui porte une colonne d'or au haut de laquelle est une émeraude longue d'environ un demi pied et grosse d'un pouce. Il est précédé d'une garde de mille hommes habillés de drap d'or et de soie, et montés sur des éléphants richement caparaçonnés.

« Pendant que le roi est en marche, l'officier qui est devant lui sur le même éléphant, crie de temps en temps à haute voix : « — Voici le grand monarque, le puissant et redoutable sultan des Indes, dont le palais est couvert de cent mille rubis, et qui possède vingt mille couronnes de diamants. Voici le monarque couronné, plus grand que ne furent jamais le grand Solima et le grand Mihrage. »

« Après qu'il a prononcé ces paroles, l'officier qui est derrière le trône crie à son tour : « — Ce monarque si grand et si puissant doit mourir, doit mourir, doit mourir ! » — L'officier de devant reprend et crie ensuite : — « Louange à Celui qui vit et ne meurt pas ! »

« D'ailleurs le roi de Serendib est si juste qu'il n'y a pas de juges dans sa capitale, non plus que dans le reste de ses États ; ses peuples n'en ont pas besoin : ils savent et ils observent d'eux-mêmes exactement la justice et ne s'écartent jamais de leur devoir. Ainsi, les tribunaux et les magistrats sont inutiles chez eux. » — Le calife fut fort satisfait de mon discours : — « La sagesse de ce roi, dit-il, paraît en sa lettre, et après ce que vous venez de me dire, il faut avouer que la sagesse est digne de ses peuples et ses peuples dignes d'elle. » — A ces mots, il me congédia et me renvoya avec un riche présent. »

Sindbad acheva de parler en cet endroit, et ses auditeurs se retirèrent; mais Hindbad reçut auparavant cent sequins. Ils revinrent le jour suivant chez Sindbad, qui leur raconta son septième et dernier voyage dans ces termes :

SEPTIÈME ET DERNIER VOYAGE DE SINDBAD LE MARIN

« Au retour de mon sixième voyage, j'abandonnai absolument la pensée d'en faire jamais d'autres. Outre que j'étais dans un âge qui ne demandait plus que du repos, je m'étais bien promis de ne plus m'exposer aux périls que j'avais tant de fois courus. Ainsi je ne songeais qu'à passer doucement le reste de ma vie. Un jour que je régalais un nombre d'amis, un de mes gens me vint avertir qu'un officier du calife me demandait. Je sortis de table et allai au-devant de lui : « — Le calife, me dit-il, m'a chargé de venir vous dire qu'il veut vous parler. » — Je suivis au palais l'officier, qui me présenta à ce prince, que je saluai en me prosternant à ses pieds. « — Sindbad, me dit-il, j'ai besoin de vous; il faut que vous me rendiez un service : que vous alliez porter ma réponse et mes présents au roi de Serendib. Il est juste que je lui rende la civilité qu'il m'a faite. »

« Le commandement du calife fut un coup de foudre pour moi : « — Commandeur des croyants, lui dis-je, je suis prêt à exécuter tout ce que m'ordonnera Votre Majesté; mais je la supplie très humblement de songer que je suis rebuté des fatigues incroyables que j'ai souffertes; j'ai même fait vœu de ne jamais sortir de Bagdad. » — De là je pris occasion de lui faire un long détail de toutes mes aventures, qu'il eut la patience d'écouter jusqu'à la fin.

« D'abord que j'eus cessé de parler : « — J'avoue, dit-il, que voilà des événements bien extraordinaires; mais pourtant il ne faut pas qu'ils vous empêchent de faire, pour l'amour de moi, le voyage que je vous propose. Il ne s'agit que d'aller à l'île de Serendib vous acquitter de la commission que je vous donne. Après cela, il vous sera libre de vous en revenir; mais il y faut aller, car vous voyez bien qu'il ne serait pas de la bienséance et de ma dignité d'être redevable au roi de cette île. » — Comme je vis que le calife exigeait cela de moi absolument, je lui témoignai que j'étais prêt à lui obéir. Il en eut beaucoup de joie et me fit donner mille sequins pour les frais de mon voyage.

« Je me préparai en peu de jours à mon départ, et sitôt qu'on m'eut livré les présents du calife avec une lettre de sa propre main, je partis et je pris la route de Balsora, où je m'embarquai. Ma navigation fut très heureuse : j'arrivai à l'île de Serendib. Là j'exposai aux ministres la commission dont j'étais chargé, et les

priai de me faire donner audience incessamment : ils n'y manquèrent pas. On me conduisit au palais avec honneur : j'y saluai le roi en me prosternant selon la coutume.

« Ce prince me reconnut d'abord et me témoigna une joie toute particulière de me revoir : « — Ah ! Sindbad, me dit-il, soyez le bienvenu. Je vous jure que j'ai songé à vous très souvent depuis votre départ. Je bénis ce jour, puisque nous nous voyons encore une fois. » — Je lui fis mon compliment, et après l'avoir remercié de la bonté qu'il avait pour moi, je lui présentai la lettre et le présent du calife, qu'il reçut avec toutes les marques d'une grande satisfaction.

Le calife, lui envoyait un lit complet de drap d'or, estimé mille sequins; cinquante robes d'une très riche étoffe; cent autres de toile blanche la plus fine du Caire, de Suez, de Cufa et d'Alexandrie; un autre lit cramoisi et un autre encore d'une autre façon; un vase d'agate plus large que profond, épais d'un doigt et ouvert d'un demi-pied, dont le fond représentait en bas-relief un homme, un genou en terre, qui tenait un arc avec une flèche, prêt à tirer contre un lion; et lui envoyait enfin une riche table que l'on croyait par tradition, venir du grand Salomon. La lettre du calife était conçue en ces termes :

« Salut, au nom du souverain guide du droit chemin, au puis-
« sant et heureux sultan, de la part d'Abdallah Haroun Alraschid,
« que Dieu a placé dans le lieu d'honneur après ses ancêtres d'heu-
« reuse mémoire !

« Nous avons reçu votre lettre avec joie, et nous vous envoyons
« celle-ci, émanée du conseil de notre Porte, le jardin des esprits
« supérieurs. Nous espérons qu'en jetant les yeux dessus, vous
« connaîtrez notre bonne intention et que vous l'aurez pour
« agréable. Adieu. »

« Le roi de Serendib eut un grand plaisir de voir que le calife répondait à l'amitié qu'il lui avait témoignée. Peu de temps après cette audience, je sollicitai celle de mon congé, que je n'eus pas peu de peine à obtenir. Je l'obtins enfin, et le roi, en me congédiant, me fit un présent très considérable. Je me rembarquai aussitôt dans le dessin de m'en retourner à Bagdad; mais je n'eus pas le bonheur d'y arriver comme je l'espérais, et Dieu en disposa autrement.

« Trois ou quatre jours après notre départ, nous fûmes attaqués par des corsaires qui eurent d'autant moins de peine à s'emparer de notre vaisseau, qu'on n'y était nullement en état de se défendre : Quelques personnes de l'équipage voulurent faire résistance, mais il leur en coûta la vie; pour moi et pour tous ceux qui eurent la prudence de ne pas s'opposer au dessein des corsaires, nous fûmes faits esclaves.

« Après que les corsaires nous eurent tous dépouillés, et qu'ils nous eurent donné de méchants habits au lieu des nôtres, ils nous emmenèrent dans une grande île fort éloignée, où ils nous vendirent.

« Je tombai entre les mains d'un riche marchand, qui ne m'eut pas plutôt acheté qu'il me mena chez lui, où il me fit bien manger et habiller proprement en esclave. Quelques jours après, comme il ne s'était pas encore bien informé qui j'étais, il me demanda si je ne savais pas quelque métier. Je lui répondis, sans me faire mieux connaître que je n'étais pas un artisan, mais un marchand de profession, et que les corsaires qui m'avaient vendu m'avaient enlevé tout ce que j'avais. « — Mais, dites-moi, reprit-il, si vous ne pourriez pas tirer de l'arc? » — Je lui repartis que c'était un des exercices de ma jeunesse, et que je ne l'avais pas oublié depuis. Alors il me donna un arc et des flèches, et m'ayant fait monter derrière lui sur un éléphant, il me mena dans une forêt éloignée de la ville de quelques heures de chemin, et dont l'étendue était très vaste. Nous y entrâmes fort avant, et lorsqu'il jugea à propos de s'arrêter, il me fit descendre. Ensuite, me montrant un grand arbre : « — Montez sur cet arbre, me dit-il, et tirez sur les éléphants que vous verrez passer; car il y en a une quantité prodigieuse dans cette forêt. S'il en tombe quelqu'un, venez m'en donner avis. » — Après m'avoir dit cela, il me laissa des vivres, reprit le chemin de la ville, et je demeurai sur l'arbre à l'affût pendant toute la nuit.

« Je n'en aperçus aucun pendant tout ce temps-là; mais le lendemain, d'abord que le soleil fut levé, j'en vis paraître un grand nombre. Je tirai dessus plusieurs flèches, et enfin il en tomba un par terre. Les autres se retirèrent aussitôt, et me laissèrent la liberté d'aller avertir mon patron de la chasse que je venais de faire. En faveur de cette nouvelle, il me régala d'un bon repas, loua mon adresse et me caressa fort. Puis nous allâmes ensuite à la forêt, où nous creusâmes une fosse dans laquelle nous enterrâmes l'éléphant que j'avais tué. Mon patron se proposait de revenir lorsque l'animal serait pourri, et d'enlever les dents pour en faire commerce.

« Je continuai cette chasse pendant deux mois, et il ne se passait pas de jour que je ne tuasse un éléphant. Je ne me mettais pas toujours à l'affût sur un même arbre; je me plaçais tantôt sur l'un et tantôt sur l'autre. Un matin, que j'attendais l'arrivée des éléphants, je m'aperçus, avec un extrême étonnement, qu'au lieu de passer devant moi en traversant la forêt comme à l'ordinaire, ils s'arrêtèrent et vinrent à moi avec un horrible bruit et en si grand nombre, que la terre en était couverte et tremblait sous leurs pas. Ils s'approchèrent de l'arbre où j'étais monté et l'environnèrent, tous la trompe étendue et les yeux attachés sur moi. A ce spectacle étonnant, je restai immobile et saisi d'une telle frayeur, que mon arc et mes flèches me tombèrent des mains.

« Je n'étais pas agité d'une crainte vaine : après que les éléphants m'eurent regardé quelque temps, un des plus gros embrassa l'arbre par le bas avec sa trompe, et fit un si puissant effort qu'il le déra-

cina et renversa par terre. Je tombai avec l'arbre, mais l'animal me prit avec sa trompe et me chargea sur son dos, où je m'assis plus mort que vif avec le carquois attaché à mes épaules. Il se mit ensuite à la tête de tous les autres, qui le suivaient en troupe, et me porta jusqu'à un endroit où, m'ayant posé à terre, il se retira avec tous ceux qui l'accompagnaient. Concevez, s'il est possible, l'état où j'étais; je croyais plutôt dormir que veiller. Enfin, après avoir été quelque temps étendu sur la place, ne voyant plus d'éléphants, je me levai et remarquai que j'étais sur une colline assez longue et assez large, toute couverte d'ossements et de dents d'éléphants. Je vous avoue que cet objet me fit faire une infinité de réflexions. J'admirai l'instinct de ces animaux. Je ne doutai point que ce fut là leur cimetière, et qu'ils ne m'y eussent apporté exprès pour me l'enseigner, afin que je cessasse de les persécuter, puisque je le faisais dans la vue seule d'avoir leurs dents. Je ne m'arrêtai pas sur la colline ; je tournai mes pas vers la ville, et après avoir marché un jour et une nuit, j'arrivai chez mon patron. Je ne rencontrai aucun éléphant sur ma route, ce qui me fit connaître qu'ils s'étaient éloignés plus avant dans la forêt pour me laisser la liberté d'aller sans obstacle à la colline.

« Dès que mon patron m'aperçut : — Ah! pauvre Sindbad, me dit-il, j'étais dans une grande peine de savoir ce que tu pouvais être devenu. J'ai été à la forêt : j'y ai trouvé un arbre nouvellement déraciné, un arc et des flèches par terre ; et après t'avoir inutilement cherché, je désespérais de te revoir jamais. Raconte-moi, je te prie, ce qui t'est arrivé. Par quel bonheur es-tu encore en vie? » — Je satisfis sa curiosité ; et le lendemain, étant allés tous deux à la colline, il reconnut avec une extrême joie la vérité de ce que je lui avais dit. Nous chargeâmes l'éléphant sur lequel nous étions venus, de tout ce qu'il pouvait porter de dents, et lorsque nous fûmes de retour : « — Mon frère, me dit-il, car je ne veux plus vous traiter en esclave, après le plaisir que vous venez de me faire par une découverte qui va m'enrichir, Dieu vous comble de toutes sortes de biens et de prospérités. Je déclare devant lui que je vous donne la liberté. Je vous avais dissimulé ce que vous allez entendre. Les éléphants de notre forêt nous font périr, chaque année, une infinité d'esclaves que nous envoyons chercher de l'ivoire. Quelques conseils que nous leur donnions, ils perdent tôt ou tard la vie par les ruses de ces animaux. Dieu vous a délivré de leur furie et n'a fait cette grâce qu'à vous seul. C'est une marque qu'il vous chérit, et qu'il a besoin de vous dans le monde pour le bien que vous y devez faire. Vous me procurez un avantage incroyable ; nous n'avons pu avoir d'ivoire jusqu'à présent, qu'en exposant la vie de nos esclaves ; et voilà toute notre ville enrichie par votre moyen. Ne croyez pas que je prétende vous avoir assez récompensé par la liberté que vous venez de recevoir : je veux ajouter à ce don des biens considérables. Je pourrais engager toute notre ville à faire votre fortune ; mais c'est une gloire que je veux avoir moi seul. »

« A ce discours obligeant, je répondis : « — Patron, Dieu vous conserve ! La liberté que vous m'accordez suffit pour vous acquitter envers moi ; et pour toute récompense de service que j'ai eu le bonheur de vous rendre à vous et à votre ville, je ne vous demande que la permission de retourner en mon pays. — Eh bien, répliqua-t-il, le moçon nous amènera bientôt des navires qui viendront chercher de l'ivoire. Je vous renverrai alors et vous donnerai de quoi vous conduire chez vous. » Je le remerciai de nouveau de la liberté qu'il venait de me donner et des bonnes intentions qu'il avait pour moi. Je demeurai chez lui en attendant le moçon, et pendant ce temps-là nous fîmes tant de voyages à la colline, que nous remplîmes ses magasins d'ivoire. Tous les marchands de la ville qui en négociaient firent la même chose : car cela ne leur fut pas longtemps caché. »

A ces paroles, Scheherazade, apercevant la pointe du jour, cessa de poursuivre son discours. Elle le reprit la nuit suivante et dit au sultan des Indes :

Sire, Sindbad continuant le récit de son septième voyage : « Les navires, dit-il, arrivèrent enfin, et mon patron, ayant choisi lui-même celui sur lequel je devais m'embarquer, le chargea d'ivoire à demi pour mon compte. Il n'oublia pas d'y faire mettre aussi des provisions en abondance pour mon passage, et de plus, il m'obligea d'accepter des régals de grand prix et des curiosités du pays. Après que je l'eus remercié autant qu'il me fut possible de tous les bienfaits que j'avais reçus de lui, je m'embarquai. Nous mîmes à la voile et comme l'aventure qui m'avait procuré la liberté était fort extraordinaire, j'en avais toujours l'esprit occupé.

« Nous nous arrêtâmes en quelques îles pour y prendre des rafraîchissements. Notre vaisseau étant parti d'un port de terre ferme des Indes, nous y allâmes aborder, et là, pour éviter les dangers de la mer jusqu'à Balsora, je fis débarquer l'ivoire qui m'appartenait, résolu de continuer mon voyage par terre. Je tirai de mon ivoire une grosse somme d'argent; j'en achetai plusieurs choses rares pour en faire des présents, et quand mon équipage fut prêt, je me joignis à une grosse caravane de marchands. Je demeurai longtemps en chemin, et je souffris beaucoup; mais je souffrais avec patience en faisant réflexion que je n'avais plus à craindre ni les tempêtes, ni les corsaires, ni les serpents, ni tous les autres périls que j'avais courus.

« Toutes ces fatigues finirent enfin; j'arrivai heureusement à Bagdad. J'allai d'abord me présenter au calife et lui rendre compte de mon ambassade. Ce prince me dit que la longueur de mon voyage lui avait causé de l'inquiétude, mais qu'il avait pourtant toujours espéré que Dieu ne m'abandonnerait point. Quand je lui appris l'aventure des éléphants, il en parut fort surpris, et il aurait refusé d'y ajouter foi si ma sincérité ne lui eût pas été connue. Il trouva cette histoire et les autres que je lui racontai si curieuses, qu'il chargea un de ses secrétaires de les écrire en caractères d'or pour être conservées dans son trésor. Je me retirai très content de l'honneur et des présents qu'il me fit; puis je me donnai tout entier à ma famille, à mes parents et à mes amis. »

Ce fut ainsi que Sindbad acheva le récit de son septième et dernier voyage; et s'adressant ensuite à Hindbad: « — Eh bien, mon ami, ajouta-t-il, avez-vous jamais ouï dire que quelqu'un ait souffert autant que moi, ou qu'un mortel se soit trouvé dans des embarras si pressants? N'est-il pas juste qu'après tant de travaux je jouisse d'une vie agréable et tranquille? » — Comme il achevait ces mots, Hindbad s'approcha de lui, et dit, en lui baisant la main : « — Il faut avouer, seigneur, que vous avez essuyé d'effroyables périls. Mes peines ne sont pas comparables aux vôtres : si elles m'affligent dans le temps que je les souffre, je m'en console par le petit profit que j'en tire. Vous méritez non seulement une vie tranquille, vous êtes digne encore de tous les biens que vous possédez, puisque vous en faites un si bon usage et que vous êtes si généreux. Continuez donc de vivre dans la joie jusqu'à l'heure de votre mort. »

Sindbad lui fit donner encore cent sequins, le reçut au nombre de ses amis, lui dit de quitter sa profession de porteur et de continuer de venir manger chez lui; qu'il aurait lieu de se souvenir toute sa vie de Sindbad le marin.

Scherheazade, voyant qu'il n'était pas encore jour, continua de parler et commença une autre histoire.

HISTOIRE DES TROIS POMMES

« Sire, j'ai déjà eu l'honneur d'entretenir Votre Majesté d'une sortie que le calife Haroun Alraschid fit, une nuit, de son palais. Il faut que je vous en raconte une autre. Un jour, ce prince avertit

le grand vizir Giafar de se trouver au palais la nuit prochaine :
« — Vizir, lui dit-il, je veux faire le tour de la ville et m'informer de ce qu'on y dit, et particulièrement si l'on est content de mes officiers de justice. S'il y en a dont on ait raison de se plaindre, nous les déposerons pour en mettre d'autres à leurs places, qui s'acquitteront mieux de leur devoir. Si, au contraire, il y en a dont on se loue, nous aurons pour eux les égards qu'ils méritent. »
— Le grand vizir s'étant rendu au palais à l'heure marquée, le calife, lui et Mesrour, chef des eunuques, se déguisèrent pour n'être pas connus, et sortirent tous trois ensemble.

Ils passèrent par plusieurs places et par plusieurs marchés, et en entrant dans une petite rue, ils virent au clair de lune un bonhomme à barbe blanche qui avait la taille haute et qui portait des filets sur sa tête ; il avait au bras un panier pliant de feuilles de palmier et un bâton à la main. « — A voir ce vieillard, dit le calife, il n'est pas riche. Abordons-le et lui demandons l'état de sa fortune. — Bonhomme, lui dit le vizir, qui es-tu ? — Seigneur, lui répondit le vieillard, je suis pêcheur, mais le plus pauvre et le plus misérable de ma profession. Je suis sorti de chez moi tantôt, sur les midi, pour aller pêcher, et depuis ce temps-là jusqu'à présent je n'ai pas pris le moindre poisson. Cependant j'ai une femme et de petits enfants, et je n'ai pas de quoi les nourrir. »

Le calife, touché de compassion, dit au pêcheur : « — Aurais-tu le courage de retourner sur tes pas et de jeter tes filets encore une fois seulement ? Nous te donnerons cent sequins de ce que tu amèneras ? » — Le pêcheur, à cette proposition, oubliant toute la peine de la journée, prit le calife au mot et retourna vers le Tigre avec lui, Giafar et Mesrour, en disant en lui-même : « Ces seigneurs paraissent trop honnêtes et trop raisonnables pour ne pas me récompenser de ma peine, et quand ils ne me donneraient que la centième partie de ce qu'ils me promettent, ce serait encore beaucoup pour moi. »

Ils arrivèrent au bord du Tigre ; le pêcheur y jeta ses filets, puis, les ayant tirés, il amena un coffre bien fermé et fort pesant qui s'y trouva. Le calife lui fit compter aussitôt cent sequins par le grand vizir, et le renvoya. Mesrour chargea le coffre sur ses épaules par l'ordre de son maître, qui, dans l'empressement de savoir ce qu'il y avait dedans, retourna au palais en diligence. Là, le coffre ayant été ouvert, on y trouva un grand panier pliant de feuilles de palmier, fermé et cousu par l'ouverture avec un fil de laine rouge. Pour satisfaire l'impatience du calife, on ne se donna pas la peine de découdre, on coupa promptement le fil avec un couteau, et l'on tira du panier un paquet enveloppé dans un méchant tapis et lié avec de la corde. La corde déliée et le paquet défait, on vit avec horreur le corps d'une jeune dame coupé par morceaux.

Sire, Votre Majesté s'imaginera mieux elle-même que je ne le puis faire comprendre par mes paroles quel fut l'étonnement du

calife à cet affreux spectacle. Mais de la surprise il passa en un instant à la colère, et, lançant au vizir un regard furieux : « — Ah malheureux! lui dit-il, est-ce donc ainsi que tu veilles sur les actions de mes peuples? On commet impunément sous ton ministère des assassinats dans ma capitale, et l'on jette mes sujets dans le Tigre afin qu'ils crient vengeance contre moi au jour du jugement! Si tu ne venges promptement le meurtre de cette femme par la mort de son meurtrier, je jure par le saint nom de Dieu que je te ferai pendre, toi et quarante de ta parenté. — Commandeur des croyants, lui dit le grand vizir, je supplie Votre Majesté de m'accorder du temps pour faire des perquisitions. — Je ne te donne que trois jours pour cela, repartit le calife; c'est à toi d'y songer. »

Le vizir Giafar se retira chez lui dans une grande confusion de sentiments : « Hélas! disait-il, comment, dans une ville aussi vaste et aussi peuplée que Bagdad, pourrai-je déterrer un meurtrier qui, sans doute, a commis ce crime sans témoin, et qui est peut-être déjà sorti de cette ville ? Un autre que moi tirerait de prison un misérable, et le ferait mourir pour contenter le calife; mais je ne veux pas charger ma conscience de ce forfait, et j'aime mieux mourir que de me sauver à ce prix-là. »

Il ordonna aux officiers de police et de justice qui lui obéissaient de faire une exacte recherche du criminel. Ils mirent leurs gens en campagne et s'y mirent eux-mêmes, ne se croyant guère moins intéressés que le vizir en cette affaire; mais tous leurs soins furent inutiles : quelque diligence qu'ils y apportèrent, ils ne purent découvrir l'auteur de l'assassinat, et le vizir jugea bien que, sans un coup du ciel, c'était fait de sa vie.

Effectivement, le troisième jour étant venu, un huissier arriva chez ce malheureux ministre et le somma de le suivre. Le vizir obéit, et le calife lui ayant demandé où était le meurtrier : « — Commandeur des croyants, lui répondit-il les larmes aux yeux, je n'ai trouvé personne qui pu m'en donner la moindre nouvelle. — Le calife lui fit des reproches remplis d'emportement et de fureur, et commenda qu'on le pendît devant la porte du palais, lui et quarante des Barmécides.

Pendant que l'on travaillait à dresser les potences et qu'on allait se saisir des quarante Barmécides dans leurs maisons, un crieur public alla, par ordre du calife, faire ce cri dans tous les quartiers de la ville : « — Qui veut avoir la satisfaction de voir pendre le grand vizir Giafar et quarante des Barmécides ses parents, qu'il vienne à la place qui est devant le palais!

Lorsque tout fut prêt, le juge criminel et un grand nombre d'huissiers du palais amenèrent le grand vizir avec les quarante Barmécides, les firent disposer chacun au pied de la potence qui lui était destinée, et on leur passa autour du cou la corde avec laquelle ils devaient être levés en l'air. Le peuple, dont toute la place était remplie, ne put voir ce triste spectacle sans douleur et sans verser des larmes, car le grand vizir Giafar et les Barmécides étaient chéris et honorés pour leur probité, leur libéralité et leur désintéressement, non seulement à Bagdad, mais même par tout l'empire du calife.

Rien n'empêchait qu'on n'exécutât l'ordre irrévocable de ce prince trop sévère, et on allait ôter la vie aux plus honnêtes gens de la ville, lorsqu'un jeune homme, très bien fait et fort proprement vêtu, fendit la presse, pénétra jusqu'au grand vizir, et après lui avoir baisé la main : « — Souverain vizir, lui dit-il, chef des émirs de cette cour, refuge des pauvres, vous n'êtes pas coupable du crime pour lequel vous êtes ici. Retirez-vous, et me laisser expier la mort de la dame qui a été jetée dans le Tigre. C'est moi qui suis son meurtrier, et je mérite d'en être puni. »

Quoique ce discours causât beaucoup de joie au vizir, il ne laissa pas d'avoir pitié du jeune homme, dont la physionomie, au lieu de paraître funeste, avait quelque chose d'engageant, et il allait lui répondre lorsqu'un grand homme, d'un âge déjà fort avancé, ayant aussi fendu la presse, arriva et dit au vizir : « — Seigneur, ne croyez rien de ce que vous dit ce jeune homme; nul autre que moi n'a tué la dame qu'on a trouvé dans le coffre. C'est sur moi seul que doit tomber le châtiment. Au nom de Dieu, je vous en conjure de ne pas punir l'innocent pour le coupable. — Seigneur, reprit le jeune homme en s'adressant au vizir, je vous jure que c'est moi qui ai commis cette méchante action, et que personne au monde n'en est complice. — Mon fils, interrompit le vieillard, c'est le désespoir qui vous a conduit ici, et vous voulez prévenir votre destinée : pour moi, il y a longtemps que je suis au monde, je dois en être détaché. Laissez-moi donc sacrifier ma vie pour la vôtre. Seigneur, ajouta-t-il en s'adressant au grand vizir, je vous le répète encore, c'est moi qui suis l'assassin : faites-moi mourir, et ne différez pas. »

La contestation du vieillard et du jeune homme obligea le vizir Giafar à les mener tous deux devant le calife, avec la permission du lieutenant criminel, qui se faisait un plaisir de le favoriser. Lorsqu'il fut en présence de ce prince, il baisa la terre par sept fois, et parla de cette manière : « — Commandeur des croyants, j'amène à Votre Majesté ce vieillard et ce jeune homme, qui se disent tous deux séparément meurtriers de la dame. » — Alors le calife demanda aux accusés qui des deux avait massacré la dame si cruellement et l'avait jetée dans le Tigre. Le jeune homme assura que c'était lui; mais le vieillard, de son côté, soutenant le contraire : « — Allez, dit le calife au grand vizir, faites-les pendre tous deux. — Mais, sire, dit le vizir, s'il n'y en a qu'un de criminel, il y aurait de l'injustice à faire mourir l'autre. »

A ces paroles, le jeune homme reprit : « — Je jure par le grand Dieu qui a élevé les cieux à la hauteur où ils sont, que c'est moi qui ai tué la dame, qui l'ai coupée par quartiers et jetée dans le Tigre il y a quatre jours. Je ne veux point avoir de part avec les justes au jour du jugement, si ce que je dis n'est pas véritable. Ainsi je suis celui qui doit être puni. »

Le calife fut surpris de ce serment et y ajouta foi, d'autant plus que le vieillard n'y répliqua rien. C'est pourquoi, se tournant vers le jeune homme : « — Malheureux ! lui dit-il, pour quel sujet as-tu commis un crime si détestable, et quelle raison peux-tu avoir d'être venu t'offrir toi-même à la mort ? — Commandeur des croyants, répondit-il, si l'on mettait par écrit tout ce qui s'est passé entre cette dame et moi, ce serait une histoire qui pourrait être très utile aux hommes. — Raconte-nous-la donc, répliqua le calife, je te l'ordonne. » — Le jeune homme obéit, et commença son récit de cette sorte...

Scheherazade voulait continuer, mais elle fut obligée de remettre cette histoire à la nuit suivante.

Schahriar prévint la sultane, et lui demanda ce que le jeune homme avait raconté au calife Haroun Alraschild. — Sire, répondit Scheherazade, il prit la parole et parla dans ces termes :

HISTOIRE DE LA DAME MASSACRÉE ET DU JEUNE HOMME SON MARI

« Commandeur des croyants, Votre Majesté saura que la dame massacrée était ma femme, fille de ce vieillard que vous voyez, qui est mon oncle paternel. Elle n'avait que douze ans quand il me a donna en mariage, et il y en a onze d'écoulés depuis ce temps-là. J'ai eu d'elle trois enfants mâles, qui sont vivants, et je dois lui rendre cette justice, qu'elle ne m'a jamais donné le moindre sujet de déplaisir. Elle était sage, de bonnes mœurs, et mettait toute son attention à me plaire. De mon côté, je l'aimais parfaitement, et je prévenais tous ses désirs, bien loin de m'y opposer.

« Il y a environ deux mois qu'elle tomba malade. J'en eus tout le soin imaginable ; je n'épargnai rien pour lui procurer une prompte guérison. Au bout d'un mois elle commença de se mieux porter, et voulut aller au bain. Avant que de sortir du logis, elle me dit : « — Mon cousin (car elle m'appelait ainsi par familiarité), j'ai envie de manger des pommes : vous me feriez un extrême plaisir si vous pouviez m'en trouver ; il y a longtemps que cette envie me tient, et je vous avoue qu'elle s'est augmentée à un point, que si elle n'est pas bientôt satisfaite, je crains qu'il ne m'arrive quelque disgrâce. — Très volontiers, lui répondis-je, je vais faire tout mon possible pour vous contenter. »

« J'allai aussitôt chercher des pommes dans tous les marchés et dans toutes les boutiques ; mais je n'en pus trouver une, quoique j'offrisse d'en donner un sequin. Je revins au logis fort fâché de la peine que j'avais prise inutilement. Pour ma femme, quand elle fut revenue du bain et qu'elle ne vit point de pommes, elle eut un chagrin qui ne lui permit pas de dormir la nuit. Je me levai de grand matin et allai dans tous les jardins : mais je ne réussis pas mieux que le jour précédent. Je rencontrai seulement un vieux jardinier qui me dit que, quelque peine que je me donnasse, je n'en trouverais point ailleurs qu'au jardin de Votre Majesté, à Balsora.

« Comme j'aimais passionnément ma femme, et que je ne voulais pas avoir à me reprocher d'avoir négligé de la satisfaire, je pris un habit de voyageur, et, après l'avoir instruite de mon dessein, je partis pour Balsora. Je fis une si grande diligence que je fus de retour au bout de quinze jours. Je rapportai trois pommes qui m'avaient coûté un sequin la pièce. Il n'y en avait pas davantage dans le jardin, et le jardinier n'avait pas voulu me les donner à meilleur marché. En arrivant, je les présentai à ma femme ; mais il se trouva que l'envie lui en était passée. Ainsi elle se contenta de les recevoir, et les posa à côté d'elle. Cependant elle était toujours malade, et je ne savais quel remède apporter à son mal.

« Peu de jours après mon voyage, étant assis dans ma boutique, au lieu public où l'on vend toutes sortes d'étoffes fines, je vis entrer un grand esclave noir de fort méchante mine, qui tenait à la main une pomme que je reconnus pour une de celles que j'avais apportées de Balsora. Je n'en pouvais douter, puisque je savais qu'il n'y en avait pas une dans Bagdad ni dans tous les jardins aux environs. J'appelai l'esclave : « — Bon esclave, lui dis-je, apprends-moi, je t'en prie, où tu as pris cette pomme ? — C'est, me répondit-il en souriant, un présent que m'a fait une dame que j'ai été voir aujourd'hui. Je l'ai trouvée un peu malade. J'ai vu trois pommes auprès d'elle, et je lui ai demandé d'où elle les avait eues ; elle m'a répondu que son bonhomme de mari avait fait un voyage de quinze jours exprès pour les lui aller chercher, et qu'il les lui avait apportées. En la quittant j'en ai pris et emporté une que voici.

« Ce discours me mit hors de moi-même. Je me levai de ma place, et, après avoir fermé ma boutique, je courus chez moi avec empressement, et montai à la chambre de ma femme. Je regardai d'abord où étaient les pommes, et, n'en voyant que deux, je demandai où était la troisième. Alors ma femme ayant tourné la tête du côté des pommes, et n'en ayant aperçu que deux, me répondit froidement : « — Mon cousin, je ne sais ce qu'elle est devenue. » — A cette réponse, je ne fis pas difficulté de croire que ce que m'avait dit l'esclave ne fût véritable. En même temps je me laissai emporter à une fureur jalouse, et tirant mon couteau qui était attaché à ma ceinture, je le plongeai dans la gorge de cette misérable. Ensuite je lui coupai la tête et mis son corps par quartiers ; j'en fis un paquet que je cachai dans un panier pliant ; et après avoir cousu l'ouverture du panier avec un fil rouge, je l'enfermai dans un coffre que je chargeai sur mes épaules dès qu'il fut nuit, et que j'allai jeter dans le Tigre.

« Les deux plus petits de mes enfants étaient déjà couchés et endormis, et le troisième était hors de la maison : je le trouvai à mon retour assis près de la porte et pleurant à chaudes larmes. Je lui demandai le sujet de ses pleurs. « — Mon père, me dit-il, j'ai pris ce matin à ma mère, sans qu'elle en ait rien vu, une des trois pommes que vous lui avez apportées. Je l'ai gardée longtemps ; mais comme je jouais tantôt dans la rue avec mes petits frères, un grand esclave qui passait me l'a arrachée de la main, et l'a emportée. J'ai couru après lui en la lui redemandant ; mais j'ai eu beau lui dire qu'elle appartenait à ma mère qui était malade, que vous aviez fait un voyage de quinze jours pour l'aller chercher, tout cela a été inutile. Il n'a pas voulu me la rendre ; et, comme je le suivais en criant après lui, il s'est retourné et m'a battu, et puis s'est mis à courir de toute sa force par plusieurs rues détournées, de manière que je l'ai perdu de vue. Depuis ce temps-là, j'ai été me promener hors de la ville en attendant que vous revinssiez, et je vous attendais, mon père, pour vous prier de ne rien dire à ma mère, de peur que cela ne la rende plus mal. » — En achevant ces mots, il redoubla ses larmes.

« Le discours de mon fils me jeta dans une affliction inconcevable. Je reconnus alors l'énormité de mon crime, et je me repentis, mais trop tard, d'avoir ajouté foi aux impostures du malheureux esclave, qui, sur ce qu'il avait appris de mon fils, avait composé la funeste fable que j'avais prise pour une vérité. Mon oncle, qui est ici présent, arriva sur ces entrefaites : il venait voir sa fille ; mais au lieu de la trouver vivante, il apprit par moi-même qu'elle n'était plus, car je ne lui déguisai rien, et, sans attendre qu'il me condamnât, je me déclarai moi-même le plus criminel de tous les hommes. Néanmoins, au lieu de m'accabler de justes reproches, il joignit ses pleurs aux miens, et nous pleurâmes ensemble trois jours sans relâche, lui la perte d'une fille qu'il avait toujours tendrement aimée, et moi celle d'une femme qui m'était chère, et dont je m'étais privé d'une manière si cruelle, et pour

Le calif Haroun Alraschid fut dans un grand étonnement... (P. 184.

avoir trop légèrement cru le rapport d'un esclave menteur.

« Voilà, commandeur des croyants, l'aveu sincère que Votre Majesté a exigé de moi. Vous savez à présent toutes les circonstances de mon crime, et je vous supplie très humblement d'en ordonner la punition. Quelque rigoureuse qu'elle puisse être, je n'en murmurerai point et je la trouverai trop légère. » Le calife fut dans un grand étonnement.

Scheherazade, en prononçant ces derniers mots, s'aperçut qu'il était jour : elle cessa de parler ; mais, la nuit suivante, elle reprit ainsi son discours :

— Sire, dit-elle, le calife fut extrêmement étonné de ce que le jeune homme venait de lui raconter. Mais ce prince équitable, trouvant qu'il était plus à plaindre qu'il n'était criminel, entra dans ses intérêts. « — L'action de ce jeune homme, dit-il, est pardonnable devant Dieu et excusable auprès des hommes. Le méchant esclave est la cause unique de ce meurtre. C'est lui seul qu'il faut punir. C'est pourquoi, continua-t-il en s'adressant au grand vizir, je te donne trois jours pour le trouver. Si tu ne me l'amènes dans ce terme, je te ferai mourir à sa place. »

Le malheureux Giafar, qui s'était cru hors de danger, fut accablé de ce nouvel ordre du calife ; mais comme il n'osait rien répliquer à ce prince, dont il connaissait l'humeur, il s'éloigna de sa présence, et se retira chez lui les larmes aux yeux, persuadé qu'il n'avait plus que trois jours à vivre. Il était tellement convaincu qu'il ne trouverait point l'esclave, qu'il n'en fit point la moindre recherche : « Il n'est pas possible, disait-il, que dans une ville telle que Bagdad, où il y a une infinité d'esclaves noirs, je démêle celui dont il s'agit. A moins que Dieu ne me le fasse connaître, comme il m'a déjà fait découvrir l'assassin, rien ne peut me sauver. »

Il passa les deux premiers jours à s'affliger avec sa famille, qui gémissait autour de lui en se plaignant de la rigueur du calife. Le troisième étant venu, il se disposa à mourir avec fermeté, comme un ministre intègre et qui n'avait rien à se reprocher. Il fit venir des cadis et des témoins, qui signèrent le testament qu'il fit en leur présence. Après cela, il embrassa sa femme et ses enfants, et leur dit le dernier adieu. Toute sa famille fondait en larmes; jamais spectacle ne fut plus touchant. Enfin, un huissier du palais arriva, qui lui dit que le calife s'impatientait de n'avoir ni de ses nouvelles, ni de celles de l'esclave noir qu'il lui avait commandé de chercher. » — J'ai ordre, ajouta-t-il, de vous mener devant son trône. — L'affligé vizir se mit en état de suivre l'huissier. Mais comme il allait sortir, on lui amena la plus petite de ses filles, qui pouvait avoir cinq ou six ans. Les femmes qui avaient soin d'elle la venaient présenter à son père, afin qu'il la vît pour la dernière fois.

Comme il avait pour elle une tendresse particulière, il pria l'huissier de lui permettre de s'arrêter un moment. Alors il s'approcha de sa fille, la prit entre ses bras et la baisa plusieurs fois. En la baisant, il s'aperçut qu'elle avait dans le sein quelque chose de gros et qui avait de l'odeur. « — Ma chère petite, lui dit-il, qu'avez-vous dans le sein ! — Mon cher père, lui répondit-elle, c'est une pomme sur laquelle est écrit le nom du calife notre seigneur et maître. Rihan, notre esclave, me l'a vendue deux sequins. »

Aux mots de pomme et d'esclave, le grand vizir Giafar fit un cri de surprise mêlée de joie, et mettant aussitôt la main dans le sein de sa fille, il en tira la pomme. Il fit appeler l'esclave, qui n'était pas loin, et lorsqu'il fut devant lui : « — Maraud, lui dit-il, où as-tu pris cette pomme? — Seigneur, répondit l'esclave, je vous jure que je ne l'ai dérobée ni chez vous, ni dans le jardin du commandeur des croyants. L'autre jour, comme je passais dans une rue auprès de trois ou quatre petits enfants qui jouaient, et dont l'un la tenait à la main, je la lui arrachai et l'emportai. L'enfant courut après moi en me disant que la pomme n'était pas à lui, mais à sa mère, qui était malade; que son père, pour contenter l'envie qu'elle en avait, avait fait un long voyage d'où il en avait apporté trois; que celle-là en était une qu'il avait prise sans que sa mère en sût rien. Il eut beau me prier de la lui rendre, je n'en voulus rien faire; je l'apportai au logis et la vendis deux sequins à la petite dame votre fille. Voilà tout ce que j'ai à vous dire. »

Giafar ne put assez admirer comment la friponnerie d'un esclave avait été cause de la mort d'une femme innocente et presque de la sienne. Il mena l'esclave avec lui, et quand il fut devant le calife, il fit à ce prince un détail exact de tout ce que lui avait dit l'esclave, et du hasard par lequel il avait découvert son crime.

Jamais surprise n'égala celle du calife. Il ne put se contenir ni s'empêcher de faire de grands éclats de rire. A la fin il reprit un air sérieux, et dit au vizir que puisque son esclave avait causé un si étrange désordre, il méritait une punition exemplaire. « — Je ne puis en disconvenir, sire, répondit le vizir ; mais son crime n'est pas irrémissible. »

Aux instances de son vizir Giafar, le calife accorda la grâce de l'esclave, et, pour consoler le jeune homme, il lui donna une épouse de sa main.

La sultane des Indes n'eut pas plutôt fini l'histoire de la dame massacrée et du jeune homme son mari, qu'elle demanda la permission d'en commencer une autre. Ce que Schahriar lui ayant accordé pour la prochaine nuit, parce que le jour allait bientôt paraître, cette princesse en fit le récit en ces termes :

HISTOIRE DE CODADAD ET DE SES FRÈRES

Ceux qui ont écrit l'histoire du royaume de Dyarbekir rapportent que dans la ville de Harran régnait autrefois un roi très magnifique et très puissant. Il n'aimait pas moins ses sujets qu'il en était aimé. Il avait mille vertus, et il ne lui manquait pour être parfaitement heureux que d'avoir un héritier. Il en demandait sans cesse au ciel, et une nuit, pendant qu'il goûtait la douceur du sommeil, un homme de bonne mine, ou plutôt un prophète, lui apparut et lui dit : « — Tes prières sont exaucées : tu as enfin obtenu ce que tu désirais. Lève-toi aussitôt que tu seras éveillé, mets-toi en prière et fais deux génuflexions ; après cela va dans les jardins de ton palais, appelle ton jardinier, et lui ordonne de t'apporter une grenade ; manges-en autant de grains qu'il te plaira, et tes souhaits seront comblés. »

Le roi, en se rappelant ce songe à son réveil, en rendit grâces au ciel. Il se leva, se mit en prière, fit deux génuflexions, puis il alla dans les jardins, où il prit cinquante grains de grenade qu'il compta l'un après l'autre et qu'il mangea. Il avait cinquante épouses. Elles devinrent toutes grosses ; mais il y en eut une, nommée Pirouzé, dont la grossesse ne parut point. Il conçut de l'aversion pour cette dame, et il voulait la faire mourir. « — Sa stérilité, disait-il, est une marque certaine que le ciel ne trouve pas Pirouzé digne d'être mère d'un prince. Il faut que je purge le monde d'un objet odieux au Seigneur. » — Il formait cette cruelle résolution; mais son vizir l'en détourna en lui représentant que toutes les femmes n'étaient pas du même tempérament, et qu'il n'était pas impossible que Pirouzé fût grosse, quoique sa grossesse ne se déclarât point encore. « — Eh bien ! reprit le roi, qu'elle vive, mais qu'elle sorte de ma cour, car je ne la puis souffrir. — Que Votre Majesté, répliqua le vizir, l'envoie chez le prince Samer, votre cousin. » — Le roi goûta cet avis; il envoya Pirouzé à Samarie, avec une lettre par laquelle il mandait à son cousin de la bien traiter, et, si elle était grosse, de lui donner avis de son accouchement.

Pirouzé ne fut pas arrivée en ce pays-là qu'on s'aperçut qu'elle était enceinte, et enfin elle accoucha d'un prince plus beau que le jour. Le prince de Samarie écrivit aussitôt au roi de Harran, pour lui faire part de l'heureuse naissance de ce fils et l'en féliciter. Le roi en eut beaucoup de joie, et fit une réponse au prince Samer, conçue en ces termes : « Mon cousin, toutes mes autres femmes ont mis au monde chacune un prince, de sorte que nous avons ici un grand nombre d'enfants. Je vous prie d'élever celui de Pirouzé, de lui donner le nom de Codadad, et vous me l'enverrez quand je vous le manderai. »

Le prince de Samarie n'épargna rien pour l'éducation de son neveu. Il lui fit apprendre à monter à cheval, à tirer de l'arc, et toutes les autres choses qui conviennent aux fils des rois, si bien que Codadad, à dix-huit ans, pouvait passer pour un prodige. Ce jeune prince, se sentant un courage digne de sa naissance, dit un jour à sa mère : « — Madame, je commence à m'ennuyer à Samarie. Je sens que j'aime la gloire : permettez-moi d'aller chercher les occasions d'en acquérir dans les périls de la guerre. Le roi de Harran, mon père, a des ennemis. Quelques princes de ses voisins veulent troubler son repos. Que ne m'appelle-t-il à son secours ? Pourquoi me laisse-t-il dans l'enfance si longtemps ? Ne devrais-je pas être déjà dans sa cour ? Pendant que tous mes frères ont le bonheur de combattre à ses côtés, faut-il que je passe ici ma vie dans l'oisiveté ? — Mon fils, lui répondit Pirouzé, je n'ai pas moins d'impatience que vous de voir votre nom fameux. Je voudrais que vous vous fussiez déjà signalé contre les ennemis du roi votre père, mais il faut attendre qu'il vous demande. — Non, madame, répliqua Codadad, j'ai que trop attendu. Je meurs d'envie de voir le roi, et je suis tenté de lui aller offrir mes services comme un jeune inconnu. Il les acceptera sans doute, et je ne me découvrirai qu'après avoir fait mille actions glorieuses. Je veux mériter son estime avant qu'il me reconnaisse. » — Pirouzé approuva cette généreuse résolution, et de peur que le prince Samer ne s'y opposât, Codadad, sans la lui communiquer, sortit un jour de Samarie comme pour aller à la chasse.

Il était monté sur un cheval blanc qui avait une bride et des fers d'or, une selle avec une housse de satin bleu, toute parsemée de

perles Il avait un sabre dont la poignée était d'un seul diamant, et le fourreau de bois de sandal tout garni d'émeraudes et de rubis. Il portait sur ses épaules son carquois et son arc, et dans cet équipage, qui relevait merveilleusement sa bonne mine, il arriva dans la ville de Harran. Il trouva bientôt le moyen de se faire présenter au roi, qui, charmé de sa beauté, de sa taille avantageuse, ou peut être entraîné par la force du sang, lui fit un accueil favorable et lui demanda son nom et sa qualité. « — Sire, répondit Codadad, je suis fils d'un émir du Caire. Le désir de voyager m'a fait quitter ma patrie, et comme j'ai appris en passant par vos États que vous étiez en guerre avec quelques-uns de vos voisins, je suis venu dans votre cour pour offrir mon bras à Votre Majesté. » — Le roi l'accabla de caresses, et lui donna de l'emploi dans ses troupes.

Ce jeune prince ne tarda guère à faire remarquer sa valeur. Il s'attira l'estime des officiers, excita l'admiration des soldats, et comme il n'avait pas moins d'esprit que de courage, il gagna si bien les bonnes grâces du roi qu'il devint bientôt son favori. Tous les jours les ministres et les autres courtisans ne manquaient pas d'aller voir Codadad, et ils recherchaient avec autant d'empressement son amitié qu'ils négligeaient celle des autres fils du roi. Ces jeunes princes ne purent s'en apercevoir sans chagrin, et, s'en prenant à l'étranger, ils conçurent tous pour lui une extrême haine. Cependant le roi, l'aimant de plus en plus tous les jours, ne se lassait point de lui donner des marques de son affection. Il le voulait avoir sans cesse auprès de lui. Il admirait ses discours, pleins d'esprit et de sagesse, et pour faire voir jusqu'à quel point il le croyait sage et prudent, il lui confia la conduite des autres princes, quoiqu'il fût de leur âge, de manière que voilà Codadad gouverneur de ses frères.

Cela ne fit qu'irriter leur haine. « — Comment donc, dirent-ils, le roi ne se contente pas d'aimer un étranger plus que nous, il veut qu'il soit encore notre gouverneur, et que nous ne fassions rien sans sa permission ! C'est ce que nous ne devons point souffrir. Il faut nous défaire de cet étranger. — Nous n'avons, disait l'un, qu'à l'aller chercher tous ensemble, et le faire tomber sous nos coups. — Non, non, disait l'autre, gardons-nous bien de l'immoler nous-mêmes. Sa mort nous rendrait odieux au roi, qui, pour nous en punir, nous déclarerait tous indignes de régner. Perdons l'étranger adroitement. Demandons-lui permission d'aller à la chasse, et quand nous serons loin de ce palais, nous prendrons le chemin de quelque ville, où nous irons passer quelque temps. Notre absence étonnera le roi, qui, ne nous voyant pas revenir, perdra patience et fera peut-être mourir l'étranger. Il le chassera du moins de sa cour pour nous avoir permis de sortir du palais. »

Tous les princes applaudirent à cet artifice. Ils vont trouver Codadad et le prient de leur permettre d'aller prendre le divertissement de la chasse, en lui promettant de revenir le même jour.

Le fils de Pirouzé donna dans le piége, il accorda la permission que ses frères lui demandaient. Ils partirent, et ne revinrent point. Il y avait déjà trois jours qu'ils étaient absents lorsque le roi dit à Codadad : « — Où sont les princes? Il y a longtemps que je ne les ai vus. — Sire, répondit-il, après avoir fait une profonde révérence, ils sont à la chasse depuis trois jours. Ils m'avaient pourtant promis qu'ils reviendraient plus tôt. » — Le roi devint inquiet, et son inquiétude augmenta lorsqu'il vit que le lendemain les princes ne paraissaient point encore. Il ne put retenir sa colère : « — Imprudent étranger, dit-il à Codadad, devais-tu laisser partir mes fils sans les accompagner? Est-ce ainsi que tu t'acquittes de l'emploi dont je t'ai chargé? Va les chercher tout à l'heure et me les amène, autrement ta perte est assurée. »

Ces paroles glacèrent d'effroi le malheureux fils de Pirouzé. Il se revêtit de ses armes et monta promptement à cheval. Il sort de la ville comme un berger qui a perdu son troupeau, il cherche partout ses frères dans la campagne, il s'informe dans tous les villages si on ne les a point vus, et, n'en apprenant aucune nouvelle, il s'abandonne à la plus vive douleur. — « Ah! mes frères, s'écria-t-il, qu'êtes-vous devenus? Seriez-vous au pouvoir de nos ennemis? Ne serais-je venu à la cour de Harran que pour causer au roi un déplaisir si sensible? » — Il était inconsolable d'avoir permis aux princes d'aller à la chasse ou de ne les avoir pas accompagnés.

Après quelques jours employés à une recherche vaine, il arriva dans une plaine d'une étendue prodigieuse, au milieu de laquelle il y avait un palais bâti de marbre noir. Il s'en approche, et voit à une fenêtre une dame parfaitement belle, mais parée de sa seule beauté, car elle avait les cheveux épars, des habits déchirés, et l'on remarquait sur son visage toutes les marques d'une profonde affliction. Sitôt qu'elle aperçut Codadad et qu'elle jugea qu'il pouvait l'entendre, elle lui adressa ces paroles : « — O jeune homme! éloigne-toi de ce palais funeste, ou bien tu te verras bientôt en la puissance du monstre qui l'habite. Un nègre qui ne se repaît que de sang humain fait ici sa demeure. Il arrête toutes les personnes que leur mauvaise fortune fait passer par cette plaine, et il les enferme dans de sombres cachots d'où il ne les tire que pour les dévorer. — Madame, lui répondit Codadad, apprenez-moi qui vous êtes, et ne vous mettez point en peine du reste. Je suis une fille de qualité du Caire, répartit la dame; je passais hier près de ce château pour aller à Bagdad, et je rencontrai le nègre, qui tua tous mes domestiques, et m'amena ici. Encore une fois, poursuivit-elle, sauve-toi ; le nègre va bientôt revenir. Il est sorti pour aller poursuivre quelques voyageurs qu'il a remarqués de loin dans la plaine. Tu n'as pas de temps à perdre, et je ne sais pas même si par une prompte fuite tu pourras lui échapper. »

Elle n'eut pas achevé ces mots que le nègre parut. C'était un homme d'une grandeur démesurée et d'une mine effroyable. Il montait un puissant cheval de Tartarie, et portait un cimeterre si large et si pesant que lui seul pouvait s'en servir. Le prince, l'ayant aperçu, fut étonné de sa taille monstrueuse. Il s'adressa au ciel

pour le prier de lui être favorable ; ensuite il tira son sabre et attendit de pied ferme le nègre, qui, méprisant un si faible ennemi, le somma de se rendre sans combattre ; mais Codadad fit connaître par sa contenance qu'il voulait défendre sa vie, car il approcha de lui et le frappa rudement au genou. Le nègre, se sentant blessé, pousse un cri si effroyable que toute la plaine en retentit. Il devient furieux, il écume de rage ; il se lève sur ses étriers et veut frapper à son tour Codadad de son redoutable cimeterre. Le coup fut porté avec tant de roideur que c'était fait du jeune prince s'il n'eût pas eu l'adresse de l'éviter en faisant faire un mouvement à son cheval. Le cimeterre fit dans l'air un horrible sifflement. Alors, avant que le nègre eût le temps de porter un second coup, Codadad lui en déchargea un sur le bras droit avec tant de force qu'il le lui coupa. Le terrible cimeterre tomba avec la main qui le soutenait, et le nègre, cédant à la violence du coup, vida les étriers et fit retentir la terre du bruit de sa chute. En même temps le prince descendit de cheval, se jeta sur son ennemi, et lui coupa la tête. En ce moment, la dame, dont les yeux avaient été témoins de ce combat, et qui faisait encore des vœux pour ce jeune héros qu'elle admirait, fit un cri de joie, et dit à Codadad : « — Prince, car la pénible victoire que vous venez de remporter me persuade, aussi bien que votre air noble, que vous ne devez pas être d'une condition commune, achevez votre ouvrage : le nègre a les clefs de ce château ; prenez-les et venez me tirer de prison. » — Le prince fouilla dans les poches du misérable qui était étendu sur la poussière, et trouva plusieurs clefs.

Il ouvrit la première porte et entra dans une grande cour, où il rencontra la dame qui venait au-devant de lui ; elle voulut se jeter à ses pieds pour mieux lui marquer sa reconnaissance, mais il l'en empêcha. Elle loua sa valeur et l'éleva au-dessus de tous les héros du monde. Il répondit à ses compliments, et comme elle lui parut encore plus aimable de près que de loin, je ne sais si elle sentait plus de joie de se voir délivrée de l'affreux péril où elle avait été, que lui d'avoir rendu cet important service à une si belle personne.

Leurs discours furent interrompus par des cris et des gémissements. « — Qu'entends-je ? s'écria Codadad. D'où partent ces voix pitoyables qui frappent nos oreilles ? — Seigneur, dit la dame en lui montrant du doigt une porte basse qui était dans la cour, elles viennent de cet endroit. Il y a là je ne sais combien de malheureux que leur étoile a fait tomber entre les mains du nègre. Ils sont tous enchaînés et chaque jour ce monstre en tirait un pour le manger. — C'est un surcroît de joie pour moi, reprit le jeune prince, d'apprendre que ma victoire sauve la vie à ces infortunés. Venez, madame, venez partager avec moi le plaisir de les mettre en liberté. Vous pouvez juger par vous-même de la satisfaction que nous allons leur causer. » — A ces mots, ils s'avancèrent vers la porte du cachot. A mesure qu'ils en approchaient, ils entendaient plus distinctement les plaintes des prisonniers. Codadad en était pénétré. Impatient de terminer leurs peines, il met promptement une de ses clefs dans la serrure. D'abord il ne mit pas celle qu'il fallait ; il en prend une autre, et au bruit qu'il fait, tous ces malheureux, persuadés que c'est le nègre qui vient, selon sa coutume, leur apporter à manger, et en même temps se saisir d'un de leurs compagnons, redoublent leurs cris et leurs gémissements. On entendait des voix lamentables qui semblaient sortir du centre de la terre.

Cependant le prince ouvrit la porte et trouva un escalier assez roide par où il descendit dans une vaste et profonde cave qui recevait un faible jour par un soupirail, et où il y avait plus de cent personnes attachées à des pieux, les mains liées. « — Infortunés voyageurs, leur dit-il. misérables victimes, qui n'attendez que le moment d'une mort cruelle, rendez grâces au ciel, qui vous délivre aujourd'hui par le secours de mon bras. J'ai tué l'horrible nègre dont vous deviez être la proie, et je viens briser vos fers. » — Les prisonniers n'eurent pas sitôt entendu ces paroles, qu'ils poussèrent tous ensemble un cri mêlé de surprise et de joie. Codadad et la dame commencèrent à les délier, et à mesure qu'ils les déliaient, ceux qui se voyaient débarrassés de leurs chaînes aidaient à défaire celles des autres; de manière qu'en peu de temps, ils furent tous en liberté.

Alors ils se mirent à genoux, et après avoir remercié Codadad de ce qu'il venait de faire pour eux, ils sortirent de la cave, et quand ils furent dans la cour, de quel étonnement fut frappé le prince de voir parmi ces prisonniers ses frères, qu'il cherchait et qu'il n'espérait plus rencontrer! « — Ah! princes, s'écria-t-il en les apercevant, ne me trompé-je point? est-ce vous en effet que je vois? Puis-je me flatter que je pourrai vous rendre au roi votre père, qui est inconsolable de vous avoir perdus? Mais n'en aura-t-il pas quelqu'un à pleurer? Etes-vous tous en vie? Hélas! la mort d'un seul d'entre vous suffit pour empoisonner la joie que je sens de vous avoir sauvés! »

Les quarante-neuf princes se firent tous reconnaître à Codadad, qui les embrassa l'un après l'autre, et leur apprit l'inquiétude que leur absence causait au roi. Ils donnèrent à leur libérateur toutes les louanges qu'il méritait, aussi bien que les autres prisonniers, qui ne pouvaient trouver de termes assez forts à leur gré pour lui témoigner toute la reconnaissance dont ils se sentaient pénétrés. Codadad fit ensuite avec eux la visite du château, où il y avait des richesses immenses, des toiles fines, des brocarts d'or, des tapis de Perse, des satins de la Chine, et une infinité d'autres marchandises que le nègre avait prises aux caravanes qu'il avait pillées, et dont la plus grande partie appartenait aux prisonniers que Codadad venait de délivrer. Chacun reconnut son bien et le réclama. Le prince leur fit prendre leurs ballots, et partagea même entre eux le reste des marchandises. Puis il leur dit : — « Comment ferez-vous pour porter vos étoffes ? Nous sommes ici dans un désert, et il n'y a pas d'apparence que vous trouviez des chevaux. — Seigneur, répondit un des prisonniers, le nègre nous a volé nos chameaux avec nos marchandises, peut être sont-ils dans les écuries de ce

château. — Cela n'est pas impossible, reprit Codadad, il faut nous en éclaircir. » — En même temps ils allèrent aux écuries, où non-seulement ils aperçurent les chameaux des marchands, mais même les chevaux des fils du roi de Harran, ce qui les combla tous de joie. Il y avait dans les écuries quelques esclaves noirs, qui, voyant tous les prisonniers délivrés, et jugeant par là que le nègre avait été tué, prirent l'épouvante et la fuite par des détours qui leur étaient connus. On ne songea point à les poursuivre. Tous les marchands, ravis d'avoir recouvré leurs chameaux et leurs marchandises avec leur liberté, se disposèrent à partir ; mais avant leur départ, ils firent de nouveaux remercîments à leur libérateur.

Quand ils furent partis, Codadad, s'adressant à la dame, lui dit : « — En quels lieux, madame, souhaitez vous d'aller ; où tendaient vos pas lorsque vous avez été surprise par le nègre ? Je prétends vous conduire jusqu'à l'endroit que vous avez choisi pour retraite, et je ne doute point que ces princes ne soient tous dans la même résolution. » — Les fils du roi de Harran protestèrent à la dame qu'ils ne la quitteraient point qu'ils ne l'eussent rendue à ses parents.

« — Prince, lui dit-elle, je suis d'un pays trop éloigné d'ici, et outre que ce serait abuser de votre générosité que de vous faire faire tant de chemin, je vous avouerai que je suis pour jamais éloignée de ma patrie. Je vous ai dit tantôt que j'étais une dame du Caire; mais après les bontés que vous me témoignez et l'obligation que je vous ai, seigneur ajouta-t-elle en regardant Codadad, j'aurais mauvaise grâce à vous déguiser la vérité. Je suis fille du roi de Deryabar. Un usurpateur s'est emparé du trône de mon père après lui avoir ôté la vie, et pour conserver la mienne j'ai été obligée d'avoir recours à la fuite. » — A cet aveu, Codadad et ses frères assurèrent la princesse qu'ils prenaient toute la part possible à ses malheurs, et qu'ils étaient disposés à ne rien épargner pour la rendre plus heureuse.

« — Madame, ajouta Codadad, il ne tiendra qu'à vous de vivre désormais tranquillement. Les fils du roi de Harran vous offrent un asile dans la cour de leur père; acceptez le, de grâce. Vous y serez chérie de ce prince et respectée de tout le monde; et, si vous ne dédaignez pas la foi de votre libérateur, souffrez que je vous la présente et que je vous épouse devant tous ces princes. Qu'ils soient témoins de notre engagement. » — La princesse y consentit, et dès le jour même ce mariage se fit dans le château, où ils trouvèrent toutes sortes de provisions. Les cuisines étaient pleines de viandes et d'autres mets, dont le nègre avait coutume de se nourrir lorsqu'il était rassasié de chair humaine. Il y avait aussi beaucoup de fruits, tous excellents dans leurs espèces, et pour comble de délices, une grande quantité de liqueurs et de vins exquis.

Ils se mirent tous à table, et, après avoir bien mangé et bien bu, ils emportèrent tout le reste des provisions, et sortirent du château dans le dessein de se rendre à la cour du roi de Harran. Ils marchèrent plusieurs jours, campant dans les endroits les plus agréables qu'ils pouvaient trouver, et ils n'étaient plus qu'à une journée de Harran lorsque, s'étant arrêtés et achevant de boire leur vin, comme gens qui ne se souciaient plus de le ménager, Codadad prit la parole : « — Princes, dit-il, c'est trop longtemps vous cacher qui je suis. Vous voyez votre frère Codadad. Je dois le jour, aussi bien que vous, au roi de Harran. Le prince de Samarie m'a élevé, et la princesse Pirouzé est ma mère. Madame, ajouta-t-il en s'adressant à la princesse de Deryabar, pardon si je vous ai fait aussi un mystère de ma naissance. Peut-être qu'en vous la découvrant plus tôt j'aurais prévenu quelques réflexions désagréables qu'un mariage que vous avez cru inégal vous a pu faire faire. — Non, seigneur, lui répondit la princesse; les sentiments que vous m'avez d'abord inspirés se sont fortifiés de moment en moment, et pour faire mon bonheur, vous n'avez pas besoin de cette origine que vous me découvrez. »

Les princes félicitèrent Codadad sur sa naissance, et lui en témoignèrent beaucoup de joie ; mais dans le fond de leur cœur, au lieu d'en être bien aises, leur haine pour un si aimable frère ne fit que s'augmenter. Ils s'assemblèrent la nuit, et se retirèrent dans un lieu écarté pendant que Codadad et la princesse sa femme goûtaient, sous leur tente, la douceur du sommeil. Ces ingrats, ces envieux frères, oubliant que sans le courageux fils de Pirouzé ils seraient tous devenus la proie du nègre, résolurent entre eux de l'assassiner. « — Nous n'avons pas d'autre parti à prendre, dit l'un de ces méchants; dès que mon père saura que cet étranger qu'il aime tant est son fils, et qu'il a eu assez de force pour terrasser lui seul un géant que nous n'avons pu vaincre tous ensemble, il l'accablera de caresses, il lui donnera mille louanges, et le déclarera son héritier, au mépris de tous ses autres fils, qui seront obligés de se prosterner devant leur frère et de lui obéir. » — A ces paroles il en ajouta d'autres qui firent tant d'impression sur ces esprits jaloux, qu'ils allèrent sur-le-champ trouver Codadad endormi. Ils le percèrent de mille coups de poignard, et le laissant sans sentiment dans les bras de la princesse, ils partirent pour se rendre à la ville de Harran, où ils arrivèrent le lendemain.

Leur arrivée causa d'autant plus de joie au roi leur père, qu'il désespérait de les revoir. Il leur demanda la cause de leur retardement, mais ils se gardèrent bien de la lui dire; ils ne firent aucune mention du nègre ni de Codadad, et dirent seulement que, n'ayant pu résister à la curiosité de voir le pays, ils s'étaient arrêtés dans quelques villes voisines.

Cependant Codadad, noyé dans son sang et peu différent d'un homme mort, était sous sa tente avec la princesse sa femme, qui ne paraissait guère moins à plaindre que lui. Elle remplissait l'air de cris pitoyables, elle s'arrachait les cheveux, et mouillant de ses pleurs le corps de son mari : « — Ah ! Codadad ! s'écria-t-elle à tous moments, mon cher Codadad, est-ce toi que je vois prêt à passer chez les morts ? Quelles cruelles mains t'ont si impitoyablement déchiré ! tes frères que ta valeur a sauvés ! Non, ce sont plutôt des démons qui, sous des traits si chers, sont venus t'arracher la vie. Ah ! barbares ! qui que vous soyez, avez-vous bien pu payer d'une si noire ingratitude le service qu'il vous a rendu ! Mais pourquoi m'en prendre à tes frères, malheureux Codadad ? C'est à moi seule que je dois imputer ta mort ! Tu as voulu joindre ta destinée à la mienne, et toute l'infortune que je traîne avec moi, depuis que je suis sortie du palais de mon père, s'est répandue sur toi. »

C'était par de semblables discours et de plus touchants encore

que la déplorable princesse de Deryabar exprimait sa douleur en regardant l'infortuné Codadad, qui ne pouvait l'entendre. Il n'était pourtant pas mort, et sa femme, ayant pris garde qu'il respirait encore, courut vers un gros bourg qu'elle aperçut dans la plaine, pour y chercher un chirurgien. On lui en enseigna un, qui partit sur-le-champ avec elle ; mais quand ils furent sous la tente, ils n'y trouvèrent plus Codadad, ce qui leur fit juger que quelque bête sauvage l'avait emporté pour le dévorer. La princesse recommença ses plaintes et ses lamentations de la manière du monde la plus pitoyable. Le chirurgien en fut attendri, et ne voulant pas l'abandonner dans l'état affreux où il la voyait, il lui proposa de retourner dans le bourg, et lui offrit sa maison et ses services.

Elle se laissa entraîner. Le chirurgien l'emmena chez lui, et, sans savoir encore qui elle était, la traita avec toute la considération et tout le respect imaginables. Il tâchait par ses discours de la consoler ; mais il avait beau combattre sa douleur, il ne faisait que l'aigrir au lieu de la soulager. « — Madame, lui dit-il un jour, apprenez-moi, de grâce, tous vos malheurs : dites-moi de quel pays et de quelle condition vous êtes. Peut-être que je vous donnerai de bons conseils quand je serai instruit de toutes les circonstances de votre infortune. Vous ne faites que vous affliger, sans songer que l'on peut trouver des remèdes aux maux les plus désespérés. »

Le chirurgien parla avec tant d'éloquence, qu'il persuada la princesse. Elle lui raconta toutes ses aventures, et lorsqu'elle en eut achevé le récit, le chirurgien prit la parole : « — Madame, dit-il puisque les choses sont ainsi, permettez-moi de vous représenter que vous ne devez point vous abandonner à votre affliction ; vous devez plutôt vous armer de constance, et faire ce que le nom et le devoir d'une épouse exigent de vous. Vous devez venger votre mari. Je vais, si vous le souhaitez, vous servir d'écuyer. Allons à la cour du roi de Harran. Ce prince est bon et très-équitable. Vous n'avez qu'à lui peindre avec de vives couleurs le traitement que le prince Codadad a reçu de ses frères, je suis persuadé qu'il vous fera justice. — Je cède à ces raisons, répondit la princesse. Oui, je dois entreprendre la vengeance de Codadad, et puisque vous êtes assez obligeant et assez généreux pour vouloir m'accompagner, je suis prête à partir. » — Elle n'eut pas sitôt pris cette résolution, que le chirurgien fit préparer deux chameaux, sur lesquels la princesse et lui se mirent en chemin et se rendirent à la ville de Harran.

Ils allèrent descendre au premier caravansérail qu'ils rencontrèrent. Ils demandèrent à l'hôte des nouvelles de la cour. « — Elle est, leur dit-il, dans une assez grande inquiétude. Le roi avait un fils qui, comme un inconnu, a demeuré près de lui fort longtemps, et l'on ne sait ce qu'est devenu ce jeune prince. Une femme du roi, nommé Pirouzé, en est la mère. Elle en a fait faire mille perquisitions qui ont été inutiles. Tout le monde est touché de la perte de ce prince, car il avait beaucoup de mérite. Ce roi a quarante-neuf autres fils, tous sortis de mères différentes, mais il n'y en a pas un qui ait assez de vertu pour consoler le roi de la mort de Codadad; je dis de sa mort, parce qu'il n'est pas possible qu'il vive encore, puisqu'on ne l'a pu trouver malgré toutes les recherches qu'on en a faites.

Sur le rapport de l'hôte, le chirurgien jugea que la princesse de Deryabar n'avait point d'autre parti à prendre que d'aller se présenter à Pirouzé; mais cette démarche n'était pas sans péril et demandait beaucoup de précautions. Il était à craindre que si les fils du roi de Harran apprenaient l'arrivée et le dessein de leur belle-sœur, ils ne la fissent enlever avant qu'elle pût parler à la mère de Codadad. Le chirurgien fit toutes ces réflexions et se représenta ce qu'il risquait lui-même. C'est pourquoi, voulant se conduire prudemment dans cette conjoncture, il pria la princesse de demeurer au caravansérail pendant qu'il irait au palais reconnaître les chemins par où il pourrait sûrement la faire parvenir jusqu'à Pirouzé.

Il alla donc dans la ville, et il marchait vers le palais comme un homme attiré seulement par la curiosité de voir la cour, lorsqu'il aperçut une dame montée sur une mule richement enharnachée; elle était suivie de plusieurs demoiselles, aussi montées sur des mules, et d'un très-grand nombre de gardes et d'esclaves noirs. Tout le peuple se rangeait en haie pour la voir passer, et la saluait en se prosternant la face contre terre. Le chirurgien la salua de la même manière, et demanda ensuite à un calender qui se trouva près de lui si cette dame était une femme du roi. « — Oui, frère, lui dit le calender, c'est une de ses femmes, et celle qui est la plus honorée et la plus chérie du peuple, parce qu'elle est mère du prince Codadad, dont vous devez avoir ouï parler. »

Le chirurgien n'en voulut pas savoir d'avantage. Il suivit Pirouzé jusqu'à une mosquée où elle entra pour distribuer des aumônes et assister aux prières publiques que le roi avait ordonnées pour demander à Dieu le retour de Codadad. Le peuple, qui s'intéressait extrêmement à la destinée de ce jeune prince, courait en foule joindre ses vœux aux prières des prêtres, de sorte que la mosquée était remplie de monde. Le chirurgien fendit la presse et s'avança jusqu'aux gardes de Pirouzé. Il entendit toutes les prières et lorsque cette princesse sortit, il aborda un des esclaves, et lui dit à l'oreille : « — Frère, j'ai un secret important à révéler à la princesse Pirouzé : ne pourrais-je point, par votre moyen, être introduit dans son appartement ? — Si ce secret, répondit l'esclave, regarde le prince Codadad, j'ose vous promettre que dès aujourd'hui vous aurez d'elle l'audience que vous souhaitez ; mais si ce secret ne le regarde point, il est inutile que vous cherchiez à vous faire présenter à la princesse, car elle n'est occupée que de son fils, et elle ne veut point entendre parler d'autre chose. — Ce n'est que de ce cher fils que je veux l'entretenir, reprit le chirurgien. — Cela étant, dit l'esclave, vous n'avez qu'à nous suivre jusqu'au palais, et vous lui parlerez bientôt. »

Effectivement, lorsque Pirouzé fut retournée dans son appartement, cet esclave lui dit qu'un homme inconnu avait quelque chose d'important à lui communiquer, et que le prince Codadad y était intéressé. Il n'eut pas plutôt prononcé ces paroles, que Pirouzé témoigna une vive impatience de voir cet homme inconnu. L'esclave le fit aussitôt entrer dans le cabinet de la princesse, qui écarta toutes ses femmes, à la réserve de deux pour qui elle n'avait rien de caché. Dès qu'elle aperçut le chirurgien, elle lui demanda avec précipitation quelles nouvelles de Codadad il avait à lui annoncer. « — Madame, répondit le chirurgien après s'être prosterné la face contre terre, j'ai une longue histoire à vous raconter, et des choses sans doute qui vous surprendront. » — Alors, il lui fit un détail de tout ce qui s'était passé entre Codadad et ses frères, ce qu'elle écouta avec une attention avide ; mais quand il vint à parler de l'assassinat, cette tendre mère, comme si elle se fût senti frapper des mêmes coups que son fils, tomba évanouie sur un sofa. Ses deux femmes la secoururent promptement et lui firent reprendre ses esprits. Le chirurgien continua son récit. Lorsqu'il eut achevé, cette princesse lui dit : — Allez retrouver la princesse de Deryabar, et l'assurez de ma part que le roi la reconnaîtra bientôt pour sa belle-fille, et à votre égard, soyez persuadé que vos services sont bien récompensés. »

Après que le chirurgien fut sorti, Pirouzé demeura sur le sofa dans l'accablement qu'on peut s'imaginer, et s'attendrissant au souvenir de Codadad : « — O mon fils ! disait-elle, me voilà donc pour jamais privée de ta vue ! Lorsque je te laissai partir de Samarie pour venir dans cette cour et que je reçus tes adieux, hélas ! je ne croyais pas qu'une mort funeste t'attendît loin de moi. O malheureux Codadad ! pourquoi m'as-tu quittée ? Tu n'aurais pas, à la vérité, acquis tant de gloire, mais tu vivrais encore et tu ne coûterais pas tant de pleurs à ta mère. » — En disant ces paroles elle pleurait amèrement, et ses deux confidentes, touchées de sa douleurs, mêlaient leurs larmes avec les siennes.

Pendant qu'elles s'affligeaient comme à l'envi toutes trois, le roi entra dans le cabinet, et les voyant en cet état, il demanda à Pirouzé si elle avait reçu de tristes nouvelles de Codadad. « — Ah! seigneur! lui dit-elle, c'en est fait : mon fils a perdu la vie, et, pour comble d'affliction, je ne puis lui rendre les honneurs de la sépulture; car, selon toutes les apparences, des bêtes sauvages l'ont dévoré. — En même temps elle raconta tout ce que le chirurgien lui avait appris, et elle ne manqua pas de s'étendre sur la manière cruelle dont Codadad avait été assassiné par ses frères.

Le roi ne donne pas le temps à Pirouzé d'achever son récit; il se sent enflammer de colère, et cédant à son transport : « — Madame, dit-il à la princesse, les perfides qui font couler vos larmes, et qui causent à leur père une douleur mortelle, vont éprouver un juste châtiment. » — En parlant ainsi, ce prince, la fureur peinte en ses yeux, se rend dans la salle d'audience, où étaient tous ses courtisans et ceux d'entre le peuple qui avaient quelque prière à lui faire. Ils sont tous étonnés de le voir paraître d'un air furieux. Ils jugent qu'il est en colère contre son peuple. Leurs cœurs sont glacés d'effroi Il monte sur son trône, et faisant approcher son grand vizir : « — Hassan, lui dit-il, j'ai un ordre à te donner : va tout à l'heure prendre mille soldats de ma garde, et arrête tous les princes mes fils. Enferme-les dans la tour destinée à servir de prison aux assassins, et que cela soit fait dans un moment. » — A cet ordre extraordinaire, tous ceux qui étaient présents frémirent, et le grand vizir, sans répondre un seul mot, mit la main sur sa tête pour montrer qu'il était prêt à obéir, et sortit de la salle pour aller s'acquitter d'un emploi dont il était fort surpris. Cependant le roi renvoya les personnes qui venaient lui demander audience, et déclara que d'un mois il ne voulait entendre parler d'aucune affaire. Il était encore dans la salle quand le vizir revint. — Eh bien, vizir, lui dit ce prince, tous mes fils sont-ils dans la tour? —

— Oui, sire, répondit le ministre, vous êtes obéi. — Ce n'est pas tout, reprit le roi, j'ai encore un autre ordre à te donner. » — En disant cela, il sortit de la salle d'audience, et retourna dans l'appartement de Pirouzé avec le vizir qui le suivait. Il demanda à cette princesse où était logée la veuve de Codadad. Les femmes de Pirouzé le dirent, car le chirurgien ne l'avait pas oublié dans son récit. Alors le roi se tournant vers son ministre : « — Va, lui dit-il, dans ce caravansérail, et amène ici une jeune princesse qui y loge. Mais traite-là avec tout le respect dû à une personne de son rang. »

Le vizir ne fut pas longtemps à faire ce qu'on lui ordonnait. Il monta à cheval avec tous les émirs et autres courtisans, et se rendit au caravansérail où était la princesse de Deryabar, à laquelle il exposa son ordre, et lui présenta de la part du roi une belle mule blanche qui avait une selle et une bride d'or parsemées de rubis et d'émeraudes. Elle monta dessus, et au milieu de tous ces seigneurs, elle prit le chemin du palais. Le chirurgien l'accompagnait aussi, monté sur un beau cheval tartare que le vizir lui avait fait donner, Tout le peuple était aux fenêtres ou dans les rues pour voir passer une si magnifique cavalcade, et comme on répandait que cette princesse que l'on conduisait si pompeusement à la cour était femme de Codadad, ce ne fut qu'acclamations ; l'air retentit de mille cris de joie, qui se seraient sans doute tournés en gémissements si l'on avait su la fatale aventure de ce jeune prince, tant il était aimé de tout le monde.

La princesse de Deryabar trouva le roi qui l'attendait à la porte du palais pour la recevoir. Il la prit par la main et la conduisit à l'appartement de Pirouzé, où il se passa une scène fort touchante. La femme de Codadad sentit renouveler son affliction à la vue du

père et de la mère de son mari, comme le père et la mère ne purent voir l'épouse de leur fils sans être fort agités. Elle se jeta aux pieds du roi, et après les avoir baignés de larmes, elle fut saisie d'une si vive douleur, qu'elle n'eut pas la force de parler. Pirouzé n'était pas dans un état moins déplorable; elle paraissait pénétrée de ses déplaisirs, et le roi, frappé de ces objets touchants, s'abandonna à sa propre faiblesse. Ces trois personnes, confondant leurs soupirs et leurs pleurs, gardèrent quelque temps un silence aussi tendre que pitoyable. Enfin la princesse de Deryabar, étant revenue de son accablement, raconta l'aventure du château et le malheur de Codadad. Ensuite elle demanda justice de la trahison des princes. « — Oui, madame, lui dit le roi, ces ingrats périront; mais il faut auparavant publier la mort de Codadad, afin que le supplice de ses frères ne révolte point mes sujets. D'ailleurs, quoique nous n'ayons pas le corps de mon fils, ne laissons pas de lui rendre les derniers devoirs. » — A ces mots, il s'adressa à son vizir, et lui ordonna de faire bâtir un dôme de marbre blanc dans une belle plaine, au milieu de laquelle la ville de Harran est bâtie, et cependant il donna dans son palais un très bel appartement à la princesse de Deryabar, qu'il reconnut pour sa belle-fille.

Hassan fit travailler avec tant de diligence et employa tant d'ouvriers, qu'en peu de jours le dôme fut bâti. On éleva dessous un tombeau sur lequel était une figure qui représentait Codadad. Aussitôt que l'ouvrage fut achevé, le roi ordonna des prières, et marqua un jour pour les obsèques de son fils.

Ce jour étant venu, tous les habitants de la ville se répandirent dans la plaine pour voir la cérémonie, qui se fit de cette manière : le roi suivi de son vizir et des principaux seigneurs de sa cour, marcha vers le dôme, et quand il y fut arrivé, il entra et s'assit avec eux sur des tapis de pied de satin noir à fleurs d'or ; ensuite une grosse troupe de garde à cheval, la tête basse et les yeux à demi fermés, s'approchèrent du dôme ; ils en firent le tour deux fois, gardant un profond silence ; mais à la troisième, ils s'arrêtèrent devant la porte, et dirent tous, l'un après l'autre, ces paroles à haute voix ; « — O prince, fils du roi ! si nous pouvions apporter quelque soulagement à ton mal par le tranchant de nos cimeterres et par la valeur humaine, nous te ferions revoir la lumière : mais le Roi des rois à commandé, et l'ange de la mort a obéi. » — A ces mots, ils se retirèrent pour faire place à cent vieillards qui étaient tous montés sur des mules noires, et qui portaient de longues barbes blanches.

C'étaient des solitaires qui, pendant le cours de leur vie, se tenaient cachés dans des grottes. Ils ne se montraient jamais aux yeux des hommes que pour assister aux obsèques des rois de Harran et des princes de sa maison. Ces vénérables personnages portaient sur leurs têtes chacun un gros livre qu'ils tenaient d'une main. Ils firent trois fois le tour du dôme sans rien dire ; s'étant arrêtés à la porte, l'un d'eux prononça ces mots : « — O prince ! que pouvons-nous faire pour toi ? Si par la prière ou par la science on pouvait te rendre la vie, nous frotterions nos barbes blanches à tes pieds, et nous réciterions des oraisons ; mais le Roi de l'univers t'a enlevé pour jamais ! »

Ces vieillards, après avoir ainsi parlé, s'éloignèrent du dôme, et aussitôt cinquante jeunes filles parfaitement belles s'en approchèrent. Elles montaient chacune un petit cheval blanc ; elles étaient sans voiles, et portaient des corbeilles d'or pleines de pierres précieuses. Elles tournèrent ainsi trois fois autour du dôme, et s'étant arrêtées au même endroit que les autres, la plus jeune porta la parole, et dit : « — O prince ! quel secours peux-tu attendre de nous ? Si nous pouvions te ranimer, nous nous rendrions tes esclaves ; mais tu n'as plus besoin de nous. »

Les jeunes filles s'étant retirées, le roi et les courtisans se levèrent et firent trois fois le tour de la statue. Puis le roi, prenant la parole, dit : « — O mon cher fils, lumière de mes yeux ! je t'ai donc perdu pour toujours ! » — Il accompagna ces mots de soupirs, et arrosa le tombeau de ses larmes. Ses courtisans pleurèrent à son exemple. Ensuite on ferma la porte du dôme, et tout le monde retourna dans la ville. Le lendemain, on fit des prières publiques dans les mosquées, et on les continua huit jours de suite. Le neuvième, le roi résolut de faire couper la tête aux princes ses fils. Tout le peuple, indigné du traitement qu'ils avaient fait à Codadad, semblait attendre impatiemment leur supplice. On commença à dresser des échafauds ; mais on fut obligé de remettre l'exécution à un autre temps, parce que tout à coup on apprit que les princes voisins, qui avaient déjà fait la guerre au roi de Harran, s'avançaient avec des troupes plus nombreuses que la première fois, et qu'ils n'étaient pas même fort éloignés de la ville. Il y avait déjà longtemps qu'on savait qu'ils se préparaient à faire la guerre, mais on ne s'était point alarmé de leurs préparatifs. Cette nouvelle causa une consternation générale, et fournit une occasion de regretter de nouveau Codadad, parce que ce prince s'était signalé dans la guerre précédente contre ces mêmes ennemis. « — Ah ! disaient-ils, si le généreux Codadad vivait encore, nous nous mettrions peu en peine de ces princes qui viennent nous surprendre. » — Cependant le roi, au lieu de s'abandonner à la crainte, lève du monde à la hâte, forme une armée assez considérable, et, trop courageux pour attendre dans ses murs que ses ennemis l'y viennent chercher, il sort et marche au-devant d'eux. Les ennemis, de leur côté, ayant appris par leurs coureurs que le roi de Harran s'avançait pour les combattre, s'arrêtent dans une plaine et mettent leur armée en bataille.

Le roi ne les eut pas plutôt aperçus, qu'il range aussi et dispose ses troupes au combat. Il fait sonner la charge, et attaque avec une extrême vigueur. On lui résiste de même. Il se répand de part et d'autre beaucoup de sang, et la victoire demeure longtemps incertaine ; mais enfin elle allait se déclarer pour les ennemis du roi de Harran, lesquels, étant en plus grand nombre, allaient l'envelopper, lorsqu'on vit paraître dans la plaine une grosse troupe de cavaliers qui s'approcha des combattants en bon ordre. La vue de ces nouveaux soldats étonna les deux partis, qui ne savaient ce qu'ils en devaient penser; mais ils ne demeurèrent pas longtemps dans l'incertitude. Ces cavaliers vinrent prendre en flanc les ennemis du roi de Harran, et les chargèrent avec tant de furie, qu'ils les mirent d'abord en désordre et bientôt en déroute. Ils n'en demeurèrent pas là : ils les poursuivirent vivement et les taillèrent en pièces presque tous.

Le roi de Harran, qui avait observé avec beaucoup d'attention tout ce qui s'était passé, avait admiré l'audace de ces cavaliers, dont le secours inopiné venait de déterminer la victoire en sa faveur. Il avait surtout été charmé de leur chef, qu'il avait vu combattre avec une valeur extrême. Il souhaitait de savoir le nom de ce héros généreux. Impatient de le voir et de le remercier, il cherche à le joindre, et l'aperçoit qui s'avance pour le prévenir. Ces deux princes s'approchent, et le roi de Harran, reconnaissant Codadad dans ce brave guerrier qui venait de le secourir ou plutôt de battre ses ennemis, demeura immobile de surprise et de joie. « — Seigneur, lui dit Codadad, vous avez sujet sans doute d'être étonné de voir paraître tout à coup devant Votre Majesté un

homme que vous croyiez peut-être sans vie : je le serais si le ciel ne m'avait pas conservé pour vous servir contre vos ennemis. — Ah! mon fils! s'écria le roi, est-il bien possible que vous me soyez rendu! Hélas! je désespérais de vous revoir. » — En disant cela, il tendit les bras au jeune prince, qui se livra à un embrassement si doux.

« — Je sais tout, mon fils, reprit le roi après l'avoir tenu longtemps embrassé. Je sais de quel prix vos frères ont payé le service que vous leur avez rendu en les délivrant des mains du nègre; mais vous serez vengé dès demain. Cependant allons au palais. Votre mère, à qui vous avez coûté bien des pleurs, m'attend pour se réjouir avec moi de la défaite de nos ennemis. Quelle joie nous lui causerons en lui apprenant que ma victoire est votre ouvrage ! — Seigneur, dit Codadad, permettez-moi de vous demander comment vous avez pu être instruit de l'aventure du château; quelqu'un de mes frères, poussé par ses remords, vous l'aurait-il avouée ? — Non, répondit le roi, c'est la princesse de Deryabar qui nous a informés de toutes choses; car elle est dans mon palais, et elle n'y est venue que pour me demander justice du crime de vos frères. » — Codadad fut transporté de joie en apprenant que la princesse sa femme était à la cour. « — Allons, seigneur, s'écria-t-il avec transport, allons trouver ma mère, qui nous attend. Je brûle d'impatience d'essuyer ses larmes, aussi bien que celles de la princesse de Deryabar. »

Le roi reprit aussitôt le chemin de la ville avec son armée, qu'il congédia. Il rentra victorieusement dans son palais, aux acclamations du peuple, qui le suivait en foule en priant le ciel de prolonger ses années, et en portant jusqu'au ciel le nom de Codadad. Ces deux princes trouvèrent Pirouzé et sa belle-fille, qui attendaient le roi pour le féliciter. Mais on ne peut exprimer tous les transports de joie dont elles furent agitées lorsqu'elles virent le jeune prince qui l'accompagnait. Ce furent des embrassements mêlés de larmes bien différentes de celles qu'elles avaient déjà répandues pour lui. Après que ces quatre personnes eurent cédé à tous les mouvements que le sang et l'amour leur inspiraient, on demanda au fils de Pirouzé par quel miracle il était encore vivant.

Il répondit qu'un paysan monté sur une mule, étant entré par hasard dans la tente où il était évanoui, le voyant seul et percé de coups, l'avait attaché sur sa mule et conduit à sa maison, et que là il avait appliqué sur ses blessures certaines herbes mâchées qui l'avaient rétabli en peu de jours. » — Lorsque je me senti guéri, ajouta-t-il, je remerciai le paysan et lui donnai tous les diamants que j'avais. Je m'approchai ensuite de la ville de Harran ; mais

« Il rentra victorieux dans son palais aux acclamations du peuple... (P. 214.)

ayant appris sur la route que quelques princes voisins avaient assemblé des troupes et venaient fondre sur les sujets du roi, je me fis connaître dans les villages, et j'excitai le zèle de ses peuples à prendre sa défense. J'armai un grand nombre de ces jeunes gens, et, me mettant à leur tête, je suis arrivé dans le temps que les deux armées étaient aux mains. »

Quand il eut achevé de parler, le roi dit : « — Rendons grâces à Dieu de ce qu'il a conservé Codadad. Mais il faut que les traîtres qui l'ont voulu tuer périssent aujourd'hui. — Seigneur, reprit le généreux fils de Pirouzé, tout ingrats, tout méchants qu'ils sont, songez qu'ils sont formés de votre sang. Ce sont mes frères ; je leur pardonne leur crime, et je vous demande grâce pour eux. » — Ces nobles sentiments arrachèrent des larmes au roi, qui fit assembler le peuple et déclara Codadad son héritier. Il ordonna ensuite qu'on fit venir les princes prisonniers, qui étaient tous chargés de fer. Le fils de Pirouzé leur ôta leurs chaînes, et les embrassa tous les uns après les autres d'aussi bon cœur qu'il avait fait dans la cour du château du nègre. Le peuple fut charmé du naturel de Codadad, et lui donna mille applaudissements. Ensuite on combla de biens le chirurgien, pour reconnaître les services qu'il avait rendus à la princesse de Deryabar.

La sultane Scheherazade venait de raconter l'histoire de Codadad avec tant d'agrément, que le sultan des Indes son époux ne put s'empêcher de lui témoigner qu'il l'avait entendue avec un très grand plaisir. — « Sire, lui dit la sultane, je suis persuadée que si Votre Majesté voulait bien entendre l'histoire du Dormeur éveillé, au lieu de tous ces mouvements d'indignation et de compassion que celle de Codadad doit avoir excités dans son cœur, et dont il est encore ému, celle-ci, au contraire, ne lui inspirerait que de la joie et du plaisir. »

Au seul titre de l'histoire dont la sultane venait de lui parler, le sultan, qui s'en promettait des aventures réjouissantes, eût bien voulu en entendre le récit dès le même jour ; mais il était temps qu'il se levât : c'est pourquoi il remit au lendemain à entendre la sultane Scheherazade, à qui cette histoire servit à se faire prolonger la vie encore plusieurs nuits et plusieurs jours. Ainsi, le jour suivant, après que Dinazarde l'eut éveillée, elle commença à la lui raconter de cette manière :

HISTOIRE DU DORMEUR ÉVEILLÉ

Sous le règne du calife Haroun Alraschid, il y avait à Bagdad un marchand fort riche, dont la femme était déjà vieille. Ils avaient un fils unique nommé Abou-Hassan, âgé d'environ trente ans, qui avait été élevé dans une grande retenue de toutes choses.

Le marchand mourut ; Abou-Hassan, qui se vit seul héritier, se mit en possession des grandes richesses que son père avait amassées pendant sa vie avec beaucoup d'épargne et avec un grand attachement à son négoce. Le fils, qui avait des vues et des inclinations différentes de celles de son père, en usa tout autrement. Comme son père ne lui avait donné d'argent pendant sa jeunesse que ce qui suffisait précisément pour son entretien, et qu'il avait toujours porté envie aux jeunes gens de son âge qui n'en manquaient pas, et qui ne se refusaient aucun des plaisirs auxquels la jeunesse ne s'abandonne que trop aisément, il résolut de se signaler à son tour en faisant des dépenses proportionnées aux grands biens dont la fortune venait de le favoriser. Pour cet effet, il partagea son bien en deux parts : l'une fut employée en acquisitions de terres à la campagne et de maisons dans la ville, dont il se fit un revenu suffisant pour vivre à son aise, avec promesse de ne point toucher aux sommes qui en reviendraient, mais de les amasser à mesure qu'il les recevrait ; l'autre moitié, qui consistait en une somme considérable en argent comptant, fut destinée à réparer tout le temps qu'il croyait avoir perdu sous la dure contrainte où son père l'avait retenu jusqu'à sa mort. Mais il se fit une loi indispensable, qu'il se promit à lui-même de garder inviolablement, de ne rien dépenser au delà de cette somme dans le déréglement de vie qu'il s'était proposé.

Dans ce dessein, Abou-Hassan se fit en peu de jours une société de gens à peu près de son âge et de sa condition, et il ne songea plus qu'à leur faire passer le temps très agréablement. Pour cet effet, il ne se contenta pas de les bien régaler les jours et les nuits, et de leur faire des festins splendides, où les mets les plus délicats et les vins les plus exquis étaient servis en abondance, il y joignit encore la musique, en y appelant les meilleures voix de l'un et de l'autre sexe. La jeune bande, de son côté, le verre à la main, mêlait quelquefois ses chansons à celle des musiciens, et tous ensemble ils semblaient s'accorder avec tous les instruments de musique dont ils étaient accompagnés. Ces fêtes étaient ordinairement terminées par des bals où les meilleurs danseurs et baladins de l'un et de l'autre sexe de la ville de Bagdad étaient appelés. Tous ces divertissements, renouvelés chaque jour par des plaisirs nouveaux, jetèrent Abou-Hassan dans des dépenses si prodigieuses, qu'il ne put continuer une si grande profusion au delà d'une année. La grosse somme qu'il avait consacrée à cette prodigalité et l'année finirent ensemble. Dès qu'il eut cessé de tenir table, ses amis disparurent : il ne les rencontrait pas même en quelque endroit qu'il allât. En effet, ils le fuyaient dès qu'ils l'apercevaient, et si par hasard il en joignait quelqu'un et qu'il voulût l'arrêter, il s'excusait sur différents prétextes.

Abou-Hassan fut plus sensible à la conduite étrange de ses amis, qui l'abandonnaient avec tant d'indignité et d'ingratitude après toutes les démonstrations et les protestations d'amitié qu'ils lui avaient faites, et d'avoir pour lui un attachement inviolable, qu'à tout l'argent qu'il avait dépensé avec eux si mal à propos. Triste, rêveur, la tête baissée, et avec un visage sur lequel un morne chagrin était dépeint, il entra dans l'appartement de sa mère, et il s'assit sur le bout du sofa, assez éloigné d'elle.

« — Qu'avez-vous donc, mon fils ? lui demanda sa mère en le voyant en cet état. Pourquoi êtes-vous si changé, si abattu et si différent de vous-même ? Quand vous auriez perdu tout ce que vous avez au monde, vous ne sauriez pas faire autrement. Je sais la dépense effroyable que vous avez faite, et depuis que vous vous y êtes abandonné, je veux croire qu'il ne vous reste pas grand argent Vous étiez maître de votre bien, et si je ne me suis point opposée à votre conduite déréglée, c'est que je savais la sage précaution que vous aviez prise de conserver la moitié de votre bien. Après cela, je ne vois pas ce qui peut vous avoir plongé dans cette profonde mélancolie. »

Abou-Hassan fondit en larmes à ces paroles, et au milieu de ses pleurs et de ses soupirs : « — Ma mère, s'écria-t-il, je connais enfin, par une expérience bien douloureuse, combien la pauvreté est insupportable. Oui, je sens vivement que, comme le coucher du soleil nous prive de la splendeur de cet astre, de même la pauvreté nous ôte toutes sortes de joie. C'est elle qui nous fait oublier entièrement toutes les louanges qu'on nous donnait et tout le bien que l'on disait de nous avant d'y être tombés : elle nous réduit à ne marcher qu'en prenant des mesures pour ne pas être remarqués, et à passer les nuits en versant des larmes de sang. En un mot, celui qui est pauvre n'est plus regardé, même par ses parents et par ses amis, que comme un étranger. Vous savez, ma mère, poursuivit-il, de quelle manière j'en ai usé avec mes amis depuis un an : je leur ai fait toute la bonne chère que j'ai pu imaginer, jusqu'à m'épuiser; et aujourd'hui que je n'ai plus de quoi la continuer, je m'aperçois qu'ils m'ont tous abandonné. Quand je dis que je n'ai plus de quoi continuer à leur faire bonne chère, j'entends parler de l'argent que j'avais mis à part pour l'employer à l'usage que j'en ai fait. Pour ce qui est de mon revenu, je rends grâces à Dieu de m'avoir inspiré de le réserver, sous la condition et le serment que j'ai fait de n'y pas toucher pour le dissiper si follement. Je l'observai, ce serment, et je sais le bon usage que je ferai de ce qui me reste si heureusement. Mais, auparavant, je veux éprouver jusqu'à quel point mes amis, s'ils méritent d'être appelés de ce nom, pousseront leur ingratitude. Je veux les voir tous l'un après l'autre; et quand je leur aurai représenté les efforts que j'ai faits pour l'amour d'eux, je les solliciterai de me faire entre eux une somme qui serve, en quelque façon, à me relever de l'état malheureux où je me suis réduis pour leur faire plaisir. Mais je ne veux faire ses démarches, comme je vous ai déjà dit, que pour voir si je trouverais en eux quelque sentiment de reconnaissance.

« — Mon fils, reprit la mère d'Abou-Hassan, je ne prétends pas vous dissuader d'exécuter votre dessein; mais je ne puis vous dire par avance que votre espérance est mal fondée. Croyez-moi, quoi que vous puissiez faire, il est inutile que vous en veniez à cette épreuve : vous ne trouverez de secours qu'en ce que vous vous êtes réservé par-devers vous. Je vois bien que vous ne connaissez pas encore ces amis, qu'on appelle vulgairement de ce nom parmi les gens de votre sorte; mais vous allez les connaître. Dieu veuille que ce soit de la manière que je souhaite, c'est-à-dire pour votre bien ! — Ma mère, repartit Abou-Hassan, je suis bien persuadé de la vérité de ce que vous me dites; je serai plus certain d'un fait qui me regarde de si près quand je me serai éclairci par moi-même de leur lâcheté et de leur insensibilité. »

Abou-Hassan partit à l'heure même, et il prit si bien son temps, qu'il trouva tous ses amis chez eux. Il leur représenta le grand besoin où il était, et il les pria de lui ouvrir leur bourse pour le secourir efficacement. Il promit même de s'engager, envers chacun d'eux en particulier, de leur rendre les sommes qu'ils lui auraient prêtées dès que ses affaires seraient rétablies, sans néanmoins leur faire connaître que c'était en grande partie à leur considération qu'il s'était si fort incommodé, afin de les piquer davantage de générosité. Il n'oublia pas non plus de les leurrer aussi de l'espérance de recommencer un jour avec eux la bonne chère qu'il leur avait déjà faite.

Aucun de ses amis de bouteille ne fut touché des vives couleurs dont l'affligé Abou-Hassan se servit pour tâcher de les persuader. Il eut même la mortification de voir que plusieurs d'entre eux lui dirent nettement qu'ils ne se souvenaient pas même de l'avoir vu. Il revint chez lui le cœur pénétré de douleur et d'indignation. « — Ah! ma mère, s'écria-t-il en rentrant dans son appartement, vous me l'aviez bien dit, au lieu d'amis, je n'ai trouvé que des perfides, des ingrats et des méchants, indignes de mon amitié. C'en est fait, je renonce à la leur, et je promets de ne les revoir jamais! »

Abou-Hassan demeura ferme dans sa résolution de tenir sa parole. Pour cet effet, il prit les précautions les plus convenables pour en éviter les occasions, et afin de ne plus tomber dans le même inconvénient, il promit avec serment de ne donner à manger de sa vie à aucun homme de Bagdad. Ensuite il tira le coffre-fort où était l'argent de son revenu du lieu où il l'avait mis en réserve, et il le mit à la place de celui qu'il venait de vider. Il résolut de n'en tirer, pour la dépense de chaque jour, qu'une somme réglée et suffisante pour régaler honnêtement une seule personne avec lui à souper. Il fit encore serment que cette personne ne serait pas de Bagdad, mais un étranger qui y serait arrivé le même jour, et qu'il le renverrait le lendemain matin, après lui avoir donné le couvert une nuit seulement.

Selon ce projet, Abou-Hassan avait soin lui-même, chaque matin, de faire la provision nécessaire pour ce régal, et vers la fin du jour il allait s'asseoir au bout du pont de Bagdad; et dès qu'il voyait un étranger, de quelque état ou condition qu'il fût, il l'abordait civilement, et l'invitait de même à lui faire l'honneur de venir souper et loger chez lui pour la première nuit de son arrivée; et après l'avoir informé de la loi qu'il s'était faite et de la condition qu'il avait mise à son honnêteté, il l'emmenait en son logis.

Le repas dont Abou-Hassan régalait son hôte n'était pas somptueux, mais il y avait suffisamment de quoi se contenter. Le bon vin surtout n'y manquait pas. On faisait durer le repas jusque bien avant dans la nuit, et au lieu d'entretenir son hôte d'affaires d'État, de famille ou de négoce, comme il arrive fort souvent, il affectait au contraire de ne parler que de choses indifférentes, agréables et réjouissantes. Il était naturellement plaisant, de belle humeur et fort divertissant, et, sur quelque sujet que ce fût, il savait donner à son discours un tour capable d'inspirer la joie aux plus mélancoliques.

En renvoyant son hôte le lendemain matin : « — En quelque lieu que vous puissiez aller, lui disait Abou-Hassan, Dieu vous préserve de tout sujet de chagrin ! Quand je vous invitai hier à venir prendre un repas chez moi, je vous informai de la loi que je me suis imposée ; ainsi ne trouvez pas mauvais si je vous dis que nous ne boirons plus ensemble, et même que nous ne nous verrons plus chez moi ni ailleurs : j'ai mes raisons pour en user ainsi. Dieu vous conduise ! »

Abou-Hassan était exact dans l'observation de cette règle : il ne regardait plus les étrangers qu'il avait une fois reçus chez lui, et il ne leur parlait plus. Quand il les rencontrait dans les rues, dans les places ou dans les assemblées publiques, il faisait semblant de ne pas les voir, il se détournait même pour éviter qu'ils ne vinssent l'aborder, enfin il n'avait plus aucun commerce avec eux. Il y avait du temps qu'il se gouvernait de la sorte, lorsqu'un peu avant le coucher du soleil, comme il était assis, à son ordinaire, au bout du pont, le calife Haroun Alraschid vint à paraître, mais déguisé, de manière qu'il ne pouvait pas le reconnaître.

Quoique ce monarque eût des ministres et des officiers, chefs de justice d'une grande exactitude à bien s'acquitter de leur devoir, il voulait néanmoins prendre connaissance de toutes choses par lui-même. Dans ce dessein, comme nous l'avons déjà vu, il allait souvent, déguisé en différentes manières, par la ville de Bagdad. Il ne négligeait pas même les dehors, et, à cet égard, il s'était fait une coutume d'aller chaque premier jour du mois sur les grands chemins par où on y abordait, tantôt d'un côté, tantôt d'un autre. Ce jour-là, premier du mois, il parut déguisé en marchand de Moussoul qui venait de se débarquer de l'autre côté du pont, et suivi d'un esclave grand et puissant.

Comme le calife avait dans son déguisement un air grave et respectable, Abou-Hassan, qui le croyait marchand de Moussoul, se leva de l'endroit où il était assis, et, après l'avoir salué d'un air gracieux et lui avoir baisé la main : « — Seigneur, lui dit-il, je vous félicite de votre heureuse arrivée; je vous supplie de me faire l'honneur de venir souper avec moi, et de passer cette nuit

en ma maison pour tâcher de vous remettre de la fatigue de votre voyage. » — Et afin de l'obliger davantage à ne lui pas refuser la grâce qu'il lui demandait, il lui expliqua en peu de mots la coutume qu'il s'était faite de recevoir chez lui, chaque jour, autant qu'il lui serait possible, et pour une nuit seulement, le premier étranger qui se présenterait à lui.

Le calife trouva quelque chose de si singulier dans la bizarrerie du goût d'Abou-Hassan, que l'envie lui prit de le connaître à fond. Sans sortir du caractère de marchand, il lui marqua qu'il ne pouvait mieux répondre à une si grande honnêteté, à laquelle il ne s'était pas attendu à son arrivée à Bagdad, qu'en acceptant l'offre obligeante qu'il venait de lui faire; qu'il n'avait qu'à lui montrer le chemin, et qu'il était tout prêt à le suivre.

Abou-Hassan, qui ne savait pas que l'hôte que le hasard venait de lui présenter était infiniment au-dessus de lui, en agit avec le calife comme avec son égal, il le mena à sa maison, et le fit entrer dans une chambre meublée fort proprement, où il lui fit prendre place sur le sofa, à l'endroit le plus honorable. Le souper était prêt et le couvert était mis. La mère d'Abou-Hassan, qui entendait fort bien la cuisine, servit trois plats : l'un au milieu, garni d'un bon chapon, cantonné de quatre gros poulets, et les deux autres à côté, qui servaient d'entrées, l'un d'une oie grasse, et l'autre de pigeonneaux en ragoût. Il n'y avait rien de plus, mais ces viandes étaient bien choisies et d'un goût délicieux.

Abou-Hassan se mit à table vis-à-vis de son hôte, et le calife et lui commencèrent à manger de bon appétit, en prenant chacun ce qui était de son goût, sans parler et même sans boire, selon la coutume du pays. Quand ils eurent achevé de manger, l'esclave du calife leur donna à laver, et cependant la mère d'Abou-Hassan desservit et apporta le dessert, qui consistait en diverses sortes de fruits de la saison, comme raisins, pêches, pommes, poires, et plusieurs sortes de pâtes d'amandes sèches. Sur la fin du jour on alluma les bougies ; après quoi Abou-Hassan fit mettre les bouteilles et les tasses près de lui, et prit soin que sa mère fît souper l'esclave du calife.

Quand le feint marchand de Moussoul, c'est-à-dire le calife, et Abou-Hassan se furent remis à table, Abou-Hassan, avant de toucher aux fruits, prit une tasse, se versa à boire le premier, et en la tenant à la main : « — Seigneur, dit-il au calife, qui était, selon lui, un marchand de Moussoul, vous savez comme moi que le coq ne boit jamais qu'il n'appelle les poules pour venir boire avec lui : je vous invite donc à suivre mon exemple. Je ne sais ce que vous en pensez ; pour moi, il me semble qu'un homme qui hait le vin et qui veut faire le sage ne l'est pas. Laissons là ces sortes de gens avec leur humeur sombre et chagrine, et cherchons la joie ; elle est dans la tasse, et la tasse la communique à ceux qui la vident. »

Pendant que Abou-Hassan buvait : « — Cela me plaît, dit le calife en se saisissant de la tasse qui lui était destinée, et voilà ce qu'on appelle un brave homme. Je vous aime de cette humeur et avec cette gaieté ; j'attends que vous m'en versiez autant. »

Abou-Hassan n'eut pas plutôt bu, qu'en remplissant la tasse que le calife lui présentait : « — Goûtez, seigneur, dit-il, vous le trouverez bon. »

— J'en suis bien persuadé, reprit le calife d'un air riant ; il n'est pas possible qu'un homme comme vous ne sache faire le choix des meilleures choses. »

Pendant que le calife buvait : « — Il ne faut que vous regarder, reprit Abou-Hassan, pour s'apercevoir du premier coup d'œil que vous êtes de ces gens qui ont vu le monde et qui savent vivre. Si ma maison, ajouta-t-il en vers arabes, était capable de sentiment et qu'elle fût sensible au sujet de joie qu'elle a de vous posséder, elle le marquerait hautement, et, en se prosternant devant vous, elle s'écrierait : — Ah! quel plaisir, quel bonheur de me voir « honorée de la présence d'une personne si honnête et si complai- « sante qu'elle ne dédaigne pas de prendre le couvert chez moi! » Enfin, seigneur, je suis au comble de la joie d'avoir fait aujourd'hui la rencontre d'un homme de votre mérite. »

Ces saillies d'Abou-Hassan divertissaient fort le calife, qui avait naturellement l'esprit très enjoué, et qui se faisait un plaisir de l'exciter à boire en demandant souvent lui-même du vin, afin de le mieux connaître dans son entretien par le gaieté que le vin lui inspirerait. Pour entrer en conversation, il lui demanda comment il s'appelait, à quoi il s'occupait, et de quelle manière il passait la vie. « — Seigneur, répondit-il, mon nom est Abou-Hassan. J'ai perdu mon père, qui était marchand, non pas à la vérité des plus riches, mais au moins de ceux qui vivaient le plus commodément à Bagdad. En mourant, il me laissa une succession plus que suffisante pour vivre sans ambition selon mon état. Comme sa conduite à mon égard avait été fort sévère, et que jusqu'à sa mort j'avais passé la meilleure partie de ma jeunesse dans une grande contrainte, je voulus tâcher de réparer le bon temps que je croyais avoir perdu.

En cela, néanmoins, poursuivit Abou-Hassan, je me gouvernai d'une autre manière que ne font ordinairement tous les jeunes gens. Ils se livrent à la débauche sans considération, et ils s'y abandonnent jusqu'à ce que, réduits à la dernière pauvreté, ils fassent malgré eux une pénitence forcée pendant le reste de leurs jours. Afin de ne pas tomber dans ce malheur, je partageai tout mon bien en deux parts, l'une en fonds et l'autre en argent comptant. Je destinai l'argent comptant pour les dépenses que je méditais, et je pris une ferme résolution de ne point toucher à mes revenus. Je fis une société des gens de ma connaissance et à peu près de mon âge, et sur l'argent comptant que je dépensais à pleines mains, je les régalais splendidement chaque jour, de manière que rien ne manquait à nos divertissements. Mais la durée n'en fut pas longue. Je ne trouvai plus rien au fond de ma cassette à la fin de l'année, et en même temps tous mes amis de table disparurent. Je les vis l'un après l'autre, je leur représentai l'état malheureux où je me trouvais, mais aucun ne m'offrit de me soulager. Je renonçai donc à leur amitié, et en me réduisant à ne plus dépenser que mon revenu, je me retranchai à n'avoir plus de société qu'avec le premier étranger que je rencontrerais chaque jour à son arrivée à Bagdad, avec cette condition de ne le régaler que ce seul jour-là. Je vous ai informé du reste, et je remercie ma bonne fortune de m'avoir présenté aujourd'hui un étranger de votre mérite. »

Le calife, fort satisfait de cet éclaircissement, dit à Abou-Hassan : « — Je ne puis assez vous louer du bon parti que vous avez pris d'avoir agi avec tant de prudence, et de vous être conduit d'une manière qui n'est pas ordinaire à la jeunesse. Je vous estime encore d'avoir été fidèle à vous-même au point que vous l'avez été. Le pas était bien glissant, et je ne puis assez admirer comment, après avoir vu la fin de votre argent comptant, vous avez eu assez de modération pour ne pas dissiper votre revenu et même votre fonds. Pour vous dire ce que j'en pense, je tiens que vous êtes le seul débauché à qui pareille chose est arrivée et à qui elle arrivera peut-être jamais. Enfin, je vous avoue que j'envie votre bonheur. Vous êtes le plus heureux mortel qu'il y ait sur la terre, d'avoir chaque jour la compagnie d'un honnête homme avec qui vous pouvez vous entretenir si agréablement, et à qui vous donniez lieu de publier partout la bonne réception que vous lui faites. Mais ni vous, ni moi, nous ne nous apercevons pas que c'est parler trop longtemps sans boire; buvez, et versez-m'en ensuite. » — Le calife et Abou-Hassan continuèrent de boire longtemps en s'entretenant de choses très agréables.

La nuit était déjà fort avancée, et le calife, en feignant d'être fort fatigué du chemin qu'il avait fait, dit à Abou-Hassan qu'il avait besoin de repos. « Je ne veux pas aussi, de mon côté, ajouta-t-il, que vous perdiez rien du vôtre pour l'amour de moi. Avant que nous nous séparions (car peut-être serai-je sorti demain de chez vous avant que vous soyez éveillé), je suis bien aise de vous marquer combien je suis sensible à votre honnêteté, à votre bonne chère, et à l'hospitalité que vous avez exercée envers moi si obligeamment. La seule chose qui me fait de la peine, c'est que je ne sais par quel endroit vous témoigner ma reconnaissance. Je vous supplie de me le faire connaître, et vous verrez que je ne suis pas un ingrat. Il ne se peut faire qu'un homme comme vous n'ait quelque affaire, quelque besoin et ne souhaite enfin quelque chose qui lui ferait plaisir. Ouvrez votre cœur et parlez-moi franchement. Tout marchand que je suis, je ne laisse pas d'être en état d'obliger par moi-même ou par l'entremise de mes amis. »

À ces offres du calife, que Abou-Hassan ne prenait toujours que pour un marchand : « — Mon bon seigneur, reprit Abou-Hassan, je suis très persuadé que ce n'est point par compliment que vous me faites des avances si généreuses ; mais, foi d'honnête homme, je puis vous assurer que je n'ai ni chagrin, ni affaires, ni désirs, et que je ne demande rien à personne. Je n'ai pas la moindre ambition, comme je vous l'ai déjà dit, et je suis très content de mon sort. Ainsi je n'ai qu'à vous remercier, non seulement de vos offres si obligeantes, mais même de la complaisance que vous avez eue de me faire un si grand bonheur que celui de venir prendre un méchant repas chez moi.

« — Je vous dirai néanmoins, poursuivit Abou-Hassan, qu'une seule chose me fait de la peine, sans pourtant qu'elle aille jusqu'à troubler mes repos. Vous saurez que la ville de Bagdad est divisée par quartiers, et que dans chaque quartier il y a une mosquée, avec un iman pour faire la prière aux heures ordinaires, à la tête du quartier qui s'y assemble. L'iman est un grand vieillard d'un visage austère, et parfait hypocrite s'il y en eut jamais au monde. Pour conseil, il s'est associé quatre autres barbons, mes voisins, gens à peu près de sa sorte, qui s'assemblent chez lui régulièrement chaque jour ; et dans leur conciliabule, il n'y a médisance, calomnie et malice qu'ils ne mettent en usage contre moi et contre tout le quartier pour en troubler la responsabilité et y faire régner la dissension. Ils se rendent redoutables aux uns, ils menacent les autres. Ils veulent enfin se rendre les maîtres, et que chacun se gouverne selon leur caprice, eux qui ne savent pas se gouverner eux-mêmes. Pour dire la vérité, je souffre de voir qu'ils se mêlent de toute autre chose que de leur Alcoran, et qu'ils ne laissent pas vivre le monde en paix.

« — Eh bien ! reprit le calife, vous voudriez apparemment trouver un moyen pour arrêter le cours de ce désordre ? — Vous l'avez dit, repartit Abou-Hassan, et la seule chose que je demanderais à Dieu pour cela, ce serait d'être calife à la place du commandeur des croyants Haroun Alraschid, notre souverain seigneur et maître, seulement pour un jour. — Que feriez-vous si cela arrivait? demanda le calife. — Je ferais une chose d'un grand exemple, répondit Abou-Hassan, et qui donnerait de la satisfaction à tous les honnêtes gens. Je ferais donner cent coups de bâton sur la plante des pieds à chacun des vieillards, et quatre cents à l'iman, pour leur apprendre qu'il ne leur appartient pas de troubler et de chagriner ainsi leurs voisins. »

Le calife trouva la pensée d'Abou-Hassan fort plaisante; et comme il était né pour les aventures extraordinaires, elle lui fit naître l'envie de s'en faire un divertissement tout singulier. « — Votre souhait me plait d'autant plus, dit le calife, que je vois qu'il part d'un cœur droit, et d'un homme qui ne peut souffrir que la malice des méchants demeure impunie. J'aurais un grand plaisir d'en voir l'effet, et peut-être n'est-il pas aussi impossible que

cela arrive que vous pourriez vous l'imaginer. Je suis persuadé que le calife se dépouillerait volontiers de sa puissance, pour vingt-quatre heures, entre vos mains, s'il était informé de votre bonne intention et du bon usage que vous en feriez. Quoique marchand étranger, je ne laisse pas néanmoins d'avoir du crédit pour y contribuer pour quelque chose.

« — Je vois, répartit Abou-Hassan, que vous vous moquez de ma folle imagination, et le calife s'en moquerait aussi s'il avait connaissance d'une telle extravagance. Ce que cela pourrait peut-être produire, c'est qu'il se ferait informer de la conduite de l'iman et de ses conseillers, et qu'il les ferait châtier.

« — Je ne me moque pas de vous, répliqua le calife : Dieu me garde d'avoir une pensée si déraisonnable pour une personne comme vous, qui m'avez si bien régalé, tout inconnu que je vous suis ! et je vous assure que le calife ne s'en moquerait pas non plus. Mais laissons là ce discours ; il n'est pas loin de minuit, et il est temps de nous coucher.

« — Brisons donc là notre entretien, dit Abou-Hassan ; je ne veux pas apporter d'obstacle à votre repos. Mais comme il reste encore du vin dans la bouteille, il faut, s'il vous plaît, que nous la vidions ; après cela nous nous coucherons. La seule chose que je vous recommande, c'est qu'en sortant demain matin, au cas que je ne sois pas éveillé, vous ne laissiez par la porte ouverte, mais que vous preniez la peine de la fermer, » — Ce que le calife lui promit d'exécuter fidèlement.

Pendant qu'Abou-Hassan parlait, le calife s'était saisi de la bouteille et des deux tasses. Il se versa du vin le premier, en faisant connaître à Abou-Hassan que c'était pour le remercier. Quand il eut bu, il jeta adroitement dans la tasse d'Abou-Hassan une pincée d'une poudre qu'il avait sur lui, et versa par-dessus le reste de la bouteille. En la présentant à Abou-Hassan : « — Vous avez, dit-il, pris la peine de me verser à boire toute la soirée, c'est bien la moindre chose que je doive faire que de vous en épargner la peine pour la dernière fois ; je vous prie de prendre cette tasse de ma main et de boire ce coup pour l'amour de moi. »

Abou-Hassan prit la tasse, et, pour marquer davantage à son hôte avec combien de plaisir il recevait l'honneur qu'il lui faisait, il but, et il la vida presque tout d'un trait. Mais à peine eut-il mis la tasse sur la table que la poudre fit son effet. Il fut saisi d'un assoupissement si profond, et la tête lui tomba presque sur les genoux d'une manière si subite, que le calife ne put s'empêcher d'en rire. L'esclave par qui il s'était fait suivre était revenu dès qu'il avait eu soupé, et il y avait quelque temps qu'il était là, tout prêt à recevoir ses commandements. « — Charge cet homme sur tes épaules, lui dit le calife ; mais prends garde de bien remarquer l'endroit où est cette maison, afin que tu le rapportes quand je te le commanderai. »

Le calife, suivi de l'esclave qui était chargé d'Abou-Hassan, sortit de la maison, mais sans fermer la porte, comme Abou-Hassan l'en avait prié, et il le fit exprès. Dès qu'il fut arrivé à son palais, il rentra par une porte secrète, et il se fit suivre par l'esclave jusqu'à son appartement, où tous les officiers de sa chambre l'attendaient. « — Déshabillez cet homme, leur dit-il, et couchez-le dans mon lit ; je vous dirai ensuite mes intentions. »

Les officiers déshabillèrent Abou-Hassan, le revêtirent de l'habillement de nuit du calife, et le couchèrent, selon son ordre. Personne n'était encore couché dans le palais ; le calife fit venir tous ses autres officiers et toutes les dames, et quand ils furent tous en sa présence : « — Je veux, leur dit-il, que tous ceux qui ont coutume de se trouver à mon lever ne manquent pas de se rendre demain matin auprès de cet homme que voilà couché dans mon lit, et que chacun fasse auprès de lui, lorsqu'il s'éveillera, les mêmes fonctions qui s'observent ordinairement auprès de moi. Je veux aussi qu'on ait pour lui les mêmes égards que pour ma propre personne, et qu'il soit obéi en tout ce qu'il commandera. On ne lui refusera rien de tout ce qu'il pourra demander, et on ne le contredira en quoi que ce soit de ce qu'il pourra dire ou souhaiter. Dans toutes les occasions où il s'agira de lui parler ou de lui répondre, on ne manquera pas de le traiter de commandeur des croyants. En un mot, je demande qu'on ne songe non plus à ma personne tout le temps qu'on sera près de lui, que s'il était véritablement ce que je suis, c'est-à-dire le calife et le commandeur des croyants. Sur toutes choses, qu'on prenne bien garde de se méprendre en la moindre circonstance. »

Les officiers et les dames, qui comprirent d'abord que le calife voulait se divertir, ne répondirent que par une profonde inclination, et dès lors chacun de son côté se prépara à contribuer de tout son pouvoir, en tout ce qui serait de sa fonction, à se bien acquitter de son personnage.

En rentrant dans son palais, le calife avait envoyé appeler le grand vizir Giafar par le premier officier qu'il avait rencontré, et ce premier ministre venait d'arriver. Le calife lui dit : « — Giafar, je t'ai fait venir pour t'avertir de ne pas t'étonner quand tu verras demain, en entrant à mon audience, l'homme que voilà couché dans mon lit, assis sur mon trône avec mes habits de cérémonie. Aborde-le avec les mêmes égards et le même respect que tu as coutume de me rendre, en le traitant aussi de commandeur des croyants. Écoute et exécute ponctuellement tout ce qu'il te commandera, comme si je te le commandais. Il ne manquera pas de faire des libéralités et de te charger de la distribution : fais tout ce qu'il te commandera là-dessus, quand même il s'agirait d'épuiser tous les coffres de mes finances. Souviens-toi d'avertir aussi mes émirs, mes huissiers et tous les autres officiers du dehors de mon palais de lui rendre demain, à l'audience publique, les mêmes honneurs qu'à ma personne, et de dissimuler si bien, qu'il ne s'aperçoive pas de la moindre chose qui puisse troubler le divertissement que je veux me donner. Va, retire-toi, je n'ai rien à t'ordonner davantage, et donne-moi la satisfaction que je te demande. »

Après que le grand vizir se fut retiré, le calife passa à un autre appartement, et, en se couchant, il donna à Mesrour, chef des eunuques, les ordres qu'il devait exécuter de son côté, afin que tout réussît de la manière qu'il l'entendait pour remplir le souhait d'Abou-Hassan et de voir comment il userait de la puissance et de l'autorité du calife dans le peu de temps qu'il l'avait désiré. Sur toute chose, il lui enjoignit de ne pas manquer de venir l'éveiller à l'heure accoutumée et avant qu'on éveillât Abou-Hassan, parce qu'il voulait y être présent.

Mesrour ne manqua pas d'éveiller le calife dans le temps qu'il lui avait commandé. Dès que le calife fut entré dans la chambre où Abou-Hassan dormait, il se plaça dans un petit cabinet élevé, d'où il pouvait voir par une jalousie tout ce qui s'y passait sans être vu. Tous les officiers et toutes les dames qui devaient se trouver au lever d'Abou-Hassan entrèrent en même temps, et se postèrent chacun à sa place accoutumée, selon son rang, et dans un grand silence, comme si c'eût été le calife qui eût dû se lever, et prêts à s'acquitter de la fonction à laquelle ils étaient destinés.

Comme la pointe du jour avait déjà commencé de paraître, et qu'il était temps de se lever pour faire la prière d'avant le lever du soleil, l'officier qui était le plus près du chevet du lit approcha du nez d'Abou-Hassan une petite éponge trempée dans du vinaigre.

Abou-Hassan éternua aussitôt en tournant la tête sans ouvrir les yeux, et avec un petit effort il jeta comme de la pituite, qu'on fut prompt à recevoir dans un petit bassin d'or, pour empêcher qu'elle ne tombât sur le tapis de pied et ne le gâtât. C'est l'effet ordinaire de la poudre que le calife lui avait fait prendre, quand, à proportion de la dose, elle cesse, en plus ou moins de temps, de causer l'assoupissement pour lequel on la donne.

En remettant la tête sur le chevet, Abou-Hassan ouvrit les yeux, et, autant que le peu de jour qu'il faisait le lui permettait, il se vit au milieu d'une grande chambre magnifique et superbement meublée, avec un plafond à plusieurs enfoncements de diverses figures peintes à l'arabesque, ornée de grands vases d'or massif, de portières et d'un tapis de pied or et soie, et environné de jeunes

dames dont plusieurs avaient différentes sortes d'instruments de musique, prêtes à en toucher ; d'eunuques noirs, tous richement habillés, et debout dans une grande modestie. En jetant les yeux sur la couverture du lit, il vit qu'elle était de brocart d'or à fond rouge, rehaussée de perles et de diamants, et près du lit un habit de même étoffe et de même parure, et à côté de lui, sur un coussin, un bonnet de calife.

A ces objets si éclatants, Abou-Hassan fut dans un étonnement et dans une confusion inexprimables. Il les regardait tous comme dans un songe, songe si véritable à son égard, qu'il désirait que ce n'en fût pas un. « — Bon, disait-il en lui-même, me voilà calife ; mais, ajoutait-il un peu après en se reprenant, il ne faut pas que je me trompe : c'est un songe, effet du souhait dont je m'entretenais tantôt avec mon hôte ; » — et il refermait les yeux comme pour dormir.

En même temps un eunuque s'approcha : « — Commandeur des croyants, lui dit-il respectueusement, que Votre Majesté ne se rendorme pas : il est temps qu'elle se lève pour faire la prière : l'aurore commence à paraître. »

A ces paroles, qui furent d'une grande surprise pour Abou-Hassan : « — Suis-je éveillé, ou si je dors ? disait-il encore en lui-même. Mais je dors, continuait-il en tenant toujours les yeux fermés, je ne dois pas en douter. »

Un moment après : « — Commandeur des croyants, reprit l'eunuque, qui vit qu'il ne répondait rien et ne donnait aucune marque de vouloir se lever. Votre Majesté aura pour agréable que je lui répète qu'il est temps qu'elle se lève, à moins qu'elle ne veuille laisser passer le moment de faire sa prière du matin : le soleil va se lever, et elle n'a pas coutume d'y manquer.

« — Je me trompais, dit aussitôt Abou-Hassan, je ne dors pas, je suis éveillé. Ceux qui dorment n'entendent pas, et j'entends qu'on me parle. » — Il ouvrit encore les yeux, et, comme il était grand jour, il vit distinctement tout ce qu'il n'avait aperçu que confusément. Il se leva sur son séant avec un air riant, comme un homme plein de joie de se voir dans un état si fort au-dessus de sa condition ; et le calife, qui l'observait sans être vu, pénétra dans sa pensée avec un grand plaisir.

Alors les jeunes dames du palais se prosternèrent la face contre terre devant Abou-Hassan, et celles qui tenaient des instruments de musique lui donnèrent le bonjour par un concert de flûtes douces, de hautbois, de téorbes et d'autres instruments harmoniques, dont il fut enchanté et ravi en extase, de manière qu'il ne savait où il était, et qu'il ne se possédait pas lui-même. Il revint néanmoins à sa première idée, et il doutait encore si tout ce qu'il voyait et entendait était un songe ou une réalité. Il se mit les mains devant les yeux, et en baissant la tête : « — Que veut dire tout ceci ? disait-il en lui-même. Où suis-je ? Que m'est-il arrivé ? Qu'est-ce que ce palais ? Que signifient ces eunuques, ces officiers si bien faits et si bien mis, ces dames si belles et ces musiciennes qui m'enchantent ? Est-il possible que je ne puisse distinguer si je rêve ou si je suis dans mon bon sens? » — Il ôta enfin les mains de devant ses yeux, les ouvrit, et, en levant la tête, il vit que le soleil jetait déjà ses premiers rayons au travers des fenêtres de la chambre où il était.

Dans ce moment, Mesrour, chef des eunuques, entra, se prosterna profondément devant Abou-Hassan, et lui dit en se relevant : « — Commandeur des croyants, Votre Majesté me permettra de lui représenter qu'elle n'a pas coutume de se lever si tard et qu'elle a laissé passer le temps de faire sa prière. A moins qu'elle n'ait passé une mauvaise nuit et qu'elle ne soit indisposée, elle n'a plus que celui d'aller monter sur son trône pour tenir son conseil et se faire voir à l'ordinaire. Les généraux de ses armées, les gouverneurs de ses provinces et les autres grands officiers de sa cour n'attendent que le moment que la porte de la salle du conseil leur soit ouverte. »

Au discours de Mesrour, Abou-Hassan fut comme persuadé qu'il ne dormait pas, et que l'état où il se trouvait n'était pas un songe. Il ne se trouva pas moins embarrassé que confus dans l'incertitude du parti qu'il prendrait. Enfin, il regarda Mesrour entre les deux yeux, et d'un ton sérieux : « — A qui donc parlez-vous, lui demanda-t-il, et quel est celui que vous appelez commandeur des croyants, vous que je ne connais pas? Il faut que vous me preniez pour un autre? »

Tout autre que Mesrour se fût peut-être déconcerté à la demande d'Abou-Hassan; mais, instruit par le calife, il joua merveilleusement bien son personnage. « — Mon respectable seigneur et maître, s'écria-t-il, Votre Majesté me parle aujourd'hui apparemment pour m'éprouver. Votre Majesté n'est-elle pas le commandeur des croyants, le monarque du monde, de l'orient à l'occident, et le vicaire, sur la terre, du prophète envoyé de Dieu, maître de ce monde terrestre et du céleste? Mesrour, votre chétif esclave, ne l'a pas oublié depuis tant d'années qu'il a l'honneur et le bonheur de rendre ses respects et ses services à Votre Majesté. Il s'estimerait le plus malheureux de tous les hommes s'il avait encouru votre disgrâce; il vous supplie donc très humblement d'avoir la bonté de le rassurer : il aime mieux croire qu'un songe fâcheux a troublé votre repos cette nuit. »

Abou-Hassan fit un grand éclat de rire à ces paroles de Mesrour, qu'il se laissa aller à la renverse sur le chevet du lit, avec une grande joie du calife, qui en eût ri de même s'il n'eût craint de mettre fin dès son commencement à la plaisante scène qu'il avait résolu de se donner.

Abou-Hassan, après avoir ri longtemps de cette posture, se remit sur son séant, et en s'adressant à un petit eunuque noir comme Mesrour : « — Écoute, lui dit-il, dis-moi qui je suis. — Seigneur, répondit le petit eunuque d'un air modeste, Votre Majesté est le commandeur des croyants, et le vicaire en terre du maître des deux mondes. — Tu es un petit menteur, face de couleur de poix ! » reprit Abou-Hassan.

Abou-Hassan appela ensuite une des dames qui était plus près de lui que les autres. « — Approchez-vous, la belle, dit-il en lui présentant la main ; tenez, mordez-moi le bout du petit doigt, que je sente si je dors ou si je veille. »

La dame, qui savait que le calife voyait tout ce qui se passait dans la chambre, fut ravie d'avoir occasion de faire voir de quoi elle était capable quand il s'agissait de le divertir. Elle s'approcha donc d'Abou-Hassan avec tout le sérieux possible, et en serrant légèrement entre ses dents le bout du doigt qu'il avait avancé, elle lui fit sentir un peu de douleur.

En retirant sa main promptement : « — Je ne dors pas, dit aussitôt Abou-Hassan, je ne dors pas, certainement. Par quel miracle suis-je donc devenu calife en une nuit? Voilà la chose du monde la plus merveilleuse et la plus surprenante! » — Et s'adressant ensuite à la même dame : « — Ne me cachez pas la vérité, dit-il, je vous en conjure par la protection de Dieu, en qui vous avez confiance, aussi bien que moi : Est-il bien vrai que je sois le commandeur des croyants? — Il est si vrai, répondit la dame, que Votre Majesté est le commandeur des croyants, que nous avons sujet, tous tant que nous sommes de vos esclaves, de nous étonner qu'elle veuille faire accroire qu'elle ne l'est pas. — Vous êtes une menteuse, reprit Abou-Hassan ; je sais bien ce que je suis. »

Comme le chef des eunuques s'aperçut qu'Abou-Hassan voulait se lever, il lui présenta sa main et l'aida à se mettre hors du lit. Dès qu'il fut sur ses pieds, toute la chambre retentit du salut que tous les officiers et toutes les dames lui firent en même temps par une acclamation en ces termes : « — Commandeur des croyants, que Dieu donne le bonjour à Votre Majesté!

« — Ah! ciel, quelle merveille! s'écria Abou-Hassan : j'étais hier au soir Abou-Hassan, et ce matin je suis le commandeur des croyants! Je ne comprends rien à un changement si prompt et si surprenant. » — Les officiers destinés à ce ministère l'habillèrent promptement; et quand ils eurent achevé, comme les autres officiers, les ennuques et les dames s'étaient rangés en deux files jusqu'à la porte par où il devait rentrer dans la chambre du conseil, Mesrour marcha devant, et Abou-Hassan le suivit. La portière fut tirée et la porte ouverte par un huissier. Mesrour entra dans la chambre du conseil et marcha encore devant lui jusqu'au pied du trône, où il s'arrêta pour l'aider à monter, en le prenant d'un côté par-dessous l'épaule, pendant qu'un autre officier qui suivait l'aidait de même à monter de l'autre.

Abou-Hassan s'assit aux acclamations des huisssiers, qui lui souhaitèrent toutes sortes de bonheurs et de prospérités; et en se tournant à droite et à gauche, il vit les officiers et les gardes rangés dans un bel ordre et en bonne contenance.

Le calife, cependant, qui était sorti du cabinet où il était caché au moment que Abou-Hassan était entré dans la chambre du conseil, passa à un autre cabinet qui avait vue aussi sur la même chambre, d'où il pouvait voir et entendre tout ce qui se passait au conseil quand son grand vizir y présidait à sa place et que quelque incommodité l'empêchait d'y être en personne. Ce qui lui plut d'abord fut de voir que Abou-Hassan le représentait sur son trône presque avec autant de grâce que lui-même.

Dès que Abou-Hassan eut pris place, le grand vizir Giafar, qui venait d'arriver, se prosterna devant lui au pied du trône, se releva, et s'adressant à sa personne : « — Commandeur des croyants, dit-il, que Dieu comble Votre Majesté de ses faveurs en cette vie, la reçoive en son paradis dans l'autre, et précipite ses ennemis dans les flammes de l'enfer ! »

Abou-Hassan, après tout ce qui lui était arrivé depuis qu'il était éveillé et ce qu'il venait d'entendre par la bouche du grand vizir, ne douta plus qu'il ne fût calife, comme il avait souhaité de l'être. Ainsi, sans examiner comment ou par quelle aventure un changement de fortune si peu attendu s'était fait, il prit sur-le-champ le parti d'en exercer le pouvoir. Aussi demanda-t-il au grand vizir, en le regardant avec gravité, s'il avait quelque chose à lui dire.

« — Commandeur des croyants, reprit le grand vizir, les émirs, les vizirs et les autres officiers qui ont séance au conseil de Votre Majesté sont à la porte, et ils n'attendent que le moment que Votre Majesté leur donne la permission d'entrer, et de venir lui rendre leurs respects accoutumés. » — Abou-Hassan dit aussitôt qu'on leur ouvrît ; et le grand vizir, en se retournant et en s'adressant au chef des huissiers, qui n'attendait que l'ordre : « — Chef des huissiers, dit-il, le commandeur des croyants commande que vous fassiez votre devoir. »

La porte fut ouverte, et en même temps les vizirs, les émirs et les principaux officiers de la cour, tous en habit de cérémonie magnifique, entrèrent dans un bel ordre, s'avancèrent jusqu'au pied du trône et rendirent leurs respects à Abou-Hassan, chacun à son rang, le genou en terre et le front contre le tapis de pied, comme à la personne du calife, et le saluèrent en lui donnant le titre de commandeur des croyants, selon l'instruction que le grand vizir leur avait donnée ; et ils prirent chacun leur place, à mesure qu'ils s'étaient acquittés de ce devoir.

Quand la cérémonie fut achevée, et qu'ils se furent tous placés, il se fit un grand silence.

Alors le grand vizir, toujours debout devant le trône, commença à faire son rapport de plusieurs affaires, selon l'ordre des papiers qu'il tenait à la main. Les affaires, à la vérité, étaient ordinaires et de peu de conséquence ; Abou-Hassan néanmoins ne laissa pas de se faire admirer, même par le calife. En effet, il ne demeura pas court, il ne parut pas même embarrassé sur aucune. Il prononça juste sur toutes, selon que le bon sens lui inspirait, soit qu'il s'agit d'accorder où de rejeter ce que l'on demandait.

Avant que le grand vizir eût achevé son rapport, Abou-Hassan aperçut le juge de police, qu'il connaissait de vue, assis en son rang : « — Attendez un moment, dit-il au grand vizir en l'interrompant, j'ai un ordre qui presse à donner au juge de police. »

Le juge de police, qui avait les yeux sur Abou-Hassan, et qui s'aperçut que Abou-Hassan le regardait particulièrement, s'entendant nommer, se leva aussitôt de sa place, et s'approcha gravement du trône, au pied duquel il se prosterna la face contre terre. « — Juge de police, lui dit Abou-Hassan après qu'il se fut relevé, allez sur l'heure et sans perdre de temps dans un tel quartier et dans une rue qu'il lui indiqua : Il y a dans cette rue une mosquée où vous trouverez l'iman et quatre vieillards à barbe blanche : saisissez-vous de leurs personnes et faites donner à chacun des quatre vieillards cent coups de nerf de bœuf, et quatre cents à l'iman. Après cela, vous les ferez monter tous cinq sur un chameau, vêtus de haillons et la face tournée vers la queue du chameau, en cet équipage, vous les ferez promener par tous les quartiers de la ville, précédés d'un crieur qui criera à haute voix : « Voilà le châtiment de ceux qui se mêlent des affaires qui ne les regardent pas, et qui se font une occupation de jeter le trouble dans les familles de leurs voisins et de leur causer tout le mal dont ils sont capables. » Mon intention est encore que vous leur enjoigniez de changer de quartier, avec défense de jamais remettre le pied dans celui d'où ils auront été chassés. Pendant que votre lieutenant leur fera faire la promenade que je viens de vous dire, vous reviendrez me rendre compte de l'exécution de mes ordres. »

Le juge de police mit la main sur sa tête pour marquer qu'il allait exécuter l'ordre qu'il venait de recevoir, sous peine de la perdre lui-même s'il y manquait. Il se prosterna une seconde fois devant le trône, et après s'être relevé il s'en alla.

Cet ordre, donné avec tant de fermeté, fit au calife un plaisir d'autant plus sensible qu'il connut par là que Abou-Hassan ne perdait pas le temps de profiter de l'occasion de châtier l'iman et les quatre vieillards de son quartier, puisque la première chose à quoi il avait pensé, en se voyant calife, avait été de les faire punir.

Le grand vizir, cependant, continua de faire son rapport, et il était près de finir lorsque le juge de police, de retour, se présenta pour rendre compte de sa commission. Il s'approcha du trône, et après la cérémonie ordinaire de se prosterner : « — Commandeur des croyants, dit-il à Abou-Hassan, j'ai trouvé l'iman et les quatre vieillards dans la mosquée que Votre Majesté m'a indiquée, et pour preuve que je me suis acquitté fidèlement de l'ordre que j'avais reçu de Votre Majesté, en voici le procès-verbal, signé de plusieurs témoins, des principaux du quartier. » — En même temps il tira un papier de son sein, et le présenta au calife prétendu.

Abou-Hassan prit le procès-verbal, le lut tout entier, même jusqu'aux noms des témoins, tous gens qui lui étaient connus, et quand il eut achevé : « — Cela est bien, dit-il au juge de police en souriant ; je suis content et vous m'avez fait plaisir : reprenez votre place. Des cagots, dit-il en lui-même d'un air de satisfaction, qui s'avisaient de gloser sur mes actions, et qui trouvaient mauvais que je reçusse et que je régalasse d'honnêtes gens chez moi, méritaient bien cette avanie et ce châtiment. » — Le calife, qui l'observait, pénétra dans sa pensée, et sentit en lui-même une joie inconcevable d'une si belle expédition.

Abou-Hassan s'adressa ensuite au grand vizir. « — Faites-vous donner par le grand trésorier, lui dit-il, une bourse de mille pièces de monnaie d'or, et allez au quartier où j'ai envoyé le juge de police, la porter à la mère d'un certain Abou-Hassan, surnommé le Débauché. C'est un homme connu dans le quartier sous ce nom : il n'y a personne qui ne vous enseigne sa maison. Partez et revenez promptement. »

Le grand vizir Giafar mit la main sur la tête pour marquer qu'il allait obéir, et après s'être prosterné devant le trône, il sortit et s'en alla chez le grand trésorier, qui lui délivra la bourse. Il la fit prendre par un des esclaves qui le suivaient, et s'en alla la porter à la mère d'Abou-Hassan. Il la trouva et il lui dit que le calife lui envoyait ce présent sans s'expliquer davantage. Elle le reçut avec d'autant plus de surprise qu'on ne pouvait imaginer ce qui pouvait avoir obligé le calife de lui faire une si grande libéralité, et qu'elle ignorait ce qui se passait au palais.

Pendant l'absence du grand vizir, le juge de police fit le rapport de plusieurs affaires qui regardaient sa fonction, et ce rapport dura jusqu'au retour du vizir. Dès qu'il fut rentré dans la chambre du conseil et qu'il eut assuré Abou-Hassan qu'il s'était acquitté de l'ordre qu'il lui avait donné, le chef des eunuques, c'est-à-dire

Mesrour, qui était rentré dans l'intérieur du palais après avoir accompagné Abou-Hassan jusqu'au trône, revint et marqua par un signe, aux vizirs, aux émirs et à tous les officiers, que le conseil était fini et que chacun pouvait se retirer; ce qu'ils firent après avoir pris congé, par une profonde révérence au pied du trône, dans le même ordre que quand ils étaient entrés. Il ne resta auprès d'Abou-Hassan que les officiers de la garde du calife et le grand vizir.

Abou-Hassan ne demeura pas plus longtemps sur le trône du calife; il en descendit de la même manière qu'il y était monté, c'est-à-dire aidé par Mesrour et par un autre officier des eunuques, qui le prirent par dessous les bras et qui l'accompagnèrent jusqu'à l'appartement d'où il était sorti. Il y entra précédé du grand vizir. Mais à peine y eut-il fait quelques pas qu'il témoigna avoir quelque besoin pressant. Aussitôt on lui ouvrit un cabinet fort propre, qui était pavé de marbre, au lieu que l'appartement où il se trouvait était couvert de riches tapis de pied ainsi que les autres appartements du palais. On lui présenta une chaussure de soie brodée d'or, qu'on avait coutume de mettre avant que d'y entrer. Il la prit, et comme il n'en savait pas l'usage, il la mit dans une de ses manches, qui était fort larges.

Comme il arrive fort souvent que l'on rit plutôt d'une bagatelle que de quelque chose de conséquence, peu s'en fallut que le grand vizir, Mesrour et tous les officiers du palais, qui étaient près de lui, ne fissent un éclat de rire, par l'envie qui leur en prit, et ne gâtassent toute la fête; mais ils se retinrent, et le grand vizir fut enfin obligé de lui expliquer qu'il devait la chausser pour entrer dans ce cabinet de commodité.

Pendant que Abou-Hassan était dans ce cabinet, le grand vizir alla trouver le calife, qui s'était déjà trouvé placé dans un autre endroit pour continuer d'observer Abou-Hassan sans être vu, et lui raconta ce qui venait d'arriver, et le calife s'en fit un nouveau plaisir.

Abou-Hassan sortit du cabinet, et Mesrour, en marchant devant lui pour lui montrer le chemin, le conduisit dans l'appartement intérieur, où le couvert était mis. La porte qui y donnait communication fut ouverte, et plusieurs eunuques coururent avertir les musiciennes que le faux calife approchait. Aussitôt elles commencèrent un concert de voix et d'instruments des plus mélodieux, avec tant de charmes pour Abou-Hassan qu'il se trouva transporté de joie et de plaisir, et ne savait absolument que penser de ce qu'il voyait et de ce qu'il entendait. » — Si c'est un songe, se disait-il à lui-même, le songe est de longue durée. Mais ce n'est pas un songe, continuait-il ; je me sens bien, je raisonne, je marche, j'entends. Quoiqu'il en soit, je me remets à Dieu sur ce qui en est. Je ne puis croire néanmoins que je ne sois pas le commandeur des croyants : il n'y a qu'un commandeur des croyants

qui puisse être dans la splendeur où je suis. Les honneurs et les respects que l'on m'a rendus et que l'on me rend, les ordres que j'ai donnés et qui ont été exécutés, en sont des preuves suffisantes. »

Enfin Abou-Hassan tint pour constant qu'il était le calife et le commandeur des croyants, et il en fut pleinement convaincu lorsqu'il se vit dans un salon très magnifique et des plus spacieux : l'or, mêlé avec les couleurs les plus vives, y brillait de toutes parts. Sept troupes de musiciennes, toutes plus belles les unes que les autres, entouraient ce salon, et sept lustres d'or à sept branches pendaient de divers endroits du plafond, où l'or et l'azur, ingénieusement mêlés, faisaient un effet merveilleux. Au milieu était une table couverte de sept grands plats d'or massif qui embaumaient le salon de l'odeur des épiceries et de l'ambre dont les viandes étaient assaisonnées. Sept jeunes dames debout, d'une beauté ravissante, vêtues d'habits de différentes couleurs, environnaient cette table. Elles avaient chacune à la main un éventail dont elles devaient se servir pour donner de l'air à Abou-Hassan pendant qu'il serait à table.

Si jamais mortel fut charmé, ce fut Abou-Hassan lorsqu'il entra dans ce magnifique salon. A chaque pas qu'il y faisait, il ne pouvait s'empêcher de s'arrêter pour contempler à loisir toutes les merveilles qui se présentaient à sa vue. Il se tournait à tout moment de côté et d'autre, avec un plaisir très sensible du calife, qui l'observait très attentivement. Enfin, il s'avança jusqu'au milieu et il se mit à table. Aussitôt les sept belles dames qui étaient alentour agitèrent l'air toutes ensemble avec leurs éventails pour rafraîchir le nouveau calife. Il les regardait l'une après l'autre, et après avoir admiré la grâce avec laquelle elles s'acquittaient de cet office, il leur dit avec un sourire gracieux qu'il croyait qu'une seule d'entre elles suffisait pour lui donner tout l'air dont il aurait besoin, et il voulait que les six autres se missent à table avec lui, trois à droite et les trois autres à sa gauche, pour lui tenir compagnie. La table était ronde, et Abou-Hassan les fit placer tout autour, afin que de quelque côté qu'il jetât la vue, il ne pût rencontrer que des objets agréables et tout divertissants.

Les six dames obéirent et se mirent à table. Mais Abou-Hassan s'aperçut bientôt qu'elles ne mangeaient point, par respect pour lui; ce qui lui donna occasion de les servir lui-même, en les invitant et les pressant de manger, dans des termes tout à fait obligeants. Il leur demanda ensuite comment elles s'appelaient, et chacune le satisfit sur sa curiosité. Leurs noms étaient Cou d'Albâtre, Bouche de Corail, Face de Lune, Éclat du soleil, Plaisir des yeux, Délices du Cœur. Il fit aussi la même demande à la septième, qui tenait l'éventail, et elle lui répondit qu'elle s'appelait Canne de Sucre. Les douceurs qu'il dit à chacune sur leurs noms firent voir qu'il avait infiniment d'esprit, et l'on ne peut croire combien cela servit à augmenter l'estime que le calife, qui n'avait rien perdu de tout ce qu'il avait dit à ce sujet, avait déjà conçue pour lui.

Quand les dames virent que Abou-Hassan ne mangeait plus : « — Le commandeur des croyants, dit l'une en s'adressant aux eunuques qui étaient présents pour servir, veut passer au salon du dessert : qu'on apporte à laver. » — Elles se levèrent toutes de table en même temps, et elles prirent des mains des eunuques, l'une un bassin d'or, l'autre une aiguière de même métal, et la troisième une serviette, et se présentèrent le genou en terre devant Abou-Hassan, qui était encore assis, et lui donnèrent à laver. Quand il eut fait, il se leva, et à l'instant un eunuque tira la portière et ouvrit la porte d'un autre salon où il devait passer.

Mesrour, qui n'avait pas abandonné Abou-Hassan, marcha

encore devant lui, et l'introduisit dans un salon de pareille grandeur à celui d'où il sortait, mais orné de diverses peintures des plus excellents maîtres, et tout autrement enrichi de vases de l'un et de l'autre métal, de tapis de pied et autres meubles plus précieux. Il y avait dans ce salon sept troupes de musiciennes, autres que celles qui étaient dans le premier salon, et ces sept troupes, ou plutôt ces sept chœurs de musique, commencèrent un concert dès que Abou-Hassan parut. Le salon était orné de sept autres grands lustres, et la table au milieu se trouva couverte de sept grands bassins d'or remplis en pyramides de toutes sortes de fruits de la saison, les plus beaux, les mieux choisis et les plus exquis, et alentour sept autres jeunes dames, chacune avec un éventail à la main, qui surpassaient les premières en beauté.

Ces nouveaux objets jetèrent Abou-Hassan dans une admiration plus grande qu'auparavant, et firent qu'en s'arrêtant il donna des marques plus sensibles de sa surprise et de son étonnement. Il s'avança enfin jusqu'à la table, et après qu'il s'y fut assis et qu'il eut contemplé les sept dames à son aise, l'une après l'autre, avec un embarras qui marquait qu'il ne savait à laquelle donner la préférence, il leur ordonna de quitter chacune leur éventail, de se mettre à table et de manger avec lui, en disant que la chaleur n'était pas assez incommode pour avoir besoin de son ministère.

Quand les dames se furent placées à la droite et à la gauche d'Abou-Hassan, il voulut, avant toutes choses, savoir comment elles s'appelaient, et il apprit qu'elles avaient chacune un nom différent des noms des sept dames du premier salon, et que ces noms signifiaient de même quelque perfection de l'âme ou de l'esprit qui les distinguait les unes d'avec les autres. Cela lui plut extrêmement, et le fit connaître par les bons mots qu'il dit encore à cette occasion, en leur présentant, l'une après l'autre, des fruits de chaque bassin. « — Mangez cela pour l'amour de moi, dit-il à Chaîne des Cœurs, qu'il avait à sa droite, en lui présentant une figue, et rendez-moi plus supportables les chaînes que vous me faites porter depuis le moment que je vous ai vue. » — Et en présentant un raisin à Tourment de l'âme : « — Prenez ce raisin, dit-il, à la charge que vous ferez cesser bientôt les tourments que j'endure pour l'amour de vous; » — et ainsi des autres dames. Et par ces endroits, Abou-Hassan faisait que le calife, qui était fort attaché à toutes ses actions et à toutes ses paroles, se savait bon gré de plus en plus d'avoir trouvé en lui un homme qui le divertissait si agréablement et qui lui avait donné lieu d'imaginer le moyen de le connaître plus à fond.

Quand Abou-Hassan eut mangé de tous les fruits qui étaient dans les bassins ce qu'il lui plut selon son goût, il se leva, et aussitôt Mesrour, qui ne l'abandonnait pas, marcha encore devant lui, et l'introduisit dans un troisième salon, orné, meublé et enrichi aussi magnifiquement que les deux premiers.

Abou-Hassan y trouva sept autres chœurs de musique et sept autres dames autour d'une table couverte de sept bassins d'or remplis de confitures liquides de différentes couleurs et de plusieurs façons. Après avoir jeté les yeux de tout côté avec une nouvelle admiration, il s'avança jusqu'à la table, au bruit harmonieux des sept chœurs de musique, qui cessa dès qu'il s'y fut mis. Les sept dames s'y mirent aussi à ses côtés, par son ordre; et comme il ne pouvait leur faire la même honnêteté de les servir qu'il avait faites aux autres, il les pria de se choisir elles-mêmes les confitures qui seraient le plus à leur goût. Il s'informa aussi de leurs noms, qui ne lui plurent pas moins que les noms des autres dames, par leur diversité, et qui lui fournirent une matière de s'entretenir avec elle et de leur dire des douceurs qui leur firent autant de plaisir qu'au calife, qui ne perdait rien de tout ce qu'il disait.

Le jour commençait à finir lorsque Abou-Hassan fut conduit dans le quatrième salon. Il était orné, comme les autres, des meubles les plus magnifiques et les plus précieux. Il y avait aussi sept grands lustres d'or qui se trouvèrent remplis de bougies allumées, et tout le salon éclairé par une quantité prodigieuse de lumières qui faisaient un effet merveilleux et surprenant. On n'avait rien vu de pareil dans les trois autres, parce qu'il n'en avait pas été besoin. Abou-Hassan trouva encore dans ce dernier salon, comme il avait trouvé dans les trois autres, sept nouveaux chœurs de musiciennes, qui concertaient toutes ensemble d'une manière plus gaie que dans les autres salons, et qui semblaient inspirer une plus grande joie. Il y vit aussi sept autres dames qui étaient debout autour d'une table, aussi couverte de sept bassins d'or remplis de gâteaux feuilletés, de toutes sortes de confitures sèches et de toutes autres choses propres à exciter à boire. Mais ce que Abou-Hassan y aperçut, qu'il n'avait point vu aux autres salons, c'était un buffet chargé de sept flacons d'argent pleins d'un vin des plus exquis, et de sept verres de cristal de roche, d'un très beau travail, auprès de chaque flacon.

Jusque-là, c'est-à-dire dans les trois premiers salons, Abou-Hassan n'avait bu que de l'eau, selon la coutume qui s'observe à Bagdad, aussi bien parmi le peuple et dans les ordres supérieurs qu'à la cour du calife, où l'on ne boit le vin ordinairement que le soir. Tous ceux qui en usent autrement sont regardés comme des débauchés, et ils n'osent se montrer de jour. Cette coutume est d'autant plus louable qu'on a besoin de tout son bon sens dans la journée pour vaquer aux affaires, et que par là, comme on ne boit du vin que le soir, on ne voit pas d'ivrognes en plein jour causer du désordre dans les rues de cette ville.

Abou-Hassan entra donc dans ce quatrième salon, et il s'avança jusqu'à la table. Quand il s'y fut assis, il demeura un grand espace de temps, comme en extase, à admirer les sept dames qui étaient autour de lui, et les trouva plus belles que celles qu'il avait vues dans les autres salons. Il eut envie de savoir les noms de chacune en particulier. Mais, comme le grand bruit de la musique, et surtout des tambours de basque dont on jouait à chaque chœur, ne lui permettait pas de se faire entendre, il frappa des mains pour la faire cesser, et aussitôt il se fit un grand silence.

Alors, en prenant par la main la dame qui était plus près de lui, à sa droite, il la fit asseoir, et, après lui avoir présenté d'un gâteau feuilleté, il lui demanda comment elle s'appelait. « — Commandeur des croyants, répondit la dame, mon nom est Bouquet de Perles. — On ne pouvait vous donner un nom plus convenable, reprit Abou-Hassan, et qui fît mieux connaître ce que vous valez. Sans blâmer néanmoins celui qui vous l'a donné, je trouve que vos belles dents effacent la plus belle eau de toutes les perles qui soient au monde. Bouquet de Perles, ajouta-t-il, puisque c'est votre nom, obligez-moi de prendre un verre et de m'apporter à boire de votre belle main. »

La dame alla aussitôt au buffet, et revint avec un verre plein de vin qu'elle présenta à Abou-Hassan d'un air tout gracieux. Il le prit avec plaisir, et en la regardant passionnément : « — Bouquet de Perles, lui dit-il, je bois à votre santé. Je vous prie de vous en verser autant et de me faire raison. » — Elle courut vite au buffet, et revint le verre à la main ; mais, avant de boire, elle chanta une chanson qui ne le ravit pas moins par sa nouveauté que par les charmes d'une voix qui le surprit encore davantage.

Abou-Hassan, après avoir bu, choisit ce qui lui plut dans les bassins, et le présenta à une autre dame qu'il fit asseoir auprès de lui. Il lui demanda aussi son nom. Elle répondit qu'elle s'appelait Étoile du Matin. « — Vos beaux yeux, reprit-il, ont plus d'éclat et de brillant que l'étoile dont vous portez le nom. Allez, et faites-moi le plaisir de m'apporter à boire. » — Ce qu'elle fit sur-le-champ de la meilleure grâce du monde. Il en usa de même envers la troisième dame, qui se nommait Lumière du Jour, et de même jusqu'à la septième, qui, toutes, lui versèrent à boire, avec une satisfaction extrême du calife.

Quand Abou-Hassan eut achevé de boire autant de coups qu'il y avait de dames, Bouquet de Perles, la première à laquelle il s'était adressé, alla au buffet, prit un verre qu'elle remplit de vin, après y avoir jeté une pincée de la poudre dont le calife s'était servi le jour précédent, et vint le lui présenter. « — Commandeur des croyants, lui dit-elle, je supplie Votre Majesté, par l'intérêt que je prends à la conservation de sa santé, de prendre ce verre de vin et de me faire la grâce, avant de le boire, d'entendre une chanson, laquelle, si j'ose me flatter, ne lui déplaira pas. Je ne l'ai faite que d'aujourd'hui, et je ne l'ai encore chantée à qui que ce soit.

— Je vous accorde cette grâce avec plaisir, lui dit Abou-Hassan en prenant le verre qu'elle lui présentait, et je vous ordonne, en qualité de commandeur des croyants, de me la chanter, persuadé que je suis qu'une belle personne comme vous n'en peut faire que de très agréables et pleines d'esprit. » — La dame prit un luth, et elle chanta en accordant sa voix au son de cet instrument avec tant de justesse, de grâce et d'expression, qu'elle tint Abou-Hassan comme en extase depuis le commencement jusqu'à la fin. Il la trouva si belle qu'il la lui fit répéter une seconde fois, et il n'en fut pas moins charmé que la première fois.

Quand la dame eut achevé, Abou-Hassan, qui voulait la louer comme elle le méritait, vida le verre auparavant tout d'un trait, et puis, tournant la tête du côté de la dame comme pour lui parler, il en fut empêché par la poudre, qui fit son effet si subitement qu'il ne fit qu'ouvrir la bouche en bégayant. Aussitôt ses yeux se fermèrent, et en laissant tomber sa tête jusque sur la table, comme un homme accablé de sommeil, il s'endormit aussi profondément qu'il avait fait le jour précédent, environ à la même heure, quand le calife lui eut fait prendre de la même poudre; et dans le même instant, une des dames qui était auprès de lui fut assez diligente pour recevoir le verre qu'il laissa tomber de sa main. Le calife, qui s'était donné lui-même ce divertissement avec une satisfaction au delà de ce qu'il s'en était promis, et qui avait été le spectateur de cette dernière scène aussi bien que de toutes les autres que Abou-Hassan lui avait données, sortit de l'endroit où il était, et parut dans le salon tout joyeux d'avoir si bien réussi dans ce qu'il avait imaginé. Il commanda premièrement qu'on dépouillât Abou-Hassan de l'habit de calife dont on l'avait revêtu le matin, et qu'on lui remît celui dont il était habillé il y avait vingt-quatre heures, quand l'esclave qui l'accompagnait l'avait apporté en son palais. Il fit appeler ensuite le même esclave, et quand il se fut présenté : « — Reprends cet homme lui dit-il, et reporte-le chez lui sur son sofa, sans faire de bruit, et, en te retirant de même, laisse la porte ouverte. »

L'esclave prit Abou-Hassan, l'emporta par la porte secrète du palais, le remit chez lui comme le calife lui avait ordonné, et revint en diligence lui rendre compte de ce qu'il avait fait. « — Abou-Hassan, dit alors le calife, avait souhaité d'être calife pendant un jour seulement, pour châtier l'iman de la mosquée de son quartier et les quatre sheiks ou vieillards dont la conduite ne lui plaisait pas : je lui ai procuré le moyen de se satisfaire, et il doit être content de cet article. »

Abou-Hassan, remis sur son sofa par l'esclave, dormit jusqu'au lendemain fort tard, et il ne s'éveilla que quand la poudre qu'on avait jetée dans le dernier verre qu'il avait bu eut fait tout son effet.

Alors, en ouvrant les yeux, il fut fort surpris de se voir chez lui. « — Bouquet de Perles, Étoile du Matin, Aube du Jour, Bouche de Corail, Face de Lune, s'écria-t-il en appelant les dames du palais qui lui avaient tenu compagnie, chacune par leur nom, autant qu'il put s'en souvenir; où êtes-vous ? Venez, approchez. »

Abou-Hassan criait de toute sa force. Sa mère, qui l'entendit de son appartement, accourut au bruit, et en entrant dans sa chambre : « — Qu'avez-vous donc, mon fils ? lui demanda-t-elle. Que vous est-il arrivé ? »

A ces paroles, Abou-Hassan leva la tête, et en regardant sa mère fièrement et avec mépris : « — Bonne femme, lui demanda-t-il à son tour, qui est donc celui que tu appelles ton fils ?

« — C'est vous-même, répondit la mère avec beaucoup de douceur. N'êtes-vous pas Abou-Hassan, mon fils ? Ce serait la chose du monde la plus singulière que vous l'eussiez oublié en si peu de temps.

« — Moi, ton fils ! vieille exécrable ! reprit Abou-Hassan ; tu ne sais ce que tu dis, et tu es une menteuse. Je ne suis pas l'Abou-Hassan que tu dis, je suis le commandeur des croyants.

« — Taisez-vous, mon fils, repartit la mère ; vous n'êtes pas sage. On vous prendrait pour un fou si l'on vous entendait.

« — Tu es une vieille folle toi-même, répliqua Abou-Hassan, et je ne suis pas fou, comme tu le dis. Je te répète que je suis le commandeur des croyants et le vicaire en terre du maître des deux mondes.

« — Ah ! mon fils, s'écria la mère, est-il possible que je vous entende proférer des paroles qui marquent une si grande aliénation d'esprit ! Quel malin génie vous obsède, pour vous faire tenir un semblable discours ? Que la bénédiction de Dieu soit sur vous et qu'il vous délivre de la malignité de Satan ! Vous êtes mon fils Abou-Hassan, et je suis votre mère. »

Après lui avoir donné toutes les marques qu'elle put imaginer pour le faire rentrer en lui-même et lui faire voir qu'il était dans l'erreur : « — Ne voyez-vous pas, continua-t-elle, que cette chambre où vous êtes est la vôtre, et non pas la chambre d'un palais digne d'un commandeur des croyants, et que vous ne l'avez pas abandonnée depuis que vous êtes au monde, en demeurant inséparablement avec moi ? Faites bien réflexion à tout ce que je vous dis, et ne vous allez pas mettre dans l'imagination des choses qui ne sont pas et qui ne peuvent pas être : encore une fois, mon fils, pensez-y sérieusement. »

Abou-Hassan entendit paisiblement ces remontrances de sa mère, et les yeux baissés et la main au bas du visage, comme un homme qui rentre en lui-même pour examiner la vérité de tout ce qu'il voit et de tout ce qu'il entend : « — Je crois que vous avez raison, » dit-il à sa mère. Quelques moments après, en revenant comme d'un profond sommeil, sans pourtant changer de posture : « Il me semble, dit-il, que je suis Abou-Hassan, que vous êtes ma mère et que je suis dans ma chambre. Encore une fois, ajouta-t-il en jetant les yeux sur lui et sur tout ce qui se présentait à sa vue, je suis Abou-Hassan, je n'en doute plus, et je m'étais mis cette rêverie dans la tête. »

La mère crut de bonne foi que son fils était guéri du trouble qui agitait son esprit et qu'elle attribuait à un songe. Elle se préparait même à en rire avec lui et à l'interroger sur ce songe, quand tout à coup il se mit sur son séant, et en la regardant de travers :
« — Vieille sorcière, vieille magicienne, dit-il, tu ne sais ce que tu dis : je ne suis pas ton fils et tu n'es pas ma mère. Tu te trompes toi-même et tu veux m'en faire accroire. Je te dis que je suis le commandeur des croyants, et tu ne me persuaderas pas le contraire.

« — De grâce, mon fils, recommandez-vous à Dieu, et abstenez-vous de tenir ce langage, de crainte qu'il ne vous arrive quelque malheur. Parlons plutôt d'autre chose, et laissez-moi vous raconter ce qui arriva hier dans notre quartier à l'iman de notre mosquée et à quatre cheiks de nos voisins. Le juge de police les fit prendre, et après leur avoir fait donner, en sa présence, à chacun je ne sais combien de coups de nerf de bœuf, il fit publier par un crieur que c'était là le châtiment de ceux qui se mêlaient des affaires qui ne les regardaient pas et qui se faisaient une occupation de jeter le trouble dans les familles de leurs voisins. Ensuite il les fit promener par tous les quartiers de la ville avec le même cri, et leur fit défense de remettre jamais le pied dans notre quartier. »

La mère d'Abou-Hassan, qui ne pouvait s'imaginer que son fils eût eu quelque part à l'aventure qu'elle lui racontait, avait exprès changé de discours et regardé le récit de cette affaire comme un moyen capable d'effacer l'impression fantastique où elle le voyait d'être le commandeur des croyants.

Mais il en arriva tout autrement, et ce récit, loin d'effacer l'idée qu'il avait toujours d'être le commandeur des croyants, ne servit qu'à la lui rappeler et à la graver d'autant plus profondément dans son imagination, qu'en effet elle n'était pas fantastique, mais réelle.

Aussi, dès qu'Abou-Hassan eut entendu ce récit : « — Je ne suis plus ton fils ni Abou-Hassan, reprit-il : je suis certainement le commandeur des croyants ; je ne puis plus en douter après ce que tu viens de me raconter toi-même. Apprends que c'est par mes ordres que l'iman et les quatre cheiks ont été châtiés de la manière que tu m'as dit. Je suis donc véritablement le commandeur des croyants, te dis-je, et cesse de me dire que c'est un rêve. Je ne dors pas, et j'étais aussi éveillé que je le suis en ce moment que je te parle. Tu me fais plaisir de me confirmer ce que le juge de police, à qui j'en avais donné l'ordre, m'en a rapporté, c'est-à-dire que mon ordre a été exécuté ponctuellement, et j'en suis d'autant plus réjoui que cet iman et ces quatre cheiks sont de francs hypocrites. Je voudrais bien savoir qui m'a rapporté en ce lieu-ci. Dieu soit loué de tout : ce qu'il y a de vrai, c'est que je suis très certainement le commandeur des croyants, et toutes tes raisons ne me persuaderont pas le contraire. »

La mère, qui ne pouvait deviner, ni même s'imaginer pourquoi son fils soutenait si fortement et avec tant d'assurance qu'il était le commandeur des croyants ne douta plus qu'il n'eût perdu l'esprit en lui entendant dire des choses qui étaient dans son esprit au delà de toute croyance, quoiqu'elles eussent leur fondement dans celui d'Abou-Hassan. Dans cette pensée : « — Mon fils, lui dit-elle, je prie Dieu qu'il ait pitié de vous, et qu'il vous fasse miséricorde. Cessez, mon fils, de tenir un discours si dépourvu de bon sens. Adressez-vous à Dieu, demandez-lui qu'il vous pardonne et vous fasse la grâce de parler comme un homme raisonnable. Que dirait-on de vous si l'on vous entendait parler ainsi ? Ne savez-vous pas que les murailles ont des oreilles ? »

De si belles remontrances, loin d'adoucir l'esprit d'Abou-Hassan, ne servirent qu'à l'aigrir encore davantage. Il s'emporta contre sa mère avec plus de violence. « — Vieille, lui dit-il, je t'ai déjà avertie de te taire. Si tu continues davantage, je me lèverai et je te traiterai de manière que tu t'en ressentiras tout le reste de tes jours. Je suis le calife, le commandeur des croyants, et tu dois me croire quand je te le dis. »

Alors la bonne dame, qui vit qu'Abou-Hassan s'égarait de plus en plus de son bon sens plutôt que d'y rentrer, s'abandonna aux pleurs et aux larmes, et, en se frappant le visage et la poitrine, elle faisait des exclamations qui marquaient son étonnement et sa profonde douleur de voir son fils dans une si terrible aliénation d'esprit.

Abou-Hasson, au lieu de s'apaiser et de se laisser toucher par les larmes de sa mère, s'oublia lui-même, au contraire, jusqu'à perdre envers elle le respect que la nature lui inspirait. Il se leva brusquement, il se saisit d'un bâton, et en venant à elle la main levée, comme un furieux : « — Maudite vieille ! lui dit-il dans son extravagance, et d'un ton à donner de la terreur à tout autre qu'à une mère pleine de tendresse pour lui, dis-moi tout à l'heure qui je suis !

« — Mon fils, répondit la mère en le regardant tendrement, bien loin de s'effrayer, je ne vous crois pas abandonné de Dieu jusqu'au point de ne pas connaître celle qui vous a mis au monde et de vous méconnaître vous-même. Je ne feins pas de vous dire que vous êtes mon fils Abou-Hassan et que vous avez grand tort de vous arroger un titre qui n'appartient qu'au calife Haroun Alraschid, votre souverain seigneur et le mien pendant que ce monarque nous comble de biens, vous et moi, par le présent qu'il m'envoya hier. En effet, il faut que vous sachiez que le grand vizir Giafar prit la peine de venir hier me trouver, et qu'en me mettant entre les mains une bourse de mille pièces d'or, il me dit de prier Dieu pour le commandeur des croyants, qui me faisait ce présent. Et cette libéralité ne vous regarde-t-elle pas plutôt que moi, qui n'ai plus que peu de jours à vivre? »

A ces paroles, Abou-Hassan ne se posséda plus. Les circonstances de la libéralité du calife, que sa mère venait de lui raconter, lui marquaient qu'il ne se trompait pas et lui persuadaient plus que jamais qu'il était le calife, puisque le vizir n'avait porté la bourse que par son ordre. « — Eh bien! vieille sorcière, s'écria-t-il, seras-tu convaincue quand je te dirai que c'est moi qui t'ai envoyé ces mille pièces d'or par mon grand vizir Giafar, qui n'a fait qu'exécuter l'ordre que je lui avais donné en qualité de commandeur des croyants? Cependant, au lieu de me croire, tu ne cherches qu'à me faire perdre l'esprit par tes contradictions et en me soutenant avec opiniâtreté que je suis ton fils. Mais je ne laisserai pas longtemps ta malice impunie. » — En achevant ces paroles, dans l'excès de sa frénésie, il fut assez dénaturé pour la maltraiter impitoyablement avec le bâton qu'il tenait à la main.

La pauvre mère, qui n'avait pas cru que son fils passerait si promptement des menaces aux actions, en se sentant frapper, se mit à crier de toute sa force au secours; et jusqu'à ce que les voisins fussent accourus, Abou-Hassan ne cessait de frapper, en lui demandant à chaque coup : « — Suis-je commandeur des croyants? » — A quoi la mère répondait toujours ces tendres paroles : » — Vous êtes mon fils. »

La fureur d'Abou-Hassan commençait un peu à se ralentir quand les voisins arrivèrent dans sa chambre. Le premier qui se présenta se mit aussitôt entre sa mère et lui, et après lui avoir arraché son bâton de la main : « — Que faites-vous donc, Abou-Hassan? lui dit-il. Avez-vous perdu la crainte de Dieu et la raison?

Jamais un fils bien né comme vous a-t-il osé lever la main sur sa mère ? et n'avez-vous point de honte de maltraiter ainsi la vôtre, elle qui vous aime si tendrement ? »

Abou-Hassan, encore tout plein de sa fureur, regarda celui qui lui parlait sans lui rien répondre, et en jetant en même temps ses yeux égarés sur chacun des autres voisins qui l'accompagnaient : « — Quel est cet Abou-Hassan dont vous parlez ! leur demanda-t-il. Est-ce moi que vous appelez de ce nom ? »

Cette demande déconcerta un peu les voisins. « — Comment ! repartit celui qui venait de lui parler, vous ne reconnaissez donc pas la femme que voilà pour celle qui vous a élevé et avec qui nous vous avons toujours vu demeurer, en un mot pour votre mère ? — Vous êtes des impertinents, répliqua Abou-Hassan ; je ne la connais pas, ni vous non plus, et je ne veux pas vous connaître. Je ne suis pas Abou-Hassan ; je suis le commandeur des croyants, et si vous l'ignorez je vous le ferai apprendre à vos dépens. »

A ce discours d'Abou-Hassan, les voisins ne doutèrent pas de l'aliénation de son esprit, et pour empêcher qu'il ne se portât à des excès semblables à ceux qu'il venait de commettre contre sa mère, ils se saisirent de sa personne malgré sa résistance, et ils le lièrent de manière qu'ils lui ôtèrent l'usage des bras, des mains et des pieds. En cet état et hors d'apparence de pouvoir nuire, ils ne jugèrent pas cependant à propos de le laisser seul avec sa mère. Deux de la compagnie se détachèrent et allèrent en diligence à l'hôpital des fous avertir le concierge de ce qui se passait. Il y vint aussitôt avec les voisins, accompagné d'un bon nombre de ses gens, chargés de chaînes, de menottes et d'un nerf de bœuf.

A leur arrivée, Abou-Hassan, qui ne s'attendait à rien moins qu'à un appareil si affreux, fit de grands efforts pour se débarrasser ; mais le concierge, qui s'était fait donner le nerf de bœuf, le mit bientôt à la raison par deux ou trois coups bien appliqués qu'il lui en déchargea sur les épaules. Ce traitement fut si sensible à Abou-Hassan qu'il se contint, et le concierge et ses gens firent de lui ce qu'ils voulurent. Ils le chargèrent de chaînes et lui appliquèrent les menottes et les entraves, et quand ils eurent achevé, ils le tirèrent hors de chez lui et le conduisirent à l'hôpital des fous.

Abou-Hassan ne fut pas plutôt dans la rue qu'il se trouva environné d'une grande foule de peuple : l'un lui donnait un coup de poing, un autre un soufflet, et d'autres le chargeaient d'injures, en le traitant de fou, d'insensé et d'extravagant.

A tous ces mauvais traitements : « — Il n'y a, disait-il de grandeur et de force qu'en Dieu très haut et tout puissant. On veut que je sois fou, quoique je sois dans mon bon sens : je souffre cette injure et toute ces indignités pour l'amour de Dieu. »

Abou-Hassan fut conduit de cette manière jusqu'à l'hôpital des fous. On l'y logea et on l'attacha dans une cage de fer, et avant de l'y enfermer, le concierge, endurci à cette terrible exécution, le régala sans pitié de cinquante coup de nerf de bœuf sur les épaules et sur le dos, et continua plus de trois semaines à lui faire le même régal

chaque jour, en lui répétant ces mots chaque fois : « — Reviens en ton bon sens, et dis si tu es encore le commandeur des croyants.

« — Je n'ai pas besoin de ton conseil, répondait Abou-Hassan ; je ne suis pas fou ; mais si j'avais à le devenir, rien ne serait plus capable de me jeter dans une telle disgrâce que les coups dont tu m'assommes. »

Cependant la mère d'Abou-Hassan venait voir son fils réglément chaque jour, et elle ne pouvait retenir ses larmes en voyant diminuer de jour en jour son embompoint et ses forces, et en l'entendant se plaindre et soupirer des douleurs qu'il souffrait. En effet, il avait les épaules, le dos et les côtes noircis et meurtris; et il ne savait de quel côté se tourner pour trouver du repos. La peau lui changea même plus d'une fois pendant le temps qu'il fut retenu dans cette effroyable demeure. Sa mère voulait lui parler pour le consoler et pour tâcher de sonder s'il était toujours dans la même situation d'esprit sur sa prétendue dignité de calife et de commandeur des croyants. Mais toutes les fois qu'elle ouvrait la bouche pour lui en toucher quelque chose, il la rebutait avec tant de furie qu'elle était contrainte de le laisser et de s'en retourner, inconsolable de le voir dans une si grande opiniâtreté.

Les idées fortes et sensibles qu'Abou-Hassan avait conservées dans son esprit de s'être vu revêtu de l'habillement de calife, d'en avoir fait effectivement les fonctions, d'avoir usé de son autorité, d'avoir été obéi et traité véritablement en calife, et qui l'avaient persuadé à son réveil qu'il l'était véritablement et l'avaient fait persister si longtemps dans cette erreur, commencèrent insensiblement à s'effacer de son esprit.

» — Si j'étais calife et commandeur des croyants, se disait-il quelquefois à lui-même, pourquoi me serais-je trouvé chez moi en me réveillant et revêtu de mon habit ordinaire? Pourquoi ne me serais-je pas vu environné du chef des eunuques, de tant d'autres eunuques et d'une si grosse foule de belles dames? Pourquoi le grand vizir Giafar, que j'ai vu à mes pieds, tant d'émirs, tant de gouverneurs de province et tant d'autres officiers dont je me suis vu environné, m'auraient-ils abandonné? Il y a longtemps, sans doute, qu'ils m'auraient délivré de l'état pitoyable où je suis si j'avais quelque autorité sur eux. Tout cela n'a été qu'un songe, et je ne dois pas faire difficulté de le croire. J'ai commandé, il est vrai, au juge de police de châtier l'iman et les quatre vieillards de son conseil; j'ai ordonné au grand vizir Giafar de porter mille pièces d'or à ma mère, et mes ordres ont été exécutés. Cela m'arrête, et je n'y comprends rien. Mais combien de choses y a-t-il que je ne comprends pas et que je ne comprendrai jamais! Je m'en remets donc entre les mains de Dieu, qui sait et qui connaît tout. »

Abou-Hassan était encore occupé de ces pensées et dans ces sentiments quand sa mère arriva. Elle le vit si exténué et si défait, qu'elle en versa des larmes plus abondamment qu'elle n'avait encore fait jusqu'alors. Au milieu de ses sanglots, elle le salua du salut ordinaire, et Abou-Hassan le lui rendit, contre sa coutume

depuis qu'il était dans cet hôpital. Elle en prit un bon augure.
« — Eh bien, mon fils, lui dit-elle en essuyant ses larmes, comment vous trouvez-vous ? En quelle assiette est votre esprit ? Avez-vous renoncé à toutes vos fantaisies et aux propos que le démon vous avait suggérés ?

« — Ma mère, répondit Abou-Hassan d'un sens rassis et fort tranquille, et d'une manière qui peignait la douleur qu'il ressentait des excès auxquels il s'était porté contre elle, je reconnais mon égarement, mais je vous prie de me pardonner le crime exécrable que je déteste et dont je suis coupable envers vous. Je fais la même prière à mes voisins, à cause du scandale que je leur ai donné. J'ai été abusé par un songe, mais un songe si extraordinaire et si semblable à la vérité, que je puis mettre en fait que tout autre que moi, à qui il serait arrivé, n'en aurait pas été moins frappé, et serait peut-être tombé dans de plus grandes extravagances que vous ne m'en avez vu faire. Je suis encore si fort troublé au moment que je vous parle, que j'ai de la peine à me persuader que ce qui m'est arrivé en soit un, tant il a de ressemblance à ce qui se passe entre des gens qui ne dorment pas.

« Quoi qu'il en soit, je le tiens et le veux tenir constamment pour songe et pour une illusion. Je suis même convaincu que je ne suis pas ce fantôme de calife et de commandeur des croyants, mais Abou-Hassan, votre fils, de vous, dis-je, que j'ai toujours honorée jusqu'à ce jour fatal dont le souvenir me couvre de confusion, que j'honore et que j'honorerai toute ma vie comme je le dois. »

A ces paroles si sages et si sensées, les larmes de douleur, de compassion et d'affliction que la mère d'Abou-Hassan versait depuis si longtemps se changèrent en larmes de joie, de consolation et d'amour tendre pour son cher fils qu'elle retrouvait. « — Mon fils, s'écria-t-elle toute transportée de plaisir, je ne me sens pas moins ravie de contentement et de satisfaction à vous entendre parler si raisonnablement, après ce qui s'est passé, que si je venais de vous mettre au monde une seconde fois. Il faut que je vous déclare ma pensée sur cette aventure et que je vous fasse remarquer une chose à quoi vous n'avez peut-être pas pris garde. L'étranger que vous aviez amené un soir pour souper avec vous s'en alla sans fermer la porte de votre chambre, comme vous le lui aviez recommandé, et je crois que c'est ce qui a donné occasion au démon d'y entrer et de vous jeter dans l'affreuse illusion où vous étiez. Ainsi, mon fils, vous devez bien remercier Dieu de vous en avoir délivré, et le prier de vous préserver de tomber davantage dans les piéges de l'esprit malin.

« — Vous avez trouvé la source de mon mal, répondit Abou-Hassan, et c'est justement cette nuit-là que j'eus ce songe qui me renversa la cervelle. J'avais cependant averti le marchand expressément de fermer la porte après lui, et je connais à présent qu'il

n'en a rien fait. Je suis persuadé avec vous que le démon a trouvé la porte ouverte, qu'il est entré, et qu'il m'a mis toutes ces fantaisies dans la tête. Il faut qu'on ne sache pas à Moussoul d'où venait ce marchand, comme nous sommes bien convaincus à Bagdad que le démon vient causer tous ces songes fâcheux qui nous inquiètent la nuit quand on laisse les chambres où l'on couche ouvertes. Au nom de Dieu, ma mère, puisque, par la grâce de Dieu, me voilà parfaitement revenu du trouble où j'étais, je vous supplie aussi bonne mère que vous l'êtes, de me faire sortir au plus tôt de cet enfer, et de me délivrer de la main du bourreau, qui abrégera mes jours infailliblement si j'y demeure davantage. »

La mère d'Abou-Hassan, parfaitement consolée et attendrie de voir que Abou-Hassan était revenu entièrement de sa folle imagination d'être calife, alla sur-le-champ trouver le concierge qui l'avait amené et qui l'avait gouverné jusqu'alors ; et dès qu'elle lui eut assuré qu'il était parfaitement rétabli dans son bon sens, il vint, l'examina, et le mit en liberté en sa présence.

Abou-Hassan retourna chez lui, et il y demeura plusieurs jours afin de rétablir sa santé par de meilleurs aliments que ceux dont il avait été nourri dans l'hôpital des fous. Mais dès qu'il eut à peu près repris ses forces et qu'il ne se ressentit plus des incommodités qu'il avait souffertes par les mauvais traitements qu'on lui avait faits dans sa prison, il commença à s'ennuyer de passer les soirées sans compagnie. C'est pourquoi il ne tarda pas à reprendre le même train de vie qu'auparavant, c'est-à-dire qu'il commença de faire chaque jour une provision suffisante pour régaler un nouvel hôte le soir.

Le jour qu'il renouvela la coutume d'aller vers le coucher du soleil au bout du pont de Bagdad pour y arrêter le premier étranger qui se présenterait et le prier de lui faire l'honneur de souper avec lui, était le premier du mois, et le même jour, comme nous l'avons déjà dit, que le calife se divertissait à aller, déguisé, hors de quelqu'une des portes par où on abordait en cette ville, pour observer par lui-même s'il ne se passait rien contre la bonne police, de la manière qu'il l'avait établie et réglée dès le commencement de son règne.

Il n'y avait pas longtemps que Abou-Hassan était arrivé et qu'il s'était assis sur un banc pratiqué contre le parapet, lorsqu'en jetant la vue jusqu'à l'autre bout du pont, il aperçut le calife qui venait à lui, déguisé en marchand de Moussoul, comme la première fois, et suivi du même esclave. Persuadé que tout le mal qu'il avait souffert ne venait que de ce que le calife, qu'il ne connaissait que pour un marchand de Moussoul, avait laissé la porte ouverte en sortant de sa chambre, il frémit en le voyant. « — Que Dieu veuille me préserver ! dit-il en lui-même : voilà, si je ne me trompe, le magicien qui m'a enchanté. » — Il tourna aussitôt la tête du côté de la rivière, en s'appuyant sur le parapet, afin de ne pas le voir, jusqu'à ce qu'il fût passé.

Le calife, qui voulait porter plus loin le plaisir qu'il s'était déjà donné à l'occasion d'Abou-Hassan, avait eu grand soin de se faire informer de tout ce qu'il avait dit et fait le lendemain à son réveil, après l'avoir fait reporter chez lui, et de tout ce qui lui était arrivé. Il ressentit un nouveau plaisir de tout ce qu'il en apprit, et même du mauvais traitement qui lui avait été fait dans l'hôpital des fous. Mais comme ce monarque était généreux et plein de justice, et qu'il avait reconnu dans Abou-Hassan un esprit propre à le réjouir plus longtemps, et, de plus, qu'il s'était douté qu'après avoir renoncé à sa prétendue qualité de calife, il reprendrait sa manière de vie ordinaire, il jugea à propos, dans le dessein de l'attirer près de sa personne, de se déguiser le premier du mois en marchand de Moussoul, comme auparavant, afin de mieux exécuter ce qu'il avait résolu à son égard. Il aperçut donc Abou-Hassan presque en même temps qu'il fut aperçu de lui, et à son action il comprit d'abord combien il était mécontent de lui, et que son dessein était de l'éviter. Cela fit qu'il côtoya le parapet où était Abou-Hassan le plus près qu'il put. Quand il fut proche de lui, il pencha la tête et il le regarda en face. « — C'est donc vous, mon frère Abou-Hassan lui dit-il. Je vous salue ; permettez-moi, je vous prie, de vous embrasser.

« — Et moi, répondit brusquement Abou-Hassan sans regarder le faux marchand de Moussoul, je ne vous salue pas : je n'ai besoin ni de votre salut, ni de vos embrassades ; passez votre chemin.

« — Eh quoi ! reprit le calife, ne me reconnaissez-vous pas? Ne vous souvient-il pas de la soirée que nous passâmes ensemble, il y a un mois, chez vous, où vous me fîtes l'honneur de me régaler avec tant de générosité ? — Non, repartit Abou-Hassan sur le même ton qu'auparavant, je ne vous connais pas, et je ne sais de quoi vous voulez me parler. Allez, encore une fois, et passez votre chemin. »

Le calife ne se rebuta pas de la brusquerie d'Abou-Hassan. Il savait bien qu'une des lois que Abou-Hassan s'était imposées à lui-même était de ne plus avoir de commerce avec l'étranger qu'il aurait une fois régalé. Abou-Hassan le lui avait déclaré, mais il voulait bien faire semblant de l'ignorer. « — Je ne puis croire, reprit-il, que vous ne me reconnaissiez pas ; il n'y a pas si longtemps que nous nous sommes vus, et il n'est pas possible que vous m'ayez oublié si facilement. Il faut qu'il vous soit arrivé quelque malheur qui vous cause cette aversion pour moi. Vous devez vous souvenir cependant que je vous ai marqué ma reconnaissance par mes bons souhaits, et même, sur certaine chose qui vous tenait au cœur, je vous ai fait offre de mon crédit, qui n'est pas à mépriser.

« — J'ignore, repartit Abou-Hassan, quel peut être votre crédit, et je n'ai pas le moindre désir de le mettre à l'épreuve ; mais je sais bien que vos souhaits n'ont abouti qu'à me faire devenir fou. Au nom de Dieu, vous dis-je encore une fois, passez votre chemin et ne me chagrinez pas davantage.

« — Ah! mon frère Abou-Hassan, répliqua le calife en l'embrassant, je ne prétends pas me séparer de vous de cette manière. Puisque ma bonne fortune a voulu que je vous ai rencontré une seconde fois, il faut que vous exerciez aussi une seconde fois la même hospitalité envers moi, et que j'aie l'honneur de boire encore avec vous. »

C'est de quoi Abou-Hassan protesta qu'il saurait bien se garder. « — J'ai assez de pouvoir sur moi, ajouta-t-il, pour m'empêcher de me trouver davantage avec un homme comme vous, qui porte le malheur avec soi. Vous savez le proverbe qui dit : « Prenez votre tambour sur les épaules et délogez. » Faites-vous-en l'application. Faut-il vous le répéter tant de fois? Dieu vous conduise! vous m'avez causé assez de mal, je ne veux pas m'y exposer davantage.

« — Mon bon ami Abou-Hassan, reprit le calife en l'embrassant encore une fois, vous me traitez avec une dureté à laquelle je ne me fusse pas attendu. Je vous supplie de ne pas me tenir un discours si offensant, et d'être au contraire bien persuadé de mon amitié. Faites-moi donc la grâce de me raconter ce qui vous est arrivé, à moi qui ne vous ai souhaité que du bien, qui vous en souhaite encore et qui voudrais trouver l'occasion de vous en faire, afin de réparer le mal que vous dites que je vous ai causé, si véritablement il y a de ma faute. » — Abou-Hassan se rendit aux instances du calife, et après l'avoir fait asseoir auprès de lui : « — Votre incrédulité et votre importunité, lui dit-il, ont poussé ma patience à bout. Ce que je vais vous raconter vous fera connaître si c'est à tort que je me plains de vous. »

Le calife s'assit auprès d'Abou-Hassan, qui lui fit le récit de toutes les aventures qui lui étaient arrivées depuis son réveil dans le palais jusqu'à son second réveil dans sa chambre, et il les lui raconta toutes comme un véritable songe qui lui était arrivé, avec une infinité de circonstances que le calife savait aussi bien que lui, et qui renouvelèrent le plaisir qu'il s'en était fait. Il lui exagéra ensuite l'impression que ce songe lui avait laissée dans l'esprit, d'être le calife et le commandeur des croyants : « — Impression, ajouta-t-il, qui m'avait jeté dans des extravagances si grandes, que mes voisins avaient été obligés de me lier comme un furieux et de me faire conduire à l'hôpital des fous, où j'ai été traité d'une manière qu'on peut appeler cruelle, barbare et inhumaine ; mais ce qui vous surprendra, et à quoi sans doute vous ne vous attendez pas, c'est que toutes ces choses ne me sont arrivées que par votre faute. Vous vous souvenez bien de la prière que je vous avais faite de fermer la porte de ma chambre en sortant de chez moi après le souper. Vous ne l'avez pas fait ; au contraire, vous l'avez laissée ouverte, et le démon y est entré et m'a rempli la tête de ce songe, qui, tout agréable qu'il m'avait paru, m'a causé cependant tous les maux dont je me plains. Vous êtes donc cause, par votre négligence (qui vous rend responsable de mon crime), que j'ai commis une chose horrible et détestable en levant non-seulement les mains contre ma mère, mais même qu'il s'en est peu fallu que je ne lui aie fait rendre l'âme à mes pieds en commettant un parricide ; et cela pour un sujet qui me fait rougir de honte toutes les fois que j'y pense, puisque c'est à cause qu'elle m'appelait son fils, comme je le suis en effet, et qu'elle ne voulait pas me reconnaître pour le commandeur des croyants, tel que je croyais l'être, et que je lui soutenais effectivement que je l'étais. Vous êtes encore cause du scandale que j'ai donné à mes voisins, quand, accourus aux cris de ma pauvre mère, ils me surprirent acharné à la vouloir assommer, ce qui ne serait point arrivé si vous eussiez eu soin de fermer la porte de ma chambre en vous retirant, comme je vous en avais prié. Ils ne seraient pas entrés chez moi sans ma permission, et, ce qui me fait plus de peine, ils n'auraient pas été témoins de ma folie. Je n'aurais pas été obligé de les frapper en me défendant contre eux, et ils ne m'auraient pas maltraité et lié comme ils ont fait pour me conduire et me faire enfermer dans l'hôpital des fous, où je puis assurer que chaque jour, pendant tout le temps que j'ai été détenu dans cet enfer, on n'a pas manqué de me bien régaler à grands coups de nerf de bœuf. »

Abou-Hassan racontait au calife ses sujets de plainte avec beaucoup de chaleur et de véhémence. Le calife savait mieux que lui tout ce qui s'était passé, et il était ravi en lui-même d'avoir si bien réussi dans ce qu'il avait imaginé pour le jeter dans l'égarement où il le voyait encore ; mais il ne put entendre ce récit, fait avec tant de naïveté, sans faire un grand éclat de rire.

Abou-Hassan, qui croyait son récit digne de compassion, et que tout le monde devait y être aussi sensible que lui, se scandalisa fort de cet éclat de rire du faux marchand de Moussoul. « — Vous moquez-vous de moi, lui dit-il, de me rire ainsi au nez? ou croyez-vous que je me moque de vous quand je vous parle très-sérieusement? Voulez-vous des preuves réelles de tout ce que j'avance? Tenez, voyez et regardez vous-même; vous me direz après cela si je me moque. » — En disant ces paroles, il se baissa, et, en se découvrant les épaules et le sein, il fit voir au calife les cicatrices et les meurtrissures que lui avaient causées les coups de nerf de bœuf qu'il avait reçus.

Le calife ne put regarder ces objets sans horreur. Il eut compassion du pauvre Abou-Hassan, et il fut très fâché que la raillerie

eût été poussée si loin. Il rentra aussitôt en lui-même, et en embrassant Abou-Hassan de tout son cœur : « — Levez-vous, je vous en supplie, mon cher frère, lui dit-il d'un grand sérieux; venez, et allons chez vous; je veux encore avoir l'avantage de me réjouir ce soir avec vous : demain, s'il plaît à Dieu, vous verrez que tout ira le mieux du monde. »

Abou-Hassan, malgré sa résolution et contre le serment qu'il avait fait de ne pas recevoir chez lui le même étranger une seconde fois, ne put résister aux caresses du calife, qu'il prenait toujours pour un marchand de Moussoul. « —Je le veux bien, dit-il au faux marchand ; mais, ajouta-t-il, à une condition que vous vous engagerez de tenir avec serment : c'est de me faire la grâce de fermer la porte de ma chambre en sortant de chez moi, afin que le démon ne vienne pas me troubler la cervelle, comme il a fait la première fois. » — Le faux marchand promit tout. Ils se levèrent tous deux et ils prirent le chemin de la ville. Le calife, pour engager davantage Abou-Hassan : « — Prenez confiance en moi, lui dit-il ; je ne vous manquerai pas de parole, je vous le promets en homme d'honneur. Après cela, vous ne devez point hésiter à mettre votre assurance en une personne comme moi, qui vous souhaite toutes sortes de biens et de prospérités, et dont vous verrez les effets.

« — Je ne vous demande pas cela, repartit Abou-Hassan en s'arrêtant tout court : je me rends de bon cœur à vos importunités, mais je vous dispense de vos souhaits, et je vous supplie, au nom de Dieu, de ne m'en faire aucun. Tout le mal qui m'est arrivé jusqu'à présent n'a pris sa source, avec la porte ouverte, que de ceux que vous m'avez déjà faits.

« — Eh bien, répliqua le calife en riant en lui-même de l'imagination toujours blessée de Abou-Hassan, puisque vous le voulez ainsi, vous serez obéi, et je promets de ne vous en jamais faire.

« — Vous me faites plaisir de me parler ainsi, lui dit Abou-Hassan, et je ne vous demande pas autre chose. Je serai trop content pourvu que vous teniez votre parole. Je vous tiens quitte de tout le reste. »

Abou-Hassan et le calife suivi de son esclave, en s'entretenant ainsi, approchaient insensiblement du rendez-vous. Le jour commençait à finir lorsqu'ils arrivèrent à la porte d'Abou-Hassan. Aussitôt il appela sa mère et se fit apporter de la lumière. Il pria le calife de prendre place sur le sofa, et il se mit près de lui. En peu de temps le souper fut servi sur la table qu'on avait approchée près d'eux. Ils mangèrent sans cérémonie. Quand ils eurent achevé, la mère d'Abou-Hassan vint desservir, mit le fruit sur la table, et le vin avec les tasses près de son fils. Ensuite elle se retira et ne parut pas davantage.

Abou-Hassan commença à se verser du vin le premier, et en versa ensuite au calife. Ils burent chacun cinq ou six coups en s'entretenant de choses indifférentes. Quand le calife vit que Abou-Hassan commençait à s'échauffer, il le mit sur le chapitre de ses amours, et lui demanda s'il n'avais jamais aimé.

« — Mon frère, répondit familièrement Abou-Hassan, qui croyait parler à son hôte comme à son égal, je n'ai jamais regardé l'amour, ou le mariage, si vous voulez, que comme une servitude à laquelle j'ai eu toujours de la répugnance à me soumettre ; et, jusqu'à présent, je vous avouerai que je n'ai aimé que la table, la bonne chère, et surtout le bon vin ; en un mot, qu'à me bien divertir et à m'entretenir agréablement avec des amis. Je ne vous assure pourtant pas que je fusse indifférent pour le mariage ni incapable d'attachement, si je pouvais rencontrer une femme de la beauté et de la belle humeur de celles que je vis en songe cette nuit fatale que je vous reçus ici la première fois, et que, pour mon malheur, vous laissâtes la porte de ma chambre ouverte ; qui voulût bien passer les soirées à boire avec moi, qui sût chanter, jouer des instruments et m'entretenir agréablement, qui ne s'étudiât enfin qu'à me plaire et à me divertir : je crois, au contraire, que je changerais toute mon indifférence en un parfait attachement pour une telle personne, et que je croirais vivre très-heureux avec elle. Mais où trouver une femme telle que je viens de vous la dépeindre, ailleurs que dans le palais du commandeur des croyants, chez le grand vizir Giafar, ou chez les seigneurs de la cour les plus puissants, à qui l'or et l'argent ne manquent pas pour s'en pourvoir ? J'aime donc mieux m'en tenir à la bouteille : c'est un plaisir à peu de frais qui m'est commun avec eux. » — En disant ces paroles, il prit sa tasse et il se versa du vin. « — Prenez votre tasse, que je vous en verse aussi, dit-il au calife, et continuons de goûter un plaisir si charmant. »

Quand le calife et Abou-Hassan eurent bu : « — C'est grand dommage, reprit le calife, qu'un aussi galant homme que vous êtes, qui n'est pas indifférent pour l'amour, mène une vie si solitaire et si retirée.

« — Je n'ai pas de peine, repartit Abou-Hassan, à préférer la vie tranquille que vous voyez que je mène, à la compagnie d'une femme qui ne serait peut-être pas d'une beauté à me plaire, et qui d'ailleurs me causerait mille chagrins par ses imperfections et par sa mauvaise humeur. »

Ils poussèrent entre eux la conversation assez loin sur ce sujet, et le calife, qui vit Abou-Hassan au point où il le désirait : « — Laissez-moi faire, lui dit-il : puisque vous avez le bon goût de tous les honnêtes gens, je veux vous trouver votre fait, et il ne vous en coûtera rien. » — À l'instant, il prit la bouteille et la tasse d'Abou-Hassan, dans laquelle il jeta adroitement une pincée de la poudre dont il s'était déjà servi, lui versa une rasade, et, en lui présentant la tasse : « — Prenez, continua-t-il, et buvez d'avance à la santé de cette belle qui doit faire le bonheur de votre vie : vous en serez content. »

Abou-Hassan prit la tasse en riant, et en branlant la tête : « — Vaille que vaille, dit-il, puisque vous le voulez ; je ne saurais commettre une incivilité envers vous, ni désobliger un hôte de votre mérite pour une chose de si peu de conséquence ; je vais donc boire à la santé de cette belle que vous me promettez, quoique, content de mon sort, je ne fasse aucun fondement sur votre promesse. »

Abou-Hassan n'eut pas plutôt bu la rasade, qu'un profond assoupissement s'empara de ses sens, comme les deux autres fois, et le calife fut encore le maître de disposer de lui à sa volonté. Il dit aussitôt à l'esclave qu'il avait amené de prendre Abou-Hassan et de l'apporter au palais. L'esclave l'enleva, et le calife, qui n'avait pas dessein de renvoyer Abou-Hassan comme la première fois, ferma la porte de la chambre en sortant.

L'esclave suivit avec sa charge, et quand le calife fut arrivé au palais, il fit coucher Abou-Hassan sur un sofa dans le quatrième salon d'où il l'avait fait reporter chez lui, assoupi et endormi, il y avait un mois. Avant de le laisser dormir, il commanda qu'on lui mît le même habit dont il avait été revêtu par son ordre pour lui faire faire le personnage du calife ; ce qui fut fait en sa présence. Ensuite il commanda à chacun de s'aller coucher, et ordonna au chef et aux autres officiers des eunuques, aux officiers de la chambre, aux musiciennes et aux mêmes dames qui s'étaient trouvées dans ce salon lorsqu'il avait bu le dernier verre de vin qui lui avait causé l'assoupissement, de se trouver sans faute le lendemain, à la pointe du jour, à son réveil, et il enjoignit à chacun de bien faire son personnage.

Le calife alla se coucher après avoir fait avertir Mesrour de venir l'éveiller avant qu'on entrât dans le salon, afin qu'il se plaçât dans le même cabinet où il s'était déjà caché.

Mesrour ne manqua pas d'éveiller le calife précisément à l'heure qu'il lui avait marquée. Il se fit habiller promptement et sortit pour se rendre au salon où Abou-Hassan dormait encore. Il trouva les officiers des eunuques, ceux de la chambre, les dames et les musiciennes à la porte, qui attendaient son arrivée. Il leur dit en peu de mots quelle était son intention, puis il entra et alla se placer dans le cabinet fermé de jalousies. Mesrour, tous les autres officiers, les dames et les musiciennes entrèrent après lui, et se rangèrent autour du sofa sur lequel Abou-Hassan était couché, de manière qu'ils n'empêchaient pas le calife de le voir et de remarquer toutes ses actions.

Les choses ainsi disposées, dans le temps que la poudre du calife eut fait son effet, Abou-Hassan s'éveilla sans ouvrir les yeux, et il jeta un peu de pituite, qui fut reçue dans un petit bassin d'or,

comme la première fois. Dans ce moment, les sept chœurs de musiciennes mêlèrent leurs voix touchantes au son des hautbois, des flûtes douces et des autres instruments, et firent entendre un concert très agréable.

La surprise d'Abou-Hassan fut extrême quand il entendit une musique si harmonieuse. Il ouvrit les yeux, et elle redoubla lorsqu'il aperçut les dames et les officiers qui l'environnaient et qu'il crut reconnaître. Le salon où il se trouvait lui parut le même que celui qu'il avait vu dans son premier rêve. Il y remarquait la même illumination, le même ameublement et les mêmes ornements.

Le concert cessa afin de donner lieu au calife d'être attentif à la contenance de son nouvel hôte et à tout ce qu'il pourrait dire dans sa surprise. Les dames, Mesrour et tous les officiers de la chambre en gardant un grand silence, demeurèrent chacun dans leur place avec un grand respect. « — Hélas! s'écria Abou-Hassan en se mordant les doigts et si haut que le calife l'entendit avec joie, me voilà retombé dans le même songe et dans la même illusion qu'il y a un mois! Je n'ai qu'à m'attendre encore une fois aux coups de nerf de bœuf, à l'hôpital des fous et à la cage de fer. Dieu tout-puissant, ajouta-t-il, je me remets entre les mains de votre divine providence. C'est un malhonnête homme que j'ai reçu chez moi hier au soir qui est la cause de cette illusion et des peines que j'en pourrai souffrir. Le traître, et le perfide qu'il est, m'avait promis avec serment qu'il fermerait la porte de ma chambre en sortant de chez moi; mais il ne l'a pas fait et le diable est entré, qui me bouleverse la cervelle par ce maudit songe de commandeur des croyants et par tant d'autres fantômes dont il me fascine les yeux. Que Dieu te confonde, Satan, et puisses-tu être accablé sous une montagne de pierres! »

Après ces dernières paroles, Abou-Hassan ferma les yeux et demeura recueilli en lui-même, l'esprit fort embarrassé. Un moment après, il les ouvrit, et en les jetant de côté et d'autre sur tous les objets qui se présentaient à sa vue : « — Grand Dieu! s'écria-t-il encore une fois avec moins d'étonnement et en souriant, je me remets entre les mains de votre providence; préservez-moi de la tentation de Satan. » — Puis en refermant les yeux : « — Je sais, continua-t-il, ce que je ferai : je vais dormir jusqu'à ce que Satan me quitte et s'en retourne par où il est venu quand je devrais attendre jusqu'à midi. »

On ne lui donne pas le temps de se rendormir, comme il venait de se le proposer. Force des Cœurs, une des dames qu'il avait vues la première fois, s'approcha de lui, et en s'asseyant sur le bord du sofa : « — Commandeur des croyants, lui dit-elle respectueusement, je supplie Votre Majesté de me pardonner si je prends la liberté de l'avertir de ne pas se rendormir, mais de faire des efforts pour se réveiller et se lever, parce que le jour commence à paraître. — Retire-toi, Satan! dit Abou-Hassan en entendant cette voix. » — Puis en regardant Force des Cœurs : « — Est-ce moi, lui dit-il, que vous appelez commandeur des croyants? Vous me prenez pour un autre certainement.

— C'est à Votre Majesté, reprit Force des Cœurs, que je donne ce titre, qui lui appartient comme au souverain de tout ce qu'il y a au monde de musulmans, dont je suis très humblement esclave, et à qui j'ai l'honneur de parler. Votre Majesté veut se divertir sans doute, ajouta-t-elle, en faisant semblant de s'être oubliée elle-même, à moins que ce ne soit un reste de quelque songe fâcheux. Mais si elle veut bien ouvrir les yeux, les nuages qui peuvent lui troubler l'imagination se dissiperont, et elle verra qu'elle est dans son palais, environnée de ses officiers et de toutes tant que nous sommes de ses esclaves, prêtes à lui rendre nos services ordinaires. Au reste, Votre Majesté ne doit pas s'étonner de se voir dans ce salon et non pas dans son lit : elle s'endormit hier si subitement que nous ne voulûmes pas l'éveiller pour la conduire jusqu'à sa chambre, et nous nous contentâmes de la coucher commodément sur ce sofa. »

Force des Cœurs dit tant d'autres choses à Abou-Hassan, qui lui parurent vraisemblables, qu'enfin il se mit sur son séant. Il ouvrit les yeux et il la reconnut, de même que Bouquet de Perles et les autres dames qu'il avait vues. Alors elles s'approchèrent toutes ensemble, et Force des Cœurs, en reprenant la parole : « — Commandeur des croyants et vicaire du Prophète en terre, dit-elle, Votre Majesté aura pour agréable que nous l'avertissions encore qu'il est temps qu'elle se lève ; voilà le jour qui paraît.

« — Vous êtes des fâcheuses et des importunes, reprit Abou-Hassan en se frottant les yeux ; je ne suis pas commandeur des croyants, je suis Abou-Hassan, je le sais bien, et vous ne me persuaderez pas le contraire. — Nous ne connaissons pas l'Abou-Hassan dont Votre Majesté nous parle, reprit Force des Cœurs : nous ne voulons pas même le connaître : nous connaissons Votre Majesté pour le commandeur des croyants, et elle ne nous persuadera jamais qu'elle ne le soit pas. »

Abou-Hassan jetait les yeux de tous côtés, et se trouvait comme enchanté de se voir dans le même salon où il s'était déjà trouvé ; mais il attribuait tout cela à un songe pareil à celui qu'il avait eu, et dont il craignait les suites fâcheuses. « — Dieu me fasse miséricorde ! s'écria-t-il en élevant les mains et les yeux comme un homme qui ne sait où il en est : je me remets entre ses mains. Après ce que je vois, je ne puis douter que le diable, qui est entré dans ma chambre, ne m'obsède et ne trouble mon imagination de toutes ces visions. » — Le calife, qui le voyait et qui venait d'entendre toutes ses exclamations, se mit à rire de si bon cœur, qu'il eut bien de la peine à s'empêcher d'éclater.

Abou-Hassan cependant s'était recouché, et il avait refermé les yeux. « — Commandeur des croyants, lui dit aussitôt Force des Cœurs, puisque Votre Majesté ne se lève pas, après l'avoir avertie qu'il est jour, selon notre devoir, et qu'il est nécessaire qu'elle vaque aux affaires de l'empire dont le gouvernement lui est confié, nous userons de la permission qu'elle nous a donnée en pareil cas. » — En même temps, elle le prit par un bras et elle appela les autres dames, qui lui aidèrent à le faire sortir du lit, et le portèrent pour ainsi dire, jusqu'au milieu du salon, où elles le mirent sur son séant. Elles se prirent ensuite chacune par la main, et elles dansèrent et sautèrent autour de lui, au son de tous les instruments et de tous les tambours de basque, que l'on faisait retentir sur sa tête et autour de ses oreilles.

Abou-Hassan se trouva dans une perplexité d'esprit inexprimable. « — Serais-je véritablement calife et commandeur des croyants? » — se disait-il à lui-même. Enfin, dans l'incertitude où il était, il voulait dire quelque chose, mais le grand bruit de tous les instruments l'empêchait de se faire entendre. Il fit signe à Bouquet de Perles et à Étoile du Matin, qui se tenaient par la main en dansant autour de lui, qu'il voulait parler. Aussitôt elles firent cesser la danse et les instruments, et elles s'approchèrent de lui.
« — Ne mentez pas, leur dit-il fort ingénument, et dites-moi dans la vérité qui je suis.

« — Commandeur des croyants, répondit Étoile du Matin, Votre Majesté veut nous surprendre en nous faisant cette demande, comme si elle ne savait pas elle-même qu'elle est le commandeur des croyants et le vicaire en terre du prophète de Dieu, maître de l'un et de l'autre monde, de ce monde où nous sommes et du monde à venir après la mort. Si cela n'était pas, il faudrait qu'un songe extraordinaire lui eût fait oublier ce qu'elle est. Il pourrait bien en être quelque chose, si l'on considère que Votre Majesté a dormi cette nuit plus longtemps qu'à l'ordinaire. Néanmoins, si Votre Majesté veut bien me le permettre, je la ferai ressouvenir de ce qu'elle fit hier dans la journée. » — Elle lui raconta donc son entrée au conseil, le châtiment de l'iman et des quatre vieillards par le juge de police, le présent d'une bourse de pièces d'or envoyée par son vizir à la mère d'un nommé Abou-Hassan; ce qu'il fit dans l'intérieur de son palais et ce qui se passa aux trois repos qui lui furent servis dans les trois salons, jusqu'au dernier, « — où Votre Majesté, continua-t-elle en s'adressant à lui, après nous avoir fait mettre à table à ses côtés, nous fit l'honneur d'entendre nos chansons et de recevoir du vin de nos mains, jusqu'au moment que Votre Majesté s'endormit de la manière que Force des Cœurs vient de le raconter. Depuis ce temps Votre Majesté, contre sa coutume, a toujours dormi d'un profond sommeil jusqu'à présent qu'il est jour. Bouquet de Perles, toutes les autres esclaves et tous les officiers qui sont ici certifieront la même chose. Ainsi que Votre Majesté se mette donc en état de faire sa prière, car il en est temps.

« — Bon ! bon ! reprit Abou-Hassan en branlant la tête ; vous m'en feriez bien accroire si je voulais vous écouter. Et moi, continua-t-il, je vous dis que vous êtes toutes des folles et que vous avez perdu l'esprit. C'est cependant un grand dommage, car vous êtes de jolies personnes. Apprenez que depuis que je vous ai vues, je suis allé chez moi, que j'y ai fort maltraité ma mère, qu'on m'a mené à l'hôpital des fous, où je suis resté malgré moi plus de trois semaines, pendant lesquelles le concierge n'a manqué de me régaler chaque jour de cinquante coups de nerf de bœuf. Et vous voudriez que tout cela fût un songe ! Vous vous moquez.

« — Commandeur des croyants, repartit Étoile du Matin, nous sommes prêtes, toutes tant sommes, de jurer, par ce que Votre Majesté a de plus cher, que tout ce qu'elle nous dit n'est qu'un songe. Elle n'est pas sortie de ce salon depuis hier, et elle n'a pas cessé d'y dormir toute la nuit jusqu'à présent. »

La confiance avec laquelle cette dame assurait à Abou-Hassan que tout ce qu'elle lui disait était véritable, et qu'il n'était point sorti du salon depuis qu'il y était entré, le mit encore une fois dans un état à ne savoir que croire de ce qu'il était et de ce qu'il voyait. Il demeura un espace de temps abîmé dans ses pensées. « — O ciel ! disait-il en lui-même, suis-je Abou-Hassan ? suis-je commandeur des croyants ? Dieu tout-puissant, éclairez mon entendement, faites-moi connaître la vérité, afin que je sache à quoi m'en tenir. » — Il découvrit ensuite ses épaules, encore toutes livides des coups qu'il avait reçus en les montrant aux dames : « — Voyez, leur dit-il, et jugez si de pareilles blessures peuvent venir en songe ou en dormant. A mon égard, je puis vous assurer qu'elles ont été très réelles, et la douleur que j'en ressens encore m'en est sûr garant, qui ne me permet pas d'en douter. Si cela néanmoins m'est arrivé en dormant, c'est la chose du monde la plus extraordinaire et la plus étonnante, et je vous avoue qu'elle me passe. »

Dans l'incertitude où était Abou-Hassan de son état, il appela un des officiers du calife qui était près de lui : « — Approchez-vous, dit-il, et mordez-moi le bout de l'oreille, que je juge si je dors ou si je veille. » — L'officier s'approcha, lui prit le bout de l'oreille entre les dents, et le serra si fort que Abou-Hassan fit un cri effroyable.

A ce cri, tous les instruments de musique jouèrent en même temps, et les dames et les officiers se mirent à danser, à chanter et à sauter autour d'Abou-Hassan avec un si grand bruit, qu'il entra dans une espèce d'enthousiasme qui lui fit faire mille folies. Il se mit à chanter comme les autres. Il déchira le bel habit de calife dont on l'avait revêtu. Il jeta par terre le bonnet qu'il avait sur la tête, et nu, en chemise et en caleçon, il se leva brusquement et se jeta entre deux dames, qu'il prit par la main, et se mit à danser et à sauter avec tant d'action, de mouvement et de contorsions bouffonnes et divertissantes, que le calife ne put se tenir dans l'endroit où il était. La plaisanterie subite d'Abou-Hassan le fit rire avec tant d'éclat qu'il se laissa aller à la renverse et se fit entendre par-dessus tout le bruit des instruments de musique et des tambours de basque. Il fut si longtemps sans pouvoir se retenir, que peu s'en fallut qu'il ne s'en trouvât incommodé. Enfin, il se releva et il ouvrit la jalousie. Alors, en avançant la tête et en riant toujours : « — Abou-Hassan, Abou-Hassan, s'écria-t-il, veux-tu donc me faire mourir à force de rire ? »

A la voix du calife tout le monde se tut et le bruit cessa. Abou-Hassan s'arrêta comme les autres et tourna la tête du côté qu'elle s'était fait entendre. Il reconnut le calife et en même temps le marchand de Moussoul. Il ne se déconcerta pas pour cela ; au contraire, il comprit dans ce moment qu'il était bien éveillé, et que tout ce qui lui était arrivé était très réel et non pas un songe. Il entra dans la plaisanterie et dans l'intention du calife. « — Ha ! ha ! s'écria-t-il en le regardant avec assurance, vous voilà donc, marchand de Moussoul ! Quoi ! vous vous plaignez que je vous fais mourir, vous qui êtes cause des mauvais traitements que j'ai faits à ma mère et ceux que j'ai reçus pendant un long temps à l'hôpital des fous ! vous qui avez si fort maltraité l'iman de la mosquée de mon quartier et les quatre cheiks mes voisins ! (car ce n'est pas moi, je m'en lave les mains !) vous qui m'avez causé tant de peines d'esprit et tant de traverses! Enfin, n'est-ce pas vous qui êtes l'agresseur, et ne suis-je pas l'offensé?

— Tu as raison, Abou-Hassan, répondit le calife en continuant de rire; mais pour te consoler et pour te dédommager de toutes tes peines, je suis prêt, et j'en prends Dieu à témoin, à te faire, à ton choix, telle réparation que tu voudras m'imposer.

En achevant ces paroles, le calife descendit du cabinet et entra dans le salon. Il se fit apporter un de ses plus beaux habits, et commanda aux dames de faire la fonction des officiers de la chambre, et d'en revêtir Abou-Hassan. Quand elles l'eurent habillé : « — Tu es mon frère, lui dit le calife en l'embrassant; demande-moi tout ce qui peut te faire plaisir, je te l'accorderai.

— Commandeur des croyants, reprit Abou-Hassan, je supplie Votre Majesté de me faire la grâce de m'apprendre ce qu'elle a fait pour me démonter ainsi le cerveau, et quel a été son dessein. Cela m'importe présentement plus que toute autre chose, pour remettre entièrement mon esprit dans son assiette ordinaire. »

Le calife voulut bien donner cette satisfaction à Abou-Hassan. « — Tu dois savoir premièrement, lui dit-il, que je me déguise assez souvent, et particulièrement la nuit, pour connaître par moi-même si tout est dans l'ordre dans la ville de Bagdad. Et comme je suis bien aise de savoir aussi ce qui se passe aux environs, je me suis fixé un jour, qui est le premier de chaque mois, pour faire un grand tour au dehors, tantôt d'un côté, tantôt de l'autre, et je reviens toujours par le pont. Je revenais de faire ce tour le soir que tu m'invitas à souper chez toi. Dans notre entretien, tu me marquas que la seule chose que tu désirais, c'était d'être calife et commandeur des croyants l'espace de vingt-quatre heures seulement, pour mettre à la raison l'iman de la mosquée de ton quartier et les quatre cheiks ses conseillers. Ton désir me parut très propre pour me donner un sujet de divertissement, et, dans cette vue, j'imaginai sur-le-champ le moyen de te procurer la satisfaction que tu désirais. J'avais sur moi de la poudre qui fait dormir, du moment qu'on la prise, à ne pouvoir se réveiller qu'au bout d'un certain temps. Sans que tu t'en aperçusses, j'en jetai une dose dans la dernière tasse que je te présentai, et tu bus. Le sommeil te prit dans le moment, et je te fis enlever et emporter à mon palais par mon esclave, après avoir laissé la porte de ta chambre ouverte en sortant. Il n'est pas nécessaire de te dire ce qui t'arriva dans mon palais à ton réveil et pendant la journée jusqu'au soir,

Abou Hassan se jeta entre deux dames qu'il prit par la main et se mit à danser avec tant d'action..... (P. 274).

où, après avoir été bien régalé par mon ordre, une de mes esclaves, qui te servait, jeta une autre dose de la même poudre dans le dernier verre qu'elle te présenta et que tu bus. Le grand assoupissement te prit aussitôt, et je fis reporter chez toi par le même esclave qui t'avait apporté, avec ordre de laisser encore la porte de ta chambre ouverte en sortant. Tu m'as raconté toi-même tout ce qui t'est arrivé le lendemain et les jours suivants. Je ne m'étais pas imaginé que tu dusses souffrir autant que tu as souffert en cette occasion. Mais, comme je m'y suis déjà engagé envers toi, je ferai toutes choses pour te consoler et te donner lieu d'oublier tous tes maux. Vois donc ce que je puis faire pour te faire plaisir, et demande-moi hardiment ce que tu souhaites.

« — Commandeur des croyants, reprit Abou-Hassan, quelque grands que soient les maux que j'ai soufferts, ils sont effacés de ma mémoire du moment que j'apprends qu'ils me sont venus de la part de mon souverain seigneur et maître. A l'égard de la générosité dont Votre Majesté s'offre de me faire sentir les effets avec tant de bonté, je ne doute nullement de sa parole irrévocable. Mais comme l'intérêt n'a jamais eu d'empire sur moi, puisqu'elle me donne cette liberté, la grâce que j'ose lui demander, c'est de me donner assez d'accès près de sa personne pour avoir le bonheur d'être toute ma vie l'admirateur de sa grandeur. »

Ce dernier témoignage du désintéressement d'Abou-Hassan acheva de lui mériter toute l'estime du calife. « — Je te sais bon gré de ta demande, lui dit le calife ; je te l'accorde avec l'entrée libre dans mon palais à toute heure, en quelque endroit que je me trouve. » — En même temps, il lui assigna un logement dans le palais ; et à l'égard de ses appointements, il lui dit qu'il ne voulait pas qu'il eût affaire à ses trésoriers, mais à sa personne même, et sur-le-champ il lui fit donner par son trésorier particulier une bourse de mille pièces d'or. Abou-Hassan fit de profonds remerciments au calife, qui le quitta pour aller tenir conseil, selon sa coutume.

Abou-Hassan prit ce temps-là pour aller au plus tôt informer sa mère de tout ce qui se passait, et lui apprendre sa bonne fortune. Il lui fit connaître que tout ce qui lui était arrivé n'était point un songe, qu'il avait été calife, et qu'il en avait réellement fait les fonctions pendant un jour entier et reçu véritablement les honneurs ; qu'elle ne devait pas douter de ce qu'il disait, puisqu'il en avait eu la confirmation de la propre bouche du calife lui-même.

La nouvelle de l'histoire d'Abou-Hassan ne tarda guère à se répandre dans toute la ville de Bagdad; elle passa même dans les provinces voisines, et de là dans les plus éloignées, avec les circonstances toutes singulières et divertissantes dont elle avait été accompagnée.

La nouvelle faveur d'Abou-Hassan le rendait extrêmement assidu auprès du calife. Comme il était naturellement de bonne humeur et qu'il faisait naître la joie partout où il se trouvait, par

ses bons mots et par ses plaisanteries, le calife ne pouvait guère se passer de lui, et il ne faisait aucune partie de divertissement sans l'y appeler; il le menait même quelquefois chez Zobéide son épouse, à qui il avait raconté son histoire, qui l'avait extrêmement divertie. Zobéide le goûtait assez, mais elle remarqua que toutes les fois qu'il accompagnait le calife chez elle, il avait toujours les yeux sur une de ses esclaves appelée Nouzhat-Oulaoudat : c'est pourquoi elle résolut d'en avertir le calife. « — Commandeur des croyants, dit un jour la princesse au calife, vous ne remarquez peut-être pas comme moi que toutes les fois que Abou-Hassan vous accompagne ici, il ne cesse d'avoir les yeux sur Nouzhat-Oulaoudat, et il ne manque jamais de la faire rougir. Vous ne doutez point que ce ne soit une marque certaine qu'elle ne le hait pas. C'est pourquoi, si vous m'en croyez nous ferons un mariage de l'un et de l'autre.

« — Madame, reprit le calife, vous me faites souvenir d'une chose que je devrais avoir déjà faite. Je sais le goût d'Abou-Hassan sur le mariage par lui-même, et je lui avais toujours promis de lui donner une femme dont il aurait tout sujet d'être content. Je suis bien aise que vous m'en ayez parlé, et je ne sais comment la chose m'était échappée de la mémoire. Mais il vaut mieux que Abou-Hassan ait suivi son inclination par le choix qu'il a fait lui-même. D'ailleurs, puisque Nouzhat-Oulaoudat ne s'en éloigne pas, nous ne devons point hésiter sur ce mariage. Les voilà l'un et l'autre, ils n'ont qu'à déclarer s'ils y consentent. »

Abou-Hassan se jeta aux pieds du calife et de Zobéide pour leur marquer combien il était sensible aux bontés qu'ils avaient pour lui. « — Je ne puis, dit-il en se relevant, recevoir une épouse de meilleures mains ; mais je n'ose espérer que Nouzhat-Oulaoudat veuille me donner la sienne d'aussi bon cœur que je suis prêt à lui donner la mienne. » — En achevant ces paroles, il regarda l'esclave de la princesse, qui témoigna assez de son côté, par son silence respectueux et par la rougeur qui lui montait au visage, qu'elle était toute disposée à suivre la volonté du calife et de Zobéide sa maîtresse.

Le mariage se fit, et les noces furent célébrées dans le palais avec de grandes réjouissances qui durèrent plusieurs jours. Zobéide se fit un point d'honneur de faire de riches présents à son esclave pour faire plaisir au calife, et le calife, de son côté, en considération de Zobéide, en usa de même envers Abou-Hassan.

La mariée fut conduite au logement que le calife avait assigné à Abou-Hassan, son mari, qui l'attendait avec impatience. Il la reçut au bruit de tous les instruments de musique et des chœurs de musiciens et de musiciennes du palais, qui faisaient retentir l'air du concert de leurs voix et de leurs instruments.

Plusieurs jours se passèrent en fêtes et en réjouissances accoutumées dans ces sortes d'occasions, après lesquels on laissa les nouveaux mariés en paix. Abou-Hassan et sa nouvelle épouse étaient charmés l'un de l'autre. Ils vivaient dans une union si parfaite que, hors le temps qu'ils employaient à faire leur cour, l'un au calife, et l'autre à la princesse Zobéide, ils étaient toujours ensemble et ne se quittaient point. Il est vrai que Nouzhat-

Oulaoudat avait toutes les qualités d'une femme capable de donner de l'amour et de l'attachement à Abou-Hassan, puisqu'elle était selon les souhaits sur lesquels il s'était expliqué au calife, c'est-à-dire en état de lui tenir tête à table. Avec ces dispositions, ils ne pouvaient manquer de passer ensemble leur temps très agréablement. Aussi leur table était-elle toujours mise et couverte, à chaque repas, des mets les plus délicats et les plus friands, qu'un traiteur avait soin de leur apprêter et de leur fournir. Le buffet était toujours chargé du vin le plus exquis, et disposé de manière qu'il était à la portée de l'un et de l'autre lorsqu'ils étaient à table. Là, ils jouissaient d'un agréable tête-à-tête, et s'entretenaient de

mille plaisanteries qui leur faisaient faire des éclats de rire plus ou moins grands, selon qu'ils avaient mieux ou moins bien rencontré à dire quelque chose capable de les réjouir. Le repas du soir était particulièrement consacré à la joie. Ils ne s'y faisaient servir que des fruits excellents, des gâteaux et des pâtes d'amandes, et à chaque coup de vin qu'ils buvaient, ils s'excitaient l'un et l'autre par quelques chansons nouvelles, qui fort souvent étaient des impromptu faits à propos et sur le sujet dont ils s'entretenaient. Ces chansons étaient quelquefois accompagnées d'un luth ou de quelque autre instrument dont ils savaient toucher l'un et l'autre.

Abou-Hassan et Nouzhat-Oulaoudat passèrent ainsi un assez long espace de temps à faire bonne chère et à se bien divertir. Ils ne s'étaient jamais mis en peine de leur dépense de bouche, et le traiteur qu'ils avaient choisi pour cela avaient fait les avances. Il était juste qu'il reçût quelque argent : c'est pourquoi il leur présenta le mémoire de ce qu'il avait avancé. La somme se trouva très forte. On y ajouta celle à quoi pouvait monter la dépense déjà faite en habits de noces des plus riches étoffes pour l'un et pour l'autre, et en joyaux de très grand prix pour la mariée ; et la somme se trouva si excessive qu'ils s'aperçurent, mais trop tard, que de tout l'argent qu'ils avaient reçu des bienfaits du calife et de la princesse Zobéide en considération de leur mariage, il ne leur restait précisément que ce qu'il fallait pour y satisfaire. Cela leur fit faire de grandes réflexions sur le passé, qui ne remédiaient point au mal présent. Abou-Hassan fut d'avis de payer le traiteur, et sa femme y consentit. Ils le firent venir et lui payèrent tout ce qu'ils lui devaient, sans rien témoigner de l'embarras où ils allaient se trouver sitôt qu'ils auraient fait ce payement.

Le traiteur se retira fort content d'avoir été payé en belles pièces d'or à fleur de coin : on n'en voyait pas d'autres dans le palais du calife. Abou-Hassan et Nouzhat-Oulaoudat ne le furent guère d'avoir vu le fond de leur bourse. Ils demeurèrent dans un grand silence, les yeux baissés, et fort embarrassés de l'état où ils se voyaient réduits dès la première année de leur mariage.

Abou-Hassan se souvenait bien que le calife, en le retenant dans son palais, lui avait promis de ne le laisser manquer de rien. Mais quand il considérait qu'il avait prodigué en si peu de temps les largesses de sa main libérale, outre qu'il n'était pas d'humeur à demander, il ne voulait pas aussi s'exposer à la honte de déclarer au calife le mauvais usage qu'il en avait fait et le besoin où il était d'en recevoir de nouvelles. D'ailleurs, il avait abandonné son bien de patrimoine à sa mère sitôt que le calife l'avait retenu près de sa personne, et il était fort éloigné de recourir à la bourse de sa mère, à qui il aurait fait connaître par ce procédé qu'il était retombé dans le même désordre qu'après la mort de son père.

De son côté, Nouzhat-Oulaoudat, qui regardait les libéralités de Zobéide et la liberté qu'elle lui avait accordée en la mariant comme une récompense plus que suffisante de ses services et de son attachement, ne croyait pas être en droit de lui rien demander davantage.

Abou-Hassan rompit enfin le silence, et en regardant Nouzhat-Oulaoudat avec un visage ouvert : « — Je vois bien, lui dit-il, que vous êtes dans le même embarras que moi et que vous cherchez quel parti nous devons prendre dans une aussi fâcheuse conjoncture que celle-ci, où l'argent vient de nous manquer tout à coup, sans que nous l'ayons prévu. Je ne sais quel peut être votre sentiment : pour moi, quoi qu'il puisse arriver, mon avis n'est pas de retrancher la moindre chose de notre dépense ordinaire, et je crois que de votre côté vous ne m'en dédirez pas. Le point est de trouver le moyen d'y fournir sans avoir la bassesse d'en demander, ni moi au calife, ni vous à Zobéide, et je crois l'avoir trouvé. Mais, pour cela, il faut que nous nous aidions l'un l'autre. »

Ce discours d'Abou-Hassan plut beaucoup à Nouzhat-Oulaoudat et lui donna quelque espérance. « — Je n'étais pas moins occupée que vous de cette pensée, lui dit-elle, et si je ne m'en expliquais pas, c'est que je n'y voyais aucun remède. Je vous avoue que l'ouverture que vous venez de me faire me fait le plus grand plaisir du monde. Mais, puisque vous avez trouvé le moyen que vous dites et que mon secours vous est nécessaire pour y réussir, vous n'avez qu'à me dire ce qu'il faut que je fasse, et vous verrez que je m'y emploierai de mon mieux.

« — Je m'attendais bien, reprit Abou-Hassan, que vous ne me manqueriez pas dans cette affaire, qui vous touche autant que moi. Voici donc le moyen que j'ai imaginé pour faire en sorte que l'argent ne nous manque pas dans le besoin que nous en avons, au moins pour quelque temps. Il consiste dans une petite tromperie que nous ferons, moi au calife, et vous à Zobéide, et qui, je m'assure, les divertira et ne nous sera pas infructueuse. Je vais vous dire quelle est la tromperie que j'entends : c'est que nous mourions tous deux.

« — Que nous mourions tous deux ! interrompit Nouzhat-Oulaoudat. Mourez, si vous voulez, tout seul : pour moi, je ne suis pas lasse de vivre, et je ne prétends pas, ne vous en déplaise, mourir encore sitôt. Si vous n'avez pas d'autre moyen à me proposer que celui-là, vous pouvez l'exécuter vous-même, car je vous assure que je ne m'en mêlerai point.

« — Vous êtes femme, repartit Abou-Hassan, je veux dire d'une vivacité et d'une promptitude surprenantes; à peine me donnez-vous le temps de m'expliquer. Écoutez-moi donc un moment avec patience, et vous verrez après cela que vous voudrez bien mourir de la même mort dont je prétends mourir moi-même. Vous jugez bien que je n'entends pas parler d'une mort véritable, mais d'une mort feinte.

« — Ah! bon pour cela, interrompit encore Nouzhat-Oulaoudat; dès qu'il ne s'agira que d'une mort feinte, je suis à vous; vous pouvez compter sur moi, vous serez témoin du zèle avec lequel je vous seconderai à mourir de cette manière, car, pour vous le dire franchement, j'ai une répugnance invincible à vouloir mourir sitôt, de la manière que je l'entendais tantôt.

« — Eh bien, vous serez satisfaite, continua Abou-Hassan. Voici comme je l'entends pour réussir en ce que je me propose. Je vais faire le mort. Aussitôt vous prendrez un linceul et vous m'ensevelirez comme si je l'étais effectivement. Vous me mettrez au milieu de la chambre à la manière accoutumée, avec le turban posé sur le visage, et les pieds tournés du côté de la Mecque, tout prêt à être porté au lieu de la sépulture. Quand tout sera ainsi disposé, vous ferez les cris et verserez les larmes ordinaires en de pareilles occasions, en déchirant vos habits et vous arrachant les cheveux, ou du moins en feignant de vous les arracher, et vous irez toute en pleurs, et les cheveux épars, vous présenter à Zobéide. La princesse voudra savoir le sujet de vos larmes, et dès que vous l'en aurez informée par vos paroles entrecoupées de sanglots, elle ne manquera pas de vous plaindre et de vous faire présent de quelque somme d'argent pour aider à faire les frais de mes funérailles, et d'une pièce de brocart pour me servir de drap mortuaire, afin de rendre mon enterrement plus magnifique, et pour vous faire un habit à la place de celui qu'elle verra déchiré. Aussitôt que vous serez de retour avec cet argent et cette pièce de brocart, je me lèverai du milieu de la chambre et vous vous mettrez à ma place. Vous ferez la morte, et après vous avoir ensevelie, j'irai de mon côté faire auprès du calife le même personnage que vous aurez fait chez Zobéide. Et j'ose me promettre que le calife ne sera pas moins libéral à mon égard que Zobéide l'aura été envers vous. »

Quand Abou-Hassan eut achevé d'expliquer sa pensée sur ce qu'il avait projeté : — Je crois que la tromperie sera fort divertissante, reprit aussitôt Nouzhat-Oulaoudat, et je serai fort trompée si le calife et Zobéide ne nous en savent bon gré. Il s'agit présentement de la bien conduire. A mon égard, vous pouvez me laisser faire, je m'acquitterai de mon rôle pour le moins aussi bien que je m'attends que vous vous acquitterez du vôtre, et avec d'autant plus de zèle et d'attention que j'aperçois comme vous le grand avantage que nous en devons remporter. Ne perdons point de temps. Pendant que je prendrai le linceul, mettez-vous en chemise et en caleçon ; je sais ensevelir aussi bien que qui que ce soit, car lorsque j'étais au service de Zobéide et que quelque esclave de mes compagnes venait à mourir, j'avais toujours la commission de l'ensevelir. »

Abou-Hassan ne tarda guère à faire ce que Nouzhat-Oulaoudat lui avait dit. Il s'étendit sur le dos tout de son long sur le linceul qui avait été mis sur le tapis de pied au milieu de la chambre, croisa ses bras et se laissa envelopper, de manière qu'il semblait qu'il n'y avait qu'à le mettre dans une bière et l'emporter pour être enterré. Sa femme lui tourna les pieds du côté de la Mecque, lui couvrit le visage d'une mousseline des plus fines et mit son turban par-dessus, de manière qu'il avait la respiration libre. Elle se décoiffa ensuite, et, les larmes aux yeux, les cheveux pendants et épars, en faisant semblant de se les arracher, avec de grands cris, elle se frappait les joues et se donnait de grands coups sur la poitrine, avec toutes les marques d'une vive douleur. En cet équipage, elle sortit et traversa une cour fort spacieuse pour se rendre à l'appartement de la princesse Zobéide.

Nouzhat-Oulaoudat faisait des cris si perçants que Zobéide les entendit de son appartement. Elle commanda à ses femmes esclaves, qui étaient alors auprès d'elle, de voir d'où pouvaient venir ces plaintes et ces cris qu'elle entendait. Elles coururent vite aux jalousies, et revinrent avertir Zobéide que c'était Nouzhat-Oulaoudat qui s'avançait tout éplorée. Aussitôt la princesse, impatiente de savoir ce qui pouvait lui être arrivé, se leva et alla au-devant d'elle jusqu'à la porte de son antichambre.

Nouzhat-Oulaoudat joua ici son rôle en perfection. Dès qu'elle eut aperçu Zobéide, qui tenait elle-même la portière de son antichambre entr'ouverte, et qui l'attendait, elle redoubla ses cris en s'avançant, s'arracha les cheveux à pleines mains, se frappa les joues et la poitrine plus fortement, et se jeta à ses pieds en les baignant de ses larmes.

Zobéide, étonnée de voir son esclave dans une affliction si extraordinaire, lui demanda ce qu'elle avait et quelle disgrâce lui était arrivée.

Au lieu de répondre, la fausse affligée continua ses sanglots quelque temps, en feignant de se faire violence pour les retenir. « — Hélas! ma très honorée dame et maîtresse, s'écria-t-elle enfin avec des paroles entrecoupées de sanglots, quel malheur plus grand et plus funeste pouvait-il m'arriver que celui qui m'oblige de venir me jeter aux pieds de Votre Majesté dans la disgrâce extrême où je suis réduite! Que Dieu prolonge vos jours dans une santé parfaite, ma très respectable princesse, et vous donne de longues et heureuses années! Abou-Hassan, le pauvre Abou-Hassan, que vous avez honoré de vos bontés et que vous m'aviez donné pour époux, avec le commandeur des croyants, ne vit plus. »

En achevant ces dernières paroles, Nouzhat-Oulaoudat redoubla ses larmes et ses sanglots, et se jeta encore aux pieds de la princesse. Zobéide fut extrêmement surprise de cette nouvelle. « — Abou-Hassan est mort! s'écria-t-elle, cet homme si plein de santé, si agréable et si divertissant! En vérité, je ne m'attendais pas d'apprendre sitôt la mort d'un homme comme celui-là, qui promettait une plus longue vie et qui la méritait si bien! » — Elle ne put s'empêcher d'en marquer sa douleur par ses larmes. Ses femmes esclaves qui l'accompagnaient, et qui avaient eu plusieurs fois leur part des plaisanteries d'Abou-Hassan quand il était admis aux entretiens familiers de Zobéide et du calife, témoignèrent aussi par leurs pleurs leurs regrets de sa perte et la part qu'elles y prenaient.

Zobéide, ses femmes esclaves et Nouzhat-Oulaoudat demeurèrent un temps considérable, le mouchoir devant les yeux, à pleurer et à jeter des soupirs de cette prétendue mort. Enfin la princesse Zobéide rompit le silence. « — Méchante! s'écria-t-elle en s'adressant à la fausse veuve, c'est peut-être toi qui est cause de sa mort. Tu lui auras donné tant de sujets de chagrin, par ton humeur fâcheuse, qu'enfin tu seras venue à bout de le mettre au tombeau! »

Nouzhat-Oulaoudat témoigna recevoir une grande mortification

du reproche que Zobéide lui faisait. « — Ah! madame, s'écria-t-elle, je ne crois pas avoir jamais donné à Votre Majesté, pendant tout le temps que j'ai eu le bonheur d'être son esclave, le moindre sujet d'avoir une opinion si désavantageuse de ma conduite envers un époux qui m'a été si cher. Je m'estimerais la plus malheureuse de toutes les femmes si vous en étiez persuadée. J'ai chéri Abou-Hassan comme une femme doit chérir un mari qu'elle aime passionnément, et je puis dire sans vanité que j'ai eu toute la tendresse qu'il méritait que j'eusse pour lui par toutes les complaisances raisonnables qu'il avait pour moi, et qui m'étaient un témoignage qu'il ne m'aimait pas moins tendrement. Je suis persuadée qu'il me justifierait pleinement là-dessus dans l'esprit de Votre Majesté s'il était encore au monde. Mais, madame, ajouta-t-elle en renouvelant ses larmes, son heure était venue, et c'est la cause unique de sa mort. »

Zobéide, en effet, avait toujours remarqué dans son esclave une même égalité d'humeur, une douceur qui ne se démentait jamais, une grande docilité, et un zèle en tout ce qu'elle faisait pour son service, qui marquait qu'elle le faisait plutôt par inclination que par devoir. Ainsi elle n'hésita point à l'en croire sur sa parole, et elle commanda à sa trésorière d'aller prendre dans son trésor une bourse de cent pièces de monnaie d'or et une pièce de brocart.

La trésorière revint bientôt avec la bourse et la pièce de brocart, qu'elle mit, par ordre de Zobéide, entre les mains de Nouzhat-Oulaoudat.

En recevant ce beau présent, elle se jeta aux pieds de la princesse et lui en fit ses très humbles remerciments, avec une grande satisfaction dans l'âme d'avoir si bien réussi. « — Va, lui dit Zobéide ; fais servir la pièce de brocart de drap mortuaire sur la bière de ton mari, et emploie l'argent à lui faire des funérailles honorables et dignes de lui. Après cela, modère les transports de ton affliction, j'aurai soin de toi. »

Nouzhat-Oulaoudat ne fut pas plutôt hors de la présence de Zobéide qu'elle essuya ses larmes avec une grande joie et retourna au plus tôt rendre compte à Abou-Hassan du bon succès de son rôle.

En rentrant, Nouzhat-Oulaoudat fit un grand éclat de rire en retrouvant Abou-Hassan au même état qu'elle l'avait laissé, c'est-à-dire enseveli au milieu de la chambre. « — Levez-vous, lui dit-elle toujours en riant, et venez voir le fruit de la tromperie que j'ai faite à Zobéide. Nous ne mourrons pas de faim aujourd'hui. »

Abou-Hassan se leva promptement et se réjouit fort avec sa femme en voyant la bourse et la pièce de brocart.

Nouzhat-Oulaoudat était si aise d'avoir si bien réussi dans la tromperie qu'elle venait de faire à la princesse, qu'elle ne pouvait contenir sa joie. « — Ce n'est pas assez, dit-elle à son mari en riant : je veux faire la morte à mon tour, et voir si vous serez assez habile pour en tirer autant du calife que j'ai fait de Zobéide.

« — Voilà justement le génie des femmes, reprit Abou-Hassan ; on a bien raison de dire qu'elles ont toujours la vanité de croire qu'elles font plus que les hommes, quoique le plus souvent elles ne fassent rien de bien que par leur conseil. Il ferait beau voir que je n'en fisse pas au moins autant que vous auprès du calife, moi qui suis l'inventeur de la fourberie. Mais ne perdons pas de temps en discours inutiles. Faites la morte comme moi, et vous verrez si je n'aurai pas le même succès. »

Abou-Hassan ensevelit sa femme, la mit au même endroit qu'il était, lui tourna les pieds du côté de la Mecque, et sortit de sa chambre tout en désordre, le turban mal accommodé, comme un homme qui est dans une grande affliction. En cet état, il alla chez le calife, qui tenait alors un conseil particulier avec le grand vizir

Giafar et d'autres vizirs en qui il avait le plus de confiance. Il se présenta à la porte, et l'huissier, qui savait qu'il avait les entrées libres, lui ouvrit. Il entra, le mouchoir d'une main devant les yeux pour cacher les larmes feintes qu'il laissait couler en abondance, en se frappant la poitrine de l'autre à grands coups, avec des exclamations qui exprimaient l'excès d'une grande douleur.

Le calife, qui était accoutumé à voir Abou-Hassan avec un

visage toujours gai et qui n'inspirait que la joie, fut fort surpris de le voir paraître devant lui en un si triste état. Il interrompit l'attention qu'il donnait à l'affaire dont on parlait dans son conseil pour lui demander la cause de sa douleur.

« — Commandeur des croyants, répondit Abou-Hassan avec des sanglots et des soupirs réitérés, il ne pouvait m'arriver un plus grand malheur que celui qui fait le sujet de mon affliction. Que Dieu laisse vivre Votre Majesté sur le trône qu'elle remplit si glorieusement! Nouzhat-Oulaoudat, qu'elle m'avait donné en mariage par sa bonté, pour passer le reste de mes jours avec elle. Hélas!... »

A cette exclamation, Abou-Hassan fit semblant d'avoir le cœur si pressé, qu'il n'en fit pas davantage et fondit en larmes.

Le calife, qui comprit qu'Abou-Hassan venait lui annoncer la mort de sa femme, en parut extrêmement touché. « — Dieu lui fasse miséricorde! dit-il d'un air qui marquait combien il la regrettait : c'était une bonne esclave, et nous te l'avions donnée, Zobéide et moi, dans l'intention de te faire plaisir. Elle méritait de vivre plus longtemps. » — Alors les larmes lui coulèrent des yeux, et il fut obligé de prendre son mouchoir pour les essuyer.

La douleur d'Abou-Hassan et les larmes du calife attirèrent celles du grand vizir Giafar et des autres vizirs. Ils pleurèrent tous la mort de Nouzhat-Oulaoudat, qui de son côté était dans une grande impatience d'apprendre comment Abou-Hassan aurait réussi.

Le calife eut la même pensée du mari que Zobéide avait eue de la femme, et il s'imagina qu'il était peut-être la cause de sa mort. « — Malheureux, lui dit-il d'un ton d'indignation, n'est-ce pas toi qui as fait mourir ta femme par tes mauvais traitements? Ah! je n'en fais aucun doute. Tu devais au moins avoir quelque considération pour la princesse Zobéide, mon épouse, qui l'aimait plus que ses autres esclaves, et qui a bien voulu s'en priver pour te l'abandonner. Voilà une belle marque de ta reconnaissance!

« Commandeur des croyants, répondit Abou-Hassan en faisant semblant de pleurer plus amèrement qu'auparavant. Votre Majesté peut-elle avoir un seul moment la pensée qu'Abou-Hassan, qu'elle a comblé de ses grâces et de ses bienfaits et à qui elle a fait des honneurs auxquels il n'eût jamais osé aspirer, ait pu être capable d'une si grande ingratitude! J'aimais Nouzhat-Oulaoudat, mon épouse, autant par tous ces endroits-là que par tant d'autres belles qualités qu'elle avait et qui étaient cause que j'ai toujours eu pour elle tout l'attachement, toute la tendresse et tout l'amour qu'elle méritait. Mais, seigneur, ajouta-t-il, elle devait mourir, et Dieu n'a pas voulu me laisser jouir plus longtemps d'un bonheur que je tenais des bontés de Votre Majesté et de Zobéide, sa chère épouse. »

Enfin Abou-Hassan sut dissimuler si parfaitement sa douleur par toutes les marques d'une véritable affection, que le calife, qui d'ailleurs n'avait pas entendu dire qu'il eût fait mauvais ménage avec sa femme, ajouta foi à tout ce qu'il lui dit et ne douta plus de la sincérité de ses paroles. Le trésorier du palais était présent, et le calife lui commanda d'aller au trésor et de donner à Abou-Hassan une bourse de cent pièces de monnaie d'or avec une belle pièce de brocart. Abou-Hassan se jeta aussitôt aux pieds du calife pour lui marquer sa reconnaissance et le remercier de son présent. « — Suis le trésorier, lui dit le calife; la pièce de brocart est pour servir de drap mortuaire à la défunte, et l'argent pour lui faire des obsèques dignes d'elle. Je m'attends bien que tu lui donneras ce dernier témoignage de ton amour. »

Abou-Hassan ne répondit à ces paroles obligeantes du calife que par une profonde inclination, en se retirant. Il suivit le trésorier, et aussitôt que la bourse et la pièce de brocart lui eurent été mises entre les mains, il retourna chez lui, très content et bien satisfait en lui-même d'avoir trouvé si promptement et si facilement de quoi suppléer à la nécessité où il s'était trouvé, et qui lui avait causé tant d'inquiétudes.

Nouzhat-Oulaoudat, fatiguée d'avoir été si longtemps dans une si grande contrainte, n'attendit pas qu'Abou-Hassan lui dit de quitter la triste situation où elle était. Aussitôt qu'elle entendit ouvrir la porte, elle courut à lui. « — Eh bien, lui dit-elle, le calife a-t-il été aussi facile à se laisser tromper que Zobéide ?

— Vous voyez, répondit Abou-Hassan en plaisantant et en lui montrant la bourse et la pièce de brocart, que je ne sais pas moins bien faire l'affligé pour la mort d'une femme qui se porte bien, que vous la pleureuse pour celle d'un mari qui est plein de vie. »

Abou-Hassan cependant se doutait bien que cette double tromperie ne manquerait pas d'avoir des suites. C'est pourquoi il prévint sa femme autant qu'il put sur tout ce qui pourrait en arriver, afin d'agir de concert. « — Car, ajouta-t-il, mieux nous réussirons à jeter le calife et Zobéide dans quelque sorte d'embarras, plus ils auront de plaisir à la fin, et peut-être nous témoigneront-ils leur satisfaction par quelques nouvelles marques de leur libéralité. » Cette dernière considération fut celle qui les encouragea plus qu'aucune autre à porter la feinte aussi loin qu'il leur serait possible.

Quoiqu'il y eût encore beaucoup d'affaires à régler dans le conseil qui se tenait, le calife néanmoins, dans l'impatience d'aller chez la princesse Zobéide lui faire son compliment de condoléance sur la mort de son esclave, se leva peu de temps après le départ d'Abou-Hassan, et remit le conseil à un autre jour. Le grand vizir et les autres vizirs prirent congé et se retirèrent.

Dès qu'ils furent partis, le calife dit à Mesrour, le chef des eunu-

ques de son palais, qui était presque inséparable de sa personne, et qui d'ailleurs était de tous ses conseils : « — Suis-moi et viens prendre part comme moi à la douleur de la princesse sur la mort de Nouzhat-Oulaoudat, son esclave. »

Ils allèrent ensemble à l'appartement de Zobéide. Quand le calife fut à la porte, il entr'ouvrit la portière et il aperçut la princesse assise sur le sofa, fort affligée et les yeux encore tout baignés de larmes.

Le calife entra, et en s'avançant vers Zobéide : « — Madame, lui dit-il, il n'est pas encore nécessaire de vous dire combien je prends part à votre affliction, puisque vous n'ignorez pas que je suis aussi sensible à ce qui vous fait de la peine que je le suis à tout ce qui vous fait plaisir. Mais nous sommes tous mortels, et nous devons rendre à Dieu la vie qu'il nous a donnée quand il nous la demande. Nouzhat-Oulaoudat, votre esclave fidèle, avait véritablement des qualités qui lui ont fait mériter votre estime, et j'approuve fort que vous lui en donniez encore des marques après sa mort. Considérez cependant que vos regrets ne lui redonneront pas la vie. Ainsi, madame, si vous voulez m'en croire et si vous m'aimez, vous vous consolerez de cette perte et prendrez plus de soin d'une vie que vous savez m'être très précieuse et qui fait tout le bonheur de la mienne. »

Si la princesse fut charmée des tendres sentiments qui accompagnaient le compliment du calife, elle fut d'ailleurs très étonnée d'apprendre la mort de Nouzhat-Oulaoudad, à quoi elle ne s'attendait pas. Cette nouvelle la jeta dans une telle surprise, qu'elle demeura quelque temps sans pouvoir répondre. Son étonnement redoublait d'entendre une nouvelle si opposée à celle qu'elle venait d'apprendre, et lui ôtait la parole. Elle se remit, et en la reprenant enfin : « — Commandeur des croyants, dit-elle d'un air et d'un ton qui marquaient son étonnement, je suis très sensible à tous les tendres sentiments que vous marquez avoir pour moi, mais permettez-moi de dire que je ne comprends rien à la nouvelle que vous m'apprenez de la mort de mon eslave : elle est en parfaite santé. Dieu nous conserve, vous et moi, seigneur : si vous me voyez affligéee, c'est de la mort d'Abou-Hassan, son mari, votre favori, que j'estimais autant par la considération que vous aviez pour lui que parce que vous avez eu la bonté de me le faire connaître, et qu'il m'a quelquefois divertie assez agréablement. Mais, seigneur, l'insensibilité où je vous vois de sa mort, et l'oubli que vous en témoignez en si peu de temps, après les témoignages que vous m'avez donnés à moi-même du plaisir que vous aviez de l'avoir auprès de vous, m'étonnent et me surprennent. Et cette insensibilité paraît davantage par le change que vous me voulez donner en m'annonçant la mort de mon esclave pour la sienne. »

Le calife, qui croyait être parfaitement bien informé de la mort de l'esclave, et qui avait sujet de le croire par ce qu'il avait vu et entendu, se mit à rire et à hausser les épaules d'entendre ainsi parler Zobéide. « — Mesrour, dit-il en se tournant de son côté et lui adressant la parole, que dis-tu du discours de la princesse ? N'est-il pas vrai que les dames ont quelquefois des absences d'esprit qu'on ne peut que difficilement pardonner ? Car enfin tu as vu et entendu aussi bien que moi. » — En se tournant du côté de Zobéide : « — Madame, dit-il ne versez plus de larmes pour la mort d'Abou-Hassan, il se porte bien. Pleurez plutôt la mort de votre chère esclave : il n'y a qu'un moment que son mari est venu dans mon appartement, tout en pleurs, et dans une affliction qui m'a fait de la peine, m'annoncer la mort de sa femme. Je lui ai fait donner une bourse de cent pièces d'or, avec une pièce de brocart, pour aider à le consoler et à faire les funérailles de sa défunte. » — Ce discours du calife ne parut pas à la princesse un discours sérieux ; elle crut qu'il lui en voulait faire accroire. « — Commandeur des croyants, reprit-elle, quoique ce soit votre coutume de railler, je vous dirai que ce n'est pas ici l'occasion de le faire. Ce que je vous dis est très sérieux. Il ne s'agit plus de la mort de mon esclave, mais de la mort d'Abou-Hassan, son mari, dont je plains le sort, et que vous devriez plaindre avec moi.

« — Et moi, madame repartit le calife en prenant son plus grand sérieux, je vous dis sans raillerie que vous vous trompez. C'est Nouzhat-Oulaoudat qui est morte, et Abou-Hassan est vivant et plein de santé. »

Zobéide fut piquée de la repartie sèche du calife. « — Commandeur des croyants, répliqua-t-elle d'un ton vif, Dieu vous préserve de demeurer plus longtemps en cette erreur, vous me feriez croire que votre esprit n'est pas dans son assiette ordinaire. Permettez-moi de vous répéter encore que c'est Abou-Hassan qui est mort, et que Nouzhat-Oulaoudat, mon esclave, veuve du défunt, est pleine de vie. Il n'y a pas plus d'une heure qu'elle est sortie d'ici. Elle y était venue toute désolée et dans un état qui seul aurait été capable de me tirer des larmes quand même elle ne m'aurait point appris, au milieu de mille sanglots, le juste sujet de son affliction. Toutes mes femmes en ont pleuré avec moi, et elles peuvent vous en rendre un témoignage assuré. Elles vous diront aussi que je lui ai fait présent d'une bourse de cent pièces d'or et d'une pièce de brocart. Et la douleur que vous avez remarquée sur mon visage, en entrant, était autant causée par la mort de son mari que par la désolation où je venais de la voir. J'allais même vous envoyer faire mon compliment de condoléance dans le moment que vous êtes entré. »

A ces paroles de Zobéide : « — Voilà, madame, une obstination bien étrange ! s'écria le calife avec un grand éclat de rire. Et moi je vous dis, continua-t-il en reprenant son sérieux, que c'est Nouzhat-Oulaoudat qui est morte. — Non, vous dis-je, seigneur, reprit Zobéide à l'instant et aussi sérieusement, c'est Abou-Hassan qui est mort ; vous ne me ferez pas accroire ce qui n'est pas. »

De colère le feu monta au visage du calife ; il s'assit sur le sofa assez loin de la princesse, et en s'adressant à Mesrour : « — Va voir tout à l'heure, lui dit-il, qui est mort de l'un ou de l'autre, et viens me dire incessamment ce qui en est. Quoique je sois très-certain que c'est Nouzhat-Oulaoudat qui est morte, j'aime mieux néanmoins prendre cette voie que de m'opiniâtrer davantage sur une chose qui m'est parfaitement connue. »

Le calife n'avait pas achevé que Mesrour était parti. « — Vous verrez, continua-t-il en s'adressant à Zobéide, dans un moment, qui a raison de vous ou de moi.

« — Pour moi, reprit Zobéide, je sais bien que la raison est de mon côté, et vous verrez vous-même que c'est Abou-Hassan qui est mort comme je l'ai dit.

« — Et moi, repartit le calife, je suis si certain que c'est Nouzhat-Oulaoudat, que je suis prêt à gager contre vous ce que vous voudrez, qu'elle n'est plus au monde, et que Abou-Hassan se porte bien.

« — Ne pensez pas le prendre par là, répliqua Zobéide, j'accepte la gageure. Je suis si persuadée de la mort d'Abou-Hassan, que je gage volontiers ce que je puis avoir de plus cher contre ce que vous voudrez, de quelque peu de valeur qu'il soit. Vous n'ignorez pas ce que j'ai en ma disposition ni ce que j'aime le plus, selon mon inclination. Vous n'avez qu'à choisir et à proposer, je m'y tiendrai, de quelque conséquence que la chose soit pour moi.

« — Puisque cela est ainsi, dit alors le calife, je gage donc mon jardin des Délices contre votre palais de peintures : l'un vaut bien l'autre.

« — Il ne s'agit pas de savoir, reprit Zobéide, si votre jardin vaut mieux que mon palais : nous n'en sommes pas là-dessus. Il s'agit que vous ayez choisi ce qui vous a plu de ce qui m'appartient pour équivalent de ce que vous gagez de votre côté : je m'y tiens, et la gageure est arrêtée. Je ne serai pas la première à m'en dédire, j'en prends Dieu à témoin. »

Le calife fit le même serment, et ils en demeurèrent là en attendant le retour de Mesrour.

Pendant que le calife et Zobéide contestaient si vivement, et avec tant de chaleur, sur la mort d'Abou-Hassan ou de Nouzhat-Oulaoudat, Abou-Hassan, qui avait prévu leur démêlé à ce sujet, était fort attentif à tout ce qui pourrait en arriver. D'aussi loin qu'il aperçut Mesrour, au travers de la jalousie contre laquelle il était assis en s'entretenant avec sa femme, et qu'il eut remarqué qu'il venait droit à leur logis, il comprit aussitôt à quel dessein il était envoyé. Il dit à sa femme de faire la morte encore une fois, comme ils en étaient convenus, et de ne pas perdre de temps.

En effet, le temps pressait, et c'est tout ce qu'Abou-Hassan put faire avant l'arrivée de Mesrour que d'ensevelir sa femme et

d'étendre sur elle la pièce de brocart que le calife lui avait fait donner. Ensuite il ouvrit la porte de son logis, et le visage triste et abattu, en tenant son mouchoir devant ses yeux, il s'assit à la tête de la prétendue défunte.

A peine eut-il achevé, que Mesrour se trouva dans sa chambre. Le spectacle funèbre qu'il aperçut d'abord lui donna une joie secrète, par rapport à l'ordre dont le calife l'avait chargé. Sitôt que Abou-Hassan l'aperçut, il s'avança au-devant de lui, et en lui baisant la main par respect : « — Seigneur, dit-il en soupirant et en gémissant, vous me voyez dans la plus grande affliction qui pouvait jamais m'arriver, par la mort de Nouzhat-Oulaoudat, ma chère épouse, que vous honoriez de vos bontés. »

Mesrour fut attendri à ce discours, et il ne lui fut pas possible de refuser quelques larmes à la mémoire de la défunte. Il leva un peu le drap mortuaire du côté de la tête pour lui voir le visage, qui était à découvert, et en le laissant aller, après l'avoir seulement entrevu : « — Il n'y a pas d'autre Dieu que Dieu, dit-il avec un soupir profond ; nous devons nous soumettre tous à sa volonté, et toute créature doit retourner à lui. Nouzhat-Oulaoudat, ma bonne sœur, ajouta-t-il en soupirant, ton destin a été de bien peu de durée : Dieu te fasse miséricorde ! » — Il se tourna ensuite du côté d'Abou-Hassan, qui fondait en larmes : « — Ce n'est pas sans raison, lui dit-il, que l'on dit que les femmes sont quelquefois dans des absences d'esprit qu'on ne peut pardonner. Zobéide, toute ma bonne maîtresse qu'elle est, est dans ce cas-là. Elle a voulu soutenir au calife que c'était vous qui étiez mort et non votre femme, et quelque chose que le calife lui ait pu dire au contraire pour la persuader, en lui assurant même la chose très sérieusement, il n'a jamais pu y réussir. Il m'a même pris à témoin pour lui rendre témoignage de cette vérité et la lui confirmer, puisque, comme vous le savez, j'étais présent quand vous êtes venu lui apprendre cette nouvelle affligeante ; mais tout cela n'a servi de rien. Ils en sont même venus à des obstinations l'un contre l'autre, qui n'auraient pas fini si le calife, pour convaincre Zobéide, ne s'était avisé de m'envoyer vers vous pour en savoir encore la vérité. Mais je crains fort de ne pas réussir ; car, de quelque biais qu'on puisse prendre aujourd'hui les femmes pour leur faire entendre les choses, elles sont d'une opiniâtreté insurmontable quand une fois elles sont prévenues d'un sentiment contraire.

« — Que Dieu conserve le commandeur des croyants dans la possession et dans le bon usage de son rare esprit ! reprit Abou-Hassan, toujours les larmes aux yeux et avec des paroles entrecoupées de sanglots. Vous voyez ce qui en est et que je n'en ai pas imposé à Sa Majesté. Et plût à Dieu ! s'écria-t-il pour mieux dissimuler, que je n'eusse pas eu l'occasion d'aller lui annoncer une nouvelle si triste et si affligeante ! Hélas ! ajouta-t-il, je ne puis assez exprimer la perte irréparable que je fais aujourd'hui. — Cela est vrai, reprit Mesrour, et je puis vous assurer que je prends beaucoup de part à votre affliction. Mais enfin il faut vous en consoler et ne vous point abandonner ainsi à votre douleur. Je vous quitte malgré moi pour m'en retourner vers le calife ; mais je vous demande en grâce, poursuivit-il, de ne pas faire enlever le corps que je ne sois revenu, car je veux assister à son enterrement et l'accompagner de mes prières. »

Mesrour était déjà sorti pour aller rendre compte de son message, quand Abou-Hassan, qui le conduisait jusqu'à la porte, lui marqua qu'il ne méritait pas l'honneur qu'il voulait lui faire. De crainte que Mesrour ne revînt sur ses pas pour lui dire quelque chose, il le conduisit de l'œil pendant quelque temps, et lorsqu'il le vit assez éloigné, il rentra chez lui. Et, débarrassant Nouzhat-Oulaoudat de tout ce qui l'enveloppait : « — Voilà déjà, lui disait-il, une nouvelle scène de jouée ; mais je m'imagine bien que ce ne sera pas la dernière, et certainement la princesse Zobéide ne s'en voudra pas tenir au rapport de Mesrour ; au contraire, elle s'en moquera. Elle a de trop fortes raisons pour y ajouter foi : ainsi nous devons nous attendre à quelque nouvel événement. » — Pendant ce discours d'Abou-Hassan, Nouzhat-Oulaoudat eut le temps de reprendre ses habits ; ils allèrent tous deux se remettre sur le sofa, contre la jalousie, pour tâcher de découvrir ce qui se passait.

Cependant Mesrour arriva chez Zobéide. Il entra dans son cabinet en riant et en frappant des mains, comme un homme qui avait quelque chose d'agréable à annoncer.

Le calife était naturellement impatient, il voulait être éclairci promptement de cette affaire : d'ailleurs il était vivement piqué au jeu par le défi de la princesse ; c'est pourquoi, dès qu'il vit Mesrour : « — Méchant esclave, s'écria-t-il, il n'est pas temps de rire. Tu ne dis mot. Parle hardiment : Qui est mort du mari ou de la femme ?

« — Commandeur des croyants, répondit aussitôt Mesrour en prenant un air sérieux, c'est Nouzhat-Oulaoudat qui est morte, et Abou-Hassan en est toujours aussi affligé qu'il l'a paru tantôt devant Votre Majesté. »

Sans donner le temps à Mesrour de poursuivre, le calife l'interrompit. « — Bonne nouvelle ! s'écria-t-il avec un grand éclat de rire ; il n'y a qu'un moment que Zobéide, ta maîtresse, avait à elle le palais des peintures : il est présentement à moi. Nous en avons fait la gageure contre mon jardin des Délices depuis que tu es parti. Ainsi, tu ne pouvais me faire un plus grand plaisir ; j'aurai soin de t'en récompenser. Mais laissons cela ; dis-moi de point en point ce que tu as vu.

« — Commandeur des croyants, poursuivit Mesrour, en arrivant chez Abou-Hassan, je suis entré dans sa chambre, qui était ouverte. Je l'ai trouvé toujours très affligé et pleurant la mort de Nouzhat-Oulaoudat, sa femme. Il était assis près de la tête de la défunte, qui était ensevelie au milieu de la chambre, les pieds tournés du côté de la Mecque, et couverte de la pièce de brocart dont Votre Majesté a tantôt fait présent à Abou-Hassan. Après lui avoir témoigné la part que je prenais à sa douleur, je me suis approché, et en levant le drap mortuaire du côté de la tête, j'ai reconnu Nouzhat-Oulaoudat, qui avait déjà le visage enflé et tout changé. J'ai exhorté du mieux que j'ai pu Abou-Hassan à se consoler, et en me retirant je lui ai marqué que je voulais me trouver à l'enterrement de sa femme et que je le priais d'attendre à faire enlever le corps que je fusse venu. Voilà tout ce que je puis dire à Votre Majesté sur l'ordre qu'elle m'a donné. »

Quand Mesrour eut achevé de faire son rapport : « — Je ne t'en demandais pas davantage, lui dit le calife en riant de tout son cœur, et je suis très content de ton exactitude. » — Et en s'adressant à la princesse Zobéide : « — Eh bien, madame, lui dit le calife, avez-vous encore quelque chose à dire contre une vérité si constante ? Croyez-vous toujours que Nouzhat-Oulaoudat soit vivante et que Abou-Hassan soit mort, et n'avouez-vous pas que vous avez perdu la gageure ? »

Zobéide ne demeura nullement d'accord que Mesrour eût rapporté la vérité. « — Comment, seigneur, reprit-elle, vous imaginez-vous donc que je m'en rapporte à cet esclave ? C'est un impertinent qui ne sait ce qu'il dit. Je ne suis ni aveugle ni insensée, j'ai vu de mes propres yeux Nouzhat-Oulaoudat dans sa plus grande affliction, je lui ai parlé moi-même et j'ai bien entendu ce qu'elle m'a dit de la mort de son mari.

« — Madame, reprit Mesrour, je vous jure par votre vie et par la vie du commandeur des croyants, choses au monde qui me sont les plus chères, que Nouzhat-Oulaoudat est morte et que Abou-Hassan est vivant. — Tu mens, esclave vil et méprisable, lui répliqua Zobéide tout en colère, et je veux te confondre tout à l'heure. »

— Aussitôt elle appela ses femmes en frappant des mains. Elles entrèrent à l'instant en grand nombre. « — Venez çà, leur dit la princesse, dites-moi la vérité : Qui est la personne qui est venue me parler peu de temps avant que le commandeur des croyants arrivât ici ? » — Les femmes répondirent toutes que c'était la pauvre affligée Nouzhat-Oulaoudat. « — Et vous, ajouta-t-elle en s'adressant à sa trésorière, que vous ai-je commandé de lui donner en se retirant ? — Madame, répondit la trésorière, j'ai donné à Nouzhat Oulaoudat, par l'ordre de Votre Majesté, une bourse de cent pièces de monnaie d'or et une pièce de brocart qu'elle a emportées avec elle. — Eh bien, malheureux, esclave indigne, dit alors Zobéide à Mesrour, dans une grande indignation, que dis-tu à tout ce que tu viens d'entendre ? Qui penses-tu présentement que je doive croire, ou de toi ou de ma trésorière, et de mes autres femmes et de moi-même ? »

Mesrour ne manquait pas de raisons à opposer au discours de la princesse ; mais comme il craignait de l'irriter encore davantage, il prit le parti de la retenue et demeura dans le silence, bien convaincu pourtant, par toutes les preuves qu'il en avait, que Nouzhat-Oulaoudat était morte, et non pas Abou-Hassan.

Pendant cette contestation entre Zobéide et Mesrour, le calife, qui avait vu les témoignages apportés de part et d'autre, dont chacun se faisait fort, et toujours persuadé du contraire de ce que disait la princesse, tant par ce qu'il avait vu lui-même en parlant à Abou-Hassan que par ce que Mesrour venait de lui rapporter, riait de tout son cœur de voir que Zobéide était si fort en colère contre Mesrour. « — Madame, pour le dire encore une fois, dit-il à Zobéide, je ne sais pas qui est celui qui a dit que les femmes avaient quelquefois des absences d'esprit ; mais vous voulez bien que je vous dise que vous faites voir qu'il ne pouvait rien dire de plus véritable. Mesrour vient tout franchement de chez Abou-Hassan, il vous dit qu'il a vu de ses propres yeux Nouzhat-Oulaoudat morte au milieu de la chambre, et Abou-Hassan vivant, assis auprès de la défunte, et nonobstant son témoignage, qu'on ne peut pas raisonnablement récuser, vous ne voulez pas le croire : c'est ce que je ne puis comprendre. »

Zobéide, sans vouloir entendre ce que le calife lui représentait : « — Commandeur des croyants, reprit-elle, pardonnez-moi si je vous tiens pour suspect. Je vois bien que vous êtes d'intelligence avec Mesrour pour me chagriner et pour pousser ma patience à bout. Et comme je m'aperçois que le rapport que Mesrour vous a fait est un rapport concerté avec vous, je vous prie de me laisser la liberté d'envoyer aussi quelque personne de ma part chez Abou-Hassan, pour savoir si je suis dans l'erreur. »

Le calife y consentit, et la princesse chargea sa nourrice de cette importante commission. C'était une femme fort âgée, qui était toujours restée près de Zobéide depuis son enfance, et qui était là présente parmi les autres femmes. « — Nourrice, lui dit-elle, écoute : va-t'en chez Abou-Hassan, ou plutôt chez Nouzhat-Oulaoudat, puisque Abou-Hassan est mort ; tu vois quelle est ma dispute avec le commandeur des croyants et avec Mesrour ; il n'est pas besoin de te rien dire davantage. Éclaire-toi de tout, et si tu me rapportes une bonne nouvelle, il y aura un beau présent pour toi. Va vite, et reviens incessamment. »

La nourrice partit, avec une grande joie du calife, qui était ravi de voir Zobéide dans cet embarras. Mais Mesrour, extrêmement mortifié de voir la princesse dans une si grande colère contre lui, cherchait les moyens de l'apaiser, et de faire en sorte que le calife et Zobéide fussent également contents de lui. C'est pourquoi il fut ravi dès qu'il vit que Zobéide prenait le parti d'envoyer sa nourrice chez Abou-Hassan, parce qu'il était persuadé que le rapport qu'elle lui ferait ne manquerait pas de se trouver conforme au sien, et qu'il servirait à le remettre dans ses bonnes grâces.

Abou-Hassan, cependant, qui était toujours en sentinelle à la jalousie, aperçut la nourrice d'assez loin. Il comprit d'abord que c'était un message de la part de Zobéide. Il appela sa femme, et sans hésiter un moment sur le parti qu'ils avaient à prendre : « — Voilà, lui dit-il, la nourrice de la princesse qui vient pour s'informer de la vérité ; c'est à moi à faire encore le mort à mon tour. »

Tout était préparé. Nouzhat-Oulaoudat ensevelit Abou-Hassan promptement, jeta par-dessus lui la pièce de brocart que Zobéide lui avait donnée, et lui mit son turban sur le visage. La nourrice, dans l'empressement où elle était de s'acquitter de sa commission était venue d'un assez bon pas. En entrant dans la chambre, elle aperçut Nouzhat-Oulaoudat assise à la tête d'Abou-Hassan, tout échevelée et tout en pleurs, qui se frappait les joues et la poitrine en jetant de grands cris.

Elle s'approcha de la fausse veuve : « — Ma chère Nouzhat-Oulaoudat, lui dit-elle d'un air fort triste, je ne viens pas ici pour troubler votre douleur ni vous empêcher de répandre des larmes pour un mari qui vous aimait si tendrement. — Ah ! bonne mère, interrompit pitoyablement la fausse veuve, vous voyez quelle est ma disgrâce et de quel malheur je me trouve accablée aujourd'hui par la perte de mon cher Abou-Hassan, que Zobéide, ma chère maîtresse et la vôtre, et le commandeur des croyants, m'avaient donné pour mari. Abou-Hassan, mon cher époux! s'écria-t-elle encore, que vous ai-je fait pour m'avoir abandonnée si promptement? N'ai-je pas toujours suivi vos volontés plutôt que les miennes? Hélas! que deviendra la pauvre Nouzhat-Oulaoudat? »

La nourrice était dans une surprise extrême de voir le contraire de ce que le chef des eunuques avait rapporté au calife. « — Ce visage noir de Mesrour, s'écria-t-elle avec exclamation en élevant les mains, mériterait bien que Dieu le confondît d'avoir excité une

si grande dissension entre ma bonne maîtresse et le commandeur des croyants, par un mensonge aussi insigne que celui qu'il leur a fait. Il faut, ma fille, dit-elle en s'adressant à Nouzhat-Oulaoudat, que je vous dise la méchanceté et l'imposture de ce vilain Mesrour, qui a soutenu à notre bonne maîtresse, avec une effronterie inconcevable, que vous étiez morte et que Abou-Hassan était vivant.

« — Hélas? ma bonne mère, s'écria alors Nouzhat-Oulaoudat, plût a Dieu qu'il eût dit vrai! je ne serais pas dans l'affliction où vous me voyez, et je ne pleurerais pas un époux qui m'était si cher. » — En achevant ces dernières paroles elle fondit en larmes, et elle marqua une plus grande désolation par le redoublement de ses pleurs et de ses cris.

La nourrice, attendrie par les larmes de Nouzhat-Oulaoudat, s'assit auprès d'elle, et, en les accompagnant des siennes, elle s'approcha insensiblement de la tête d'Abou-Hassan, souleva un peu son turban et lui découvrit le visage pour tâcher de le reconnaître. « — Ah! pauvre Abou-Hassan! dit-elle en le recouvrant aussitôt, je prie Dieu qu'il vous fasse miséricorde. Adieu, ma fille, dit-elle à Nouzhat-Oulaoudat; si je pouvais vous tenir compagnie plus longtemps, je le ferais de bon cœur, mais je ne puis m'arrêter davantage; mon devoir me presse d'aller incessamment délivrer notre bonne maîtresse de l'inquiétude affligeante où ce vilain noir l'a plongée par son impudent mensonge, en lui assurant, même avec serment, que vous étiez morte. »

A peine la nourrice de Zobéide eut fermé la porte en sortant, que Nouzhat-Oulaoudat, qui jugeait bien qu'elle ne reviendrait pas, tant elle avait hâte de rejoindre la princesse, essuya ses larmes, débarrassa aussitôt Abou-Hassan de tout ce qui était autour de lui, et ils allèrent tous deux reprendre leurs places sur le sofa, contre la jalousie, en attendant tranquillement la fin de cette tromperie, toujours prêts à se tirer d'affaire, de quelque côté qu'on voulut le prendre.

La nourrice de Zobéide, cependant, malgré sa grande vieillesse, avait pressé le pas en revenant encore plus qu'elle n'avait fait en allant. Le plaisir de porter à la princesse une bonne nouvelle, et plus encore l'espérance d'une bonne récompense, la firent arriver en peu de temps. Elle entra dans le cabinet de la princesse presque hors d'haleine, et en lui rendant compte de sa commission, elle raconta naïvement à Zobéide tout ce qu'elle venait de voir.

Zobéide écouta le rapport de sa nourrice avec un plaisir des plus sensibles, et elle le fit bien voir, car dès qu'elle eut achevé, elle dit à sa nourrice d'un ton qui marquait gain de cause : « — Raconte donc la même chose au commandeur des croyants, qui nous regarde comme dépourvues de bon sens, et qui, avec cela, voudrait nous faire accroire que nous n'avons aucun sentiment de religion, et que nous n'avons pas la crainte de Dieu. Dis-le à ce méchant esclave noir qui a l'insolence de me soutenir une chose qui n'est pas et que je sais mieux que lui. »

Mesrour, qui s'était attendu que le voyage de la nourrice et le rapport qu'elle ferait lui seraient favorables, fut vivement mortifié de ce qu'il avait réussi tout au contraire. D'ailleurs, il se trouvait piqué au vif de l'excès de la colère que Zobéide avait contre lui pour un fait dont il se croyait plus certain qu'aucun autre. C'est pourquoi il fut ravi d'avoir occasion de s'en expliquer librement avec la nourrice, plutôt qu'avec la princesse, à laquelle il n'osait répondre de crainte de perdre le respect. « — Vieille sans dents, dit-il à la nourrice sans aucun ménagement, tu es une menteuse, il n'est rien de tout ce que tu dis. J'ai vu de mes propres yeux Nouzhat-Oulaoudat étendue morte au milieu de sa chambre.

« — Tu es un menteur, et un insigne menteur toi-même, reprit la nourrice d'un ton insultant, d'oser soutenir une telle fausseté, à moi qui sors de chez Abou-Hassan, que j'ai vu étendu mort, et qui viens de quitter sa femme pleine de vie.

« — Je ne suis pas un imposteur, repartit Mesrour; c'est toi qui cherches à nous jeter dans l'erreur!

« — Voilà une grande effronterie, répliqua la nourrice, d'oser me démentir ainsi en présence de Leurs Majestés, moi qui viens de voir de mes propres yeux la vérité de ce que j'ai l'honneur de leur avancer!

« — Nourrice, repartit encore Mesrour, tu ferais mieux de ne point parler : tu radotes. »

Zobéide ne put supporter ce manquement de respect dans Mesrour, qui sans aucun égard traitait sa nourrice si injurieusement en sa présence. Aussi, sans donner le temps à sa nourrice de répondre à cette injure atroce : « — Commandeur des croyants, dit-elle au calife, je vous demande justice contre cette insolence, qui ne vous regarde pas moins que moi. » — Elle n'en put dire davantage, tant elle était outrée de dépit; le reste fut étouffé par ses larmes.

Le calife, qui avait entendu toute cette contestation, la trouva fort embarrassante. Il avait beau rêver, il ne savait que penser de toutes ces contrariétés. La princesse, de son côté, aussi bien que Mesrour, la nourrice et les femmes esclaves qui étaient là présentes, ne savaient que croire de cette aventure et gardaient le silence. Le calife enfin prit la parole : « — Madame, dit-il en s'adressant à Zobéide, je vois bien que nous sommes tous des menteurs, moi le premier, toi, Mesrour, et toi, nourrice; au moins il ne paraît pas que l'un soit plus croyable que l'autre : ainsi levons-nous et allons nous-mêmes sur les lieux reconnaître de quel côté est la vérité. Je ne vois pas un autre moyen de nous éclaircir de nos doutes et de nous mettre l'esprit en repos. »

En disant ces paroles, le calife se leva, la princesse le suivit, et

Mesrour, en marchant devant pour ouvrir la portière : « — Commandeur des croyants, dit-il, j'ai bien de la joie que Votre Majesté ait pris ce parti, et j'en aurai une bien plus grande quand j'aurai fait voir à la nourrice, non pas qu'elle radote, puisque cette expression a eu le malheur de déplaire à ma bonne maîtresse, mais que le rapport qu'elle lui a fait n'est pas véritable. »

La nourrice ne demeura pas sans réplique. « — Tais-toi, visage noir, reprit-elle ; il n'y a ici personne que toi qui puisse radoter. »

Zobéide, qui était extraordinairement outrée contre Mesrour, ne

put souffrir qu'il vînt encore à la charge contre sa nourrice. Elle prit encore son parti. « — Méchant esclave, lui dit-elle, quoi que tu puisses dire, je maintiens que ma nourrice a dit la vérité : pour toi, je ne te regarde que comme un menteur.

« — Madame, reprit Mesrour, si la nourrice est si fortement assurée que Nouzhat-Oulaoulat est vivante et que Abou-Hassan est mort, qu'elle gage donc quelque chose contre moi. Elle ne l'oserait. »

La nourrice fut prompte à la repartie. « — Je l'ose si bien, lui dit-elle, que je te prends au mot ; voyons si tu oseras t'en dédire. »

Mesrour ne se dédit pas de sa parole ; ils gagèrent, la nourrice et lui, en présence du calife et de la princesse, une pièce de brocart d'or à fleurons d'argent, au choix de l'un et de l'autre.

L'appartement d'où le calife et Zobéide sortirent, quoique assez éloigné, était néanmoins vis-à-vis du logement d'Abou-Hassan et de Nouzhat-Oulaoudat. Abou-Hassan, qui les aperçut venir précédés de Mesrour et suivis de la nourrice et de la foule des femmes de Zobéide, en avertit aussitôt sa femme, en lui disant qu'il était le plus trompé du monde s'ils n'allaient être honorés de leur visite. Nouzhat-Oulaoudat regarda aussi par la jalousie, et elle vit la même chose. Quoique son mari l'eût avertie d'avance que cela pourrait arriver, elle en fut néanmoins fort surprise. « — Que ferons-nous? s'écria-t-elle. Nous sommes perdus!

« — Point du tout, ne craignez rien, reprit Abou-Hassan de sang-froid. Avez-vous déjà oublié ce que nous avons dit là-dessus? Faisons seulement les morts, vous et moi, comme nous l'avons déjà fait séparément et comme nous en sommes convenus, et vous verrez que tout ira bien. Du pas dont ils viennent, nous serons accommodés avant qu'ils soient à la porte. »

En effet, Abou-Hassan et sa femme prirent le parti de s'envelopper du mieux qu'il leur fut possible, et en cet état, après qu'ils se furent mis au milieu de la chambre l'un près de l'autre, couverts chacun de leur pièce de brocart, ils attendirent en paix la belle compagnie qui leur venait rendre visite.

Cette illustre compagnie arriva enfin. Mesrour ouvrit la porte, et le calife et Zobéide entrèrent dans la chambre, suivis de tous leurs gens. Ils furent fort surpris, et ils demeurèrent comme immobiles à la vue du spectacle funèbre qui se présentait à leurs yeux. Chacun ne savait que penser d'un tel événement. Zobéide enfin rompit le silence. « — Hélas! dit-elle au calife, ils sont morts tous deux. Vous avez tant fait, continua-t-elle en regardant le calife et Mesrour, à force de vous opiniâtrer à me faire accroire que ma chère esclave était morte, qu'elle l'est en effet, et sans doute ce sera de douleur d'avoir perdu son mari. — Dites plutôt, madame, répondit le calife, prévenu du contraire, que Nouzhat-Oulaoudat est morte la première, et que c'est le pauvre Abou-Hassan qui a succombé à son affliction d'avoir vu mourir sa femme, votre chère esclave. Ainsi vous devez convenir que vous avez perdu la gageure, et que votre palais des peintres est à moi tout de bon.

« — Et moi, repartit Zobéide, animée par la contradiction du calife, je soutiens que vous avez perdu vous-même et que votre jardin des Délices m'appartient. Abou-Hassan est mort le premier, puisque ma nourrice vous a dit, comme à moi, qu'elle a vu sa femme vivante qui pleurait son mari mort. »

Cette contestation du calife et de Zobéide en attira une autre. Mesrour et la nourrice étaient dans le même cas; ils avaient aussi gagé, et chacun prétendait avoir gagné. La dispute s'échauffait violemment, et le chef des eunuques avec la nourrice étaient près d'en venir à de grosses injures.

Enfin le calife, en réfléchissant sur tout ce qui s'était passé, convenait tacitement que Zobéide n'avait pas moins de raison que lui

de soutenir qu'elle avait gagné. Dans le chagrin où il était de ne pouvoir démêler la vérité de cette aventure, il s'avança près des deux corps morts, et s'assit du côté de la tête, en cherchant en lui-même quelque expédient qui lui put donner la victoire sur Zobéide. « — Oui, s'écria-t-il un moment après, je jure par le saint nom de Dieu que je donnerai mille pièces d'or de ma monnaie à celui qui me dira qui est mort le premier des deux. »

A peine le calife eut achevé ces dernières paroles qu'il entendit une voix de dessous le brocart qui couvrait Abou-Hassan, qui lui cria : « — Commandeur des croyants, c'est moi qui suis mort le premier, donnez-moi les mille pièces d'or. » — Et en même temps il vit Abou-Hassan qui se débarrassait de la pièce de brocart qui le couvrait, et qui se prosterna à ses pieds. Sa femme se développa de même, et alla pour se jeter aux pieds de Zobéide, en se couvrant de sa pièce de brocart par bienséance. Mais Zobéide fit un grand cri, qui augmenta la frayeur de tous ceux qui étaient là présents. La princesse, enfin revenue de sa peur, se trouva dans une joie inexprimable de voir sa chère esclave ressuscitée presque dans le moment qu'elle était inconsolable de l'avoir vue morte. « — Ah ! méchante, s'écria-t-elle, tu est cause que j'ai bien souffert pour l'amour de toi en plus d'une manière. Je te le pardonne cependant de bon cœur, puisqu'il est vrai que tu n'es pas morte. »

Le calife, de son côté, n'avait pas pris la chose si à cœur. Loin de s'effrayer en attendant la voix d'Abou-Hassan, il pensa au contraire étouffer de rire en les voyant tous deux se débarrasser de tout ce qui les entourait, et en entendant Abou-Hassan demander rès sérieusement les mille pièces d'or qu'il avait promises, à celui qui lui dirait qui était mort le premier. « — Quoi donc ! Abou-Hassan, lui dit le calife en éclatant encore de rire, as-tu donc conspiré à me faire mourir à force de rire ? et d'où t'es venue la pensée de nous surprendre ainsi, Zobéide et moi, par un endroit sur lequel nous n'étions nullement en garde contre toi ?

« — Commandeur des croyants, répondit Abou-Hassan, je vais le déclarer sans dissimulation. Votre Majesté sait bien que j'ai toujours été fort porté à la bonne chère. La femme qu'elle m'a donnée n'a point ralenti en moi cette passion ; au contraire, j'ai trouvé en elle des inclinations toutes favorables à l'augmenter. Avec de telles dispositions, Votre Majesté jugera facilement que quand nous aurions eu un trésor aussi grand que la mer, avec tous ceux de Votre Majesté, nous aurions bientôt trouvé le moyen d'en voir la fin. C'est aussi ce qui nous est arrivé. Depuis que nous sommes ensemble, nous n'avons rien épargné pour nous bien régaler sur les libéralités de Votre Majesté. Ce matin, après avoir compté avec notre traiteur, nous avons trouvé qu'en le satisfaisant et en payant d'ailleurs ce que nous pouvions devoir, il ne nous restait rien de tout l'argent que nous avions. Alors les réflexions sur le passé et les résolutions de mieux faire à l'avenir sont venues en foule occuper notre esprit et nos pensées. Nous avons fait mille projets que nous avons abandonnés ensuite.

Enfin la honte de nous voir réduits en un si triste état et de n'oser le déclarer à Votre Majesté nous a fait imaginer ce moyen de suppléer à nos besoins en vous divertissant par cette petite tromperie, que nous prions Votre Majesté de nous pardonner. »

Le calife de Zobéide furent fort contents de la sincérité d'Abou-Hassan ; ils ne parurent point fâchés de tout ce qui s'était passé ; au contraire, Zobéide, qui avait toujours pris la chose très sérieusement, ne put s'empêcher de rire à son tour en songeant à tout ce que Abou-Hassan avait imaginé pour réussir dans son dessein. Le calife, qui n'avait presque pas cessé de rire, tant cette imagination lui paraissait singulière : « — Suivez-moi l'un et l'autre, dit-il à Abou-Hassan et à sa femme en se levant : je veux vous faire donner les mille pièces d'or que je vous ai promises, pour la joie que j'ai de ce que vous n'êtes pas morts.

« — Commandeur des croyants, reprit Zobéide, contentez-vous, je vous prie, de faire donner ces mille pièces d'or à Abou-Hassan : vous les devez à lui seul. Pour ce qui regarde sa femme, j'en fais mon affaire. » En même temps elle commanda à sa trésorière, qui l'accompagnait, de faire donner aussi mille pièces d'or à Nouzhat-Oulaoudat, pour lui marquer de son côté la joie qu'elle avait aussi de ce qu'elle était encore en vie.

Par ce moyen, Abou-Hassan et Nouzhat-Oulaoudat, sa chère femme, conservèrent longtemps les bonnes grâces du calife Haroun Alraschid et de Zobéide, son épouse, et acquirent de leurs libéralités de quoi pourvoir abondamment à tous leurs besoins pour le reste de leurs jours.

La sultane Scheherazade, en achevant l'histoire d'Abou-Hassan, avait promis au sultan Schariar de lui en raconter une autre le lendemain, qui ne le divertirait pas moins. Dinarzade, sa sœur, ne manqua pas de la faire souvenir avant le jour de tenir sa parole, et que le sultan lui avait témoigné qu'il était prêt à l'entendre. Aussitôt Scheherazade, sans se faire attendre, lui raconta l'histoire qui suit en ces termes :

HISTOIRE D'ALADDIN OU LA LAMPE MERVEILLEUSE

Sire, dans la capitale d'un royaume de la Chine, très riche et d'une vaste étendue, dont le nom ne me vient pas présentement à la mémoire, il y avait un tailleur nommé Mustafa, sans autre distinction que celle que sa profession lui donnait. Mustafa le tailleur était fort pauvre, et son travail lui produisit à peine de quoi le faire subsister, lui, sa femme et un fils que Dieu leur avait donné.

Le fils, qui se nommait Aladdin, avait été élevé d'une manière très négligée et qui lui avait fait contracter des inclinations vicieuses. Il était méchant, opiniâtre, désobéissant à son père et à sa mère. Sitôt qu'il fut un peu plus grand, ses parents ne le purent retenir à la maison. Il sortait dès le matin et il passait les journées à jouer dans les rues et dans les places publiques avec des petits vagabonds qui étaient même au-dessous de son âge.

Dès qu'il fut en âge d'apprendre un métier, son père, qui n'était pas en état de lui en faire apprendre un autre que le sien, le prit en sa boutique et commença à lui montrer de quelle manière il devait manier l'aiguille. Mais, ni par douceur, ni par crainte d'aucun châtiment, il ne fut pas possible au père de fixer l'esprit volage de son fils. Il ne put le contraindre à se contenir et à demeurer assidu et attaché au travail, comme il le souhaitait. Sitôt que Mustafa avait le dos tourné, Aladdin s'échappait, et il ne revenait plus de tout le jour. Le père le châtiait ; mais Aladdin était incorrigible, et, à son grand regret, Mustafa fut obligé de l'abandonner à son libertinage. Cela lui fit beaucoup de peine, et le chagrin de ne pouvoir faire rentrer ce fils dans son devoir lui causa une maladie si opiniâtre, qu'il en mourut au bout de quelques mois.

La mère d'Aladdin, qui vit que son fils ne prenait pas le chemin d'apprendre le métier de son père, ferma la boutique et fit de l'argent de tous les ustensiles de son métier pour l'aider à subsister, elle et son fils, avec le peu qu'elle pourrait gagner à filer du coton.

Aladdin, qui n'était plus retenu par la crainte d'un père, et qui se souciait si peu de sa mère, qu'il avait même la hardiesse de la menacer à la moindre remontrance qu'elle lui faisait, s'abandonna alors à un plein libertinage. Il fréquentait de plus en plus les enfants de son âge, et ne cessait de jouer avec eux avec plus de passion qu'auparavant. Il continua ce train de vie jusqu'à l'âge de quinze ans, sans aucune ouverture d'esprit pour quoi que ce soit, et sans faire réflexion à ce qu'il pourrait devenir un jour. Il était dans cette situation, lorsqu'un jour qu'il jouait au milieu d'une place avec une troupe de vagabonds, selon sa coutume, un étranger qui passait par cette place s'arrêta à le regarder.

Cet étranger était un magicien insigne, que les auteurs qui ont écrit cette histoire nous font connaître sous le nom de magicien africain. C'est ainsi que nous l'appellerons, d'autant plus volontiers qu'il était véritablement d'Afrique, et qu'il n'était arrivé que depuis deux jours.

Soit que le magicien africain, qui se connaissait en physionomies, eût remarqué dans le visage d'Aladdin tout ce qui était absolument nécessaire pour l'exécution de ce qui avait fait le sujet de son voyage, ou autrement, il s'informa adroitement de sa famille, de ce qu'il était et de son inclination. Quand il fut instruit de ce qu'il souhaitait, il s'approcha du jeune homme, et en le

tirant à part, à quelques pas de ses camarades : « — Mon fils, lui demanda-t-il, votre père ne s'appelle-t-il pas Mustafa le tailleur ? — Oui, monsieur, répondit Aladdin ; mais il y a longtemps qu'il est mort. »

A ces paroles, le magicien africain se jeta au cou d'Aladdin, l'embrassa et le baisa par plusieurs fois, les larmes aux yeux, accompagnées de soupirs. Aladdin, qui remarqua ses larmes, lui demanda quel sujet il avait de pleurer. « — Ah ! mon fils, s'écria le magicien africain, comment pourrais-je m'en empêcher ? Je suis votre oncle, et votre père était mon bon frère. Il y a plusieurs années que je suis en voyage, et dans le moment que j'arrive ici avec l'espérance de le revoir et de lui donner de la joie de mon retour, vous m'apprenez qu'il est mort! Je vous assure que c'est une douleur bien sensible pour moi de me voir privé de la consolation à laquelle je m'attendais. Mais ce qui soulage un peu mon affliction, c'est qu'autant que je puis m'en souvenir, je reconnais ses traits sur votre visage, et je vois que je ne me suis pas trompé en m'adressant à vous. » — Il demanda à Aladdin, en mettant sa main à la bourse, où demeurait sa mère. Aussitôt Aladdin satisfit à sa demande, et le magicien africain lui donna en même temps une poignée de menue monnaie, en lui disant : « — Mon fils, allez trouver votre mère, faites-lui bien mes compliments, et dites-lui que j'irai la voir demain, si le temps me le permet, pour me donner la consolation de voir le lieu où mon bon frère a vécu si longtemps et où il a fini ses jours. »

Dès que le magicien eut laissé le neveu qu'il venait de se faire lui-même, Aladdin courut chez sa mère, bien joyeux de l'argent que son oncle venait de lui donner : « — Ma mère, lui dit-il en arrivant, je vous prie de me dire si j'ai un oncle. — Non, mon fils, lui répondit la mère, vous n'avez point d'oncle du côté de feu votre père, ni du mien. — Je viens cependant, reprit Aladdin, de voir un homme qui se dit mon oncle du côté de mon père, puisqu'il était son frère, à ce qu'il m'a assuré. Il s'est même mis à pleurer et à m'embrasser quand je lui ai dit que mon père était mort. Et pour marque que je dis la vérité, ajouta-t-il en lui montrant la monnaie qu'il avait reçue, voilà ce qu'il m'a donné. Il m'a aussi chargé de vous saluer de sa part et de vous dire que demain, s'il en a le temps, il viendra vous saluer, pour voir en même temps la maison où mon père a vécu et où il est mort.

« — Mon fils, repartit la mère, il est vrai que votre père avait un frère ; mais il y a longtemps qu'il est mort, et je ne lui ai jamais entendu dire qu'il en eût un autre. »

Ils n'en dirent pas davantage touchant le magicien africain.

Le lendemain, le magicien africain aborda Aladdin une seconde fois, comme il jouait dans un autre endroit de la ville avec d'autres enfants. Il l'embrassa comme il avait fait le jour précédent, et en lui mettant deux pièces d'or dans la main, il lui dit : « — Mon fils, portez cela à votre mère ; dites-lui que j'irai la voir ce soir, et qu'elle achète de quoi souper, afin que nous mangions ensemble. Mais auparavant, enseignez-moi où je trouverai la maison. » — Il le lui enseigna, et le magicien africain le laissa aller.

Aladdin porta les deux pièces d'or à sa mère, et dès qu'il lui eut dit quelle était l'intention de son oncle, elle sortit pour les aller employer et revint avec de bonnes provisions ; et comme elle était dépourvue d'une bonne partie de la vaisselle dont elle avait besoin, elle alla en emprunter chez ses voisins. Elle employa toute la journée à préparer le souper, et sur le soir, dès que tout fut prêt, elle dit à Aladdin : « — Mon fils, votre oncle ne sait peut-être pas où est notre maison, allez au-devant de lui et l'amenez si vous le voyez. »

Quoique Aladdin eût enseigné la maison au magicien africain,

il était près néanmoins de sortir quand on frappa à la porte. Aladdin ouvrit, et il reconnut le magicien africain, qui entra chargé de bouteilles de vin et de plusieurs sortes de fruits, qu'il apportait pour le souper.

Après que le magicien africain eut mis ce qu'il apportait entre les mains d'Aladdin, il salua sa mère et il la pria de lui montrer la place où son frère Mustafa avait coutume de s'asseoir sur le sofa. Elle la lui montra, et aussitôt il se prosterna et il baisa cette place plusieurs fois, les larmes aux yeux, en s'écriant : « — Mon pauvre frère, que je suis malheureux de n'être pas arrivé assez à temps pour vous embrasser encore une fois avant votre mort ! » — Quoique la mère d'Aladdin l'en priât, jamais il ne voulut s'asseoir à la même place. « — Non, dit-il, je m'en garderai bien ; mais souffrez que je me mette ici vis-à-vis, afin que, si je suis privé de la satisfaction de l'y voir en personne, comme père d'une famille qui m'est si chère, je puisse au moins l'y regarder comme s'il était présent. » — La mère d'Aladdin ne le pressa pas davantage, et elle le laissa dans la liberté de prendre la place qu'il voulut.

Quand le magicien africain se fut assis à la place qu'il lui avait plu de choisir, il commença à s'entretenir avec la mort d'Aladdin : « — Ma bonne sœur, lui disait-il, ne vous étonnez point de ne m'avoir pas vu tout le temps que vous avez été mariée avec mon frère Mustafa, d'heureuse mémoire. Il y a quarante ans que je suis sorti de ce pays, qui est le mien, aussi bien que celui de feu mon frère. Depuis ce temps-là, après avoir voyagé dans les Indes, dans la Perse, dans l'Arabie, dans la Syrie, en Égypte et séjourné dans les plus belles villes de ces pays-là, je passai en Afrique, où j'ai fait un plus long séjour. A la fin, comme il est naturel à l'homme, quelque éloigné qu'il soit du pays de sa naissance, de n'en perdre la mémoire, non plus que de ses parents et de ceux avec qui il a été élevé, il m'a pris un désir si efficace de revoir le mien, de venir embrasser mon cher frère pendant que je me sentais encore assez de force et de courage pour entreprendre un aussi long voyage, que je n'ai pas différé à faire mes préparatifs et à me mettre en chemin. Je ne vous dis rien de la longueur du temps que j'y ai mis, de tous les obstacles que j'ai rencontrés et de toutes les fatigues que j'ai souffertes pour arriver jusqu'ici. Je vous dirai seulement que rien ne m'a mortifié et affligé davantage dans tous mes voyages que quand j'ai appris la mort d'un frère que j'avais toujours aimé, et que j'aimais d'une amitié véritablement fraternelle. J'ai remarqué de ses traits dans le visage de mon neveu, votre fils, et c'est ce qui me l'a fait distinguer par-dessus tous les autres enfants avec qui il était. Il a pu vous dire de quelle manière j'ai reçu la triste nouvelle qu'il n'était plus au monde. Mais il faut louer Dieu de toutes choses : je me console de le retrouver dans un fils qui en conserve les traits les plus remarquables. »

Le magicien africain, qui s'aperçut que la mère d'Aladdin s'attendrissait sur le souvenir de son mari en renouvelant sa douleur, changea de discours, et en se tournant du côté d'Aladdin il lui demanda son nom. « — Je m'appelle Aladdin, lui dit-il. — Eh bien,

Aladdin, reprit le magicien, à quoi vous occupez-vous? savez-vous quelque métier? »

À cette demande, Aladdin baissa les yeux et fut déconcerté. Mais sa mère, en prenant la parole : « — Aladdin, dit-elle, est un fainéant. Son père a fait tout son possible pendant qu'il vivait pour lui apprendre son métier, et il n'a pu en venir à bout; et depuis qu'il est mort, nonobstant tout ce que j'ai pu lui dire, et ce que je lui répète chaque jour, il ne fait autre métier que de faire le vagabond et passer tout son temps à jouer avec les enfants, comme vous l'avez vu, sans considérer qu'il n'est plus un enfant; et si vous ne lui en faites la honte, et qu'il n'en profite pas, je désespère que jamais il puisse rien valoir. Il sait que son père n'a laissé aucun bien, et il voit lui-même qu'à filer du coton pendant tout le jour, comme je fais, j'ai bien de la peine à gagner de quoi nous avoir du pain. Pour moi, je suis résolue de lui fermer la porte un de ces jours, et de l'envoyer en chercher ailleurs. »

Après que la mère d'Aladdin eut achevé ces paroles, en fondant en larmes, le magicien africain dit à Aladdin : « — Cela n'est pas bien, mon neveu; il faut songer à vous aider vous-même et à gagner votre vie. Il y a des métiers de plusieurs sortes : voyez s'il n'y en a pas quelqu'un pour lequel vous avez inclination plutôt que pour un autre. Peut-être que celui de votre père vous déplaît et que vous vous accommoderiez mieux d'un autre; ne me dissimulez point ici vos sentiments, je ne cherche qu'à vous aider. » — Comme il vit qu'Aladdin ne répondait rien : « — Si vous avez de la répugnance pour apprendre un métier, continua-t-il, et que vous vouliez être honnête homme, je vous lèverai une boutique garnie de riches étoffes et de toiles fines; vous vous mettrez en état de les vendre, et de l'argent que vous ferez, vous achèterez d'autres marchandises, et de cette manière vous vivrez honorablement. Consultez-vous vous-même, et dites-moi franchement ce que vous en pensez. Vous me trouverez toujours prêt à tenir ma promesse. »

Cette offre flatta fort Aladdin, à qui le travail manuel déplaisait d'autant plus qu'il avait assez de connaissance pour s'être aperçu que les boutiques de ces sortes de marchandises étaient propres et fréquentées, et que les marchands étaient bien habillés et fort considérés. Il marqua au magicien africain, qu'il regardait comme son oncle, que son penchant était plutôt de ce côté-là que d'un autre, et qu'il lui serait obligé toute sa vie du bien qu'il voulait lui faire. « — Puisque cette profession vous agrée, reprit le magicien africain, je vous mènerai demain avec moi et je vous ferai habiller proprement et richement, conformément à l'état d'un des plus gros marchands de cette ville, et après-demain nous songerons à vous lever une boutique de la manière que je l'entends. »

La mère d'Aladdin, qui n'avait pas cru jusqu'alors que le magicien africain fût frère de son mari, n'en douta nullement après tout le bien qu'il promettait de faire à son fils. Elle le remercia de ses bonnes intentions; et après avoir exhorté Aladdin à se rendre digne de tous les biens que son oncle lui faisait espérer, elle servit le souper. La conversation roula sur le même sujet pendant tout le repas, et jusqu'à ce que le magicien, qui vit que la nuit était avancée, prit congé de la mère et du fils, et se retirât.

Le lendemain matin, le magicien africain ne manque pas de

revenir chez la veuve de Mustafa le tailleur, comme il l'avait promis. Il prit Aladdin avec lui, et il le mena chez un gros marchand qui ne vendait que des habits tout faits, de toutes sortes d'étoffes, pour les différents âges et conditions. Il s'en fit montrer de convenables à la grandeur d'Aladdin, et après avoir mis à part tous ceux qui lui plaisaient davantage et rejeté les autres qui n'étaient pas de la beauté qu'il entendait, il dit à Aladdin :

« — Mon neveu, choisissez dans tous ces habits celui que vous aimez le mieux. » — Aladdin, charmé des libéralités de son nouvel oncle, en choisit un, et le magicien l'acheta avec tout ce qui devait l'accompagner, et paya tout le monde sans marchander.

Lorsque Aladdin se vit ainsi habillé magnifiquement, depuis les pieds jusqu'à la tête, il fit à son oncle tous les remercîments imaginables, et le magicien lui promit encore de ne le point abandonner et de l'avoir toujours avec lui. En effet, il le mena dans les lieux les plus fréquentés de la ville, particulièrement dans ceux où étaient les boutiques des riches marchands; et quand il fut dans la rue où étaient les boutiques des plus riches étoffes et des toiles fines, il dit à Aladdin : « — Comme vous serez bientôt marchand comme ceux que vous voyez, il est bon que vous les fréquentiez et qu'ils vous connaissent. » — Il lui fit voir aussi les mosquées les plus belles et les plus grandes, et il le conduisit dans le khan où logeaient les marchands étrangers et dans tous les endroits du palais du sultan où il était libre d'entrer. Enfin, après avoir parcouru ensemble tous les beaux endroits de la ville, ils arrivèrent dans le khan, où le magicien avait pris un appartement. Il s'y trouva quelques marchands avec lesquels il avait commencé de faire connaissance depuis son arrivée, et qu'il avait assemblés exprès pour les bien régaler et leur donner en même temps la connaissance de son prétendu neveu.

Ce régal ne finit que sur le soir. Aladdin voulut prendre congé de son oncle pour retourner, mais le magicien africain ne voulut pas le laisser aller seul et le conduisit lui-même chez sa mère. Dès qu'elle eut aperçu son fils si bien habillé, elle fut transportée de joie, et elle ne cessait de donner mille bénédictions au magicien qui avait fait une si grande dépense pour son enfant. « — Généreux parent, lui dit-elle, je ne sais comment vous remercier de votre libéralité ; je sais que mon fils ne mérite pas le bien que vous lui faites, et qu'il en serait indigne s'il n'en était reconnaissant et s'il négligeait de répondre à la bonne intention que vous avez de lui donner un établissement si distingué. En mon particulier, ajouta-t-elle, je vous en remercie encore de toute mon âme, et je vous souhaite une vie assez longue pour être témoin de la reconnaissance de mon fils, qui ne peut mieux vous la témoigner qu'en se gouvernant selon vos bons conseils.

— Aladdin, reprit le magicien africain, est un bon enfant ; il m'écoute assez, et je crois que nous en ferons quelque chose de bon. Je suis fâché d'une chose : de ne pouvoir exécuter demain ce que je lui ai promis. C'est jour de vendredi, les boutiques seront fermées, et il n'y a pas lieu de songer à en louer et à la garnir pendant que les marchands ne penseront qu'à se divertir, ainsi, nous remettrons l'affaire à samedi. Mais je viendrai demain le prendre, et je le mènerai promener dans les jardins où le beau monde a coutume de se trouver. Il n'a peut-être encore rien vu des divertissements qu'on y prend ; il n'a été jusqu'à présent qu'avec des enfants, et il faut qu'il voie des hommes. — Le magicien africain prit congé de la mère et du fils, et se retira. Aladdin, cependant, qui était déjà dans une grande joie de se voir si bien habillé, se fit encore un plaisir par avance de la promenade des environs de la ville. En effet, jamais il n'était sorti hors de ses portes, et jamais il n'avait vu les environs, qui étaient d'une grande beauté et très agréables.

Aladdin se leva et s'habilla le lendemain de grand matin, pour être prêt à partir quand son oncle viendrait le prendre. Après avoir attendu longtemps, à ce qu'il lui semblait, l'impatience lui fit ouvrir la porte et se tenir sur le pas pour voir s'il ne le verrait point. Dès qu'il l'aperçut, il en avertit sa mère, et, en prenant congé d'elle, il ferma la porte et courut à lui pour le joindre.

Le magicien africain fit beaucoup de caresses à Aladdin quand il le vit. « — Allons, mon cher enfant, lui dit-il d'un air riant, je veux vous faire voir aujourd'hui de belles choses. » — Il le mena par une grande porte qui conduisait à de grandes et belles maisons, ou plutôt à des palais magnifiques, qui avaient chacun de très beaux jardins dont les entrées étaient libres. A chaque palais qu'il rencontrait, il demandait à Aladdin s'il le trouvait beau, et Aladdin, en le prévenant quand un autre se présentait : « — Mon oncle, disait-il, en voici un plus beau que ceux que nous venons de voir. » — Cependant ils avançaient toujours plus avant dans la campagne, et le rusé magicien, qui avait envie d'aller plus loin pour exécuter le dessein qu'il avait dans la tête, prit occasion d'entrer dans un de ces jardins. Il s'assit près d'un grand bassin, qui recevait une très belle eau par un mufle de lion de bronze, et feignit qu'il était las, afin de faire reposer Aladdin : « — Mon neveu, lui dit-il, vous devez être aussi fatigué que moi ; reposons-nous ici pour reprendre nos forces, nous aurons plus de courage à poursuivre notre promenade. »

Quand ils furent assis, le magicien africain tira d'un linge attaché à sa ceinture des gâteaux et plusieurs sortes de fruits dont il avait fait provision, et il l'étendit sur le bord du bassin. Il partagea un gâteau entre lui et Aladdin, et, à l'égard des fruits, il lui laissa la liberté de choisir ceux qui seraient le plus à son goût. Pendant ce petit repas, il entretint son prétendu neveu de plusieurs enseignements qui tendaient à l'exhorter de se détacher de la fréquentation des enfants, et de s'approcher plutôt des hommes sages et prudents, de les écouter et de profiter de leurs entretiens : « — Bientôt, lui disait-il, vous serez homme comme eux, et vous ne pouvez vous accoutumer de trop bonne heure à dire de bonnes choses à leur exemple. » — Quand ils eurent achevé ce petit repas, ils se levèrent, et ils poursuivirent leur chemin à travers des jardins qui n'étaient séparés les uns des autres que par de petits fossés qui en marquaient les limites, mais qui n'en empêchaient pas la communication : la bonne foi faisait que les citoyens de cette capitale n'apportaient pas plus de précaution pour s'empêcher les uns les autres de se nuire. Insensiblement, le magicien africain mena Aladdin assez loin au delà des jardins, et lui fit traverser des campagnes qui le conduisirent jusque assez près des montagnes.

Aladdin, qui de sa vie n'avait fait tant de chemin, se sentit fort fatigué d'une si longue marche : « — Mon oncle, dit il au magicien africain, où allons-nous ? Nous avons laissé les jardins bien loin derrière nous, et je ne vois plus que des montagnes. Si nous avançons plus loin, je ne sais si j'aurai assez de force pour retourner jusqu'à la ville. — Prenez courage, mon neveu, lui dit le faux oncle, je veux vous faire voir un autre jardin qui surpasse tous ceux que vous venez de voir ; il n'est pas loin d'ici, il n'y a qu'un pas, et quand nous y serons arrivés, vous me direz vous-même si vous ne seriez pas fâché de ne l'avoir pas vu après vous en être approché si près. » — Aladdin se laissa persuader, et le magicien le mena encore fort loin en l'entretenant de différentes histoires amusantes pour lui rendre le chemin moins ennuyeux et la fatigue plus supportable.

Ils arrivèrent enfin entre deux montagnes d'une hauteur médiocre et à peu près égales, séparées par un vallon de très peu de largeur. C'était là cet endroit remarquable où le magicien africain avait voulu amener Aladdin pour l'exécution d'un grand dessein qui l'avait fait venir de l'extrémité de l'Afrique jusqu'à la Chine,

— Nous n'allons pas plus loin, dit-il à Aladdin ; je veux vous faire voir ici des choses extraordinaires et inconnues à tous les mortels, et quand vous les aurez vues, vous me remercierez d'avoir été témoin de tant de merveilles que personne au monde n'aura vues que vous. Pendant que je vais battre le fusil, amassez, de toutes les broussailles que vous voyez, celles qui seront les plus sèches, afin d'allumer du feu. »

Il y avait une si grande quantité de ces broussailles, qu'Aladdin

en eut bientôt fait un amas plus que suffisant dans le temps que le magicien allumait l'allumette. Il y mit le feu, et dans le moment que les broussailles s'enflammèrent, le magicien y jeta un parfum qu'il avait tout prêt. Il s'éleva une fumée fort épaisse qu'il détourna de côté et d'autre en prononçant des paroles magiques auxquelles Aladdin ne comprit rien.

Dans le même moment, la terre trembla un peu et s'ouvrit en cet endroit, devant le magicien et Aladdin, et fit voir à découvert une pierre d'environ un pied et demi en carré et d'environ un pied de profondeur, posée horizontalement, avec un anneau de bronze scellé dans le millieu pour s'en servir à la lever. Aladdin, effrayé de tout ce qui se passait à ses yeux, eut peur, et il voulut prendre la fuite. Mais il était nécessaire à ce mystère, et le magicien le retint et le gronda fort en lui donnant un soufflet si fortement appliqué, qu'il le jeta par terre et que peu s'en fallut qu'il ne lui enfonçât les dents de devant dans la bouche, comme il parut par le sang qui en sortit. Le pauvre Aladdin, tout tremblant et les larmes aux yeux : « — Mon oncle, s'écria-t-il en pleurant, qu'ai-je donc fait pour avoir mérité que vous me frappiez si rudement ? — J'ai mes raisons pour le faire, lui répondit le magicien. Je suis votre oncle, qui vous tiens présentement lieu de père, et vous ne devez pas me répliquer. Mais, mon enfant, ajouta-t-il en se radoucissant, ne craignez rien, je ne demande autre chose de vous que vous m'obéissiez exactement, si vous voulez bien profiter et vous rendre digne des grands avantages que je veux vous faire. » — Ces belles promesses du magicien calmèrent un peu la crainte et le ressentiment d'Aladdin, et lorsque le magicien le vit entièrement rassuré : « — Vous avez vu, continua-t-il, ce que j'ai fait par la vertu de mon parfum et des paroles prononcées ; apprenez donc présentement que sous cette pierre que vous voyez, il y a un trésor caché qui vous est destiné, et qui doit un jour vous rendre plus riche que tous les plus grands rois du monde. Cela est si vrai, qu'il n'y a personne au monde que vous à qui il soit permis de toucher cette pierre et de la lever pour y entrer. Il m'est défendu d'y toucher et de mettre le pied dans le trésor quand il sera ouvert. Pour cela, il faut que vous exécutiez de point en point ce que je vous dirai, sans y manquer : la chose est de grande conséquence et pour vous et pour moi. »

Aladdin, toujours dans l'étonnement de ce qu'il voyait et de tout ce qu'il venait d'entendre dire au magicien de ce trésor qui devait le rendre heureux à jamais, oublia tout ce qui s'était passsé. « — Eh bien, mon oncle, de quoi s'agit-il ? Commandez, je suis tout prêt à obéir. — Je suis ravi, mon enfant, lui dit le magicien africain en l'embrassant, que vous ayez pris ce parti ; venez, approchez-vous, prenez cet anneau et levez la pierre. — Mais, mon oncle, reprit Aladdin, je ne suis pas assez fort pour la lever ; il faut donc que vous m'aidiez. — Non, repartit le magicien africain, vous n'avez pas besoin de mon aide, et nous ne ferions rien, vous et moi, si je vous aidais : il faut que vous la leviez vous seul. Prononcez seulement le nom de votre père et de votre grand-père en tenant l'anneau, et levez : vous verrez qu'il viendra à vous sans peine. » — Aladdin fit comme le magicien lui avait dit, il leva la pierre avec facilité, et il la posa à côté.

Quand la pierre fut ôtée, un caveau de trois à quatre pieds de profondeur se fit voir avec une petite porte et des degrés pour descendre plus bas. « — Mon fils, dit alors le magicien africain à Aladdin, observez exactement tout ce que je vais vous dire : Descendez dans ce caveau ; quand vous serez au bas des degrés que vous voyez, vous trouverez une porte ouverte qui vous conduira dans un grand lieu voûté et partagé en trois grandes salles l'une après l'autre. Dans chacune vous verrez, à droite et à gauche, quatre vases de bronze, grands comme des cuves, pleins d'or et d'argent ; mais gardez-vous bien d'y toucher. Avant d'entrer dans la première salle, levez votre robe et serrez-la autour de vous : quand vous y serez entré, passez à la seconde sans vous arrêter, et de là à la troisième, aussi sans vous arrêter. Sur toutes choses, gardez-vous bien d'approcher des murs et d'y toucher, même avec votre robe : car si vous y touchiez vous mourriez sur-le-champ. C'est pour cela que je vous ai dit de la tenir serrée autour de vous. Au bout de la troisième salle, il y a une porte qui vous donnera entrée dans un jardin planté de beaux arbres, tous chargés de fruits. Marchez tout droit, et traversez ce jardin par un chemin qui vous mènera à un escalier de cinquante marches pour monter sur une terrasse. Quand vous serez sur la terrasse, vous verrez devant vous une niche, et dans la niche une lampe allumée. Prenez la lampe et éteignez-la, et quand vous aurez jeté le lumignon et versé la liqueur, mettez-la dans votre sein et apportez-la-moi. Ne craignez pas de gâter votre habit, la liqueur n'est pas de l'huile, et la lampe sera sèche dès qu'il n'y en aura plus. Si les fruits du jardin vous font envie, vous pouvez en cueillir autant que vous voudrez, cela ne vous est pas défendu. »

En achevant ces paroles, le magicien africain tira un anneau qu'il avait au doigt, et il le mit à l'un des doigts d'Aladdin en lui disant que c'était un préservatif contre tout ce qu'il pourrait lui arriver de mal en observant bien tout ce qu'il venait de lui prescrire. « — Allez, mon enfant, lui dit-il après cette instruction, descendez hardiment ; nous allons être riches l'un et l'autre pour toute notre vie. »

Aladdin sauta légèrement dans le caveau, et il descendit jusqu'au bas des degrés. Il trouva les trois salles dont le magicien africain lui avait fait la description ; il passa au travers avec d'autant plus de précaution qu'il appréhendait de mourir s'il manquait à observer

soigneusement ce qui lui avait été prescrit. Il traversa le jardin sans s'arrêter, monta sur la terrase, prit la lampe allumée dans la niche, jeta le lumignon et la liqueur, et en la voyant sans humidité comme le magicien le lui avait dit, il la mit dans son sein. Il descendit de la terrase et il s'arrêta dans le jardin à en considérer les fruits, qu'il n'avait vus qu'en passant. Les arbres de ce jardin étaient tous chargés de fruits extraordinaires. Chaque arbre en portait de différentes couleurs. Il y en avait de blancs, de luisants et transparents comme le cristal ; de rouges, les uns plus chargés, les autres moins ; de verts, de bleus, de violets, de tirant sur le jaune et de plusieurs autres sortes de couleurs. Les blancs étaient des perles, les luisants et transparents, des diamants ; les rouges les plus foncés, des rubis balais ; les verts, des émeraudes ; les bleus, des turquoises ; les violets, des améthystes ; ceux qui tiraient sur le jaune, des saphirs ; et ainsi des autres. Et ces fruits étaient d'une

CAHIER (S) OU PAGE (S) INTERVERTI (S) A LA COUTURE RETABLI (S) A LA PRISE DE VUE.

grosseur et d'une perfection à quoi on n'avait rien vu de pareil dans le monde. Aladdin, qui n'en connaissait ni le mérite ni la valeur, ne fut pas touché de la vue de ces fruits, qui n'étaient pas de son goût, comme l'eussent été des figues, des raisins et les autres fruits excellents qui sont communs dans la Chine. Aussi n'était-il pas encore dans un âge à en connaître le prix. Il s'imagina que tous ces fruits n'étaient que du verre coloré et qu'ils ne valaient pas davantage. La diversité de tant de belles couleurs, néanmoins, la beauté et la grosseur extraordinaire de chaque fruit, lui donnèrent envie d'un cueillir de toutes les sortes. En effet, il en prit plusieurs de chaque couleur, et il en emplit ses deux poches et deux bourses toutes neuves que le magicien lui avait achetées avec l'habit dont il lui avait fait présent, afin qu'il n'eût rien que de neuf ; et comme les deux bourses ne pouvaient tenir dans ses poches, qui étaient déjà pleines, il les attacha de chaque côté à sa ceinture. Il en enveloppa même dans les plis de sa ceinture, qui était d'une étoffe de soie ample et à plusieurs tours, et il les accommoda de manière qu'ils ne pouvaient pas tomber. Il n'oublia pas aussi d'en fourrer dans son sein, entre la robe et la chemise autour de lui.

Aladdin, ainsi chargé de tant de richesses sans le savoir, reprit en diligence le chemin des trois salles, pour ne pas faire attendre trop longtemps le magicien africain ; et après avoir passé à travers avec la même précaution qu'auparavant, il remonta par où il était descendu, et se présenta à l'entrée du caveau, où le magicien africain l'attendait avec impatience. Aussitôt qu'Aladdin l'aperçut : « — Mon oncle, lui dit-il, je vous prie de me donner la main pour m'aider à monter. » — Le magicien africain lui dit : « — Mon fils, donnez-moi la lampe auparavant, elle pourrait vous embarrasser. — Pardonnez-moi, mon oncle, reprit Aladdin, elle ne m'embarrasse pas ; je vous la donnerai dès que je serai monté. » — Le magicien s'opiniâtra à vouloir qu'Aladdin lui mît la lampe entre les mains avant de le tirer du caveau, et Aladdin, qui avait embarrassé cette lampe avec tous ces fruits dont il s'était garni de tous côtés, refusa absolument de la donner qu'il ne fût hors du caveau. Alors le magicien africain, au désespoir de la résistance de ce jeune homme, entra dans une furie épouvantable : il jeta un peu de son parfum sur le feu, qu'il avait eu soin d'entretenir, et à peine eut-il prononcé deux paroles magiques, que la pierre qui servait à fermer l'entré du caveau se remit d'elle-même à sa place, avec la terre par-dessus, au même état qu'elle était à l'arrivée du magicien africain et d'Aladdin.

Il est certain que le magicien africain n'était pas frère de Mustafa le tailleur, comme il s'en était vanté, ni par conséquent oncle

d'Aladdin. Il était véritablement d'Afrique, et il y était né, et comme l'Afrique est un pays où l'on est plus entêté de la magie que partout ailleurs, il s'y était appliqué dès sa jeunesse, et après quarante années ou environ d'enchantements, d'opérations de géomance, de suffumigations et de lecture de livres de magie, il était enfin parvenu à découvrir qu'il y avait dans le monde une lampe merveilleuse, dont la possession le rendrait plus puissant qu'aucun monarque de l'univers s'il pouvait en devenir le possesseur. Par une dernière opération de géomance, il avait connu que cette lampe était dans un lieu souterrain au milieu de la Chine, à l'endroit et avec toutes les circonstances que nous venons de voir. Bien persuadé de la vérité de cette découverte, il était parti de l'extrémité de l'Afrique, comme nous l'avons dit; et après un voyage long et pénible, il était arrivé à la ville qui était si voisine du trésor. Mais quoique la lampe fût certainement dans le lieu dont il avait connaissance, il ne lui était pas permis néanmoins de l'enlever lui-même, ni d'entrer en personne dans le lieu souterrain où elle était. Il fallait qu'un autre y descendît, l'allât prendre et la lui mît entre les mains : c'est pourquoi il s'était adressé à Aladdin, qui lui avait paru un jeune enfant sans conséquence et très propre à lui rendre ce service qu'il attendait de lui, bien résolu, dès qu'il aurait la lampe dans ses mains, de faire la dernière fumigation que nous avons dite et de prononcer les deux paroles magiques qui devaient faire l'effet que nous avons vu, et sacrifier le pauvre Aladdin à son avarice et à sa méchanceté, afin de n'en avoir pas de témoin. Le soufflet donné à Aladdin et l'autorité qu'il avait prise sur lui n'avaient pour but que de l'accoutumer à le craindre et à lui obéir exactement, afin que, lorsqu'il lui demanderait cette fameuse lampe magique, il la lui donnât aussitôt. Mais il lui arriva tout le contraire de ce qu'il s'était proposé. Enfin il n'usa de sa méchanceté avec tant de précipitation, pour perdre le pauvre Aladdin, que parce qu'il craignit que, s'il contestait plus longtemps avec lui, quelqu'un ne vînt à les entendre et ne rendît public ce qu'il voulait tenir très caché.

Quand le magicien africain vit ses grandes et belles espérances échouées à n'y revenir jamais, il n'eut pas d'autre parti à prendre que de retourner en Afrique. C'est ce qu'il fit dès le même jour. Il prit sa route par des détours pour ne pas rentrer dans la ville d'où il était sorti avec Aladdin. Il avait à craindre, en effet, d'être observé par plusieurs personnes qui pouvaient l'avoir vu se promener avec cet enfant et revenir sans lui.

Selon toutes les apparences, on ne devait plus entendre parler d'Aladdin. Mais celui-là même qui avait cru le perdre pour jamais n'avait pas fait attention qu'il lui avait mis au doigt un anneau qui pouvait servir à le sauver. En effet, ce fut cet anneau qui fut cause du salut d'Aladdin, qui n'en savait nullement la vertu ; et il est étonnant que cette perte, jointe à celle de la lampe, n'ait pas jeté ce magicien dans le dernier désespoir. Mais les magiciens sont si accoutumés aux disgrâces et aux événements contraires à leurs souhaits, qu'ils ne cessent, tant qu'ils vivent, de se repaître de fumée, de chimères et de visions.

Aladdin, qui ne s'attendait pas à la méchanceté de son faux oncle, après les caresses et le bien qu'il lui avait faits, fut dans un étonnement qu'il est plus aisé d'imaginer que de représenter par des paroles. Quand il se vit enterré tout vif, il appella mille fois son oncle en criant qu'il était prêt à lui donner la lampe; mais ses cris étaient inutiles, et il n'y avait plus moyen d'être entendu. Ainsi il demeura dans les ténèbres et dans l'obscurité. Enfin, après avoir donné quelque relâche à ses larmes, il descendit jusqu'au bas de l'escalier du caveau pour aller chercher la lumière dans le jardin où il avait déjà passé. Mais le mur, qui s'était ouvert par enchantement, s'était refermé et rejoint par un autre enchantement. Il tâtonne devant lui, à droite et à gauche, par plusieurs fois, et il ne trouve plus de porte. Il redouble ses cris et ses pleurs, et il s'assied sur les degrés du caveau, sans espoir de revoir jamais la lumière, et avec la triste certitude, au contraire, de passer des ténèbres où il était dans celles d'une mort prochaine.

Aladdin demeura deux jours en cet état, sans manger et sans boire. Le troisième jour enfin, en regardant la mort comme inévitable, il éleva les mains en les joignant, et, avec une résignation entière à la volonté de Dieu, il s'écria : « — Il n'y a de force et de puissance qu'en Dieu, le haut, le grand. » — Dans cette action de mains jointes, il frotta, sans y penser, l'anneau que le magicien africain lui avait mis au doigt et dont il ne connaissait pas encore la vertu. Aussitôt un génie d'une figure énorme et d'un regard épouvantable s'éleva devant lui comme de dessous terre, jusqu'à ce qu'il atteignît de la tête à la voûte, et dit à Aladdin ces paroles : « — Que veux-tu? me voici prêt à t'obéir comme ton esclave et l'esclave de tous ceux qui ont l'anneau au doigt, moi et les autres esclaves de l'anneau. »

En tout autre temps et en toute autre occasion, Aladdin, qui n'était pas accoutumé à de pareilles visions, eût pu être saisi de frayeur et perdre la parole à la vue d'une figure si extraordinaire. Mais, occupé uniquement du danger présent où il était, il répondit sans hésiter : « — Qui que tu sois, fais-moi sortir de ce lieu si tu en as le pouvoir. » — A peine eut-il prononcé ces paroles que la terre s'ouvrit, et qu'il se trouva hors du caveau et à l'endroit justement où le magicien l'avait amené.

On ne trouvera pas étrange qu'Aladdin, qui était demeuré si longtemps dans les ténèbres les plus épaisses, ait eu d'abord de la peine à soutenir le grand jour. Il y accoutuma ses yeux peu à peu, et en regardant autour de lui, il fut fort surpris de ne pas voir d'ouverture sur la terre; il ne put comprendre de quelle manière il se trouvait si subitement hors de ses entrailles. Il n'y eut que la place où les broussailles avaient été allumées qui lui fit reconnaître à peu près où était le caveau. Ensuite, en se tournant du côté de la ville, il l'aperçut au milieu des jardins qui l'environnaient, et il reconnut le chemin par où le magicien africain l'avait amené. Il le

reprit en rendant grâces à Dieu de se revoir une autre fois au monde après avoir désespéré d'y revenir jamais. Il arriva jusqu'à la ville, et se traîna chez lui avec de la peine. En entrant chez sa mère, la joie de la revoir, jointe à la faiblesse dans laquelle il était de n'avoir pas mangé depuis près de trois jours, lui causa un évanouissement qui dura quelque temps. Sa mère, qui l'avait déjà pleuré comme perdu ou comme mort, en le voyant en cet état, n'oublia aucun de ses soins pour le faire revenir. Il revint enfin de son évanouissement, et les premières paroles qu'il prononça furent celles-ci : « — Ma mère, avant toute chose, je vous prie de me donner à manger; il y a trois jours que je n'ai pris quoi que ce soit. » Sa mère lui apporta ce qu'elle avait, et en le mettant devant lui : « — Mon fils, lui dit-elle, ne vous pressez pas, cela est dangereux; mangez peu à peu et à votre aise, et ménagez-vous, dans le grand besoin que vous en avez. Je ne veux pas même que vous me parliez. Vous aurez assez de temps pour me raconter ce qui vous est arrivé quand vous serez bien rétabli. Je suis toute consolée de vous revoir après l'affliction où je me suis trouvée depuis vendredi, et toutes les peines que je me suis données pour apprendre ce que vous étiez devenu, dès que j'eus vu qu'il était nuit et que vous n'étiez pas revenu à la maison. »

Aladdin suivit le conseil de sa mère, il mangea tranquillement et peu à peu, et il but à proportion. Quand il eut achevé: « — Ma mère, dit-il, j'aurais de grandes plaintes à vous faire sur ce que vous m'avez abandonné avec tant de facilité à la discrétion d'un homme qui avait dessein de me perdre, et qui tient, à l'heure que je vous parle, ma mort si certaine, qu'il ne doute pas ou que je ne sois plus en vie, ou que je ne doive la perdre au premier jour. Mais vous avez cru qu'il était mon oncle, et je l'ai cru comme vous. Eh! pouvions-nous avoir d'autre pensée d'un homme qui m'accablait de caresses et de biens, et qui me faisait tant d'autres promesses avantageuses? Sachez, ma mère, que ce n'est qu'un traître un méchant, un fourbe. Il ne m'a fait tant de bien et tant de promesses qu'afin d'arriver au but qu'il s'était proposé de me perdre comme je l'ai dit, sans que ni vous ni moi nous puissions en deviner la cause. De mon côté, je puis assurer que je ne lui ai donné aucun sujet qui méritait le moindre mauvais traitement. Vous le comprendrez vous-même par le récit fidèle que vous allez entendre de tout ce qui s'est passé depuis que je me suis séparé de vous jusqu'à l'exécution de son pernicieux dessein.

Aladdin commença à raconter à sa mère tout ce qui lui était arrivé avec le magicien depuis le vendredi qu'il était venu le prendre pour le mener avec lui voir les palais et les jardins qui étaient hors de la ville; ce qui lui arriva dans le chemin jusqu'à l'endroit de deux montagnes où se devait opérer le grand prodige du magicien; comment, par un parfum jeté dans le feu et quelques paroles magiques, la terre s'était ouverte en un instant et avait fait voir l'entrée d'un caveau qui conduisait à un trésor inestimable; il n'oublia pas le soufflet qu'il avait reçu du magicien, et de quelle manière, après s'être un peu radouci, il l'avait engagé, par de grandes promesses et en lui mettant son anneau au doigt, à descendre dans le caveau. Il n'omit aucune circonstance de tout ce qu'il avait vu en passant et en repassant dans les trois salles, dans le jardin et sur la terrasse, où il avait pris la lampe merveilleuse, qu'il montra à sa mère en la tirant de son sein, aussi bien que les fruits transparents et de différentes couleurs qu'il avait

cueillis dans le jardin en s'en retournant, auxquels il joignit deux bourses pleines qu'il donna à sa mère, et dont elle fit peu de cas. Ces fruits étaient cependant des pierres précieuses dont l'éclat brillant comme le soleil, qu'ils rendaient à la faveur d'une lampe qui éclairait la chambre, devait faire juger de leur grand prix. Mais la mère d'Aladdin n'avait pas sur cela plus de connaissance que son fils ; elle avait été élevée dans une condition très médiocre, et son mari n'avait pas eu assez de biens pour lui donner de ces sortes de pierreries ; d'ailleurs elle n'en avait jamais vu à aucune de ses parentes ni de ses voisines : ainsi il ne faut pas s'étonner si elle ne les regarda que comme des choses de peu de valeur, et bonnes tout au plus à récréer la vue par la variété de leurs couleurs, ce qui fit qu'Aladdin les mit derrière un des coussins du sofa sur lequel il était assis. Il acheva le récit de son aventure en lui disant que, comme il fut revenu et qu'il se fut présenté à l'entrée du caveau prêt à en sortir, sur le refus qu'il avait au magicien de lui donner la lampe qu'il voulait avoir, l'entrée du caveau s'était refermée en un instant par la force du parfum que le magicien avait jeté sur le feu, qu'il n'avait pas laissé éteindre, et des paroles qu'il avait prononcées. Mais il n'en put dire davantage sans verser des larmes en lui représentant l'état malheureux où il s'était trouvé lorsqu'il s'était vu enterré tout vivant dans le fatal caveau, jusqu'au moment qu'il en était sorti, et que, pour ainsi dire, il était revenu au monde par l'attouchement de son anneau, dont il ne connaissait pas encore la vertu. Quand il eut fini ce récit : « — Il n'est pas nécessaire de vous en dire davantage, dit-il à sa mère, le reste vous est connu. Voilà enfin quelle a été mon aventure et quel est le danger que j'ai couru depuis que vous ne m'avez vu. »

La mère d'Aladdin eut la patience d'entendre ce récit merveilleux et surprenant, et en même temps si affligeant pour une mère qui aimait son fils tendrement, malgré ses défauts, sans l'interrompre. Dans les endroits néanmoins les plus touchants, et qui faisaient connaître davantage la perfidie du magicien africain, elle ne put s'empêcher de faire paraître combien elle le détestait par les marques de son indignation. Mais dès qu'Aladdin eut achevé, elle se déchaîna en mille injures contre cet imposteur : elle l'appela traître, perfide, barbare, assassin, trompeur, magicien, ennemi et destructeur du genre humain. « — Oui, mon fils, ajouta-t-elle, c'est un magicien, et les magiciens sont des pestes publiques : ils ont commerce avec les démons par leurs enchantements et par leurs sorcelleries. Béni soit Dieu, qui n'a pas voulu que sa méchanceté insigne eût son effet entier contre vous ! Vous devez bien le remercier de la grâce qu'il vous a faite. La mort vous était inévitable si vous ne vous fussiez souvenu de lui et que vous n'eussiez imploré son secours. » — Elle dit encore beaucoup de choses en détestant toujours la trahison que le magicien avait faite à son fils ; mais en parlant elle s'aperçut qu'Aladdin, qui n'avait pas dormi depuis trois jours, avait besoin de repos. Elle le fit coucher, et peu de temps après elle se coucha aussi.

Aladdin, qui n'avait pris aucun repos dans le lieu souterrain où il avait été enseveli à dessein qu'il y perdît la vie, dormit toute la nuit d'un profond sommeil et ne se réveilla le lendemain que fort tard. Il se leva, et la première chose qu'il dit à sa mère, ce fut qu'il avait besoin de manger, et qu'elle ne pouvait lui faire un plus grand plaisir que de lui donner à déjeuner. « — Hélas ! mon fils, lui répondit sa mère, je n'ai pas seulement un morceau de pain à vous donner ; vous mangeâtes hier au soir le peu de provisions qu'il y avait dans la maison. Mais donnez-vous un peu de patience, je ne serai pas longtemps à vous en apporter. J'ai un peu de fil de coton de mon travail, je vais le vendre, afin de vous acheter du pain et quelque chose pour notre dîner. — Ma mère, reprit Aladdin, réservez votre fil de coton pour une autre fois, et donnez-moi la lampe que j'apportai hier, j'irai la vendre, et l'argent que j'en aurai servira à nous avoir de quoi déjeuner et dîner, et peut-être de quoi souper.

La mère d'Aladdin prit la lampe où elle l'avait mise. « — La voilà, dit-elle à son fils ; mais elle est bien sale ; pour peu qu'elle soit nettoyée, je crois qu'elle en vaudra quelque chose davantage. » — Elle prit de l'eau et un peu de sable fin pour la nettoyer. Mais à peine eut-elle commencé à frotter cette lampe, qu'en un instant, en présence de son fils, un génie hideux et d'une grandeur gigantesque s'éleva et parut devant elle, et lui dit d'une voix tonnante : « — Que veux-tu ? me voici prêt à t'obéir comme ton esclave et de tous ceux qui ont la lampe à la main, moi avec les autres esclaves de la lampe. »

La mère d'Aladdin n'était pas en état de répondre. Sa vue n'avait pu soutenir la figure hideuse et épouvantable du génie, et sa frayeur avait été si grande dès les premières paroles qu'il avait prononcées, qu'elle était tombée évanouie.

Aladdin, qui avait déjà eu une apparition à peu près semblable dans le caveau, sans perdre de temps ni de jugement, se saisit promptement de la lampe, et en suppléant au défaut de sa mère, il répondit pour elle d'un ton ferme : « — J'ai faim, apporte-moi de quoi manger. » — Le génie disparut, et un instant après il revint chargé d'un grand bassin d'argent, qu'il portait sur sa tête, avec douze plats couverts de même métal, pleins d'excellents mets arrangés dessus, avec six grands pains blancs comme neige sur les plats, deux bouteilles de vin exquis et deux tasses d'argent à la main. Il posa le tout sur le sofa, et aussitôt il disparut.

Cela se fit en si peu de temps, que la mère d'Aladdin n'était pas encore revenue de son évanouissement quand le génie disparut pour la seconde fois. Aladdin, qui avait déjà commencé à lui jeter de l'eau sur le visage sans effet, se mit en devoir de recommencer pour la faire revenir ; mais soit que les esprits qui s'étaient dissipés se fussent enfin réunis, ou que l'odeur des mets que le génie venait d'apporter y eût contribué pour quelque chose, elle revint dans le moment. « — Ma mère, lui dit Aladdin, cela n'est rien, levez-vous et venez manger : voici de quoi vous remettre le cœur

et en même temps de quoi satisfaire au grand besoin que j'ai de manger. Ne laissons pas refroidir de si bons mets, et mangeons. »

La mère d'Aladdin fut extrêmement surprise quand elle vit le grand bassin, les douze plats, les six pains, les deux bouteilles et les deux tasses, et qu'elle sentit l'odeur délicieuse qui s'exhalait de tous ces plats. « — Mon fils, demanda-t-elle à Aladdin, d'où nous vient cette abondance, et à qui sommes-nous redevables d'une si grande libéralité ? Le sultan aurait-il eu connaissance de notre pauvreté et aurait-il eu compassion de nous ? — Ma mère, reprit Aladdin, mettons-nous à table et mangeons ; vous en avez besoin aussi bien que moi ; je vous le dirai quand nous aurons déjeuné. » — Ils se mirent à table, et ils mangèrent avec d'autant plus d'appétit, que la mère et le fils ne s'étaient jamais trouvés à une table si bien fournie.

Pendant le repas, la mère d'Aladdin ne pouvait se lasser de regarder et d'admirer le bassin et les plats, quoiqu'elle ne sût pas trop distinctement s'ils étaient d'argent ou d'une autre matière, tant elle était peu accoutumée à en voir de pareils; et, à proprement parler, sans avoir égard à leur valeur, qui lui était inconnue, il n'y avait que la nouveauté qui la tenait en admiration, et son fils Aladdin n'en avait pas plus de connaissance qu'elle.

Aladdin et sa mère, qui ne croyaient faire qu'un simple déjeuner, se trouvèrent encore à table à l'heure du dîner. Des mets si excellents les avaient mis en appétit, et pendant qu'ils étaient chauds, ils crurent qu'ils ne feraient pas mal de joindre les deux repas ensemble et de n'en pas faire à deux fois. Le double repas fini, il leur resta non-seulement de quoi souper, mais même assez de quoi en faire deux autres repas aussi fort le lendemain.

Quand la mère d'Aladdin eut desservi et mis à part les viandes auxquelles ils n'avaient pas touché, elle vint s'asseoir sur le sofa auprès de son fils. « — Aladdin, lui dit-elle, j'attends que vous satisfassiez à l'impatience où je suis d'entendre le récit que vous m'avez promis. » — Aladdin lui raconta exactement tout ce qui s'était passé entre le génie et lui pendant son évanouissement jusqu'à ce qu'elle fût revenue à elle.

La mère d'Aladdin était dans un grand étonnement du discours de son fils et de l'apparition du génie, « — Mais, mon fils, reprit-elle, que voulez vous dire avec vos génies? jamais, depuis que je suis au monde, je n'ai entendu dire que personne de ma connaissance en eût vu. Par quelle aventure ce vilain génie est-il venu à moi? Pourquoi s'est-il adressé à moi et non pas à vous, à qui il a déjà apparu dans le caveau du trésor?

« — Ma mère, repartit Aladdin, le génie qui vient de vous apparaître n'est pas le même qui m'est apparu. Ils se ressemblent en quelque manière par leur grandeur de géant, mais ils sont entièrement différents par leur mine et par leur habillement : aussi sont-ils à différents maîtres. Si vous vous en souvenez, celui que j'ai vu s'est dit l'esclave de l'anneau que j'ai au doigt, et celui que vous venez de voir s'est dit esclave de la lampe que vous aviez à la main; mais je ne crois pas que vous l'ayez entendu : il me semble, en effet, que vous vous êtes évanouie dès qu'il a commencé à parler.

« — Quoi ! s'écria la mère d'Aladdin, c'est donc votre lampe qui est cause que ce maudit génie s'est adressé à moi plutôt qu'à vous ? Ah ! mon fils, ôtez-là de devant mes yeux et la mettez où il vous plaira, je ne veux plus y toucher. Je consens plutôt qu'elle soit jetée ou vendue que de courir le risque de mourir de frayeur en la touchant. Si vous me croyez, vous vous déferez aussi de l'anneau. Il ne faut pas avoir commerce avec des génies : ce sont des démons, et notre prophète l'a dit.

« — Ma mère, avec votre permission, reprit Aladdin, je me garderai bien présentement de vendre, comme j'étais près de le faire tantôt, une lampe qui va nous être si utile, à vous et à moi. Ne voyez-vous pas ce qu'elle vient de nous procurer ? Il faut qu'elle continue de nous fournir de quoi nous nourrir et nous entretenir. Vous devez juger comme moi que ce n'était pas sans raison que mon faux et méchant oncle s'était donné tant de mouvement et avait entrepris un si long et si pénible voyage, puisque c'était pour parvenir à la possession de cette lampe merveilleuse, qu'il avait préférée à tout l'or et l'argent qu'il savait être dans les salles, et que j'ai vus moi-même, comme il m'en avait averti. Il savait trop bien le mérite et la valeur de cette lampe pour me demander autre chose d'un trésor si riche. Puisque le hasard nous en a fait découvrir la vertu, faisons-en un usage qui nous soit profitable, mais d'une manière qui soit sans éclat et qui ne nous attire pas l'envie et la jalousie de nos voisins. Je veux bien l'ôter devant vos yeux et la mettre dans un lieu où je la trouverai quand il en sera besoin, puisque les génies vous font tant de frayeur. Pour ce qui est de l'anneau, je ne saurais aussi me résoudre à le jeter. Sans cet anneau vous ne m'eussiez jamais revu, et si je vivais à l'heure qu'il est, ce ne serait peut-être que pour peu de moments. Vous me permettrez donc de le garder et de le porter toujours au doigt bien précieusement. Qui sait s'il ne m'arrivera pas quelque autre danger que nous ne pouvons prévoir, ni vous, ni moi, dont il pourra me délivrer ? » — Comme le raisonnement d'Aladdin paraissait assez juste, sa mère n'eut rien à lui répliquer. « — Mon fils, lui dit-elle, vous pouvez faire comme vous l'entendrez : pour moi, je ne voudrais pas avoir affaire avec des génies. Je vous déclare que je m'en lave les mains, et que je ne vous en parlerai pas davantage. »

Le lendemain au soir, après le souper, il ne resta rien de la bonne provision que le génie avait apportée. Le jour suivant,

Aladdin, qui ne voulait pas attendre que la faim le pressât, prit un des plats d'argents sous sa robe, et sortit dès le matin pour l'aller vendre. Il s'adressa à un juif qu'il rencontra dans son chemin. Il le tira à l'écart, et en lui montrant le plat, il lui demanda s'il voulait l'acheter.

Le juif, rusé et adroit, prend le plat, l'examine, et il n'eut pas pas plutôt connu qu'il était de bon argent, qu'il demanda à Aladdin

combien il l'estimait. Aladdin, qui n'en connaissait pas la valeur et qui n'avait jamais fait commerce de cette marchandise, se contenta de lui dire qu'il savait bien lui-même ce que ce plat pouvait valoir, et qu'il s'en rapportait à sa bonne foi. Le juif se trouva embarrassé de l'ingénuité d'Aladdin. Dans l'incertitude où il était de savoir si Aladdin en connaissait la matière et la valeur, il tira de sa bourse une pièce d'or, qui ne faisait au plus que la soixante-deuxième partie de la valeur du plat, et il la lui présenta. Aladdin prit la pièce avec un grand empressement, et dès qu'il l'eut dans la main, il se retira si promptement, que le juif, non content du gain exorbitant qu'il faisait par cet achat, fut bien fâché de n'avoir pas pénétré qu'Aladdin ignorait le prix de ce qu'il lui avait vendu et qu'il aurait pu lui en donner beaucoup moins.

Il fut sur le point de courir après le jeune homme pour tâcher de retirer quelque chose de sa pièce d'or; mais Aladdin courait, et il était déjà si loin qu'il aurait eu de la peine à le joindre.

Aladdin, en s'en retournant chez sa mère, s'arrêta à la boutique d'un boulanger, chez qui il fit sa provision de pain pour sa mère et pour lui, et qu'il paya sur sa pièce d'or, que le boulanger lui changea. En arrivant, il donna le reste à sa mère, qui alla au marché acheter les autres provisions nécessaires pour vivre eux deux pendant quelques jours.

Ils continuèrent ainsi à vivre de ménage, c'est-à-dire qu'Aladdin vendit tous les plats au juif l'un après l'autre jusqu'au douzième, de la même manière qu'il avait fait le premier, à mesure que l'argent venait à manquer dans la maison. Le juif, qui avait donné une pièce d'or du premier, n'osa lui offrir moins des autres: de crainte de perdre une si bonne aubaine, il les paya tous sur le même pied. Quand l'argent du dernier plat fut dépensé, Aladdin eut recours au bassin, qui pesait lui seul dix fois autant que chaque plat. Il voulut le porter à son marchand ordinaire, mais son grand poids l'en empêcha. Il fut donc obligé d'aller chercher le juif, qu'il amena chez sa mère; et le juif, après avoir examiné le poids du bassin, lui compta sur-le-champ dix pièces d'or, dont Aladdin se contenta.

Tant que les pièces d'or durèrent, elles furent employées à la dépense journalière de la maison. Aladdin cependant, accoutumé à une vie oisive, s'était abstenu de jouer avec les jeunes gens de son âge depuis son aventure avec le magicien africain. Il passait les journées à se promener ou à s'entretenir avec des gens avec lesquels il avait connaissance; quelquefois il s'arrêtait dans les boutiques des gros marchands, où il prêtait l'oreille aux entretiens de gens de distinction qui s'y arrêtaient ou qui s'y trouvaient comme à une espèce de rendez-vous; et ces entretiens peu à peu lui donnèrent quelque teinture de la connaissance du monde.

Quand il ne resta plus rien des dix pièces d'or, Aladdin eut recours à la lampe. Il la prit à la main, chercha le même endroit que sa mère avait touché, et comme il l'eut reconnu à l'impression que le sable y avait laissée, il la frotta comme elle avait fait, et aussitôt le même génie qui s'était déjà fait voir se présenta devant lui; mais comme Aladdin avait frotté la lampe plus légèrement que sa mère, il lui parla aussi d'un ton plus radouci. « — Que veux-tu? lui dit-il dans les mêmes termes qu'auparavant. Me voici prêt à t'obéir comme ton esclave, et de tous ceux qui ont la lampe à la main, moi et les autres esclaves de la lampe comme moi. » — Aladdin lui dit : « — J'ai faim, apporte-moi de quoi manger. » — Le génie disparut, et peu de moments après, il reparut chargé d'un service de table pareil à celui qu'il avait apporté la première fois. Il le posa sur le sofa, et dans le moment il disparut.

La mère d'Aladdin, avertie du dessein de son fils, était sortie

exprès pour quelque affaire, afin de ne pas se trouver dans la maison dans le temps de l'apparition du génie. Elle rentra peu de temps après, vit la table et le buffet très bien garnis, et demeura presque aussi surprise de l'effet prodigieux de la lampe qu'elle l'avait été le première fois. Aladdin et sa mère se mirent à table, et après le repas il leur resta encore de quoi vivre largement les deux jours suivants.

Dès qu'Aladdin vit qu'il n'y avait plus dans la maison ni pain, ni autres provisions, ni argent pour en avoir, il prit un plat d'argent et alla chercher le juif qu'il connaissait pour le lui vendre. En y allant, il passa devant la boutique d'un orfèvre, respectable par sa vieillesse, honnête homme et d'une grande probité. L'orfèvre, qui l'aperçut, l'appela et le fit entrer. « — Mon fils, lui dit-il, je vous ai déjà vu passer plusieurs fois chargé comme vous l'êtes à présent, vous joindre avec un tel juif et repasser peu de temps après sans être chargé ; je me suis imaginé que vous lui vendez ce que vous portez ; mais vous ne savez peut-être pas que ce juif est un trompeur, et même plus trompeur que les autres juifs, et que personne de ceux qui le connaissent ne peut avoir affaire à lui. Au reste, ce que je vous dis ici n'est que pour vous faire plaisir. Si vous voulez me montrer ce que vous portez présentement et qu'il soit à vendre, je vous en donnerai fidèlement son juste prix, si cela me convient, sinon je vous adresserai à d'autres marchands qui ne vous tromperont pas. »

L'espérance de faire plus d'argent du plat fit qu'Aladdin le tira de dessous sa robe, et le montra à l'orfèvre. Le vieillard, qui connut d'abord que le plat était d'argent fin, lui demanda s'il en avait vendu de semblables au juif, et combien il les lui avait payés. Aladdin lui dit naïvement qu'il en avait vendu douze, et qu'il n'avait reçu du juif qu'une pièce d'or de chacun. « — Ah ! le voleur ! s'écria l'orfèvre. Mon fils, ajouta-t-il, ce qui est fait est fait, il n'y faut plus penser ; mais en vous faisant voir ce que vaut votre plat, qui est du meilleur argent dont nous nous servions dans nos boutiques, vous connaîtrez combien le juif vous a trompé »

L'orfèvre prit la balance, il pesa le plat ; et après avoir expliqué à Aladdin ce que c'était qu'un marc d'argent, combien il valait, et ses subdivisions, il lui fit remarquer que, suivant le poids du plat, il valait soixante-douze pièces d'or, qu'il lui compta sur-le-champ en espèces. « — Voilà, dit-il, la juste valeur de votre plat. Si vous en doutez, vous pouvez vous adresser à celui de nos orfèvres qu'il vous plaira, et s'il vous dit qu'il vaut davantage, je vous promets de vous en payer le double. Nous ne gagnons que la façon de l'argenterie que nous achetons, et c'est ce que les juifs les plus équitables ne font pas. »

Aladdin remercia bien fort l'orfèvre du bon conseil qu'il venait de lui donner et dont il tirait déjà un si grand avantage. Dans la suite, il ne s'adressa plus qu'à lui pour vendre les autres plats, aussi bien que le bassin, dont la juste valeur lui fut toujours payée à proportion de son poids. Quoique Aladdin et sa mère eussent une source intarissable d'argent en leur lampe, pour s'en procurer tant qu'ils voudraient dès qu'il viendrait à leur manquer, ils continuèrent néanmoins de vivre toujours avec la même frugalité qu'aupa-

CAHIER (S) OU PAGE (S) INTERVERTI (S) A LA COUTURE RETABLI (S) A LA PRISE DE VUE.

ravant, à la réserve de ce qu'Aladdin en mettait à part pour s'entretenir honnêtement et pour se pourvoir des commodités nécessaires dans leur petit ménage. Sa mère, de son côté, ne prenait la dépense de ses habits que sur ce que lui valait le coton qu'elle filait. Avec une conduite si sobre, il est aisé de juger combien de l'argent des douze plats et du bassin, selon le prix qu'Aladdin les avait vendus à l'orfèvre, devait leur avoir duré. Ils vécurent de la sorte pendant quelques années, avec le secours du bon usage qu'Aladdin faisait de la lampe de temps en temps.

Dans cet intervalle, Aladdin, qui ne manquait pas de se trouver avec beaucoup d'assiduité au rendez-vous des personnes de distinction, dans les boutiques des plus gros marchands de draps d'or et d'argent, d'étoffes de soie, de toiles les plus fines et de joailleries, et qui se mêlait quelquefois dans leurs conversations, acheva de se former, et prit insensiblement toutes les manières du beau monde. Ce fut particulièrement chez les joailliers qu'il fut détrompé de la pensée qu'il avait que les fruits transparents qu'il avait cueillis dans le jardin où il était allé prendre la lampe n'étaient que du verre coloré, et qu'il apprit que c'étaient des pierres de grand prix. A force de voir vendre et acheter de toutes sortes de ces pierreries dans leurs boutiques, il en apprit la connaissance et le prix, et comme il n'en voyait point de pareilles aux siennes, ni en beauté, ni en grosseur, il comprit qu'au lieu de morceaux de verre qu'il avait regardés comme des bagatelles, il possédait un trésor inestimable. Il eut la prudence de n'en parler à personne, pas même à sa mère, et il n'y a pas de doute que son silence ne lui ait valu la haute fortune où nous verrons dans la suite qu'il s'éleva.

Un jour, en se promenant dans un quartier de la ville, Aladdin entendit publier à haute voix un ordre du sultan de fermer les boutiques et les portes des maisons, et de se renfermer chacun chez soi, jusqu'à ce que la princesse Badroulboudour, fille du sultan, fût passée pour aller au bain et qu'elle en fût revenue.

Ce cri public fit naître à Aladdin la curiosité de voir la princesse à découvert. Mais il ne le pouvait qu'en se mettant dans quelque maison de connaissance et au travers d'une jalousie, ce qui ne le contentait pas, parce que la princesse, selon la coutume, devait avoir un voile sur le visage en allant au bain. Pour se satisfaire, il s'avisa d'un moyen qui lui réussit. Il alla se placer derrière la porte du bain, qui était disposée de manière qu'il ne pouvait manquer de la voir venir en face.

Alladin n'attendit pas longtemps. La princesse parut, et il la vit venir au travers d'une fente assez grande pour voir sans être vu. Elle était accompagnée d'une grande foule de ses femmes et d'eunuques qui marchaient sur les côtés et à sa suite. Quand elle

fut à trois ou quatre pas de la porte du bain, elle ôta le voile qui lui couvrait le visage et qui la gênait beaucoup, et de la sorte elle donna lieu à Alladin de la voir d'autant plus à son aise qu'elle venait droit à lui.

Jusqu'à ce moment, Alladin n'avait pas vu d'autres femmes le visage découvert que sa mère, qui était âgée, et qui n'avait jamais eu d'assez beaux traits pour faire juger que les autres femmes fussent plus belles. Il pouvait bien avoir entendu dire qu'il y en avait d'une beauté surprenante ; mais quelques paroles qu'on emploie pour relever le mérite d'une beauté, jamais elles ne font l'impression que la beauté fait elle-même.

Lorsque Aladdin eut vu la princesse Badroulboudour, il perdit la pensée qu'il avait que toutes les femmes dussent ressembler à peu près à sa mère. Ses sentiments se trouvèrent bien différents, et son cœur ne put refuser toutes ses inclinations à l'objet qui venait de le charmer. En effet, la princesse était la plus belle brune que l'on pût voir au monde. Elle avait les yeux grands, à fleur de tête, vifs et brillants, le regard doux et modeste, le nez d'une juste proportion et sans défaut, la bouche petite, les lèvres vermeilles et toutes charmantes par leur agréable symétrie. En un mot, tous les traits de son visage étaient d'une régularité accomplie. On ne doit donc pas s'étonner si Aladdin fut ébloui et presque hors de lui-même à la vue de l'assemblage de tant de merveilles qui lui étaient inconnues. Avec toutes ces perfections, la princesse avait encore une riche taille, un port et un air majestueux qui, à la voir seulement, lui attiraient le respect qui lui était dû.

Quand la princesse fut entrée dans le bain, Aladdin demeura quelque temps interdit et comme en extase en retraçant et en s'imprimant profondément l'idée d'un objet dont il était charmé et pénétré jusqu'au fond du cœur. Il rentra enfin en lui-même, et en considérant que la princesse était passée et qu'il garderait inutilement son poste pour la revoir à la sortie du bain, puisqu'elle devait lui tourner le dos et être voilée, il prit le parti de l'abandonner et de se retirer.

Aladdin, en rentrant chez lui, ne put si bien cacher son trouble et son inquiétude que sa mère ne s'en aperçût. Elle fut surprise de le voir ainsi triste et rêveur, contre son ordinaire. Elle lui demanda s'il lui était arrivé quelque chose, ou s'il se trouvait indisposé. Mais Aladdin ne fit aucune réponse, et il s'assit négligemment sur le sofa, où il demeura dans la même situation, toujours occupé à se retracer l'image charmante de la princesse Badroulboudour. Sa mère, qui préparait le souper, ne le pressa pas davantage. Quand il fut prêt, elle le servit près de lui sur le sofa et se mit à table ; mais comme elle s'aperçut que son fils n'y faisait aucune attention elle l'avertit de manger, et ce ne fut qu'avec bien de la peine qu'il changea de situation. Il mangea beaucoup moins qu'à l'ordinaire, les yeux toujours baissés, et avec un silence si profond, qu'il ne fut pas possible à sa mère de tirer de lui la moindre parole sur toutes les demandes qu'elle lui fit pour tâcher d'apprendre le sujet d'un changement si extraordinaire.

Après le souper, elle voulut recommencer à lui demander le sujet d'une si grande mélancolie, mais elle n'en put rien savoir, et il prit le parti de s'aller coucher plutôt que donner à sa mère la moindre satisfaction sur cela.

Sans examiner comment Aladdin, épris de la beauté et des charmes de la princesse Badroulboudour, passa la nuit, nous remarquerons seulement que le lendemain, comme il était assis sur le sofa, vis-à-vis de sa mère, qui filait du coton à son ordinaire, il lui parla en ces termes : « — Ma mère, dit-il, je romps le silence que j'ai gardé depuis hier à mon retour de la ville. Il vous a fait de la peine, et je m'en suis bien aperçu. Je n'étais pas malade, comme il m'a paru que vous l'avez cru, et je ne le suis pas encore. Mais je puis vous dire que ce que je sentais et ce que je ne cesse encore de sentir, est quelque chose de pire qu'une maladie. Je ne sais pas bien quel est ce mal, mais je ne doute pas que ce que vous allez entendre ne vous le fasse connaître. On n'a pas su dans ce quartier, continua Aladdin, et ainsi vous n'avez pu le savoir, qu'hier la princesse Badroulboudour, fille du sultan, alla au bain l'après-dînée. J'appris cette nouvelle en me promenant par la ville. On publia un ordre de fermer les boutiques et de se retirer chacun chez soi, pour rendre à cette princesse l'honneur qui lui est dû, et lui laisser le chemin libre dans toutes les rues où elle devait passer. Comme je n'étais pas éloigné du bain, la curiosité de la voir le visage découvert me fit naître la pensée d'aller me placer derrière la porte du bain, en faisant réflexion qu'il pourrait arriver qu'elle ôterait son voile quand elle serait prête d'y entrer. Vous savez la disposition de la porte, et vous pouvez juger vous-même que je devais la voir à mon aise si ce que je m'étais imaginé arrivait. En effet, elle ôta son voile en entrant, et j'eus le bonheur de voir cette aimable princesse avec la plus grande satisfaction du monde. Voilà, ma mère, le grand motif de l'état où vous me vîtes hier quand je rentrai, et le sujet du silence que j'ai gardé jusqu'à présent. J'aime la princesse d'un amour dont la violence est telle, que je n'oserais vous l'exprimer ; et comme ma passion vive et ardente augmente à tout moment, je sens qu'elle ne peut être satisfaite que par la possession de l'aimable princesse Badroulboudour, ce qui fait que j'ai pris la résolution de la faire demander en mariage au sultan. »

La mère d'Aladdin avait écouté le discours de son fils avec assez d'attention jusqu'à ces dernières paroles ; mais quand elle eut entendu que son dessein était de faire demander la princesse Badroulboudour en mariage, elle ne put s'empêcher de l'interrompre par un grand éclat de rire. Aladdin voulut poursuivre; mais en l'interrompant encore : « — Eh, mon fils, lui dit-elle, à quoi pensez-vous? il faut que vous ayez perdu l'esprit pour me tenir un pareil discours.

« — Ma mère, reprit Aladdin, je puis vous assurer que je n'ai pas

perdu l'esprit; je suis dans mon bon sens, j'ai prévu les reproches de folie et d'extravagance que vous me faites et ceux que vous pourriez me faire; mais tout cela ne m'empêchera pas de vous dire encore une fois que ma résolution est prise de faire demander au sultan la princesse Badroulboudour en mariage.

« — En vérité, mon fils, repartit la mère très sérieusement, je ne saurais m'empêcher de vous dire que vous vous oubliez entièrement; et quand même vous voudriez exécuter cette résolution, je ne vois pas par qui vous oseriez faire cette demande au sultan.
— Par vous-même, répliqua aussitôt le fils sans hésiter. — Par

moi! s'écria la mère d'un air de surprise et d'étonnement, et au sultan? Ah? je me garderai bien de m'engager dans une pareille entreprise. Et qui êtes-vous, mon fils, continua-t-elle, pour avoir la hardiesse de penser à la fille de votre sultan? Avez-vous oublié que vous êtes fils d'un tailleur des moindres de sa capitale, et d'une mère dont les ancêtres n'ont pas été d'une naissance plus relevée? Savez-vous que les sultans ne daignent pas donner leurs filles en mariage même à des fils de sultan qui n'ont pas l'espérance de régner un jour comme eux?

« — Ma mère, répliqua Aladdin, je vous ai dit déjà que j'ai prévu tout ce que vous venez de me dire, et je dis la même chose de tout ce que vous pourrez y ajouter. Vos discours ni vos remontrances ne me feront pas changer de sentiment. Je vous ai dit que je ferais demander la princesse Badroulboudour en mariage par votre entremise; c'est une grâce que je vous demande avec tout le respect que je vous dois, et je vous supplie de ne me la pas refuser, à moins que vous n'aimiez mieux me voir mourir que de me donner la vie une seconde fois. »

La mère d'Aladdin se trouva fort embarrassée quand elle vit l'opiniâtreté avec laquelle Aladdin persistait dans un dessein si éloigné du bon sens. « — Mon fils, lui dit-elle encore, je suis votre mère, et comme une bonne mère, qui vous ai mis au monde, il n'y a rien de raisonnable ni de convenable à mon état et au vôtre que je ne fusse prête à faire pour l'amour de vous. S'il s'agissait de parler de mariage pour vous avec la fille de quelqu'un de nos voisins, d'une condition pareille en approchant de la nôtre, je n'oublierais rien, et je m'emploierais de bon cœur en tout ce qui serait en mon pouvoir; encore, pour y réussir, faudrait-il que vous eussiez quelque bien ou quelque revenu, ou que vous ussiez un métier. Quand de pauvres gens comme nous veulent se marier, le première chose à quoi ils doivent songer, c'est d'avoir de quoi vivre. Mais, sans faire cette réflexion sur la bassesse de votre naissance, sur le peu de mérite et de bien que vous avez, vous prenez votre vol jusqu'au plus haut degré de la fortune, et vos prétentions ne sont pas moindres que de vouloir demander en mariage et épouser la fille de votre souverain, qui n'a qu'à dire un mot pour vous précipiter et vous écraser! Je laisse à part ce qui vous regarde, c'est à vous à y faire les réflexions que vous devez, pour peu que vous ayez de bons sens. Je viens à ce qui me touche. Comment une pensée aussi extraordinaire que celle de vouloir que j'aille faire la proposition au sultan de vous donner la princesse sa fille en mariage a-t-elle pu vous venir dans l'esprit? Je suppose que j'aie, je ne dis pas la hardisse, mais l'effronterie d'aller me présenter devant Sa Majesté pour lui faire une demande si extravagante, qui m'adresserai-je pour m'introduire? Croyez-vous que le premier à qui j'en parlerais ne me traitât pas de folle et ne me chassât pas indignement comme je le mériterais? Je suppose encore qu'il n'y ait pas de difficulté à se présenter à l'audience du sultan : je sais qu'il n'y en a pas quand on s'y présente pour lui demander justice, et qu'il la rend volontiers à ses sujets, quand ils la lui demandent; je sais aussi que quand on se présente à lui pour lui demander une grâce, il l'accorde avec plaisir quand il voit qu'on l'a méritée et qu'on en est digne. Mais êtes-vous dans ce cas-là, et croyez-vous avoir mérité la grâce que vous voulez que je demande pour vous? en êtes-vous digne? Qu'avez-vous fait pour votre prince ou pour votre patrie, et en quoi vous êtes-vous distingué? Si vous n'avez rien fait pour mériter une si grande grâce, et que d'ailleurs vous n'en soyez pas digne, avec quel front pourrais-je la demander? Comment pourrais-je seulement ouvrir la bouche pour la proposer au sultan? Sa présence toute majestueuse et l'éclat de sa cour me fermeraient la bouche aussitôt, à moi qui tremblais devant feu mon mari, votre père, quand j'avais à lui demander la moindre chose. Il y a une autre raison, mon fils, à quoi vous ne pensez pas, qui est qu'on ne se présente pas devant nos sultans sans un présent à la main quand on a quelque chose à demander. Les présents ont au moins cet avantage, que, s'ils refusent la grâce pour les raisons qu'ils peuvent avoir, ils écoutent au moins la demande et celui qui la fait sans aucune répugnance. Mais quel présent avez-vous à faire? Et quand vous auriez quelque chose qui fût digne de la moindre attention d'un si grand monarque, quelle proportion y aurait-il de votre présent avec la demande que vous voulez lui faire? Rentrez en vous-même, et songez que vous aspirez à une chose qu'il vous est impossible d'obtenir. »

Aladdin écouta fort tranquillement tout ce que sa mère put lui dire pour tâcher de le détourner de son dessein, et après avoir fait réflexion sur tous les points de sa remontrance, il prit enfin la parole et lui dit : « — J'avoue, ma mère, que c'est une grande témérité à moi d'oser porter mes intentions aussi loin que je fais, et une grande inconsidération d'avoir exigé de vous avec tant de chaleur et de promptitude d'aller faire la proposition de mon mariage au sultan, sans prendre auparavant les moyens propres à vous procurer une audience et un accueil favorables; je vous en demande pardon. Mais dans la violence de la passion qui me possède, ne vous étonnez pas si d'abord je n'ai pas envisagé tout ce qui peut servir à me procurer le repos que je cherche. J'aime la princesse Badroulboudour au delà de ce que vous pouvez vous imaginer, ou plutôt je l'adore, et je persévère toujours dans le dessein de l'épouser. C'est une chose arrêtée et résolue dans mon esprit. Je vous suis obligé de l'ouverture que vous venez de me faire; je la regarde comme la première démarche qui doit me procurer l'heureux succès que je me promets.

« Vous me dites que ce n'est pas la coutume de se présenter devant le sultan sans un présent à la main, et que je n'ai rien qui soit digne de lui. Je tombe d'accord du présent, et je vous avoue que je n'y avais pas pensé; mais, quand à ce que vous me dites que je n'ai rien qui puisse lui être présenté, croyez-vous, ma mère, que ce que j'ai apporté le jour que je fus délivré d'une mort inévitable, de la manière que vous savez, ne soit pas de quoi faire un présent très agréable au sultan? Je parle de ce que j'ai apporté dans mes deux bourses et dans ma ceinture, et que nous avons pris, vous et moi, pour des verres colorés; mais à présent je suis détrompé, et je vous apprends, ma mère, que ce sont des pierreries d'un prix inestimable qui ne conviennent qu'à de grands monarques. J'en ai connu le mérite en fréquentant les joailliers, et vous pouvez m'en croire sur ma parole. Toutes celles que j'ai vues chez nos marchands joailliers ne sont pas comparables à celles que nous possédons, ni en grosseur, ni en beauté, et cependant ils les font monter à des prix excessifs. A la vérité, nous ignorons, vous et moi, le prix des nôtres? mais quoi qu'il en puisse être, autant que je puis en juger par le peu d'expérience que j'en ai, je suis persuadé que le présent ne peut être que très agréable au sultan. Vous avez une porcelaine assez grande et d'une forme très propre pour les contenir; apportez-là, et voyons l'effet qu'elles feront quand nous les y aurons arrangées selon les différentes couleurs. »

La mère d'Aladdin apporta la porcelaine, et Aladdin tira les pierreries des deux bourses et les arrangea dans la porcelaine. L'effet qu'elles firent au grand jour, par la variété de leurs couleurs, par leur éclat et par leur brillant, fut tel, que la mère et le fils en demeurèrent presque éblouis. Ils en furent dans un grand étonnement, car ils ne les avaient vus l'un et l'autre qu'à la lumière d'une lampe. Il est vrai qu'Aladdin les avait vues chacune sur leur arbre comme des fruits qui devaient faire un spectacle ravissant; mais comme il était encore enfant, il avait regardé ces pierreries que comme des bijoux propres à s'en jouer; et il ne s'en était chargé que dans cette vue et sans aucune connaissance.

Après avoir admiré quelque temps la beauté du présent, Aladdin

reprit la parole : « — Ma mère, dit-il, vous ne vous excuserez plus d'aller vous présenter au sultan sous prétexte de n'avoir pas un présent à lui faire : en voilà un, ce me semble, qui fera que vous serez reçue avec un accueil des plus favorables. »

Quoique la mère d'Aladdin, nonobstant la beauté et l'éclat du présent, ne le crût pas d'un prix aussi grand que son fils l'estimait, elle jugea néanmoins qu'il pouvait être agréé, et elle sentait bien qu'elle n'avait rien à lui répliquer sur ce sujet. Mais elle en revenait toujours à la demande qu'Aladdin voulait qu'elle fît au sultan à la faveur de ce présent; cela l'inquiétait toujours fortement : « — Mon fils, lui disait-elle, je n'ai pas de peine à concevoir que le présent fera son effet, et que le sultan voudra bien me regarder de bon œil; mais quand il faudra que je m'acquitte de la demande que vous voulez que je lui fasse, je sens bien que je n'en aurai pas la force et que je demeurerai muette. Ainsi, non-seulement j'aurai perdu mes pas, mais même le présent, qui selon vous est d'une richesse si extraordinaire, et je reviendrai avec confusion vous annoncer que vous serez frustré de votre espérance. Je vous l'ai déjà dit, et vous devez croire que cela arrivera ainsi.

« Mais, ajouta-t-elle, je veux que je me fasse violence pour me soumettre à votre volonté, et que j'aie assez de force pour oser faire la demande que vous voulez que je fasse, il arrivera très certainement ou que le sultan se moquera de moi et me renverra comme une folle, ou qu'il se mettra dans une juste colère dont immanquablement nous serons, vous et moi, les victimes. »

La mère d'Aladdin dit encore à son fils plusieurs autres raisons pour tâcher de le faire changer de sentiment; mais les charmes de la princesse Badroulboudour avaient fait une impression trop forte dans son cœur pour qu'il fût possible de le détourner de son dessein. Aladdin persista à exiger de sa mère qu'elle exécutât ce qu'il avait résolu, et autant par la tendresse qu'elle avait pour lui que par la crainte qu'il ne s'abandonnât à quelque extrémité fâcheuse, elle vainquit sa répugnance et elle condescendit à la volonté de son fils.

Comme il était trop tard et que le temps d'aller au palais pour se présenter au sultan ce jour-là était passé, la chose fut remise au lendemain. La mère et le fils ne s'entretinrent d'autre chose le reste de la journée, et Aladdin prit un grand soin d'inspirer à sa mère tout ce qui lui vint dans la pensée pour la confirmer dans le parti qu'elle avait enfin accepté d'aller se présenter au sultan. Malgré toutes les raisons du fils, la mère ne pouvait se persuader qu'elle pût jamais réussir dans cette affaire, et véritablement il faut avouer qu'elle avait tout lieu d'en douter. « — Mon fils, dit-elle à Aladdin, si le sultan me reçoit aussi favorablement que je le souhaite pour l'amour de vous, qu'il écoute tranquillement la proposition que vous voulez que je lui fasse, mais qu'après ce bon accueil il s'avise de me demander où sont vos biens, vos richesses et vos Etats, car c'est de quoi il s'informera avant toutes choses plutôt que de votre personne; si, dis-je, il me fait cette demande, que voulez-vous que je lui réponde ?

« — Ma mère, répondit Aladdin, ne nous inquiétons point par

avance d'une chose qui peut-être n'arrivera pas. Voyons premièrement l'accueil que vous fera le sultan et la réponse qu'il vous donnera. S'il arrive qu'il veuille être informé de tout ce que vous venez de me dire, je verrai alors la réponse que j'aurai à lui faire, et j'ai confiance que la lampe par le moyen de laquelle nous subsistons depuis quelques années ne me manquera pas dans le besoin. »

La mère d'Aladdin n'eut rien à répliquer à ce que son fils venait de lui dire. Elle fit réflexion que la lampe dont il parlait pouvait bien servir à de plus grandes merveilles qu'à leur procurer simplement de quoi vivre. Cela la satisfit et leva en même temps toutes les difficultés qui auraient pu encore la détourner du service qu'elle avait promis de rendre à son fils auprès du sultan. Aladdin, qui pénétra dans la pensée de sa mère, lui dit : « — Ma mère, au moins souvenez-vous de garder le secret : c'est de là que dépend tout le bon succès que nous devons attendre, vous et moi, de cette affaire. » — Aladdin et sa mère se séparèrent pour prendre quelque repos. Mais l'amour violent et les grands projets d'une fortune immense dont le fils avait l'esprit tout rempli l'empêchèrent de passer la nuit aussi tranquillement qu'il aurait bien souhaité. Il se leva avant la petite pointe du jour et alla aussitôt réveiller sa mère. Il la pressa de s'habiller le plus promptement qu'elle pourrait, afin d'aller se rendre à la porte du palais du sultan et d'y entrer à l'ouverture, en même temps que le grand vizir, les vizirs subalternes et tous les grands officiers de l'État y entraient pour la séance du divan, où le sultan assistait toujours en personne.

La mère d'Aladdin fit tout ce que son fils voulut. Elle prit la porcelaine où était le présent de pierreries, l'enveloppa dans un double linge, l'un très fin et très propre, l'autre moins fin, qu'elle lia par les quatre coins pour le porter plus aisément. Elle partit enfin avec une grande satisfaction d'Aladdin, et elle prit le chemin du palais du sultan. Le grand vizir, accompagné des autres vizirs, et les seigneurs de la cour les plus qualifiés étaient déjà entrés quand elle arriva à la porte. La foule de tous ceux qui avaient des affaires au divan était grande. On ouvrit, et elle marcha avec eux jusqu'au divan. C'était un très beau salon, profond et spacieux, dont l'entrée était grande et magnifique. Elle s'arrêta, et se rangea de manière qu'elle avait en face le sultan, le grand vizir et les seigneurs qui avaient séance au conseil, à droite et à gauche. On appela les parties les unes après les autres, selon l'ordre des requêtes qu'elles avaient présentées, et leurs affaires furent rapportées, plaidées et jugées jusqu'à l'heure ordinaire de la séance du divan. Alors le sultan se leva, congédia le conseil et rentra dans son appartement, où il fut suivi par le grand vizir. Les autres vizirs et les ministres du conseil se retirèrent. Tous ceux

qui s'y étaient trouvés pour des affaires particulières firent la même chose, les uns contents du gain de leur procès, les autres mal satisfaits du jugement rendu contre eux, et d'autres enfin avec l'espérance d'être jugés dans une autre séance.

La mère d'Aladdin, qui avait vu le sultan se lever et se retirer, jugea bien qu'il ne reparaîtrait pas davantage ce jour-là en oyant tout le monde sortir : ainsi elle prit le parti de retourner chez elle. Aladdin, qui la vit entrer avec le présent destiné au sultan, ne sut d'abord que penser du succès de son voyage. Dans la crainte où il était qu'elle n'eût quelque chose de sinistre à lui annoncer, il n'avait pas la force d'ouvrir la bouche pour lui demander quelle nouvelle elle lui apportait. La bonne mère, qui n'avait jamais mis le pied dans le palais du sultan, et qui n'avait pas la moindre connaissance de ce qui s'y pratiquait ordinairement, tira son fils de l'embarras où il était en lui disant avec une grande naïveté : « — Mon fils, j'ai vu le sultan et je suis bien persuadée qu'il m'a vue aussi : j'étais placée devant lui, et personne ne l'empêchait de me voir ; mais il était si fort occupé par tous ceux qui lui parlaient à droite, à gauche, qu'il me faisait compassion de voir la peine et la patience qu'il se donnait à les écouter. Cela a duré si longtemps, qu'à la fin je crois qu'il s'est ennuyé, car il s'est levé sans qu'on s'y attendît, et il s'est retiré assez brusquement sans vouloir entendre quantité d'autres personnes qui étaient en rang pour lui parler à leur tour. Cela m'a fait cependant un grand plaisir. En effet, je commençais à perdre patience et j'étais extrêmement fatiguée de demeurer debout si longtemps. Mais il n'y a rien de gâté ; je ne manquerai pas d'y retourner demain : le sultan ne sera peut-être pas si occupé. »

Quelque amoureux que fût Aladdin, il fut contraint de se contenter de cette excuse et de s'armer de patience. Il eut au moins la satisfaction de voir que sa mère avait fait la démarche la plus difficile, qui était de soutenir la vue du sultan, et d'espérer qu'à l'exemple de ceux qui lui avaient parlé en sa présence, elle n'hésiterait pas aussi à s'acquitter de la commission dont elle était chargée quand le moment favorable de lui parler se présenterait.

Le lendemain, d'aussi grand matin que le jour précédent, la mère d'Aladdin alla encore au palais du sultan avec le présent de pierreries ; mais son voyage fut inutile : elle trouva la porte du divan fermée, et elle apprit qu'il n'y avait de conseil que de deux jours l'un, et ainsi qu'il fallait qu'elle revînt le jour suivant. Elle s'en alla porter cette nouvelle à son fils, qui fut obligé de renouveler sa patience. Elle y retourna six autres fois, aux jours marqués, avec aussi peu de succès ; et peut-être qu'elle y serait retournée cent autres fois aussi inutilement si le sultan, qui la voyait toujours vis-à-vis de lui à chaque séance, n'eût fait attention à elle. Cela est d'autant plus probable qu'il n'y avait que ceux qui avaient des requêtes à présenter qui approchaient du sultan, chacun à leur tour, pour plaider leur cause dans leur rang, et la mère d'Aladdin n'était point dans ce cas-là.

Ce jour-là enfin, après la levée du conseil, quand le sultan fut rentré dans son appartement, il dit à son grand vizir : « — Il y a déjà quelque temps que je remarque une certaine femme qui vient réglément chaque jour que je tiens mon conseil, et qui porte quelque chose d'enveloppé dans un linge ; elle se tient debout depuis le commencement de l'audience jusqu'à la fin, et affecte de se mettre toujours devant moi. Savez-vous ce qu'elle demande? »

Le grand vizir, qui n'en savait pas plus que le sultan, ne voulut pas néanmoins demeurer court. « — Sire, répondit-il, Votre Majesté n'ignore pas que les femmes forment souvent des plaintes sur des sujets de rien. Celle-ci, apparemment, vient porter sa plainte devant Votre Majesté sur ce qu'on lui a vendu de la méchante farine ou sur quelque autre tort d'aussi peu de conséquence. » — Le sultan ne se satisfit pas de cette réponse. « — Au premier jour de conseil, reprit-il, si cette femme revient, ne manquez pas de la faire appeler, afin que je l'entende. » — Le grand vizir ne lui répondit qu'en baissant la main et en la portant au-dessus de sa tête, pour marquer qu'il était prêt à la perdre s'il y manquait.

La mère d'Aladdin s'était déjà fait une habitude si grande de paraître au conseil devant le sultan, qu'elle comptait sa peine pour rien, pourvu qu'elle fît connaître à son fils qu'elle n'oubliait rien de tout ce qui dépendait d'elle pour lui complaire. Elle retourna donc au palais le jour du conseil, et se plaça à l'entrée du divan, vis-à-vis le sultan, à son ordinaire.

Le grand vizir n'avait pas encore commencé à rapporter aucune affaire quand le sultan aperçut la mère d'Aladdin. Touché de compassion de la longue patience dont il avait été témoin : « — Avant toutes choses, de crainte que vous ne l'oubliez, dit-il au grand vizir, voilà la femme dont je vous parlais dernièrement : faites-la venir et commençons par l'entendre et par expédier l'affaire qui l'amène. » — Aussitôt le grand vizir montra cette femme au chef des huissiers, qui était debout, prêt à recevoir ses ordres, et lui commanda d'aller la prendre et de la faire avancer.

Le chef des huissiers vint jusqu'à la mère d'Aladdin, et au signe qu'il lui fit, elle le suivit jusqu'au pied du trône du sultan, où il la laissa pour aller se ranger à sa place, près du grand vizir.

La mère d'Aladdin, instruite par l'exemple de tant d'autres qu'elle avait vus aborder le sultan, se prosterna le front contre le tapis qui couvrait les marches du trône, et elle demeura en cet état jusqu'à ce que le sultan lui commandât de se lever. Elle se leva, et alors : « — Bonne femme, lui dit le sultan, il y a longtemps que je vous vois venir à mon divan et demeurer à l'entrée depuis le commencement jusqu'à la fin. Quelle affaire vous amène ici? »

La mère d'Aladdin se prosterna une seconde fois après avoir entendu ces paroles, et quand elle fut relevée : « — Monarque au-dessus des monarques du monde, dit-elle, avant d'exposer à Votre Majesté le sujet extraordinaire et même presque incroyable qui me fait paraître devant son trône sublime, je la supplie de me pardonner la hardiesse, pour ne pas dire l'impudence de la demande que je viens lui faire. Elle est si peu commune que je tremble et que j'ai honte de la proposer à mon sultan. » — Pour

lui donner la liberté entière de s'expliquer, le sultan commanda que tout le monde sortît du divan et qu'on le laissât seul avec son grand vizir, et alors il lui dit qu'elle pouvait s'expliquer sans crainte.

La mère d'Aladdin ne se contenta pas de la bonté du sultan, qui venait de lui épargner la peine qu'elle eût pu souffrir en parlant devant tant de monde : elle voulut encore se mettre à couvert de l'indignation qu'elle avait à craindre de la proposition qu'elle devait lui faire, et à laquelle il ne s'attendait pas. « — Sire, dit-elle en reprenant la parole, j'ose encore supplier Votre Majesté, au cas qu'elle trouve la demande que j'ai à lui faire offensante ou injurieuse en la moindre chose, de m'assurer auparavant de son pardon et de m'en accorder la grâce. — Quoi que ce puisse être, repartit le sultan, je vous le pardonne dès à présent, et il ne vous en arrivera pas le moindre mal. Parlez hardiment. »

Quand la mère d'Aladdin eut pris toutes ces précautions, en femme qui redoutait toute la colère du sultan sur une proposition aussi délicate que celle qu'elle avait à lui faire, elle lui raconta fidèlement dans quelle occasion Aladdin avait vu la princesse Badroulboudour, l'amour violent que cette vue fatale lui avait inspiré, la déclaration qu'il lui en avait faite, tout ce qu'elle avait représenté pour le détourner d'une passion non moins injurieuse à Votre Majesté, dit-elle au sultan, qu'à la princesse votre fille. « — Mais, continua-t-elle, mon fils, bien loin d'en profiter et de reconnaître sa hardiesse, s'était osbtiné à y persévérer jusqu'au point de me menacer de quelque action de désespoir si je refusais de venir demander la princesse en mariage à Votre Majesté, et ce n'a été qu'après m'être fait une violence extrême que j'ai été contrainte d'avoir cette complaisance pour lui, de quoi je supplie encore une fois Votre Majesté de m'accorder le pardon, non-seulement à moi, mais même à Aladdin mon fils, d'avoir eu la pensée téméraire d'aspirer à une si haute alliance. »

Le sultan écouta tout ce discours avec beaucoup de douceur et de bonté, sans donner aucune marque de colère ou d'indignation, même sans prendre la demande en raillerie. Mais avant de donner réponse à cette bonne femme, il lui demanda ce que c'était que ce qu'elle avait apporté enveloppé dans un linge. Aussitôt elle prit le vase de porcelaine, q'elle auvait mis au pied du trône avant de se prosterner, elle le découvrit et le présenta au sultan.

On ne saurait exprimer la surprise et l'étonnement du sultan lorsqu'il vit rassemblées dans ce vase tant de pierreries si considérables, si précieuses, si parfaites, si éclatantes, et d'une grosseur dont il n'avait point encore vu de pareilles. Il resta quelque temps dans une si grande admiration, qu'il en était immobile. Après être enfin revenu à lui, il reçut le présent des mains de la mère d'Aladdin, en s'écriant avec un transport de joie : — « Ah! que cela est beau! que cela est riche! » — Après avoir admiré et manié presque toutes les pierreries l'une après l'autre, en les pri-

CAHIER (S) OU PAGE (S) INTERVERTI (S) A LA COUTURE
RETABLI (S) A LA PRISE DE VUE.

sant chacune par l'endroit qui les distinguait, il se tourna du côté de son grand vizir, et, en lui montrant le vase : — Vois, dit-il, et conviens qu'on ne peut rien voir au monde de plus riche et de plus parfait. » — Le vizir en fut charmé. « — Eh bien continua le sultan, que dis-tu d'un tel présent ? n'est-il pas digne de la princesse ma fille, et ne puis-je pas la donner, à ce prix-là, à celui qui me la fait demander ? »

Ainsi, en se retournant du côté de la mère d'Aladdin, il lui dit :

« — Allez, bonne femme, retournez chez vous, et dites à votre fils que j'agrée la proposition que vous m'avez faite de sa part, mais que je ne puis marier la princesse ma fille que je ne lui aie fait faire un ameublement, qui ne sera prêt que dans trois mois. Ainsi, revenez en ce temps-là. »

La mère d'Aladdin retourna chez elle avec une joie d'autant plus grande que, par rapport à son état, elle avait d'abord regardé l'accès auprès du sultan comme impossible, et que d'ailleurs elle avait obtenu une réponse si favorable, au lieu qu'elle ne s'était attendue qu'à un rebut qui l'aurait couverte de confusion. Deux choses firent juger à Aladdin, quand il vit rentrer sa mère, qu'elle lui apportait une bonne nouvelle : l'une, qu'elle revenait de meilleure heure qu'à l'ordinaire, et l'autre, qu'elle avait le visage gai et ouvert. « — Eh bien, ma mère, lui dit-il, dois-je espérer, dois-je mourir de désespoir ? » — Quand elle eut quitté son voile et qu'elle se fut assise sur le sofa avec lui : « — Mon fils, lui dit-elle, pour ne pas vous tenir trop longtemps dans l'incertitude, je commencerai par vous dire que, bien loin de songer à mourir, vous avez tout sujet d'être content. » — En poursuivant son discours, elle lui raconta de quelle manière elle avait eu audience avant tout le monde, ce qui était cause qu'elle était revenue de si bonne heure, les précautions qu'elle avait prises pour faire au sultan, sans qu'il s'en offensât, la proposition de mariage de la princesse Badroulboudour avec lui, et la réponse toute favorable que le sultan lui avait faite de sa propre bouche. Elle ajouta qu'autant qu'elle en pouvait juger par les marques que le sultan en avait données, le présent, sur toutes choses, avait fait un puissant effet sur son esprit pour le déterminer à la réponse favorable qu'elle rapportait. « — Je m'y attendais d'autant moins, dit-elle encore, que le grand vizir lui avait parlé à l'oreille avant qu'il me la fît, et que je craignais qu'il ne le détournât de la bonne volonté qu'il pouvait avoir pour vous. »

Aladdin s'estima le plus heureux des mortels en apprenant cette nouvelle. Il remercia sa mère de toutes les peines qu'elle s'était données dans la poursuite de cette affaire, dont l'heureux succès était si important pour son repos. Et quoique, dans l'impatience où il était, trois mois lui parussent d'une longueur extrême, il se disposa néanmoins à attendre avec patience, fondé sur la parole du sultan, qu'il regardait comme irrévocable.

Aladdin cependant laissa écouler les trois mois que le sultan avait marqués pour le mariage d'entre la princesse Badroulboudour et lui. Il en avait compté tous les jours avec grand soin, et quand ils furent achevés, dès le lendemain, il ne manqua pas d'envoyer sa mère au palais, pour faire souvenir le sultan de sa parole.

La mère d'Aladdin alla au palais, comme son fils le lui avait dit, et elle se présenta à l'entrée du divan, au même endroit qu'auparavant. Le sultan n'eut pas plutôt jeté la vue sur elle, qu'il la reconnut et se souvint en même temps de la demande qu'elle lui avait faite et du temps auquel il l'avait remise. Le grand vizir lui faisait alors le rapport d'une affaire. « — Vizir, lui dit le sultan en l'interrompant, j'aperçois la bonne femme qui nous fit un si beau présent il y a quelques mois : faites-la venir, vous reprendrez votre rapport quand je l'aurai écoutée. » — Le grand vizir, en jetant les yeux du côté de l'entrée du divan, aperçut aussi la mère d'Aladdin. Aussitôt il appela le chef des huissiers, et en la lui montrant il lui donna l'ordre de la faire avancer.

La mère d'Aladdin s'avança jusqu'au pied du trône, où elle se

prosterna, selon la coutume. Après qu'elle se fut relevée, le sultan lui demanda ce qu'elle souhaitait. « — Sire, lui répondit-elle, je me présente encore devant Votre Majesté pour lui représenter au nom d'Aladdin, mon fils, que les trois mois après lesquels elle l'a remis sur la demande que j'ai eu l'honneur de lui faire sont expirés, et la supplier de vouloir bien s'en souvenir. »

Le sultan, en prenant un délai de trois mois pour répondre à la demande de cette bonne femme la première fois qu'il l'avait vue, avait cru qu'il n'entendrait plus parler d'un mariage qu'il regardait comme peu convenable à la princesse sa fille, à regarder seulement la bassesse et la pauvreté de la mère d'Aladdin, qui paraissait devant lui dans un habillement fort commun. La sommation cependant qu'elle venait de lui faire de tenir sa parole lui parut embarrassante. Il ne jugea pas à propos de lui répondre sur-le-champ. Il consulta son grand vizir, et lui marqua la répugnance qu'il avait à conclure le mariage de la princesse avec un inconnu, dont il supposait que la fortune devait être beaucoup au-dessous de la plus médiocre.

Le grand vizir n'hésita pas à s'expliquer au sultan sur ce qu'il en pensait. « — Sire, lui dit-il, il me semble qu'il y a un moyen immanquable pour éluder un mariage si disproportionné, sans qu'Aladdin, quand même il serait connu de Votre Majesté, puisse s'en plaindre : c'est de mettre la princesse à un si haut prix, que ses richesses, quelles qu'elles puissent être, ne puissent y fournir. Ce sera le moyen de le faire désister d'une poursuite si hardie, pour ne pas dire si téméraire, à laquelle, sans doute, il n'a pas bien pensé avant de s'y engager. »

Le sultan approuva le conseil du grand vizir. Il se retourna du côté de la mère d'Aladdin ; et, après quelques moments de réflexion : « — Ma bonne femme, lui dit-il, les sultans doivent tenir leur parole ; je suis prêt à tenir la mienne et à rendre votre fils heureux par le mariage de la princesse ma fille. Mais, comme je ne puis la marier que je ne sache l'avantage qu'elle y trouvera, vous direz à votre fils que j'accomplirai ma parole dès qu'il m'aura envoyé quarante grands bassins d'or massif, pleins à comble des mêmes choses que vous m'avez déjà présentées de sa part, portés par un pareil nombre d'esclaves noirs, qui seront conduits par quarante autres esclaves blancs, jeunes, bien faits et de belle taille, et tous habillés très magnifiquement. Voilà les conditions auxquelles je suis prêt à lui donner la princesse ma fille. Allez, bonne femme, j'attendrai que vous m'apportiez sa réponse. »

La mère d'Aladdin se prosterna encore devant le trône du sultan, et elle se retira. Dans le chemin, elle riait en elle-même de la folle imagination de son fils. « — Vraiment, disait-elle, où trouvera-t-il tant de bassins d'or et une si grande quantité de ces verres colorés pour les remplir ? Retournera-t-il dans le souterrain, dont l'entrée est bouchée, pour en cueillir aux arbres ? Et tous ces esclaves tournés comme le sultan les demande, où les prendra-t-il ? Le voilà bien éloigné de sa prétention, et je crois qu'il ne sera guère content de mon ambassade. » — Quand elle fut rentrée chez elle,

l'esprit rempli de toutes ces pensées qui lui faisaient croire qu'Aladdin n'avait plus rien à espérer : « Mon fils, lui dit-elle, je vous conseille de ne plus penser au mariage de la princesse Badroulboudour. Le sultan, à la vérité, m'a reçue avec beaucoup de bonté, et je crois qu'il était bien intentionné pour vous ; mais le grand vizir, si je ne me trompe, lui a fait changer de sentiment, et vous pouvez le présumer comme moi sur ce que vous allez entendre. Après avoir représenté à Sa Majesté que les trois mois étaient expirés, et que je le priais, de votre part, de se souvenir de sa promesse, je remarquai qu'il ne me fit la réponse que je vais vous dire qu'après avoir parlé bas quelque temps avec le grand vizir. »
— La mère d'Aladdin fit un récit très exact à son fils de tout ce que le sultan lui avait dit, et des conditions auxquelles il consentirait au mariage de la princesse sa fille avec lui. En finissant : « — Mon fils, lui dit-elle, il attend votre réponse ; mais, entre nous, continua-t-elle en souriant, je crois qu'il l'attendra longtemps. »

« — Pas si longtemps que vous croiriez bien, ma mère, reprit Aladdin ; et le sultan se trompe lui-même s'il a cru, par ses demandes exorbitantes, me mettre hors d'état de songer à la princesse Badroulboudour. Je m'attendais à d'autres difficultés insurmontables, ou qu'il mettrait mon incomparable princesse à un prix beaucoup plus haut. Mais à présent je suis content, et ce qu'il me demande est peu de chose en comparaison de ce que je serais en état de lui donner pour en obtenir la possession. Pendant que je vais songer à le satisfaire, allez nous chercher de quoi dîner, et laissez-moi faire. »

Dès que la mère d'Aladdin fut sortit pour aller à la provision, Aladdin prit la lampe et il la frotta. Dans l'instant le génie se présenta devant lui, et, dans les mêmes termes que nous avons déjà rapportés, il lui demanda ce qu'il avait à lui commander, en marquant qu'il était prêt à le servir. Aladdin lui dit : « — Le sultan me donne la princesse sa fille en mariage ; mais auparavant il me demande quarante grands bassins d'or massif et bien pesants, pleins à comble des fruits du jardin où j'ai pris la lampe dont tu es esclave. Il exige aussi de moi que ces quarante bassins d'or soient portés par autant d'esclaves noirs, précédés par quarante esclaves blancs, jeunes, bien faits, de belle taille et habillés très-richement. Va, et amène-moi ce présent au plus tôt, afin que je l'envoie au sultan avant qu'il lève la séance du divan. » — Le génie lui dit que son commandement allait être exécuté incessamment, et il disparut.

Très-peu de temps après, le génie se fit revoir accompagné des quarante esclaves noirs, chacun chargé d'un bassin d'or massif du poids de vingt-marcs, sur la tête, plein de perles, de diamants, de rubis et d'émeraudes mieux choisies, même pour la beauté et pour la grosseur, que celles qui avaient déjà été présentées au sultan.

Chaque bassin était couvert d'une toile d'argent à fleurons d'or. Tous ces esclaves, tant noirs que blancs, avec les plats d'or, occupaient presque toute la maison, qui était assez médiocre, avec une petite cour sur le devant et un petit jardin sur le derrière. Le génie demanda à Aladdin s'il était content et s'il avait encore quelque autre commandement à lui faire. Aladdin lui dit qu'il ne lui demandait rien davantage, et il disparut aussitôt.

La mère d'Aladdin revint du marché, et en entrant elle fut dans une grande surprise de voir tant de monde et tant de richesses. Quand elle se fut déchargée des provisions qu'elle apportait, elle voulut ôter le voile qui lui couvrait le visage ; mais Aladdin l'en empêcha : « — Ma mère, lui dit-il, il n'y a pas de temps à perdre ; avant que le sultan achève de tenir le divan, il est important que vous retourniez au palais et que vous y conduisiez incessamment le présent et la dot de la princesse Babroulboudour, qu'il m'a demandés, afin qu'il juge, par ma diligence et par mon exactitude, du zèle ardent et sincère que j'ai de me procurer l'honneur d'entrer dans son alliance. »

Sans attendre la réponse de sa mère, Aladdin ouvrit la porte sur la rue et lui fit défiler successivement tous ces esclaves, en faisant toujours marcher un esclave blanc suivi d'un esclave noir, chargé d'un bassin d'or sur la tête, et ainsi jusqu'au dernier. Et après que sa mère fut sortie en suivant le dernier esclave noir, il ferma la porte et il demeura tranquillement dans sa chambre, avec l'espérance que le sultan, après ce présent, tel qu'il l'avait demandé, voudrait bien le recevoir enfin pour gendre.

Le premier esclave blanc qui était sorti de la maison d'Aladdin avait fait arrêter tous les passants qui l'aperçurent, et avant que les quatre-vingts esclaves, entremêlés de blancs et de noirs, eussent achevé de sortir, la rue se trouva pleine d'une grande foule de peuple qui accourait de toutes parts pour voir un spectacle si magnifique et si extraordinaire. L'habillement de chaque esclave était si riche en étoffe et en pierreries, que les meilleurs connaisseurs ne crurent pas se tromper en faisant monter chaque habit à plus d'un million. La grande propreté, l'ajustement bien entendu de chaque habillement, la bonne grâce, le bel air, la taille uniforme et avantageuse de chaque esclave, leur marche grave à une distance égale les uns des autres, avec l'éclat des pierreries d'une grosseur excessive, enchâssées autour de leurs ceintures d'or massif dans une belle symétrie, et les enseignes, aussi de pierreries, attachées à leurs bonnets, qui étaient d'un goût tout particulier, mirent toute cette foule de spectateurs dans une admiration si grande, qu'ils ne pouvaient se lasser de les regarder et de les conduire des yeux aussi loin qu'il leur était possible. Mais les rues était tellement bordées de peuple, que chacun était content de rester dans la place où il se trouvait.

Comme il fallait passer par plusieurs rues pour arriver au palais, cela fit qu'une bonne partie de la ville, gens de toute sorte d'états et de conditions, fut témoin d'une pompe si ravissante. Le premier des quatre-vingts esclaves arriva à la porte de la première cour du palais, et les portiers, qui s'étaient mis en haie dès qu'ils s'étaient aperçus que cette file merveilleuse approchait, le prirent pour un roi, tant il était richement et magnifiquement habillé. Ils s'avancèrent pour lui baiser le bas de la robe. Mais l'esclave, instruit par le génie, les arrêta et leur dit gravement : « Nous ne sommes que des esclaves, notre maître paraîtra quand il en sera temps. »

Le premier esclave, suivi de tous les autres, avança jusqu'à la seconde cour, qui était très spacieuse, et où la maison du sultan était rangée pendant la séance du divan. Les officiers, à la tête de chaque groupe, étaient d'une grande magnificence, mais elle fut effacée à la présence des quatre-vingts esclaves porteurs du présent d'Aladdin, et qui en faisaient eux-mêmes partie. Rien ne parut si beau ni si éclatant dans toute la maison du sultan, et tout le brillant des seigneurs de sa cour qui l'environnaient n'était rien en comparaison de ce qui se présentait alors à sa vue.

Comme le sultan avait été averti de la marche et de l'arrivée de ces esclaves, il avait donné ses ordres pour les faire entrer. Ainsi, dès qu'ils se présentèrent, ils trouvèrent l'entrée du divan libre, et ils entrèrent dans un bel ordre, une partie à droite et l'autre à gauche. Après qu'ils furent tous entrés et qu'ils eurent formé un grand demi-cercle devant le trône du sultan, les esclaves noirs posèrent chacun le bassin qu'ils portaient sur le tapis du pied. Ils se prosternèrent tous ensemble en frappant du front contre le tapis. Les esclaves blancs firent la même chose en même temps. Ils se relevèrent tous, et les noirs, en le faisant, découvrirent adroitement les bassins qui étaient devant eux, et tous demeurèrent debout, les mains croisées sur la poitrine, avec une grande modestie.

La mère d'Aladdin, qui cependant s'était avancée jusqu'au pied du trône, dit au sultan après s'être prosternée : « Sire, Aladdin mon fils n'ignore pas que ce présent qu'il envoie à Votre Majesté ne soit beaucoup au-dessous de ce que mérite la princesse Badroulboudour. Il espère néanmoins que Votre Majesté l'aura pour agréable et qu'elle voudra bien le faire agréer aussi à la princesse, avec d'autant plus de confiance qu'il a tâché de se conformer à la condition qu'il lui a plu de lui imposer. »

Le sultan n'était pas en état de faire attention au compliment de la mère d'Aladdin. Le premier coup d'œil jeté sur les quarante

Une grande foule de peuple accourait de toutes parts pour voir un spectacle si magnifique et si extraordinaire (P. 359.)

bassins d'or, pleins à comble des joyaux les plus brillants, les plus éclatants, les plus précieux qu'on eût jamais vus au monde, et sur les quatre-vingts esclaves, qui paraissaient autant de rois, tant par leur bonne mine que par la richesse et la magnificence surprenante de leur habillement, l'avait frappé d'une manière qu'il ne pouvait

revenir de son admiration. Au lieu de répondre au compliment de la mère d'Aladdin, il s'adressa au grand vizir, qui ne pouvait comprendre lui-même d'où une si grande profusion de richesses pouvait être venue : « Eh bien ! vizir, dit-il publiquement, que pensez-vous de celui, quel qu'il puisse être, qui m'envoie un présent si riche et si extraordinaire, et que ni moi ni vous ne connaissons pas ? Le croyez-vous indigne d'épouser la princesse Badroulboudour ma fille ?

Quelque jalousie et quelque douleur qu'eût le grand vizir de voir qu'un inconnu allait devenir le gendre du sultan préférablement à son fils, il n'osa dissimuler son sentiment. Il était trop visible que le présent d'Aladdin était plus que suffisant pour mériter qu'il fût reçu dans une si haute alliance. Il répondit donc au sultan, et entrant dans son sentiment : « — Sire, dit-il, bien loin d'avoir la pensée que celui qui fait à Votre Majesté un présent si digne d'elle soit indigne de l'honneur qu'elle veut lui faire, j'oserais dire qu'il mériterait davantage si je n'étais persuadé qu'il n'y a pas de trésor au monde assez riche pour être mis dans la balance avec la princesse fille de Votre Majesté. » — Les seigneurs de la cour qui étaient de la séance du conseil témoignèrent par leurs applaudissements que leurs avis n'étaient pas différents de celui du grand vizir.

Le sultan ne différa plus, il ne pensa pas même à s'informer si Aladdin avait les autres qualités convenables à celui qui pouvait aspirer à devenir son gendre. La seule vue de tant de richesses immenses et la diligence avec laquelle Aladdin venait de satisfaire à sa demande, sans avoir formé la moindre difficulté sur des conditions aussi exorbitantes que celles qu'il lui avait imposées, lui persuadèrent aisément qu'il ne lui manquait rien de tout ce qui pouvait le rendre accompli et tel qu'il le désirait. Ainsi, pour renvoyer la mère d'Aladdin avec la satisfaction qu'elle pouvait désirer, il lui dit : « — Bonne femme, allez dire à votre fils que je l'attends pour le recevoir à bras ouverts et pour l'embrasser, et que plus il fera de diligence pour venir recevoir de ma main le don que je lui fais de la princesse ma fille, plus il me fera de plaisir. »

Dès que la mère d'Aladdin se fut retirée, avec la joie dont une femme de sa condition peut être capable en voyant son fils parvenu à une si haute élévation contre son attente, le sultan mit fin à l'audience de ce jour. Et en se levant de son trône, il ordonna que les eunuques attachés au service de la princesse vinssent enlever les bassins pour les porter à l'appartement de leur maîtresse, où il se rendit pour les examiner avec elle à son loisir, et cet ordre fut exécuté sur-le-champ par les soins du chef des eunuques.

Les quatre-vingts esclaves blancs et noirs ne furent pas oubliés : on les fit entrer dans l'intérieur du palais, et quelque temps après, le sultan, qui venait de parler de leur magnificence à la princesse Badroulboudour, commanda qu'on les fît venir devant l'appartement, afin qu'elle les considérât au travers des jalousies et qu'elle connût que, bien loin d'avoir rien exagéré dans le récit qu'il venait de lui faire, il lui en avait dit beaucoup moins que ce qui en était.

La mère d'Aladdin cependant arriva chez elle avec un air qui marquait par avance la bonne nouvelle qu'elle apportait à son fils. « — Mon fils, lui dit-elle, vous avez tout sujet d'être content : vous êtes arrivé à l'accomplissement de vos souhaits contre mon attente, et vous savez ce que je vous en avais dit. Afin de ne vous pas tenir trop longtemps en suspens, le sultan, avec applaudissement de toute la cour, a déclaré que vous êtes digne de posséder la princesse Badroulboudour. Il vous attend pour vous embrasser et pour conclure votre mariage. C'est à vous de songer aux préparatifs pour cette entrevue, afin qu'elle réponde à la haute opinion qu'il a conçue de votre personne. Mais après ce que j'ai vu des merveilles que vous savez faire, je suis persuadée que rien n'y manquera. Je ne dois pas oublier de vous dire encore que le sultan vous attend avec impatience : ainsi ne perdez pas de temps à vous rendre auprès de lui. »

Aladdin, charmé de cette nouvelle, et tout plein de l'objet qui l'avait enchanté, dit peu de paroles à sa mère et se retira dans sa chambre. Là, après avoir pris la lampe, qui lui avait été si officieuse jusqu'alors en tous ses besoins et en tout ce qu'il avait souhaité, il ne l'eut pas plutôt frottée, que le génie continua de marquer son obéissance en paraissant d'abord sans se faire attendre. « — Génie, lui dit Aladdin, je t'ai appelé pour me faire prendre un bain tout à l'heure, et quand je l'aurai pris, je veux que tu me tiennes prêt un habillement le plus riche et le plus magnifique que jamais monarque ait porté. » — Il eut à peine achevé de parler, que le génie, en le rendant invisible comme lui, l'enleva et le transporta dans un bain tout de marbre le plus fin, et de différentes couleurs les plus belles et les plus diversifiées. Sans voir qui le servait, il fut déshabillé dans un salon spacieux et d'une grande propreté. Du salon on le fit entrer dans le bain, qui était d'une chaleur modérée, et là il fut frotté et lavé avec plusieurs sortes d'eaux de senteur. Après l'avoir fait passer par tous les degrés de chaleur, selon les différentes pièces de bain, il en sortit, mais tout autre que quand il y était entré. Son teint se trouva frais, blanc, vermeil, et son corps beaucoup plus léger et plus dispos. Il rentra dans le salon et il n'y trouva plus l'habit qu'il y avait laissé. Le génie avait eu soin de mettre en sa place celui qu'il lui avait demandé. Aladdin fut surpris en voyant la magnificence de l'habit qu'on lui avait substitué. Il s'habilla avec l'aide du génie, en admirant chaque pièce à mesure qu'il la prenait, tant elles étaient toutes au delà de ce qu'il avait pu s'imaginer. Quand il eut achevé, le génie le reporta chez lui dans la même chambre où il l'avait pris. Alors il lui demanda s'il avait autre chose à lui commander. « — Oui, répondit Aladdin, j'attends de toi que tu m'amènes au plus tôt un cheval qui surpasse en beauté et en bonté le cheval le plus estimé qui soit dans

l'écurie du sultan, dont la housse, la selle, la bride et tout le harnais vaillent plus d'un million. Je demande aussi que tu me fasses venir en même temps vingt esclaves habillés aussi richement et aussi lestement que ceux qui ont apporté le présent, pour marcher à mes côtés et à ma suite en troupe, et vingt autres semblables pour marcher devant moi en deux files. Fais venir aussi à ma mère six femmes esclaves pour la servir, chacune habillée aussi richement au moins que les femmes esclaves de la princesse Badroulboudour, et chargées chacune d'un habit complet, aussi magnifique et aussi pompeux que pour la sultane. J'ai besoin aussi de dix mille pièces d'or en dix bourses. Voilà, ajouta-t-il, ce que j'avais à te commander : va, et fais diligence. »

Dès qu'Aladdin eut achevé de donner des ordres au génie, le génie disparut, et bientôt après il se fit revoir avec le cheval, avec les quarante esclaves, dont dix portaient chacun une bourse de mille pièces d'or, et avec six femmes esclaves, chargées sur la tête, chacune, d'un habit différent pour la mère d'Aladdin, enveloppé d'une toile d'argent, et le génie présenta le tout à Aladdin.

Des dix bourses, Aladdin n'en prit que quatre, qu'il donna à sa mère, en lui disant que c'était pour s'en servir dans ses besoins. Il laissa les six autres entre les mains des esclaves qui les portaient, avec ordre de les garder et de les jeter au peuple par poignées, en passant par les rues, dans la marche qu'ils devaient faire pour se rendre au palais du sultan. Il ordonna aussi qu'ils marcheraient devant lui avec les autres, trois à droite et trois à gauche. Il présenta enfin à sa mère les six femmes esclaves, en lui disant qu'elles étaient à elle et qu'elle pouvait s'en servir comme leur maîtresse, et que les habits qu'elles avaient apportés étaient pour son usage.

Quand Aladdin eut disposé toutes ses affaires, il dit au génie en le congédiant qu'il l'appellerait quand il aurait besoin de son service, et le génie disparut aussitôt. Alors Aladdin ne songea plus qu'à répondre au plus tôt au désir que le sultan avait témoigné de le voir. Il dépêcha au palais un des quarante esclaves, je ne dirai pas le mieux fait, ils l'étaient tous également, avec ordre de s'adresser au chef des huissiers et de lui demander quand il pourrait avoir l'honneur d'aller se jeter aux pieds du sultan. L'esclave ne fut pas longtemps à s'acquitter de son message ; il apporta pour réponse que le sultan l'attendait avec impatience.

Aladdin ne différa pas de monter à cheval et de se mettre en marche dans l'ordre que nous avons marqué. Quoique jamais il n'eût monté à cheval, il y parut néanmoins pour la première fois avec tant de bonne grâce, que le cavalier le plus expérimenté ne l'eût pas pris pour un novice. Les rues par où il passa furent remplies presque en un moment d'une foule innombrable de peuple qui faisait retentir l'air d'acclamations, de cris d'admiration et de bénédictions, chaque fois particulièrement que les six esclaves qui avaient les bourses faisaient voler des poignées de pièces en l'air, à droite et à gauche. Ces acclamations néanmoins ne venaient pas de la part de ceux qui se poussaient et qui se baissaient pour ramasser de ces pièces, mais de ceux qui, d'un rang au-dessus du menu peuple, ne pouvaient s'empêcher de donner publiquement à la libéralité d'Aladdin les louanges qu'elle méritait. Non-seulement ceux qui se souvenaient de l'avoir vu jouer dans les rues, dans un âge déjà avancé, comme un vagabond, ne le reconnaissaient plus, ceux mêmes qui l'avaient vu il n'y avait pas longtemps avaient peine à le reconnaître, tant il avait les traits changés. Cela venait de ce que la lampe avait cette propriété de procurer par degrés, à ceux qui la possédaient, les perfections convenables à l'état auquel ils parvenaient par le bon usage qu'ils en faisaient. On fit alors

beaucoup plus d'attention à la personne d'Aladdin qu'à la pompe qui l'accompagnait, que la plupart avaient déjà remarquée le même jour dans la marche des esclaves qui avaient porté ou accompagné le présent. Le cheval néanmoins fut admiré par les connaisseurs, qui surent en distinguer la beauté sans se laisser éblouir ni par la richesse, ni par le brillant des diamants et des autres pierreries dont il était couvert. Comme le bruit s'était répandu que le sultan lui donnait la princesse Badroulboudour en mariage, personne, sans avoir égard à sa naissance, ne porta envie à sa fortune ni à son élévation, tant il en parut digne.

Aladdin arriva au palais, où tout était disposé pour l'y recevoir. Quand il fut à la seconde porte, il voulut mettre pied à terre pour se conformer à l'usage observé par le grand vizir, par les généraux d'armées et les gouverneurs du premier rang : mais le chef des huissiers, qui l'attendait par ordre du sultan, l'en empêcha et l'accompagna jusque près de la salle du conseil ou de l'audience, où il l'aida à descendre de cheval, quoique Aladdin s'y opposât fortement et ne le voulût pas souffrir; mais il ne fut pas le maître. Cependant les huissiers faisaient une double haie à l'entrée de la salle. Leur chef mit Aladdin à sa droite, et après l'avoir fait passer par le milieu, il le conduisit jusqu'au trône du sultan.

Dès que le sultan eut aperçu Aladdin, il ne fut pas moins étonné de le voir vêtu plus richement et plus magnifiquement qu'il ne l'avait jamais été lui-même, que surpris, contre son attente, de sa bonne mine, de sa belle taille et d'un certain air de grandeur fort éloigné de l'état de bassesse dans lequel sa mère avait paru devant lui. Son étonnement et sa surprise néanmoins ne l'empêchèrent pas de se lever et de descendre deux ou trois marches de son trône assez promptement pour empêcher Aladdin de se jeter à ses pieds, et pour l'embrasser avec une démonstration pleine d'amitié. Après cette civilité, Aladdin voulut encore se jeter aux pieds du sultan, mais le sultan le retint par la main, et l'obligea de monter et de s'asseoir entre le vizir et lui.

Alors Aladdin prit la parole : « — Sire, dit-il, je reçois les honneurs que Votre Majesté me fait, parce qu'elle a la bonté et qu'il lui plaît de me les faire ; mais elle me permettra de lui dire que je n'ai point oublié que je suis né son esclave, que je connais la grandeur de sa puissance, et que je n'ignore pas combien ma naissance me met au-dessous de la splendeur et de l'éclat du rang suprême où elle est élevée. S'il y a quelque endroit, continua-t-il, par où je puisse avoir mérité un accueil si favorable, j'avoue que je ne le dois qu'à la hardiesse qu'un pur hasard m'a fait naître d'élever mes yeux, mes pensées et mes désirs jusqu'à la divine princesse qui fait l'objet de mes souhaits. Je demande pardon à Votre Majesté de ma témérité; mais je ne puis dissimuler que je mourrais de douleur si je perdais l'espérance d'en voir l'accomplissement.

« — Mon fils, répondit le sultan en l'embrassant une seconde fois, vous me feriez tort de douter un seul moment de la sincérité de ma parole. Votre vie m'est trop chère désormais pour ne pas vous la conserver en vous présentant le remède qui est à ma disposition. Je préfère le plaisir de vous voir et de vous entendre à tous mes trésors joints avec les vôtres. »

En achevant ces paroles, le sultan fit un signal, et aussitôt on

entendit l'air retentir du son des hautbois et des timbales ; et, en même temps, le sultan conduisit Aladdin dans un magnifique salon où on servit un superbe festin. Le sultan mangea seul avec Aladdin. Le grand vizir et les seigneurs de la cour, chacun selon leur dignité et selon leur rang, les accompagnèrent pendant le repas. Le sultan, qui avait toujours les yeux sur Aladdin, tant il prenait plaisir à le voir, fit tomber le discours sur plusieurs sujets différents. Dans la conversation qu'ils eurent ensemble pendant le repas, et sur quelque matière qu'il le mît, il parla avec tant de connaissance et de sagesse, qu'il acheva de confirmer le sultan dans la bonne opinion qu'il avait conçue de lui d'abord.

Le repas achevé, le sultan fit appeler le premier juge de sa capitale, et lui commanda de dresser et de mettre au net sur-le-champ le contrat de mariage de la princesse Badroulboudour, sa fille, et d'Aladdin. Pendant ce temps-là, le sultan s'entretint avec Aladdin de plusieurs choses indifférentes en présence du grand vizir et des seigneurs de la cour, qui admirèrent la solidité de son esprit et la grande facilité qu'il avait de parler et de s'énoncer, et les pensées fines et délicates dont il assaisonnait son discours.

Quand le juge eut achevé le contrat dans toutes les formes requises, le sultan demanda à Aladdin s'il voulait rester dans le palais pour terminer les cérémonies du mariage le même jour. « — Sire, répondit Aladdin, quelque impatience que j'aie de jouir pleinement des bontés de Votre Majesté, je la supplie de vouloir bien permettre que je les diffère jusqu'à ce que j'aie fait bâtir un palais pour recevoir la princesse selon son mérite et sa dignité. Je la prie, pour cet effet, de m'accorder une place convenable devant le sien, afin que je sois plus à portée de lui faire ma cour. Je n'oublierai rien pour faire en sorte qu'il soit achevé avec toute la diligence possible. — Mon fils, lui dit le sultan, prenez tout le terrain que vous jugerez à propos : le vide est trop grand devant mon palais, et j'avais déjà songé moi-même à le remplir ; mais souvenez-vous que je ne puis assez tôt vous voir uni avec ma fille pour mettre le comble à ma joie. » — En achevant ces paroles, il embrassa encore Aladdin, qui prit congé du sultan avec la même politesse que s'il eût été élevé et qu'il eût toujours vécu à la cour.

Aladdin remonta à cheval, et il retourna chez lui dans le même ordre qu'il était venu, au travers de la même foule et aux acclamations du peuple, qui lui souhaitait toute sorte de bonheur et de prospérité. Dès qu'il fut rentré et qu'il eut mis pied à terre, il prit la lampe et appela le génie comme il était accoutumé. Le génie ne se fit pas attendre, il parut et lui fit offre de ses services. « — Génie lui dit Aladdin, j'ai tout sujet de me louer de ton exactitude à exécuter ponctuellement tout ce que j'ai exigé de toi jusqu'à présent par la puissance de cette lampe, ta maîtresse. Il s'agit aujourd'hui que, pour l'amour d'elle, tu fasses paraître, s'il est possible, plus de zèle et d'obéissance que tu n'as encore fait. Je te demande donc, qu'en aussi peu de temps que tu le pourras, tu me fasses bâtir vis-à-vis du palais du sultan, à une juste distance, un palais digne d'y recevoir la princesse Badroulboudour, mon épouse. Je laisse à ta liberté le choix des matériaux, c'est-à-dire du porphyre, du jaspe, de l'agate, du lapis et du marbre le plus fin, le plus varié en couleurs, et du reste de l'édifice ; mais j'entends qu'au plus haut de ce palais tu fasses élever un grand salon en dôme, à quatre faces égales, dont les assises ne soient d'autre matière que d'or et d'argent massifs, posées alternativement, avec vingt-quatre croisées, six à chaque face, et que les jalousies de chaque croisée, à la réserve d'une seule, que je veux qu'on laisse imparfaite, soient enrichies, avec art et symétrie, de diamants, de rubis et d'émeraudes, de manière que rien de pareil en ce genre n'ait été vu dans le monde. Je veux aussi que ce palais soit accompagné d'une avant-cour, d'une cour, d'un jardin; mais, sur toute chose, qu'il y ait, dans un endroit que tu me diras, un trésor bien rempli d'or et d'argent monnayés. Je veux aussi qu'il y ait dans ce palais des cuisines, des offices, des magasins, des garde-meubles garnis de meubles précieux pour toutes les saisons et proportionnés à la magnificence du palais; des écuries remplies des plus beaux chevaux, avec leurs écuyers et leurs palefreniers, sans oublier un équipage de chasse. Il faut qu'il y ait aussi des officiers de cuisine et d'office, et des femmes esclaves, nécessaires pour le service de la princesse. Tu dois comprendre quelle est mon intention; va, et reviens quand cela sera fait. »

Le soleil venait de se coucher quand Aladdin acheva de charger le génie de la construction du palais qu'il avait imaginé. Le lendemain matin, à la petite pointe du jour, Aladdin, à qui l'amour de la princesse ne permettait pas de dormir tranquillement, était à peine levé, que le génie se présenta à lui. « — Seigneur, dit-il, votre palais est achevé; venez voir si vous en êtes content. » — Aladdin n'eut pas plutôt témoigné qu'il le voulait bien, que le génie l'y transporta en un instant. Aladdin le trouva si fort au-dessus de son attente, qu'il ne pouvait assez l'admirer. Le génie le conduisit en tous les endroits, et partout il ne trouva que richesse, que propreté et que magnificence, avec des officiers et des esclaves, tous habillés selon leur rang et selon les services auxquels ils étaient destinés. Il ne manqua pas, comme une des choses principales, de lui faire voir le trésor, dont la porte fut ouverte par le trésorier, et Aladdin y vit des tas de bourses de différentes grandeurs, selon les sommes qu'elles contenaient, élevées jusqu'à la voûte et disposées dans un arrangement qui faisait plaisir à voir. En sortant, le génie l'assura de la fidélité du trésorier. Il le mena ensuite aux écuries, et là il lui fit remarquer les plus beaux chevaux qu'il y eût au monde, et les palefreniers, dans un grand mouvement, occupés à les panser. Il le fit passer ensuite par des magasins remplis de toutes les provisions nécessaires, tant pour les ornements de chevaux que pour leur nourriture.

Quand Aladdin eut examiné tout le palais d'appartement en appartement, et de pièce en pièce, depuis le haut jusqu'en bas, et particulièrement le salon à vingt-quatre croisées, et qu'il y eut

trouvé des richesses et de la magnificence, avec toutes sortes de commodités au delà de ce qu'il s'en était promis, il dit au génie : « — Génie, on ne peut être plus content que je le suis, et j'aurais tort de me plaindre. Il reste une seule chose dont je ne t'ai rien dit parce que je ne m'en étais pas avisé, c'est d'étendre, depuis la porte de l'appartement destinée à la princesse dans ce palais-ci, un tapis du plus beau velours, afin qu'elle marche dessus en venant du palais du sultan. — Je reviens dans un moment, » — dit le génie. Et comme il eut disparu, peu de temps après Aladdin fut étonné de voir ce qu'il avait souhaité exécuté, sans savoir comment cela s'était fait. Le génie reparut, et il reporta Aladdin chez lui dans le temps qu'on ouvrait la porte du palais du sultan.

Les portiers du palais, qui venaient d'ouvrir la porte, et qui avaient toujours eu la vue libre du côté où était alors celui d'Aladdin, furent fort étonnés de la voir bornée et de voir un tapis de velours qui venait de ce côté-là jusqu'à la porte de celui du sultan. Ils ne distinguèrent d'abord pas bien ce que c'était. Mais leur surprise augmenta quand ils eurent aperçu distinctement le superbe palais d'Aladdin. La nouvelle d'une merveille aussi surprenante fut répandue par tout le palais en très peu de temps. Le grand vizir, qui était arrivé juste à l'ouverture de la porte du palais, n'avait pas été moins surpris de cette nouveauté que les autres. Il en fit part au sultan le premier; mais il voulut lui faire passer la chose pour un enchantement. « — Vizir, reprit le sultan, pourquoi voulez-vous que ce soit un enchantement? Vous savez aussi bien que moi que c'est le palais qu'Aladdin a fait bâtir, par la permission que je lui en ai donnée en votre présence, pour loger la princesse ma fille. Après l'échantillon de ses richesses que nous avons vu, pouvons-nous trouver étrange qu'il ait fait bâtir ce palais en si peu de temps? Il a voulu nous surprendre et nous faire voir qu'avec de l'argent comptant on peut faire de ces miracles d'un jour à un autre. Avouez avec moi que l'enchantement dont vous avez voulu parler vient d'un peu de jalousie. » — L'heure d'entrer au conseil l'empêcha de continuer ce discours plus longtemps.

Quand Aladdin eut été reporté chez lui et qu'il eut congédié le génie, il trouva que sa mère était levée et qu'elle commençait à se parer d'un des habits qu'il lui avait fait apporter. A peu près vers le temps que le sultan venait de sortir du conseil, Aladdin disposa sa mère à aller au palais avec les mêmes femmes esclaves qui lui étaient venues par le ministère du génie. Il la pria, si elle voyait le sultan, de lui marquer qu'elle venait pour avoir l'honneur d'accompagner la princesse, vers le soir, quand elle serait en état de passer à son palais. Elle partit; mais quoique elle et ses femmes esclaves qui la suivaient fussent habillées en sultanes, la foule néanmoins fut d'autant moins grande à les voir passer qu'elles étaient voilées, et qu'un surtout convenable couvrait la richesse et la magnificence de leurs habillements. Pour ce qui est d'Aladdin, il monta à cheval, et après être sorti de sa maison paternelle pour n'y plus rentrer, sans avoir oublié la lampe merveilleuse, dont le secours lui avait été si avantageux pour parvenir au comble de son bonheur, il se rendit publiquement à son palais avec la même pompe qu'il était allé se présenter au sultan le jour de devant.

Dès que les portiers du palais du sultan eurent aperçu la mère

d'Aladdin qui venait, ils en avertirent le sultan. Aussitôt l'ordre fut donné aux troupes de trompettes, de timbales, de fifres, de hautbois, qui étaient déjà postées en différents endroits des terrasses du palais, et en un moment l'air retentit de fanfares et de concerts, qui annoncèrent la joie à toute la ville. Les marchands commencèrent à parer leurs boutiques de beaux tapis, de coussins et de feuillages, et à préparer des illuminations pour la nuit. Les artisans quittèrent leur travail, et le peuple se rendit avec empressement à la grande place, qui se trouva alors entre le palais du sultan et celui d'Aladdin. Ce dernier attira d'abord leur admiration, non pas tant à cause qu'ils étaient accoutumés à voir celui du sultan, que parce que celui du sultan ne pouvait entrer en comparaison avec celui d'Aladdin. Mais le sujet de leur plus grand étonnement fut de ne pouvoir comprendre par quelle merveille inouïe ils voyaient un palais si magnifique dans un lieu où, le jour d'auparavant, il n'y avait ni matériaux ni fondements préparés.

La mère d'Aladdin fut reçue dans le palais avec honneur, et introduite dans l'appartement de la princesse Badroulboudour par le chef des eunuques. Aussitôt que la princesse l'aperçut, elle alla l'embrasser, et lui fit prendre place sur son sofa, et pendant que ses femmes achevaient de l'habiller et de la parer des joyaux les plus précieux dont Aladdin lui avait fait présent, elle la fit régaler d'une collation magnifique. Le sultan, qui venait pour être auprès de la princesse sa fille le plus de temps qu'il pourrait avant qu'elle se séparât d'avec lui pour aller au palais d'Aladdin, lui fit aussi de grands honneurs. La mère d'Aladdin avait parlé plusieurs fois au sultan en public, mais il ne l'avait point encore vue sans voile comme elle était alors. Quoiqu'elle fût dans un âge un peu avancé, on y observait encore des traits qui faisaient assez connaître qu'elle avait été du nombre des belles dans sa jeunesse. Le sultan, qui l'avait toujours vue habillée fort simplement, pour ne pas dire pauvrement, était dans l'admiration de la voir aussi richement et aussi magnifiquement vêtue que la princesse sa fille. Cela lui fit faire cette réflexion qu'Aladdin était également prudent, sage et entendu en toute chose.

Quand la nuit fut venue, la princesse prit congé du sultan son père. Leurs adieux furent tendres et mêlés de larmes ; ils s'embrassèrent plusieurs fois sans se rien dire, et enfin la princesse sortit de son appartement et se mit en marche avec la mère d'Aladdin à sa gauche, et suivie de cent femmes esclaves habillées d'une magnificence surprenante. Toutes les troupes d'instruments, qui n'avaient cessé de se faire entendre depuis l'arrivée de la mère d'Aladdin, s'étaient réunies et commençaient cette marche. Elles étaient suivies par cent tchaoux et par un pareil nombre d'eunuques noirs en deux files, avec leurs officiers à leur tête. Quatre

Mariage de la princesse Badroulboudour (P. 376.)

cents jeunes pages du sultan, en deux bandes, qui marchaient sur les côtés en tenant chacun leur flambeau à la main, faisaient une lumière qui, jointe aux illuminations tant du palais du sultan que de celui d'Aladdin, suppléait merveilleusement au défaut du jour.

Dans cet ordre, la princesse marcha sur le tapis étendu depuis le palais du sultan jusqu'au palais d'Aladdin, et à mesure qu'elle avançait, les instruments qui étaient à la tête de la marche, en s'approchant et en se mêlant avec ceux qui se faisaient entendre du haut des terrasses du palais d'Aladdin, formèrent un concert qui, tout extraordinaire et tout confus qu'il paraissait, ne laissait pas d'augmenter la joie non-seulement dans la place, remplie d'un grand peuple, mais même dans les deux palais, dans toute la ville et bien loin au dehors.

La princesse arriva enfin au nouveau palais, et Aladdin courut, avec toute la joie imaginable, à l'entrée de l'appartement qui lui était destiné, pour la recevoir. La mère d'Aladdin avait eu soin de faire distinguer son fils à la princesse au milieu des officiers qui l'environnaient, et la princesse, en l'apercevant, le trouva si bien fait, qu'elle en fut charmée. « — Adorable princesse, lui dit Aladdin en l'abordant et en la saluant très respectueusement, si j'avais le malheur de vous avoir déplu par la témérité que j'ai eue d'aspirer à la possession d'une si aimable princesse, fille de mon sultan, j'ose vous dire que ce serait à vos beaux yeux et à vos charmes que vous devriez vous en prendre, et non pas à moi. — Prince, que je suis en droit de traiter ainsi à présent, lui répondit la princesse, j'obéis à la volonté du sultan mon père, et il me suffit de vous avoir vu pour vous dire que je lui obéis sans répugnance. »

Aladdin, charmé d'une réponse si agréable et si satisfaisante pour lui, ne laissa pas plus longtemps la princesse debout après le chemin qu'elle venait de faire, à quoi elle n'était point accoutumée : il lui prit la main, qu'il baisa avec une grande démonstration de joie, et il la conduisit dans un grand salon éclairé d'une infinité de bougies, où, par les soins du génie, la table se trouva servie d'un superbe festin. Les plats étaient d'or massif et remplis des viandes les plus délicieuses. Les vases, les bassins, les gobelets, dont le buffet était très bien garni, étaient aussi d'or et d'un travail exquis. Les autres ornements et tous les embellissements du salon répondaient parfaitement à cette grande richesse. La princesse, enchantée de voir tant de richesses rassemblées dans un même lieu, dit à Aladdin : « — Prince, je croyais que rien au monde n'était plus beau que le palais du sultan mon père ; mais, à voir ce seul salon, je m'aperçois que je me suis trompée. — Princesse, répondit Aladdin en la faisant mettre à table à la place qui lui était destinée, je reçois une si grande honnêteté comme je le dois, mais je sais ce que je dois croire. »

La princesse Badroulboudour, Aladdin et la mère d'Aladdin se mirent à table, et aussitôt un chœur d'instruments les plus harmonieux, touchés, et accompagnés de très belles voix de femmes, toutes d'une grande beauté, commença un concert qui dura sans interruption jusqu'à la fin du repas. La princesse en fut si charmée, qu'elle dit qu'elle n'avait rien entendu de pareil dans le palais du sultan son père. Mais elle ne savait pas que ces musiciennes étaient des fées choisies par le génie esclave de la lampe.

Quand le souper fut achevé, et que l'on eut desservi en diligence, une troupe de danseurs et de danseuses succédèrent aux musiciennes. Ils dansèrent plusieurs sortes de danses figurées selon la coutume du pays, et ils finirent par un danseur et une danseuse qui dansèrent seuls avec une légèreté surprenante, et firent paraître chacun à leur tour toute la bonne grâce et l'adresse dont ils étaient capables. Il était près de minuit quand, selon la coutume de la Chine de ce temps-là, Aladdin se leva, et présenta la main à la princesse Badroulboudour pour danser ensemble, et terminer ainsi la cérémonie de leurs noces. Ils dansèrent d'un si bon air, qu'ils firent l'admiration de toute la compagnie. En achevant, Aladdin ne quitta pas la main de la princesse, et ils passèrent ensemble dans l'appartement où le lit nuptial était préparé. Les femmes de la princesse servirent à la déshabiller et la mirent au lit, et les officiers d'Aladdin en firent autant, et chacun se retira. Ainsi furent terminées les cérémonies et les réjouissances des noces d'Aladdin et de la princesse Badroulboudour.

Le lendemain, quand Aladdin fut éveillé, ses valets de chambre se présentèrent pour l'habiller. Ils lui mirent un habit différent de celui du jour des noces, mais aussi riche et aussi magnifique. Ensuite il se fit amener un des chevaux destinés pour sa personne. Il le monta, et il se rendit au palais du sultan au milieu d'une grosse troupes d'esclaves qui marchaient devant lui, à ses côtés et à sa suite. Le sultan le reçut avec les mêmes honneurs que la première fois ; il l'embrassa, et après l'avoir fait asseoir près de lui, sur son trône, il commenda qu'on servît le déjeuner. « — Sire, lui dit Aladdin, je supplie Votre Majesté de me dispenser aujourd'hui de cet honneur. Je viens la prier de me faire celui de venir prendre un repas dans le palais de la princesse, avec son grand vizir et les seigneurs de sa cour. » — Le sultan lui accorda cette grâce avec plaisir. Il se leva à l'heure même, et comme le chemin n'était pas long, il voulut y aller à pied. Ainsi il sortit, avec Aladdin à sa droite, le grand vizir à sa gauche, et les seigneurs à sa suite, précédé par les tchaoux et par les principaux officiers de sa maison.

Plus le sultan approchait du palais d'Aladdin, plus il était frappé de sa beauté. Ce fut tout autre chose quand il y fut entré : ses exclamations ne cessaient pas à chaque pièce qu'il voyait. Mais quand il fut arrivé au salon à vingt-quatre croisées, où Aladdin l'avait invité à monter, qu'il en eut vu les ornements et surtout qu'il eut jeté les yeux sur les jalousies, enrichies de diamants, de rubis et d'émeraudes, toutes pierres parfaites dans leur grosseur proportionnée, et qu'Aladdin lui eut fait remarquer que la richesse était pareille au dehors, il en fut tellement surpris, qu'il demeura comme immobile. Après avoir resté quelque temps en cet état : « — Vizir, dit-il à ce ministre, qui était près de lui, est-il possible qu'il y ait en mon royaume et si près de mon palais un palais si superbe, et que je l'aie ignoré jusqu'à présent ? — Votre Majesté, reprit le grand vizir, peut se souvenir qu'avant-hier elle accorda à Aladdin, qu'elle venait de reconnaître pour son gendre, la permission de bâtir un palais vis-à-vis du sien. Le même jour, au coucher du soleil, il n'y avait pas encore de palais en cette place, et hier, j'eus l'honneur de lui annoncer le premier que le palais était fait et achevé. — Je m'en souviens, repartit le sultan, mais jamais je ne me fusse imaginé que ce palais fût une des merveilles du monde. Où en trouve-t-on dans tout l'univers de bâtis d'assises d'or et d'argent massifs, au lieu d'assises ou de pierre ou de marbre ; dont les croisées aient des jalousies jonchées de diamants, de rubis et d'émeraudes ? Jamais au monde il n'a été fait mention de chose semblable. »

Le sultan voulut voir et admirer la beauté des vingt-quatre jalousies. En les comptant, il n'en trouva que vingt-trois qui fussent de la même richesse, et il fut dans un grand étonnement de ce que la vingt-quatrième était demeurée imparfaite. « — Vizir, dit-il (car le grand vizir se faisait un devoir de ne pas l'abandonner). Je suis surpris qu'un salon de cette magnificence soit demeuré imparfait par cet endroit. — Sire, reprit le grand vizir, Aladdin apparemment a été pressé, et le temps lui a manqué pour rendre cette croisée semblable aux autres ; mais on peut croire qu'il a les pierreries nécessaires, et qu'au premier jour il y fera travailler. »

Aladdin, qui avait quitté le sultan pour donner quelques ordres, vint le rejoindre en ces entrefaites. « — Mon fils, lui dit le sultan, voici le salon le plus digne d'être admiré de tous ceux qui sont au monde. Une seule chose me surprend, c'est de voir que cette jalousie soit demeurée imparfaite. Est-ce par oubli, ajouta-t-il, par négligence ou parce que les ouvriers n'ont pas eu le temps de mettre la dernière main à un si beau morceau d'architecture ? — Sire, répondit Aladdin, ce n'est par aucune de ces raisons que la jalousie est restée dans l'état que Votre Majesté la voit. La chose a été faite à dessein, et c'est par mon ordre que les ouvriers n'y ont pas touché : je voulais que Votre Majesté eût la gloire de faire achever ce salon et le palais en même temps. Je la supplie de vouloir bien agréer ma bonne intention, afin que je puisse me souvenir de la faveur et de la grâce que j'aurai reçues d'elle. —

Si vous l'avez fait dans cette intention, reprit le sultan, je vous en sais bon gré ; je vais dès l'heure même donner les ordres pour cela. » — En effet, il ordonna qu'on fît venir les joailliers les mieux fournis de pierreries et les orfèvres les plus habiles de sa capitale.

Le sultan cependant descendit du salon, et Aladdin le conduisit dans celui où il avait régalé la princesse Badroulboudour le jour des noces. La princesse arriva un moment après, qui reçut le sultan son père d'un air qui lui fit connaître avec plaisir combien elle était contente de son mariage. Deux tables se trouvèrent fournies des mets les plus délicieux, et servies tout en vaisselle d'or. Le sultan se mit à la première, et mangea avec la princesse sa fille, Aladdin et le grand vizir. Tous les seigneurs de la cour furent régalés à la seconde, qui était fort longue. Le sultan trouva les mets de bon goût, et il avoua que jamais il n'avait rien mangé de plus excellent Il dit la même chose du vin, qui était en effet très-délicieux. Ce qu'il admira davantage furent quatre grands buffets garnis et chargés de flacons, de bassins et de coupes d'or massif, le tout enrichi de pierreries. Il fut charmé aussi des chœurs de musique, qui étaient disposés dans le salon, pendant que les fanfares de trompettes, accompagnées de timbales et de tambours, retentissaient au dehors à une distance proportionnée, pour en avoir tout l'agrément.

Dans le temps que le sultan venait de sortir de table, on l'avertit que les joailliers et les orfèvres qui avaient été appelés par son ordre étaient arrivés. Il remonta au salon aux vingt-quatre croisées, et quand il y fut, il montra aux joailliers et aux orfèvres qui l'avaient suivi la croisée qui était imparfaite. « — Je vous ai fait venir, leur dit-il, afin que vous m'accommodiez cette croisée et que vous la mettiez dans la même perfection que les autres. Examinez-les, et ne perdez pas de temps à me rendre celle-ci toute semblable. »

Les joailliers et les orfèvres examinèrent les vingt-trois autres jalousies avec une grande attention, et après qu'ils eurent consulté ensemble et qu'ils furent convenus de ce qu'ils pouvaient contribuer chacun de son côté, ils revinrent se présenter devant le sultan ; et le joaillier ordinaire du palais, qui prit la parole, lui dit : « — Sire, nous sommes tous prêts à employer nos soins et notre industrie pour obéir à Votre Majesté ; mais entre nous tant que nous sommes de notre profession, nous n'avons pas de pierreries assez précieuses ni en assez grand nombre pour fournir à un si grand travail. — J'en ai, dit le sultan, et au delà de ce qu'il en faudra : venez à mon palais : je vous mettrai à même, et vous choisirez. »

Quand le sultan fut de retour à son palais, il fit apporter toutes ses pierreries ; ils en prirent une très-grande quantité, particulièrement de celles qui venaient du présent d'Aladdin. Ils les emplo-

yèrent sans qu'il parût qu'ils eussent beaucoup avancé. Ils revinrent en prendres d'autres à plusieurs reprises, et en un mois ils n'avaient pas achevé la moitié de l'ouvrage. Ils employèrent toutes celles du sultan, avec ce que le grand vizir lui prêta des siennes, et tout ce qu'ils purent faire avec tout cela fut au plus d'achever la moitié de la croisée.

Aladdin, qui connut que le sultan s'efforçait inutilement de rendre la jalousie semblable aux autres, et que jamais il n'en viendrait à son honneur, fit venir les orfèvres et leur dit non-seulement de cesser leur travail, mais même de défaire tout ce qu'ils avaient fait, et de reporter au sultan toutes ses pierreries avec celles qu'il avait empruntées du grand vizir.

L'ouvrage que les joailliers et les orfèvres avaient mis plus de six semaines à faire fut détruit en peu d'heures. Ils se retirèrent et laissèrent Aladdin seul dans le salon. Il tira la lampe, qu'il avait sur lui, et il la frotta. Aussitôt le génie se présenta. — « Génie, lui dit Aladdin, je t'avais ordonné de laisser une des vingt-quatre jalousies de ce salon imparfaite, et tu avais exécuté mon ordre : présentement je t'ai fait venir pour te dire que je souhaite que tu la rendes pareille aux autres. » — Le génie disparut, et Aladdin descendit du salon. Peu de moments après, comme il fut remonté, il trouva la jalousie dans l'état qu'il avait souhaité et pareille aux autres.

Les joailliers et les orfèvres cependant arrivèrent au palais, et furent introduits et présentés au sultan dans son appartement. Le premier joailler, en lui présentant les pierreries qu'ils lui rapportaient, dit au sultan au nom de tous : — « Sire, Votre Majesté sait combien il y a de temps que nous travaillons de toute notre industrie à finir l'ouvrage dont elle nous a chargés. Il était déjà fort avancé lorsque Aladdin nous a obligé non-seulement de cesser, mais même de défaire tout ce que nous avions fait, et de lui rapporter ses pierreries et celles du grand vizir. » — Le sultan leur demanda si Aladdin ne leur en avait pas dit la raison, et comme ils lui eurent marqué qu'il ne leur en avait rien témoigné, il donna ordre sur-le-champ qu'on lui amenât un cheval. On le lui amène, il le monte, et part sans autre suite que de ses gens, qui l'accompagnèrent à pied. Il arrive au palais d'Aladdin, il va mettre pied à terre au bas de l'escalier qui conduisait au salon à vingt-quatre croisées. Il y monte sans faire avertir Aladdin; mais Aladdin s'y trouva fort à propos, et il n'eut que le temps de recevoir le sultan à la porte.

Le sultan, sans donner à Aladdin le temps de se plaindre obligeamment de ce que Sa Majesté ne l'avait pas fait avertir et qu'elle l'avait mis dans la nécessité de manquer à son devoir, lui dit : « — Mon fils, je viens moi-même vous demander quelle raison vous avez de vouloir laisser imparfait un salon aussi magnifique et aussi singulier que celui de votre palais. »

Aladdin dissimula la véritable raison, qui était que le sultan n'était pas assez riche en pierreries pour faire une dépense si grande. Mais afin de lui faire connaître combien le palais, tel qu'il était, surpassait non-seulement le sien, mais même tout autre palais qui fût au monde, puisqu'il n'avait pu le parachever dans la moindre de ses parties, il lui répondit : « — Sire, il est vrai que Votre Majesté a vu ce salon imparfait ; mais je la supplie de voir présentement si quelque chose y manque. »

Le sultan alla droit à la fenêtre dont il avait vu la jalousie imparfaite, et quand il eut remarqué qu'elle était semblable aux autres, il crut s'être trompé. Il examina non-seulement les deux croisées qui étaient aux deux côtés, il les regarda même toutes l'une après l'autre, et quand il fut convaincu que la jalousie à laquelle il avait fait employer tant de temps, et qui avait coûté tant de journées d'ouvriers, venait d'être achevée dans le peu de temps qui lui était connu, il embrassa Aladdin et le baisa au front entre les deux yeux. « — Mon fils, lui dit-il, rempli d'étonnement, quel homme êtes-vous qui faites des choses si surprenantes et presque en un clin d'œil? Vous n'avez pas votre semblable au monde, et plus je vous connais, plus je vous trouve admirable. »

Aladdin reçut les louanges du sultan avec beaucoup de modestie, et lui répondit en ces termes : « — Sire, c'est une grande gloire pour moi de mériter la bienveillance et l'approbation de Votre Majesté ; ce que je puis lui assurer, c'est que je n'oublierai rien pour mériter l'une et l'autre de plus en plus. »

Le sultan retourna à son palais de la manière qu'il y était venu, sans permettre à Aladdin de l'y accompagner. En arrivant il trouva le grand vizir qui l'atendait. Le sultan, encore tout rempli d'admiration de la merveille dont il venait d'être témoin, lui en fit le récit en des termes qui ne firent pas douter à ce ministre que la chose ne fût comme le sultan la racontait, mais qui confirmèrent le vizir dans la croyance où il était déjà que le palais d'Aladdin était l'effet d'un enchantement, dont il s'était ouvert au sultan presque dans le moment que ce palais venait de paraître. Il voulut lui répéter la même chose. « — Vizir, lui dit le sultan en l'interrompant, vous m'avez déjà dit la même chose, mais je vois bien que vous n'avez pas encore mis en oubli le mariage projeté jadis entre ma fille et votre fils. »

Le grand vizir vit bien que le sultan était prévenu. Il ne voulut pas entrer en contestation avec lui et il le laissa dans son opinion. Tous les jours, réglement, dès que le sultan était levé, il ne manquait pas de se rendre dans un cabinet d'où l'on découvrait tout le palais d'Aladdin, et il y allait pendant la journée pour contempler et l'admirer.

Aladdin cependant ne demeurait pas renfermé dans son palais : il avait soin de se faire voir par la ville plus d'une fois chaque semaine, soit qu'il allât faire sa prière tantôt dans une mosquée, tantôt dans une autre, ou que de temps en temps il allât rendre visite au grand vizir, qui affectait d'aller lui faire la cour à certains jours réglés, ou qu'il fît l'honneur aux principaux seigneurs, qu'il régalait souvent dans son palais, d'aller les voir chez eux. Chaque fois qu'il sortait, il faisait jeter par deux de ses esclaves, qui marchaient en troupe autour de son cheval, des pièces d'or à poignées dans les rues et dans les places par où il passait et où le peuple se rendait toujours en grande foule. D'ailleurs, pas un pauvre ne se présentait à la porte de son palais qu'il ne s'en retournât content de la libéralité qu'on y faisait par ses ordres.

Comme Aladdin avait partagé son temps de manière qu'il n'y avait pas de semaine qu'il n'allât à la chasse au moins une fois, tantôt aux environs de la ville, quelquefois plus loin, il exerçait la même libéralité par les chemins et par les villages. Cette inclination généreuse lui fit donner par tout le peuple mille bénédictions, et il était ordinaire de ne jurer que par sa tête. Enfin, sans donner ombrage au sultan, à qui il faisait fort régulièrement sa cour, on peut dire qu'Aladdin s'était attiré par ses manières affables et libérales toute l'affection du peuple, et que, généralement parlant, il était plus aimé que le sultan même. Il joignit à toutes ces belles qualités une valeur et un zèle pour le bien de l'État qu'on ne saurait assez louer. Il en donna même des marques à l'occasion d'une révolte vers les confins du royaume. Il n'eut pas plutôt appris que le sultan levait une armée pour la dissiper, qu'il le supplia de lui donner le commandement. Il n'eut pas de peine à l'obtenir. Sitôt qu'il fut à la tête de l'armée, il se conduisit en toute cette expédition avec tant de diligence, que le sultan apprit plus tôt que les révoltés avaient été défaits, châtiés ou dissipés, que son arrivée à l'armée. Cette action, qui rendit son nom célèbre dans toute l'étendue du royaume, ne changea point son cœur ; il revint victorieux, mais aussi doux et aussi affable qu'il avait toujours été.

Il y avait déjà plusieurs années qu'Aladdin se gouvernait comme nous venons de le dire, quand le magicien, qui lui avait donné sans y penser le moyen de s'élever à une si haute fortune, se souvint de lui en Afrique, où il était retourné. Quoique jusqu'alors il se fût persuadé qu'Aladdin était mort dans le souterrain où il l'avait laissé, il lui vint néanmoins en pensée de savoir précisément quelle avait été sa fin. Comme il était grand géomancien, il tira d'une armoire un carré en forme de boîte couverte, dont il se servait pour faire ses observations de géomance. Il s'assied sur son sofa, met le carré devant lui, le découvre, et après avoir préparé et égalé le sable avec l'intention de savoir si Aladdin était

mort dans le souterrain, il jette les points, il en tire les figures et il en forme l'horoscope. En examinant l'horoscope pour en porter jugement, au lieu de trouver qu'Aladdin fût mort dans le souterrain, il découvre qu'il en était sorti et qu'il vivait sur terre dans une grande splendeur, puissamment riche, mari d'une princesse, honoré et respecté.

Le magicien africain n'eut pas plutôt appris, par les règles de son art diabolique, qu'Aladdin était dans cette grande élévation, que le feu lui en monta au visage. De rage il dit en lui-même : « — Ce misérable fils de tailleur a découvert le secret et la vertu de la lampe : j'avais cru sa mort certaine, et le voilà qui jouit du fruit de mes travaux et de mes veilles ! J'empêcherai qu'il n'en jouisse longtemps, ou je périrai. » — Il ne fut pas longtemps à délibérer sur le parti qu'il avait à prendre. Dès le lendemain matin il monta un barbe qu'il avait dans son écurie et il se mit en chemin. De ville en ville et de province en province, sans s'arrêter qu'autant qu'il en était besoin pour ne pas trop fatiguer son cheval, il arrive à la Chine, et bientôt dans la capitale du sultan dont Aladdin avait épousé la fille. Il mit pied à terre dans un khan, ou hôtellerie publique, où il prit une chambre à louage. Il y demeura le reste du jour et la nuit suivante pour se remettre de la fatigue de son voyage.

Le lendemain, avant toute chose, le magicien africain voulut

savoir ce que l'on disait d'Aladdin. En se promenant par la ville, il entra dans le lieu le plus fameux et le plus fréquenté par les personnes de grande distinction, où l'on s'assemble pour boire d'une certaine boisson chaude qui lui était connue depuis son premier voyage. Il n'y eut pas plutôt pris place qu'on lui versa de cette boisson dans une tasse, et qu'on la lui présenta. En la prenant, comme il prêtait l'oreille à droite et à gauche, il entendit qu'on s'entretenait du palais d'Aladdin. Quand il eut achevé, il s'approcha d'un de ceux qui s'en entretenaient, et, en prenant son temps, il lui demanda en particulier ce que c'était que ce palais dont on parlait si avantageusement. « — D'où venez-vous ? lui dit celui à qui il s'était adressé. Il faut que vous soyez bien nouveau venu si vous n'avez pas vu, ou plutôt si vous n'avez pas encore entendu parler du palais du prince Aladdin. (On n'appelait plus autrement Aladdin depuis qu'il avait épousé la princesse Badroulboudour.) Je ne vous dis pas, continua cet homme, que c'est une des merveilles du monde, mais que c'est la merveille unique qu'il y ait au monde : jamais on n'a rien vu de si grand, de si riche, de si magnifique. Il faut que vous veniez de bien loin, puisque vous n'en avez pas encore entendu parler. En effet, on en doit parler par toute la terre depuis qu'il est bâti. Voyez-le, et vous jugerez si je vous en ai parlé contre la vérité. — Pardonnez à mon ignorance, reprit le magicien africain, je ne suis arrivé que d'hier, et je viens véritablement de si loin, je veux dire de l'extrémité de l'Afrique, que la renommée n'en était pas encore venue jusque-là quand je suis parti. Et comme, par rapport à l'affaire pressante qui m'amène, je n'ai eu d'autre vue dans mon voyage que d'arriver au plus tôt, sans m'arrêter et sans faire aucune connaissance, je n'en savais que ce que vous venez de m'apprendre. Mais je ne manquerai pas d'aller voir; l'impatience que j'en ai est même si grande que je suis prêt à satisfaire ma curiosité dès à présent, si vous voulez bien me faire la grâce de m'en enseigner le chemin. »

Celui à qui le magicien africain s'était adressé se fit un plaisir de lui enseigner le chemin par où il fallait qu'il passât pour avoir la vue du palais d'Aladdin, et le magicien africain se leva et partit dans le moment. Quand il fut arrivé et qu'il eut examiné le palais de la lampe pour le faire bâtir. Sans s'arrêter à l'impuissance d'Aladdin, fils d'un simple tailleur, il savait bien qu'il n'appartenait de faire de semblables merveilles qu'à des génies esclaves de la lampe dont l'acquisition lui avait échappé. Piqué au vif du bonheur et de la grandeur d'Aladdin, dont il ne faisait presque pas de différence avec celle du sultan, il retourna au khan où il avait pris logement.

Il s'agissait de savoir où était la lampe, si Aladdin la portait avec lui ou en quel lieu il la conservait, et c'est ce qu'il fallait que le magicien découvrit par une opération de géomance. Dès qu'il fut arrivé où il logeait, il prit son carré et son sable, qu'il portait en tous ses voyages. L'opération terminée, il connut que la lampe était dans le palais d'Aladdin, et il eut une joie si grande de cette découverte, qu'à peine il se sentait lui-même. « — Je l'aurai, cette lampe, dit-il, et je défie Aladdin de m'empêcher de la lui enlever et de le faire descendre jusqu'à la bassesse d'où il a pris un si haut vol. »

Le malheur pour Aladdin voulut qu'alors il était allé à une partie de chasse pour huit jours, et qu'il n'y en avait que trois qu'il était parti ; et voici de quelle manière le magicien africain en fut informé. Quand il eut fait l'opération qui venait de lui donner tant de joie, il alla voir le concierge du khan, sous prétexte de s'entretenir avec lui, et il en avait un fort naturel qu'il n'était pas besoin d'amener de bien loin. Il lui dit qu'il venait de voir le palais d'Aladdin, et après lui avoir exagéré tout ce qu'il y avait remarqué de plus surprenant et tout ce qui l'avait frappé davantage, et qui frappait généralement tout le monde : « — Ma curiosité, ajouta-t-il, va plus loin, et je ne serai pas satisfait que je n'aie vu le maître à qui appartient un édifice si merveilleux. — Il ne vous sera pas difficile de le voir, reprit le concierge ; il n'y a presque pas de jour qu'il n'en donne occasion quand il est dans la ville, mais il y a trois jours qu'il est dehors pour une grande chasse qui en doit durer huit. »

Le magicien africain ne voulut pas en savoir davantage ; il prit congé du concierge, et en se retirant : « — Voilà le temps d'agir, dit-il en lui-même ; je ne dois pas le laisser échapper. » — Il alla à la boutique d'un faiseur et vendeur de lampes. « — Maître, lui dit-il, j'ai besoin d'une douzaine de lampes de cuivre ; pouvez-vous me la fournir ? » — Le vendeur lui dit qu'il en manquait quelques-unes, mais que s'il voulait se donner patience jusqu'au lendemain, il la lui fournirait complète à l'heure qu'il voudrait. Le magicien le voulut bien. Il lui recommanda qu'elles fussent propres et bien polies, et après lui avoir promis qu'il le payerait bien, il se retira dans son khan.

Le lendemain, la douzaine de lampes fut livrée au magicien africain, qui les paya au prix qui lui en fut demandé sans en rien diminuer. Il les mit dans un panier dont il s'était pourvu exprès, et avec ce panier au bras il alla vers le palais d'Aladdin, et quand il s'en fut approché, il se mit à crier : « — Qui veut changer de vieilles lampes pour des neuves ? » — A mesure qu'il avançait, et d'aussi loin que les petits enfants qui jouaient sur la place l'entendirent, ils accoururent et ils s'assemblèrent autour de lui, avec de grandes huées, et le regardèrent comme un fou. Les passants riaient même de sa bêtise, à ce qu'ils s'imaginaient. « — Il faut, disaient-ils, qu'il ait perdu l'esprit pour offrir de changer des lampes neuves contre des vieilles. »

Le magicien africain ns s'étonna ni des huées des enfants ni de tout ce qu'on pouvait dire de lui ; et pour débiter sa marchandise, il continua de crier : « — Qui veut changer de vieilles lampes pour des neuves? » — Il répéta si souvent la même chose en allant et venant dans la place, devant le palais et à l'entour, que la princesse Badroulboudour, qui était alors dans le salon aux vingt-quatre croisées, entendit la voix d'un homme. Mais comme elle ne pouvait distinguer ce qu'il criait, à cause des huées des enfants qui le suivaient, et dont le nombre augmentait de moment en moment, elle envoya une de ses femmes esclaves qui l'approchaient de plus près, pour voir ce que c'était que ce bruit.

La femme esclave ne fut pas longtemps à remonter; elle entra dans le salon en faisant de grands éclats de rire. Elle riait de si bonne grâce, que la princesse ne put s'empêcher de rire elle-même en la regardant. « — Eh bien, folle! dit la princesse, veux-tu me dire pourquoi tu ris? — Princesse, répondit la femme esclave en riant toujours, qui pourrait s'empêcher de rire en voyant un fou, avec un panier au bras plein de belles lampes toutes neuves, qui ne demande pas à les vendre, mais à les changer contre des vieilles? Ce sont les enfants, dont il est si fort environné qu'à peine peut-il avancer, qui font tout le bruit qu'on entend en se moquant de lui. »

Sur ce récit, une autre femme esclave, en prenant la parole : « — A propos de vieilles lampes, dit-elle, je ne sais si la princesse a pris garde qu'en voilà une sur la corniche. Celui à qui elle appartient ne sera pas fâché d'en trouver une neuve au lieu de cette vieille. Si la princesse le veut bien, elle peut avoir le plaisir d'éprouver si ce fou est véritablement assez fou pour donner une lampe neuve en échange d'une vieille sans rien demander de retour.

La lampe dont la femme esclave parlait était la lampe merveilleuse dont Aladdin s'était servi pour s'élever au point de grandeur où il était était arrivé, et il l'avait mise lui-même sur la corniche avant d'aller à la chasse, dans la crainte de la perdre, et il avait pris la même précaution toutes les fois qu'il y était allé. Mais ni les femmes esclaves, ni les eunuques, ni la princesse même n'y avaient fait attention une seule fois jusqu'alors pendant son absence. Hors du temps de la chasse il la portait toujours sur lui.

On dira que la précaution d'Aladdin était bonne, mais au moins qu'il aurait dû enfermer la lampe. Cela est vrai, mais on a fait de semblables fautes de tout temps, on en fait encore aujourd'hui, et l'on ne cessera d'en faire.

La princesse Badroulboudour, qui ignorait que la lampe fût aussi précieuse qu'elle l'était, et qu'Aladdin, sans parler d'elle-même, eût un intérêt aussi grand qu'il l'avait qu'on n'y touchât pas et qu'elle fût conservée, entra dans la plaisanterie, et elle commanda à un eunuque de la prendre et d'en aller faire l'échange. L'eunuque obéit : il descendit du salon, et il ne fut pas plutôt sorti du palais, qu'il aperçut le magicien africain. Il l'appela, et quand il fut venu à lui, et en lui montrant la vieille lampe : « — Donne-moi, dit-il, une lampe neuve pour celle-ci. »

Le magicien africain ne douta pas que ce ne fût la lampe qu'il cherchait. Il ne pouvait pas y en avoir d'autre dans le palais d'Aladdin, où toute la vaisselle n'était que d'or ou d'argent. Il la prit promptement des mains de l'eunuque, et après l'avoir fourrée bien avant dans son sein, il lui présenta son panier et lui dit de choisir celle qui lui plairait. L'eunuque choisit, et, après avoir laissé le magicien, il porta la lampe neuve à la princesse Badroulboudour. Mais l'échange ne fut pas plutôt fait, que les enfants firent retentir la place de plus grands éclats qu'ils n'avaient encore fait, en se moquant, selon eux, de la bêtise du magicien.

Le magicien africain les laissa criailler tant qu'ils voulurent. Mais sans s'arrêter plus longtemps aux environs du palais d'Aladdin, il s'en éloigna insensiblement et sans bruit, c'est-à-dire sans crier et sans parler davantage de changer des lampes neuves pour des vieilles : il n'en voulait pas d'autres que celle qu'il emportait, et son silence fit que les enfants s'écartèrent et qu'ils le laissèrent aller.

Dès qu'il fut hors de la place qui était entre les deux palais, il s'échappa par les rues les moins fréquentées, et comme il n'avait plus besoin des autres lampes ni du panier, il posa le panier et les lampes au milieu d'une rue où il vit qu'il n'y avait personne. Alors, dès qu'il eut enfilé une autre rue, il pressa le pas jusqu'à ce qu'il arrivât à une des portes de la ville. En continuant son chemin par le faubourg, qui était fort long, il fit quelques provisions avant qu'il en sortît. Quand il fut dans la campagne, il se détourna du chemin, dans un lieu à l'écart hors de la vue du monde, où il resta jusqu'au moment qu'il jugea à propos pour achever d'exécuter le dessein qui l'avait amené. Il ne regretta pas le barbe qu'il laissait dans le khan où il avait pris logement : il se crut bien dédommagé par le trésor qu'il venait d'acquérir.

Le magicien africain passa le reste de la journée dans ce lieu, jusqu'à une heure de nuit que les ténèbres furent le plus obscures. Alors il tira la lampe de son sein et il la frotta. A cet appel, le génie lui apparut. « — Que veux-tu? lui demanda le génie, me voilà prêt à t'obéir comme ton esclave et de tous ceux qui ont la lampe à la main, moi et ses autres esclaves. — Je te commande,

reprit le magicien africain, qu'à l'heure même tu enlèves le palais que toi ou les autres esclaves de la lampe ont bâti dans cette ville, tel qu'il est, avec tout ce qu'il y a de vivants, et que tu le transportes, avec moi et en même temps, dans un tel endroit de l'Afrique. » — Sans lui répondre, le génie, avec l'aide d'autres génies esclaves de la lampe comme lui, le transporta en très peu de temps, lui et le palais en son entier, au propre lieu de l'Afrique qui lui avait été marqué. Nous laisserons le magicien africain et le palais avec la princesse Badroulboudour en Afrique, pour parler de la surprise du sultan.

Dès que le sultan fut levé, il ne manqua pas, selon sa coutume, de se rendre au cabinet ouvert pour avoir le plaisir de contempler et d'admirer le palais d'Aladdin. Il jeta la vue du côté où il avait coutume de voir ce palais : il ne vit qu'une place vide, telle qu'elle était avant qu'on l'y eût bâti. Il crut qu'il se trompait et il se frotta les yeux ; mais il ne vit rien plus que la première fois, quoique le temps fût serein, le ciel net, et que l'aurore, qui avait commencé à paraître, rendît tous les objets fort distincts. Il regarda par les deux ouvertures, à droite et à gauche, et il ne vit que ce qu'il avait coutume de voir par ces deux endroits. Son étonnement fut si grand, qu'il demeura longtemps dans la même place, les yeux tournés du côté où le palais avait été et où il ne le voyait plus, en cherchant ce qu'il ne pouvait comprendre, sans savoir comment il se pouvait faire qu'un palais aussi grand et aussi apparent que celui d'Aladdin, qu'il avait vu chaque jour depuis qu'il avait été bâti avec sa permission, et tout récemment, le jour de devant, se fût évanoui de manière qu'il n'en paraissait pas le moindre vestige. « — Je ne me trompe pas, disait-il en lui-même, il était dans la place que voilà. S'il s'était écroulé, les matériaux paraîtraient en monceaux, et si la terre l'avait englouti, on en verrait quelque marque. » — De quelque manière que cela fût arrivé, et quoique convaincu que le palais n'y était plus, il ne laissa pas néanmoins d'attendre encore quelque temps pour voir si, en effet, il ne se trompait pas. Il se retira enfin, et après avoir regardé encore derrière lui avant de s'éloigner, il revint à son appartement ; il commanda qu'on lui fît venir le grand vizir en toute diligence et cependant il s'assit, l'esprit agité de pensées si différentes, qu'il ne savait quel parti prendre.

Le grand vizir ne fit pas attendre le sultan : il vint même avec une si grande précipitation, que lui ni ses gens ne firent réflexion, en passant, que le palais d'Aladdin n'était plus à sa place. Les portiers même, en ouvrant la porte du palais, ne s'en étaient pas aperçus.

En abordant le sultan : « — Sire, lui dit le grand vizir, l'empressement avec lequel Votre Majesté m'a fait appeler m'a fait juger que quelque chose de bien extraordinaire était arrivé, puisqu'elle n'ignore pas qu'il est aujourd'hui jour de conseil et que je ne devais pas manquer de me rendre à mon devoir dans peu de moments. — Ce qui est arrivé est véritablement extraodinaire, comme tu dis, et tu vas en convenir. Dis-moi, où est le palais d'Aladdin ? — Le palais d'Aladdin, sire ! répondit le grand vizir avec étonnement ; je viens de passer devant lui, il m'a semblé qu'il était à sa place. Des bâtiments aussi solides que celui-là ne changent pas de place si facilement. — Va voir au cabinet répondit le sultan, et tu viendras me dire si tu l'auras vu. »

Le grand vizir alla au cabinet ouvert, et il lui arriva la même chose qu'au sultan. Quand il se fut bien assuré que le palais d'Aladdin n'était plus où il avait été, et qu'il n'en paraissait pas le moindre vestige, il revint se présenter au sultan. « — Eh bien, as-tu vu le palais d'Aladdin ? lui demanda le sultan. — Sire répondit le grand vizir, Votre Majesté peut se souvenir que j'ai eu l'honneur de lui dire que ce palais, qui faisait le sujet de son admiration avec ses richesses immenses, n'était qu'un ouvrage de magie et d'un magicien ; mais Votre Majesté n'a pas voulu y faire attention. »

Le sultan, qui ne pouvait disconvenir de ce que le grand vizir lui représentait, entra dans une colère d'autant plus grande qu'il ne pouvait désavouer son incrédulité. « — Où est-il, dit-il, cet imposteur, ce scélérat, que je lui fasse couper la tête ? — Sire, reprit le grand vizir, il y a quelques jours qu'il est venu prendre congé de Votre Majesté ; il faut lui envoyer demander où est son palais, il ne doit pas l'ignorer. — Ce serait le traiter avec trop d'indulgence, repartit le sultan ; va donner ordre à trente de mes cavaliers de me l'amener chargé de chaînes. »

Le grand vizir alla donner l'ordre du sultan aux cavaliers, et il instruisit leur officier de quelle manière ils devaient s'y prendre, afin qu'il ne leur échappât pas. Ils partirent et ils rencontrèrent Aladdin à cinq ou six heures de la ville, qui revenait en chassant. L'officier lui dit en l'abordant que le sultan, impatient de le revoir, les avait envoyés pour le lui témoigner, et revenir avec lui en l'accompagnant.

Aladdin n'eut pas le moindre soupçon du véritable sujet qui avait amené ce détachement de la garde du sultan ; il continua de revenir en chassant. Mais quand il fut à une demi-lieue de la ville, ce détachement l'environna, et l'officier, en prenant la parole, lui dit : « — Prince Aladdin, c'est avec grand regret que nous vous déclarons l'ordre que nous avons du sultan de vous arrêter et de vous mener à lui en criminel d'État ; nous vous supplions de ne pas trouver mauvais que nous nous acquittions de notre devoir et de nous le pardonner. »

Cette déclaration fut un sujet de grande surprise à Aladdin, qui se sentait innocent. Il demanda à l'officier s'il savait de quel crime il était accusé, à quoi il répondit que ni lui ni ses gens n'en savaient rien.

Comme Aladdin vit que ses gens étaient de beaucoup inférieurs au détachement, et même qu'ils s'éloignaient, il mit pied à terre. « — Me voilà, dit-il, exécutez l'ordre que vous avez. Je puis dire néanmoins que je ne me sens coupable d'aucun crime, ni envers la personne du sultan, ni envers l'État. » — On lui passa aussitôt

au cou une chaîne fort grosse et fort longue dont on le lia aussi par le milieu du corps, de manière qu'il n'avait pas les bras libres. Quand l'officier se fut mis à la tête de sa troupe, un cavalier prit le bout de la chaîne, et en marchant après l'officier, il mena Aladdin, qui fut obligé de suivre à pied, et dans cet état il fut conduit vers la ville.

Quand les cavaliers furent entrés dans le faubourg, les premiers qui virent qu'on menait Aladdin en criminel d'État ne doutèrent pas que ce ne fût pour lui couper la tête. Comme il était généralement aimé, les uns prirent le sabre et d'autres armes, et ceux qui n'en avaient pas s'armèrent de pierres, et ils suivirent les cavaliers. Quelques-uns, qui étaient à la queue, firent volte-face en faisant mine de vouloir les dissiper; mais bientôt ils grossirent en si grand nombre que les cavaliers prirent le parti de dissimuler, trop heureux s'ils pouvaient arriver jusqu'au palais du sultan sans qu'on leur enlevât Aladdin. Pour y réussir, selon que les rues étaient plus ou moins larges, ils eurent grand soin d'occuper toute la largeur du terrain, tantôt en s'étendant, tantôt en se resserrant. De la sorte ils arrivèrent à la place du palais, où ils se mirent tous sur une ligne en faisant face à la populace armée, jusqu'à ce que leur officier et le cavalier qui menait Aladdin fussent entrés dans le palais, et que les portiers eussent fermé la porte pour empêcher qu'elle n'entrât.

Aladdin fut conduit devant le sultan, qui l'attendait sur un balcon, accompagné du grand vizir ; et sitôt qu'il le vit il commanda au bourreau, qui avait eu ordre de se trouver là, de lui couper la tête, sans vouloir l'entendre ni tirer de lui aucun éclaircissement.

Quand le bourreau se fut saisi d'Aladdin, il lui ôta la chaîne qu'il avait au cou et autour du corps, et après avoir étendu sur la terre un cuir teint du sang d'une infinité de criminels qu'il avait exécutés, il l'y fit mettre à genoux et il lui banda les yeux. Alors il tira son sabre, il prit sa mesure, pour donner le coup, en s'essayant et en faisant flamboyer le sabre en l'air par trois fois, et il attendit que le sultan lui donnât le signal pour trancher la tête d'Aladdin.

En ce moment, le grand vizir aperçut que la populace, qui avait forcé les cavaliers et qui avait rempli la place, venait d'escalader les murs du palais en plusieurs endroits et commençait à les démolir pour faire brèche. Avant que le sultan donnât le signal, il lui dit : « — Sire, je supplie Votre Majesté de penser mûrement à ce qu'elle va faire. Elle va courir risque de voir son palais forcé, et si ce malheur arrivait, l'événement pourrait en être funeste. — Mon palais forcé ! reprit le sultan. Qui peut avoir cette audace ? — Sire, repartit le grand vizir, que Votre Majesté jette les yeux sur les murs du palais et sur la place, elle connaîtra la vérité de ce que je lui dis. »

L'épouvante du sultan fut si grande quand il eut vu une émotion si vive et si animée, que dans le moment même il commanda au bourreau de remettre son sabre dans le fourreau, d'ôter le bandeau des yeux d'Aladdin et de le laisser libre. Il donna ordre aussi aux tchaoux de crier que le sultan lui faisait grâce et que chacun eût à se retirer.

Alors tous ceux qui étaient déjà montés sur les murs du palais, témoins de ce qui venait de se passer, abandonnèrent leur dessein. Ils descendirent en peu d'instants, et, pleins de joie d'avoir sauvé la vie à un homme qu'ils aimaient véritablement, ils publièrent cette nouvelle à tous ceux qui était autour d'eux. Elle passa bientôt à toute la populace qui était dans la place du palais, et les cris des tchaoux, qui annonçaient la même chose du haut des terrasses où

ils étaient montés, achevèrent de la rendre publique. La justice que le sultan venait de rendre à Aladdin en lui faisant grâce désarma la populace, fit cesser le tumulte, et insensiblement chacun se retira chez soi.

Quand Aladdin se vit libre, il leva la tête du côté du balcon, et comme il eut aperçu le sultan : « — Sire, dit-il en élevant sa voix d'une manière touchante, je supplie Votre Majesté d'ajouter une nouvelle grâce à celle qu'elle vient de me faire, c'est de vouloir bien me faire connaître quel est mon crime. — — Quel est ton crime, perfide ! répondit le sultan ; ne le sais-tu pas ? Monte jusqu'ici, continua-t-il, et je te le ferai connaître. »

Aladdin monta, et quand il se fut présenté : « — Suis-moi lui dit le sultan en marchant devant lui sans le regarder. » — Il le mena jusqu'au cabinet ouvert, et quand il fut arrivé à la porte : « — Entre, lui dit le sultan, tu dois savoir où était ton palais; regarde de tous côtés et dis-moi ce qu'il est devenu. »

Aladdin regarde et ne voit rien. Il s'aperçoit bien de tout le terrain que son palais occupait; mais comme il ne put deviner comment il avait pu disparaître, cet évènement extraordinaire et surprenant le mit dans une confusion et dans un étonnement qui l'empêchèrent de pouvoir répondre un seul mot au sultan.

Le sultan impatient : « — Dis-moi donc, répéta-t-il à Aladdin, où est ton palais et où est ma fille! » — Alors Aladdin rompit le silence. « — Sire, dit-il, je vois bien, et je l'avoue, que le palais que j'ai fait bâtir n'est plus à la place où il était, je vois qu'il a disparu, et je ne puis dire aussi à Votre Majesté où il peut être, mais je veux l'assurer que je n'ai aucune part à cet événement.

« — Je ne me mets pas en peine de ce que ton palais est devenu, reprit le sultan. J'estime ma fille un million de fois davantage : je veux que tu me la retrouves, autrement je te ferai couper la tête, et nulle considération ne m'en empêchera.

« — Sire, repartit Aladdin, je supplie Votre Majesté de m'accorder quarante jours pour faire mes diligences, et si dans cet intervalle je n'y réussis pas, je lui donne ma parole que j'apporterai ma tête au pied de son trône, afin qu'elle en dispose à sa volonté. — Je t'accorde les quarante jours que tu me demandes, lui dit le sultan; mais ne crois pas abuser de la grâce que je te fais, en pensant échapper à mon ressentiment. En quelque endroit de la terre que tu puisses être, je saurai bien te trouver. »

Aladdin s'éloigna de la présence du sultan dans une grande humiliation et dans un état à faire pitié. Il passa au travers des cours du palais la tête baissée, sans oser lever les yeux, dans la confusion où il était; et les principaux officiers de la cour, dont il n'avait pas désobligé un seul, quoique amis, au lieu de s'approcher de lui pour le consoler ou pour lui offrir une retraite chez eux, lui tournèrent le dos, autant pour ne pas le voir qu'afin qu'il ne pût pas les reconnaître. Mais, quand ils se fussent approchés de lui pour lui dire quelque chose de consolant ou pour lui faire offre de service, ils n'eussent plus reconnu Aladdin : il ne se reconnaissait pas lui-même, et il n'avait plus la liberté de son esprit. Il le fit bien connaître quand il fut hors du palais ; car, sans penser à ce qu'il faisait, il demandait de porte en porte et à tous ceux qu'il rencontrait si l'on n'avait pas vu son palais, ou si on ne pouvait pas lui en dire des nouvelles.

Ces demandes firent croire à tout le monde qu'Aladdin avait perdu l'esprit. Quelques-uns n'en firent que rire; mais les gens plus raisonnables, et particulièrement ceux qui avaient eu quelque liaison d'amitié et de commerce avec lui, en furent véritablement touchés de compassion. Il demeura trois jours dans la ville en allant tantôt d'un côté, tantôt d'un autre, et ne mangeant que ce qu'on lui présentait par charité, et sans prendre aucune résolution.

Enfin, comme il ne pouvait plus, dans l'état malheureux où il se voyait, rester dans une ville où il avait fait une si belle figure, il en sortit et il prit le chemin de la campagne. Il se détourna des grandes routes, et après avoir traversé plusieurs campagnes dans une incertitude affreuse, il arriva enfin, à l'entrée de la nuit, au bord d'une rivière. Là, il lui prit une pensée de désespoir. « — Où irai-je chercher mon palais? dit-il en lui-même. En quelle province, en quel pays, en quelle partie du monde le trouverai-je, aussi bien que ma chère princesse, que le sultan me demande? Jamais je n'y réussirai; il vaut donc mieux que je me délivre de tant de fatigues qui n'aboutiraient à rien, et de tous les chagrins cuisants qui me rongent. » — Il allait se jeter dans la rivière, selon la résolution qu'il venait de prendre; mais il crut, en bon musulman, fidèle à sa religion, qu'il ne devait pas le faire sans avoir auparavant fait sa prière. En voulant s'y préparer, il s'approcha du bord de l'eau pour se laver les mains et le visage, suivant la coutume du pays. Mais comme cet endroit était un peu en pente et mouillé par l'eau qui y battait, il glissa, et il serait tombé dans la rivière s'il ne se fût retenu à un petit roc élevé hors de terre environ de deux pieds. Heureusement pour lui, il portait encore l'anneau que le magicien africain lui avait mis au doigt avant qu'il descendît dans le souterrain pour aller enlever la précieuse lampe qui venait de lui être enlevée. Il frotta cet anneau assez fortement contre le roc en se retenant. Dans l'instant, le même génie qui lui était apparu dans ce souterrain où le magicien africain l'avait enfermé lui apparut encore. — « Que veux-tu? lui dit le génie; me voici prêt à t'obéir comme ton esclave et de tous ceux qui ont l'anneau au doigt, moi et les autres esclaves de l'anneau. »

Aladdin, agréablement surpris par une apparition si peu attendue dans le désespoir où il était, répondit : « Génie, sauve-moi la vie une seconde fois en m'enseignant où est le palais que j'ai fait bâtir, ou en faisant qu'il soit rapporté incessamment où il était. — Ce que tu me demandes, reprit le génie, n'est pas de mon ressort : je ne suis esclave que de l'anneau: adresse-toi à l'esclave de la lampe. — Si cela est, repartit Aladdin, je te commande donc, par la puissance de l'anneau, de me transporter jusqu'au lieu où est mon palais, en quelque endroit de la terre qu'il soit, et de me poser sous les fenêtres de la princesse Badroulboudour. » — A peine eut-il achevé de parler, que le génie le prit et le transporta en Afrique, au milieu d'une grande prairie où était le palais, peu éloigné d'une grande ville, et le posa précisément au-dessous des fenêtres de l'appartement de la princesse, où il le laissa. Tout cela se fit en un instant.

Nonobstant l'obscurité de la nuit, Aladdin reconnut fort bien son palais et l'appartement de la princesse Badroulboudour. Mais comme la nuit était avancée et que tout était tranquille dans le palais, il se retira un peu à l'écart, et s'assit au pied d'un arbre. Là, rempli d'espérance, en faisant réflexion à son bonheur, dont il était redevable à un pur hasard, il se trouva dans une situation beaucoup plus paisible que depuis qu'il avait été arrêté et conduit devant le sultan et délivré du danger présent de perdre la vie. Il s'entretint quelque temps dans ces pensées agréables; mais enfin, comme il y avait cinq à six jours qu'il ne dormait point, il ne put s'empêcher de se laisser aller au sommeil qui l'accablait, et il s'endormit au pied de l'arbre où il était..

Le lendemain, dès que l'aurore commença à paraître, Aladdin fut éveillé agréablement, non seulement par le ramage des oiseaux qui avaient passé la nuit sur l'arbre sous lequel il était couché, mais même sur les arbres touffus du jardin de son palais. Il jeta d'abord les yeux sur cet admirable édifice, et alors il sentit une joie inexprimable d'être sur le point de s'en revoir bientôt le maître, et en même temps de posséder encore une fois sa chère princesse Badroulboudour. Il se leva et se rapprocha de l'appartement de la princesse. Il se promena quelque temps sous les fenêtres en attendant qu'il fût jour chez elle et qu'on pût l'apercevoir. Dans cette attente, il cherchait en lui-même d'où pouvait être venue la cause de son malheur, et après avoir bien rêvé, il ne douta plus que toute son infortune ne vînt d'avoir quitté sa lampe de vue. Il s'accusa lui-même de négligence et du peu de soin qu'il avait eu de ne pas s'en dessaisir un seul moment. Ce qui l'embarrassait davantage, c'est qu'il ne pouvait s'imaginer qui était jaloux de son bonheur. Il l'eût compris d'abord s'il eût su que lui et son palais se trouvaient alors en Afrique; mais le génie esclave de l'anneau ne lui en avait rien dit; il ne s'en était point informé lui-même. Le seul nom de l'Afrique lui eût rappelé dans sa mémoire le magicien africain, son ennemi déclaré.

La princesse Badroulboudour se levait plus matin qu'elle n'avait de coutume, depuis son enlèvement et son transport en Afrique par l'artifice du magicien africain, dont jusqu'alors elle avait été

contrainte de supporter la vue une fois chaque jour, parce qu'il était maître du palais; mais elle l'avait traité si durement chaque fois, qu'il n'avait encore osé prendre la hardiesse de s'y loger. Quand elle fut habillée, une de ses femmes, en regardant au travers d'une jalousie, aperçoit Aladdin. Elle court aussitôt en avertir sa maîtresse. La princesse, qui ne pouvait croire cette nouvelle, viens vite se présenter à la fenêtre et aperçoit Aladdin. Elle ouvre la jalousie. Au bruit que la princesse fait en l'ouvrant, Aladdin lève la tête, il la reconnaît et il la salue d'un air qui exprimait l'excès de sa joie. « — Pour ne pas perdre de temps, lui dit la princesse, on est allé vous ouvrir la porte secrète ; entrez et montez. » — Et elle referma la jalousie.

La porte secrète était au-dessus de l'appartement de la princesse; elle se trouva ouverte, et Aladdin monta à l'appartement de la princesse. Il n'est pas possible d'exprimer la joie que ressentirent ces deux époux de se revoir après s'être crus séparés pour jamais. Ils s'embrassèrent plusieurs fois et se donnèrent toutes les marques d'amour et de tendresse qu'on peut s'imaginer après une séparation aussi triste et aussi peu attendue que la leur. Après ces embrassements, mêlés de larmes de joie, ils s'assirent, et Aladdin, en prenant la parole : « — Princesse, dit-il, avant de vous entretenir de toute autre chose, je vous supplie, au nom de Dieu, autant pour votre propre intérêt et pour celui du sultan votre respectable père que pour le mien en particulier, de me dire ce qu'est devenue une vieille lampe que j'avais mise sur la corniche du salon à vingt-quatre croisées, avant d'aller à la chasse.

« — Ah ! cher époux répondit la princesse, je m'étais bien doutée que notre malheur réciproque venait de cette lampe, et, ce qui me désole, c'est que j'en suis la cause moi-même. — Princesse, reprit Aladdin, ne vous en attribuez pas la cause, elle est toute sur moi, et je devrais avoir été plus soigneux de la conserver. Ne songeons qu'à réparer cette perte, et pour cela, faites-moi la grâce de me raconter comment la chose s'est passée et en quelles mains elle est tombée. »

Alors la princesse Badroulboudour raconta à Aladdin ce qui s'était passé dans l'échange de la lampe vieille pour la neuve, qu'elle fit apporter afin qu'il la vit, et comment la nuit suivante, après s'être aperçue du transport du palais, elle s'était trouvée le matin dans le pays inconnu où elle lui parlait, et qui était l'Afrique, particularité qu'elle avait apprise de la bouche même du traître qui l'y avait fait transporter par son art magique.

« — Princesse, dit Aladdin en l'interrompant, vous m'avez fait connaître le traître en me marquant que je suis en Afrique avec vous. Il est le plus perfide de tous les hommes. Mais ce n'est ni le temps, ni le lieu de vous faire une peinture plus ample de ces méchancetés. Je vous prie seulement de me dire ce qu'il a fait de la lampe et où il l'a mise. — Il la porte dans son sein, enveloppée bien précieusement, reprit la princesse, et je puis en rendre témoignage, puisqu'il l'en a tirée et développée en ma présence pour m'en faire un trophée.

« — Ma princesse, dit alors Aladdin, ne me sachez pas mauvais gré de tant de demandes dont je vous fatigue : elles sont également importantes pour vous et pour moi. Pour venir à ce qui m'intéresse plus particulièrement, apprenez-moi, je vous en conjure, comment vous vous trouvez du traitement d'un homme aussi méchant et aussi perfide. — Depuis que je suis en ce lieu, reprit la princesse, il ne s'est présenté devant moi qu'une fois chaque jour, et je suis bien persuadée que le peu de satisfaction qu'il tire de ses visites fait qu'il ne m'importune pas plus souvent. Tous les discours qu'il me tient chaque fois ne tendent qu'à me persuader de rompre la foi que je vous ai donnée et de le prendre pour époux, en voulant me faire entendre que je ne dois pas espérer de vous revoir jamais, que vous ne vivez plus, et que le sultan mon père vous a fait couper la tête. Il ajoute, pour se justifier, que vous êtes un ingrat, que votre fortune n'est venue que de lui, et mille autres choses que je lui laisse dire. Et comme il ne reçoit de moi pour réponse que mes plaintes douloureuses et mes larmes, il est contraint de se retirer aussi peu satisfait que quand il arrive. Je ne doute pas néanmoins que son intention ne soit de laisser passer mes plus vives douleurs, dans l'espérance que je changerai de sentiment. Mais, cher époux, votre présence à déjà dissipé mes inquiétudes.

« — Princesse, interrompit Aladdin, j'ai confiance que ce n'est pas en vain, puisqu'elles sont dissipées et que je crois avoir trouvé le moyen de vous délivrer de votre ennemi et du mien. Mais pour cela il est nécessaire que j'aille à la ville. Je serai de retour vers le midi, et alors je vous communiquerai quel est mon dessein et ce qu'il faudra que vous fassiez pour contribuer à le faire réussir. Mais afin que vous en soyez avertie, ne vous étonnez pas de me voir revenir avec un autre habit, et donnez ordre qu'on ne me fasse pas attendre à la porte secrète au premier coup que je frapperai. » — La princesse lui promit qu'on l'attendrait à la porte et que l'on serait prompt à lui ouvrir.

Quand Aladdin fut descendu de l'appartement de la princesse et qu'il fut sorti par la même porte, il regarda de côté et d'autre, et il aperçut un paysan qui prenait le chemin de la campagne.

Comme le paysan allait au delà du palais et qu'il était un peu éloigné, Aladdin pressa le pas, et quand il l'eut joint, il lui proposa de changer d'habit, et il fit tant, que le paysan y consentit.

L'échange se fit à la faveur d'un buisson, et quand ils se furent séparés, Aladdin prit le chemin de la ville. Dès qu'il y fut entré, il enfila la rue qui aboutissait à la porte, et en se détournant par les rues les plus fréquentées, il arriva à l'endroit où chaque sorte de marchands et d'artisans avait sa rue particulière. Il entra dans celle des droguistes, et en s'adressant à la boutique la plus grande et la mieux fournie, il demanda au marchand s'il avait une certaine poudre qu'il lui nomma.

Le marchand, qui s'imagina qu'Aladdin était pauvre, à le regarder par son habit, et qu'il n'avait pas assez d'argent pour le payer, lui dit qu'il en avait, mais qu'elle était chère. Aladdin pénétra dans la pensée du marchand; il tira sa bourse, et en faisant voir de l'or, il demanda une demi-drachme de cette poudre. Le marchand la pesa, l'enveloppa, et en la présentant à Aladdin, il en demanda une pièce d'or. Aladdin la lui mit entre les mains, et sans s'arrêter dans la ville qu'autant de temps qu'il en fallut pour prendre un peu de nourriture, il revint à son palais. Il n'attendit pas à la porte secrète, elle lui fut ouverte d'abord, et il monta à l'appartement de la princesse Badroulboudour. « — Princesse, lui dit-il, l'aversion que vous avez pour votre ravisseur, comme vous me l'avez témoigné, fera peut-être que vous aurez de la peine à suivre le conseil que j'ai à vous donner. Mais permettez-moi de vous dire qu'il est à propos que vous dissimuliez et même que vous vous fassiez violence, si vous voulez vous délivrer de sa persécution, et donner au sultan votre père et mon seigneur la satisfaction de vous revoir.

« Si vous voulez donc suivre mon conseil, continua Aladdin, vous commencerez dès à présent à vous habiller d'un de vos plus beaux habits, et quand le magicien africain viendra, ne faites pas de difficulté de le recevoir avec tout le bon accueil possible, sans affectation et sans contrainte, avec un visage ouvert, de manière néanmoins que s'il y reste quelque nuage d'affliction, il puisse apercevoir qu'il se dissipera avec le temps. Dans la conversation, donnez-lui à connaître que vous faites vos efforts pour m'oublier, et afin qu'il soit persuadé davantage de votre sincérité, invitez-le à souper avec vous, et marquez-lui que vous seriez bien aise de goûter du meilleur vin de son pays. Il ne manquera pas de vous quitter pour en aller chercher. Alors, en attendant qu'il revienne, quand le buffet sera mis, mettez dans un des gobelets pareils à celui dans lequel vous avez coutume de boire, la poudre que voici, et en le mettant à part, avertissez celle de vos femmes qui vous donne à boire de vous l'apporter plein de vin, au signal que vous lui ferez, dont vous conviendrez avec elle, et de prendre bien garde de ne pas se tromper. Quand le magicien sera revenu, et que vous serez à table, après avoir mangé et bu autant de coups que vous jugerez à propos, faites-vous apporter le gobelet où sera la poudre, et changez votre gobelet avec le sien. Il trouvera la faveur que vous lui ferez si grande, qu'il ne la refusera pas. Il boira même sans rien laisser dans le gobelet, et à peine l'aura-t-il vidé, que vous le verrez tomber à la renverse. Si vous avez de la répugnance à boire dans son gobelet, faites semblant de boire, vous le pouvez sans crainte : l'effet de la poudre sera si prompt, qu'il n'aura pas le temps de faire réflexion si vous buvez ou si vous ne buvez pas. »

Quand Aladdin eut achevé : « — Je vous avoue, lui dit la princesse, que je me fais une grande violence en consentant de faire au magicien des avances que je vois bien qu'il est nécessaire que je fasse. Mais quelle résolution ne peut-on pas prendre contre un cruel ennemi? Je ferai donc ce que vous me conseillez, puisque de là mon repos ne dépend pas moins que le vôtre. — Ces mesures prises avec la princesse, Aladdin prit congé d'elle et il alla passer le reste du jour aux environs du palais en attendant la nuit, qu'il se rapprocha de la porte secrète.

La princesse Badroulboudour, inconsolable non-seulement de se voir séparée d'Aladdin, son cher époux, qu'elle avait aimé d'abord et qu'elle continuait d'aimer encore, plus par inclination que par devoir, mais même d'avec le sultan son père, qu'elle chérissait et dont elle était tendrement aimée, était toujours demeurée dans une grande négligence de sa personne depuis le moment de cette douloureuse séparation. Elle avait même, pour ainsi dire, oublié la propreté qui sied si bien aux personnes de son sexe, particulièrement après que le magicien africain se fut présenté à elle la première fois, et qu'elle eut appris par ses femmes, qui l'avaient reconnu, que c'était lui qui avait pris la vieille lampe en échange de la neuve, et que par cette fourberie insigne il lui fut devenu en horreur. Mais l'occasion d'en prendre vengeance comme il le méritait, et plus tôt qu'elle n'avait osé l'espérer, fit qu'elle résolut de contenter Aladdin. Ainsi, dès qu'il se fut retiré, elle se mit à sa toilette, se fit coiffer par ses femmes de la manière qui lui était la plus avantageuse, et elle prit un habit le plus riche et le plus convenable à son dessein. La ceinture dont elle se ceignit n'était qu'or et que diamants enchâssés, les plus gros et les mieux assortis, et elle accompagna la ceinture d'un collier de treize perles seulement, dont les six de chaque côté étaient d'une telle proportion avec celle du milieu, qui était la plus grosse et la plus précieuse, que les plus grandes sultanes et les plus grandes reines se seraient estimées heureuses d'en avoir un complet de la grosseur des deux plus petites de celui de la princesse. Les bracelets, entremêlés de diamants et de rubis, répondaient merveilleusement à la richesse de la ceinture et du collier.

Quand la princesse Badroulboudour fut entièrement habillée, elle consulta son miroir, prit l'avis de ses femmes sur tout son ajustement, et après qu'elle eut vu qu'il ne lui manquait aucun des charmes qui pouvaient flatter la folle passion du magicien africain, elle s'assit sur son sofa en attendant qu'il arrivât.

Le magicien ne manqua pas de venir à son heure ordinaire. Dès que la princesse le vit entrer dans son salon aux vingt-quatre croisées, où elle l'attendait, elle se leva avec tout son appareil de beauté et de charmes, et elle lui montra de la main la place honorable où elle attendait qu'il se mît pour s'asseoir en même temps que lui, civilité distinguée qu'elle ne lui avait pas encore faite.

Le magicien africain, plus ébloui des beaux yeux de la princesse que du brillant des pierreries dont elle était ornée, fut fort surpris. Son air majestueux et un certain air gracieux dont elle l'accueillait, si opposé aux rebuts avec lesquels elle l'avait reçu jusqu'alors, le rendirent confus. D'abord il voulut prendre place sur le bord du sofa; mais comme il vit que la princesse ne voulait pas s'asseoir dans la sienne qu'il ne se fût assis où elle souhaitait, il obéit.

Quand le magicien africain fut placé, la princesse, pour le tirer de l'embarras où elle le voyait, prit la parole en le regardant d'une manière à lui faire croire qu'il ne lui était plus odieux comme elle l'avait fait paraître auparavant, et elle lui dit : « — Vous vous étonnerez sans doute de me voir aujourd'hui tout autre que vous ne m'avez vue jusqu'à présent, mais vous n'en serez plus surpris quand je vous dirai que je suis d'un tempérament si opposé à la tristesse, à la mélancolie, aux chagrins et aux inquiétudes, que je cherche à les éloigner le plus tôt possible dès que je trouve que le sujet en est passé. J'ai fait réflexion sur ce que vous m'avez représenté du destin d'Aladdin, et, de l'humeur dont je connais mon père, je suis persuadée comme vous qu'il n'a pu éviter l'effet terrible de son courroux. Ainsi, quand je m'opiniâtrerais à le pleurer toute ma vie, je vois bien que mes larmes ne le feraient pas revivre. C'est pour cela qu'après lui avoir rendu, même jusque dans le tombeau, les devoirs que mon amour demandait que je lui rendisse, il m'a paru que je devais chercher tous les moyens de me consoler. Voilà les motifs du changement que vous voyez en moi. Pour commencer donc à éloigner tout sujet de tristesse, résolue à la bannir entièrement, et persuadée que vous voudrez bien me tenir compagnie, j'ai commandé qu'on nous préparât à souper. Mais comme je n'ai que du vin de la Chine et que je me trouve en Afrique, il m'a pris une envie de goûter de celui qu'elle produit, et j'ai cru, s'il y en a, que vous en trouverez du meilleur. »

Le magicien africain, qui avait regardé comme une chose impossible le bonheur de parvenir si promptement et si facilement à entrer dans les bonnes grâces de la princesse Badroulboudour, lui marqua qu'il ne trouvait pas de termes assez forts pour lui témoigner combien il était sensible à ses bontés ; et, en effet, pour finir au plus tôt un entretien dont il eût eu peine à se tirer s'il s'y fût engagé plus avant, il se jeta sur le vin d'Afrique, dont elle venait de lui parler, et lui dit que parmi les avantages dont l'Afrique pouvait se glorifier, celui de produire d'excellent vin était un des principaux, particulièrement dans la partie où elle se trouvait ; qu'il en avait une pièce de sept ans, qui n'était pas encore entamée, et que, sans le trop priser, c'était un vin qui surpassait en bonté les vins les plus excellents du monde. « — Si ma princesse, ajouta-t-il, veut me le permettre, j'irai en prendre deux bouteilles, et je serai de retour incessamment. — Je serais fâchée de vous donner cette peine, lui dit la princesse ; il vaudrait mieux que vous y envoyassiez quelqu'un. — Il est nécessaire que j'y aille moi-même, repartit le magicien africain ; personne que moi ne sait où est la clef du magasin, et personne que moi aussi n'a le secret de l'ouvrir. — Si cela est ainsi, dit la princesse, allez donc, et revenez promptement. Plus vous mettrez de temps, plus j'aurai d'impatience de vous revoir ; et songez que nous nous mettrons à table dès que vous serez de retour. »

Le magicien africain, plein d'espérance de son prétendu bonheur, ne courut pas chercher son vin de sept ans, il y vola plutôt, et il revint fort promptement. La princesse, qui n'avait pas douté qu'il ne fît diligence, avait jeté elle-même la poudre qu'Aladdin lui avait apportée, dans un gobelet qu'elle avait mis à part, et elle venait de faire servir. Ils se mirent à table vis-à-vis l'un de l'autre, de manière que le magicien avait le dos tourné au buffet. En lui présentant de ce qu'il y avait de meilleur, la princesse lui dit : « — Si vous voulez, je vous donnerai le plaisir des instruments et des voix ; mais comme nous ne sommes que vous et moi, il me semble que la conversation nous donnera plus de plaisir. » — Et le magicien regarda ce choix de la princesse comme une nouvelle faveur.

Après qu'ils eurent mangé quelques morceaux, la princesse demanda à boire. Elle but à la santé du magicien ; et quand elle eut bu : « — Vous aviez raison, dit-elle, de faire l'éloge de votre vin ; jamais je n'en ai bu de si délicieux. — Charmante princesse, répondit-il en tenant à la main le gobelet qu'on venait de lui présenter, mon vin acquiert une nouvelle bonté par l'approbation que vous lui donnez. — Buvez à ma santé, reprit la princesse, vous trouverez vous-même que je m'y connais. » — Il but à la santé de la princesse. Et en regardant le gobelet : « — Princesse, dit-il, je me tiens heureux d'avoir réservé cette pièce pour une si bonne occasion ; j'avoue moi-même que je n'en ai bu de ma vie de si excellent en plus d'une manière. »

Quand ils eurent continué de manger et de boire trois autres coups, la princesse, qui avait achevé de charmer le magicien africain par ses honnêtetés et par ses manières tout obligeantes, donna enfin le signal à la femme qui lui donnait à boire, en disant en même temps qu'on lui apportât son gobelet plein de vin, qu'on emplit de même celui du magicien africain, et qu'on le lui présentât. Quand ils eurent chacun le gobelet à la main : « — Je ne sais, dit-elle au magicien africain, comment on en use chez vous quand on s'aime bien et qu'on boit ensemble comme nous le faisons. Chez nous, à la Chine, l'époux et l'épouse se présentent réciproquement à chacun leur gobelet, et de la sorte ils boivent à la santé l'un de l'autre. » En même temps elle lui présenta le gobelet qu'elle tenait, en avançant l'autre main pour recevoir le sien.

Le magicien africain se hâta de faire cet échange, avec d'autant plus de plaisir qu'il regarda cette faveur comme la marque la plus certaine de la conquête entière du cœur de la princesse, ce qui le mit au comble de son bonheur. Avant qu'il but : « — Princesse, dit-il le gobelet à la main, il s'en faut beaucoup que nos Africains soient aussi raffinés que les Chinois, et en m'instruisant d'une leçon que j'ignorais, j'apprends aussi à quel point je dois être sensible à la grâce que je reçois. Jamais je n'oublierai, aimable princesse, d'avoir retrouvé, en buvant dans votre gobelet, une vie dont votre cruauté m'eût fait perdre l'espérance si elle eût continué. »

La princesse Badroulboudour, qui s'ennuyait du discours à perte de vue du magicien africain : « — Buvons, dit-elle en l'interrompant, vous reprendrez après ce que vous voulez me dire. » — En même temps elle porta à la bouche le gobelet, qu'elle ne toucha que du bout des lèvres, pendant que le magicien africain

se pressa si fort de la prévenir qu'il vida le sien sans en laisser une goutte. En achevant de le vider, comme il avait un peu penché la tête en arrière pour montrer sa diligence, il demeura quelque temps en cet état, jusqu'à ce que la princesse, qui avait toujours le bord du gobelet sur ses lèvres, vit que les yeux lui tournaient et qu'il tomba sur le dos sans sentiment.

La princesse n'eut pas besoin de commander qu'on allât ouvrir la porte secrète à Aladdin. Ses femmes, qui avaient le mot, s'étaient disposées d'espace en espace, depuis le salon jusqu'au bas de l'escalier, de manière que le magicien africain ne fut pas plutôt tombé à la renverse que la porte lui fut ouverte presque dans le moment.

Aladdin monta et il entra dans le salon. Dès qu'il eut vu le magicien africain étendu sur le sofa, il arrêta la princesse Badroulboudour, qui s'était levée et qui s'avançait pour lui témoigner sa joie en l'embrassant. « — Princesse, dit-il, il n'est pas encore temps ; obligez-moi de vous retirer à votre appartement, et faites qu'on me laisse seul pendant que je vais travailler à vous faire retourner à la Chine avec la même diligence que vous en avez été éloignée. »

En effet, quand la princesse fut hors du salon avec ses femmes et ses eunuques, Aladdin ferma la porte, et après qu'il se fut approché du cadavre du magicien africain, qui était demeuré sans vie, il ouvrit sa veste et il en retira la lampe enveloppée de la manière que la princesse lui avait marquée. Il la développa et il la frotta. Aussitôt le génie se présenta avec son compliment ordinaire. « — Génie, lui dit Aladdin, je t'ai appelé pour t'ordonner, de la part de la lampe, ta bonne maîtresse, que tu vois, de faire que ce palais soit reporté incessamment à la Chine, au même lieu et à la même place d'où il a été apporté ici. » — Le génie, après avoir marqué par une inclination de tête qu'il allait obéir, disparut. En effet, le transport se fit, et on ne le sentit que par deux agitations fort légères, l'une quand il fut enlevé du lieu où il était en Afrique, et l'autre quand il fut posé dans la Chine vis-à-vis le palais du sultan, ce qui se fit dans un intervalle de très peu de durée.

Aladdin descendit à l'appartement de la princesse, et alors, en l'embrassant : « — Princesse, dit-il, je puis vous assurer que votre joie et la mienne seront complètes demain matin. » — Comme la princesse n'avait pas achevé de souper et qu'Aladdin avait besoin de manger, la princesse fit apporter du salon aux vingt-quatre croisées des mets qu'on y avait servis et auxquels on n'avait presque pas touché. La princesse et Aladdin mangèrent ensemble et burent du bon vin vieux du magicien africain ; après quoi, sans parler de leur entretien, qui ne pouvait être que très satisfaisant, ils se retirèrent dans leur appartement.

Depuis l'enlèvement du palais d'Aladdin et de la princesse Badroulboudour, le sultan, père de cette princesse, était inconsolable de l'avoir perdue, comme il se l'était imaginé. Il ne dormait presque ni nuit ni jour, et, au lieu d'éviter tout ce qui pouvait l'entretenir dans son affliction, c'était au contraire ce qu'il cherchait avec plus de soin. Ainsi, au lieu qu'auparavant il n'allait que le matin au cabinet ouvert de son palais pour se satisfaire par l'agrément de cette vue, dont il ne pouvait se rassasier, il y allait plusieurs fois le jour renouveler ses larmes et se plonger de plus en plus dans ses profondes douleurs, par l'idée de ne plus voir ce qui lui avait tant plu, et d'avoir perdu ce qu'il avait de plus cher au monde. L'aurore ne faisait encore que de paraître lorsque le sultan vint à ce cabinet, le même matin que le palais d'Aladdin venait d'être rapporté à sa place. En y entrant, il était si recueilli en lui-même et si pénétré de sa douleur, qu'il jeta les yeux d'une manière triste du côté de la place, où il ne croyait voir que l'air vide sans apercevoir le palais. Mais comme il vit que ce vide était rempli, il s'imagina d'abord que c'était l'effet d'un brouillard. Il regarde avec plus d'attention, et il connaît, à n'en pas douter, que c'était le palais d'Aladdin. Alors, la joie et l'épanouissement du cœur succédèrent aux chagrins et à la tristesse. Il retourne à son appartement en pressant le pas, et il commande qu'on lui selle et qu'on lui amène un cheval. On le lui amène, il le monte, il part, et il lui semble qu'il n'arrivera pas assez tôt au palais d'Aladdin.

Aladdin, qui avait prévu ce qui pouvait arriver, s'était levé dès la pointe du jour, et dès qu'il eut pris un des habits les plus magnifiques de sa garde-robe, il était monté au salon aux vingt-quatre croisées, d'où il aperçut que le sultan venait. Il descendit, et il fut assez à temps pour le recevoir au bas du grand escalier et pour l'aider à mettre pied à terre. « — Aladdin, lui dit le sultan, je ne puis vous parler que je n'aie vu et embrassé ma fille. »

Aladdin conduisit le sultan à l'appartement de la princesse Badroulboudour. Et la princesse qu'Aladdin en se levant avait avertie de se souvenir qu'elle n'était plus en Afrique, mais dans la Chine et dans la ville capitale du sultan son père, voisine de son palais, venait d'achever de s'habiller. Le sultan l'embrassa à plusieurs fois, le visage baigné de larmes de joie, et la princesse, de son côté, lui donna toutes les marques du plaisir extrême qu'elle avait de le voir.

Le sultan fut quelque temps sans pouvoir ouvrir la bouche pour parler, tant il était attendri d'avoir retrouvé sa chère fille, après l'avoir pleurée sincèrement comme perdue ; et la princesse, de son côté, était tout en larmes de la joie de revoir le sultan son père.

Le sultan prit enfin la parole : « — Ma fille, dit-il, je veux croire que c'est la joie que vous avez de me revoir qui fait que vous me paraissez aussi peu changée que s'il ne vous était rien arrivé de fâcheux. Je suis persuadé néanmoins que vous avez beaucoup souffert. On n'est pas transporté dans un palais tout entier, aussi subitement que vous l'avez été, sans de grandes alarmes et de terribles angoisses. Je veux que vous me racontiez ce qui en est et que vous ne me cachiez rien. »

La princesse se fit un plaisir de donner au sultan son père la satisfaction qu'il demandait. « — Sire, dit la princesse, si je parais si peu changée, je supplie Votre Majesté de considérer que je commençai à respirer dès hier de grand matin, par la présence d'Aladdin, mon cher époux et mon libérateur, que j'avais regardé et pleuré comme perdu pour moi, et que le bonheur que je viens d'avoir de l'embrasser me remet à peu près dans la même assiette qu'auparavant.

« Toute ma peine néanmoins, à proprement parler, n'a été que de me voir arrachée à Votre Majesté et à mon cher époux, non-seulement par rapport à mon inclination à l'égard de mon époux, mais même par l'inquiétude où j'étais sur les tristes effets du courroux de Votre Majesté, auquel je ne doutais pas qu'il ne dût être exposé, tout innocent qu'il était. J'ai moins souffert de l'insolence de mon ravisseur, qui m'a tenu des discours qui ne me plaisaient pas. Je les ai arrêtés par l'ascendant que j'ai su prendre sur lui. D'ailleurs, j'étais aussi peu contrainte que je le suis présentement. Pour ce qui regarde le fait de mon enlèvement, Aladdin n'y a aucune part : j'en suis la cause moi seule, mais très innocente. » — Pour persuader au sultan qu'elle disait la vérité, elle lui fit le détail du déguisement du magicien africain en marchand de lampes neuves à changer contre des vieilles, et du divertissement qu'elle s'était donné en faisant l'échange de la lampe d'Aladdin, dont elle ignorait le secret et l'importance, de l'enlèvement du palais et de sa personne après cet échange, et du transport de l'un et de l'autre en Afrique avec le magicien africain, qui avait été reconnu par deux de ses femmes et par l'eunuque qui avait fait l'échange de la lampe, quand il avait pris la hardiesse de venir se présenter à elle la première fois après le succès de son audacieuse entreprise, et de lui faire la proposition de l'épouser; enfin de la persécution qu'elle avait soufferte jusqu'à l'arrivée d'Aladdin, des mesures qu'ils avaient prises conjointement pour lui enlever la lampe qu'il portait sur lui, comment ils y avaient réussi, elle particulièrement, en prenant le parti de dissimuler avec lui, et enfin de l'inviter à souper avec elle, jusqu'au gobelet mixtionné qu'elle lui avait présenté. « — Quant au reste, ajouta-t-elle, je laisse à Aladdin à vous en rendre compte. »

Aladdin eut peu de chose à dire au sultan. « — Quand, dit-il, on m'eut ouvert la porte secrète, que j'eus monté au salon aux vingt-quatre croisées, et que j'eus vu le traître étendu mort sur le sofa par la violence de la poudre, comme il ne convenait pas que la princesse restât davantage, je la priai de descendre à son appartement avec ses femmes et ses eunuques. Je restai seul, et, après avoir tiré la lampe du sein du magicien, je me servis du même secret dont il s'était servi pour enlever ce palais en ravissant la princesse. J'ai fait en sorte que le palais se trouve en sa place, et j'ai eu le bonheur de ramener la princesse à Votre Majesté, et, si elle veut se donner la peine de monter au salon, elle verra le magicien puni comme il le méritait. »

Pour s'assurer entièrement de la vérité, le sultan se leva et monta, et quand il eut vu le magicien africain mort, le visage déjà livide par la violence du poison, il embrassa Aladdin avec beaucoup de tendresse, en lui disant : « — Mon fils, ne me sachez pas mauvais gré du procédé dont j'ai usé contre vous; l'amour paternel m'y a forcé, et je mérite que vous me pardonniez l'excès où je me suis porté. — Sire reprit Aladdin, je n'ai pas le moindre sujet de plainte contre la conduite de Votre Majesté, elle n'a fait que ce qu'elle devait faire. Ce magicien, cet infâme, ce dernier des hommes, est la cause unique de ma disgrâce. Quand Votre Majesté en aura le loisir, je lui ferai le récit d'une autre malice qu'il m'a faite, non moins noire que celle-ci, dont j'ai été préservé par une grâce de Dieu toute particulière. — Je prendrai ce loisir exprès, repartit le sultan, et bientôt. Mais songeons à nous réjouir, et faites ôter cet objet odieux. »

Aladdin fit enlever le cadavre du magicien africain, avec ordre de le jeter à la voirie pour servir de pâture aux animaux et aux oiseaux. Le sultan cependant, après avoir commandé que les tambours, les timbales, les trompettes et les instruments annonçassent la joie publique, fit proclamer une fête de dix jours en réjouissance du retour de la princesse Badroulboudour et d'Aladdin avec son palais.

C'est ainsi qu'Aladdin échappa pour la seconde fois au danger presque inévitable de perdre la vie; mais ce ne fut pas le dernier; il en courut un troisième, dont nous allons rapporter les circonstances.

Le magicien africain avait un frère cadet qui n'était pas moins habile que lui dans l'art magique; on peut même dire qu'il le surpassait en méchanceté et en artifices pernicieux. Comme ils ne demeuraient pas toujours ensemble ou dans la même ville, et que

souvent l'un se trouvait au levant pendant que l'autre était au couchant, chacun de son côté ils ne manquaient pas chaque année de s'instruire, par la géomance, en quelle partie du monde ils étaient, en quel état ils se trouvaient, et s'ils n'avaient pas besoin du secours l'un de l'autre.

Quelque temps après que le magicien africain eut succombé dans son entreprise contre le bonheur d'Aladdin, son cadet, qui n'avait pas eu de ses nouvelles depuis un an, et qui n'était pas en

Afrique, mais dans un pays très éloigné, voulut savoir en quel endroit de la terre il était, comment il se portait et ce qu'il y faisait. En quelque lieu qu'il allât, il portait toujours avec lui son carré géomantique, aussi bien que son frère. Il prend ce carré, il accommode le sable, il jette les points, il en tire les figures, et enfin il forme l'horoscope. En parcourant chaque maison, il trouve que son frère n'était plus au monde ; dans une autre maison, qu'il avait été empoisonné et qu'il était mort subitement ; dans une autre, que cela était arrivé dans la Chine ; et dans une autre, que c'était dans une capitale de la Chine, située en tel endroit ; et enfin que celui par qui il avait été empoissonné était un homme de basse naissance qui avait épousé une princesse fille d'un sultan.

Quand le magicien eut appris de la sorte quelle avait été la triste destinée de son frère, il ne perdit pas de temps en des regrets qui ne lui eussent pas redonné la vie. La résolution prise sur-le-champ de venger sa mort, il monte à cheval, et il se met en chemin en prenant sa route vers la Chine. Il traverse plaines, rivières, montagnes, déserts, et après une longue traite, sans s'arrêter en aucun endroit, avec des fatigues incroyables, il arriva enfin à la Chine, et peu de temps après à la capitale que la géomance lui avait enseignée. Certain qu'il ne s'était pas trompé et qu'il n'avait pas pris un royaume pour un autre, il s'arrête dans cette capitale et y prend logement.

Le lendemain de son arrivée, le magicien sort, et en se promenant par ville, non pas tant pour en remarquer les beautés, qui lui étaient fort indifférentes, que dans l'intention de commencer à prendre des mesures pour l'exécution de son dessein pernicieux, il s'introduit dans les lieux les plus fréquentés et il prête l'oreille à ce que l'on disait. Dans un lieu où l'on passait le temps à jouer à plusieurs sortes de jeux, et où, pendant que les uns jouaient, d'autres s'entretenaient, les uns de nouvelles et des affaires du temps, d'autres de leurs propres affaires, il entendit qu'on s'entretenait et qu'on racontait des merveilles de la vertu et de la pitié d'une femme retirée du monde, nommée Fatime, et même de ses miracles. Comme il crut que cette femme pouvait lui être utile à quelque chose dans ce qu'il méditait, il prit à part un de ceux de la compagnie, et il le pria de vouloir bien lui dire plus particulièrement quelle était cette femme et quelle sorte de miracles elle faisait.

« — Quoi ! lui dit cet homme, vous n'avez pas encore vu cette femme ni entendu parler d'elle ? Elle fait l'admiration de toute la ville par ses jeûnes, par ses austérités et par le bon exemple qu'elle donne. A la réserve du lundi et du vendredi, elle ne sort pas de son petit ermitage, et les jours qu'elle se fait voir par la ville, elle fait des biens infinis, et il n'y a personne affligé du mal de tête qui ne reçoive la guérison par l'imposition de ses mains.

Le magicien ne voulut pas en savoir davantage sur cet article ; il demanda seulement au même homme en quel quartier de la ville était l'ermitage de cette sainte femme. Cet homme le lui enseigna ; sur quoi, après avoir conçu et arrêté le dessein détestable dont nous allons parler bientôt, afin de le savoir plus sûrement, il observa toutes ses démarches le premier jour qu'elle sortit, après avoir fait cette enquête, sans la perdre de vue jusqu'au soir, qu'il la vit rentrer dans son ermitage. Quand il eut bien remarqué l'endroit, il se retira dans un des lieux que nous avons dits, où l'on buvait d'une certaine boisson chaude et où l'on pouvait passer la nuit si l'on voulait, particulièrement dans les grandes chaleurs, que l'on aime mieux en ces pays-là coucher sur la natte que dans un lit.

Le magicien, après avoir contenté le maître du lieu en lui payant le peu de dépense qu'il avait faite, sortit vers le minuit, et il alla droit à l'ermitage de Fatime, la sainte femme, nom sous lequel elle était connue dans toute la ville. Il n'eut pas de peine à ouvrir la porte, elle n'était fermée qu'avec un loquet. Il la referma sans faire de bruit quand il fut entré, et il aperçut Fatime, à la clarté de la lune, couchée à l'air, et qui dormait sur un sofa garni d'une méchante natte et appuyée contre sa cellule. Il s'approcha d'elle, et après avoir tiré un poignard qu'il portait au côté, il l'éveilla.

En ouvrant les yeux, la pauvre Fatime fut fort étonnée de voir un homme prêt à la poignarder. En lui appuyant le poignard contre le cœur, prêt à le lui enfoncer : « — Si tu cries, dit-il, ou si tu fais le moindre bruit, je te tue. Mais lève-toi, et fais ce que je te dirai. »

Fatime, qui était couchée dans son habit, se leva en tremblant de frayeur. « — Ne crains pas, lui dit le magicien, je ne demande que ton habit ; donne-le-moi, et prends le mien. » — Ils firent l'échange d'habits, et quand le magicien se fut habillé de celui de Fatime, il lui dit : « — Colore-moi le visage comme le tien, de manière que je te ressemble, et que la couleur ne s'efface pas. » — Comme il vit qu'elle tremblait encore, pour la rassurer, et afin qu'elle fît ce qu'il souhaitait avec plus d'assurance, il lui dit :

« — Ne crains pas, te dis-je encore une fois ; je te jure par le nom de Dieu que je te donne la vie. » — Fatime le fit entrer dans sa cellule, elle alluma sa lampe, et en prenant d'une certaine liqueur dans un vase avec un pinceau, elle lui en frotta le visage et elle lui assura que la couleur ne changerait pas, et qu'il avait le visage de la même couleur qu'elle sans différence ; elle lui mit ensuite sa propre coiffure sur la tête, avec un voile dont elle lui enseigna

comment il fallait qu'il s'en cachât le visage en allant par la ville. Enfin, après qu'elle lui eut eut mis autour du cou un gros chapelet, qui lui pendait par devant jusqu'au milieu du corps, elle lui mit à la main le même bâton qu'elle avait coutume de porter, et en lui présentant un miroir : « — Regardez, dit-elle, vous verrez que vous me ressemblez on ne peut pas mieux. » — Le magicien se trouva comme il l'avait souhaité, mais il ne tint pas à la bonne Fatime le serment qu'il avait fait si solennellement. Afin qu'on ne vît pas de sang en la perçant de son poignard, il l'étrangla, et quand il vit qu'elle avait rendu l'âme, il traîna son cadavre par les pieds jusqu'à la citerne de l'ermitage, et il la jeta dedans.

Le magicien, déguisé ainsi en Fatime la sainte femme, passa le reste de la nuit dans l'ermitage, après s'être souillé d'un meurtre si détestable. Le lendemain matin, à une heure ou deux de jour, quoique dans un jour ou la sainte femme n'avait pas coutume de sortir, il ne laissa pas de le faire, bien persuadé qu'on ne l'interrogerait pas là-dessus, et au cas qu'on l'interrogeât, prêt à répondre. Comme une des premières choses qu'il avait faites en arrivant avait été d'aller reconnaître le palais d'Aladdin, et que c'était là qu'il avait projeté de jouer son rôle, il prit son chemin de ce côté-là.

Dès qu'on eut aperçu la sainte femme, comme tout le peuple se l'imagina, le magicien fut bientôt environné d'une grande affluence de monde. Les uns se recommandaient à ses prières, d'autres lui baisaient la main; d'autres, plus réservés, ne lui baisaient que le bas de sa robe; et d'autres, soit qu'ils eussent mal à la tête ou que leur intention fût seulement d'en être préservés, s'inclinaient devant lui afin qu'il leur imposât les mains, ce qu'il faisait en marmottant quelques paroles en guise de prières, et il imitait si bien la sainte femme, que tout le monde le prenait pour elle. Après s'être arrêté souvent pour satisfaire ces sortes de gens, qui ne recevaient ni bien ni mal de cette sorte d'imposition de mains, il arriva enfin dans la place du palais d'Aladdin, où, comme l'affluence fut plus grande, l'empressement fut aussi plus grand à qui s'approcherait de lui. Les plus forts et les plus zélés fendaient la foule pour se faire place, et de là s'émurent des querelles dont le bruit se fit entendre du salon aux vingt-quatre croisées, où était la princesse Badroulboudour.

La princesse demanda ce que c'était que ce bruit, et comme personne ne put lui en rien dire, elle commanda qu'on allât voir et qu'on vînt lui en rendre compte. Sans sortir du salon, une de ses femmes regarda par une jalousie, et elle revint lui dire que le bruit venait de la foule du monde qui environnait la sainte femme pour se faire guérir du mal de tête par l'imposition de ses mains.

La princesse, qui depuis longtemps avait entendu dire beaucoup de bien de la sainte femme, mais qui ne l'avait pas encore vue, eut la curiosité de la voir et de s'entretenir avec elle. Comme elle en eut témoigné quelque chose, le chef de ses eunuques, qui était présent, lui dit que si elle le souhaitait, il était aisé de la faire venir, et qu'elle n'avait qu'à commander. La princesse y consentit, et aussitôt il détacha quatre eunuques avec ordre d'amener la prétendue sainte femme.

Dès que les eunuques furent sortis de la porte du palais d'Aladdin, et qu'on eut vu qu'ils venaient du côté où était le magicien déguisé, le foule se dissipa, et quand il fut libre et qu'il eut vu qu'ils venaient à lui, il fit une partie du chemin avec d'autant plus de joie qu'il

voyait que sa fourberie prenait un bon chemin. Celui des eunuques qui prit la parole lui dit : « — Sainte femme, la princesse veut vous voir ; venez, suivez-nous. — La princesse me fait bien de l'honneur, reprit la feinte Fatime : je suis prête à lui obéir. » Et en même temps elle suivit les eunuques, qui avaient déjà repris le chemin du palais.

Quand le magicien, qui sous un habit de sainteté cachait un cœur diabolique, eut été introduit dans le salon aux vingt-quatre croisées, et qu'il eut aperçu la princesse, il débuta par une prière qui contenait une longue énumération de vœux et de souhaits pour sa santé, pour sa prospérité et pour l'accomplissement de tout ce qu'elle pouvait désirer. Il déploya ensuite toute sa rhétorique d'imposteur et d'hypocrite pour s'insinuer dans l'esprit de la princesse sous le manteau d'une grande piété ; il lui fut d'autant plus aisé de réussir, que la princesse, qui était bonne naturellement, était persuadée que tout le monde était bon comme elle, ceux et celles particulièrement qui faisaient profession de servir Dieu dans sa retraite.

Quand la fausse Fatime eut achevé sa longue harangue : « — Ma bonne mère, lui dit la princesse, je vous remercie de vos bonnes prières, j'y ai grande confiance, et j'espère que Dieu les exaucera. Approchez-vous et asseyez-vous près de moi. » La fausse Fatime

s'assit avec une modestie affectée, et alors, en reprenant la parole : « — Ma bonne mère, dit la princesse, je vous demande une chose qu'il faut que vous m'accordiez ; ne me refusez pas, je vous en prie ; c'est que vous demeuriez avec moi, afin que vous m'entreteniez de votre vie, et que j'apprenne de vous et par vos bons exemples comment je dois servir Dieu. — Princesse, lui dit alors la feinte Fatime, je vous supplie de ne pas exiger de moi une chose à laquelle je ne puis consentir sans me détourner et me distraire de mes prières et de mes exercices de dévotion. — Que cela ne vous fasse pas de peine, reprit la princesse ; j'ai plusieurs appartements qui ne sont pas occupés ; vous choisirez celui qui vous conviendra le mieux, et vous y ferez tous vos exercices avec la même liberté que dans votre ermitage.

Le magicien, qui n'avait d'autre but que de s'introduire dans le palais d'Aladdin, où il lui serait bien plus aisé d'exécuter la méchanceté qu'il méditait, en y demeurant sous les auspices et la protection de la princesse, que s'il eût été obligé d'aller et de venir de l'ermitage au palais et du palais à l'ermitage, ne fit pas de grandes instances pour s'excuser d'accepter l'offre obligeante de la princesse. « — Princesse, dit-il, quelque résolution qu'une femme pauvre et misérable comme je le suis ait faite de renoncer au monde, à ses pompes et à ses grandeurs, je n'ose prendre la hardiesse de résister à la volonté et au commandement d'une princesse pieuse et si charitable. »

Sur cette réponse du magicien, la princesse, en se levant elle-même, lui dit : « — Levez-vous et venez avec moi, que je vous fasse voir les appartements vides que j'ai, afin que vous choisissiez. » Il suivit la princesse Badroulboudour, et de tous les appartements qu'elle lui fit voir, qui étaient très propres et très-bien meublés, il choisit celui qui lui parut l'être moins que les autres, en disant par hypocrisie qu'il était trop bon pour lui, et qu'il ne le choisissait que pour complaire à la princesse.

La princesse voulut ramener le fourbe au salon aux vingt-quatre croisées pour le faire dîner avec elle. Mais comme pour manger il eût fallu qu'il se découvrît le visage, qu'il avait toujours eu voilé jusqu'alors, et qu'il craignit que la princesse ne reconnût qu'il n'était pas Fatime la sainte femme, comme elle le croyait, il la pria avec tant d'instances de l'en dispenser, en lui représentant qu'il ne mangeait que du pain et quelques fruits secs, et de lui permettre de prendre son petit repas dans son appartement, qu'elle le lui accorda. « — Ma bonne mère, lui dit-elle, vous êtes libre, faites comme si vous étiez dans votre ermitage : je vais vous faire apporter à manger ; mais souvenez-vous que je vous attends dès que vous aurez pris votre repas. »

La princesse dîna, et la fausse Fatime ne manqua pas de venir la retrouver dès qu'elle eut appris, par un eunuque qu'elle avait prié de l'en avertir, qu'elle était sortie de table. « — Ma bonne mère, lui dit la princesse, je suis ravie de posséder une sainte femme comme vous, qui va faire la bénédiction de ce palais. A propos de ce palais, comment le trouvez-vous ? Mais avant que je vous le fasse voir pièce par pièce, dites-moi premièrement ce que vous pensez de ce salon. »

Sur cette demande, la fausse Fatime, qui, pour mieux jouer son rôle, avait affecté jusqu'alors d'avoir la tête baissée, sans même la détourner pour regarder d'un côté ou de l'autre, la leva enfin, et parcourut le salon des yeux d'un bout jusqu'à l'autre, et quand elle l'eut bien considéré : « — Princesse, dit-elle, ce salon est véritablement admirable et d'une grande beauté. Autant néanmoins qu'en peut juger une solitaire, qui ne s'entend pas à ce qu'on trouve de beau dans le monde, il me semble qu'il y manque une chose. — Quelle chose, ma bonne mère ? reprit la princesse Badroulboudour ; apprenez-le-moi, je vous en conjure. Pour moi, j'ai cru, et je l'avais entendu dire ainsi, qu'il n'y manquait rien ; s'il y manque quelque chose, j'y ferai remédier. — Princesse, repartit la fausse Fatime avec une grande dissimulation, pardonnez-moi la liberté que je prends. Mon avis, s'il peut être de quelque importance, serait que si, au haut et au milieu de ce dôme, il y avait un œuf de roc suspendu, ce salon n'aurait point de pareil dans les quatre parties du monde, et votre palais serait la merveille de l'univers. — Ma bonne mère, demanda la princesse, quel oiseau est-ce roc, et où pourrait-on en trouver un œuf ? — Princesse, répondit la fausse Fatime, c'est un oiseau d'une grandeur prodigieuse qui habite au plus haut du mont Caucase, et l'architecte de votre palais peut vous en trouver un. »

Après avoir remercié la fausse Fatime de son bon avis, à ce qu'elle croyait, la princesse Badroulboudour continua de s'entretenir avec elle sur d'autres sujets ; mais elle n'oublia pas l'œuf de roc, qui fit qu'elle compta bien en parler à Aladdin dès qu'il serait revenu de la chasse. Il y avait six jours qu'il y était allé, et le magicien, qui ne l'avait ignoré, avait voulu profiter de son absence. Il revint le même jour sur le soir, dans le temps que la fausse Fatime venait de prendre congé de la princesse et de se retirer à son appartement. En arrivant, il monta à l'appartement de la princesse, qui venait d'y rentrer. Il la salua et il l'embrassa ; mais il lui parut qu'elle le recevait avec un peu de froideur. « — Ma princesse, dit-il, je ne retrouve pas en vous la même gaieté que j'ai coutume d'y trouver. Est-il arrivé quelque chose pendant mon absence qui vous ait déplu et causé du chagrin ou du mécontentement ? Au nom de Dieu, ne me le cachez pas ; il n'y a rien que je ne fasse pour vous le faire dissiper, s'il est en mon pouvoir. — C'est peu de chose, reprit la princesse, et cela me donne si peu d'inquiétude, que je n'ai pas cru qu'il eût rejailli sur mon visage pour vous en faire apercevoir. Mais puisque, contre mon attente, vous apercevez quelque altération, je ne vous en dissimulerai pas la cause, qui est de très-peu de conséquence. J'avais cru avec vous continua la princesse Badroulboudour, que notre palais était le plus superbe, le plus magnifique et le plus accompli qu'il y ait au monde. Je vous dirai néanmoins ce qui m'est venu dans la pensée après avoir bien examiné le salon au vingt-quatre croisées. Ne trouvez-vous pas, comme moi, qu'il n'y aurait plus rien à désirer si un œuf de roc était suspendu au milieu de l'enfoncement du dôme ? — Princesse, repartit Aladdin, il suffit que vous trouviez qu'il y manque un œuf de roc pour y trouver le même défaut. Vous verrez, par la diligence que je vais apporter à le réparer, qu'il n'y a rien que je ne fasse pour l'amour de vous. »

Dans le moment, Aladdin quitta la princesse Badroulboudour ; il monta au salon aux vingt-quatre croisées, et là, après avoir tiré de son sein la lampe, qu'il portait toujours sur lui, en quelque lieu qu'il allât, depuis le danger qu'il avait couru pour avoir négligé de prendre cette précaution, il la frotta. Aussitôt le génie se présenta devant lui. « — Génie, lui dit Aladdin, il manque à ce dôme un œuf de roc suspendu au milieu de l'enfoncement : je te demande au nom de la lampe que je tiens, que tu fasses en sorte que ce défaut soit réparé. »

Aladdin n'eut pas achevé de prononcer ces paroles, que le génie fit un cri si bruyant et si épouvantable, que le salon en fut ébranlé et qu'Aladdin en chancela, prêt à tomber de son haut. « — Quoi ! misérable, lui dit le génie d'une voix à faire trembler l'homme le plus assuré, ne te suffit-il pas que, mes compagnons et moi, nous nous ayons fait toute chose en la considération, pour me demander, par une ingratitude qui n'a pas de pareille que je t'apporte mon maître, et je le pende au milieu de la voûte de ce dôme ! Cet attentat mériterait que vous fussiez réduits en cendres sur-le-champ, toi, ta femme et ton palais. Mais tu es heureux de n'en être pas l'auteur et que la demande ne vienne pas directement de ta part. Apprends quel en est le véritable auteur : c'est le frère du magicien africain, ton ennemi, que tu as exterminé comme il le méritait. Il est dans ton palais, déguisé sous l'habit de Fatime la sainte femme, qu'il a assassinée, et c'est lui qui a suggéré à ta femme de faire la demande pernicieuse que tu m'as faite. Son dessein est de te tuer, c'est à toi d'y prendre garde. » — Et en achevant il disparut.

Aladdin ne perdit pas une des dernières paroles du génie. Il avait entendu parler de Fatime la sainte femme, et il n'ignorait pas de quelle manière elle guérissait le mal de tête, à ce que l'on prétendait. Il revint à l'appartement de la princesse, et, sans parler de ce qui venait de lui arriver, il s'assit en disant qu'un grand mal de tête venait de le prendre tout à coup et en s'appuyant la main contre le front. La princesse commanda aussitôt qu'on fît venir la sainte femme, et pendant qu'on alla l'appeler, elle raconta à Aladdin à quelle occasion elle se trouvait dans le palais, où elle lui avait donné un appartement.

La fausse Fatime arriva, et dès qu'elle fut entrée : « — Venez, ma bonne mère, lui dit Aladdin ; je suis bien aise de vous voir et de

ce que mon bonheur veut que vous vous trouviez ici. Je suis tourmenté d'un furieux mal de tête qui vient de me saisir. Je demande votre secours par la confiance que j'ai en vos bonnes prières, et j'espère que vous ne me refuserez pas la grâce que vous faites à tant d'affligés de ce mal. » — En achevant ces paroles, il se leva en baissant la tête, et la fausse Fatime s'avança de son côté, mais en portant la main sur un poignard qu'elle avait à sa ceinture, sous sa robe. Aladdin, qui l'observait, lui saisit la main avant qu'elle l'eût tiré, et en lui perçant le cœur du sien, il la jeta morte sur le plancher.

« — Mon cher époux, qu'avez-vous fait ? s'écria la princesse dans sa surprise; vous avez tué la sainte femme. — Non, ma princesse, répondit Aladdin sans s'émouvoir, je n'ai pas tué Fatime, mais un scélérat qui m'allait assassiner si je ne l'eusse prévenu. C'est ce méchant homme que vous voyez, ajouta-t-il en le dévoilant, qui a étranglé Fatime, que vous avez cru regretter en m'accusant de sa mort, et qui s'était déguisé sous son habit pour me poignarder. Et afin que vous le connaissiez mieux, il était frère du magicien africain votre ravisseur. » — Aladdin lui raconta ensuite par quelle voie il avait appris ces particularités, après quoi il fit enlever le cadavre.

C'est ainsi qu'Aladdin fut délivré de la persécution des deux frères magiciens. Peu d'années après, le sultan mourut dans une grande vieillesse. Comme il ne laissa pas d'enfants mâles, la princesse Badroulboudour, en qualité de légitime héritière, lui succéda, et communiqua la puissance suprême à Aladdin. Ils régnèrent ensemble de longues années et laissèrent une illustre postérité.

Sire, dit la sultane Scheherazade en achevant l'histoire des aventures arrivées à l'occasion de la lampe merveilleuse. Votre Majesté, sans doute, aura remarqué dans la personne du magicien africain un homme abandonné à la passion démesurée de posséder des trésors par des voies condamnables, qui lui en découvrirent d'immenses, dont il ne jouit point parce qu'il s'en rendit indigne. Dans Aladdin elle voit au contraire un homme qui d'une basse naissance s'élève jusqu'à la royauté, en se servant des mêmes trésors, qui lui viennent sans les chercher, seulement à mesure qu'il en a besoin pour parvenir à la fin qu'il s'est proposée. Dans le sultan elle aura appris combien un monarque bon, juste et équitable court de dangers et risque même d'être détrôné lorsque, par une injustice criante et contre toutes les règles de l'équité, il ose, par une promptitude déraisonnable, condamner à mort un innocent sans vouloir l'entendre dans sa justification. Enfin elle aura en horreur des abominations de deux scélérats de magiciens, dont l'un sacrifie sa vie pour posséder des trésors, et l'autre sa vie et sa religion à la vengeance d'un scélérat comme lui, et qui, comme lui aussi, reçoit le châtiment de sa méchanceté.

Le sultan des Indes témoigna à la sultane Scheherazade son épouse qu'il était très satisfait des prodiges qu'il venait d'entendre de la lampe merveilleuse, et que les contes qu'elle lui faisait chaque nuit lui faisaient beaucoup de plaisir. En effet, ils étaient divertissants, et presque toujours assaisonnés d'une bonne morale. Il voyait bien que la sultane les faisait adroitement succéder les uns aux autres, et il n'était pas fâché qu'elle lui donnât occasion par ce moyen de tenir en suspens à son égard l'exécution du serment qu'il avait si solennellement de ne garder une femme qu'une nuit et de la faire mourir le lendemain Il n'avait même presque plus d'autre pensée que de voir s'il ne viendrait point à bout de lui en faire tarir le fonds.

Dans cette intention, après avoir entendu la fin de l'histoire d'Aladdin et de Badroulboudour, toute différente de ce qui lui avait été raconté jusqu'alors, dès qu'il fut éveillé, il prévint Dinarzade et il l'éveilla elle-même en demandant à la sultane, qui venait de s'éveiller aussi, si elle était à la fin de ses contes.

— A la fin de mes contes, sire ! répondit la sultane en se récriant sur la demande, j'en suis bien éloignée : le nombre en est si grand, qu'il ne me serait pas possible à moi-même d'en dire le compte précisément à Votre Majesté. Ce que je crains, sire, c'est qu'à la fin Votre Majesté ne s'ennuie et ne se lasse de m'entendre, plutôt que je manque de quoi l'entretenir sur cette matière.

— Otez-vous cette crainte de l'esprit, reprit le sultan, et voyons ce que vous avez de nouveau à me raconter.

La sultane Scheherazade, encouragée par ces paroles du sultan des Indes, commença à lui raconter une nouvelle histoire en ces termes : « — Sire, dit-elle, j'ai entretenu plusieurs fois Votre Majesté de quelques aventures arrivées au fameux calife Haroun Alraschid. Il lui en est arrivé un grand nombre d'autres, dont celle que voici n'est pas moins digne de votre curiosité.

AVENTURES DU CALIFE HAROUN ALRASCHID

Quelquefois, comme Votre Majesté ne l'ignore pas, et comme elle peut l'avoir expérimenté par elle-même, nous sommes dans des transports de joie si extraordinaires, que nous communiquons d'abord cette passion à ceux qui nous approchent, ou que nous participons aisément à la leur. Quelquefois aussi nous sommes dans une mélancolie si profonde, que nous sommes insupportables à nous-mêmes, et que, bien loin d'en pouvoir dire la cause si on nous la demandait, nous ne pourrions la trouver nous-mêmes si nous la cherchions.

Le calife était un jour dans cette situation d'esprit, quand Giafar, son grand vizir fidèle et aimé, vint se présenter devant lui. Ce ministre le trouva seul, ce qui lui arrivait rarement; et comme il s'aperçut, en s'avançant, qu'il était enseveli dans une humeur sombre, et même qu'il ne levait pas les yeux pour le regarder, il s'arrêta en attendant qu'il daignât les jeter sur lui.

Le calife enfin leva les yeux et regarda Giafar; mais il les détourna aussitôt, en demeurant dans la même posture et aussi immobile qu'auparavant.

Comme le grand vizir ne remarqua rien de fâcheux dans les yeux du calife qui le regardât personnellement, il prit la parole. « — Commandeur des croyants, dit-il, Votre Majesté me permet-elle de lui demander d'où peut venir la mélancolie qu'elle fait paraître et dont il m'a toujours paru qu'elle était si peu susceptible ?

« — Il est vrai, vizir, répondit le calife en changeant de situation, que j'en suis peu susceptible, et sans toi, je ne me serais pas aperçu de celle où tu me trouves et dans laquelle je ne veux pas demeurer davantage. S'il n'y a rien de nouveau qui t'ait obligé de venir, tu me feras plaisir d'inventer quelque chose pour me la faire dissiper.

« — Commandeur des croyants, reprit le grand vizir Giafar, mon devoir seul m'a obligé de me rendre ici, et je prends la liberté de faire souvenir Votre Majesté qu'elle s'est imposé elle-même un devoir de s'éclaircir en personne de la bonne police qu'elle veut être observée dans sa capitale et aux environs. C'est aujourd'hui le jour qu'elle a bien voulu se prescrire pour s'en donner la peine, et c'est l'occasion la plus propre qui s'offre d'elle-même pour dissiper les nuages qui offusquent sa gaieté ordinaire.

« — Je l'avais oublié, répliqua le calife, et tu m'en fais souvenir fort à propos : va donc changer d'habit pendant que je ferai la même chose de mon côté. »

Ils prirent chacun un habit de marchand étranger, et, sous ce déguisement, ils sortirent seuls par une porte secrète du jardin du palais qui donnait à la campagne. Ils firent une partie du circuit de la ville, par les dehors, jusqu'aux bords de l'Euphrate, à une distance assez éloignée de la porte de la ville qui était de ce côté-là, sans avoir rien observé qui fût contre le bon ordre. Ils traversèrent ce fleuve sur le premier bateau qui se présenta, et après avoir achevé le tour de l'autre partie de la ville opposée à celle qu'ils venaient de quitter, ils reprirent le chemin du pont qui en faisait la communication.

Ils passèrent ce pont, au bout duquel ils rencontrèrent un aveugle assez âgé qui demandait l'aumône. Le calife se détourna et lui mit une pièce de monnaie d'or dans la main.

L'aveugle à l'instant lui prit la main et l'arrêta. « — Charitable personne, dit-il, qui que vous soyez, que Dieu a inspirée de me faire l'aumône, ne me refusez pas la grâce que je vous demande

de me donner un soufflet : je l'ai mérité et même un plus grand châtiment. » — En achevant ces paroles, il quitta la main du calife pour lui laisser la liberté de lui donner le soufflet; mais, de crainte qu'il ne passât outre sans le faire, il le prit par son habit.

Le calife, surpris de la demande et de l'action de l'aveugle : « — Bonhomme, dit-il, je ne puis t'accorder ce que tu me demandes; je me garderai bien d'effacer le mérite de mon aumône par le mauvais traitement que tu prétends que je te fasse. » — Et en achevant ces paroles, il fit un effort pour faire quitter prise à l'aveugle.

L'aveugle, qui s'était douté de la répugnance de son bienfaiteur par l'expérience qu'il en avait depuis longtemps, fit un plus grand effort pour le retenir. « — Seigneur, reprit-il, pardonnez-moi ma hardiesse et mon importunité; donnez-moi, je vous prie, un soufflet, ou reprenez votre aumône; je ne puis la recevoir qu'à cette condition, sans contrevenir à un serment solennel que j'en ai fait devant Dieu; et si vous en saviez la raison, vous tomberiez d'accord avec moi que la peine en est très légère. »

Le calife, qui ne voulait pas être retardé plus longtemps, céda à l'importunité de l'aveugle, et il lui donna un soufflet assez léger. L'aveugle quitta prise aussitôt en le remerciant et en le bénissant. Le calife continua son chemin avec le grand vizir. Mais à quelques pas de là il dit au grand vizir : « — Il faut que le sujet qui a porté cet aveugle à se conduire ainsi avec tous ceux qui lui font l'aumône soit un sujet grave. Je serais bien aise d'en être informé; ainsi, retourne, et dis-lui qui je suis, qu'il ne manque pas de se trouver demain au palais au temps de la prière de l'après-dînée, et que je veux lui parler. »

Le grand vizir retourna sur ses pas, fit son aumône à l'aveugle, et après lui avoir donné un soufflet, il lui donna l'ordre, et il vint rejoindre le calife.

Ils rentrèrent dans la ville, et, avant que le calife arrivât au palais, dans une rue par où il y avait longtemps qu'il n'avait passé, il remarqua un édifice nouvellement bâti qui lui parut être l'hôtel de quelque seigneur de sa cour. Il demanda au grand vizir s'il savait à qui il appartenait. Le grand vizir répondit qu'il l'ignorait, mais qu'il allait s'en informer.

En effet, il interrogea un voisin, qui lui dit que cette maison appartenait à Cogia Hassan, surnommé Alhabbal à cause de la profession de cordier qu'il lui avait vu lui-même exercer dans une grande pauvreté, et que, sans savoir par quel endroit la fortune l'avait favorisé, il avait acquis de si grands biens, qu'il soutenait fort honorablement et splendidement la dépense qu'il avait faite à la faire bâtir.

Le grand vizir alla rejoindre le calife et lui rendit compte de ce qu'il venait d'apprendre. « — Je veux voir ce Cogia Hassan Alhabbal, lui dit le calife; va lui dire qu'il se trouve aussi demain à mon palais. » — Le grand vizir ne manqua pas d'exécuter les ordres du calife.

Le lendemain, après la prière de l'après-dînée, le calife rentra dans son appartement, et le grand vizir y introduisit aussitôt les deux personnages dont nous avons parlé, et les présenta au calife.

Ils se prosternèrent tous deux devant le trône du commandeur des croyants, et quand ils furent relevés, le calife demanda à l'aveugle comment il s'appelait : « — Je me nomme Baba-Abdalla, répondit l'aveugle. — Baba-Abdalla, reprit le calife, ta manière de demander l'aumône me parut hier si étrange, que si je n'eusse été retenu par de certaines considérations, je me fusse bien gardé d'avoir la complaisance que j'eus pour toi. Je t'aurais empêché de donner dès lors au public le scandale que tu lui donnes. Je t'ai donc fait venir ici pour savoir de toi quel est le motif qui t'a poussé à faire un serment aussi indiscret que le tien, et sur ce que tu vas me dire, je jugerai si tu as bien fait, et si je dois te permettre de continuer une pratique qui me paraît d'un très mauvais exemple. Dis-moi donc sans rien me déguiser d'où t'es venue cette pensée extravagante. Ne me cache rien, je veux le savoir absolument. »

Baba-Abdalla, intimidé par cette réprimande, se prosterna une seconde fois le front contre terre devant le trône du calife, et après s'être relevé : « — Commandeur des croyants, dit-il aussitôt, je demande très humblement pardon à Votre Majesté de la hardiesse avec laquelle j'ai osé exiger d'elle et la forcer de faire une chose qui, à la vérité, paraît hors de bon sens. Je reconnais mon crime; mais comme je ne connaissais pas alors Votre Majesté, j'implore sa clémence, et j'espère qu'elle aura égard à mon ignorance.

« Quant à ce qui lui plaît de traiter ce que je fais d'extravagance, j'avoue que c'en est une, et mon action doit paraître telle aux yeux des hommes. Mais à l'égard de Dieu, c'est une pénitence très modique d'un péché énorme dont je suis coupable, et que je n'expierais pas quand tous les mortels m'accableraient de soufflets, les uns après les autres. C'est de quoi Votre Majesté sera le juge elle-même quand, par le récit de mon histoire, que je vais lui raconter en obéissant à ses ordres, je lui aurai fait connaître quelle est cette faute énorme. »

HISTOIRE DE L'AVEUGLE BABA-ABDALLA

« Commandeur des croyants, continua Baba-Abdalla, je suis né à Bagdad avec quelques biens dont je devais hériter de mon père et de ma mère, qui moururent tous deux à peu de jours l'un de l'autre. Quoique je fusse dans un âge peu avancé, je n'en usai pas néanmoins en jeune homme qui les eût dissipés en peu de temps par des dépenses inutiles et dans la débauche. Je n'oubliai rien au contraire pour les augmenter par mon industrie, par mes soins et par les peines que je me donnais. Enfin, j'étais devenu assez riche pour posséder à moi seul quatre-vingts chameaux, que je louais aux marchands des caravanes, et qui me valaient de grosses sommes chaque voyage que je faisais en différents endroits de l'étendue de l'empire de Votre Majesté, où je les accompagnais.

« Au milieu de ce bonheur, et avec un puissant désir de devenir encore plus riche, un jour, comme je revenais de Balsora à vide avec mes chameaux, que j'y avais conduits chargés de marchandises d'embarquement pour les Indes, et que je les faisais paître dans un lieu fort éloigné de toute habitation, et où le bon pâturage m'avait fait arrêter, un derviche à pied, qui allait à Balsora, vint m'aborder et s'assit auprès de moi pour se délasser. Je lui demandai d'où il venait et où il allait. Il me fit les mêmes demandes, et après que nous eûmes satisfait notre curiosité de part et d'autre, nous mîmes nos provisions en commun et nous mangeâmes ensemble.

« En faisant notre repas, après nous être entretenus de plusieurs choses indifférentes, le derviche me dit que dans un lieu peu éloigné de celui où nous étions, il avait connaissance d'un trésor plein de tant de richesses immenses, que quand mes quatre-vingts chameaux seraient chargés de l'or et des pierreries qu'on en pouvait tirer, il ne paraîtrait presque pas qu'on en eût rien enlevé.

« Cette bonne nouvelle me surprit et me charma en même temps. La joie que je ressentis en moi-même faisait que je ne me possédais plus. Je ne croyais pas le derviche capable de m'en faire accroire. Aussi, je me jetai à son cou, en lui disant : « — Bon derviche, je vois bien que vous vous souciez peu des biens du monde : ainsi, à quoi peut vous servir la connaissance de ce trésor ? Vous êtes seul, et vous ne pouvez en emporter que très-peu de chose ; enseignez-moi où il est, j'en chargerai mes quatre-vingts chameaux, et je vous en ferai présent d'un en reconnaissance du bien et du plaisir que vous m'aurez faits.

« J'offrais peu de chose, il est vrai, mais c'était beaucoup, à ce qu'il me paraissait, par rapport à l'excès d'avarice qui s'était emparé tout à coup de mon cœur depuis qu'il m'avait fait cette confidence, et je regardais les soixante-dix-neuf charges qui me devaient rester comme presque rien en comparaison de celle dont je me priverais en la lui abandonnant.

« Le derviche, qui vit ma passion étrange pour les richesses, ne se scandalisa pourtant pas de l'offre raisonnable que je venais de lui faire. — « Mon frère, me dit-il sans s'émouvoir, vous voyez bien vous-même que ce que vous m'offrez n'est pas proportionné au bienfait que vous demandez de moi. Je pouvais me dispenser de vous parler de ce trésor et garder mon secret. Mais ce que j'ai bien voulu vous en dire peut vous faire connaître la bonne intention que j'avais, et que j'ai encore, de vous obliger et de vous donner lieu de vous souvenir de moi à jamais en faisant votre fortune et la mienne. J'ai donc une autre proposition plus juste et plus équitable à vous faire : c'est à vous de voir si elle vous accommode.

« Vous dites, continua le derviche, que vous avez quatre-vingts chameaux : je suis prêt à vous mener où est le trésor ; nous les chargerons vous et moi, d'autant d'or et de pierreries qu'ils en pourront porter, à condition que, quand nous les aurons chargés, vous m'en céderez la moitié avec leur charge, et que vous retiendrez pour vous l'autre moitié ; après quoi nous nous séparerons et les emmènerons où bon nous semblera, vous de votre côté et moi du mien. Vous voyez que le partage n'a rien qui ne soit dans l'équité, et que si vous me faites grâce de quarante chameaux, vous aurez aussi par mon moyen de quoi en acheter un millier d'autres. »

« Je ne pouvais disconvenir que la condition que le derviche me proposait ne fût très équitable. Sans avoir égard néanmoins aux grandes richesses qui pouvaient m'en revenir en l'acceptant, je regardais comme une grande perte la cession de la moitié de mes chameaux, particulièrement quand je considérais que le derviche ne serait pas moins riche que moi. Enfin, je payais déjà d'ingratitude un bienfait purement gratuit que je n'avais pas encore reçu du derviche. Mais il n'y avait pas à balancer, il fallait accepter la condition ou me résoudre à me repentir toute ma vie d'avoir, par ma faute, perdu l'occasion de me faire une haute fortune

« Dans le moment même, je rassemblai mes chameaux et nous partîmes ensemble. Après avoir marché quelque temps, nous arrivâmes dans un vallon assez spacieux, mais dont l'entrée était fort étroite. Mes chameaux n'y purent passer qu'un à un ; mais comme le terrain s'élargissait, ils trouvèrent moyen d'y tenir tous ensemble sans s'embarrasser. Les deux montagnes qui formaient ce vallon, en se terminant en un demi-cercle à l'extrémité, étaient si élevées, si escarpées et si impraticables, qu'il n'y avait pas à craindre qu'aucun mortel nous pût jamais apercevoir.

« Quand nous fûmes arrivés entre ces deux montagnes :
« — N'allons pas plus loin, me dit le derviche ; arrêtez vos chameaux et faites-les coucher sur le ventre dans l'espace que vous voyez, afin que nous n'ayons pas de peine à les charger, et quand vous aurez fait, je procéderai à l'ouverture du trésor.

« Je fis ce que le derviche m'avait dit, et je l'allai rejoindre aussitôt. Je le trouvai un fusil à la main, qui amassait un peu de bois sec pour faire du feu. Sitôt qu'il en eut fait, il y jeta du parfum en prononçant quelques paroles dont je ne compris pas bien le sens, et aussitôt une grosse fumée s'éleva en l'air. Il sépara cette fumée, et dans le moment, quoique le roc qui était entre les deux montagnes et qui s'élevait fort haut en ligne perpendiculaire parût n'avoir aucune espèce d'ouverture, il s'en fit néanmoins comme une espèce de porte à deux battants, pratiquée dans le même roc et de la même matière avec un artifice admirable.

« Cette ouverture exposa à nos yeux, dans un grand enfoncement creusé dans ce roc, un palais magnifique, pratiqué plutôt par le travail des génies que par celui des hommes; car il ne paraissait pas que des hommes eussent pu même s'aviser d'une entreprise si hardie et si surprenante.

« Mais, Commandeur des croyants, c'est après coup que je fais cette observation à Votre Majesté, car je ne la fis pas dans ce moment. Je n'admirai pas même les richesses infinies que je voyais de tous côtés, et sans m'arrêter à observer l'économie qu'on avait gardée dans l'arrangement de tant de trésors, comme l'aigle fond sur sa proie, je me jetai sur le premier tas de monnaie d'or qui se présenta devant moi, et je commençai à en mettre dans un sac, dont je m'étais déjà saisi, autant que je jugeai pouvoir en porter. Les sacs étaient grands, et je les eusse volontiers emplis tous, mais il fallait les proportionner aux forces de mes chameaux.

« Le derviche fit la même chose que moi, mais je m'aperçus qu'il s'attachait plutôt aux pierreries, et comme il m'en eut fait comprendre la raison, je suivis son exemple, et nous enlevâmes beaucoup plus de pierres précieuses que d'or monnayé. Nous achevâmes enfin d'emplir tous nos sacs et nous en chargeâmes les chameaux. Il ne restait plus qu'à fermer le trésor et à nous en aller.

« Avant que de partir, le derviche rentra dans le trésor, et comme il y avait plusieurs grands vases d'orfévrerie de toutes sortes de façons et d'autres matières précieuses, j'observai qu'il prit dans un de ces vases une petite boîte d'un certain bois qui m'était inconnu, et qu'il la mit dans son sein, après m'avoir fait voir qu'il n'y avait qu'une espèce de pommade.

« Le derviche fit la même cérémonie pour fermer le trésor qu'il avait faite pour l'ouvrir, et, après avoir prononcé certaines paroles, la porte du trésor se referma et le rocher nous parut aussi entier qu'auparavant.

« Alors nous partageâmes nos chameaux, que nous fîmes lever avec leurs charges. Je me mis à la tête des quarante que je m'étais réservés, et le derviche à la tête des autres que je lui avais cédés.

« Nous défilâmes par où nous étions entrés dans le vallon, et nous marchâmes ensemble jusqu'au grand chemin, où nous devions nous séparer, le derviche pour continuer sa route vers Balsora, et moi pour revenir à Bagdad. Pour le remercier d'un si grand bienfait, j'employai les termes les plus forts et ceux qui pouvaient lui marquer davantage ma reconnaissance de m'avoir préféré à tout autre mortel pour me faire part de tant de richesses. Nous nous embrassâmes tous deux avec bien de la joie, et après nous être dit adieu, nous nous éloignâmes chacun de notre côté.

« Je n'eus pas fait quelques pas pour rejoindre mes chameaux, qui marchaient toujours dans le chemin où je les avais mis, que le démon de l'ingratitude et de l'envie s'empara de mon cœur ; je déplorais la perte de mes quarante chameaux et encore plus les richesses dont ils étaient chargés. « — Le derviche n'a pas besoin de toutes ces richesses, disais-je en moi-même ; il est le maître des trésors, il en aura tant qu'il voudra. » — Ainsi je me livrai à la plus noire ingratitude, et je me déterminai tout à coup à lui enlever ses chameaux avec leur charge.

« Pour exécuter mon dessein, je commençai par faire arrêter mes chameaux. Ensuite je courus après le derviche, que j'appelai de toute ma force pour lui faire comprendre que j'avais encore quelque chose à lui dire, et je lui fis signe de faire aussi arrêter les siens et de m'attendre. Il entendit ma voix et il s'arrêta.

« Quand je l'eus rejoint : « — Mon frère, lui dis-je, je ne vous ai pas eu plutôt quitté, que j'ai considéré une chose à laquelle je n'avais pas pensé auparavant et à laquelle peut-être n'avez-vous pas pensé vous-même. Vous êtes un bon derviche accoutumé à vivre tranquillement, dégagé du soin des choses du monde et sans autre embarras que celui de servir Dieu. Vous ne savez peut-être pas à quelle peine vous vous êtes engagé en vous chargeant d'un si grand nombre de chameaux. Si vous vouliez me croire, vous n'en emmèneriez que trente, et je crois que vous aurez encore bien de la difficulté à les gouverner. Vous pouvez vous en rapporter à moi, j'en ai l'expérience.

« — Je crois que vous avez raison, reprit le derviche, qui ne se voyait pas en état de pouvoir me rien disputer, et j'avoue, ajouta-t-il, que je n'y avais pas fait réflexion. Je commençais déjà à être inquiet sur ce que vous me représentez. Choisissez donc les dix qu'il vous plaira, emmenez-les et allez à la garde de Dieu »

« J'en mis à part dix, et, après les avoir détournés, je les mis en chemin pour aller se mettre à la suite des miens. Je ne croyais pas trouver dans le derviche une si grande facilité à se laisser persuader. Cela augmenta son avidité, et je me flattai que je n'aurais pas plus de peine à en obtenir encore dix autres.

« En effet, au lieu de le remercier du riche présent qu'il venait de me faire : « — Mon frère, lui dis-je encore, par l'intérêt que je prends à votre repos, je ne puis me résoudre à me séparer d'avec vous sans vous prier de considérer encore une fois combien trente chameaux chargés sont difficiles à mener à un homme comme vous particulièrement, qui n'êtes pas accoutumé à ce travail. Vous vous trouveriez beaucoup mieux si vous me faisiez une grâce pareille à celle que vous venez de me faire. Ce que je vous en dis, comme vous le voyez, n'est pas tant pour l'amour de moi et pour mon intérêt que pour vous faire un grand plaisir : soulagez-vous donc de ces dix autres chameaux sur un homme comme moi, à qui il ne coûte pas plus de prendre soin de cent que d'un seul. »

« Mon discours fit l'effet que je souhaitais, et le derviche me céda sans aucune résistance les dix chameaux que je lui demandais, de manière qu'il ne lui en resta plus que vingt, et je me vis maître de soixante charges, dont la valeur surpassait les richesses de beaucoup de souverains. Il semble après cela que je devais être content.

« Mais, commandeur des croyants, semblable à un hydropique, qui plus il boit, plus il a soif, je me sentis plus enflammé qu'auparavant de l'envie de me procurer les vingt autres qui restaient encore au derviche.

« Je redoublai mes sollicitations, mes prières et mes importunités pour faire condescendre le derviche à m'en accorder encore dix des vingt. Il se rendit de bonne grâce, et quant aux dix autres qui lui restaient, je l'embrassai, je le baisai et je lui fis tant de caresses, en le conjurant de ne me les pas refuser et de mettre par là le comble à l'obligation que je lui aurais éternellement, qu'il me combla de joie en m'annonçant qu'il y consentait. « — Faites-en bon usage, mon frère, ajouta-t-il, et souvenez-vous que Dieu peut nous ôter les richesses comme il nous les donne, si nous ne nous en servons à secourir les pauvres, qu'il se plaît à laisser dans l'indigence exprès pour donner lieu aux riches de mériter par leurs aumônes une plus grande récompense dans l'autre monde. »

« Mon aveuglement était si grand, que je n'étais pas en état de profiter d'un conseil si salutaire. Je ne me contentai pas de me revoir possesseur de mes quatre-vingts chameaux et de savoir qu'ils étaient chargés d'un trésor inestimable qui devait me rendre le plus fortuné des hommes. Il me vint dans l'esprit que la petite boîte de pommade dont le derviche s'était saisi et qu'il m'avait montrée pouvait être quelque chose de plus précieux que toutes les richesses dont je lui étais redevable. L'endroit où le derviche l'a prise, disais-je en moi-même, et le soin qu'il a eu de s'en saisir, me font croire qu'elle enferme quelque chose de mystérieux. Cela me détermina à faire en sorte de l'obtenir. Je venais de l'embrasser en lui disant adieu. « — A propos, lui-je en retournant à lui, que voulez-vous faire de cette petite boîte de pommade ? Elle me paraît si peu de chose, ajoutai-je, qu'elle ne vaut pas la peine que vous l'emportiez; je vous prie de m'en faire présent : aussi bien, un derviche, comme vous qui a renoncé aux vanités du monde, n'a pas besoin de pommade. »

« Plût à Dieu qu'il me l'eût refusée, cette boîte ! Mais quand il l'aurait voulu faire, je ne me possédais plus, j'étais plus fort que lui et bien résolu à la lui enlever par force, afin que, pour mon entière satisfaction, il ne fût pas dit qu'il eût emporté la moindre chose du trésor, quelque grande que fut l'obligation que je lui avais.

« Loin de me la refuser, le derviche la tira d'abord de son sein, et en me la présentant de la meilleure grâce du monde: « — Tenez mon frère, me dit-il, la voilà : qu'à cela ne tienne que vous ne soyez content: si je puis faire davantage pour vous, vous n'avez qu'à demander, je suis prêt à vous satisfaire. «

« Quand j'eus la boîte entre les mains, je l'ouvris, et en considérant la pommade : « — Puisque vous êtes de si bonne volonté, lui dis-je, et que vous ne vous lassez pas de m'obliger, je vous prie de vouloir bien me dire quel est l'usage particulier de cette pommade.

« — L'usage en est surprenant et merveilleux, repartit le derviche. Si vous appliquez un peu de cette pommade autour de l'œil gauche et sur la paupière, elle fera paraître devant vos yeux tous les trésors qui sont cachés dans le sein de la terre ; mais si vous en appliquez de même à l'œil droit, elle vous rendra aveugle. »

« Je voulais avoir moi-même l'expérience d'un effet si admirable.
« — Prenez la boîte, dis-je au derviche en la lui présentant, et appliquez-moi vous-même de cette pommade à l'œil gauche. Vous entendez cela mieux que moi ; je suis dans l'impatience d'avoir l'expérience d'une chose qui me paraît incroyable. »

« Le derviche voulut bien se donner cette peine, il me fit fermer l'œil gauche et m'appliqua la pommade. Quand il eut fait, j'ouvris l'œil, et j'éprouvai qu'il m'avait dit la vérité. Je vis en effet un nombre infini de trésors, remplis de richesses si prodigieuses et si diversifiées, qu'il ne me serait pas possible d'en faire un détail au juste. Mais comme j'étais obligé de tenir l'œil droit fermé avec la main et que cela me fatiguait, je priai le derviche de m'appliquer aussi de cette pommade autour de cet œil.

« — Je suis prêt à le faire, me dit le derviche ; mais vous devez vous souvenir, ajouta-t-il, que je vous ai averti que si vous en mettez sur l'œil droit vous deviendrez aveugle aussitôt. Telle est la vertu de cette pommade, il faut que vous vous y accommodiez. »

« Loin de me persuader que le derviche me dit la vérité, je m'imaginai au contraire qu'il y avait encore quelque nouveau mystère qu'il voulait me cacher : « — Mon frère, repris-je en souriant, je vois bien que vous voulez m'en faire accroire : il n'est pas naturel que cette pommade fasse deux effets si opposés l'un à l'autre.

« — La chose est pourtant comme je vous le dis, repartit le derviche en prenant le nom de Dieu à témoin, et vous devez m'en croire sur ma parole, car je ne sais point déguiser la vérité. »

« Je ne voulus pas me fier à la parole du derviche, qui me

parlait en homme d'honneur. L'envie insurmontable de contempler à mon aise tous les trésors de la terre, et peut-être d'en jouir toutes les fois que je voudrais m'en donner le plaisir, fit que je ne voulus pas écouter ses remontrances ni me persuader d'une chose qui cependant n'était que trop vraie, comme je l'expérimentai bientôt après, à mon grand malheur.

« Dans la prévention où j'étais, j'allais m'imaginer que si cette pommade avait la vertu de me faire voir tous les trésors de la terre en l'appliquant sur l'œil gauche, elle avait peut-être la vertu de les mettre à ma disposition en l'appliquant sur le droit. Dans cette pensée, je m'obstinai à presser le derviche de m'en appliquer lui-même autour de l'œil droit, mais il refusa constamment de le faire. — Après vous avoir fait un si grand bien, mon frère, me dit-il, je ne puis me résoudre à vous faire un si grand mal. Considérez bien vous-même quel malheur est celui d'être privé de la vue, et ne me réduisez pas à la nécessité fâcheuse de vous complaire dans une chose dont vous aurez à vous repentir toute votre vie. »

« Je poussai mon opiniâtreté jusqu'au bout. « — Mon frère, lui dis-je assez fermement, je vous prie de passer par-dessus toutes les difficultés que vous me faites. Vous m'avez accordé fort généreusement tout ce que je vous ai demandé jusqu'à présent : voulez-vous que je me sépare de vous mal satisfait pour une chose de si peu de conséquence? Au nom de Dieu, accordez-moi cette dernière faveur. Quoi qu'il en arrive, je ne m'en prendrai pas à vous, et la faute en sera sur moi seul. »

« Le derviche fit toute la résistance possible; mais comme il vit que j'étais en état de l'y forcer : « — Puisque vous le voulez absolument, me dit-il, je vais vous contenter. » — Il prit un peu de cette pommade fatale, et me l'appliqua donc sur l'œil droit, que je tenais fermé; mais, hélas! quand je vins à l'ouvrir, je ne vis que ténèbres épaisses de mes deux yeux, et je demeurai aveugle comme vous me voyez.

« — Ah! malheureux derviche! m'écriai-je dans le moment, ce que vous m'avez prédit n'est que trop vrai. Fatale curiosité, ajoutai-je, désir insatiable des richesses, dans quel abîme de malheur m'allez-vous jeter! Je sens bien à présent que je me les suis attirés; mais vous, cher frère, m'écriai-je encore en m'adressant au derviche, qui êtes si charitable et si bienfaisant, entre tant de secrets merveilleux dont vous avez la connaissance, n'en avez-vous pas quelqu'un pour me rendre la vue? — Malheureux! me répondit alors le derviche, il n'a pas tenu à moi que tu n'aies évité ce malheur, mais tu n'as que ce que tu mérites, et c'est l'aveuglement du cœur qui t'a attiré celui du corps. Il est vrai que

j'ai des secrets, tu l'as pu connaître dans le peu de temps que j'ai été avec toi; mais je n'en ai pas pour te rendre la vue. Adresse-toi à Dieu, si tu crois qu'il y en ait un. Il n'y a que lui qui puisse te la rendre. Il t'avait donné des richesses dont tu étais indigne; il te les a ôtées, et il va les donner par mes mains à des hommes qui n'en seront pas méconnaissants comme toi

« Le derviche ne m'en dit pas davantage, et je n'avais rien à lui répliquer. Il me laissa seul, accablé de confusion et plongé dans un excès de douleur qu'on ne peut exprimer; et après avoir rassemblé mes quatre-vingts chameaux, il les emmena et poursuivit son chemin jusqu'à Balsora.

« Je le priai de ne me point abandonner en cet état malheureux et de m'aider du moins à me conduire jusqu'à la première caravane, mais il fut sourd à mes prières et à mes cris. Ainsi privé de la vue et de tout ce que je possédais au monde, je serais mort d'affliction et de faim si, le lendemain, une caravane qui revenait de Balsora ne m'eût bien voulu recevoir charitablement et me ramener à Bagdad.

« D'un état à m'égaler à des princes, sinon en forces et en puissance, au moins en richesse et en magnificence, je me vis réduit à la mendicité sans aucune ressource. Il fallut donc me résoudre à demander l'aumône, et c'est ce que j'ai fait jusqu'à présent. Mais, pour expier mon crime envers Dieu, je m'imposai en même temps la peine d'un soufflet de la part de chaque personne charitable qui aurait compassion de ma misère.

« Voilà enfin, commandeur des croyants, le motif de ce qui parut hier si étrange à Votre Majesté et de ce qui doit m'avoir fait encourir son indignation. Je lui en demande pardon encore une fois, comme son esclave, en me soumettant à recevoir le châtiment que j'ai mérité, et si elle daigne prononcer sur la pénitence que je me suis imposée, je suis persuadé qu'elle la trouvera légère et beaucoup au-dessous de mon crime. »

Quand l'aveugle eut achevé son histoire, le calife lui dit : « — Baba-Abdalla, ton péché est grand ; mais Dieu soit loué de ce que tu en as connu l'énormité, et de la pénitence publique que tu en as faite jusqu'à présent ! C'est assez, il faut que dorénavant tu la continues dans le particulier, en ne cessant de demander pardon à Dieu dans chacune des prières auxquelles tu es obligé chaque jour par ta religion. Et afin que tu n'en sois pas détourné par le soin de demander ta vie, je te fais une aumône, ta vie durant, de quatre drachmes d'argent par jour de ma monnaie, que mon grand vizir te fera donner. Ainsi ne t'en retourne pas et attends qu'il ait exécuté mon ordre. »

A ces paroles, Baba-Abdalla se prosterna devant le trône du calife, et en se relevant il lui fit son remercîment en lui souhaitant toute sorte de bonheur et de prospérité.

Le calife Haroun Alraschid, content de l'histoire de Baba-Abdalla et du derviche, s'adressa au second personnage, que le grand vizir Giafar avait fait venir. « — Cogia Hassan, lui dit-il, en passant hier devant ton hôtel, il me parut si magnifique, que j'eus la curiosité de savoir à qui il appartenait. J'appris que tu l'avais fait bâtir après avoir fait profession d'un métier qui te produisait à peine de quoi vivre. On me dit aussi que tu te méconnaissais pas, que tu faisais un bon usage des richesses que Dieu t'a données, et que tes voisins disaient mille bien de toi.

« Tout cela m'a fait plaisir, ajouta le calife, et je suis bien persuadé que les voies dont il a plu à la Providence de te gratifier de ces dons sont extraordinaires. Je suis curieux de les apprendre par toi-même, et c'est pour me donner cette satisfaction que je t'ai fait venir. Parle-moi donc avec sincérité, afin que je me réjouisse en prenant part à ton bonheur avec plus de connaissance. Et afin que ma curiosité ne te soit pas suspecte, et que tu ne croies pas que j'y prenne autre intérêt que celui que je viens de te dire, je te déclare que, loin d'y avoir aucune prétention, je te donne ma protection pour en jouir en toute sûreté. »

Sur ces assurances du calife, Cogia Hassan se prosterna devant son trône, frappa de son front le tapis dont il était couvert, et après qu'il se fut relevé : « — Commandeur des croyants, dit-il, tout autre que moi, qui ne se serait pas senti la conscience aussi pure et aussi nette que je me la sens, aurait pu être troublé en recevant l'ordre de venir paraître devant le trône de Votre Majesté ; mais comme je n'ai jamais eu pour elle que des sentiments de respect et de vénération, et que je n'ai rien commis contre l'obéissance que je lui dois, ni contre les lois, qui ait pu m'attirer son indignation, la seule chose qui m'ait fait de la peine est la juste crainte dont j'ai été saisi de n'en pouvoir soutenir l'éclat. Néanmoins, sur la bonté avec laquelle la renommée publie que Votre Majesté reçoit et écoute le moindre de ses sujets, je me suis rassuré, et je n'ai pas douté qu'elle ne me donnât elle-même le courage et la confiance de lui procurer la satisfaction qu'elle pourrait exiger de moi. C'est, commandeur des croyants, ce que Votre Majesté vient de me faire expérimenter en m'accordant sa puissante protection sans savoir si je la mérite. J'espère néanmoins qu'elle demeura dans un sentiment qui m'est si avantageux, quand, pour satisfaire à son commandement, je lui aurait fait le récit de mes aventures. »

Après ce petit compliment pour se concilier la bienveillance et l'attention du calife, et après avoir, pendant quelques moments, rappelé dans sa mémoire ce qu'il avait à dire, Cogia Hassan reprit la parole en ces termes :

HISTOIRE DE COGIA HASSAN ALHABBAL

« Commandeur des croyants, dit-il, pour mieux faire entendre à Votre Majesté par quelles voies je suis parvenu au grand bonheur dont je jouis, je dois, avant toute chose, commencer par lui parler de deux amis intimes, citoyens de cette même ville de Bagdad, qui vivent encore, et qui peuvent rendre témoignage de la vérité, auxquels j'en suis redevable après Dieu, le premier auteur de tout bien et de tout bonheur.

« Ces deux amis s'appellent, l'un Saadi et l'autre Saad. Saadi, qui est puissamment riche, a toujours été du sentiment qu'un homme ne peut être heureux en ce monde qu'autant qu'il a des biens et de grandes richesses pour vivre hors de la dépendance de qui que ce soit.

« Saad est d'un autre sentiment : il convient qu'il faut véritablement avoir de richesses autant qu'elles sont nécessaires à la vie : mais il soutient que la vertu doit faire le bonheur des hommes, sans d'autre attache aux biens du monde que par rapport aux besoins qu'ils peuvent en avoir et que pour en faire des libéralités selon leur pouvoir. Saad est de ce nombre, et il vit très-heureux et très content dans l'état où il se trouve. Quoique Saadi, pour ainsi dire, se trouve infiniment plus riche que lui, leur amitié néanmoins est très sincère, et le plus riche ne s'estime pas plus que l'autre. Ils n'ont jamais eu de contestation que sur ce seul point : en toute chose, leur union a toujours été très uniforme.

« Un jour, dans leur entretien, à peu près sur la même matière, comme je l'ai appris d'eux-mêmes, Saadi prétendait que les pauvres n'étaient pauvres que parce qu'ils étaient nés dans la pauvreté, ou que, nés avec des richesses, ils les avaient perdues ou par débauche ou par quelqu'une des fatalités imprévues qui ne sont pas extraordinaire. « — Mon opinion, disait-il, est que ces pauvres ne le sont que parce qu'ils ne peuvent parvenir à amasser une somme d'argent assez grosse pour se tirer de la misère en employant leur industrie à la faire valoir, et mon sentiment est que, s'ils venaient à ce point et qu'ils fissent un usage convenable de cette somme, ils ne deviendraient pas seulement riches, mais même très opulents avec le temps. »

« Saad ne convint pas de la proposition de Saadi. « — Le moyen que vous proposez, reprit-il, pour faire qu'un pauvre devienne riche ne me paraît pas aussi certain que vous le croyez. Ce que vous en pensez est fort équivoque, et je pourrais appuyer mon sentiment contre le vôtre de plusieurs bonnes raisons qui nous mèneraient trop loin. Je crois au moins, avec autant de probabilité, qu'un pauvre peut devenir riche par tout autre moyen qu'avec une somme d'argent. On fait souvent, par hasard, une fortune plus grande et plus surprenante qu'avec une somme d'argent telle que vous le prétendez, quelque ménagement et quelque économie que l'on apporte pour la faire multiplier par un négoce bien conduit.

« — Saad, reprit Saadi, je vois bien que je ne gagnerai rien avec vous en persistant à soutenir mon opinion contre la vôtre. Je veux en faire l'expérience pour vous en convaincre, en donnant, par exemple, en pur don une somme telle que je me l'imagine, à un de ces artisans pauvres de père en fils, qui vivent au jour la journée, et qui meurent aussi gueux que quand ils sont nés. Si je ne réussis pas, nous verrons si vous réussirez mieux de la manière que vous l'entendez. »

« Quelques jours après cette contestation, il arriva que les deux amis, en se promenant, passèrent par le quartier où je travaillais de mon métier de cordier, que j'avais appris de mon père, et qu'il avait appris lui-même de mon aïeul, et ce dernier, de nos ancêtres. A voir mon équipage et mon habillement, ils n'eurent pas de peine à juger de ma pauvreté.

« Saad, qui se souvint de l'engagement de Saadi, lui dit : « — Si vous n'avez pas oublié à quoi vous vous êtes engagé avec moi, voilà un homme, ajouta-t-il en me désignant, qu'il y a longtemps que je vois faisant le métier de cordier et toujours dans le même état de pauvreté. C'est un sujet digne de votre libéralité et tout propre à faire l'expérience dont vous parliez l'autre jour. — Je m'en souviens si bien, reprit Saadi, que je porte sur moi de quoi faire l'expérience que vous dites, et je n'attendais que l'occasion que nous nous trouvassions ensemble et que vous fussiez témoin. Abordons-le, et sachons si véritablement il en a besoin. »

« Les deux amis vinrent à moi, et comme je vis qu'ils voulaient me parler, je cessai mon travail. Il me donnèrent l'un et l'autre le salut ordinaire du souhait de paix, et Saadi, en prenant la parole, me demanda comment je m'appelais.

« Je leur rendis le même salut, et pour répondre à la demande

Saadi : « — Seigneur, lui dis-je, mon nom est Hassan ; à cause de ma profession, je suis connu communément sous le nom de Hassan Alhabbal. — Hassan, reprit Saadi, comme il n'y a pas de métier qui ne nourrisse son maître, je ne doute pas que le vôtre ne vous fasse gagner de quoi vivre à votre aise, et même je m'étonne que, depuis le temps que vous l'exercez, vous n'ayez pas fait quelque épargne, et que vous n'ayez pas acheté une bonne provision de chanvre pour faire plus de travail, tant par vous-même que par des gens à gages que vous auriez pris pour vous aider et pour vous mettre insensiblement plus au large. — Seigneur, lui repartis-je, vous cesserez de vous étonner que je ne fasse pas d'épargne, et que je ne prenne pas le chemin que vous dites pour devenir riche, quand vous saurez qu'avec tout le travail que je puis faire depuis le matin jusqu'au soir, j'ai de la peine à gagner de quoi me nourrir, moi et ma famille, de pain et de quelques légumes. J'ai une femme et cinq enfants, dont pas un n'est en âge de m'aider en la moindre chose : il faut les entretenir et les habiller, et dans un ménage, si petit qu'il soit, il y a toujours mille choses nécessaires dont on ne peut se passer. Quoique le chanvre ne soit pas cher, il faut néanmoins de l'argent pour en acheter, et c'est le premier que je mets à part de la vente de mes ouvrages. Sans cela il ne me serait pas possible de fournir à la dépense de ma maison. Jugez, seigneur, ajoutai-je, s'il est possible que je fasse des épargnes pour me mettre plus au large moi et ma famille. Il nous suffit que nous soyons contents du peu que Dieu nous donne, et qu'il nous ôte la connaissance et le désir de ce qui nous manque ; mais nous ne trouvons pas que rien nous manque quand nous avons pour vivre ce que nous avons accoutumé d'avoir, et que nous ne sommes pas dans la nécessité d'en demander à personne. »

« Quand j'eus fait tout ce détail à Saadi : « — Hassan, me dit-il, je ne suis plus dans l'étonnement où j'étais, et je comprends toutes les raisons qui vous obligent à vous contenter de l'état où vous vous trouvez. Mais si je vous faisais présent d'une bourse de deux cents pièces d'or, n'en feriez-vous pas un bon usage, et ne croyez-vous pas qu'avec cette somme vous deviendriez bientôt au moins aussi riche que les principaux de votre profession ? — Seigneur, repris-je, vous me paraissez un si honnête homme, que je suis persuadé que vous ne voudriez pas vous divertir de moi, et que l'offre que vous me faites est sérieuse. J'ose donc vous dire, sans trop présumer de moi, qu'une somme beaucoup moindre me suffirait, non seulement pour devenir aussi riche que les principaux de ma profession, mais même pour le devenir en peu de temps plus moi seul qu'ils ne le sont tous ensemble dans cette ville de Bagdad, aussi grande et aussi peuplée qu'elle est. »

« Le généreux Saadi me fit voir sur-le-champ qu'il m'avait parlé sérieusement. Il tira la bourse de son sein, et en me la mettant entre les mains : « — Prenez, me dit-il, voilà la bourse : vous y trouverez les deux cents pièces d'or bien comptées. Je prie Dieu qu'il vous donne sa bénédiction et qu'il vous fasse la grâce d'en faire le bon usage que je souhaite, et croyez que mon ami Saad, que voici, et moi, nous aurons un très grand plaisir quand nous apprendrons qu'elles vous auront servi à vous rendre plus heureux que vous ne l'êtes. »

« Commandeur des croyants, quand j'eus reçus la bourse et que d'abord je l'eus mise dans mon sein, je fus dans un transport de joie si grand, et je fus si fort pénétré de reconnaissance, que la parole me manqua et qu'il ne me fut pas possible d'en donner autre marque à mon bienfaiteur que d'avancer la main pour lui prendre le bord de sa robe et la baiser. Mais il la retira en s'éloignant, et ils continuèrent leur chemin, lui et son ami.

« En reprenant mon ouvrage après leur éloignement, la première pensée qui me vint fut d'aviser où je mettrais la bourse pour être en sûreté. Je n'avais dans ma petite et pauvre maison ni coffre, ni armoire qui fermât, ni aucun lieu où je pusse m'assurer qu'elle ne serait pas découverte si je l'y cachais.

« Dans cette perplexité, comme j'avais coutume, avec les pauvres gens de ma sorte, de cacher le peu de monnaie que j'avais dans les plis de mon turban, je quittai mon ouvrage et je rentrai chez moi sous prétexte de le raccommoder. Je pris si bien mes précautions, que, sans que ma femme et mes enfants s'en aperçussent, je tirai dix pièces d'or de la bourse, que je mis à part pour les dépenses les plus pressées, et j'enveloppai le reste dans les plis de la toile qui entourait mon bonnet.

« La principale dépense que je fis dès le même jour fut d'acheter une bonne provision de chanvre. Ensuite, comme il y avait longtemps qu'on n'avait vu de viande dans ma famille, j'allai à la boucherie et j'en achetai pour le souper.

« En m'en revenant, je tenais ma viande à la main, lorsqu'un milan affamé, sans que je pusse m'en défendre, fondit dessus, et me l'eût arrachée de la main si je n'eusse tenu ferme contre lui. Mais, hélas ! j'aurais bien mieux fait de la lui lâcher pour ne pas perdre ma bourse. Plus il trouvait en moi de la résistance, plus il s'opiniâtrait à la vouloir avoir. Il me traînait d'un côté et d'autre, pendant qu'il se soutenait en l'air sans quitter prise ; mais il arriva malheureusement que dans les efforts que je faisais mon turban tomba à terre.

« Aussitôt le milan quitta prise et se jeta sur mon turban avant que j'eusse eu le temps de le ramasser, et l'enleva. Je poussai des cris si perçants, que les hommes, femmes et enfants du voisinage furent effrayés, et joignirent leurs cris aux miens, pour tâcher de faire lâcher prise au milan.

« On réussit souvent par ce moyen à forcer ces sortes d'oiseaux voraces à lâcher ce qu'ils ont enlevé. Mais les cris n'épouvantèrent pas le milan ; il emporta mon turban si loin, que nous le perdîmes tous de vue avant qu'il l'eût lâché. Ainsi, il eût été inutile de me donner la peine et la fatigue de courir après pour le recouvrer.

« Je retournai chez moi fort triste de la perte que je venais de faire de mon turban et de mon argent. Il fallut cependant en racheter un autre, ce qui fit une nouvelle diminution aux dix pièces d'or que j'avais tirées de la bourse. J'en avais déjà dépensé pour l'achat du chanvre, et ce qui me restait ne suffisait pas pour me donner lieu de remplir les belles espérances que j'avais conçues.

« Ce qui me fit le plus de peine fut le peu de satisfaction que mon bienfaiteur aurait d'avoir si mal placé sa libéralité, quand il apprendrait le malheur qui m'était arrivé, qu'il regarderait peut-être comme incroyable, et par conséquent comme une vaine excuse.

« Tant que dura le peu des dix pièces d'or qui me restait, nous nous en ressentîmes, ma petite famille et moi; mais je retombai bientôt dans le même état et dans la même impuissance de me tirer hors de misère qu'auparavant. Je n'en murmurai pourtant pas. — Dieu, disais-je, a voulu m'éprouver en me donnant du bien dans le temps que je m'y attendais le moins; il me l'a ôté presque dans le même temps parce qu'il lui a plu ainsi et qu'il était à lui; qu'il en soit loué comme je l'avais loué jusqu'alors des bienfaits dont il m'avait favorisé, tel qu'il lui avait plu aussi ! je me soumets à sa volonté.

« J'étais dans ces sentiments pendant que ma femme, à qui je n'avais pu m'empêcher de faire part de la perte que j'avais faite et par quel endroit elle m'était venue, était inconsolable. Il m'était échappé aussi, dans le trouble où j'étais, de dire à mes voisins qu'en perdant mon turban je perdais une bourse de cent quatre-vingt-dix pièces d'or ; mais comme ma pauvreté leur était connue ce qu'ils ne pouvaient pas comprendre que j'eusse gagné une si grosse somme par mon travail, ils ne firent qu'en rire, et les enfants plus qu'eux.

« Il y avait environ six mois que le milan m'avait causé le malheur que je viens de raconter à Votre Majesté, lorsque les deux amis passèrent peu loin du quartier où je demeurais. Le voisinage fit que Saad se souvint de moi. Il dit à Saadi : — Nous ne sommes pas loin de la rue où demeure Hassan Alhabbal ; passons-y et voyons si les deux cents pièces d'or que vous lui avez données ont contribué pour quelque chose à le mettre en chemin de faire au moins une fortune meilleure que celle dans laquelle nous l'avons vu. — Je le veux bien, reprit Saadi; il y a quelques jours, ajouta-t-il, que je pensais à lui en me faisant un grand plaisir de la satisfaction que j'aurais en vous rendant témoin de la preuve de ma proposition. Vous allez voir un grand changement en lui, et je m'attends que nous aurons de la peine à le reconnaître.

« Les deux amis s'étaient déjà détournés, et ils entraient dans la rue en même temps que Saadi parlait encore. Saad, qui m'aperçut de loin le premier, dit à son ami : — Il me semble que vous preniez gain de cause trop tôt. Je vois Hassan Alhabbal, mais il ne me paraît aucun changement en sa personne : il est aussi mal habillé qu'il l'était quand nous lui avons parlé ensemble; la différence que j'y vois, c'est que son turban est un peu moins malpropre : voyez vous-même si je me trompe.

« En approchant, Saadi, qui m'avait aperçu aussi, vit bien que Saad avait raison, et il ne savait sur quoi fonder le peu de changement qu'il voyait en ma personne. Il en fut de même si fort étonné, que ce ne fut pas lui qui me parla quand ils m'eurent abordé. Saad, après m'avoir donné le salut ordinaire : — Eh bien, Hassan, me dit-il, nous ne vous demandons pas comment vont vos petites affaires depuis que nous ne vous avons vu; elles ont pris sans doute un meilleur train; les deux cents pièces d'or doivent y avoir contribué. — Seigneurs, repris-je en m'adressant à tous les deux, j'ai une grande mortification d'avoir à vous apprendre que vos souhaits, vos vœux et vos espérances, aussi bien que les miens, n'ont pas eu le succès que vous aviez lieu d'attendre et que je m'étais promis moi-même. Vous aurez de la peine à ajouter foi à l'aventure extraordinaire qui m'est arrivée; je vous assure néanmoins en homme d'honneur, et vous devez me croire, que rien n'est plus véritable que ce que vous allez entendre. — Alors, je leur racontai mon aventure avec les mêmes circonstances que je viens d'avoir l'honneur de l'exposer à Votre Majesté.

« Saadi rejeta mon discours bien loin. « — Hassan, dit-il, vous vous moquez de moi, et vous voulez me tromper; ce que vous me dites est une chose incroyable : les milans n'en veulent pas aux turbans, ils ne cherchent que de quoi contenter leur avidité. Vous avez fait comme tous les gens de votre sorte ont coutume de faire : s'ils font un gain extraordinaire ou que quelque bonne fortune qu'ils n'attendaient pas leur arrive, ils abandonnent leur travail, ils se divertissent, ils se régalent, ils font bonne chère tant que dure l'argent, et dès qu'ils ont tout mangé ils se retrouvent dans la même nécessité et dans les mêmes besoins qu'auparavant. Vous ne croupissez dans votre misère que parce que vous le méritez et que vous vous rendez vous-même indigne du bien que l'on vous fait. — Seigneur, repris-je, je souffre tous ces reproches, et je suis prêt d'en souffrir encore d'autres bien plus atroces que vous pourriez me faire; mais je les souffre avec d'autant plus de patience que je ne crois pas en avoir mérité aucun. La chose est si publique dans le quartier, qu'il n'y a personne qui ne vous en rende témoignage. Informez-vous-en vous-même, vous trouverez que je ne vous en impose pas. J'avoue que je n'avais pas entendu dire que les milans eussent enlevé des turbans ; mais la chose m'est arrivée comme une infinité d'autres qui ne sont jamais arrivées et qui cependant arrivent tous les jours. »

« Saad prit mon parti, et il raconta à Saadi tant d'autres histoires de milans non moins surprenantes, dont quelques-unes ne lui étaient pas inconnues, qu'à la fin il tira sa bourse de son sein : il m'en compta deux cents pièces d'or dans la main, que je mis à mesure dans mon sein, faute de bourse.

« Quand Saadi eut achevé de me compter cette somme : « — Hassan, me dit-il, je veux bien vous faire encore présent de ces deux cents pièces d'or ; mais prenez garde de les mettre dans un lieu si sûr qu'il ne vous arrive pas de les perdre aussi malheureusement que vous avez perdu les autres, et de faire en sorte qu'elles vous procurent l'avantage que les premières devaient vous avoir procuré. » — Je lui témoignai que l'obligation que je lui avais de cette seconde grâce était d'autant plus grande que je ne la méritais pas après ce qui m'était arrivé, et que je n'oublierais rien pour profiter de son bon conseil. Je voulais poursuivre, mais il ne m'en donna pas le temps : il me quitta et il continua sa promenade avec son ami.

« Je ne repris pas mon travail après leur départ ; je rentrai chez moi, où ma femme ni mes enfants ne se trouvaient pas alors. Je mis à part dix pièces d'or de deux cents, et j'enveloppai les cent quatre-vingt-dix autres dans un linge que je nouai. Il s'agissait de cacher le linge dans un lieu de sûreté. Après y avoir bien songé, je m'avisai de le mettre au fond d'un grand vase de terre plein de son qui était dans un coin, où je m'imaginai bien que ma femme ni mes enfants n'iraient pas le chercher. Ma femme revint peu de temps après, et comme il ne me restait que très peu de chanvre, sans lui parler des deux amis, je lui dis que j'allais en acheter. »

La sultane Scherazade n'ayant pu, le jour précédent, finir l'histoire de Cogia Hassan Alhabbal, à laquelle elle sentait que le sultan des Indes, son époux, prenait un singulier plaisir, ne manqua pas aussitôt qu'elle fut éveillée par sa sœur Dinarzade, de la reprendre ainsi :

SUITE DE L'HISTOIRE DE COGIA HASSAN ALHABBAL

« — Commandeur des croyants, vous venez d'entendre comment Saadi me fit encore présent de deux cents autres pièces d'or pour tâcher de rétablir ma petite fortune. Je vous ai dit que sans reprendre mon travail je rentrai chez moi, que je pris dix pièces d'or, et ayant mis le reste, enveloppé dans un linge, au fond d'un grand pot rempli de son, à l'insu de ma femme et de mes enfants, je leur dis que j'allais acheter du chanvre.

« Je sortis ; mais pendant que j'étais allé faire cette emplette, un vendeur de terre à décrasser, dont les femmes se servent au bain, vint à passer par la rue et se fit entendre par son cri.

« Ma femme, qui n'avait plus de cette terre, appelle le vendeur, et comme elle n'avait pas d'argent, elle lui demande s'il voulait lui donner de sa terre en échange pour son son. Le vendeur demande à voir le son. Ma femme lui montre le vase. Le marché se fait, il se conclut. Elle reçoit la terre à décrasser, et le vendeur emporte le vase avec le son.

« Je revins chargé de chanvre autant que j'en pouvais porter, suivi de cinq porteurs, chargés comme moi de la même marchandise, dont j'emplie une soupente que j'avais ménagée dans ma maison. Je satisfis les porteurs de leur peine, et après qu'ils furent partis, je pris quelques moments pour me remettre de ma lassitude : alors, je jetai les yeux du côté où j'avais laissé le vase de son, et je ne le vis plus.

« Je ne puis exprimer à Votre Majesté quelle fut ma surprise ni l'effet qu'elle produisit en moi dans ce moment. Je demandai à ma femme avec précipitation ce qu'il était devenu, et elle me raconta le marché qu'elle en avait fait comme une chose en quoi quelle croyait avoir beaucoup gagné.

« — Ah ! femme infortunée ! m'écriai-je, vous ignorez le mal que vous nous avez fait, à moi, à vous-même et à vos enfants, en faisant un marché qui nous perd sans ressource. Vous avez cru ne vendre que du son, et avec ce son vous avez enrichi votre vendeur de terre à décrasser de cent quatre-vingt-dix pièces d'or dont Saadi, accompagné de son ami, venait de me faire présent pour la seconde fois. »

« Il s'en fallut peu que ma femme ne se désespérât quand elle eut appris la grande faute qu'elle avait commise par son ignorance. Elle se lamenta, se frappa la poitrine, s'arracha les cheveux, et, déchirant l'habit dont elle était revêtue : « — Malheureuse que je suis ! s'écria-t-elle, suis-je digne de vivre après une méprise si cruelle ! Où chercherai-je ce vendeur de terre ? je ne le connais pas, il n'a passé par notre rue que cette seule fois, et peut-être ne le reverrai-je jamais ! Ah ! mon mari, ajouta-t-elle, vous avez un grand tort : pourquoi avez-vous été si réservé à mon égard dans une affaire de cette importance ? Cela ne fût pas arrivé si vous l'eussiez fait part de votre secret. » — Je ne finirais pas si je rapportais à Votre Majesté tout ce que la douleur lui mit alors dans la bouche. Elle n'ignore pas combien les femmes sont éloquentes dans leurs afflictions.

« — Ma femme, lui dis-je, modérez-vous ; vous ne comprenez

pas que vous nous allez attirer tout le voisinage par vos cris et par vos pleurs. Il n'est pas besoin qu'ils soient informés de nos disgrâces. Bien loin de prendre part à notre malheur ou de nous donner de la consolation, ils se feraient un plaisir de se railler de votre simplicité et de la mienne. Le parti le meilleur que nous ayons à prendre, c'est de dissimuler cette perte, de la supporter patiemment, de manière qu'il n'en paraisse pas la moindre chose, et de nous soumettre à la volonté de Dieu. Bénissons-le, au contraire, de ce que de deux cents pièces d'or qu'il nous avait données, il n'en a retiré que cent quatre-vingt-dix, et qu'il nous en a laissé dix par sa libéralité, dont l'emploi que je viens de faire ne laisse pas de nous apporter quelque soulagement. »

« Quelque bonnes que fussent mes raisons, ma femme eut bien de la peine à les goûter d'abord. Mais le temps, qui adoucit les maux les plus grands et qui paraissent les moins supportables, fit qu'à la fin elle s'y rendit.

« — Nous vivons pauvrement, lui dis-je, il est vrai; mais qu'ont les riches que nous n'ayons pas ? Ne respirons-nous pas le même air ? Ne jouissons-nous pas de la même lumière et de la même chaleur du soleil ? Quelques commodités qu'ils ont de plus que nous pourraient nous faire envier le bonheur s'ils ne mouraient pas comme nous mourons. A le bien prendre, munis de la crainte de Dieu, que nous devons avoir sur toute chose, l'avantage qu'ils ont plus que nous est si peu considérable, que nous ne devons pas nous y arrêter. »

« Je n'ennuierai pas Votre Majesté plus longtemps par mes réflexions morales. Nous nous consolâmes, ma femme et moi, et je continuai mon travail, l'esprit aussi libre que si je n'eusse pas fait deux pertes si mortifiantes à peu de temps l'une de l'autre.

La seule chose qui me chagrinait, et cela arrivait souvent, c'était quand je me demandais à moi-même comment je pourrais soutenir la présence de Saadi lorsqu'il viendrait me demander compte de l'emploi de ses deux cents pièces d'or et de l'avancement de ma fortune par le moyen de sa libéralité, et que je n'y voyais autre remède que de me résoudre à la confusion que j'en aurais, quoique cette seconde fois, non plus que la première, je n'eusse en rien contribué à ce malheur par ma faute.

« Les deux amis furent plus longtemps à revenir apprendre des nouvelles de mon sort que la première fois. Saad en avait parlé souvent à Saadi; mais Saadi avait toujours différé. « — Plus nous différerons, disait-il, plus Hassan se sera enrichi, et plus la satisfaction que j'en aurai sera grande.

« Saad n'avait pas la même opinion de l'effet de la libéralité de son ami. « — Vous croyez donc, reprenait-il, que votre présent aura été mieux employé par Hassan cette fois que la première? Je ne vous conseille pas de vous en flatter, de crainte que votre mortification n'en fût plus sensible, si vous trouviez que le contraire fût arrivé. — Mais, répétait Saadi, il n'arrive pas tous les jours qu'un milan emporte un turban. Hassan y a été attrapé, il aura pris ses précautions pour ne pas l'être une seconde fois. — Je n'en doute pas, répliqua Saad; mais, ajouta-t-il, tout autre accident que nous ne pouvons imaginer, ni vous, ni moi, pourra être arrivé. Je vous le dis encore une fois, modérez votre joie et n'inclinez pas plus à vous prévenir sur le bonheur de Hassan que sur son malheur. Pour vous dire ce que j'en pense et ce que j'en ai toujours pensé, quelque mauvais gré que vous puissiez me savoir de ma persuasion, j'ai un pressentiment que vous n'aurez pas réussi, et que je réussirai mieux que vous à prouver qu'un pauvre homme peut devenir riche de toute autre manière qu'avec de l'argent. »

« Un jour enfin que Saad se trouvait chez Saadi, après une longue contestation semblable : « — C'en est trop, dit Saadi, je veux être éclairci dès aujourd'hui de ce qui en est; voilà le temps de la promenade; ne le perdons pas, et allons savoir lequel de nous deux aura perdu la gageure. »

« Les deux amis partirent, et je les vis venir de loin : j'en fus tout ému, et je fus sur le point de quitter mon ouvrage et d'aller me cacher pour ne point paraître devant eux. Attaché à mon travail, je fis semblant de ne pas les avoir aperçus, et je ne levai les yeux pour les regarder que quand ils furent près de moi et que m'ayant donné le salut de paix, je ne pus honnêtement m'en dispenser. Je les baisai aussitôt, et en leur contant ma dernière disgrâce dans toutes ses circonstances, je leur fis connaître pourquoi ils me trouvaient aussi pauvre que la dernière fois qu'ils m'avaient vu.

« Quand j'eus achevé : « — Vous pouvez me dire, ajoutai-je, que je devais cacher les cent quatre-vingt-dix pièces d'or ailleurs que dans un vase de son qui devait, le même jour, être emporté de ma maison. Mais il y avait plusieurs années que ce vase y était, qu'il servait à cet usage, et que, toutes les fois que ma femme avait vendu le son à mesure qu'il en était plein, le vase était toujours resté. Pouvais-je deviner que ce jour-là même, en mon absence, un vendeur de terre à décrasser passerait à point nommé, que ma femme se trouverait sans argent, et qu'elle ferait avec lui l'échange qu'elle a fait? Vous pourriez me dire que je devais avertir ma femme; mais je ne croirai jamais que des personnes aussi sages que je suis persuadé que vous êtes m'eussent donné ce conseil. Pour ce qui est de ne les avoir pas cachées ailleurs, quelle certitude pouvais-je avoir qu'elles y eussent été en grande sûreté?

« — Seigneur, dis-je en m'adressant à Saadi, il n'a pas plu à Dieu que votre libéralité servît à m'enrichir, par un de ces décrets impénétrables que nous ne devons pas approfondir. Il me veut pauvre et non pas riche. Je ne laisse pas de vous en avoir la même obligation que si elle avait eu son effet entier selon vos souhaits. »

« Je me tus, et Saadi, qui prit la parole, me dit : « — Hassan, quand je voudrais me persuader que tout ce que vous venez de nous dire est aussi vrai que vous prétendez nous le faire croire, et que ce ne serait pas pour cacher vos débauches ou votre mauvaise économie, comme cela pourrait être, je me garderais bien néanmoins de passer outre et de m'opiniâtrer à faire une expérience capable de me ruiner. Je ne regrette pas les quatre cents pièces d'or dont je me suis privé pour essayer de vous tirer de la pauvreté; je l'ai fait par rapport à Dieu, sans attendre autre récompense de votre part que le plaisir de vous avoir fait du bien. Si quelque chose était capable de m'en faire repentir, ce serait de m'être adressé à vous plutôt qu'à un autre, qui peut-être en aurait mieux profité. » — Et en se tournant du côté de son ami : « — Saad, continua-t-il, vous pouvez connaître, par ce que je viens de dire, que je ne vous donne pas entièrement gain de cause. Il vous est pourtant libre de faire l'expérience de ce que vous prétendez contre moi depuis si longtemps. Faites-moi voir qu'il y ait d'autres moyens que l'argent capables de faire la fortune d'un homme pauvre, de la manière que je l'entends et que vous l'entendez, et ne cherchez pas un autre sujet que Hassan. Quoi que vous puissiez lui donner, je ne puis me persuader qu'il devienne plus riche qu'il n'a pu faire avec quatre cents pièces d'or. »

« Saad tenait un morceau de plomb dans la main, qu'il montrait à Saadi : « — Vous m'avez vu, reprit-il, ramasser à mes pieds ce morceau de plomb ; je vais le donner à Hassan, vous verrez ce qu'il lui vaudra. »

« Saadi fit un éclat de rire en se moquant de Saad. « — Un morceau de plomb ! s'écria-t-il : eh ! que peut-il valoir à Hassan qu'une obole, et que fera-t-il avec une obole ? » — Saad, en me présentant le morceau de plomb, me dit : « — Laissez rire Saadi et ne laissez pas de le prendre ; vous nous direz un jour des nouvelles du bonheur qu'il vous aura porté. »

« Je crus que Saad ne parlait pas sérieusement, et que ce qu'il en faisait n'était que pour se divertir. Je ne laissai pas de recevoir le morceau de plomb, en le remerciant, et, pour le contenter, je le mis dans ma veste, comme par manière d'acquit. Les deux amis me quittèrent pour achever leur promenade, et je continuai mon travail.

« Le soir, comme je me déshabillais pour me coucher, et après que j'eus ôté ma ceinture, le morceau de plomb que Saad m'avait donné, auquel je n'avais plus songé depuis, tomba par terre ; je le ramassai et le mis dans le premier endroit que je trouvai.

« La même nuit, il arriva qu'un pêcheur de mes voisins, en

accommodant ses filets, trouva qu'il y manquait un morceau de plomb : il n'en avait pas d'autre pour le remplacer, et il n'était pas l'heure d'en envoyer acheter, les boutiques étant fermées. Il fallait cependant, s'il voulait avoir pour vivre le lendemain, lui et sa famille, qu'il allât à la pêche deux heures avant le jour. Il témoigne son chagrin à sa femme et il l'envoie en demander dans le voisinage pour y suppléer.

« La femme obéit à son mari ; elle va de porte en porte, des deux côtés de le rue, et ne trouve rien. Elle rapporte cette réponse à son mari, qui lui demande, en lui nommant plusieurs de ses voisins, si elle avait frappé à leur porte. Elle répondit que oui. « — Et chez Hassan Alhabbal, ajouta-t-il, je gage que vous n'y avez pas été ? — Il est vrai, reprit la femme, je n'ai pas été jusque-là parce qu'il y a trop loin, et quand j'en aurais pris la peine, croyez-vous que j'en eusse trouvé ? Quand on n'a besoin de rien, c'est justement chez lui qu'il faut aller : je le sais par expérience. — Cela n'importe, reprit le pêcheur vous êtes une paresseuse, je veux que vous y alliez. Vous avez été cent fois chez lui sans trouver ce que vous cherchiez, vous y trouverez peut-être aujourd'hui le plomb dont j'ai besoin : encore une fois je veux que vous y alliez. »

« La femme du pêcheur sortit en murmurant et en grondant, et vint frapper à ma porte. Il y avait déjà quelque temps que je dormais ; je me réveillai en demandant ce qu'on voulait : « — Hassan Alhabbal, dit la femme en haussant la voix, mon mari a besoin d'un peu de plomb pour accomoder ses filets. Si par hasard vous en avez, il vous prie de lui en donner. »

« La mémoire du morceau de plomb que Saad m'avait donné m'était si récente, surtout après ce qui m'était arrivé en me déshabillant, que je ne pouvais pas l'avoir oublié. Je répondis à la voisine que j'en avais, qu'elle attendit un moment, et que ma femme allait lui en donner un morceau.

« Ma femme, qui s'était aussi éveillée au bruit, se lève, trouve à tâtons le plomb où je lui avais enseigné qu'il était, entr'ouvre la porte et le donne à la voisine.

La femme du pêcheur, ravie de n'être pas venue en vain : « — Voisine, dit-elle à ma femme, le plaisir que vous nous faites, à mon mari et à moi, est si grand, que je vous promets tout le poisson que mon mari amènera du premier jet de ses filets, et je vous assure qu'il ne me dédira pas. »

« Le pêcheur, ravi d'avoir trouvé, contre son espérance, le

plomb qui lui manquait, approuva la promesse que sa femme nous avait faite. « — Je vous sais bon gré, dit-il, d'avoir suivi en cela mon intention. » — Il acheva d'accommoder ses filets, et il alla à la pêche deux heures avant le jour, selon sa coutume, il n'amena qu'un seul poisson du premier jet de ses filets, mais long de plus d'une coudée et gros à proportion. Il en fit ensuite plusieurs autres qui furent tous heureux ; mais il s'en fallut de beaucoup que de tout le poisson qu'il amena, il y en eût un seul qui approchât du premier.

« Quand le pêcheur eut achevé sa pêche et qu'il fut revenu chez lui, le premier soin qu'il eut fut de songer à moi, et je fus extrêmement surpris, comme je travaillais, de le voir se présenter devant moi, chargé de ce poisson. « — Voisin, me dit-il, ma femme vous a promis cette nuit le poisson que j'amènerais du premier jet de mes filets, en reconnaissance du plaisir que vous nous avez fait, et j'ai approuvé sa promesse. Dieu ne m'a envoyé pour vous que celui-ci : je vous prie de l'agréer. S'il m'en eût envoyé plein mes filets, ils eussent de même tous été pour vous. Acceptez-le, je vous prie, tel qu'il est, comme s'il était plus considérable. — Voisin, repris-je, le morceau de plomb que je vous ai envoyé est si peu de chose, qu'il ne méritait pas que vous le missiez à un si haut prix. Les voisins doivent se secourir les uns les autres dans leurs petits besoins : je n'ai fait pour vous que ce que je pouvais en attendre dans une occasion semblable. Ainsi, je refuserais de recevoir votre présent, si je n'étais persuadé que vous me le faites de bon cœur ; je croirais même vous offenser si j'en usais de la sorte. Je le reçois donc, puisque vous le voulez ainsi, et je vous en fais mon remercîment. »

« Nos civilités en demeurèrent là, et je portai le poisson à ma femme. « — Prenez, lui dis-je, ce poisson, que le pêcheur notre voisin vient de m'apporter en reconnaissance du morceau de plomb qu'il nous envoya demander la nuit dernière. C'est, je crois, tout ce que nous pouvons espérer de ce présent que Saad me fit hier en me promettant qu'il me porterait bonheur. » — Ce fut alors que je lui parlai du retour des deux amis et de ce qui s'était passé entre eux et moi.

« Ma femme fut embarrassée de voir un poisson si grand et si gros. « — Que voulez-vous, dit-elle, que nous en fassions ? Notre gril n'est propre qu'à rôtir de petits poissons, et nous n'avons pas de vase assez grand pour le faire cuire au court-bouillon. — C'est votre affaire, lui dis-je : accommodez-le comme il vous plaira ; rôti ou bouilli, j'en serai content. » — Et en disant ces paroles, je retournai à mon travail.

« En accommodant le poisson, ma femme tira avec les entrailles un gros diamant qu'elle prit pour du verre quand elle l'eut nettoyé. Elle avait bien entendu parler de diamants, et, si elle en avait vu ou manié, elle n'en avait pas assez de connaissance pour en faire la distinction. Elle le donna au plus petit de nos enfants pour en faire un jouet avec ses frères et sœurs, qui voulaient le voir et le manier tour à tour en se le donnant les uns aux autres pour en admirer la beauté, l'éclat et le brillant.

« Le soir, quand la lampe fut allumée, nos enfants, qui conti-

nuaient leur jeu en se cédant le diamant pour le considérer l'un après l'autre, s'aperçurent qu'il rendait de la lumière à mesure que ma femme leur cachait la clarté de la lampe en se donnant du mouvement pour achever de préparer le souper, et cela engageait les enfants à se l'arracher pour en faire l'expérience ; mais les petits pleuraient quand les plus grands ne le leur laissaient pas autant de temps qu'ils voulaient, et ceux-ci étaient contraints de le leur rendre pour les apaiser.

« Comme peu de chose est capable d'amuser les enfants et de causer de la dispute entre eux, et que cela leur arrive ordinairement, ni ma femme ni moi nous ne fîmes pas attention à ce qui faisait le sujet du bruit et du tintamarre dont ils nous étourdissaient ; ils cessèrent enfin quand les plus grands se furent mis à table pour souper avec nous, et que ma femme eut donné aux plus petits chacun leur part.

« Après le souper, les enfants se rassemblèrent, et ils recommencèrent le même bruit qu'auparavant. Alors, je voulus savoir quelle était la cause de leur dispute. J'appelai l'aîné, et je lui demandai quel sujet ils avaient de faire ainsi grand bruit. Il me dit : « — Mon père, c'est un morceau de verre qui fait de la lumière quand nous le regardons le dos tourné à la lampe. » — Je me le fis apporter et j'en fis l'expérience.

« Cela me parut extraordinaire et me fit demander à ma femme ce que c'était que ce morceau de verre. — Je ne sais, dit-elle : c'est un morceau de verre que j'ai tiré du ventre du poison en le préparant.

« Je ne m'imaginai pas, non plus qu'elle, que ce fût autre chose que du verre. Je poussai néanmoins l'expérience plus loin. Je dis à ma femme de cacher la lampe dans la cheminée. Elle le fit, et je vis que le prétendu morceau de verre faisait une lumière si grande, que nous pouvions nous passer de la lampe pour nous coucher. Je la fis éteindre, et je mis moi-même le morceau de verre sur le bord de la cheminée pour nous éclairer. — Voici, dis-je, un autre avantage que le morceau de plomb que l'ami de Saadi m'a donné nous procure en nous épargnant d'acheter de l'huile.

« Quand mes enfants virent que j'avais fait éteindre la lampe et que le morceau de verre y suppléait, sur cette merveille ils poussèrent des cris d'admiration si haut et avec tant d'éclat, qu'ils retentirent bien loin dans le voisinage.

« Nous augmentâmes le bruit, ma femme moi, à force de crier pour les faire taire, et nous ne pûmes le gagner entièrement sur eux que quand ils furent couchés et qu'ils se furent endormis, après s'être entretenus un temps considérable, à leur manière, de la lumière merveilleuse du morceau de verre.

« Nous nous couchâmes après eux, ma femme et moi, et le lendemain, de grand matin, sans penser davantage au morceau de verre, j'allai travailler à mon ordinaire. Il ne doit pas être étrange que cela soit arrivé à un homme comme moi, qui étais accoutumé à voir du verre et qui n'avais jamais vu de diamants, et si j'en avais vu, je n'avais pas fait d'attention à en connaître la valeur.

« Je ferai remarquer à Votre Majesté, en cet endroit, qu'entre ma maison et celle de mon voisin la plus prochaine, il n'y avait qu'une cloison de charpente et de maçonnerie fort légère pour toute séparation. Cette maison appartenait à un juif fort riche, joaillier de profession, et la chambre où lui et sa femme couchaient joignait à la cloison. Ils étaient déjà couchés et endormis quand mes enfants avaient fait le plus grand bruit. Cela les avait éveillés, et ils avaient été longtemps à se rendormir.

« Le lendemain, la femme du juif, tant de la part de son mari qu'en son propre nom, vint porter ses plaintes à la mienne de l'interruption de leur sommeil dès le premier somme. — Ma bonne Rachel (c'est ainsi que s'appelait la femme du juif), lui dit ma femme, je suis bien fâchée de qui est arrivé, et je vous en fais mes excuses. Vous savez ce que c'est que les enfants : un rien les fait rire, de même que peu de chose les fait pleurer. Entrez, et je vous montrerai le sujet qui fait celui de vos plaintes.

« La juive entra, et ma femme prit le diamant, puisqu'enfin c'en était un, et un d'une grande singularité. Il était encore sur la cheminée, et, en le lui présentant : — Voyez, dit-elle, c'est ce morceau de verre qui est cause de tout le bruit que vous avez entendu hier au soir. — Pendant que la juive, qui avait connaissance de toute sorte de pierreries, examinait ce diamant avec admiration, elle lui raconta comment elle l'avait trouvé dans le ventre du poisson et tout ce qui en était arrivé.

« Quand ma femme eut achevé, la juive, qui savait comment elle s'appelait : — Aischah, dit-elle en lui remettant le diamant entre les mains, je crois comme vous que ce n'est que du verre ; mais comme il est plus beau que le verre ordinaire, et que j'ai un morceau de verre à peu près semblable dont je me pare quelquefois, et qu'il y ferait un accompagnement, je l'achèterais, si vous vouliez me le vendre.

« Mes enfants, qui entendirent parler de vendre leur jouet, interrompirent la conversation en se récriant contre, en priant leur mère de le leur garder ; ce qu'elle fut contrainte de leur promettre pour les apaiser.

« La juive, obligée de se retirer, sortit, et, avant de quitter ma femme, qui l'avait accompagnée jusqu'à la porte, elle la pria en parlant bas, si elle avait dessein de vendre le morceau de verre, de ne le faire voir à personne qu'auparavant elle ne lui en eût donné avis.

« Le juif était allé à sa boutique de grand matin, dans le quartier des joailliers ; la juive alla l'y trouver, et elle lui annonça la découverte qu'elle venait de faire. Elle lui rendit compte de la grosseur, du poids à peu près, de la beauté, de la belle eau et de l'éclat du diamant, et surtout de sa singularité, qui était de rendre de la lumière la nuit, sur le rapport de ma femme, d'autant plus croyable qu'il était naïf.

« Le juif renvoya sa femme avec l'ordre d'en traiter avec la mienne, de lui en offrir d'abord peu de chose, autant qu'elle le jugerait à propos, et d'augmenter à proportion de la difficulté qu'elle trouverait, et enfin, de conclure le marché à quelque prix que ce fût.

« La juive, selon l'ordre de son mari, parla à ma femme en particulier, sans attendre qu'elle se fût déterminée à vendre le diamant, et elle lui demanda si elle voulait vingt pièces d'or pour un morceau de verre, comme elle le pensait. Ma femme trouva la somme considérable ; elle ne voulut répondre néanmoins ni oui ni non ; elle dit seulement à la juive qu'elle ne pouvait l'écouter qu'elle ne m'eût parlé auparavant.

« Dans ces entrefaites, je venais de quitter mon travail, et je voulais rentrer chez moi pour dîner comme elles se parlaient à ma porte. Ma femme m'arrête et me demande si je ne consentais pas à vendre le morceau de verre qu'elle avait trouvé dans le ventre du poisson pour vingt pièces d'or, que la juive, notre voisine, en offrait.

» Je ne répondis pas sur-le-champ ; je fis réflexion à l'assurance avec laquelle Saad m'avais promis, en me donnant le morceau de plomb ; qu'il ferait ma fortune, et la juive crut que c'était en méprisant la somme qu'elle m'avait offerte que je ne répondais rien. « —Voisin, me dit-elle, je vous en donnerai cinquante. En êtes-vous content ? »

« Comme je vis que de vingt pièces d'or, la juive augmentait si promptement jusqu'à cinquante, je tins ferme et je lui dis qu'elle

était bien éloignée du prix auquel je prétendais le vendre.
« — Voisin, reprit-elle, prenez-en cent pièces d'or ; c'est beaucoup, je ne sais même si mon mari m'avouera. » — A cette nouvelle augmentation, je lui dis que je voulais en avoir cent mille pièces d'or ; que je voyais bien que le diamant valait davantage ; mais que, pour lui faire plaisir à elle et à son mari, comme voisins, je me bornais à cette somme, que je voulais en avoir absolument, et s'ils le refusaient à ce prix-là, que d'autres joailliers m'en donneraient davantage.

« La juive me confirma elle-même dans ma résolution par l'empressement qu'elle témoigna de conclure le marché en m'offrant à plusieurs reprises jusqu'à cinquante mille pièces d'or, que je refusai. « — Je ne puis, dit-elle, en offrir davantage sans le consentement de mon mari. Il reviendra ce soir. La grâce que je vous demande, c'est d'avoir la patience qu'il vous ait parlé et qu'il ait vu le diamant. » — Ce que je lui promis.

« Le soir, quand le juif fut revenu chez lui, il apprit de sa femme qu'elle n'avait rien avancé avec la mienne ni avec moi, l'offre qu'elle m'avait faite de cinquante mille pièces d'or et la grâce qu'elle m'avait demandée.

« Le juif observa le temps que je quittai mon ouvrage et que je voulus rentrer chez moi. « — Voisin Hassan, dit-il en m'abordant, je vous prie de me montrer le diamant que votre femme a montré à la mienne. » — Je le fis entrer, et je le lui montrai.

« Comme il faisait fort sombre, et que la lampe n'était pas encore allumée, il connut d'abord, par la lumière que le diamant rendait, et par son grand éclat au milieu de ma main, qui en était éclairée, que sa femme lui avait fait un rapport fidèle. Il le prit, et après l'avoir examiné longtemps et en ne cessant de l'admirer : « — Eh bien, voisin, dit-il, ma femme, à ce qu'elle m'a dit, vous en a offert cinquante mille pièces d'or. Afin que vous soyez content, je vous en offre vingt mille de plus. — Voisin, repris-je votre femme a pu vous dire que je l'ai mis à cent mille : ou vous me les donnerez, ou le diamant me demeurera, il n'y a pas de milieu. » — Il marchanda longtemps, dans l'espérance que je le lui donnerais à quelque chose de moins ; mais il ne put rien obtenir, et la crainte qu'il eut que je ne le fisse voir à d'autres joailliers, comme je l'eusse fait, fit qu'il ne me quitta pas sans conclure le marché au prix que je demandais. Il me dit qu'il n'avait pas les cent mille pièces d'or chez lui, mais que le lendemain il me consignerait toute la somme avant qu'il fût la même heure, et il m'en apporta le même jour deux sacs, chacun de mille, pour que le marché fût conclu.

« Le lendemain, je ne sais si le juif emprunta de ses amis, ou s'il fit société avec d'autres joailliers; quoi qu'il en soit, il me fit la somme de cent mille pièces d'or, qu'il m'apporta dans le temps qu'il m'en avait donné parole, et je lui mis le diamant entre les mains.

« La vente du diamant ainsi terminée, et riche infiniment au-dessus de mes espérances, je remerciai Dieu de sa bonté et de sa libéralité, et je fusse allé me jeter au pied de Saad pour lui témoigner ma reconnaissance, si j'eusse su où il demeurait. J'en eusse usé de même à l'égard de Saadi, à qui j'avais la première obligation de mon bonheur, quoiqu'il n'eût pas réussi dans la bonne intention qu'il avait pour moi.

« Je songeai ensuite au bon usage que je devais faire d'une somme si considérable. Ma femme, l'esprit déjà rempli de la vanité ordinaire à son sexe, me proposa d'abord de riches habillements pour elle et pour ses enfants, d'acheter une maison, et de la meubler richement. « — Ma femme, lui dis-je, ce n'est point par ces sortes de dépenses que nous devons commencer. Remettez-vous-en à moi; ce que vous demandez viendra avec le temps. Quoique l'argent ne soit fait que pour le dépenser, il faut néanmoins y procéder de manière qu'il produise un fonds dont on puisse tirer sans qu'il tarisse : c'est à quoi je pense, et dès demain je commencerai à établir ce fonds. »

« Le jour suivant, j'employai la journée à aller chez une bonne partie des gens de mon métier qui n'étaient pas plus à leur aise que je l'avais été jusqu'alors, et, en leur donnant de l'argent d'avance, je les engageai à travailler pour moi à différentes sortes d'ouvrages de corderie, chacun selon son habileté et son pouvoir, avec promesse de ne les pas faire attendre et d'être exact à les bien payer de leur travail à mesure qu'il m'apporteraient de leurs ouvrages. Le jour d'après j'achevai d'engager de même les autres cordiers de ce rang à travailler pour moi, et depuis ce temps-là, tout ce qu'il y en a dans Bagdad continuent ce travail, très contents de mon exactitude à leur tenir la parole que je leur ai donnée.

« Comme ce grand nombre d'ouvriers devait produire des ouvrages à proportion, je louai des magasins en différents endroits, et dans chacun j'établis un commis, tant pour les recevoir que pour la vente en gros et en détail, et bientôt, par cette économie, je me fis un gain et un revenu considérables.

« Ensuite, pour réunir en un seul endroit tant de magasins dispersés, j'achetai une grande maison qui occupait un grand terrain, mais qui tombait en ruine ; je la fis mettre à bas, et à la place je fis bâtir celle que Votre Majesté vit hier. Mais quelque apparence qu'elle ait, elle n'est composée que de magasins qui me sont nécessaires, et de logements qu'autant que j'en ai besoin pour moi et pour ma famille.

« Il y ayait déjà quelque temps que j'avais abandonné mon ancienne et petite maison pour venir m'établir dans cette nouvelle, quand Saadi et Saad, qui n'avaient plus pensé à moi jusqu'alors, s'en souvinrent. Ils convinrent d'un jour de promenade, et en passant par la rue où ils m'avaient vu, ils furent dans un grand étonnement de ne m'y pas voir occupé à mon petit train de corderie, comme ils m'y avaient vu. Ils demandèrent ce que j'étais devenu, si j'étais mort ou vivant. Leur étonnement augmenta quand ils eurent appris que celui qu'ils demandaient était devenu un gros marchand, et qu'on ne l'appelait plus simplement Hassan, mais Cogia Hassan Alhabbal, c'est-à-dire le marchand Hassan le cordier, et qu'il s'était fait bâtir, dans une rue qu'on leur nomma, une maison qui avait l'apparence d'un palais.

« Les deux amis vinrent me chercher dans cette rue, et dans le chemin, comme Saadi ne pouvait s'imaginer qu'un morceau de plomb que Saad m'avait donné fût la cause d'une si haute fortune :

« — J'ai une joie parfaite, dit-il à Saad, d'avoir fait la fortune de Hassan Alhabbal ; mais je ne puis approuver qu'il m'ait fait deux mensonges pour me tirer quatre cents pièces d'or au lieu de deux cents; car, d'attribuer sa fortune au morceau de plomb que vous lui donnâtes, c'est ce que je ne puis et personne non plus que moi ne l'y attribuerait. — C'est votre pensée, reprit Saad, mais ce n'est pas la mienne, et je ne vois pas pourquoi vous voulez faire à Cogia Hassan l'injustice de le prendre pour un menteur. Vous me permettrez de croire qu'il nous a dit la vérité, qu'il n'a pensé à rien moins qu'à nous la déguiser, et que c'est le morceau de plomb que je lui donnai qui est la cause unique de son bonheur. C'est de quoi Cogia Hassan va bientôt nous éclaircir vous et moi. »

« Ces deux amis arrivèrent dans la rue où est ma maison en tenant de semblables discours. Ils demandèrent où elle était; on leur montra, et, à en considérer la façade, ils eurent de la peine à croire que ce fût elle. Ils frappèrent à ma porte, et mon portier ouvrit.

« Saadi, qui craignait de commettre une incivilité s'il prenait la maison de quelque seigneur de marque pour celle qu'il cherchait, dit au portier : « — On nous a enseigné cette maison pour celle de Cogia Hassan Alhabbal; dites-nous si nous ne nous trompons pas. — Non, seigneur, vous ne vous trompez pas, répondit le portier en ouvrant la porte plus grande : c'est elle-même. Entrez, il est dans la salle, et vous trouverez parmi ses esclaves quelqu'un qui vous annoncera. »

« Les deux amis me furent annoncés, et je les reconnus dès que je les vis paraître. Je me levai de ma place, je courus à eux, et voulus leur prendre le bord de la robe pour la baiser. Ils m'en empêchèrent, et il fallut que je souffrisse malgré moi qu'ils m'embrassassent. Je les invitai à monter sur un grand sofa, en leur en montrant un plus petit à quatre personnes qui avançait sur mon jardin. Je les priai de prendre place, et ils voulaient que je me misse à la place d'honneur. « — Seigneurs, leur dis-je, je n'ai pas oublié que je suis le pauvre Hassan Alhabbal, et quand je serais tout autre que je ne suis et que je ne vous aurais pas les mêmes obligations que je vous ai, je sais ce qui vous est dû. Je vous prie de ne pas me couvrir plus longtemps de confusion. » — Ils prirent la place qui leur était due, et je pris la mienne vis-à-vis d'eux.

« Alors Saadi, en prenant la parole et en me l'adressant : « — Cogia Hassan, dit-il, je ne puis exprimer combien j'ai de joie de vous voir à peu près dans l'état que je souhaitais quand je vous fis présent, sans vous en faire un reproche, des deux cents pièces d'or, tant la première que la seconde fois, et je suis persuadé que les quatre cents pièces ont fait en vous le changement merveilleux de votre fortune, que je vois avec plaisir. Une seule chose me fait de la peine, qui est que je ne comprends pas quelle raison vous pouvez avoir eue de me déguiser la vérité deux fois, en alléguant des pertes arrivées par des contre-temps qui m'ont paru et qui me paraissent encore incroyables. Ne serait-ce pas que, quand nous vous vîmes la dernière fois, vous aviez encore si peu avancé vos petites affaires, tant avec les deux cents premières qu'avec les deux cents dernières pièces d'or, que vous eûtes honte d'en faire un aveu ? Je veux le croire ainsi par avance, et je m'attends que vous allez me confirmer dans mon opinion. »

« Saad entendit ce discours de Saadi avec grande impatience, pour ne pas dire indignation, et il le témoigna les yeux baissés en branlant la tête. Il le laissa parler néanmoins jusqu'à la fin sans ouvrir la bouche. Quand il eut achevé : « — Saadi, reprit-il, pardonnez si, avant que Cogia Hassan vous réponde, je le préviens pour vous dire que j'admire votre prévention contre sa sincérité, et que vous persistiez à ne vouloir pas ajouter foi aux assurances qu'il vous en a données ci-devant. Je vous ai déjà dit, et je vous le répète, que je l'ai cru d'abord, sur le simple récit des deux accidents qui lui sont arrivés, et quoi que vous en puissiez dire, je suis persuadé qu'ils sont véritables ; mais laissons-le parler : nous allons être éclaircis par lui-même qui de nous deux lui rend justice. »

« Après le discours de ces deux amis, je pris la parole, et en la leur adressant également : « — Seigneurs, leur dis-je, je me condamnerais à un silence perpétuel sur l'éclaircissement que vous me demandez, si je n'étais certain que la dispute que vous avez à mon occasion n'est pas capable de rompre le nœud d'amitié qui unit vos cœurs. Je vais donc m'expliquer, puisque vous l'exigez de moi ; mais auparavant je vous proteste que c'est avec la même sincérité que je vous ai exposé ci-devant ce qui m'était arrivé. » — Alors, je leur racontai la chose de point en point, comme Votre Majesté l'a entendue, sans oublier la moindre circonstance.

« Mes protestations ne firent pas d'impression sur l'esprit de Saadi. Pour le guérir de sa prévention, quand j'eus cessé de parler : « — Cogia Hassan, reprit-il, l'aventure du poisson et du diamant trouvé dans son ventre à point nommé me paraît aussi peu croyable que l'enlèvement de votre turban par un milan, et que le vase de son échangé pour de la terre à décrasser. Quoi qu'il en puisse être, je n'en suis pas moins convaincu que vous n'êtes plus pauvre, mais riche, comme mon intention était que vous le devinssiez par mon moyen, et je m'en réjouis très sincèrement. »

« Comme il était tard, il se leva pour prendre congé, et Saad en même temps que lui. Je me levai de même, et en les arrêtant : « — Seigneurs, leur dis-je, trouvez bon que je vous demande une grâce, et que je vous supplie de ne me la pas refuser ; c'est de souffrir que j'aie l'honneur de vous donner un souper frugal, et ensuite à chacun un lit, pour vous mener demain par eau à une petite maison de campagne que j'ai achetée pour y prendre l'air de temps en temps, d'où je vous ramènerai par terre le même jour, chacun sur un cheval de mon écurie. — Si Saad n'a pas d'affaire qui l'appelle ailleurs, dit Saadi, j'y consens de bon cœur. — Je n'en ai point, reprit Saad, dès qu'il s'agit de jouir de votre compagnie. Il faut donc, continua-t-il, envoyer chez vous et chez moi avertir qu'on ne nous attende pas. » — Je leur fis venir un esclave, et, pendant qu'ils le chargèrent de cette commission, je pris le temps de donner ordre pour le souper.

« En attendant l'heure du souper, je fis voir ma maison à mes bienfaiteurs, qui la trouvèrent bien entendue par rapport à mon état. Je les appelle mes bienfaiteurs l'un et l'autre, sans distinction, parce que, sans Saadi, Saad ne m'eût point donné le morceau de plomb, et que sans Saad, Saadi ne se fût point adressé à moi pour me donner les quatre cents pièces d'or, à quoi je rapporte la source de mon bonheur. Je les ramenai dans la salle, où ils me firent plusieurs questions sur le détail de mon négoce, et je leur répondis de manière qu'ils parurent contents de ma conduite.

« On vint enfin m'avertir que le souper était servi. Comme la table était mise dans une autre salle, je les y fis passer. Ils se récrièrent sur l'illumination dont elle était éclairée, sur la propreté du lieu, sur le buffet et sur les mets, qu'ils trouvèrent à leur goût. Je les régalai aussi d'un concert de voix et d'instruments pendant le repas, et quand on eut desservi, d'une troupe de danseurs et danseuses et d'autres divertissements, en tâchant de leur faire connaître, autant qu'il m'était possible, combien j'étais pénétré de reconnaissance à leur égard.

« Le lendemain, comme j'avais fait convenir Saadi et Saad de partir de grand matin, afin de jouir de la fraîcheur, nous nous rendîmes sur le bord de la rivière avant que le soleil fût levé. Nous nous embarquâmes sur un bateau très propre et garni de tapis qu'on nous tenait prêt, et à la faveur de six bons rameurs et du courant de l'eau, environ en une heure et demie de navigation, nous abordâmes à ma maison de campagne.

« En mettant pied à terre, les deux amis s'arrêtèrent, moins pour en considérer la beauté par le dehors que pour en admirer la situation avantageuse par les belles vues, ni trop bornées ni trop étendues, qui la rendaient agréable de tous les côtés. Je les menai dans tous les appartements; je leur en fis remarquer les accompagnements, les dépendances et les commodités, qui la leur firent trouver toute riante et très charmante.

« Nous entrâmes ensuite dans le jardin, où ce qui leur plut davantage fut une forêt d'orangers et de citronniers de toute sorte d'espèces, chargés de fruits et de fleurs dont l'air était embaumé, plantés par allées à distance égale, et arrosés par une rigole perpétuelle, d'arbre en arbre, d'une eau vive détournée de la rivière. L'ombrage, la fraîcheur dans la plus grande ardeur du soleil, le doux murmure de l'eau, le ramage harmonieux d'une infinité d'oiseaux et plusieurs autres agréments, les frappèrent de manière qu'ils s'arrêtaient presque à chaque pas, tantôt pour me témoigner l'obligation qu'ils m'avaient de les avoir amenés dans un lieu si délicieux, tantôt pour me féliciter de l'acquisition que j'avais faite, et pour me faire d'autres compliments obligeants.

« Je les menai jusqu'au bout de cette forêt, qui est fort longue et fort large, où je leur fis remarquer un bois de grands arbres qui termine mon jardin. Je les menai jusqu'à un cabinet ouvert de

tous les côtés, mais ombragé par un bouquet de palmiers qui n'empêchaient pas qu'on y eût la vue libre, et je les invitai à y entrer et à s'y reposer sur un sofa garni de tapis et de coussins.

« Deux de mes fils, que nous avions trouvés dans la maison, et que j'y avais envoyés depuis quelque temps avec leur précepteur pour y prendre l'air, nous avaient quittés pour entrer dans le bois, et comme ils cherchaient des nids d'oiseaux, ils en aperçurent un entre les branches d'un grand arbre. Ils tentèrent d'abord d'y monter, mais comme ils n'avaient ni la force, ni l'adresse, pour l'entreprendre, ils le montrèrent à un esclave que je leur avais donné, qui ne les abandonnait pas, et ils lui dirent de leur dénicher les oiseaux.

« L'esclave monta sur l'arbre, et quand il fut arrivé jusqu'au nid, il fut étonné de voir qu'il était pratiqué dans un turban. Il enlève le nid tel qu'il était, descend de l'arbre et fait remarquer le turban à mes enfants; mais, comme il ne douta pas que ce ne

fût une chose que je serais bien aise de voir, il le leur témoigna, et il le donna à l'aîné pour me l'apporter.

« Je les vis venir de loin avec la joie ordinaire aux enfants qui ont trouvé un nid, et en me le présentant : « — Mon père me dit l'aîné, voyez-vous ce nid dans un turban ? »

« Saadi et Saad ne furent pas moins surpris que moi de la nouveauté, mais je le fus bien plus qu'eux en reconnaissant que le turban était celui que le milan m'avait enlevé. Dans mon étonnement, après l'avoir bien examiné et tourné de tous les côtés, je demandai aux deux amis : « — Seigneurs, avez-vous la mémoire assez bonne pour vous souvenir que c'est là le turban que je portais le jour que vous me fîtes l'honneur de m'aborder pour la première fois? — Je ne pense pas, répondit Saad, que Saadi y ait fait attention, non plus que moi; mais ni lui ni moi, nous ne pouvons en douter si les cents quatre-vingt-dix pièces d'or s'y trouvent. — Seigneur, repris-je, ne doutez pas que ce ne soit le même turban ; outre que je le reconnais fort bien, je m'aperçois aussi à la pesanteur que ce n'en est pas un autre, et vous vous en apercevrez vous-même si vous prenez la peine de le manier. » — Je le lui présentai après en avoir ôté les oiseaux, que je donnai à mes enfants. Il le prit entre ses mains, et le présenta à Saadi pour juger du poids qu'il pourrait avoir.

« Je veux croire que c'est votre turban, me dit Saadi; j'en serai néanmoins mieux convaincu quand je verrai les cent quatre-vingt-dix pièces d'or en espèces. » — Au moins, seigneur, ajoutai-je quand j'eus repris le turban, observez bien, je vous en supplie, avant que j'y touche, que ce n'est pas d'aujourd'hui qu'il s'est trouvé sur l'arbre, et que l'état où vous le voyez, et le nid qui y est si proprement accomodé, sans que main d'homme y ait touché, sont des marques certaines qu'il s'y trouvait depuis le jour que le milan me l'a emporté, et qu'il l'a laissé tomber ou posé sur cet arbre, dont les branches ont empêché qu'il ne fût tombé jusqu'à terre; et ne trouvez pas mauvais que je vous fasse faire cette remarque, j'ai un trop grand intérêt à vous ôter tout soupçon de fraude de ma part. »

« Saad me seconda dans mon dessin. « — Saadi, reprit-il, cela vous regarde, et non pas moi, qui suis bien persuadé que Cogia Hassan ne nous en impose pas.

« Pendant que Saad parlait, j'ôtai la toile qui environnait en plusieurs tours le bonnet qui faisait la partie du turban, et j'en tirai la bourse, que Saadi reconnut pour la même qu'il m'avait donnée. Je vidai sur le tapis devant eux, et je leur dis : « — Seigneurs, voilà les pièces d'or, comptez-les vous-mêmes, et voyez si le compte n'y est pas. » — Saad les arrangea par dizaines jusqu'au nombre de cent quatre-vingt-dix, et alors Saadi, qui ne pouvait nier une vérité si manifeste, prit la parole, et en me l'adressant : « — Cogia Hassan, dit-il, je conviens que ces cent quatre-vingt-dix pièces d'or n'ont pu servir à vous enrichir; mais les cent quatre-vingt-dix autres que vous avez cachées dans un vase de son, comme vous voulez me le faire accroire, ont pu y contribuer. — Seigneur, repris-je, je vous ai dit la vérité aussi bien à l'égard de cette dernière somme qu'à l'égard de la première. Vous ne voudriez pas que je me rétractasse pour dire un mensonge. — Cogia Hassan, me dit Saad, laissez Saadi dans son opinion ; je consens de bon cœur qu'il croie que vous lui êtes redevable de la moitié de votre bonne fortune par le moyen de la dernière somme, pourvu qu'il tombe d'accord que j'y ai contribué de l'autre moitié par le moyen du morceau de plomb que je vous ai donné, et qu'il ne révoque pas en doute le précieux diamant trouvé dans le ventre du poisson. — Saad, reprit Saadi, je veux ce que vous voulez, pourvu que vous me laissiez la liberté de croire qu'on n'amasse de l'argent qu'avec de l'argent. — Quoi ! repartit Saad, si le hasard voulait que je trouvasse un diamant de cinquante mille pièces d'or, et qu'on m'en donnât la somme, aurais-je acquis cette somme avec de l'argent ? »

« La contestation en demeura là. Nous nous levâmes, et, en rentrant dans la maison, comme le dîner était servi, nous nous mîmes à table. Après le dîner, je laissai à mes hôtes la liberté de passer la grande chaleur du jour à se tranquilliser, pendant que j'allai donner mes ordres à mon concierge et à mon jardinier. Je les rejoignis et nous nous entretînmes de choses indifférentes jusqu'à ce que la plus grande chaleur fût passée, que nous retournâmes au jardin, où nous restâmes à la fraîcheur presque jusqu'au coucher du soleil. Alors les deux amis et moi nous montâmes à cheval, et, suivis d'un esclave, nous arrivâmes à Bagdad, environ à deux heures de nuit, avec un beau clair de lune.

« Je ne sais par quelle négligence de mes gens il était arrivé qu'il manquait d'orge chez moi pour les chevaux. Les magasins étaient fermés, et ils étaient trop éloignés pour en aller faire provision si tard.

« En cherchant dans le voisinage, un de mes esclaves trouva un vase de son dans une boutique ; il acheta le son et l'apporta avec le vase, à la charge de rapporter et de rendre le vase le lendemain. L'esclave vida le son dans l'auge, et en l'étendant, afin que les chevaux en eussent chacun leur part, il sentit sous sa main un linge lié qui était pesant. Il m'apporta le linge sans y toucher et dans l'état qu'il l'avait trouvé, et il me le présenta en me disant que c'était peut-être le linge dont il m'avait entendu parler souvent en racontant mon histoire à mes amis.

« Plein de joie, je dis à mes bienfaiteurs : « — Seigneurs, Dieu ne veut pas que vous vous sépariez d'avec moi que vous ne soyez pleinement convaincus de la vérité, dont je n'ai cessé de vous assurer. Voici, continuai-je en m'adressant à Saadi, les autres cent quatre-vingt-dix pièces d'or que j'ai reçues de votre main ; je le connais au linge. » — Je déliai le linge, et je comptai la somme devant eux. Je me fis aussi apporter le vase ; je le reconnus et je l'envoyai à ma femme pour lui demander si elle le connaissait, avec ordre de ne lui rien dire de ce qui venait d'arriver. Elle le connut d'abord, et elle m'envoya dire que c'était le même vase qu'elle avait échangé plein de son pour de la terre à décrasser.

« Saadi se rendit de bonne foi, et, revenu de son incrédulité, il dit à Saad : « — Je vous cède, et je reconnais avec vous que l'argent n'est pas toujours un moyen sûr pour en amasser d'autre et devenir riche. »

« Quand Saadi eut achevé : « — Seigneur, lui dis-je, je n'oserais vous proposer de reprendre les trois cent quatre-vingts pièces qu'il a plu à Dieu de faire reparaître aujourd'hui pour vous détromper de l'opinion de ma mauvaise foi. Je suis persuadé que vous ne m'en avez pas fait présent dans l'intention que je vous les rendisse. De mon côté, je ne prétends pas en profiter, aussi content que je le suis de ce qu'il m'a envoyé d'ailleurs. Mais j'espère que vous approuverez que je les distribue demain aux pauvres, afin que Dieu nous en récompense à vous et à moi. »

« Les deux amis couchèrent encore chez moi cette nuit-là, et le lendemain, après m'avoir embrassé, ils retournèrent chacun chez soi, très contents de la réception que je leur avais faite, et d'avoir connu que je n'abusais pas du bonheur dont je leur étais redevable après Dieu. Je n'ai pas manqué d'aller les remercier chez eux, chacun en particulier. Et depuis ce temps-là, je tiens à grand honneur la permission qu'ils m'ont donnée de cultiver leur amitié et de continuer de les voir. »

Le calife Haroun Alraschid donnait à Cogia Hassan une attention si grande, qu'il ne s'aperçut de la fin de son histoire que par son silence. Il lui dit : « — Cogia Hassan, il y avait longtemps que je n'avais rien entendu qui m'ait fait un aussi grand plaisir que les voies toutes merveilleuses par lesquelles il a plu à Dieu de te rendre heureux dans ce monde. C'est à toi de continuer à lui rendre grâce par le bon usage que tu fais de ses bienfaits. Je suis bien aise que tu saches que le diamant qui a fait la fortune est dans mon trésor, et, de mon côté, je suis ravi d'apprendre par quel moyen il est entré. Mais parce qu'il se peut faire qu'il reste encore quelque doute dans l'esprit de Saadi sur la singularité de ce diamant, que je regarde comme la chose la plus précieuse et la plus digne d'être admirée de tout ce que je possède, je veux que tu l'amènes avec Saad, afin que le garde de mon trésor le lui montre, et, pour peu qu'il soit encore incrédule, qu'il reconnaisse que l'argent n'est pas toujours un moyen certain à un pauvre homme pour acquérir de grandes richesses en peu de temps et sans beaucoup de peine. Je veux aussi que tu racontes ton histoire au garde de mon trésor, afin qu'il la fasse mettre par écrit, et qu'elle y soit conservée avec le diamant. »

En achevant ces paroles, comme le calife eut témoigné par une inclination de tête à Cogia Hassan et à Baba Aballah qu'il était content d'eux, ils prirent congé en se prosternant devant son trône, après quoi ils se retirèrent.

La sultane Scheherazade voulut commencer un autre conte, mais le sultan des Indes, qui s'aperçut que l'aurore commençait à paraître, remit à lui donner audience le jour suivant.

HISTOIRE D'ALI COGIA, MARCHAND DE BAGDAD

Sous le règne du calife Haroun Alraschid, dit la sultane, il y avait à Bagdad un marchand nommé Ali Cogia, qui n'était ni des plus riches ni aussi du dernier ordre, lequel demeurait dans sa maison paternelle, sans femme et sans enfants. Depuis le temps que, libre de ses actions, il vivait content de ce que son négoce lui produisait, il eut, trois jours de suite, un songe dans lequel un vieillard vénérable lui apparut avec un regard sévère, qui le réprimandait de ce qu'il ne s'était pas encore acquitté du pèlerinage de la Mecque.

Ce songe troubla Ali Cogia et le mit dans un grand embarras. Comme bon musulman, il n'ignorait pas l'obligation où il était de faire ce pèlerinage ; mais comme il était chargé d'une maison, de meubles et d'une boutique, il avait toujours cru que c'étaient des motifs assez puissants pour s'en dispenser, en tâchant d'y suppléer par des aumônes et des bonnes œuvres. Mais, depuis le songe, sa conscience le pressait si vivement que la crainte qu'il ne lui en arrivât quelque malheur le fit résoudre de ne pas différer davantage à s'en acquitter.

Pour se mettre en état d'y satisfaire dans l'année qui courait, Ali Cogia commença par la vente de ses meubles; il vendit ensuite sa boutique et la plus grande partie des marchandises dont elle était garnie, en réservant celles qui pouvaient être de débit à la Mecque; et pour ce qui est de la maison, il trouva un locataire à qui il en fit un bail. Les choses ainsi disposées, il se trouva prêt à partir dans le temps que la caravane de Bagdad pour la Mecque se mettrait en chemin. La seule chose qui lui restait à faire était de mettre en sûreté une somme de mille pièces d'or qui l'eût embarrassé dans le pèlerinage, après avoir mis à part l'argent qu'il jugea à propos d'emporter avec lui pour sa dépense et pour d'autres besoins.

Ali Cogia choisit un vase d'une capacité convenable, il y mit les mille pièces d'or, et il acheva de le remplir d'olives. Après avoir bien bouché le vase, il le porta chez un marchand de ses amis. Il lui dit : « — Mon frère, vous n'ignorez pas que dans peu de jours je pars comme pèlerin de la Mecque avec la caravane. Je vous demande en grâce de vouloir bien vous charger d'un vase d'olives que voici et de me le conserver jusqu'à mon retour. — Le marchand lui dit obligeamment : — Tenez, voilà la clef de mon magasin, portez-y vous-même votre vase et mettez-le où il vous plaira, je vous promets que vous l'y retrouverez. »

Le jour du départ de la caravane de Bagdad arrivé, Ali Cogia, avec un chameau chargé des marchandises dont il avait fait choix, et qui lui servit de monture dans le chemin, s'y joignit, et il arriva heureusement à la Mecque. Il y visita avec tous les autres pèlerins le temple si célèbre et si fréquenté chaque année par toutes les nations musulmanes, qui y abondent de tous les endroits de la terre où elles sont répandues, en observant très religieusement les cérémonies qui leur sont prescrites. Quant il se fut acquitté des devoirs de son pèlerinage, il exposa les marchandises qu'il avait apportées pour les vendre ou pour les échanger.

Deux marchands qui passaient et qui virent les marchandises d'Ali Cogia les trouvèrent si belles, qu'ils s'arrêtèrent pour les considérer, quoiqu'ils n'en eussent pas besoin. Quand ils eurent satisfait leur curiosité, l'un dit à l'autre en se retirant : « — Si ce marchand savait le gain qu'il ferait au Caire sur ses marchandises, il les y porterait plutôt que de les vendre ici, où elles sont à bon marché. »

Ali Cogia entendit ces paroles, et comme il avait entendu parler

mille fois des beautés de l'Égypte, il résolut sur-le-champ de profiter de l'occasion et d'en faire le voyage. Ainsi, après avoir rempaqueté et remballé ses marchandises, au lieu de retourner à Bagdad, il prit le chemin de l'Égypte, en se joignant à la caravane du Caire. Quand il fut arrivé au Caire, il n'eut pas lieu de se repentir du parti qu'il avait pris ; il trouva si bien son compte, qu'en très peu de jours il eut achevé de vendre toutes ses marchandises avec un avantage beaucoup plus grand qu'il n'avait espéré. Il en acheta d'autres dans le dessein de passer à Damas ; et en attendant la commodité d'une caravane qui devait partir dans six semaines, il ne se contenta pas de voir tout ce qui était digne de sa curiosité dans le Caire, il alla admirer aussi les Pyramides, et il remonta le Nil jusqu'à une certaine distance, et il vit les villes les plus célèbres situées sur l'un et l'autre bord.

Dans le voyage de Damas, comme le chemin de la caravane était de passer par Jérusalem, notre marchand de Bagdad profita

Il se trouva prêt à partir dans le temps que la caravane de Bagdad pour la Mecque se mit en chemin (P. 479).

de l'occasion de visiter le temple, regardé par tous les musulmans comme le plus saint après celui de la Mecque, d'où cette ville prend le titre de noble sainteté.

Ali Cogia trouva la ville de Damas un lieu si délicieux par l'abondance de ses eaux, par ses prairies et par ses jardins enchantés, que tout ce qu'il avait lu de ses agréments dans nos histoires lui parut beaucoup au-dessous de la vérité, et il y fit un long séjour. Comme néanmoins il n'oubliait pas qu'il était de Bagdad, il en partit enfin, et il arriva à Alep, où il fit encore quelque séjour, et de là, après avoir passé l'Euphrate, il prit le chemin de Moussoul, dans l'intention d'abréger son retour en descendant le Tigre.

Mais quand Ali Cogia fut arrivé à Moussoul, des marchands de Perse, avec lesquels il était venu d'Alep, et avec qui il avait contracté une grande amitié, avaient pris un si grand ascendant sur son esprit par leurs honnêtetés et par leurs entretiens agréables, qu'ils n'eurent pas de peine à lui persuader de ne pas abandonner leur compagnie jusqu'à Schiraz, d'où il lui serait aisé de retourner à Bagdad avec un gain considérable. Ils le menèrent par les villes de Sultanié, de Rei, de Coam, de Caschan, d'Ispahan, et de là à Schiraz, d'où il eut encore la complaisance de les accompagner aux Indes et de revenir à Schiraz avec eux.

De la sorte, en comptant le séjour qu'il avait fait dans chaque ville, il y avait bientôt sept ans qu'Ali Cogia était parti de Bagdad, quand enfin il résolut d'en prendre le chemin. Et jusqu'alors l'ami auquel il avait confié le vase d'olives avant son départ, pour le lui garder, n'avait songé à lui ni au vase. Dans le temps qu'il était en chemin avec une caravane partie de Schiraz, un soir que ce marchand, son ami, soupait en famille, on vint parler d'olives, et sa femme témoigna quelque désir d'en manger, en disant qu'il y avait longtemps qu'on n'en avait vu dans la maison.

« — A propos d'olives, dit le mari, vous me faites souvenir qu'Ali Cogia m'en laissa un vase en allant à la Mecque, il y a sept ans, et qu'il le mit lui-même dans mon magasin pour le reprendre à son retour. Mais où est Ali Cogia depuis qu'il est parti ? Il est vrai qu'au retour de la Caravane, quelqu'un me dit qu'il avait passé en Égypte. Il faut qu'il y soit mort, puisqu'il n'est pas revenu depuis tant d'années ; nous pouvons désormais manger les olives si elles sont bonnes. Qu'on me donne un plat et de la lumière, j'en irai prendre, et nous en goûterons. — Mon mari, reprit la femme, gardez-vous bien, au nom de Dieu, de commettre une action si noire ; vous savez que rien n'est plus sacré qu'un dépôt. Il y a sept ans, dites-vous, qu'Ali Cogia est allé à la Mecque et qu'il n'est pas revenu ; mais on vous a dit qu'il était en Égypte, et d'Égypte que savez-vous s'il n'est allé plus loin ? Il suffit que vous n'ayez pas de nouvelles de sa mort, il peut revenir demain, après-demain. Quelle infamie ne serait-ce pas pour vous et pour votre famille, s'il revenait et que vous ne lui rendissiez pas son vase dans le même état et tel qu'il vous l'a confié ! Je vous déclare que je n'ai pas envie de ces olives et que je n'en mangerai pas. Si j'en ai parlé, je ne l'ai fait que par manière d'entretien. De plus, croyez-vous qu'après tant de temps, les olives soient encore bonnes ? Elles sont pourries et gâtées. Et si Ali Cogia revient, comme un pressentiment me le dit, et qu'il s'aperçoive que vous y avez touché, quel jugement fera-t-il de votre amitié et de votre fidélité ? Abandonnez votre dessein, je vous en conjure. »

La femme ne tint un si long discours à son mari que parce qu'elle lisait son obstination sur son visage. En effet, il n'écouta pas de si bons conseils, il se leva et il alla à son magasin avec de la lumière et un plat. Alors : « — Souvenez-vous au moins, lui dit sa femme, que je ne prends pas de part à ce que vous allez faire, afin que vous ne m'en attribuiez pas la faute s'il vous arrive de vous en repentir. »

Le marchand eut encore les oreilles fermées, et il persista dans son dessein. Quand il fut dans le magasin, il prend le vase, il le découvre, et il voit les olives toutes pourries. Pour s'éclaircir si le dessous était aussi gâté que le dessus, il en verse dans le plat, et de la secousse avec laquelle il les y versa, quelques pièces d'or y tombèrent avec bruit.

A la vue de ces pièces, le marchand, naturellement avide et attentif, regarde dans le vase, et aperçoit qu'il avait versé presque toutes les olives dans le plat et que le reste était tout or en belle monnaie. Il remet dans le vase ce qu'il avait versé d'olives, il le recouvre, et il revient.

« — Ma femme, dit-il en rentrant, vous aviez raison : les olives sont pourries, et j'ai rebouché le vase de manière qu'Ali Cogia ne s'apercevra pas que j'y ai touché, si jamais il revient. — Vous eussiez mieux fait de me croire, reprit la femme, et de ne pas y toucher ; Dieu veuille qu'il n'en arrive pas de mal ! »

Le marchand fut aussi peu touché de ces dernières paroles de sa femme que de la remontrance qu'elle lui avait faite, il passa la nuit presque entière à songer au moyen de s'approprier l'or d'Ali Cogia et de faire en sorte qu'il lui demeurât, au cas qu'il revînt et qu'il lui demandât le vase. Le lendemain, de grand matin, il va acheter des olives de l'année, il revient, il jette les vieilles du vase d'Ali Cogia, il en prend l'or, il le met en sûreté,

et après l'avoir rempli des olives qu'il venait d'acheter, il le recouvre du même couvercle et il le remet à la même place où Ali Cogia l'avait mis.

Environ un mois après que le marchand eut commis une action si lâche, et qui devait lui coûter cher, Ali Cogia arriva à Bagdad de son long voyage. Comme il avait loué sa maison avant son départ, il mit pied à terre dans un khan, où il prit un logement en attendant qu'il eût signifié son arrivée à son locataire et que le locataire se fût pourvu ailleurs d'un logement.

Le lendemain, Ali Cogia alla trouver le marchand son ami, qui le reçut en l'embrassant et en lui témoignant la joie qu'il avait de son retour après une absence de tant d'années, qui, disait-il, avait commencé de lui faire perdre l'espérance de jamais le revoir.

Après les compliments de part et d'autre accoutumés dans une semblable rencontre, Ali Cogia pria le marchand de vouloir bien lui rendre le vase d'olives qu'il avait confié à sa garde, et de l'excuser de la liberté qu'il avait prise de l'en embarrasser.

« — Ali Cogia, mon cher ami, reprit le marchand, vous avez tort de me faire des excuses, je n'ai été nullement embarrassé de votre vase, et dans une pareille occasion j'en eusse usé avec vous de la même manière que vous en avez usé avec moi ; tenez, voilà la clef de mon magasin, allez le prendre : vous le trouverez à la même place où vous l'avez mis. »

Ali Cogia alla au magasin du marchand, il en apporta son vase, et après lui en avoir rendu la clef, l'avoir bien remercié du plaisir qu'il en avait reçu, il retourne au khan où il avait pris logement, il découvre le vase, et en y mettant la main à la hauteur où les mille pièces d'or qu'il y avait cachées devaient être, il est dans une grande surprise de ne les y pas trouver. Il crut se tromper, et pour se tirer de peine promptement, il prend une partie des plats et autres vases de sa cuisine de voyage, et il verse tout le vase d'olives sans y trouver une seule pièce d'or. Il demeura immobile d'étonnement, et en élevant les mains et les yeux au ciel : « — Est-il possible, s'écria-t-il, qu'un homme que je regardais comme mon bon ami m'ait fait une infidélité si indigne ! »

Ali Cogia, sensiblement alarmé par la crainte d'avoir fait une perte considérable, revient chez le marchand. « — Mon ami, lui dit-il, ne soyez point surpris de ce que je reviens sur mes pas. J'avoue que j'ai reconnu le vase d'olives que j'ai repris dans votre magasin pour celui que j'y avais mis ; avec les olives, j'y avais mis mille pièces d'or, que je n'y retrouve pas ; peut-être en avez-vous eu besoin, et que vous vous en êtes servi pour votre négoce. Si cela est, elles sont à votre service ; je vous prie seulement de me tirer hors de peine et de m'en donner une reconnaissance, après quoi vous me les rendrez à votre commodité. »

Le marchand, qui s'était attendu qu'Ali Cogia viendrait lui faire ce compliment, avait médité aussi ce qu'il devait lui répondre. « — Ali Cogia, mon ami, dit-il, quand vous m'avez apporté votre vase d'olives, y ai-je touché ? ne vous ai-je pas donné la clef de mon magasin ? ne l'y avez-vous pas porté vous-même et ne l'avez-vous pas retrouvé à la même place où vous l'aviez mis, dans le même état et couvert de même? Si vous y avez mis de l'or, vous devez l'y avoir trouvé. Vous m'avez dit qu'il y avait des olives, je l'ai cru. Voilà tout ce que j'en sais ; vous m'en croirez si vous voulez, mais je n'y ai pas touché. »

Ali Cogia prit toutes les voies de douceur pour faire en sorte que le marchand se rendît justice à lui-même. « — Je n'aime, dit-il, que la paix, et je serais fâché d'en venir à des extrémités qui ne vous feraient pas honneur dans le monde, et dont je ne me servirait qu'avec un regret extrême. Songez que des marchands comme nous doivent abandonner tout intérêt pour conserver leur bonne réputation ; encore une fois, je serais au désespoir si votre opiniâtreté m'obligeait de prendre les voies de la justice, moi qui ai toujours mieux aimé perdre quelque chose de mon droit que d'y recourir. — Ali Cogia, reprit le marchand, vous convenez que vous avez mis chez moi un vase d'olives en dépôt ; vous l'avez repris, vous l'avez emporté, et vous venez me demander mille pièces d'or! M'avez-vous dit qu'elles fussent dans ce vase? J'ignore même qu'il y ait des olives, vous ne me les avez pas montrées ; je m'étonne que vous ne me demandiez des perles ou des diamants plutôt que de l'or. Croyez-moi, retirez-vous, et ne faites pas assembler le monde devant ma boutique. »

Quelques-uns s'y étaient déjà arrêtés, et ces dernières paroles du marchand, prononcées du ton d'un homme qui sortait hors des bornes de la modération, firent que non seulement il s'y en arrêta un plus grand nombre, mais même que les marchands voisins sortirent de leurs boutiques, et vinrent pour prendre connaissance de la dispute qui était entre lui et Ali Cogia et tâcher de les mettre d'accord. Quand Ali Cogia leur eut exposé le sujet, les plus apparents demandèrent au marchand ce qu'il avait à répondre.

Le marchand avoua qu'il avait gardé le vase d'Ali Cogia dans son magasin, mais il nia qu'il y eût touché, et il fit serment qu'il ne savait qu'il y eût des olives que parce qu'Ali Cogia le lui avait dit, et qu'il les prenait tous à témoin de l'affront et de l'insulte qu'il venait lui faire jusque chez lui.

« — Vous vous l'attirez vous-même, l'affront, dit alors Ali Cogia en prenant le marchand par le bras ; mais puisque vous en usez si méchamment, je vous cite à la loi de Dieu. Voyons si vous aurez le front de dire la même chose devant le cadi. »

A cette sommation, à laquelle tout bon musulman doit obéir, à moins de se rendre rebelle à la religion, le marchand n'eut pas la hardiesse de faire résistance. « — Allons, dit-il, c'est ce que je demande ; nous verrons qui a tort, vous ou moi. »

Ali Cogia mena le marchand devant le tribunal du cadi, où il l'accusa de lui avoir volé un dépôt de mille pièces d'or ; en exposant le fait de la manière que nous venons de le voir. Le cadi lui demanda s'il avait des témoins. Il répondit que c'était une précaution qu'il n'avait pas prise, parce qu'il avait cru que celui à qui il avait confié son dépôt était son ami, et que jusqu'alors il l'avait reconnu pour honnête homme.

Le marchand ne dit autre chose pour sa défense que ce qu'il avait déjà dit à Ali Cogia et en présence de ses voisins, et il acheva en disant qu'il était prêt d'affirmer par serment non seulement qu'il était faux qu'il eût pris les mille pièces d'or, comme on l'en accusait, mais même qu'il n'en avait aucune connaissance. Le cadi exigea de lui le serment, après quoi il le renvoya absous.

Ali Cogia, extrêmement mortifié de se voir condamné à une perte si considérable, protesta contre le jugement en déclarant au cadi qu'il en porterait sa plainte au calife Haroun Alraschid, qui lui ferait justice ; mais le cadi ne s'étonna point de la protestation, il la regarda comme l'effet du ressentiment ordinaire à tous ceux qui perdent leur procès, et il crut avoir fait son devoir en renvoyant absous un accusé contre lequel on ne lui avait pas produit de témoins.

Pendant que le marchand retournait chez lui en triomphant d'Ali Cogia, avec la joie d'avoir ses mille pièces d'or à si bon marché, Ali Cogia alla dresser un placet, et dès le lendemain, après avoir pris son temps que le calife devait retourner de la mosquée après la prière de midi, il se mit dans une rue sur le chemin, et dans le temps qu'il passait il leva le bras en tenant le placet à la main, et un officier chargé de cette fonction, qui marchait devant le calife et qui se détacha de son sang, vint le prendre pour le lui donner.

Comme Ali Cogia savait que la coutume du calife Haroun Alraschid, en rentrant dans son palais, était de lire lui-même les placets qu'on lui présentait de la sorte, il suivit la marche, entra dans le palais, et attendit que l'officier qui avait pris le placet sortit de l'appartement du calife. En sortant l'officier lui avait dit que le calife avait lu son placet, lui marqua l'heure qu'il lui donnerait audience le lendemain, et après avoir appris de lui la demeure du marchand, il envoya lui signifier de se trouver aussi le lendemain à la même heure.

Le soir du même jour, le calife, avec le grand vizir Giafar et Mesrour, le chef des eunuques, l'un et l'autre déguisés comme lui, alla faire sa tournée dans la ville, comme j'ai déjà fait remarquer à Votre Majesté qu'il avait coutume de le faire de temps en temps.

En passant par une rue, le calife entendit du bruit; il pressa le pas, et il arriva à une porte qui donnait entrée dans une cour où dix ou douze enfants, qui n'étaient pas encore retirés, jouaient au clair de la lune, de quoi il s'aperçut en regardant par une fente.

Le calife, curieux de savoir à quel jeu ces enfants jouaient, s'assit sur un banc de pierre qui se trouva à propos à côté de la porte, et comme il continuait de regarder par la fente, il entendit qu'un des enfants, le plus vif et le plus éveillé de tous, dit aux autres : « — Jouons au cadi; je suis le cadi, amenez-moi Ali Cogia et le marchand qui lui a volé mille pièces d'or. »

A ces paroles de l'enfant, le calife se souvint du placet qui lui avait été présenté le même jour et qu'il avait vu, et cela lui fit redoubler son attention pour voir quel serait le succès du jugement.

Comme l'affaire d'Ali Cogia et du marchand était nouvelle et qu'elle faisait grand bruit dans la ville de Bagdad jusque parmi les enfants, les autres enfants acceptèrent la proposition avec joie, et ils convinrent du personnage que chacun devait jouer. Personne ne refusa à celui qui s'était offert de faire le cadi d'en représenter le rôle. Quand il eut pris séance, avec le semblant et la gravité d'un cadi, un autre, comme officier compétent du tribunal, lui en

présenta deux, dont il appela l'un Ali Cogia et l'autre le marchand contre qui Ali Cogia portait sa plainte.

Alors le feint cadi prit la parole, et en interrogeant gravement le feint Ali Cogia : « — Ali Cogia, dit-il, que demandez-vous au marchand que voilà ? »

Le feint Ali Cogia, après une profonde révérence, informa le feint cadi du fait de point en point, et en achevant, il conclut en le suppliant à ce qu'il lui plût interposer l'autorité de son jugement pour empêcher qu'il ne fît une perte si considérable.

Le feint cadi, après avoir écouté le feint Ali Cogia, se tourna du côté du feint marchand, et il demanda pourquoi il ne rendait pas à Ali Cogia la somme qu'il lui demandait.

Le feint marchand apporta les mêmes raisons que le véritable avait alléguées devant le cadi de Bagdad, et il demanda de même à affirmer par serment que ce qu'il disait était vérité.

« — N'allons pas si vite, reprit le feint cadi ; avant que nous en venions à votre serment, je suis bien aise de voir le vase d'olives. Ali Cogia, ajouta-t-il en s'adressant au feint marchand de ce nom, avez-vous apporté le vase? — Comme il eut répondu qu'il ne l'avait pas apporté : — Allez le prendre, reprit-il, apportez-le-moi. »

Le feint Ali Cogia disparaît pour un moment, et en revenant il

feint de poser un vase devant le feint cadi en disant que c'était le même vase qu'il avait mis chez l'accusé et qu'il avait retiré de chez lui. Pour ne rien omettre de la formalité, le feint cadi demanda au feint marchand s'il le reconnaissoit aussi pour le même vase; et comme le feint marchand eut témoigné par son silence qu'il ne pouvait le nier, il commanda qu'on le découvrit. Le feint Ali Cogia fit semblant d'ôter le couvercle, et le feint cadi, en faisant semblant de regarder dans le vase : « — Voilà de belles olives, dit-il; que j'en goûte! Il fit semblant d'en prendre une et d'en goûter, et il ajouta : « Elles sont excellentes. Mais, continua le feint cadi, il me semble que des olives gardées pendant sept ans ne devraient pas être si bonnes. Qu'on fasse venir des marchands d'olives, et qu'ils voient ce qui en est. » — Deux enfants lui furent présentés

en qualité de marchands d'olives. « — Etes-vous marchands d'olives? » leur demanda le feint cadi. — Comme ils eurent répondu que c'était leur profession : « — Dites-moi, reprit-il, savez-vous combien de temps des olives accommodées par des gens qui s'y entendent peuvent se conserver bonnes à manger?
— Seigneur, répondirent les feints marchands, quelque peine qu'on prenne pour les garder, elles ne valent plus rien la troisième année, elles n'ont plus saveur ni couleur, elles ne sont bonnes qu'à jeter. — Si cela est, reprit le feint cadi, voyez le vase que voilà, et dites-moi combien il y a de temps qu'on y a mis les olives qui y sont. »

Les marchands feints firent semblant d'examiner les olives et d'en goûter, et témoignèrent au cadi qu'elles étaient récentes et bonnes. « — Vous vous trompez, reprit le feint cadi : voilà Ali Cogia qui dit qu'il les a mises dans le vase il y a sept ans. — Seigneur, repartirent les marchands appelés comme experts, ce que nous pouvons assurer, c'est que les olives sont de cette année, et nous maintenons que de tous les marchands de Bagdad, il n'y en a pas un seul qui ne rende le même témoignage que nous. ».

Le feint marchand, accusé par le feint Ali Cogia, voulut ouvrir la bouche contre le témoignage des marchands experts. Mais le feint cadi ne lui en donna pas le temps. « — Tais-toi, dit-il, tu es un voleur ; qu'on le pende ! » — De la sorte, les enfants mirent fin à leur jeu avec grande joie, en frappant des mains et en se jetant sur le feint criminel comme pour le mener pendre.

On ne peut exprimer combien le calife Haroun Alraschid admira la sagesse et l'esprit de l'enfant qui venait de rendre un jugement si sage sur l'affaire qui devait être plaidée devant lui le lendemain. En cessant de regarder par la fente et en se levant, il demanda à son grand vizir, qui avait été attentif aussi à ce qui venait de se passer, s'il avait entendu le jugement que l'enfant venait de rendre et ce qu'il en pensait. « — Commandeur des croyants, répondit le grand vizir Giafar, on ne peut être plus surpris que je le suis d'une si grande sagesse dans un âge si peu avancé. — Mais, reprit le calife, sais-tu une chose, qui est que j'ai à prononcer demain sur la même affaire, et que le véritable Ali Cogia m'en a présenté le placet aujourd'hui? — Je l'apprends de Votre Majesté, répondit le grand vizir. — Crois-tu, reprit encore le calife, que je puisse en rendre un autre jugement que celui que nous venons d'entendre? — Si l'affaire est la même, repartit le grand vizir, il ne me paraît pas que Votre Majesté puisse y procéder d'une autre manière, ni prononcer autrement. — Remarque donc bien cette maison, lui dit le calife, et amène-moi demain l'enfant, afin qu'il juge la même affaire en ma présence. Mande aussi au cadi qui a renvoyé absous le marchand voleur de s'y trouver, afin qu'il apprenne son

devoir de l'exemple d'un enfant, et qu'il se corrige. Je veux aussi que tu prennes le soin de faire avertir Ali Cogia d'apporter son vase d'olives, et que deux marchands d'olives se trouvent à mon audience. » — Le calife lui donna cet ordre en continuant sa tournée, qu'il acheva sans rencontrer autre chose qui méritât son attention.

Le lendemain, le grand vizir Giafar vint à la maison où le calife avait été témoin du jeu des enfants, et il demanda à parler au maître : au défaut du maître, qui était sorti, on lui fit parler à la maîtresse. Il lui demanda si elle avait des enfants: elle répondit qu'elle en avait trois, et elle les fit venir devant lui : « — Mes enfants, leur demanda le grand vizir, qui de vous faisait le cadi hier au soir que vous jouiez ensemble? » Le plus grand, qui était l'aîné, répondit que c'était lui; et, comme il ignorait pourquoi il lui faisait cette demande, il changea de couleur. « — Mon fils, lui dit le grand vizir, venez avec moi, le commandeur des croyants veut vous voir. »

La mère fut dans une grande alarme quand elle vit que le grand vizir voulait emmener son fils. Elle lui demanda : « — Seigneur, est-ce pour enlever mon fils que le commandeur des croyants le demande? » Le grand vizir la rassura, en lui promettant que son fils lui serait renvoyé en moins d'une heure, et qu'elle apprendrait, à son retour, le sujet pourquoi il était appelé, dont elle serait contente. « — Si cela est ainsi, seigneur, reprit la mère, permettez-moi qu'auparavant je lui fasse prendre un habit plus propre et qui le rende plus digne de paraître devant le commandeur des croyants. » Et elle le lui fit prendre sans perdre de temps.

Le grand vizir emmena l'enfant, et il le présenta au calife à l'heure qu'il avait donnée à Ali Cogia et au marchand pour les entendre.

Le calife, qui vit l'enfant un peu interdit et qui voulut le préparer à ce qu'il attendait de lui : « — Venez, mon fils, lui dit-il, approchez; est-ce vous qui jugiez hier l'affaire d'Ali Cogia et du marchand qui lui a volé son or? Je vous ai vu et je vous ai entendu, je suis bien content de vous. » — L'enfant ne se décontenança pas, il répondit modestement que c'était lui. « — Mon fils, reprit le calife, je veux vous faire voir aujourd'hui le véritable Ali Gogia et le véritable marchand : venez vous asseoir près de moi. »

Alors le calife prit l'enfant par la main, monta et s'assit sur son trône, et quand il l'eut fait asseoir près de lui, il demanda où étaient les parties. On les fit avancer, et on les lui nomma pendant qu'ils se prosternaient et qu'ils frappaient de leur front le tapis qui couvrait le trône. Quand ils se furent relevés, le calife leur dit : « — Plaidez chacun votre cause ; l'enfant que voici vous écoutera et vous fera justice, et s'il manque en quelque chose, j'y suppléerai. »

Ali Cogia et le marchand parlèrent l'un après l'autre, et quand le marchand vint à demander à faire le même serment qu'il avait fait dans son premier jugement, l'enfant dit qu'il n'était pas encore temps, et qu'auparavant il était à propos de voir le vase d'olives.

A ces paroles, Ali Cogia présenta le vase, le posa aux pieds du calife et le découvrit. Le calife regarda les olives et il en prit une, dont il goûta. Le vase fut donné à examiner aux marchands experts qui avaient été appelés, et leur rapport fut que les olives étaient bonnes et de l'année. L'enfant leur dit qu'Ali Cogia assurait qu'elles y avaient été mises il y avait sept ans, à quoi ils firent la même réponse que les enfants feints marchands experts, comme nous l'avons vu.

Ici, quoique le marchand accusé vît bien que les deux marchands experts venaient de prononcer sa condamnation, il ne laissa pas néanmoins de vouloir alléguer quelque chose pour se justifier ; mais l'enfant se garda bien de l'envoyer pendre. Il regarda le calife : « — Commandeur des croyants, dit-il, ceci n'est pas un jeu : c'est à Votre Majesté de condamner à mort sérieusement, et non pas à moi, qui ne le fis hier que pour rire. »

Le calife, instruit pleinement de la mauvaise foi du marchand, l'abandonna aux ministres de la justice pour le faire pendre, ce qui

fut exécuté après qu'il eut déclaré où il avait caché les mille pièces d'or, qui furent rendues à Ali Cogia. Ce monarque enfin, plein de justice et d'équité, après avoir averti le cadi qui avait rendu le premier jugement, lequel était présent, d'apprendre d'un enfant à être plus exact dans sa fonction, embrassa l'enfant et le renvoya avec une bourse de cent pièces d'or, qu'il lui fit donner comme marque de sa libéralité.

HISTOIRE D'ALI BABA ET DE QUARANTE VOLEURS EXTERMINÉS PAR UNE ESCLAVE

La sultane Scheherazade, éveillée par la vigilance de Dinarzade, sa sœur raconta au sultan des Indes, son époux, l'histoire à laquelle il s'attendait.

Puissant sultan, dit-elle, dans une ville de Perse, aux confins des États de Votre Majesté, il y avait deux frères, dont l'un se nommait Cassim et l'autre Ali Baba. Comme leur père ne leur avait laissé que peu de biens, et qu'ils les avaient partagés également, il semble que leur fortune devait être égale : le hasard néanmoins en disposa autrement.

Cassim épousa une femme qui, peu de temps après leur mariage, devint héritière d'une boutique bien garnie, d'un magasin rempli de bonnes marchandises, et de biens en fonds de terre, qui le mirent tout à coup à son aise et le rendirent un des marchands les plus riches de la ville.

Ali Baba, au contraire, qui avait épousé une femme aussi pauvre que lui, était logé fort pauvrement, et il n'avait d'autre industrie pour gagner sa vie et de quoi s'entretenir, lui et ses enfants, que d'aller couper du bois dans une forêt voisine, et de venir le vendre à la ville, chargé sur trois ânes, qui faisaient toute sa possession.

Ali Baba était un jour dans une forêt, et il achevait d'avoir coupé à peu près assez de bois pour faire la charge de ses ânes, lorsqu'il aperçut une grosse poussière qui s'élevait en l'air et qui avançait droit du côté où il était. Il regarde attentivement, et il distingue une troupe nombreuse de gens à cheval qui venaient d'un bon train.

Quoiqu'on ne parlât pas de voleurs dans le pays, Ali Baba néanmoins eut la pensée que ce pouvait en être, et, sans considérer ce que deviendraient ses ânes, il songea à sauver sa personne. Il monta sur un gros arbre dont les branches, à peu de hauteur, se séparaient en rond si près les unes des autres, qu'elles n'étaient séparées que par un très petit espace. Il se posta au milieu avec d'autant plus d'assurance qu'il pouvait voir sans être vu ; et l'arbre s'élevait au pied d'un rocher isolé de tous côtés, beaucoup plus haut que l'arbre, et escarpé de manière qu'on ne pouvait monter au haut par aucun endroit.

Les cavaliers, grands, puissants, tous bien montés et bien armés, arrivèrent près du rocher, où ils mirent pied à terre ; et Ali Baba, qui en compta quarante, à leur mine et à leur équipement ne douta pas qu'ils ne fussent des voleurs. Il ne se trompait pas : en effet, c'étaient des voleurs qui, sans faire aucun tort aux environs, allaient exercer leurs brigandages bien loin et avaient là leur rendez-vous, et ce qu'il les vit faire le confirma dans cette opinion.

Chaque cavalier débrida son cheval, l'attacha, lui passa au cou un sac plein d'orge qu'il avait apporté sur la croupe, et ils se chargèrent chacun de leur valise ; et la plupart des valises parurent si pesantes à Ali Baba, qu'il jugea qu'elles étaient pleines d'or et d'argent monnayés.

Le plus apparent, chargé de sa valise comme les autres, qu'Ali Baba prit pour le capitaine des voleurs, s'approcha du rocher, fort près du gros arbre où il s'était réfugié, et après qu'il se fut fait un chemin au travers de quelques arbrisseaux, il prononça ces paroles si distinctement : « — Sésame, ouvre-toi ! » — qu'Ali Baba les entendit. Dès que le capitaine des voleurs les eut prononcées, une porte s'ouvrit, et, après qu'il eut fait passer tous ses gens devant lui et qu'ils furent tous entrés, il entra aussi et la porte se ferma.

Les voleurs demeurèrent longtemps dans le rocher, et Ali Baba, qui craignit que quelqu'un d'eux ou que tous ensemble ne sortissent s'il quittait son poste pour se sauver, fut contraint de rester sur l'arbre et d'attendre avec patience. Il fut tenté néanmoins de descendre pour se saisir de deux chevaux, en monter un et mener l'autre par la bride, et de gagner la ville en chassant ces trois ânes devant lui ; mais l'incertitude de l'événement fit qu'il prit le parti le plus sûr.

La porte se rouvrit enfin, les quarante voleurs sortirent, et au lieu que le capitaine était entré le dernier, il sortit le premier, et après les avoir vus défiler devant lui, Ali Baba entendit qu'il fit refermer la porte en prononçant ces paroles : « — Sésame, referme-toi ! » — Chacun retourna à son cheval, le rebrida, rattacha sa valise et remonta dessus. Quand ce capitaine enfin vit qu'ils étaient tous prêts à partir, il se mit à la tête et il reprit avec eux le chemin par lequel ils étaient venus.

Ali Baba ne descendit pas de l'arbre d'abord; il dit en lui-même : « — Ils peuvent avoir oublié quelque chose qui les oblige de revenir, et je me trouverais attrapé si cela arrivait. » — Il les conduisit de l'œil jusqu'à ce qu'il les eut perdus de vue, et il ne descendit que longtemps après, pour plus grande sûreté. Comme il avait retenu les paroles par lesquelles le capitaine des voleurs avait fait ouvrir et refermer la porte, il eut la curiosité d'éprouver si en les prononçant elles feraient le même effet. Il passa au travers des arbrisseaux et il aperçut la porte qu'ils cachaient. Il se présenta devant, et il dit : « — Sésame, ouvre-toi ! » — et dans l'instant la porte s'ouvrit toute grande.

Ali Baba s'était attendu à voir un lieu de ténèbres et d'obscurité,

mais il fut surpris d'en voir un bien éclairé, vaste et spacieux, creusé en voûte fort élevée à main d'homme, qui recevait la lumière du haut du rocher par une ouverture pratiquée de même.

Le capitaine des voleurs s'approcha du rocher, fort près du gros arbre où Ali Baba s'était réfugié. (P. 481)

Il vit de grandes provisions de bouche, des ballots de riches marchandises en pile, des étoffes de soie et de brocart, des tapis de grand prix, et surtout de l'or et de l'argent monnayés, par tas et dans des sacs ou grandes bourses de cuir les unes sur les autres ; et à voir toutes ces choses, il lui parut qu'il y avait non pas de longues années, mais des siècles, que cette grotte servait de retraite à des voleurs qui avaient succédé les uns aux autres.

Ali Baba ne balança pas sur le parti qu'il devait prendre : il entra dans la grotte, et dès qu'il y fut entré la porte se referma ; mais cela ne l'inquiéta pas, il savait le secret de la faire ouvrir. Il ne s'attacha pas à l'argent, mais à l'or monnayé, et particulièrement à celui qui était dans des sacs ; il en enleva à plusieurs fois autant qu'il pouvait en porter et qu'ils purent suffire pour faire la charge de ses trois ânes. Il rassembla ses ânes qui étaient dispersés, et quand il les eut fait approcher du rocher, il les chargea de sacs, et pour les cacher il accommoda du bois par-dessus, de manière qu'on ne pouvait les apercevoir. Quand il eut achevé, il se présenta devant la porte, et il n'eut pas prononcé ces paroles ; « — Sésame, referme-toi ! » — qu'elle se ferma, car elle s'était fermée d'elle-même chaque fois qu'il y était entré, et demeurée ouverte chaque fois qu'il en était sorti.

Cela fait, Ali Baba reprit le chemin de la ville, et, arrivant chez lui, il fit entrer ses ânes dans une petite cour et referma la porte avec grand soin. Il mit bas le peu de bois qui couvrait les sacs, et il porta les sacs dans sa maison, qu'il posa et arrangea devant sa femme, qui était assise sur un sofa.

Sa femme mania les sacs, et comme elle se fut aperçue qu'ils étaient pleins d'argent, elle soupçonna son mari de les avoir volés, de sorte que quand il eut achevé de les apporter tous, elle ne put s'empêcher de lui dire : « — Ali Baba, seriez-vous assez malheureux pour... ? » — Ali Baba l'interrompit : « — Paix, ma femme ! dit-il ; ne vous alarmez pas, je ne suis pas voleur, à moins que ce ne soit l'être que de prendre sur les voleurs. Vous cesserez d'avoir cette mauvaise opinion de moi quand je vous aurai raconté ma bonne fortune. » — Il vida les sacs, qui firent un gros tas d'or dont sa femme fut éblouie ; et quand il eut fait, il lui fit le récit de son aventure depuis le commencement jusqu'à la fin, et en achevant il lui recommanda sur toute chose de garder le secret.

La femme, revenue et guérie de son épouvante, se réjouit avec son mari du bonheur qui leur était arrivé, et elle voulut compter pièce par pièce tout l'or qui était devant elle. « — Ma femme, lui dit Ali Baba, vous n'êtes pas sage. Que prétendez-vous faire? Je vais creuser une fosse et l'enfouir dedans, nous n'avons pas de temps à perdre. — Il est bon, reprit la femme, que nous sachions au moins à peu près la quantité qu'il y en a. Je vais chercher une petite mesure dans le voisinage, et je mesurerai pendant que vous creuserez la fosse. — Ma femme, repartit Ali Baba, ce que vous voulez faire n'est bon à rien; vous vous en abstiendriez si vous vouliez me croire. Faites néanmoins ce qu'il vous plaira; mais souvenez-vous de garder le secret. »

Pour se satisfaire, la femme d'Ali Baba sort, et elle va chez Cassim, son beau-frère, qui ne demeurait pas loin. Cassim n'était pas chez lui, et à son défaut, elle s'adresse à sa femme, qu'elle prie de lui prêter une mesure pour quelques moments. La belle-sœur lui demande si elle la voulait grande ou petite, et la femme d'Ali Baba lui en demanda une petite. « — Très volontiers, dit la belle-sœur, attendez un moment, je vais vous l'apporter. »

La belle-sœur va chercher la mesure: elle la trouve; mais comme elle connaissait la pauvreté d'Ali Baba, curieuse de savoir quelle sorte de grain sa femme voulait mesurer, elle s'avisa d'appliquer adroitement du suif au-dessous de la mesure, et elle y en appliqua. Elle revint, et, en la présentant à la femme d'Ali Baba, elle s'excusa de l'avoir fait attendre sur ce qu'elle avait eu de la peine à la trouver.

La femme d'Ali Baba revint chez elle; elle posa la mesure sur le tas d'or, l'emplit, et la vida un peu plus loin, sur le sofa, jusqu'à ce qu'elle eut achevé, et elle fut contente du bon nombre de mesures qu'elle en trouva, dont elle fit part à son mari, qui venait d'achever de creuser la fosse.

Pendant qu'Ali Baba enfouit l'or, sa femme, pour marquer son exactitude et sa diligence à sa belle-sœur, lui reporte la mesure, mais sans prendre garde qu'une pièce d'or s'était attachée dessous. « — Belle-sœur, dit-elle en la rendant, vous voyez que je n'ai pas gardé longtemps votre mesure; je vous en suis bien obligée, je vous la rends. »

La femme d'Ali Baba n'eut pas tourné le dos, que la femme de Cassim regarda la mesure par le dessous, et elle fut dans un étonnement inexprimable d'y voir une pièce d'or attachée. L'envie s'empara de son cœur dans le moment. « — Quoi! dit-elle, Ali Baba a de l'or par mesure! et où le misérable a-t-il pris cet or ? » — Cassim son mari n'était pas à la maison, nous l'avons dit : il était à sa boutique, dont il ne devait revenir que le soir. Tout le temps qu'il se fit attendre fut un siècle pour elle, dans la grande impatience où elle était de lui apprendre une grande nouvelle dont il ne devait pas être moins surpris qu'elle.

A l'arrivée de Cassim chez lui : « — Cassim, lui dit sa femme, vous croyez être riche, vous vous trompez : Ali Baba l'est infini-

ment plus que vous, il ne compte pas son or comme vous, il le mesure. » — Cassim demanda l'explication de cette énigme, et elle lui en donna l'éclaircissement en lui apprenant de quelle adresse elle s'était servie pour faire cette découverte, et elle lui montra la pièce de monnaie qu'elle avait trouvée attachée au-dessous de la mesure, pièce si ancienne, que le nom du prince qui y était marqué lui était inconnu.

Loin d'être sensible au bonheur qui pouvait être arrivé à son frère pour se tirer de la misère, Cassim en conçut une jalousie mortelle. Il en passa presque la nuit sans dormir. Le lendemain il alla chez lui que le soleil n'était pas levé. Il ne le traita pas de frère, il avait oublié ce nom depuis qu'il avait épousé la riche veuve. « — Ali Baba, dit-il en l'abordant, vous êtes réservé dans vos affaires : vous faites le pauvre, le gueux, et vous mesurez l'or. — Mon frère, reprit Ali Baba, je ne sais de quoi vous voulez me parler, expliquez-vous. — Ne faites pas l'ignorant, » — repartit Cassim ; et en lui montrant la pièce d'or que sa femme lui avait mise entre les mains : « — Combien avez-vous de pièces, ajouta-t-il, semblables à celles-ci, que ma femme a trouvée attachée au-dessous de la mesure que la vôtre vint lui emprunter hier ? »

A ce discours, Ali Baba connut que Cassim et la femme de Cassim (par un entêtement de sa propre femme) savaient déjà ce qu'il avait un si grand intérêt de tenir caché. Mais la faute était faite, elle ne pouvait se réparer. Sans donner à son frère la moindre marque d'étonnement ni de chagrin, il lui avoua la chose et lui raconta par quel hasard il avait découvert la retraite des voleurs et en quel endroit, et il lui offrit, s'il voulait garder le secret, de lui faire part du trésor.

« — Je le prétends bien ainsi, reprit Cassim d'un air fier ; mais ajouta-t-il, je veux savoir aussi où est précisément ce trésor, les enseignes, les marques, et comment je pourrais y entrer moi-même s'il m'en prenait envie : autrement, je vais vous dénoncer à la justice. Si vous le refusez, non-seulement vous n'aurez plus rien à en espérer, vous perdrez même ce que vous avez enlevé, au lieu que j'en aurai ma part pour vous avoir dénoncé. »

Ali Baba, plutôt par son bon naturel qu'intimidé par les menaces insolentes d'un frère barbare, l'instruisit pleinement de ce qu'il souhaitait, et même des paroles dont il fallait qu'il se servît, tant pour entrer dans la grotte que pour en sortir.

Cassim n'en demanda pas davantage à Ali-Baba. Il le quitta, résolu de le prévenir et plein d'espérance de s'emparer du trésor lui seul. Il part le lendemain de grand matin, avant la pointe du jour, avec dix mulets chargés de grands coffres qu'il se proposa de remplir, en se réservant d'en mener un plus grand nombre dans un second voyage, à proportion des charges qu'il trouverait dans la grotte. Il prend le chemin qu'Ali Baba lui avait enseigné ; il arrive près du rocher et il reconnaît les enseignes et l'arbre sur lequel Ali Baba s'était caché. Il cherche la porte, il la trouve, et, pour la faire ouvrir, il prononce les paroles : « — Sésame, ouvre-toi ! » — La porte s'ouvre, il entre, et aussitôt elle se referme. En examinant la grotte, il est dans une grande admiration de voir beaucoup plus de richesses qu'il ne l'avait compris par le récit d'Ali Baba, et son admiration augmenta à mesure qu'il examina chaque chose en particulier. Avare et amateur des richesses comme il l'était, il eût passé la journée à se repaître les yeux de la vue de tant d'or, s'il n'eût songé qu'il était venu pour l'enlever et pour en charger ses dix mulets. Il en prend un nombre de sacs, autant qu'il en peut porter, et en venant à la porte pour la faire ouvrir, l'esprit rempli de toute autre idée que de ce qui lui importait davantage, il se trouve qu'il oublie le mot nécessaire, et au lieu de : Sésame ! il dit : « — Orge, ouvre-toi ! » — et il est bien étonné de voir que la porte, loin de s'ouvrir, demeure fermée. Il nomme plusieurs autres noms de grain autres que celui qu'il fallait, et la porte ne s'ouvre pas.

Cassim ne s'attendait pas à cet événement. Dans le grand danger où il se voit, la frayeur se saisit de sa personne, et plus il fait d'efforts pour se souvenir du mot de : Sésame ! plus il embrouille sa mémoire, et il en demeure exclu absolument comme si jamais il n'en avait entendu parler. Il jette par terre les sacs dont il s'était chargé. Il se promène à grands pas dans la grotte, tantôt d'un côté, tantôt de l'autre, et toutes les richesses dont il se voit environné ne le touchent plus. Laissons Cassim déplorant son sort, il ne mérite pas de compassion.

Les voleurs revinrent à leur grotte vers le midi, et quand ils furent à peu de distance et qu'ils eurent vu les mulets de Cassim autour du rocher, chargés de coffres, inquiets de cette nouveauté, ils avancèrent à toute bride et firent prendre la fuite aux dix mulets, que Cassim avait négligé d'attacher, et qui paissaient librement, de manière qu'ils se dispersèrent deçà delà dans la forêt, si loin qu'ils les eurent bientôt perdus de vue.

Les voleurs ne se donnèrent pas la peine de courir après les mulets : il leur importait davantage de trouver celui à qui ils appartenaient. Pendant que quelques-uns tournent autour du rocher pour le chercher, le capitaine avec les autres met pied à terre et va droit à la porte, le sabre à la main, prononce les paroles, et la porte s'ouvre.

Cassim, qui entendit le bruit des chevaux du milieu de la grotte, ne douta pas de l'arrivée des voleurs, non plus que de sa perte prochaine. Résolu au moins de faire un effort pour échapper de leurs mains et se sauver, il s'était tenu prêt à se jeter dehors dès que la porte s'ouvrirait. Il ne la vit pas plutôt ouverte, après avoir entendu prononcer le mot : Sésame! qui était échappé de sa mémoire, qu'il s'élança en sortant si brusquement, qu'il renversa le capitaine par terre. Mais il n'échappa pas aux autres voleurs, qui avaient aussi le sabre à la main, et qui lui ôtèrent la vie sur-le-champ.

Le premier soin des voleurs, après cette exécution, fut d'entrer dans la grotte : ils trouvèrent près de la porte les sacs que Cassim avait commencé d'enlever pour les emporter et en charger ses mulets, et ils les remirent à leur place sans s'apercevoir de ceux qu'Ali Baba avait emportés auparavant. En tenant conseil et en délibérant ensemble sur cet événement, ils comprirent bien comment Cassim n'avait pu sortir de la grotte ; mais qu'il y eût pu entrer, c'est ce qu'ils ne pouvaient s'imaginer. Il leur vint en pensée qu'il pouvait être descendu par le haut de la grotte ; mais l'ouverture par où le jour y venait était si élevée et le haut du rocher était si inaccessible par dehors, outre que rien ne leur marquait qu'il l'eût fait, qu'ils tombèrent d'accord que cela était hors de leurs connaissances. Qu'il fût entré par la porte, c'est ce qu'ils ne pouvaient se persuader, à moins qu'il n'eût eu le secret de la faire ouvrir ; mais ils tenaient pour certain qu'ils étaient les seuls qui l'avaient, en quoi ils se trompaient en ignorant qu'ils avaient été épiés par Ali Baba, qui le savait.

De quelque manière que la chose fût arrivée, comme il s'agissait que leurs richesses communes fussent en sûreté, ils convinrent de faire quatre quartiers du cadavre de Cassim et de les mettre près de la porte en dedans de la grotte, deux d'un côté, deux de l'autre, pour épouvanter quiconque aurait la hardiesse de faire une pareille entreprise, sauf à ne revenir dans la grotte que dans quelque temps, après que la puanteur du cadavre serait exhalée. Cette résolution prise, ils l'exécutèrent, et quand ils n'eurent plus rien qui les arrêtât, ils laissèrent le lieu de leur retraite bien fermé, remontèrent à cheval, et allèrent battre la campagne sur les routes fréquentées par les caravanes, pour les attaquer et exercer leurs brigandages accoutumés.

La femme de Cassim, cependant, fut dans une grande inquiétude quand elle vit qu'il était nuit close et que son mari n'était pas revenu. Elle alla chez Ali Baba tout alarmée, et elle lui dit : « — Vous n'ignorez pas, comme je le crois, que Cassim, votre frère, est allé à la forêt et pour quel sujet. Il n'est pas encore revenu, et voilà la nuit avancée ; je crains que quelque malheur ne lui soit arrivé. »

Ali Baba s'était douté de ce voyage de son frère, après le discours qu'il lui avait tenu, et ce fut pour cela qu'il s'était abstenu d'aller à la forêt ce jour-là, afin de ne pas lui donner d'ombrage. Sans lui faire aucun reproche dont elle pût s'offenser, ni son mari s'il eût été vivant, il lui dit qu'elle ne devait pas encore s'alarmer, et que Cassim apparemment avait jugé à propos de ne rentrer dans la ville que bien avant dans la nuit.

La femme de Cassim le crut ainsi, d'autant plus facilement qu'elle considéra combien il était important que son mari fît la chose secrètement. Elle retourna chez elle et attendit patiemment jusqu'à minuit. Mais après cela ses alarmes redoublèrent avec une douleur d'autant plus sensible, qu'elle ne pouvait la faire éclater ni la soulager par des cris, dont elle vit bien que la cause devait être cachée au voisinage. Alors, si sa faute était irréparable, elle se repentit de la folle curiosité qu'elle avait eue, par une envie condamnable, de pénétrer dans les affaires de son beau-frère et de sa belle-sœur. Elle passa la nuit dans les pleurs, et dès la pointe du jour elle courut chez eux, et leur annonça le sujet qui l'amenait plutôt par ses larmes que par ses paroles.

Ali Baba n'attendit pas que sa belle-sœur le priât de se donner la peine d'aller voir ce que Cassim était devenu. Il partit sur-le-champ avec ses trois ânes, après lui avoir recommandé de modérer son affliction, et il alla à la forêt. En approchant du rocher, après n'avoir vu dans tout le chemin ni son frère, ni les dix mulets, il fut étonné du sang répandu qu'il aperçut près de la porte, et il en prit un mauvais augure. Il se présenta devant la porte, il prononça les paroles : elle s'ouvrit, et il fut frappé du triste spectacle du corps de son frère mis en quartiers. Il n'hésita pas sur le parti qu'il devait prendre pour rendre les derniers devoirs à son frère, en oubliant le peu d'amitié fraternelle qu'il avait eu pour lui. Il trouva dans la grotte de quoi faire deux paquets des quatre quartiers, dont il fit la charge d'un des ânes, avec du bois pour les cacher. Il chargea les deux autres ânes de sacs pleins d'or, et de bois par dessus, comme la première fois, sans perdre de temps, et dès qu'il eut achevé et qu'il eut commandé à la porte de se refermer, il reprit le chemin de la ville, mais il eut la précaution de s'arrêter à la sortie de la forêt assez de temps pour n'y rentrer que la nuit. En arrivant chez lui, il ne fit entrer dans sa cour que les deux ânes chargés d'or, et après avoir laissé à sa femme le soin de les décharger et lui avoir fait part en peu de mots de ce qui venait d'arriver à Cassim, il conduisit l'autre âne chez sa belle-sœur.

Ali Baba frappa à la porte, qui lui fut ouverte par Morgiane ; et Morgiane était une esclave adroite, entendue et féconde en inventions pour y faire réussir les choses les plus difficiles, et Ali Baba la connaissait pour telle. Quand il fut entré dans la cour, il déchargea l'âne du bois et des deux paquets, et en prenant Morgiane à part : « — Morgiane, dit-il, la première chose que je te demande, c'est un secret inviolable : tu vas voir combien il nous est nécessaire autant à ta maîtresse qu'à moi. Voilà le corps de ton maître dans ces deux paquets. Il s'agit de le faire enterrer comme s'il était mort de sa mort naturelle. Fais-moi parler à ta maîtresse, et sois attentive à ce que je lui dirai. »

Morgiane avertit sa maîtresse, et Ali Baba, qui la suivait, entra. « — Eh bien, beau-frère, demanda la belle-sœur à Ali-Baba avec grande impatience, quelle nouvelle apportez-vous de mon mari ? Je n'aperçois rien sur votre visage qui doive me consoler. — Belle-sœur, répondit Ali Baba, je ne puis vous rien dire qu'auparavant vous ne me promettiez de m'écouter depuis le commencement jusqu'à la fin sans ouvrir la bouche. Il ne vous est pas moins important qu'à moi, dans ce qui est arrivé, de garder un grand secret pour votre bien et pour votre repos. — Ah ! s'écria la belle-sœur sans élever la voix, ce préambule me fait connaître que mon mari n'est plus : mais en même temps je reconnais la nécesssité du secret que vous me demandez. Il faut bien que je me fasse violence ; dites, je vous écoute. »

Ali Baba raconta à sa belle-sœur tout le succès de son voyage jusqu'à son arrivée avec le corps de Cassim. « — Belle-sœur, ajouta-t-il, voilà un sujet d'affliction pour vous d'autant plus grand, que vous vous y attendiez moins. Quoique le mal soit sans remède, si quelque chose néanmoins est capable de vous consoler, je vous offre de joindre le peu de bien que Dieu m'a envoyé au vôtre, en vous épousant et en vous assurant que ma femme n'en sera pas jalouse, et que vous vivrez bien ensemble. Si la proposition vous agrée, il faut songer de faire en sorte qu'il paraisse que mon frère est mort de sa mort naturelle, et c'est un soin dont il me semble que vous pouvez vous reposer sur Morgiane, et j'y contribuerai de mon côté de tout ce qui sera en mon pouvoir. »

Quel meilleur parti pouvait prendre la veuve de Cassim que celui qu'Ali Baba lui proposait, elle qui, avec les biens qui lui demeuraient par la mort de son premier mari, en trouvait un autre plus riche qu'elle, et qui, par la découverte du trésor qu'il avait faite, pouvait le devenir davantage? Elle ne refusa pas le parti, elle le regarda au contraire comme un motif raisonnable de consolation. En essuyant ses larmes, qu'elle avait commencé de verser en abondance, en supprimant les cris perçants ordinaires aux femmes qui ont perdu leur mari, elle témoigna suffisamment à Ali Baba qu'elle acceptait son offre.

Ali Baba laissa la veuve de Cassim dans cette disposition, et, après avoir recommandé à Morgiane de bien s'acquitter de son patronage, il retourna chez lui avec son âne.

Morgiane ne s'oublia pas; elle sortit en même temps qu'Ali Baba, et alla chez un apothicaire qui était dans le voisinage. Elle frappe à la boutique, on ouvre, et elle demande d'une sorte de tablettes très-salutaires dans les maladies les plus dangereuses. L'apothicaire lui en donna pour l'argent qu'elle avait présenté, en demandant qui était malade chez son maître. « — Ah! dit-elle avec un grand soupir, c'est Cassim lui-même, mon bon maître. On n'entend rien à sa maladie, il ne parle ni ne peut manger. » — A ces paroles, elle emporte les tablettes, dont véritablement Cassim n'était plus en état de faire usage.

Le lendemain, la même Morgiane revient chez le même apothicaire et demande, les larmes aux yeux, d'une essence dont on avait coutume de ne faire prendre aux malades qu'à la dernière extrémité; et on n'espérait rien de leur vie si cette essence ne les faisait revivre. « — Hélas! dit-elle avec une grande affliction, en la recevant des mains de l'apothicaire, je crains fort que ce remède ne fasse pas plus d'effet que les tablettes. Ah! que je perds un bon maître! »

D'un autre côté, comme on vit toute la journée Ali Baba et sa femme, d'un air triste, faire plusieurs allées et venues chez Cassim, on ne fut pas étonné le soir d'entendre les cris lamentables de la femme de Cassim, et surtout de Morgiane, qui annonçaient que Cassim était mort.

Le jour suivant, de grand matin, que le jour ne faisait que commencer à paraître, Morgiane, qui savait qu'il y avait sur la place un bon homme de savetier, fort vieux, qui ouvrait tous les jours sa boutique le premier, longtemps avant les autres, sort, et elle va le trouver. En l'abordant et en lui donnant le bonjour, elle lui met une pièce d'or dans la main.

Baba Moustafa, connu de tout le monde sous ce nom; Baba Moustafa, dis-je, qui était naturellement gai et qui avait toujours

le mot pour rire, en regardant la pièce d'or à cause qu'il n'était pas encore bien jour, et en voyant que c'était de l'or : « — Bonne étrenne ! dit-il; de quoi s'agit-il? me voilà prêt à bien faire. — Baba Moustafa, lui dit Morgiane, prenez ce qui vous est nécessaire pour coudre, et venez avec moi promptement, mais à condition que je vous banderai les yeux quand nous serons dans un tel endroit. »

A ces paroles, Baba Moustafa fit le difficile. « — Oh ! oh ! reprit-il, vous voulez donc me faire faire quelque chose contre ma conscience ou contre mon honneur ? » — En lui mettant une autre pièce d'or dans la main : « — Dieu garde, reprit Morgiane, que j'exige rien de vous que vous ne puissiez faire en tout honneur ! Venez seulement, et ne craignez rien. »

Baba Moustafa se laissa mener, et Morgiane, après lui avoir bandé les yeux avec un mouchoir, à l'endroit qu'elle avait marqué, le mena chez défunt son maître, et elle ne lui ôta le mouchoir que dans la chambre où elle avait mis le corps, chaque quartier à sa place. Quand elle le lui eut ôté : « — Baba Moustafa, dit-elle, c'est pour vous faire coudre les pièces que voilà, que je vous ai amené. Ne perdez pas de temps, et quand vous aurez fait, je vous donnerai une autre pièce d'or. »

Quand Baba Moustafa eut achevé, Morgiane lui rebanda les yeux dans la même chambre, et après lui avoir donné la troisième pièce d'or qu'elle lui avait promise et lui avoir recommandé le secret, elle le ramena jusqu'à l'endroit où elle lui avait bandé les yeux en l'amenant, et là, après lui avoir encore ôté le mouchoir, elle le laissa retourner chez lui, en le conduisant de vue jusqu'à ce qu'elle ne le vit plus, afin de lui ôter la curiosité de revenir sur ses pas pour l'observer elle-même.

Morgiane avait fait chauffer de l'eau pour laver le corps de Cassim : ainsi Ali Baba, qui arriva comme elle venait de rentrer, le lava, le parfuma d'encens et l'ensevelit avec les cérémonies accoutumées. Le menuisier apporta aussi la bière qu'Ali Baba avait pris soin de commander,

Afin que le menuisier ne pût s'apercevoir de rien, Morgiane reçut la bière à la porte, et après l'avoir payé et renvoyé, elle aida Ali Baba à mettre le corps dedans; et quand Ali Baba eut bien cloué les planches par-dessus, elle alla à la mosquée avertir que tout était prêt pour l'enterrement. Les gens de la mosquée destinés pour laver les corps des morts s'offrirent pour venir s'acquitter de leur fonction, mais elle leur dit que la chose était faite.

Morgiane, de retour, ne faisait presque que de rentrer quand l'iman et d'autres ministres de la mosquée arrivèrent. Quatre des voisins assemblés chargèrent la bière sur leurs épaules, et, en suivant l'iman, qui récitait des prières, ils la portèrent au cimetière. Morgiane en pleurs, comme esclave du défunt, suivit la tête nue, en poussant des cris pitoyables, en se frappant la poitrine de grands coups et en s'arrachant les cheveux; et Ali Baba marchait après, accompagné de ses voisins, qui se détachaient tour à tour, de temps en temps, pour relayer et soulager les autres voisins qui portaient la bière, jusqu'à ce qu'on arriva au cimetière.

Pour ce qui est de la femme de Cassim, elle resta dans sa maison, en se désolant et en poussant des cris lamentables avec les femmes du voisinage, qui, selon la coutume, y accoururent pendant la cérémonie de l'enterrement, et qui, joignant leurs lamentations aux siennes, remplirent tout le quartier de tristesse bien loin aux environs.

De la sorte, la mort funeste de Cassim fut cachée et dissimulée

entre Ali Baba, sa femme, la veuve de Cassim et Morgiane, avec un ménagement si grand, que personne de la ville, loin d'en avoir la connaissance, n'en eut pas le moindre soupçon.

Trois ou quatre jours après l'enterrement de Cassim, Ali Baba transporta le peu de meubles qu'il avait, avec l'argent qu'il avait enlevé du trésor des voleurs, qu'il ne porta que de nuit dans la maison de la veuve de son frère, pour s'y établir, ce qui fit connaître son nouveau mariage avec sa belle-sœur. Et comme ces sortes de mariages ne sont pas extraordinaires dans notre religion, personne n'en fut surpris.

Quant à la boutique de Cassim, Ali Baba avait un fils qui, depuis quelque temps, avait achevé son apprentissage chez un autre gros marchand qui avait toujours rendu témoignage de sa bonne conduite. Il la lui donna, avec promesse, s'il continuait de se gouverner sagement, qu'il ne serait pas longtemps à le marier avantageusement selon son état.

Laissons Ali Baba jouir des commencements de sa bonne fortune, et parlons des quarante voleurs. Ils revinrent à leur retraite de la forêt dans le temps dont ils étaient convenus ; mais ils furent dans un grand étonnement de ne pas trouver le corps de Cassim, et il augmenta quand ils se furent aperçus de la diminution de leurs sacs d'or. « — Nous sommes découverts et perdus, dit le

capitaine, si nous n'y prenons garde, et que nous ne cherchions promptement à y apporter le remède ; insensiblement nous allons perdre tant de richesses que nos ancêtres et nous avons amassées avec tant de peines et de fatigues. Tout ce que nous pouvons juger du dommage qu'on nous a fait, c'est que le voleur que nous avons surpris a eu le secret de faire ouvrir la porte, et que nous sommes arrivés heureusement à point nommé dans le temps qu'il allait en sortir. Mais il n'était pas le seul, un autre doit l'avoir comme lui. Son corps emporté et notre trésor diminué en sont des marques incontestables. Et comme il n'y a pas d'apparence que plus de deux personnes aient eu ce secret, après avoir fait périr l'un, il faut que nous fassions périr l'autre de même. Qu'en dites-vous, braves gens ? n'êtes-vous pas du même avis que moi ? »

La proposition du capitaine des voleurs fut trouvée si raisonnable par sa compagnie, qu'ils l'approuvèrent tous, et qu'ils tombèrent d'accord qu'il fallait abandonner toute autre entreprise pour ne s'attacher uniquement qu'à celle-ci, et ne s'en départir qu'ils n'y eussent réussi.

« — Je n'en attendais pas moins de votre courage et de votre bravoure, reprit le capitaine ; mais, avant toute chose, il faut que quelqu'un de vous, hardi, adroit et entreprenant, aille à la ville, sans armes et en habit de voyageur et d'étranger, et qu'il emploie tout son savoir-faire pour découvrir si l'on n'y parle pas de la mort étrange de celui que nous avons massacré comme il le méritait, qui il était, et en quelle maison il demeurait. C'est ce qu'il nous est important que nous sachions d'abord, pour ne rien faire dont nous ayons lieu de nous repentir en nous découvrant nous-mêmes, dans un pays où nous sommes inconnus depuis si longtemps, et où nous avons un si grand intérêt de continuer de l'être. Mais afin d'animer celui de vous qui s'offrira pour se charger de cette commission, et l'empêcher de se tromper en nous venant faire un rapport faux au lieu d'un véritable, qui serait capable de causer notre ruine, je vous demande si vous ne jugez pas à propos qu'en ce cas-là il se soumette à la peine de mort ? »

Sans attendre que les autres donnassent leurs suffrages : « — Je m'y soumets, dit l'un des voleurs, et je fais gloire d'exposer ma vie en me chargeant de la commission. Si je n'y réussis pas, vous vous souviendrez au moins que je n'aurai manqué ni de bonne volonté ni de courage pour le bien commun de la troupe. »

Ce voleur, après avoir reçu de grandes louanges du capitaine et de ses camarades, se déguisa de manière que personne ne pouvait le prendre pour ce qu'il était. En se séparant de la troupe, il partit la nuit, et il prit si bien ses mesures, qu'il entra dans la ville dans le temps que le jour ne faisait que commencer à paraître. Il avança jusqu'à la place, où il ne vit qu'une seule boutique ouverte, et c'était celle de Baba Moustafa.

Baba Moustafa était assis sur son siège, l'alène à la main, déjà prêt à travailler de son métier. Le voleur alla l'aborder en lui souhaitant le bonjour, et comme il se fut aperçu de son grand âge : « — Bonhomme, dit-il, vous commencez à travailler de grand matin ; il n'est pas possible que vous y voyiez encore clair, âgé comme vous l'êtes. Et, quand il ferait plus clair, je doute que vous ayez d'assez bons yeux pour coudre. — Qui que vous soyez, reprit Baba Moustafa, il faut que vous ne me connaissiez pas. Si vieux que vous me voyiez, je ne laisse pas d'avoir les yeux excellents, et vous n'en douterez pas quand vous saurez qu'il n'y a pas longtemps que j'ai cousu un mort dans un lieu où il ne faisait guère plus claire qu'il fait présentement. »

Le voleur eut une grande joie de s'être adressé en arrivant à un homme qui d'abord, comme il n'en douta pas, lui donnait de lui-même la nouvelle de ce qui l'avait amené, sans le lui demander. « — Un mort ! reprit-il avec étonnement et pour le faire parler ; pourquoi coudre un mort ? ajouta-t-il ; vous voulez dire apparemment que vous avez cousu le linceul dans lequel il a été enseveli ? — Non, non, répartit Baba Moustafa, je sais ce que je veux dire : vous voudriez me faire parler, mais vous n'en saurez pas davantage. »

Le voleur n'avait pas besoin d'un éclaircissement plus ample pour être persuadé qu'il avait découvert ce qu'il était venu chercher. Il tira une pièce d'or, et, en la mettant la main de Baba Moustafa, il lui dit : « — Je n'ai garde de vouloir entrer dans votre secret, quoique je puisse vous assurer que je ne le divulguerais pas si vous me l'aviez confié. La seule chose dont je vous prie, c'est de me faire la grâce de m'enseigner ou de venir me montrer la maison où vous avez cousu le mort. — Quand j'aurais la volonté de vous accorder la grâce que vous me demandez, reprit Baba Moustafa en retenant la pièce d'or, prêt à la rendre, je vous assure que je ne pourrais pas le faire, et vous devez m'en croire sur ma parole. En voici la raison : c'est qu'on m'a mené jusqu'à un certain endroit où l'on m'a bandé les yeux, et de là je me suis laissé conduire jusque dans la maison, d'où, après avoir fait ce que je devais faire, on me ramena de la même manière jusqu'au même endroit. Vous voyez l'impossibilité qu'il y a que je puisse vous rendre service. — Au moins, repartit le voleur, vous devez vous souvenir à peu près du chemin qu'on vous a fait faire les yeux bandés. Venez, je vous prie, avec moi, je vous banderai les yeux en cet endroit-là, et nous marcherons ensemble par le même chemin et par les mêmes détours que vous pourrez vous remettre dans la mémoire d'avoir marché. Et, comme toute peine mérite récompense, voici une autre pièce d'or : venez, faites-moi le plaisir que je vous demande. » — Et, en disant ces paroles, il lui mit une autre pièce dans la main.

Les deux pièces d'or tentèrent Baba Moustafa ; il les regarda quelque temps dans sa main sans dire mot, en se consultant pour savoir ce qu'il devait faire. Il tira enfin sa bourse de son sein, et en les mettant dedans : « — Je ne puis vous assurer, dit-il au voleur, que je me souvienne précisément du chemin qu'on m'a fait faire. Mais, puisque vous le voulez ainsi, allons, je ferai ce que je pourrai pour m'en souvenir. »

Baba Moustafa se leva, à la grande satisfaction du voleur, et sans fermer sa boutique, où il n'y avait rien de conséquence à perdre, il mena le voleur avec lui jusqu'à l'endroit où Morgiane lui avait bandé les yeux. Quand ils y furent arrivés : « — C'est

ici, dit Baba Moustafa, qu'on m'a bandé les yeux, et j'étais tourné comme vous me voyez. » — Le voleur, qui avait son mouchoir prêt, les lui banda, et il marcha à côté de lui, en partie en le conduisant et en partie en se laissant conduire par lui, jusqu'à ce qu'il s'arrêta.

Alors : « — Il me semble, dit Baba Moustafa, que je n'ai point passé plus loin, » — et il se trouva véritablement devant la maison de Cassim, où Ali Baba demeurait alors. Avant de lui ôter le mouchoir de devant les yeux, le voleur fit promptement une marque à la porte avec de la craie qu'il tenait prête ; et, quand il le lui eut ôté, il demanda s'il savait à qui appartenait la maison. Baba Moustafa lui répondit qu'il n'était pas du quartier, et ainsi qu'il ne pouvait lui en rien dire.

Comme le voleur vit qu'il ne pouvait apprendre rien davantage de Baba Moustafa, il le remercia de la peine qu'il lui avait fait prendre ; et, après qu'il l'eut quitté et laissé retourner à sa boutique, il reprit le chemin de la forêt, persuadé qu'il serait bien reçu.

Peu de temps après que le voleur et Baba Moustafa se furent séparés, Morgiane sortit de la maison d'Ali Baba pour quelque affaire, et en revenant, elle remarqua la marque que le voleur y avait faite : elle s'arrêta pour y faire attention. « — Que signifie cette marque? dit-elle en elle-même ; quelqu'un voudrait-il du mal à mon maître? ou l'a-t-on faite pour se divertir ? A quelque intention qu'on l'ait pu faire, ajouta-t-elle, il est bon de se précautionner contre tout événement. » — Elle prend aussi de la craie, et, comme les deux ou trois portes au-dessus et au-dessous étaient semblables, elle les marqua au même endroit, et elle rentra dans la maison sans parler de ce qu'elle venait de faire ni à son maître ni à sa maîtresse.

Le voleur, cependant, qui continuait son chemin, arriva à la forêt et rejoignit sa troupe de bonne heure. En arrivant, il fit le rapport du succès de son voyage, en exagérant le bonheur qu'il avait eu d'avoir trouvé d'abord un homme par lequel il avait appris le fait dont il était venu s'informer, ce que personne n'eût pu lui apprendre. Il fut écouté avec une grande satisfaction, et le capitaine, en prenant la parole après l'avoir loué de sa diligence : « — Camarades, dit-il en s'adressant à tous, nous n'avons pas de temps à perdre : partons bien armés sans qu'il paraisse que nous le soyons, et quand nous serons entrés dans la ville, séparément, les uns après les autres pour ne pas donner de soupçons, que le rendez-vous soit dans la grande place, les uns d'un côté, les autres d'un autre, pendant que j'irai reconnaître la maison avec mon camarade qui vient de nous apporter une si bonne nouvelle, afin que là-dessus je juge du parti qui nous conviendra le mieux. »

Le discours du capitaine des voleurs fut applaudi, et ils furent bientôt en état de partir. Ils défilèrent deux à deux, trois à trois, et en marchant à une distance raisonnable les uns des autres, ils entrèrent dans la ville sans donner aucun soupçon. Le capitaine et celui qui était venu le matin y entrèrent les derniers. Celui-ci mena le capitaine dans la rue où il avait marqué la maison d'Ali Baba, et quand il fut arrivé devant une des portes qui avaient été marquées par Morgiane, il la lui fit remarquer en lui disant que c'était celle-là. Mais, en continuant leur chemin sans s'arrêter, afin de ne pas se rendre suspects, comme le capitaine eut observé que la porte qui suivait était marquée de la même marque et au même endroit, il le fit remarquer à son conducteur, et il lui demanda si c'était celle-ci ou la première. Le conducteur demeura confus, et il ne sut que répondre, encore moins quand il eut vu avec le capitaine que les quatre ou cinq portes qui suivaient avaient aussi la même marque. Il assura au capitaine avec serment qu'il n'en avait marqué qu'une. « — Je ne sais, ajouta-t-il, qui peut avoir marqué les autres avec tant de ressemblance, mais, dans cette confusion, j'avoue que je ne peux distinguer laquelle est celle que j'ai marquée. »

Le capitaine, qui vit son dessein avorté, se rendit à la grande place, où il fit dire à ses gens, par le premier qu'il rencontra, qu'ils avaient perdu leur peine et fait un voyage inutile, et qu'ils n'avaient autre parti à prendre que de reprendre le chemin de leur retraite commune. Il en donna l'exemple, et ils le suivirent tous dans le même ordre qu'ils étaient venus.

Quand la troupe se fut rassemblée dans la forêt, le capitaine leur expliqua la raison pourquoi il les avait fait revenir. Aussitôt le conducteur fut déclaré digne de mort tout d'une voix, et il s'y condamna lui-même en reconnaissant qu'il aurait dû prendre mieux sa précaution, et il présenta le cou avec fermeté à celui qui se présenta pour lui couper la tête.

Comme il s'agissait, pour la conservation de la bande, de ne pas laisser sans vengeance le tort qui lui avait été fait, un autre voleur, qui se promit de mieux réussir que celui qui venait d'être châtié, se présenta et demanda en grâce d'être préféré. Il est écouté, il marche, il corrompt Baba Moustafa, comme le premier l'avait corrompu, et Baba Moustafa lui fait connaître la maison d'Ali Baba, les yeux bandés. Il la marque de rouge dans un endroit moins apparent, en comptant que c'était un moyen sûr pour la distinguer d'avec celles qui étaient marquées de blanc.

Mais peu de temps après Morgiane sortit de la maison, comme le jour précédent, et, quand elle revint, la marque rouge n'échappa pas à ses yeux clairvoyants. Elle fit le même raisonnement qu'elle avait fait, et elle ne manqua pas de faire la même marque de crayon rouge aux autres portes voisines et au même endroit.

Le voleur, à son retour vers sa troupe dans la forêt, ne manqua pas de faire valoir la précaution qu'il avait prise, comme infaillible,

disait-il, pour ne pas confondre la maison d'Ali Baba avec les autres. Le capitaine et ses gens croient avec lui que la chose doit réussir. Ils se rendent à la ville dans le même ordre et avec les mêmes soins qu'auparavant, armés aussi de même, prêts à faire le coup qu'ils méditaient. Et le capitaine et le voleur, en arrivant, vont à la rue d'Ali Baba; mais ils trouvent la même difficulté que la première fois. Le capitaine en est indigné, et le voleur, dans une confusion aussi grande que celui qui l'avait précédé avec la même commission.

Ainsi le capitaine fut contraint de se retirer encore ce jour-là avec ses gens, aussi peu satisfait que le jour d'auparavant. Le voleur, comme auteur de la méprise, subit pareillement le châtiment auquel il s'était soumis volontairement.

Le capitaine, qui vit sa troupe diminuée de deux braves sujets, craignit de la voir diminuer davantage s'il continuait de s'en rapporter à d'autres pour être informé au vrai de la maison d'Ali Baba. Leur exemple lui fit connaître qu'ils n'étaient propres tous qu'à des coups de main, et nullement à agir de tête dans les occasions. Il se charge de la chose lui-même : il vient à la ville, et avec l'aide de Baba Moustafa, qui lui rendit le même service qu'aux deux députés de sa troupe, il ne s'amusa pas à faire aucune marque pour connaître la maison d'Ali Baba : mais il l'examina si bien, non seulement en la considérant attentivement, mais même en passant et en repassant à diverses fois par devant, qu'il n'était pas possible qu'il s'y méprît.

Le capitaine des voleurs, satisfait de son voyage et instruit de ce qu'il avait souhaité, retourna à la forêt, et quand il fut arrivé dans la grotte, où toute sa troupe l'attendait : « — Camarades, dit-il, rien enfin ne peut plus nous empêcher de prendre une pleine vengeance du dommage qui nous a été fait. Je connais avec certitude la maison du coupable sur qui elle doit tomber, et dans le chemin j'ai songé aux moyens de la lui faire sentir si adroitement, que personne ne pourra avoir connaissance du lieu de notre retraite non plus que de notre trésor, car c'est le but que nous devons avoir dans notre entreprise : autrement, au lieu de nous être utile, elle nous serait funeste. Pour parvenir à ce but, continua le capitaine, voici ce que j'ai imaginé. Quand je vous l'aurai exposé, si quelqu'un sait un expédient meilleur, il pourra le communiquer. » Alors il leur expliqua de quelle manière il prétendait s'y comporter ; et comme ils lui eurent tous donné leur approbation, il les chargea, en se partageant dans les bourgs et dans les villages d'alentour, et même dans la ville, d'acheter des mulets, jusqu'au nombre de dix-neuf, et trente-huit grands vases de cuir à transporter de l'huile, l'un plein et les autres vides.

En deux ou trois jours de temps les voleurs eurent fait tout cet amas. Comme les vases vides étaient un peu étroits par la bouche pour l'exécution de son dessein, le capitaine les fit un peu élargir ; et, après avoir fait entrer un de ses gens dans chacun avec les armes qu'il avait jugées nécessaires, en laissant ouvert ce qu'il avait fait découdre, afin de leur laisser la respiration libre, il les ferma de manière qu'ils paraissaient pleins d'huile, et, pour les mieux déguiser, il les frotta par le dehors d'huile qu'il prit du vase qui en était plein.

Les choses ainsi disposées, quand les mulets furent chargés des trente-sept voleurs, sans y comprendre le capitaine, chacun caché dans un des vases, et du vase qui était plein d'huile, leur capitaine, comme un conducteur, prit le chemin de la ville dans le temps qu'il avait résolu, et y arriva à la brune, environ une heure après le coucher du soleil, comme il se l'était proposé. Il y entra, et alla droit à la maison d'Ali Baba, dans le dessein de frapper à la porte et de demander à y passer la nuit avec ses mulets, sous le bon

plaisir du maître. Il n'eut pas la peine de frapper : il trouva Ali Baba à la porte, qui prenait le frais après le souper. Il fit arrêter ses mulets, et en s'adressant à Ali Baba : « — Seigneur, dit-il, j'amène l'huile que vous voyez, de bien loin, pour la vendre demain au marché, et à l'heure qu'il est je ne sais où aller loger. Si cela ne vous incommode pas, faites-moi le plaisir de me recevoir chez vous pour y passer la nuit, je vous en aurai obligation. »

Quoique Ali Baba eût vu dans la forêt celui qui lui parlait, et même entendu sa voix, comment eût-il pu le reconnaître pour le capitaine des quarante voleurs sous le déguisement d'un marchand d'huile? « — Vous êtes le bienvenu, lui dit-il, entrez. » — Et, en disant ces paroles, il lui fit place pour le laisser entrer avec ses mulets, comme il le fit.

En même temps, Ali Baba appela un esclave qu'il avait, et lui commanda, quand les mulets seraient déchargés, de les mettre non-seulement à couvert dans l'écurie, mais même de leur donner du foin et de l'orge. Il prit aussi la peine d'entrer dans la cuisine et d'ordonner à Morgiane d'apprêter promptement à souper pour l'hôte qui venait d'arriver, et de lui préparer un lit dans une chambre.

Ali Baba fit plus : pour faire à son hôte tout l'accueil possible, quand il vit que le capitaine des voleurs avait déchargé ses mulets, que les mulets avaient été menés dans l'écurie comme il l'avait commandé, et qu'il cherchait une place pour passer la nuit à l'air, il alla le prendre pour le faire entrer dans la salle où il recevait son monde, en lui disant qu'il ne souffrirait pas qu'il couchât dans la cour. Le capitaine des voleurs s'en excusa fort, sous le prétexte de ne vouloir pas être incommodé, mais dans le vrai pour avoir lieu d'exécuter ce qu'il méditait avec plus de liberté, et il ne céda aux honnêtetés d'Ali Baba qu'après de fortes instances.

Ali Baba, non content de tenir compagnie à celui qui en voulait à sa vie jusqu'à ce que Morgiane lui eût servi le souper, continua de l'entretenir de plusieurs choses qu'il crut pouvoir lui faire plaisir, et il ne le quitta que quand il eut achevé le repas dont il l'avait régalé. « — Je vous laisse le maître, lui dit-il ; vous n'avez qu'à demander toutes les choses dont vous pouvez avoir besoin, il n'y a rien chez moi qui ne soit à votre service. »

Le capitaine des voleurs se leva en même temps qu'Ali Baba et l'accompagna jusqu'à la porte, et, pendant qu'Ali Baba alla dans la cuisine pour parler à Morgiane, il entra dans la cour sous prétexte d'aller à l'écurie voir si rien ne manquait à ses mulets.

Ali Baba, après avoir recommandé de nouveau à Morgiane de prendre un grand soin de son hôte, et de ne le laisser manquer de rien : « — Morgiane, ajouta-t-il, je t'avertis que demain je vais au bain avant le jour ; prends soin que mon linge de bain soit prêt, et de le donner à Abdalla (c'était le nom de son esclave), et fais-moi un bon bouillon pour le prendre à mon retour. » — Après lui avoir donné ses ordres, il se retira pour se coucher.

Le capitaine des voleur cependant, à la sortie de l'écurie, alla donner à ses gens l'ordre de ce qu'ils devaient faire. En commen-

çant depuis le premier vase jusqu'au dernier, il dit à chacun :
« — Quand je jetterai de petites pierres de la chambre où l'on me loge, ne manquez pas de vous faire ouverture en fendant le vase depuis le haut jusqu'au bas avec le couteau dont vous êtes munis, et d'en sortir; aussitôt je serai à vous. » — Et le couteau dont il parlait était pointu et effilé pour cet usage.

Cela fait, il revint, et, comme il se fut présenté à la porte de la cuisine, Morgiane prit de la lumière et elle le conduisit à la chambre qu'elle lui avait préparée, où elle le laissa après lui avoir demandé s'il avait besoin de quelque autre chose. Pour ne pas donner de soupçons, il éteignit la lumière peu de temps après, et il se coucha tout habillé, prêt à se lever dès qu'il aurait fait son premier somme.

Morgiane n'oublia pas les ordres d'Ali Baba; elle prépare son linge de bain, elle en charge Abdalla qui n'était pas encore allé se coucher; elle met le pot-au-feu pour le bouillon, et pendant qu'elle écume le pot, la lampe s'éteint. Il n'y avait plus d'huile dans la maison, et la chandelle y manquait aussi. Que faire? Elle a besoin cependant de voir clair pour écumer son pot; elle en témoigne sa peine à Abdalla. « — Te voilà bien embarrassée, lui dit Abdalla; va prendre de l'huile dans un des vases que voilà dans la cour. »

Morgiane remercia Abdalla de l'avis; et, pendant qu'il va se coucher près de la chambre d'Ali Baba pour le suivre au bain, elle prend la cruche à l'huile et elle va dans la cour. Comme elle se fut approchée du premier vase qu'elle rencontra, le voleur qui était caché dedans demanda en parlant bas : « — Est-il temps? »

Quoique le voleur eût parlé bas, Morgiane néanmoins fut frappée de la voix, d'autant plus facilement que le capitaine des voleurs, dès qu'il eut déchargé ses mulets, avait ouvert non seulement ce vase, mais même tous les autres pour donner de l'air à ses gens, qui d'ailleurs y étaient fort mal à leur aise, sans y être encore privés de la facilité de respirer.

Tout autre esclave que Morgiane, aussi surprise qu'elle le fut en trouvant un homme dans un vase au lieu d'y trouver de l'huile qu'elle cherchait, eût fait un vacarme capable de causer de grands malheurs. Mais Morgiane était au-dessus de ses semblables. Elle comprit en un instant l'importance de garder le secret, le danger présent où se trouvaient Ali Baba et sa famille et où elle se trouvait elle-même, et la nécessité d'y apporter promptement le remède sans faire d'éclat; et par sa capacité, elle en pénétra d'abord les moyens. Elle rentra donc en elle-même dans le moment, et sans faire paraître aucune émotion, en prenant la place du capitaine des voleurs, elle répondit à la demande et elle dit : « — Pas encore, mais bientôt. » — Elle s'approcha du vase qui suivait, et la même demande lui fut faite, et ainsi de suite jusqu'à ce qu'elle arriva au dernier, qui était plein d'huile ; et à la même demande, elle donna la même réponse.

Morgiane connut par là que son maître Ali Baba, qui avait cru ne donner à loger chez lui qu'à un marchand d'huile y avait donné entrée à trente-huit voleurs, en y comprenant le faux marchand, leur capitaine. Elle emplit en diligence sa cruche d'huile, qu'elle prit du dernier vase; elle revint dans sa cuisine, où, après avoir mis de l'huile dans la lampe et l'avoir rallumée, elle prend une grande chaudière, et retourne à la cour, où elle l'emplit de l'huile du vase. Elle la rapporte, la met sur le feu, et met dessous force bois, parce que plus tôt l'huile bouillira, plus tôt elle aura exécuté ce qui doit contribuer au salut commun de la maison, qui ne demande pas de retardement. L'huile bout enfin; elle prend la chaudière et elle va verser dans chaque vase assez d'huile toute bouillante, depuis le premier jusqu'au dernier, pour les étouffer et leur ôter la vie.

Cette action, digne du courage de Morgiane, exécutée sans bruit, comme elle l'avait projetée, elle revient dans la cuisine avec la chaudière vide, et ferme la porte. Elle éteint le grand feu qu'elle avait allumé, et elle n'en laisse qu'autant qu'il en faut pour achever de faire cuire le pot du bouillon d'Ali Baba. Ensuite elle souffle la lampe et elle demeure dans un grand silence, résolue à ne pas se coucher qu'elle n'eût observé ce qui arriverait, par une fenêtre de la cuisine qui donnait sur la cour, autant que l'obscurité de la nuit pouvait le permettre. Il n'y avait pas encore un quart d'heure que Morgiane attendait, quand le capitaine des voleurs s'éveilla. Il se lève, il regarde par la fenêtre, qu'il ouvre ; et, comme il n'aperçoit aucune lumière et qu'il voit régner un grand repos et un profond silence dans la maison, il donne le signal en jetant de petites pierres, dont plusieurs tombèrent sur les vases, comme il n'en douta point par le son qui lui en vint aux oreilles. Il prête l'oreille et il n'entend ni n'aperçoit rien qui lui fasse connaître que ses gens se mettent en mouvement. Il en est inquiet, il jette de petites pierres une seconde et une troisième fois. Elles tombent sur les vases, et cependant pas un des voleurs ne donne le moindre signe de vie, et il n'en peut comprendre la raison. Il descend dans la cour tout alarmé, avec le moins de bruit qu'il lui est possible; il approche de même du premier vase, et quand il veut demander au voleur, qu'il croit vivant, s'il dort, il sent une odeur d'huile chaude et de brûlé qui s'exhale du vase, par

où il connaît que son entreprise contre Ali Baba pour lui ôter la vie et pour piller sa maison, et pour emporter, s'il pouvait, l'or qu'il avait enlevé à sa commmunauté, était échouée. Il passe au vase qui suivait et à tous les autres l'un après l'autre, et il trouve que tous ses gens avaient péri par le même sort. Et par la diminution de l'huile dans le vase qu'il avait apporté plein, il connut la manière dont on s'était pris pour le priver du secours qu'il en attendait. Au désespoir d'avoir manqué son coup, il enfila la porte du jardin d'Ali Baba, qui donnait dans la cour, et de jardin en jardin, en passant par-dessus les murs, il se sauva.

Quand Morgiane n'entendit plus de bruit et qu'elle ne vit pas revenir le capitaine des voleurs après avoir attendu quelque temps, elle ne douta pas du parti qu'il avait pris, plutôt que de chercher à se sauver par la porte de la maison, qui était fermée à double tour. Satisfaite et dans une grande joie d'avoir si bien

réussi à mettre toute la maison en sûreté, elle se coucha enfin et elle s'endormit.

Ali Baba cependant sortit avant le jour et alla au bain, suivi de son esclave, sans rien savoir de l'évènement étonnant qui était arrivé chez lui pendant qu'il dormait, au sujet duquel Morgiane n'avait pas jugé à propos de l'éveiller, avec d'autant plus de raison qu'elle n'avait pas de temps à perdre dans le temps du danger, et qu'il était inutile de troubler son repos après qu'elle l'eut détourné.

En revenant des bains, et en rentrant chez lui, que le soleil était levé, Ali Baba fut si surpris de voir encore les vases d'huile dans leur place, et que le marchand ne se fût pas rendu au marché avec ses mulets, qu'il en demanda la raison à Morgiane, qui lui était venue ouvrir et qui avait laissé toutes choses dans l'état où il les voyait, pour lui en donner le spectacle et lui expliquer plus sensiblement ce qu'elle avait fait pour sa conservation

« — Mon bon maître, dit Morgiane en répondant à Ali Baba, Dieu vous conserve, vous et toute votre maison! Vous apprendrez mieux ce que vous désirez savoir, quand vous aurez vu ce que j'ai à vous faire voir : prenez la peine de venir avec moi. »

Ali Baba suivit Morgiane. Quand elle eut fermé la porte, elle le mena au premier vase. « — Regardez dans le vase, lui dit-elle, et voyez s'il y a de l'huile. »

Ali Baba regarda, et comme il eut vu un homme dans le vase, il se retira en arrière tout effrayé, avec un grand cri. « — Ne craignez rien, lui dit Morgiane, l'homme que vous voyez ne vous fera pas de mal. Il en a fait, mais il n'est plus en état d'en faire ni à vous, ni à personne : il n'a plus de vie.

« — Morgiane, s'écria Ali Baba, que veut dire ce que tu viens de me faire voir? Explique-le-moi. — Je vous l'expliquerai, dit Morgiane; mais modérez votre étonnement et n'éveillez pas la curiosité des voisins d'avoir connaissance d'une chose qu'il est très important que vous teniez cachée. Voyez auparavant tous les autres vases. »

Ali Baba regarda dans les autres vases l'un après l'autre, depuis le premier jusqu'au dernier, où il y avait de l'huile, dont il remarqua que l'huile était notablement diminuée; et quand il eut fait, il demeura comme immobile, tantôt en jetant les yeux sur les vases, tantôt en regardant Morgiane sans dire mot, tant la surprise où il se trouvait était grande. A la fin, comme si la parole lui fût revenue : « — Et le marchand, demanda-t-il, qu'est-il devenu? — Le marchand, répondit Morgiane, est aussi peu marchand que je suis marchande. Je vous dirai aussi qui il est et ce qu'il est devenu. Mais vous apprendrez toute l'histoire plus commodément dans votre chambre, car il est temps, pour le bien de votre santé, que vous preniez un bouillon après être sorti du bain. »

Pendant qu'Ali Baba se rendit dans sa chambre, Morgiane alla à la cuisine prendre le bouillon; elle le lui apporta, et avant de le prendre, Ali Baba lui dit : « — Commence toujours à satisfaire l'impatience où je suis, et raconte-moi une histoire si étrange avec toutes ses circonstances. »

Morgiane, pour obéir à Ali Baba, lui dit : « — Seigneur, hier au soir, quand vous vous fûtes retiré pour vous coucher, je préparai votre linge de bain, comme vous veniez de me le commander,

et j'en chargeai Abdalla. Ensuite je mis le pot-au-feu pour le bouillon, et comme je l'écumais, la lampe faute d'huile, s'éteignit tout à coup, et il n'y en avait pas une goutte dans la cruche. Je cherchai quelque bout de chandelle, et je n'en trouvai pas un. Abdalla, qui me vit embarrassée, me fit souvenir des vases pleins d'huile qui étaient dans la cour, comme il n'en doutait pas non plus que moi, et comme vous l'avez cru vous-même. Je pris la cruche et je courus au vase le plus voisin. Mais comme je fus près du vase, il en sortit une voix qui me demanda : « Est-il temps? »

Je ne m'effrayai pas ; mais en comprenant sur-le-champ la malice du faux marchand, je répondis sans hésiter : « Pas encore, mais bientôt. » Je passai au vase qui suivait, et une autre voix me fit la même demande, à laquelle je répondis de même. J'allai aux autres vases, l'un après l'autre ; à pareille demande, pareille réponse, et je ne trouvai de l'huile que dans le dernier vase, dont j'emplis la cruche. Quand j'eus considéré qu'il y avait trente-sept voleurs au milieu de votre cour, qui n'attendaient que le signal ou le commandement de leur chef, que vous aviez pris pour un marchand et à qui vous aviez fait un si grand accueil, pour mettre toute la maison en combustion, je ne perdis pas de temps. Je rapportai la cruche, j'allumai la lampe, et, après avoir pris la chaudière la plus grande de la cuisine, j'allai l'emplir d'huile. Je la mis sur le feu, et quand elle fut bien bouillante, j'en allai verser dans chaque vase où étaient les voleurs, autant qu'il en fallut pour les empêcher tous d'exécuter le pernicieux dessein qui les avait amenés.

« La chose ainsi terminée de la manière que je l'avais méditée, je revins dans la cuisine, j'éteignis la lampe, et avant que je me couchasse, je me mis à examiner tranquillement par la fenêtre quel parti prendrait le faux marchand d'huile.

« Au bout de quelque temps, j'entendis que pour signal il jeta de sa fenêtre de petites pierres qui tombèrent sur les vases. Il en jeta une seconde, et une troisième fois, et comme il n'aperçut ou n'entendit aucun mouvement, il descendit, et je le vis aller de vase en vase jusqu'au dernier ; après quoi l'obscurité de la nuit fit que je le perdis de vue. J'observai encore quelque temps, et comme je vis qu'il ne revenait pas, je ne doutai pas qu'il ne se fût sauvé dans le jardin, désespéré d'avoir si mal réussi. Ainsi, persuadée que la maison était en sûreté, je me couchai. »

En achevant, Morgiane ajouta : « — Voilà quelle est l'histoire que vous m'avez demandée, et je suis convaincue que c'est la suite d'une observation que j'avais faite depuis deux ou trois jours, dont je n'avais pas cru devoir vous entretenir, qui est qu'une fois, en revenant de la ville de bon matin, j'aperçus que la porte de la la rue était marquée de blanc, et le jour d'après de rouge, après la marque blanche ; et que chaque fois, sans savoir à quel dessein cela pouvait avoir été fait, j'avais marqué de même, et au même endroit, deux ou trois portes de nos voisins, au-dessus et au-dessous. Si vous joignez cela avec ce qui vient d'arriver, vous trouverez que le tout a été machiné par les voleurs de la forêt, dont je ne sais pourquoi la troupe était diminuée de deux. Quoi qu'il en soit, la voilà réduite à trois au plus. Cela fait voir qu'ils avaient juré votre perte et qu'il est bon que vous vous teniez sur vos gardes tant qu'il sera certain qu'il en restera quelqu'un au monde. Quant à moi, je n'oublierai rien pour veiller à votre conservation, comme j'y suis obligée. »

Quand Morgiane eut achevé, Ali Baba, pénétré de la grande obligation qu'il lui avait, lui dit : « — Je ne mourrai pas que je ne t'aie récompensée comme tu le mérites. Je te dois la vie, et pour commencer à t'en donner une marque de reconnaissance, je te donne la liberté dès à présent, en attendant que j'y mettre le comble de la manière que je me le propose. Je suis persuadé avec toi que les quarante voleurs m'ont tendu ces embûches. Dieu m'a délivré par ton moyen ; j'espère qu'il continuera de me préserver de leur méchanceté, et qu'en achevant de la détourner de dessus ma tête, il délivrera le monde de leur persécution et de leur engeance maudite. Ce que nous avons à faire, c'est d'enterrer incessamment les corps de cette peste du genre humain avec un si grand secret, que personne ne puisse rien soupçonner de leur destinée, et c'est à quoi je vais travailler avec Abdalla. »

Le jardin d'Ali Baba était d'une grande longueur, terminé par de grands arbres. Sans différer, il alla sous ces arbres avec son esclave creuser une fosse, longue et large à proportion des corps qu'ils avaient à y enterrer. Le terrain était aisé à remuer, et ils ne mirent pas un long temps à l'achever. Ils tirèrent les corps hors des vases, et ils mirent à part les armes dont les voleurs s'étaient munis. Ils transportèrent ces corps au bout du jardin et ils les arrangèrent dans la fosse, et après les avoir couverts de la terre qu'ils en avaient tirée, ils dispersèrent ce qui en restait aux environs, de manière que le terrain parût égal comme auparavant. Ali Baba fit cacher soigneusement les vases à l'huile et les armes, et quand aux mulets, dont il n'avait pas besoin pour lors, il les envoya au marché à différentes fois, où il les fit vendre par son esclave.

Pendant qu'Ali Baba prenait toutes ces mesures pour ôter à la connaissance du public par quel moyen il était devenu si riche en peu de temps, le capitaine des quarantes voleurs était retourné à la forêt avec une mortification inconcevable ; et, dans l'agitation ou plutôt dans la confusion où il était d'un succès si malheureux et si contraire à ce qu'il s'était promis, il était rentré dans la grotte sans avoir pu s'arrêter à aucune résolution dans le chemin sur ce qu'il devait faire ou ne pas faire à Ali Baba.

La solitude où il se trouva dans cette sombre demeure lui parut affreuse. « — Braves gens, s'écria-t-il, compagnons de mes veilles,

de mes courses et de mes travaux, où êtes-vous? que puis-je faire pour vous? Vous avais-je assemblés et choisis pour vous voir périr tous à la fois par une destinée si fatale et si indigne de votre courage! Je vous regretterais moins si vous étiez morts le sabre à la main en vaillants hommes. Quand aurai-je fait une autre troupe de gens de main comme vous? Et quand je le voudrais, pourrais-je l'entreprendre et ne pas exposer tant d'or, tant d'argent, tant de richesses à la proie de celui qui s'est déjà enrichi d'une partie? Je ne puis et je ne dois y songer qu'auparavant je ne lui aie ôté la vie. Ce que je n'ai pu faire avec un secours si puissant, je le ferai moi seul, et quand j'aurai pourvu de la sorte à ce que ce trésor ne soit plus exposé au pillage, je travaillerai à faire en sorte qu'il ne demeure ni sans successeurs, ni sans maîtres après moi, qu'il se conserve et qu'il s'augmente dans toute la postérité. » — Cette résolution prise, il ne fut pas embarrassé à chercher les moyens de l'exécuter, et alors, plein d'espérance et l'esprit tranquille, il s'endormit et il passa la nuit assez paisiblement.

Le lendemain, le capitaine des voleurs, éveillé de grand matin, comme il se l'était proposé, prit un habit fort propre, conformément au dessein qu'il avait médité, et il vint à la ville, où il prit un logement dans un khan, et comme il s'attendait que ce qui s'était passé chez Ali Baba pouvait avoir fait de l'éclat, il demanda au concierge, par manière d'entretien, s'il y avait quelque chose de nouveau dans la ville; sur quoi le concierge parla de toute autre chose que de ce qu'il lui importait de savoir. Il jugea de là que la raison pourquoi Ali Baba gardait un si profond secret venait de ce qu'il voulait pas que la connaissance qu'il avait du trésor et du moyen d'y entrer fût divulgué, et de ce qu'il n'ignorait pas que c'était pour ce sujet qu'on en voulait à sa vie. Cela l'anima davantage à ne rien négliger pour se défaire de lui par la même voie du secret.

Le capitaine des voleurs se pourvut d'un cheval dont il se servit pour transporter à son logement plusieurs sortes de riches étoffes et de toiles fines, en faisant plusieurs voyages à la forêt, avec les précautions nécessaires pour cacher le lieu où il les allait prendre. Pour débiter ces marchandises, quand il en eut amassé ce qu'il avait jugé à propos, il chercha une boutique; il en trouva une, et après l'avoir prise à louage du propriétaire, il la garnit et s'y établit. La boutique qui se trouva vis-à-vis de la sienne était celle qui avait appartenu à Cassim, et qui était occupée par le fils d'Ali Baba il n'y avait pas longtemps.

Le capitaine des voleurs, qui avait pris le nom de Cogia Houssain, comme nouveau venu, ne manqua pas de faire civilité aux marchands ses voisins, selon la coutume. Mais comme le fils d'Ali Baba était jeune, bien fait, qu'il ne manquait pas d'esprit, et qu'il avait occasion plus souvent de lui parler et de s'entretenir avec lui qu'avec les autres, il eut bientôt fait amitié avec lui; il s'attacha même à le cultiver plus fortement et plus assidûment quand, trois ou quatre jours après son établissement, il eut reconnu Ali Baba, qui vint voir son fils et qui s'arrêta à s'entretenir avec lui comme il avait coutume de le faire de temps en temps, et qu'il eut appris du fils, après qu'Ali Baba l'eut quitté, que c'était son père; il augmenta ses empressements auprès de lui, il le caressa, il lui fit de petits présents, il le régala même et lui donna plusieurs fois à manger.

Le fils d'Ali Baba ne voulut pas avoir tant d'obligation à Cogia

Houssain sans lui rendre la pareille ; mais il était logé étroitement, et il n'avait pas la même commodité que lui pour le régaler comme il le souhaitait ; il parla de son dessein à Ali Baba, son père, en lui faisant remarquer qu'il ne serait pas bien séant qu'il demeurât plus longtemps sans reconnaître les honnêtetés de Cogia Houssain.

Ali Baba se chargea du régal avec plaisir. « — Mon fils, dit-il, il est demain vendredi : comme c'est un jour que les gros marchands, comme Cogia Houssain et comme vous, tiennent leurs boutiques fermées, faites avec lui une partie de promenade pour l'après-dînée, et en revenant, faites en sorte que vous le fassiez passer par chez moi et que vous le fassiez entrer : il sera mieux que la chose se fasse de la sorte que si vous l'invitiez dans les formes ; je vais ordonner à Morgiane de faire le souper et de le tenir prêt. »

Le vendredi, le fils d'Ali Baba et Cogia Houssain se trouvèrent l'après-dînée au rendez-vous qu'ils s'étaient donné, et ils firent leur promenade. En revenant, comme le fils d'Ali Baba avait affecté de faire passer Cogia Houssain par la rue où demeurait son père, quand ils furent arrivés devant la porte de la maison, il l'arrêta, et en frappant : « — C'est, lui dit-il, la maison de mon père, lequel, sur le récit que je lui ai fait de l'amitié dont vous m'honorez, m'a chargé de lui procurer l'honneur de votre connaissance ; je vous prie d'ajouter ce plaisir à tous les autres dont je vous suis redevable. »

Quoique Cogia Houssain fût arrivé au but qu'il s'était proposé, qui était d'avoir entrée chez Ali Baba et de lui ôter la vie sans hasarder la sienne, en ne faisant pas d'éclat, il ne laissa pas néanmoins de s'excuser et de faire semblant de prendre congé du fils ; mais comme l'esclave d'Ali Baba venait d'ouvrir, le fils le prit obligeamment par la main, et en entrant le premier, il le tira et le força en quelque manière d'entrer comme malgré lui.

Ali Baba reçut Cogia Houssain avec un visage ouvert et avec le bon accueil qu'il pouvait souhaiter ; il le remercia des bontés qu'il avait pour son fils. « — L'obligation qu'il vous en a et que je vous ai moi-même, ajouta-t-il, est d'autant plus grande que c'est un jeune homme qui n'a pas encore l'usage du monde, et que vous ne dédaignerez pas de contribuer à le former. »

Cogia Houssain rendit compliment pour compliment à Ali Baba, en lui assurant que si son fils n'avait pas encore acquis l'expérience de certains vieillards, il avait un bon sens qui lui tenait lieu de l'expérience d'une infinité d'autres.

Après un entretien de peu de durée sur d'autres sujets indifférents, Cogia Houssain voulut prendre congé. Ali Baba l'arrêta. « — Seigneur, dit-il, où voulez-vous aller? Je vous prie de me faire l'honneur de souper avant avec moi. Le repas que je veux vous donner est beaucoup au-dessous de ce que vous méritez;

mais tel qu'il est, j'espère que vous l'agréerez d'aussi bon cœur que j'ai l'intention de vous le donner. — Seigneur Ali Baba, reprit Cogia Houssain, je suis persuadé de votre bon cœur, et si je vous demande en grâce de ne pas trouver mauvais que je me retire sans accepter l'offre obligeante que vous me faites, je vous supplie de croire que je ne le fais ni par mépris ni par incivilité, mais parce que j'en ai une raison que vous approuveriez si elle vous était connue. — Et quelle peut être cette raison, seigneur? repartit Ali Baba. Peut-on vous la demander? — Je puis vous la dire, répliqua

Cogia Houssain : c'est que je ne mange ni viande ni ragoût où il y a du sel ; jugez vous-même de la contenance que je ferais à votre table. — Si vous n'avez que cette raison, insista Ali Baba, elle ne doit pas me priver du plaisir de vous posséder à souper, à moins que vous ne le vouliez autrement. Premièrement, il n'y a pas de sel dans le pain que l'on mange chez moi, et quand aux viandes et aux ragoûts, je vous promets qu'il n'y en aura pas dans ce qui sera servi devant vous ; je vais y donner ordre : ainsi faites-moi la grâce de demeurer, je reviens à vous dans un moment. »

Ali Baba alla à la cuisine et il ordonna à Morgiane de ne pas mettre de sel sur la viande qu'elle avait à servir, et de préparer promptement deux ou trois ragoûts, entre ceux qu'il lui avait commandés, où il n'y eut pas de sel.

Morgiane, qui était prête à servir, ne put s'empêcher de témoigner son mécontentement sur ce nouvel ordre et de s'en expliquer à Ali Baba. « — Qui est donc, dit-elle, cet homme si difficile qui ne mange pas de sel ? Votre souper ne sera plus bon à manger si je le sers plus tard. — Ne te fâche pas, Morgiane, reprit Ali Baba, c'est un honnête homme ; fais ce que je te dis. »

Morgiane obéit, mais à contre-cœur, et elle eut la curiosité de connaître cet homme qui ne mangeait pas de sel. Quand elle eut achevé et qu'Abdalla eut préparé la table, elle l'aida à porter les plats. En regardant Cogia Houssain, elle le reconnut d'abord pour le capitaine des voleurs, malgré son déguisement, et, en l'examinant avec attention, elle aperçut qu'il avait un poignard caché sous son habit. « — Je m'étonne plus, dit-elle en elle-même, que le scélérat ne veuille pas manger le sel avec mon maître : c'est son plus fier ennemi, il veut l'assassiner ; mais je l'en empêcherai. »

Quand Morgiane eut achevé de servir ou de faire servir par Abdalla, elle prit le temps pendant que l'on soupait ; elle fit les préparatifs nécessaires de l'exécution d'un des coups plus hardis, et elle venait d'achever lorsque Abdalla vint l'avertir qu'il était temps de servir le fruit. Elle porta le fruit, et dès qu'Abdalla eut levé ce qui était sur la table, elle le servit. Ensuite, elle posa près d'Ali Baba une petite table sur laquelle elle mit le vin avec trois tasses, et en sortant elle emmena Abdalla avec elle comme pour aller souper ensemble et donner à Ali Baba, selon sa coutume, la liberté de s'entretenir et de se réjouir agréablement avec son hôte et de le faire bien boire.

Alors le faux Cogia Houssain, ou plutôt le capitaine des quarante voleurs, crut que l'occasion favorable pour ôter la vie à Ali Baba était venue. « — Je vais, dit-il, faire enivrer le père, et le fils, à qui je veux bien donner la vie, ne m'empêchera pas d'enfoncer le poignard dans le cœur du père, et je me sauverai par le jardin, comme je l'ai déjà fait, pendant que la cuisinière et l'esclave n'auront pas encore achevé de souper, ou seront endormis dans la cuisine. »

Au lieu de souper, Morgiane, qui avait pénétré dans l'intention du faux Cogia Houssain, ne lui donna pas le temps de venir à l'exécution de sa méchanceté. Elle s'habilla d'un habit de danseuse fort propre, prit une coiffure convenable et se ceignit d'une ceinture d'argent doré, où elle attacha un poignard dont la gaîne et la poignée étaient de même métal, et avec cela elle appliqua un fort beau masque sur son visage. Quand elle se fut déguisée de la sorte, elle dit à Abdalla : « — Abdalla, prends ton tambour de basque, et allons donner à l'hôte de notre maître et ami de son fils, le divertissement que nous lui donnons quelquefois le soir. »

Abdalla prend le tambour de basque, il commence à jouer en marchant devant Morgiane, et il entre dans la salle. Morgiane, en entrant après lui, fit une profonde révérence d'un air délibéré et à se faire regarder, comme en demandant la permission de faire voir ce qu'elle savait faire.

Comme Abdalla vit qu'Ali Baba voulait parler, il cessa de toucher le tambour de basque. « — Entre, Morgiane, entre, Abdalla; Cogia Houssain jugera de quoi tu es capable, et il nous dira ce qu'il en pensera. Au moins, seigneur, dit-il à Cogia Houssain en se tournant de son côté, ne croyez pas que je me mette en dépense pour vous donner ce divertissement. Je le trouve chez moi, et vous voyez que c'est mon esclave et ma cuisinière et dépensière en même temps qui me le donnent. J'espère que vous ne le trouverez pas désagréable. »

Cogia Houssain ne s'ettendait pas qu'Ali Baba dût ajouter ce divertissement au souper qu'il lui donnait. Cela lui fit craindre de ne pouvoir profiter de l'occasion qu'il croyait avoir trouvée. Au cas que cela arrivât, il se consola par l'espérance de la retrouver en continuant de ménager l'amitié du père et du fils. Ainsi, quoiqu'il eût mieux aimé qu'Ali Baba eût bien voulu ne le lui pas donner, il fit semblant néanmoins de lui en savoir obligation, et il eut la complaisance de lui témoigner que ce qui lui faisait plaisir ne pouvait pas manquer de lui en faire aussi.

Quand Abdalla vit qu'Ali Baba et Cogia Houssain avaient cessé de parler, il recommença à toucher son tambour de basque, et l'accompagna de sa voix sur un air à danser ; et Morgiane, qui ne le cédait à aucun danseur ou danseuse de profession, dansa d'une manière à se faire admirer même de toute autre compagnie que

celle à laquelle elle donnait spectacle, dont il n'y avait peut-être que le faux Cogia Houssain qui y donnât le moins d'attention.

Après avoir dansé plusieurs danses avec le même agrément et de la même force, elle tira enfin le poignard, et, en le tenant à la main, elle en dansa une dans laquelle elle se surpassa par les figures différentes, par les mouvements légers, par les sauts surprenants et par les efforts merveilleux dont elle les accompagna, tantôt en présentant le poignard en avant, comme pour frapper, tantôt en faisant semblant de s'en frapper elle-même dans le sein.

Comme hors d'haleine enfin, elle arracha le tambour de basque des mains d'Abdalla de la main gauche, et, en tenant le poignard de la droite, elle alla présenter le tambour de basque par le creux à Ali Baba, à l'imitation des danseurs et des danseuses de profession, qui en usent ainsi pour solliciter la libéralité de leurs spectateurs.

Ali Baba jeta une pièce d'or dans le tambour de basque de Morgiane. Morgiane s'adressa ensuite au fils d'Ali Baba, qui suivit l'exemple de son père. Cogia Houssain, qui vit qu'elle allait venir aussi à lui, avait déjà tiré la bourse de son sein pour lui faire son présent, et il y mettait la main dans le moment que Morgiane, avec un courage digne de sa fermeté et de sa résolution, lui enfonça le poignard au milieu du cœur, si avant qu'elle ne le retira qu'après lui avoir ôté la vie.

Ali Baba et son fils, épouvantés de cette action, poussèrent un grand cri : « — Ah! malheureuse! s'écria Ali Baba, qu'as-tu fait! Est-ce pour nous perdre, moi et ma famille? — Ce n'est pas pour vous perdre, répondit Morgiane ; je l'ai fait pour votre conservation. » — Alors, en ouvrant la robe de Cogia Houssain, et en montrant à Ali Baba le poignard dont il était armé : « — Voyez, dit-elle, à quel fier ennemi vous aviez affaire, et regardez-le bien au visage : vous y reconnaîtrez le faux marchand d'huile et le capitaine des quarante voleurs. Ne considérez-vous pas aussi qu'il n'a pas voulu manger de sel avec vous? En voulez-vous davantage pour vous persuader de son dessein pernicieux? Avant que je l'eusse vu, le soupçon m'en était venu du moment que vous m'avez fait connaître que vous aviez un tel convive. Je l'ai vu, et vous voyez que mon soupçon n'était pas mal fondé. »

Ali Baba, qui connut la nouvelle obligation qu'il avait à Morgiane de lui avoir conservé la vie une seconde fois, l'embrassa. « — Morgiane, dit-il, je t'ai donné la liberté, et alors je te promis que ma reconnaissance n'en demeurerait pas là et que bientôt j'y mettrais le comble. Ce temps est venu, et je te fais ma belle-fille. »

Et en s'adressant à son fils : « — Mon fils, ajouta Ali Baba, je vous crois assez bon fils pour ne pas trouver étrange que je vous donne Morgiane pour femme sans vous consulter. Vous ne lui avez pas moins d'obligation que moi. Vous voyez que Cogia Houssain n'avait recherché votre amitié que dans le dessein de mieux réussir à m'arracher la vie par trahison, et s'il y eût réussi, vous ne devez pas douter qu'il ne vous eût sacrifié aussi à sa vengeance. Considérez de plus qu'en épousant Morgiane vous épousez le soutien de ma famille tant que je vivrai, et l'appui de la vôtre jusqu'à la fin de vos jours. »

Le fils, bien loin de témoigner aucun mécontentement, marqua qu'il consentait à ce mariage, non seulement parce qu'il ne voulait pas désobéir à son père, mais même parce qu'il y était porté par sa propre inclination.

On songea ensuite dans la maison d'Ali Baba à enterrer le corps du capitaine auprès de ceux des quarante voleurs, et cela se fit si secrètement, qu'on n'en eut connaissance qu'après de longues années, lorsque personne ne se trouvait plus intéressé dans la publication de cette histoire mémorable.

Peu de jours après, Ali Baba célébra les noces de son fils et de Morgiane avec une grande solennité et par un festin somptueux, accompagné de danses, de spectacles et de divertissements accoutumés; et il eut la satisfaction de voir que ses amis et ses voisins, qu'il avait invités, sans avoir connaissance des vrais motifs du mariage, mais qui d'ailleurs n'ignoraient pas les belles et bonnes qualités de Morgiane, le louèrent hautement de sa générosité et de son bon cœur.

Après le mariage, Ali Baba, qui s'était abstenu de retourner à la grotte des voleurs depuis qu'il en avait tiré et rapporté le corps de son frère Cassim sur un de ses trois ânes, avec l'or dont il les avait chargés, par la crainte de les y trouver ou d'y être surpris, s'en abstint encore après la mort des trente-huit voleurs, en y comprenant leur capitaine, parce qu'il supposa que les deux autres, dont le destin ne lui était pas connu, étaient encore vivants.

Mais au bout d'un an, comme il eut vu qu'il ne s'était fait aucune entreprise pour l'inquiéter, la curiosité le prit d'y faire un voyage en prenent les précautions nécessaires pour sa sûreté. Il monta à cheval, et quand il fut arrivé auprès de la grotte, il prit un bon augure de ce qu'il n'aperçut aucun vestige ni d'hommes ni de chevaux. Il mit pied à terre, il attacha son cheval, et en se présentant devant la porte, il prononça les paroles: « — Sésame, ouvre-toi! » — qu'il n'avait pas oubliées. La porte s'ouvrit, il entra, et l'état où il trouva toutes choses dans la grotte lui fit juger que personne n'y était entré depuis environ le temps où le faux Cogia Houssain était venu lever boutique dans la ville, et ainsi que la troupe des quarante voleurs était entièrement dissipée et exterminée depuis ce temps-là; et il ne douta plus qu'il ne fût le seul au monde qui eût le secret de faire ouvrir la grotte, et que le trésor qu'elle enfermait était à sa disposition. Il s'était muni d'une valise, il la remplit d'autant d'or que son cheval en put porter, et il revint à la ville.

Depuis ce temps-là, Ali Baba, son fils, qu'il mena à la grotte, et à qui il enseigna le secret pour y entrer, et après eux leur postérité, à laquelle ils firent passer le même secret, en profitant de leur fortune avec modération, vécurent dans une grande splendeur et honorés des premières dignités de la ville.

Le sultan des Indes ne pouvait s'empêcher d'admirer la mémoire prodigieuse de la sultane son épouse, qui ne s'épuisait point, et qui lui fournissait toutes les nuits de nouveaux divertissements, par tant d'histoires différentes.

Mille et une nuits s'étaient écoulées dans ces innocents amusements ; ils avaient même beaucoup aidé à diminuer les préventions fâcheuses du sultan contre la fidélité des femmes ; son esprit était adouci ; il était convaincu du mérite et de la grande sagesse de Scheherazade ; il se souvenait du courage avec lequel elle s'était exposée volontairement à devenir son épouse, sans appréhender la mort à laquelle elle savait qu'elle était destinée le lendemain, comme les autres qui l'avaient précédée.

Ces considérations et les autres qualités qu'il connaissait en elle le portèrent enfin à lui faire grâce. « — Je vois bien, lui dit-il, aimable Scheherazade, que vous êtes inépuisable dans vos petits contes : il y a assez longtemps que vous me divertissez ; vous avez apaisé ma colère, et je renonce volontiers en votre faveur à la loi cruelle que je m'étais imposée ; je vous remet entièrement dans mes bonnes grâces, et je veux que vous soyez regardée comme la libératrice de toutes les filles qui devaient être immolées à mon juste ressentiment. »

La princesse se jeta à ses pieds, les embrassa tendrement en lui donnant toutes les marques de la reconnaissance la plus vive et la plus parfaite.

Le grand vizir apprit le premier cette agréable nouvelle de la bouche même du sultan. Elle se répandit bientôt dans la ville et dans les provinces, ce qui attira au sultan et à l'aimable Scheherazade son épouse mille louanges et mille bénédictions de tous les peuples de l'empire des Indes.

TABLE DES MATIÈRES

Frontispice	En regard du titre.
Préface	
Contes arabes. — Histoire du sultan des Indes.	1
Le sultan la trouva si belle, qu'il en fut charmé	5
Le marchand et le génie.	8
Histoire du premier vieillard et de la biche.	13
Histoire du second vieillard et des deux chiens noirs.	18
Histoire de trois calenders, fils de rois, et de cinq dames de Bagdad. .	23
Histoire du premier calender, fils de roi.	41
Histoire du second calender, fils de roi.	45
Histoire du troisième calender, fils de roi.	66
Histoire de Zobéide.	92
Histoire de Bedreddin Hassan	104
Bedreddin fut transporté aux portes de Damas, en Syrie	105
Histoire de Sindbad le marin	120
Premier voyage de Sindbad le marin.	124
Second voyage de Sindbad le marin.	131
Troisième voyage de Sindbad le marin.	137
Quatrième voyage de Sindbad le marin.	147
Cinquième voyage de Sindbad le marin.	158
Sixième voyage de Sindbad le marin.	164
Septième et dernier voyage.	173
Histoire des trois pommes.	180
Histoire de la dame massacrée et du jeune homme son mari. . .	185
Le calife Haroun-Alraschid fut dans un grand étonnement . . .	189
Histoire de Codadad et de ses frères	193
Il entra victorieux dans son palais aux acclamations du peuple . . .	215

TABLE DES MATIÈRES

Histoire du dormeur éveillé.	218
Abou Hassan se jeta entre deux dames qu'il prit par la main et se mit à danser avec tant d'action	273
Histoire d'Aladdin et de la lampe merveilleuse.	306
Une grande foule de peuple accourait de toutes parts pour voir un spectacle si magnifique et si extrordinaire	361
Mariage de la princesse Badroulboudour	377
Aventures du calife Haroun Alraschid	429
Histoire de l'aveugle Baba-Abdalla.	433
Histoire de Cogia Hassan Alhabbal.	446
Histoire d'Ali Cogia, marchand de Bagdad.	478
Il se trouva prêt à partir dans le temps que la caravane de Bagdad pour la Mecque se mit en chemin	481
Histoire d'Ali Baba et de quarante voleurs exterminés par une esclave.	496
Le capitaine des voleurs s'approcha du rocher, fort près du gros arbre où Ali Baba s'était réfugié	499

www.ingramcontent.com/pod-product-compliance
Lightning Source LLC
Chambersburg PA
CBHW070835230426
43667CB00011B/1804